JN441049

7th edition

IFRS 중급회계 입문

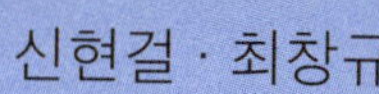

저자 소개

신현걸

고려대학교 경영학과 졸업
George Washington University 회계학 석사
고려대학교 경영학 박사
한국공인회계사, 미국공인회계사(Maryland 주)
한국공인회계사회 회계연구위원, 국세연구위원
공인회계사 및 세무사 시험 출제위원
정부산하기관 경영평가위원
한국세무학회 세무학연구 편집위원장
한국회계학회 회계저널 편집위원장
금융감독원 회계제도실 자문교수
금융감독원 회계심의위원회 위원
한국회계기준원 회계기준자문위원회 위원
신영증권㈜, 신영부동산신탁㈜ 감사위원회 위원장
현) 건국대학교 경영대학 교수

[저서 및 논문]
IFRS 밀레니엄 회계원리
IFRS 중급회계
IFRS 고급회계
IFRS 중급회계 입문
정부회계
객관식 재무회계
회계사 재무회계연습(중급회계)
회계사 재무회계연습(고급회계)
세무사 재무회계연습
연결재무제표의 이해와 활용
회계학연구, 회계저널, 세무학연구
회계와 감사연구 등에 다수 논문

최창규

남강고등학교 졸업
고려대학교 경영학과 졸업
고려대학교 대학원 졸업(회계학 석사)
건국대학교 박사과정 수료(회계학 전공)
공인회계사, 세무사
삼일회계법인 근무
웅지경영아카데미 강사
웅지세무대학 교무처장
미래경영아카데미 대표
현) 세진회계법인 근무
나무경영아카데미 대표강사

[저서 및 논문]
IFRS 회계원리
IFRS 중급회계 입문
IFRS 중급회계
IFRS 고급회계
정부회계
객관식 재무회계
회계사 재무회계연습(중급회계)
회계사 재무회계연습(고급회계)
세무사 재무회계연습

머리말

본서 IFRS 중급회계 입문은 회계원리와 중급회계 간의 가교 역할을 하기 위하여 2017년에 처음 출간하였다. 본서를 이해한 후 중급회계를 접하면 잠시 돌아가는 느낌이 들기는 하지만, 회계원리를 공부한 후 즉시 중급회계를 접하는 경우에 비해 중급회계에 대한 이해도가 훨씬 높을 것이라는 관점에서 본서를 집필하고 개정하여 왔다. 그리고 현재까지 본서가 그 역할을 충분히 수행하여 왔다고 평가할 수 있다.

2025년에 기준서 제1118호가 제정되면서 수익과 비용의 범주 분류 및 손익계산서의 표시가 전반적으로 바뀌었고, 더불어 현금흐름표의 영업활동 현금흐름도 당기순손익이 아니라 영업손익에서 출발하는 방식으로 바뀌었다. 이에 새로 공표된 기준서 제1118호의 내용을 충실하게 반영하고, 종전까지 설명이 미흡한 부분을 보완하여 이번에 개정 7판을 출간하게 되었다.

IFRS 중급회계 입문의 개정 7판에 추가, 보완한 부분을 요약하면 다음과 같다.

제2장 재무보고를 위한 개념체계

- 상각후원가를 미래현금흐름의 현재가치로 측정하는 공정가치를 비교 설명함으로써 두 가지 측정의 차이를 정확하게 이해할 수 있도록 함

제3장 재무제표의 표시

- 개정 기준서 제1118호의 내용을 반영하여 수익과 비용의 영업, 투자, 재무 범주의 분류와 손익계산서 및 포괄손익을 표시하는 보고서의 작성 방법 설명

제4장 유형자산

- 재평가모형 최초 적용 시 경과규정에 따른 회계정책 변경의 회계처리를 적용하는 과정을 상세하게 설명

제8장 금융자산

- 금융자산의 분류를 후속 측정과 연계하여 체계적으로 설명하고, 기대신용손실 측정에 대한 설명 보완
- FVPL 금융자산(채무상품)의 이자수익을 표시이자로 인식하는 근거 설명

제9장 금융부채

– 자기지분상품으로 결제되는 계약을 자본위험의 부담 여부에 기초하여 금융부채 또는 지분상품으로 분류하는 과정을 명확하게 설명
– 금융부채와 지분상품의 구분에 대한 기존 설명의 보완
– 전환사채와 신주인수권부사채의 평가계정을 가감한 순액으로 회계처리를 설명함으로써 이해도를 높임

제11장 자본 및 지분상품

– 자기주식 회계처리에 대한 설명 보완
– 기준서 제1118호에 따른 자본변동표의 양식 설명

제12장 고객과의 계약에서 생기는 수익

– 진행기준 적용 시 계약자산과 계약부채를 이용한 회계처리와 보고기간 말 재무상태표에 표시될 계정 잔액을 (예 12)를 추가하여 설명하고, 관련 연습문제도 보완

제14장 법인세

– 일시적차이의 성격과 발생 및 소멸에 따른 이연법인세의 인식에 대한 설명 보완
– 법인세부담액을 법인세비용으로 인식할 경우의 문제점을 이해하기 쉽게 설명 보완

제16장 리스

– 리스거래의 실질에 대한 설명 보완

제17장 회계변경과 오류수정

– 경과규정을 적용하는 회계정책 변경의 회계처리를 상세하게 설명
– 재무제표 발행승인일을 기준으로 당기오류와 전기오류를 구분한다는 점을 명확히 하고 소급적용하는 회계정책 변경과 전기오류수정의 회계처리에 대한 설명을 보완

제18장 현금흐름표

– 기준서 제1118호의 개정으로 현금흐름의 분류와 간접법 적용 현금흐름표의 표시 방법이 변경되어 이를 모두 반영하고 (예)와 연습문제 수정 보완

본서는 공인회계사나 세무사 시험을 위한 복잡한 계산 위주의 높은 수준의 문제를 지양하고, 회계 전문가적 판단력을 배양하는 논리적 사고를 키우는 데 초점을 두고 집필하였다. 따라서 대학에서 교강사님들이 부담없이 재무회계를 강의하는 데 적합한 교재라고 생각한다. 대학 강의 교재로 본서를 사용하시는 교강사님들께는 별도의 강의 파일을 제공한다.

본서가 회계원리를 마치고 중급회계로 넘어가는 길목에서 독자들이 받는 충격을 줄여주고, 재무회계에 대한 논리적 사고를 높이는 데 도움이 되기를 바란다. 아무쪼록 본서에 대한 독자 여러분의 성원과 조언이 계속되길 기대한다. 앞으로도 독자 여러분의 기대에 부응하는 중급회계 입문서로 거듭날 수 있도록 만전의 노력을 기울일 것을 약속드린다. 끝으로 본서의 출간에 힘써 주신 편집팀 여러분께 깊은 감사의 말씀을 드린다.

2026년 1월

저자 일동

목 차

제1장 | 재무보고와 국제회계기준

제2장 | 재무보고를 위한 개념체계

제3장 | 재무제표의 표시

제4장 | 유형자산

제5장 | 투자부동산, 매각예정비유동자산 및 생물자산

제6장 | 무형자산

제7장 | 재고자산

제8장 | 금융자산

제9장 | 금융부채

제10장 | 충당부채와 우발부채

제11장 | 자본 및 지분상품

제15장 | 주당이익

제16장 | 리스

제17장 | 회계변경과 오류수정

제18장 | 현금흐름표

제1장

재무보고와 국제회계기준

1. 재무회계의 발전 과정
2. 재무보고와 재무제표
3. 회계기준

1 재무회계의 발전 과정

1.1 중세부터 미국의 경제 대공황 이전까지

거래에 대한 단순한 기록은 고대시대에도 있었지만 복식부기에 의한 회계기록은 중세부터 본격적으로 이루어졌다. 복식부기는 파치올리(Pacioli)가 1494년에 출간한 그의 저서 '산술, 기하 비례 및 비율총람'을 통해서 체계화된 것으로 평가되고 있다. 파치올리의 책 이름에서 느껴지는 것처럼 그가 저술한 책은 수학책이었는데, 그는 당시 수학자이기도 하였다. 장부 기록에 많은 숫자가 필요했기 때문에 당시 수학자들이 회계에 많은 관심을 가졌던 것으로 전해진다.

파치올리의 복식부기 시스템은 그 후 유럽 전역으로 퍼져나가 회계발전의 중요한 계기가 되었다. 당시 스페인과 포르투갈에 이어 네덜란드가 세계무역, 특히 동양무역의 대표 주자로 떠올랐으며, 1602년에 동양 무역의 활성화를 위해서 네덜란드 동인도회사(Dutch East India Company)가 설립되었다. 세계사 관점이 아니라 회계학 관점에서 볼 때 네덜란드 동인도회사가 관심을 끄는 점은 투자자의 유한책임과 출자한 지분의 자유로운 양도에 있다. 네덜란드 동인도회사에 출자한 투자자는 자신이 출자한 금액을 한도로 회사에 대한 책임을 부담했다. 이는 회사가 망하더라도 자신의 투자금액을 초과하는 손실을 보지 않는다는 것을 의미한다. 또한 네덜란드 동인도회사는 출자지분을 표시하는 증권을 발행하였는데, 투자자들은 1602년에 설립된 암스테르담의 증권거래소에서 그 증권을 자유롭게 매매할 수 있었다.

회사에 출자한 투자자들은 회사의 일상적인 경영에 직접 참여하지 않고, 그들이 뽑은 대리인(즉, 경영자)이 일상적인 경영을 하도록 자신들의 권한을 위임하였다. 투자자들은 자신이 출자한 회사의 경영자가 제대로 경영을 하는지, 그리고 회사가 앞으로도 지속적으로 발전할 것인지에 대한 정보를 필요로 했다. 만약 투자자가 회사의 정보를 보고, 회사의 전망이 기대했던 것만큼 밝지 않다고 판단했다면 자신의 지분을 타인에게 매각했을 것이다. 또한 그 지분을 사고자 하는 사람도 무턱대고 지분을 사는 것이 아니라 그 회사가 앞으로도 성장가능성이 높은지 판단하기 위해서 회사에 대한 정보를 필요로 했을 것이다.

자기가 직접 회사를 설립하여 운영하던 시절에는 자신이 필요로 하는 정보를 직접 만들어서 이용하면 충분하였다. 그러나 투자자와 경영자가 분리되고, 투자자의 지분을 언제든지 타인에게 양도할 수 있는 환경으로 바뀌자 현재 및 잠재적 투자자 모두 회사에 대한 정보를 필요로 하기 시작했다. 이러한 환경의 변화는 회계가 의사결정에 유용한 정보의 제공을 목적으로 하는 사회과학으로 발전하는 계기가 되었다.

1800년대에 산업혁명을 이룬 영국으로 세계 경제의 힘이 쏠리면서 회계도 자연스럽게 영국을 중심으로 발전하였다. 회사의 규모가 커짐에 따라 더 많은 투자자들이 더 많은 금액을 회사에 출자하였고, 투자자들은 회사와 관련된 더 많은 정보를 원했다. 회사들은 자발적으로 다양한 회계정보를 만들어서 투자자들에게 제공했지만, 당시에는 회계정보를 작성할 때 적용해야 할 회계기준이 제정되어 있지 않았기 때문에 회계정보의 실효성은 크지 않았다.

현재의 관점에서 볼 때 당연하게 받아들이는 회계개념이 당시에는 많은 논쟁을 불러일으켰는데, 그 대표적인 예가 유형자산에 대한 감가상각비의 인식이었다. 유형자산을 취득하기 위해서 현금을 지출했지만 눈에 보이지도 않는 감가상각비라는 비용을 회사의 이익을 계산하는 과정에서 차감한다는 개념을 영국의 철도회사가 가장 먼저 받아들이면서, 발생기준 회계의 싹이 돋아나기 시작했다.

20세기에 들어와서 세계 경제의 축이 영국에서 미국으로 바뀌었으며, 회계의 발전도 미국의 경제발전과 그 축을 같이 하였다. 이미 1800년대에 미국에는 많은 주식회사 형태의 기업들이 설립되었고, 그 기업들이 발행한 증권 거래를 위해서 1817년에 뉴욕증권거래위원회가 발족되었으며, 1863년에 뉴욕증권거래소가 정식으로 출범하였다. 회사들은 자발적으로 투자자들에게 회계정보를 제공하였지만 영국처럼 미국도 당시에는 회계기준이 제정되어 있지 않았다. 따라서 회사들은 회사의 성과를 낙관적으로 부풀린 회계정보를 쏟아 내었고, 이것이 여러 경제적 요인과 더불어 1929년 주식시장의 붕괴 및 대공황을 일으키는 원인이 되었다.

1.2 미국의 경제 대공황 이후부터 1960년대까지

1934년에 제정된 미국의 증권법(Securities Act)에 따라 미국 증권거래위원회(SEC, Securities Exchange Commission)가 발족되었다. 대공황의 쓰라린 경험을 교훈 삼아 SEC는 회계정보 공시에 기반을 두고 투자자들을 보호하는 것을 최우선으로 하였다. 그리고 기업이 공시하는 재무제표의 작성 지침으로서 회계기준을 제정하여야 한다는 데 의견을 모았다. 그러나 SEC는 회계기준을 제정할 수 있는 자신의 권한을 미국공인회계사회(AICPA, American Institute of Certified Public Accountants)에 위임하였다. 정부가 주도하여 회계기준을 제정하는 것보다 민간 전문가 그룹이 회계기준을 제정하는 것이 더 낫다고 판단하였기 때문이다. 미국공인회계사회는 자신들이 회계기준을 제정하다가 1959년에 APB(Accounting Principles Board)라는 기구를 발족하여 더욱 전문적인 회계기준 제정기구로 발전시켰다. 그리고 1973년에 APB의 후속 기구로 FASB(Financial Accounting Standards Board)를 발족하여 현재까지 미국의 회계기준을 제정하고 있다.

미국의 대공황 이후 회계에서는 역사적 원가(historical cost)[1]가 개념 전개의 중심이 되었다. 대공황 이전에는 회계기준이 제정되어 있지 않은 상태에서 기업들이 자발적으로 회계정보를 작성하면서 자의적으로 자산을 시가로 평가하여 장부금액을 부풀려 정보이용자를 오도하였다. 따라서 이에 대한 반작용으로 역사적 원가를 중심으로 회계기준이 제정되었다. 즉, 실현가능한 수익만 재무제표에 인식하였고, 미실현된 이익은 미래로 이연시켰으며, 비용은 창출된 수익과 대응되는 개념으로 재무제표에 반영하였다. 따라서 대공황 이후 오랜 기간 회계의 중심은 진실한 이익을 측정하고자 하는 손익계산서에 있었다. 역사적 원가를 당연하게 받아들여야 한다는 분위기 속에서 1960년대 후반까지 다른 회계개념은 제기되기 어려웠으며, 그 결과 회계기준은 규범적인 특성이 강할 수밖에 없었다.

1960년대에 들어와서 경제학과 재무론에서 등장한 효율적 자본시장 이론(theory of efficient securities market)은 회계개념의 정립에 큰 영향을 주었다. 그때까지 회계에서는 어떻게 하면 기업의 진실한 이익을 측정할 수 있는가에 논의의 초점을 두었다. 그러나 자본시장에서 형성되는 주식가격이 공개된 회계정보에 의해 영향을 받는다는 효율적 자본시장 이론이 등장하면서 회계가 추구하고자 하는 목적을 진실한 이익의 측정에서 의사결정에 유용한 정보의 제공으로 전환하게 되었다.

1.3 1970년대 이후부터 현재까지

미국에서는 APB에 이어 1973년에 FASB가 발족되어 본격적으로 민간 전문가 집단이 체계적으로 회계기준을 제정하고, 기초가 되는 회계개념을 정립하기 시작하였다. 그런데 제정된 회계기준 간의 일관성이 낮고, 특정 회계기준에서 규정하지 않은 새로운 거래가 발생할 경우 회계처리를 위해서 준거해야 할 마땅한 회계기준이 없다는 문제가 발생하였다. 따라서 일관된 회계기준을 제정하기 위해서, 그리고 발생 거래에 대한 특정 회계기준이 없을 때 논리적이고 타당한 회계처리를 위해서 FASB는 1978년부터 1985년까지 6개의 재무회계 개념보고서(Statements of Financial Accounting Concepts)를 제정하였다.[2] 그리고 이러한 개념보고서에 기초하여 여러 가지 회계기준들을 제정하거나 개정하였다.

한편, 미국에서 FASB가 발족되던 1973년에 유럽에서는 영국의 주도하에 국제회계기준위원회(IASC, International Accounting Standards Committee)가 설립되어 국제회계기준을 제정

---

1) 역사적 원가는 취득원가라고도 하는데, 자산의 취득 후 시가변동이 있더라도 최초 인식했던 취득원가를 그대로 유지하는 개념이다.

2) FASB는 2000년과 2010년에 각각 1개씩 개념보고서를 더 제정하였다.

하기 시작하였다. 그리고 IASC도 기초가 되는 회계개념을 정립하기 위하여 1989년에 '재무제표의 작성과 표시를 위한 개념체계'(이하 '개념체계'[3]라 함)를 제정하였다. IASC의 개념체계의 내용은 FASB의 재무회계 개념보고서와 상당 부분 그 내용이 유사하다.

FASB의 재무회계 개념보고서나 IASC의 개념체계 모두 재무보고가 추구하고자 하는 목적을 의사결정에 유용한 정보의 제공으로 규정하였다. 또한 수익과 비용을 소유주와의 거래를 제외한 자산과 부채의 변동액으로 측정함으로써 회계의 중심을 손익계산서에서 재무상태표로 전환하였다.

정보이용자의 입장에서 볼 때 역사적 원가에 기초한 회계정보보다 공정가치(fair value)에 기초한 회계정보가 의사결정에 더 유용할 것이라는 점에 이견은 거의 없다. 그리고 지난 30여 년 동안 많은 선행연구에서 공정가치 정보의 유용성을 지지하는 결과를 제시하였다. 그럼에도 불구하고 공정가치 정보는 역사적 원가 정보에 비해 측정의 불확실성이 높다는 한계점이 있다. 또한 공정가치에 기초한 회계정보가 재무제표에 보고되는 자산과 수익의 거품을 조장했기 때문에 1990년대 말부터 2000년대 초까지 소위 닷컴 기업들의 몰락과 2007년부터 2008년에 걸쳐 전 세계를 혼란 속으로 몰아넣었던 글로벌 금융위기에 적지 않은 영향을 주었다는 비난도 제기되었다.

그러나 역사적 원가로 회계개념이 회귀되는 것은 바람직하지 않다. 공정가치가 역사적 원가보다 의사결정에 유용하다는 점에 대다수가 공감하기 때문이다. 따라서 정보이용자가 믿을 수 있는 공정가치 정보를 어떻게 생산하고, 얼마나 상세한 정보를 이용자에게 제공하는가가 앞으로 회계가 풀어야 할 숙제라고 할 수 있다.

한편, 1980년대 후반부터 기업의 사회적 책임(CSR, corporate social responsibility)을 강조하는 이해관계자 자본주의(stakeholder capitalism)가 대두되면서 관련 정보의 공시 요구가 증가하였으며, 전세계 많은 기업들이 자발적으로 투자자의 의사결정에 필요한 ESG 정보를 공시하기 시작하였다. ESG란 환경(Environmental), 사회(Social), 지배구조(Governance)로서 기업경영에서 지속가능성(sustainability)을 달성하기 위한 3가지 핵심요소를 말한다. 예를 들어, 기업은 환경과 관련하여 탄소배출량을 감소시키고 에너지 효율화를 추구하며, 사회와 관련하여 종업원 복지를 향상시키고 지역사회와의 협력관계를 구축하며, 지배구조와 관련하여 신뢰도가 높은 이사회와 감사위원회를 운영하고 기업윤리를 준수하는 것 등 다양한 이슈들이 포함된다.

ESG 성과가 우수한 기업이 제공하는 제품이나 서비스에 대한 수요가 많아지고, 그러한 기업에 대한 투자도 확대되어 기업의 자본조달비용이 감소하고, 기업 이미지가 제고되어 기업가치

3) '개념체계'에 대해서 제2장에서 상세하게 설명한다.

에도 긍정적인 영향을 미치는 선순환을 기대할 수 있다. 과거에는 기업가치를 높이기 위해서 경영전략을 수립하고 경영성과를 재무제표를 통해 자본시장에 공시하는 것이 주된 활동이었다면 앞으로는 ESG 관련 비재무적 성과의 공시도 자본시장에서 주목을 받을 것으로 예상된다.

1990년대부터 세계 여러 기관에서 다양한 ESG 정보 공시 기준을 발표하였는데, 2020년 이후에는 IFRS 재단이 중심이 되어 ESG 정보 공시 기준을 단일화하는 방향으로 바뀌고 있으며, 외국과 유사하게 우리나라도 자산 총액 2조 원 이상인 기업이 2025년부터 지속가능경영 보고서에 ESG 정보를 공시하는 등 점차 ESG 정보 공시의 확대하고 있다.

2 재무보고와 재무제표

2.1 정보이용자 관점에서 회계의 구분

[그림 1]은 기업이 회계정보를 산출하여 이용자에게 제공하는 과정을 보여준다.

| 그림 1 | 정보이용자 관점에서 회계의 구분

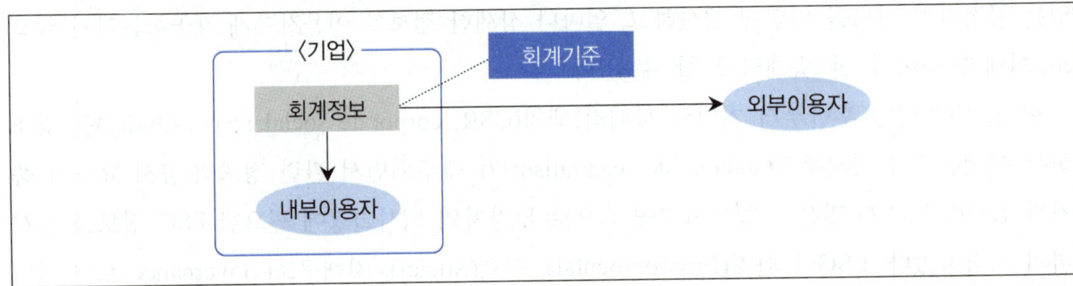

[그림 1]에서 보는 바와 같이 회계정보 이용자는 내부이용자(internal users)와 외부이용자(external users)로 나눌 수 있다. 내부이용자는 기업의 경영자이며, 외부이용자는 현재 및 잠재적 투자자, 대여자, 기타 채권자 등이다. 기업 내의 경영자는 일상적인 기업경영뿐만 아니라 사업부의 확장이나 폐쇄, 합병 등과 같은 중요한 사안에 대한 의사결정을 내리기 위해서 회계정보를 필요로 한다. 현재 및 잠재적 투자자는 특정 기업에 투자를 할 것인지의 여부를 판단하기 위해서, 그리고 대여자는 특정 기업에 자금을 대여할 것인지의 여부를 판단하기 위해서 회계정보를 필요로 한다.

내부이용자인 경영자는 자신이 회계정보의 생산자이면서 이용자이므로 자신이 원하는 정보를 제한 없이 이용할 수 있다. 더 나아가 자기가 원하는 대로 회계정보를 생산하도록 지시할 수도 있다. 그러나 외부이용자는 기업이 제공하는 정보만 이용할 수 있을 뿐 자기가 원하는 회계정보에 마음대로 접근할 수 있는 권한이 없다는 점에서 내부이용자와 구별된다.

내부이용자를 위한 회계정보를 산출하는 회계시스템을 관리회계(managerial accounting)라고 하며, 외부이용자를 위한 회계정보를 산출하는 회계시스템을 재무회계(financial accounting)라고 한다. 관리회계에서는 회계정보의 작성자와 이용자가 동일하거나, 회계정보 이용자가 작성자에게 영향력을 행사하여 자신이 원하는 정보를 마음대로 받아 볼 수 있기 때문에 회계정보의 내용과 형식이 자유로우며, 회계정보를 작성할 때 준거해야 할 회계기준도 필요하지 않다.

반면에 재무회계에서는 회계정보의 작성자와 이용자가 다르고, 이용자는 원하는 정보를 마음대로 받아 볼 수 있는 권한도 없다. 또한 외부이용자에게 제공되는 가장 중요한 회계정보인 재무제표를 기업이 재량적으로 작성할 경우 외부이용자가 여러 기업의 재무제표를 비교 분석하는 데 문제가 발생할 수도 있다. 이는 이미 1929년의 대공황에서 경험한 바 있다. 따라서 기업이 외부이용자에게 제공하는 재무제표는 미리 제정해 놓은 회계기준(accounting standards)에 따라 작성될 필요가 있다.

재무회계 시스템에서 산출된 회계정보를 외부이용자에게 제공하는 것을 재무보고(financial reporting)라고 하는데, 재무보고의 가장 대표적인 수단이 재무제표(financial statements)이다. 재무제표에는 재무상태표, 포괄손익계산서, 자본변동표 및 현금흐름표가 있으며 주석도 재무제표에 포함된다. 본서 전반에 걸쳐 재무회계 시스템을 통해서 회계정보를 어떻게 산출하고 제공해야 이용자의 의사결정에 유용한 정보가 될 수 있는지 논의할 것이다. 그리고 본서에서 회계라고 하면 재무회계를 의미하는 것으로 한다.

2.2 재무회계 정보의 역할

회계의 목적이 진실한 이익을 측정하는 것은 아니다. 어차피 진실한 이익은 그 누구도 알 수 없기 때문이다. 전술한 바와 같이 회계는 특정 기업에 관심을 갖고 있는 현재와 잠재적 투자자, 대여자, 채권자 등 외부이용자의 의사결정에 유용한 정보를 제공하는 것을 목적으로 한다. 회계는 외부이용자가 존재하고, 그들이 회계정보를 원하기 때문에 존립할 수 있다.

그런데 회계정보의 제공자는 외부이용자보다 더 많은 정보를 갖고 있으며, 그 정보를 외부이용자에게 모두 제공하지는 않는다. 이때 회계정보의 제공자는 회사 내의 경영자를 말한다. 이와 같이 경영자는 외부이용자에 비해 정보 우위가 있는데, 이를 정보비대칭 또는 정보불균형(information asymmetry)이라고 한다.

정보불균형이 초래하는 두 가지 유형의 사회적 현상이 있는데, 하나는 역선택(adverse selection)이고 다른 하나는 도덕적 해이(moral hazard)이다. 결국 재무회계 정보는 정보불균형을 해소하거나 줄이는 역할을 해야 하며, 그런 역할을 제대로 할 수 있도록 회계기준이 제정되고 관련 제도가 정비되어야 한다.

(1) 역선택

중고차를 구입하려는 대부분의 사람들은 그 차가 혹시 사고가 났던 차가 아닌지, 중고차 주인이 기계적 결함을 숨기고 있지는 않은지 의심할 것이다. 중고차의 주인이 알고 있는 중고차의 결함에 대한 모든 정보를 구매자에게 알려주면, 구매자가 차 값을 대폭 깎거나 구매하지 않을지도 모르기 때문에 중고차의 주인은 중고차에 대한 정보를 구매자에게 되도록 적게 알려주거나, 허위 자료를 보여주기도 할 것이다.

반면에 문제가 없는 중고차의 주인이라면 중고차에 대한 모든 정보를 구매자에게 알려주려고 하겠지만, 구매자는 그 정보를 있는 그대로 믿지 않으려고 할 것이고, 중고차의 품질을 실제보다 더 낮게 평가하여 차 값을 깎으려고 할 것이다. 그 결과 품질 좋은 중고차의 주인은 매물을 철회하고, 문제가 있는 중고차만 남게 되어 결국 중고차 시장의 기능이 제대로 작동하지 못할 수 있다. 즉, 중고차를 파는 사람이 중고차를 사려는 사람보다 정보 우위에 있기 때문에 중고차 시장이 제 기능을 하지 못하는 역선택의 문제가 발생할 수 있다.

역선택의 문제를 회계 분야로 가져와 보자. 역선택은 기업의 경영자 등 내부이용자들이 기업의 현재 상태나 미래 전망에 대해서 외부이용자보다 더 많은 정보를 가지고 있기 때문에 발생한다. 경영자는 다양한 방법으로 정보 우위를 이용하여 외부이용자의 효익을 희생시킬 수 있다. 예를 들어, 어떤 기업이 신기술 개발에 성공하였을 때 경영자가 그 기업의 주식을 먼저 취득한 후 신기술 개발 성공의 뉴스를 시장에 알린다면 주가 상승에 따른 차익을 얻을 수 있을 것이다. 반대로 기업이 큰 손실을 입게 되었을 때 경영자가 가지고 있던 주식을 먼저 처분한 후에 손실이 발생했다는 뉴스를 시장에 알린다면, 주가 하락에 따른 손실을 피할 수도 있다. 또한 경영자는 정보 공개 시점을 조정할 수 있을 뿐만 아니라 공개하는 정보의 양과 내용도 조정할 수 있다.

이와 같이 정보 우위에 있는 경영자가 정보 공개에 있어서 기회주의적인 행동을 취할지 모른다고 투자자들이 의심을 한다면 기업이 원하는 가격으로 주식을 발행하기 어렵게 된다. 그리고 은행과 같은 대여자도 기업이 원하는 조건으로 자금을 대여하지 않으려고 할 것이다. 그 결과 자본시장이 제대로 기능하지 못하는 역선택의 문제가 발생할 수 있다.

역선택의 문제를 해결하려면 재무회계 시스템이 기업 내부정보의 신뢰성을 유지하면서 그 정보를 적시에 외부이용자에게 전달할 수 있도록 해야 한다. 경영자 등 기업 내부자가 기업의 특정 정보를 이용하여 외부이용자보다 먼저 주식거래를 못하도록 하는 규제나, 기업과 관련된 정보를 지체 없이 시장에 공시하도록 하는 법규 등은 재무회계 시스템이 제대로 작동하도록 하는 데 도움이 될 것이다. 한편, 기업도 자신의 가치를 제대로 평가받을 수 있도록 잦은 IR (investor relations, 기업설명회) 등을 통해 회계정보의 투명성을 높이는 노력을 기울여야 한다.

(2) 도덕적 해이

식당 주인이 종업원에게 식당의 모든 일을 맡겨 놓고 밖에 나가 있다가 식당 문을 닫을 때쯤 돌아와서 그날 매상을 확인한다고 가정하자. 식당 주인은 종업원들이 자기 모르게 매상을 속이지 않을까 의심을 할지 모른다. 한편, 종업원들은 옆에 주인이 없으니 불친절하게 손님을 대하거나, 바닥 청소도 제대로 하지 않을지 모른다. 왜냐하면 100그릇을 팔든 200그릇을 팔든 종업원이 받는 월급이 똑같다면 굳이 열심히 일을 할 동기가 생기지 않기 때문이다. 더 나아가 식당 주인 모르게 식자재를 낭비할 수도 있고, 매상을 속여서 손님으로부터 받은 돈을 편취할 수도 있을 것이다. 종업원의 행동을 주인이 직접 관찰하지 못하기 때문에 종업원이 주인의 기대에 어긋나게 행동할 수 있는데, 이것이 도덕적 해이의 사례에 해당한다.

도덕적 해이의 문제를 회계 분야로 가져와 보자. 도덕적 해이는 계약관계에 있는 어느 일방이 다른 계약당사자가 관찰할 수 없는 행동을 할 수 있을 때 발생한다. 특히 소유와 경영이 분리되어 있는 기업의 경우 도덕적 해이가 발생할 가능성이 높다. 주주나 대여자 등 투자자들은 경영자가 그들을 위하여 얼마나 열심히 노력을 하는지 직접 관찰할 수 없다. 따라서 경영자는 노력을 게을리 하거나, 기업 성과의 하락 원인을 자신이 통제할 수 없는 요인 때문이라고 주장하기도 하고, 심지어 기업 성과를 높이기 위해서 이익을 조작하기도 한다.

도덕적 해이를 해소하는 방법은 재무회계 시스템에서 산출된 회계수치에 근거하여 기업의 성과를 측정하고, 그 성과에 근거하여 경영자가 보상을 받을 수 있도록 기업과 경영자가 계약을 하는 것이다. 예를 들어, 영업이익에 연계하여 경영자의 특별 보너스를 산정하는 계약을 체결하면 도덕적 해이를 어느 정도 완화할 수 있다. 물론 경영자가 더 많은 보상을 받으려고 영업이익을 조작할 수도 있으나, 이는 다양한 감시(monitoring) 시스템을 통하여 예방하거나 적발할 수 있다.

2.3 회계기준의 필요성

재무회계 정보가 정보불균형으로부터 비롯되는 역선택이나 도덕적 해이의 문제를 해결하고, 정보이용자의 의사결정에 유용한 정보가 되기 위해서는 먼저 회계기준이 제정되어야 하고,

그 회계기준에 따라 재무회계 정보가 작성되어야 한다. 회계기준이 없다면 어떤 상황이 벌어질 것인지 1929년에 발생한 주식시장의 붕괴를 통해서 이미 쓰라린 경험을 하였다.

재무회계 정보 중 가장 중요한 정보는 재무제표이다. 기업이 재무제표의 내용 및 형식을 임의로 정해서 재무제표를 작성, 보고한다면 정보이용자가 의사결정을 하는 데 유용하지 않을 것이다. 왜냐하면 특정 거래에 대해서 기업마다 측정과 인식 기준이 다를 것이고, 보고하는 정보의 양이나 질이 동일하지 않을 것이므로 정보이용자가 기업의 재무제표를 분석하고 다른 기업의 재무제표와 비교하는 데 어려움이 있을 것이다. 따라서 기업이 재무제표를 작성하고 보고하는 데 준거해야 할 지침으로서 회계기준(accounting standards)이 반드시 필요하다.

미국을 비롯한 세계 주요 국가들은 자국의 회계기준을 제정하였으며, 해당 국가의 기업들은 자국의 회계기준을 적용하여 재무제표를 작성하였다. 미국은 미국회계기준을 제정하였고, 영국은 영국회계기준을 제정하였으며, 우리나라도 우리나라의 회계기준을 제정하여 기업들로 하여금 자국의 회계기준을 적용하도록 강제하였다. 각 국가마다 법률적, 경제적 환경이 상이하기 때문에 각 국가가 제정한 회계기준들은 동일하지 않았다.

그런데 기업의 영업이 다국화되고, 국가 간의 자본 이동이 빈번해지면서 국가 간의 서로 다른 회계기준 때문에 재무제표의 비교가능성이 낮아지는 문제가 제기되었다. 이에 1973년에 국제회계기준위원회(International Accounting Standards Committee)가 발족되어 국제회계기준을 제정하기 시작하였다. 그리고 우리나라도 2011년부터 상장기업을 중심으로 국제회계기준을 한국어로 번역한 「한국채택국제회계기준」의 적용을 의무화하였다. 국제회계기준에 대해서는 후술하는 3절에서 자세하게 설명한다.

2.4 회계감사의 필요성

전술한 중고차 시장을 다시 한 번 생각해 보자. 중고차 시장이 제대로 기능하기 위한 방법으로 자동차의 기계적인 성능을 잘 아는 공인된 전문가가 중고차의 상태를 평가하여, 그 평가 결과를 공개하고 전문가의 보증서를 제공한다면, 중고차 주인과 중고차 구매자 간의 정보불균형이 상당히 해소될 수 있을 것이다. 그리고 그 결과 중고차 시장이 제대로 기능할 수 있을 것이다.

이제 회계분야로 방향을 바꾸어 보자. 경영자는 외부이용자에게 제공되는 재무회계 정보를 회계기준에 따라 작성하였다고 주장하겠지만, 외부이용자는 재무회계 정보가 만들어지는 과정을 직접 관찰하지 못했기 때문에 경영자의 주장을 그대로 받아들이지 않을 것이다. 외부이용자는 제공받은 재무제표에 자산이 부풀려진 것은 아닌지, 누락된 부채는 없는지, 당기순이익은 믿을 만한 금액인지 등에 대해서 의심을 품을 것이다.

재무제표에 대하여 외부이용자가 의심을 하는 이유는 정보불균형이 존재하기 때문이다. 이때 정보불균형은 경영자가 외부이용자보다 기업과 관련하여 더 많은 정보를 가지고 있을 뿐만 아니라 외부이용자가 재무제표에 대한 경영자의 주장을 믿지 못하기 때문에 발생한다. 재무제표에 더 많은 정보를 포함하여 외부이용자에게 제공하는 것은 회계기준이 풀어야 할 과제이며, 재무제표를 믿을 만한 정보로 만드는 것은 독립적인 제3자의 검증을 통해서 달성해야 할 부분이다.

독립적인 제3자가 재무제표를 검증하여 그 결과를 보고하는 과정을 회계감사(auditing)라고 한다. 회계감사는 일반적으로 공인회계사(CPA)가 수행하며, 공인회계사는 감사보고서에 자신이 수행한 감사결과에 대한 의견을 표명한다. 마치 중고차 시장에서 자동차 전문가의 평가의견서가 정보불균형을 해소할 수 있는 것처럼, 공인회계사의 감사보고서가 경영자와 외부이용자 간의 정보불균형을 해소할 수 있다.

| 그림 2 | 회계감사의 역할

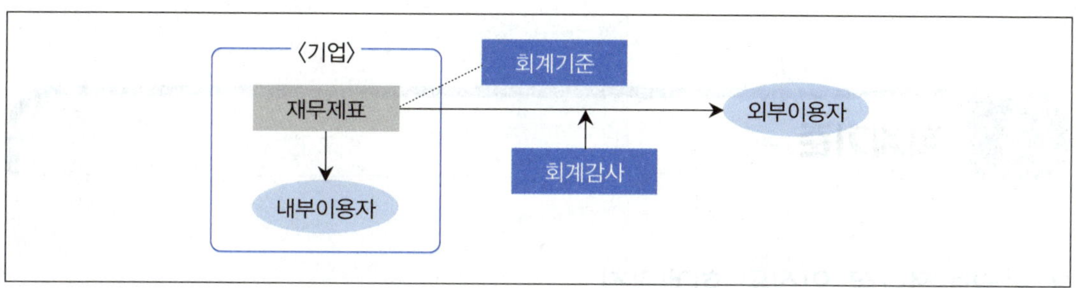

[그림 2]에서 보는 바와 같이 경영자는 회계기준에 따라 재무제표가 작성되었다고 주장하는데, 이러한 주장에 대해서 공인회계사가 회계감사를 수행하고, 감사결과에 대한 감사의견을 감사보고서에 표명하여 재무제표와 함께 외부이용자에게 제공한다. 외부이용자는 회계감사를 받지 않은 재무제표에 비해 회계감사를 받은 재무제표에 대하여 좀 더 높은 믿음을 부여할 것이므로 감사받은 재무제표는 의사결정에 유용한 정보가 될 수 있다.

회계감사를 받은 재무제표는 아무런 흠결이 없이 완전한가? 그렇지는 않다. 공인회계사가 아무리 많은 시간을 투입하여 열심히 감사를 수행했더라도 회사가 재무제표를 작성할 때 누락했거나 조직적으로 조작한 금액까지 빠짐없이 적발할 수 있는 것은 아니다. 공인회계사가 감사보고서에서 가장 흔하게 표명하는 감사의견은 적정의견인데, 감사보고서의 전체 문단 중 의견문단만 제시하면 다음과 같다.

우리의 의견으로는 별첨된 회사의 재무제표는 ○○주식회사의 20×2년 12월 31일과 20×1년 12월 31일 현재의 재무상태와 동일로 종료되는 양 보고기간의 재무성과 및 현금흐름을 한국채택국제회계기준에 따라 중요성의 관점에서 공정하게 표시하고 있습니다.

공인회계사가 아무리 성실하게 회계감사를 수행했더라도 적발하지 못한 오류나 부정이 있을 수 있으므로 재무제표가 재무상태나 재무성과 및 현금흐름을 정확하게 표시하고 있다고 의견을 표명할 수는 없다. 위의 의견문단에서 키워드는 "중요성의 관점"이다. 이는 공인회계사가 감사한 재무제표에 오류나 부정이 포함되어 있을 수 있으나, 그로 인한 영향은 외부이용자가 의사결정을 바꿀 정도로 중요한 것은 아니라는 의미이다. 따라서 공인회계사는 회사의 재무제표가 재무상태 등을 정확하게 표시하고 있다는 의견을 표명하는 것이 아니라 공정하게 표시하고 있다(fairly stated)고 의견을 표명하는 것이다.

이와 같이 회계감사는 외부이용자에게 전달되는 재무제표에 신뢰성(비록 완벽한 신뢰성은 아니지만)을 부여함으로써 외부이용자가 의사결정을 하는 데 도움을 줄 수 있다는 점에서 사회적 역할이 크다고 할 수 있다.

3 회계기준

3.1 일반적으로 인정된 회계원칙

재무제표를 작성할 때 준거해야 할 지침이 회계기준인데, 회계분야에서는 이를 GAAP이라고 부른다. GAAP은 generally accepted accounting principles의 줄임말인데 우리말로는 '일반적으로 인정된 회계원칙'으로 번역한다. 그런데 왜 accounting principles 앞에 'generally accepted' 라는 수식어를 붙이는가?

자연과학이나 사회과학은 장기간 발생하는 현상을 관찰하여 그 속에서 규칙을 발견하고 이를 일반화시킨 것을 원칙이라고 부른다. 그런데 재무제표를 작성할 때 준거해야 할 지침은 장기간의 관찰을 통해서 발견한 규칙이 아니라 인간이 인위적으로 만든 규범의 일종이다. 따라서 시간이 경과하고 환경이 변하면 그 지침도 바뀔 수 있다는 특성을 갖는다. 또한 무엇보다도 중요한 것은 인간이 지침을 만들어 놓고 모든 이해관계자에게 이를 지키도록 강요할 수 없다는 것이다. 즉, 다수가 받아들이겠다고 지지를 해야 비로소 재무제표를 작성할 때 준거할 지침이 될 수 있기 때문에 'generally accepted'라는 수식어가 필요한 것이다. 일반적으로 인정되었다는 것은 다수의 지지와 합의뿐만 아니라 권위 있는 지지도 있었음을 의미한다.

일반적으로 인정된 회계원칙은 누가 제정하는 것이 타당한가? 재무제표 작성자나 재무제표 이용자에게 일반적으로 인정된 회계원칙을 제정할 수 있는 권한을 준다면 자신에게 유리한 방향으로 회계원칙을 제정할 가능성이 높다. 따라서 중립적인 제3자가 일반적으로 인정된 회계원칙을 제정하는 것이 바람직하다.

회계의 감독기구는 일반적으로 인정된 회계원칙을 제정하는 중립적인 제3자가 될 수 있다. 1929년 미국의 대공황 이후 발족한 SEC는 일반적으로 인정된 회계원칙을 제정할 수 있는 권한을 갖고 있었지만, 그 권한을 회계 전문가 집단에게 넘겨줌으로써 미국에서 회계이론이 정립되고 발전될 수 있는 토대를 마련할 수 있었다. 아무래도 정부기관보다는 회계 전문가 집단이 더 유연하고 합리적으로 회계이론을 정립할 수 있고, 회계이론의 틀 내에서 논리적이고 일관된 일반적으로 인정된 회계원칙을 도출할 수 있기 때문에 당시 SEC가 자신의 권한을 민간에게 이양한 것에 대해서 훗날 긍정적인 평가를 받았다.

일반적으로 인정된 회계원칙 즉, GAAP은 국가마다 자국의 법률적, 경제적 상황을 반영하여 제정되었다. US-GAAP이라고 하면 미국이 제정한 미국회계기준을, K-GAAP이라고 하면 우리나라가 제정한 우리나라 회계기준을 지칭하는 것으로 이해하면 된다. 그리고 현재 140여 개 국가가 채택한 global-GAAP으로서 국제회계기준이 있다.

3.2 국제회계기준

(1) 국제회계기준의 도입

미국을 비롯한 선진국들은 1930년대부터 자국의 회계기준을 제정하여 왔다. 그런데 각 국가마다 정치적, 법률적, 경제적 시스템이 상이하게 발전되어 왔기 때문에 그 영향을 받은 회계기준도 국가마다 다르게 제정되었다. 국가 간의 거래가 많지 않았던 시대에는 각 국가마다 상이한 회계기준을 적용한 재무제표를 작성하는 것이 별다른 문제를 야기하지 않았지만, 국가 간 무역과 투자가 확대되고 자본시장이 국제화됨에 따라 국가 간 회계기준의 불일치로 재무제표의 비교 분석에 문제가 발생하였다. 또한 특정 기업이 여러 나라의 자본시장에서 자금을 조달하고자 할 때 각국마다 다른 회계기준을 적용하여 재무제표를 작성해야 하는 부담도 적지 않았다.

이에 전 세계적으로 통일된 회계기준을 제정하자는 움직임이 일어났고 그 결과 1973년에 영국의 주도하에 미국, 프랑스, 독일, 일본 등 9개국이 참여하여 런던에 국제회계기준위원회

(IASC, International Accounting Standards Committee)를 설립하고, 국제회계기준(IAS, International Accounting Standards)을 제정하기 시작하였다. 그러나 IASC는 다른 국가들에게 IAS를 적용하도록 강제할 권한이 없었다. 심지어 IASC 회원국들조차 IAS를 적용하지 않고 자국의 회계기준을 적용하였다.

IASC의 노력에도 불구하고 IAS가 세계적으로 확산되지 못하였기 때문에 IASC를 새로운 조직구조로 탈바꿈할 필요가 있다는 점에 공감하여 2001년에 IASC를 IASB(International Accounting Standards Board)로 개편하였다. IASB는 2001년부터 현재까지 국제회계기준(IFRS, International Financial Reporting Standards)을 제정·공포하고 있다. 2005년부터 유럽연합 회원국들이 IFRS를 의무적용하기 시작하였으며, 현재 우리나라를 포함하여 140여 개 국가들이 IFRS를 자국의 회계기준으로 도입한 상태이다.[4)]

(2) 국제회계기준의 구조

1973년에 설립된 IASC는 IASB로 조직이 개편되기 전까지 41개의 IAS를 제정·공포하였다. 또한 IAS를 적용하는 과정에서 발생하는 문제에 대한 지침을 적시에 마련하기 위해 IASC의 하부구조로 SIC(Standing Interpretation Committee, 국제회계기준해석위원회)를 설치하였는데, 동 위원회는 32개의 SIC Interpretation(국제회계기준해석서)을 제정하였다.

2001년에 발족된 IASB는 현재까지 계속 IFRS를 제정·공포하고 있다. 그리고 IASC가 SIC라는 해석위원회를 설치하였던 것처럼 IASB도 IFRIC(International Financial Reporting Interpretation Committee, 국제재무보고기준해석위원회)이라는 조직을 설치하여 여러 Interpretation을 발표하고 있다.

IASB는 과거 IASC가 제정했던 IAS나 SIC Interpretation을 모두 폐지하지 않고 IFRS나 IFRIC Interpretation을 제정할 때마다 중복되는 IAS나 SIC Interpretation을 단계적으로 폐지하고 있다. 따라서 앞으로 상당 기간 동안 IAS, SIC Interpretation, IFRS 및 IFRIC Interpretation이 공존할 것으로 예상된다. 우리가 '국제회계기준'이라고 말할 때 IFRS만을 의미하는 것으로 생각하는 경우가 많은데, 국제회계기준이라고 하면 다음과 같은 4가지 회계기준을 모두 포함하는 것으로 이해하면 된다.

IAS, SIC Interpretation, IFRS, IFRIC Interpretation

4) 다만, 우리나라에서는 3.3절에서 설명하는 바와 같이 상장기업 등에 대해서만 IFRS를 번역한 한국채택국제회계기준을 적용하도록 하고 있다.

그리고 국제회계기준의 영어 원문을 한글로 번역한 것을 '한국채택국제회계기준(K-IFRS)'이라고 부른다.

한편, 1.3절에서 IFRS 재단이 ESG 관련 정보의 공시기준도 제정하고 있다고 언급하였는데, 이를 그림으로 표시하면 다음과 같다.

| 그림 3 | IFRS 회계기준과 지속가능성 공시기준

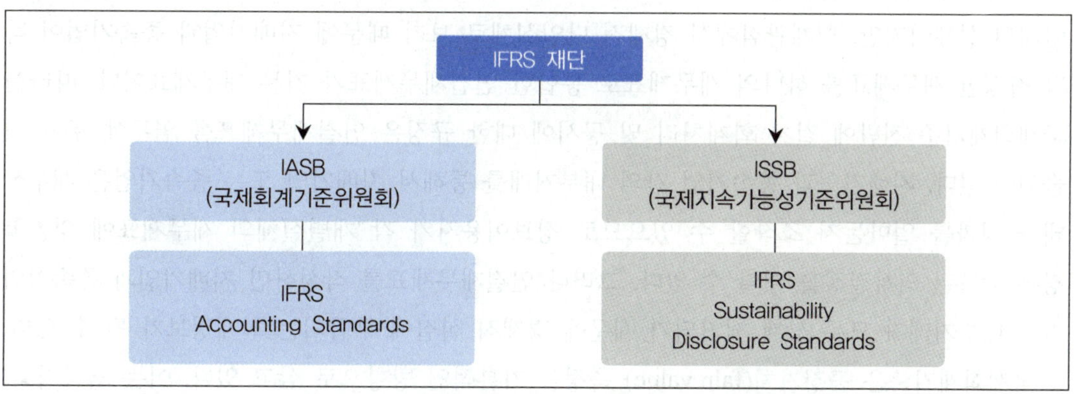

2022년 이후 IFRS 재단은 [그림 3]에서 보는 바와 같이 ISSB(International Sustainability Standards Board)를 추가하여 조직을 개편하였는데, 회계기준을 제정하는 IASB와 지속가능성 공시기준을 제정하는 ISSB를 통합하는 기구로서 그 의미가 크다고 할 수 있다. 2026년 초 현재 ISSB는 2개의 지속가능성 공시기준[5]을 제정한 상태이며, 향후 추가 기준을 지속적으로 제정할 것이다.

(3) 국제회계기준의 특징

회계처리 및 재무제표 작성과 공시에 있어서 세부적인 지침을 규정하는 방식으로 제정한 회계기준을 규칙중심(rule based) 회계기준이라고 한다. 이에 반해 국제회계기준은 회계처리나 재무제표의 작성 및 공시와 관련한 세부 지침을 규정하지 않고, IASB가 제정한 '개념체계'(Conceptual Framework)[6]에서 도출된 여러 가지 개념들과 일관되는 회계처리의 기본원칙 및 방법론을 제시하는 소위 원칙중심(principle based) 회계기준이라는 특징이 있다.

5) ISSB가 2024년 초까지 제정한 IFRS 지속가능성 공시기준은 S1과 S2이다. IFRS S1은 '지속가능성 관련 재무정보 공시를 위한 일반 요구사항(General Requirements for Disclosure of Sustainability-related Financial Information)'이고, IFRS S2는 '기후관련 공시(Climate-related Disclosure)'이다.

6) '개념체계'는 제2장에서 설명한다.

이러한 원칙중심의 특징 때문에 특정 거래에 대한 회계처리를 어떻게 할 것인지에 대하여 회계전문가들의 의견이 일치되지 않는 경우가 많다. 특히 실무에서는 금융상품이나 사업결합과 관련한 회계처리에 대한 이견이 가장 빈번하게 발생하는데, 국제회계기준에 명확한 규정이 없는 경우가 많으며, 소위 BIG4라고 하는 대형 회계법인[7]들의 의견도 서로 일치하지 않는 경우가 많아 실무에서 다양한 회계처리와 재무제표의 표시가 이루어지고 있는 상황이다.

국제회계기준의 기본 재무제표는 연결재무제표이다. 지배기업과 종속기업은 법률적으로는 별개의 실체이지만, 회계관점에서 경제적 단일실체로 보기 때문에 지배기업과 종속기업이 각각 작성한 재무제표를 하나의 재무제표로 통합한 연결재무제표가 기본 재무제표이다. 따라서 국제회계기준 전반에 걸쳐 회계처리 및 공시에 대한 규정은 연결재무제표를 염두에 두고 서술되어 있다. 지배기업과 종속기업 간의 내부거래를 통해서 지배기업 또는 종속기업은 재무상태나 성과를 얼마든지 조작할 수 있으므로 정보이용자가 각 개별실체의 재무제표에 의존할 경우 잘못된 의사결정을 내릴 수 있다. 그러나 연결재무제표를 작성하면 지배기업과 종속기업 간의 내부거래가 모두 상계 제거되기 때문에 경제적 실질에 부합되는 회계정보가 될 수 있다.

국제회계기준은 공정가치(fair value) 측정을 기본적인 방향으로 삼고 있다. 이는 역사적 원가에 비해 공정가치가 경제적 의사결정에 더 목적적합한 정보가 될 수 있다는 데 근거한다. 다만, 모든 자산과 부채에 공정가치 측정을 적용하는 것은 아니며, 기업으로 하여금 특정 자산에 대해서 공정가치 측정을 선택할 수 있도록 허용하는 경우도 있다. 제4장부터 다양한 공정가치 측정의 회계처리가 소개될 것이다.

3.3 우리나라 회계기준의 제정 및 개정

우리나라 최초의 회계기준은 1958년 당시 재무부장관의 자문기구였던 재정금융위원회의 기업회계준칙제정 분과위원회가 제정한 「기업회계원칙」이다. 그리고 같은 해 7월에 「재무제표규칙」을 공포하였다. 이후 1974년과 1975년에 각각 「상장법인등의회계처리에관한규정」과 「상장법인등의재무제표에관한규칙」이 제정되었다.

1980년에는 「주식회사의외부감사에관한법률」이 제정되었고, 동법의 규정에 따라 1981년에 「기업회계기준」을 공포하였다. 「기업회계기준」은 1997년까지 9차의 개정을 거치면서 발전하였으나, 정부의 정책목적에 따라 일관성이나 국제적 정합성 없이 빈번하게 변경되었다는 비판을 받았다. 한편, 1958년부터 1997년까지 우리나라 회계기준은 재무부, 증권감독원, 금융위원회

7) BIG4는 전 세계의 회계, 감사 및 컨설팅 서비스를 과점하고 있는 미국의 4대 회계법인을 말하는데, PwC, KPMG, Deloitte 그리고 E&Y를 말한다.

등 정부기관이 주체가 되어 제정되었다.

1997년 말의 외환위기를 겪으면서 투명한 회계정보의 요구가 증대되었으며, 좀 더 수준 높은 회계기준의 필요성이 제기되었다. 1998년 9월에 한국정부와 세계은행은 회계정보의 신뢰성과 기업경영의 투명성을 높이기 위하여 독립된 민간 회계기준 제정 기구를 설립하기로 합의하였으며, 그 결과 1999년에 한국증권거래소와 대한상공회의소를 비롯한 13개 회원사가 참여한 한국회계연구원이 설립되었다. 그리고 2000년에 「주식회사의외부감사에관한법률」이 개정되어 정부가 아닌 민간 기구에서 회계기준을 제정할 수 있는 근거가 마련되었으며, 금융위원회가 한국회계연구원을 회계기준 제정기관으로 지정함으로써 2000년부터 본격적으로 한국회계연구원의 내부에 설치된 회계기준위원회(KASB)에서 우리나라 회계기준을 제정하기 시작하였다. 한국회계연구원은 2006년에 한국회계기준원(KAI)으로 그 명칭이 변경되어 오늘에 이르고 있다.

회계기준위원회는 자체적인 심의 결과, 의견조회기관의 요청이 있는 경우, 그리고 학계나 업계의 문제 제기 등이 있고, 또한 필요성이 인정되는 경우에 기업회계기준의 제정 또는 개정 계획을 수립한다. 한국회계기준원은 이를 위하여 필요한 경우에는 회계기준의 제·개정을 위한 토론서(discussion paper)를 발간한다. 토론서에 대한 검토와 외부의 의견을 바탕으로 한국회계기준원의 조사연구실은 회계기준의 초안을 회계기준위원회에 제출한다. 회계기준위원회는 초안을 심의한 뒤 최종적으로 확정 공포할 형식으로 공개초안(exposure draft)을 의결하고, 4주에서 6주 동안 이해관계자들의 검토의견을 구한다. 또한 필요한 경우 공청회를 개최하기도 한다. 이후 회계기준위원회의 최종 의결을 거쳐서 확정된 기업회계기준의 제정안 또는 개정안은 금융위원회에 보고되고 일반에게 공포된다.

우리나라 회계기준은 2000년부터 회계기준위원회가 제정한 「기업회계기준서」가 중심이 되었다. 「기업회계기준서」는 주제별로 번호가 부여되어 공포되었는데, 국제회계기준을 도입하기 전까지 회계기준위원회는 제1호부터 제28호까지 모두 28개의 「기업회계기준서」를 제정·공포하였다.

회계기준위원회는 「기업회계기준서」 이외에도 「기업회계기준해석서」와 「기업회계기준적용사례」를 발표하였다. 「기업회계기준해석서」는 「기업회계기준서」에서 다루지 못한 세부적인 실행 지침을 기술하고, 사례를 중심으로 해석하거나 「기업회계기준서」의 적용에 필요한 실무 지침을 제공한다. 한편, 「기업회계기준적용사례」는 기업회계기준을 실무에 적용하는 과정에서 제기되는 다양한 질의에 대한 회신 중 일반적인 적용성이 있는 부분으로 구성되어 있다. 또한 회계기준위원회는 기업회계기준의 제정과 회계실무에 기본 방향과 일관성 있는 지침의 제시를 가능하게 하는 준거의 틀을 제공하기 위하여 「재무회계개념체계」도 제정하였다.

2000년부터 국제회계기준을 자국의 회계기준으로 도입하는 사례가 늘어나면서 우리나라도 2007년에 국제회계기준을 도입하기로 하는 로드맵을 발표하고, 2011년부터 상장기업 등[8)]에 한하여 국제회계기준(즉, 한국채택국제회계기준)의 적용을 의무화하였다. 또한 한국채택국제회계기준을 적용하지 않는 비상장기업은 회계기준위원회가 2009년 12월에 제정한 「일반기업회계기준」을 2011년부터 적용하도록 의무화하였다. 2011년부터 한국채택국제회계기준과 일반기업회계기준이 의무 적용되면서 그 이전까지 적용되던 우리나라의 회계기준은 모두 폐기되었다.

「한국채택국제회계기준」이나 「일반기업회계기준」은 모두 공인회계사의 외부감사를 받는 기업들이 적용하는 회계기준이다. 외부감사를 받지 않는 소규모 기업도 「일반기업회계기준」을 적용하면 되겠지만, 회계시스템이나 인력이 제대로 갖추어지지 않은, 외부감사 대상이 아닌 소규모 기업에게 「일반기업회계기준」을 적용하도록 요구하는 것은 현실적으로 실무 부담이 크다. 따라서 그러한 기업들을 위하여 법무부가 2013년에 「중소기업회계기준」을 제정하였으며, 2014년 초부터 시행하기 시작하였다. 따라서 우리나라 회계기준은 크게 「한국채택국제회계기준」, 「일반기업회계기준」, 그리고 「중소기업회계기준」으로 구성되어 있다. 세 가지 회계기준을 요약하면 [표 1]과 같다.

| 표 1 | 우리나라 회계기준의 구성

회계기준	적용기업	근거 법률
한국채택국제회계기준	상장기업 및 금융회사, 공기업 등	주식회사등 외부감사에 관한 법률
일반기업회계기준	외부감사대상 주식회사	
중소기업회계기준	외부감사대상이 아닌 주식회사	상법

지금까지 설명한 우리나라 회계기준의 변천 과정을 그림으로 표시하면 [그림 4]와 같다.

8) 한국채택국제회계기준을 의무적으로 적용해야 하는 기업은 주권상장기업뿐만 아니라 상장예정기업, 비상장금융회사, 일부 공기업 등이 포함된다.

| 그림 4 | 우리나라 회계기준의 변천 과정

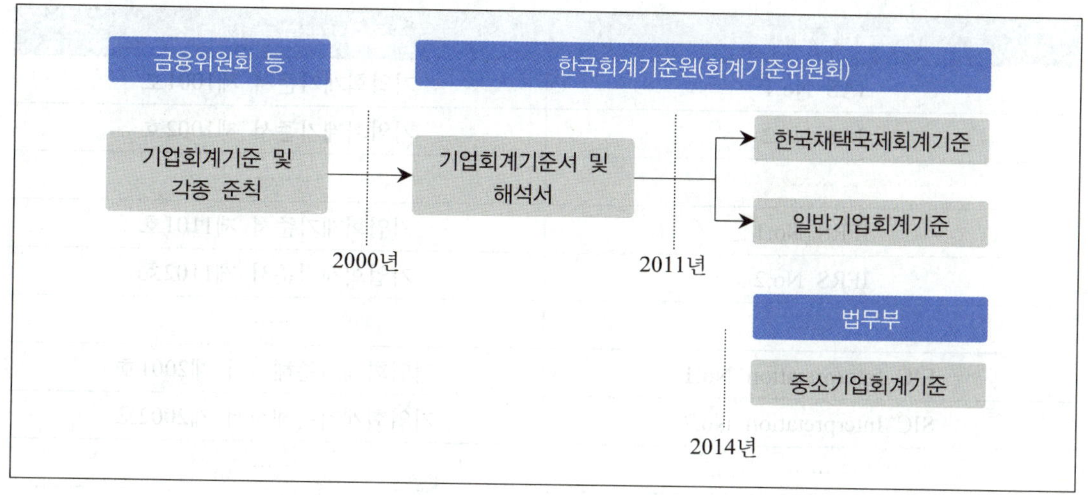

3.4 한국채택국제회계기준의 체계

3.3절에서 설명한 바와 같이 우리나라는 2007년 로드맵 발표 이후 한국회계기준원에서 국제회계기준 전체를 한글로 번역하는 작업을 시작하였다. 그리고 번역한 회계기준 전체에 「한국채택국제회계기준」이라는 명칭을 붙였다. 전술한 바와 같이 국제회계기준은 세부적으로 IAS, SIC Interpretation, IFRS 및 IFRIC Interpretation으로 구성되어 있으며, 각각 고유 번호가 부여되어 있다. 그런데 이 네 가지 국제회계기준을 번역한 「한국채택국제회계기준」 내에서도 이들을 구분할 필요가 있었다. 이에 우리나라에서는 IAS와 IFRS에 「기업회계기준서」라는 명칭을 붙이고, SIC Interpretation과 IFRIC Interpretation에 「기업회계기준해석서」라는 명칭을 붙인 후, 이들을 구별하기 위해서 [표 2]와 같은 번호를 부여하는 방법을 택했다.

| 표 2 | 한국채택국제회계기준의 번호체계

국제회계기준	한국채택국제회계기준
IAS No.1	기업회계기준서 제1001호
IAS No.2	기업회계기준서 제1002호
……	……
IFRS No.1	기업회계기준서 제1101호
IFRS No.2	기업회계기준서 제1102호
……	……
SIC Interpretation No.1	기업회계기준해석서 제2001호
SIC Interpretation No.2	기업회계기준해석서 제2002호
……	……
IFRIC Interpretation No.1	기업회계기준해석서 제2101호
IFRIC Interpretation No.2	기업회계기준해석서 제2102호
……	……

[표 2]에서 보는 바와 같이 IASC 조직 하에서 제정된 IAS와 SIC Interpretation은 각각 1001번과 2001번부터 번호를 순서대로 부여하였고, IASB 조직 하에서 제정된 IFRS와 IFRIC Interpretation은 각각 1101번과 2101번부터 번호를 순서대로 부여하였다.

제 2 장

재무보고를 위한 개념체계

1 개념체계란 무엇인가?

기업이 재무제표를 작성할 때 준거해야 할 회계기준은 국가마다 동일하지 않다. 국가의 경제적 환경, 법률체계 및 자본시장 등의 요인들이 자국의 회계기준에 영향을 미칠 수 있는데, 국가마다 처한 경제적 환경과 법률체계가 다르고 자본시장의 발달 과정이나 발달 정도도 다르기 때문에 각 국가의 회계기준은 다르게 마련이다. 국가마다 자산, 부채, 자본, 수익, 비용의 재무제표 요소를 다양하게 정의하였고, 재무제표 요소의 인식과 측정기준도 달랐으며, 그 결과 재무제표의 표시와 공시의 내용도 동일하지 않았다.

이에 국제회계기준위원회(IASB)는 재무제표의 작성과 표시에 관련된 법규, 회계기준 및 절차의 조화를 추구하면서 외부이용자를 위한 재무보고의 기초가 되는 개념을 정립하기 위하여 2001년에 「재무제표의 작성과 표시를 위한 개념체계(Framework for the Preparation and Presentation of Financial Statements)」를 제정하였다. 그리고 2011년에 「재무제표의 작성과 표시를 위한 개념체계」를 일부 개정하여 「재무보고를 위한 개념체계(Conceptual Framework for Financial Reporting, 이하 '개념체계'라 함)를 공포하였는데, 그 내용이 완전하지 못하고 일부 지침이 명확하지 않다는 지적이 있었다. 이에 국제회계기준위원회가 2018년에 '개념체계'를 전면 개정하고, 한국회계기준위원회가 이를 번역하여 2019년에 개정된 '개념체계'를 공포하였다.

'개념체계'는 모두 8개의 장으로 구성되어 있는데, 각 장의 내용은 다음과 같다.

1장 일반목적재무보고의 목적
2장 유용한 재무정보의 질적 특성
3장 재무제표와 보고기업
4장 재무제표의 요소
5장 인식과 제거
6장 측정
7장 표시와 공시
8장 자본 및 자본유지개념

본장의 2절부터 '개념체계'의 각 장의 내용을 차례로 설명하되, 7장 표시와 공시는 중급회계에서 설명하기로 한다. 그리고 본장의 마지막 절에서 현재가치 측정을 별도로 설명한다.

2 일반목적재무보고의 목적

개념체계 1장에서는 일반목적재무보고의 목적을 설명하기 전에 개념체계의 위상과 목적을 먼저 설명하고 있다.

2.1 개념체계의 위상과 목적

'개념체계'의 목적은 다음과 같다.

(1) 한국회계기준위원회(이하 '회계기준위원회')가 일관된 개념에 기반하여 한국채택국제회계기준(이하 '회계기준')을 제·개정하는 데 도움을 준다.
(2) 특정 거래나 다른 사건에 적용할 회계기준이 없거나 회계기준에서 회계정책을 선택하는 것을 허용하는 경우에 재무제표 작성자가 일관된 회계정책을 개발하는 데 도움을 준다.
(3) 모든 이해관계자가 회계기준을 이해하고 해석하는 데 도움을 준다.

'개념체계'는 한국채택국제회계기준이 아니므로 '개념체계'의 어떠한 내용도 회계기준이나 그 요구사항에 우선하지 않는다. 다만, 특정 거래 등에 대해서 구체적으로 적용할 수 있는 한국채택국제회계기준이 없는 경우 경영진은 개념체계의 내용을 고려하여 회계정책을 개발하고 적용할 수 있는데, 여기에 대한 상세한 내용은 제17장 1.2절에서 설명한다.

2.2 일반목적재무보고의 목적

기업의 재무정보에 관심을 갖는 이용자는 현재 및 잠재적 투자자, 대여자, 종업원, 거래처, 고객, 정부와 감독기관, 일반대중 등 다양하며, 이들이 필요로 하는 재무정보도 다양하다. 기업이 다양한 이용자의 정보욕구에 맞추어 재무보고를 한다면 이는 소위 특수목적재무보고(special purpose financial reporting)가 될 것이다.

특수목적재무보고를 하려면 기업이 부담하는 비용(cost)이 가중될 수 있으며, 특수목적재무보고를 한다고 해서 이용자의 다양한 정보욕구를 모두 충족시킬 수 있는 것도 아니다. 따라서 개념체계는 다양한 이용자 중에서 주요 이용자(primary users)를 먼저 정의하고, 그들이 기업에 자원을 제공하는 것과 관련된 의사결정[1]에 유용한 보고기업의 재무정보를 제공하는 것을 목적

1) 기업은 필요한 자금을 차입하거나 주식을 발행하여 조달할 수 있는데 기업에게 자금을 제공하는 대여자나 투자자가 기업에게 자금을 제공하기 전에 그 회사의 재무상태나 성과를 분석하기 위하여 그 기업의 재무정보가 필요하다.

으로 하는 접근법을 택하였는데, 이를 일반목적재무보고(general purpose financial reporting)라고 한다. 즉, 주요 이용자의 의사결정에 유용한 재무정보는 다른 이용자의 의사결정에도 유용할 것이라는 관점에 기초한다.

일반목적재무보고의 목적을 요약하면 다음의 [그림 1]과 같다.

| 그림 1 | 일반목적재무보고의 목적

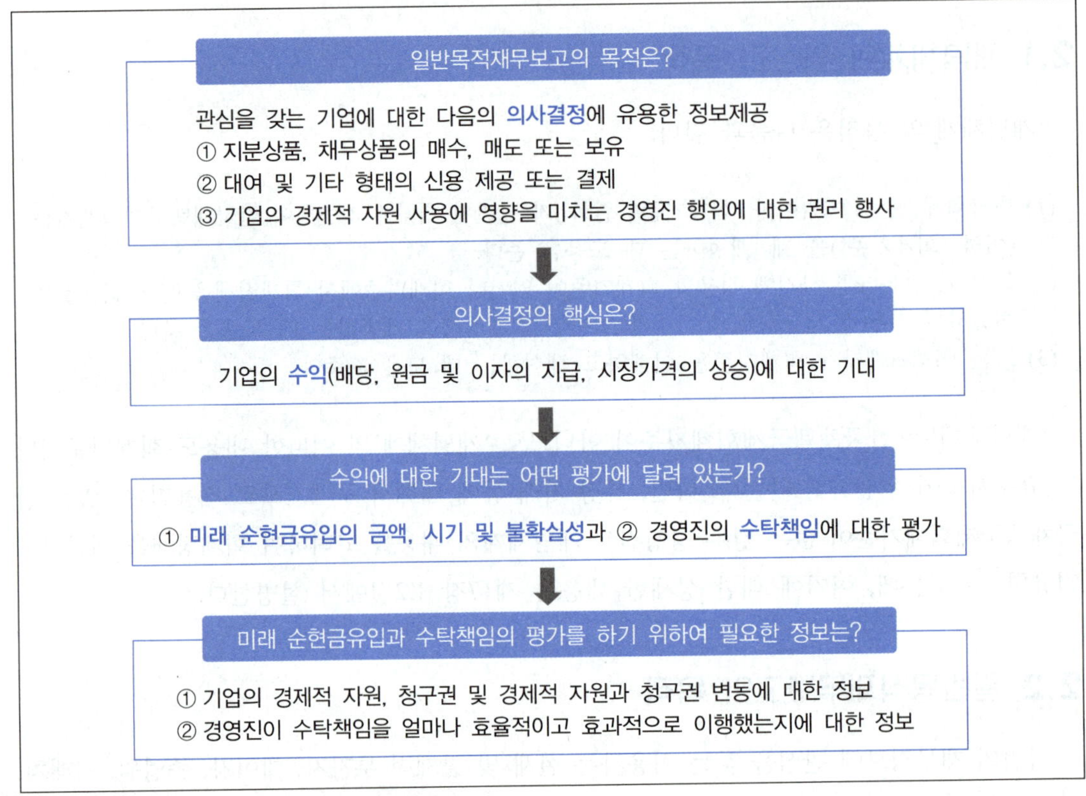

현재 및 잠재적 투자자, 대여자와 그 밖의 채권자는 자신이 관심을 갖는 기업에 대해서 여러 가지 의사결정을 하는 데 유용한 정보를 필요로 하며, 그러한 정보욕구를 충족시키는 것이 일반목적재무보고의 목적이다. [그림 1]에서 가장 핵심적인 부분은 정보이용자가 관심을 갖는 기업의 미래 순현금유입액의 금액, 시기 및 불확실성과 경영진이 수탁책임을 제대로 이행하는지 평가하는 데 필요한 정보를 제공하는 것이다. 그리고 그러한 평가를 위해 기업의 경제적 자원, 청구권 및 경제적 자원과 청구권 변동에 대한 정보 및 경영진이 수탁책임을 얼마나 효율적이고 효과적으로 이행했는지에 대한 정보가 필요하다.

일반목적재무보고서는 현재 및 잠재적 투자자, 대여자와 그 밖의 채권자가 필요로 하는 모든 정보를 제공하지 않으며 제공할 수도 없다. 따라서 이용자들은 일반 경제적 상황 및 기대, 정치적 사건과 정치 풍토, 산업 및 기업 전망과 같은 다른 원천에서 입수한 정보를 고려할 필요가 있다.

일반목적재무보고서는 기업의 가치를 보여주기 위해 고안된 것은 아니지만, 현재 및 잠재적 투자자, 대여자와 그 밖의 채권자가 보고기업의 가치를 추정하는 데 도움이 되는 정보를 제공한다. 예를 들어, 삼성전자㈜가 작성한 재무제표는 삼성전자㈜의 기업가치를 보여주는 것이 아니라 투자자 등이 삼성전자㈜의 기업가치를 추정하는 데 도움이 되는 정보를 제공할 뿐이다.

재무보고서는 정확한 서술보다는 상당 부분 추정, 판단 및 모형에 근거한다. 예를 들어, 보고기간 말에 경영자는 기업이 보유하는 금융자산에 대하여 손상이 발생하였는지 여부를 판단해야 하고, 손상 금액을 추정할 때 특정 모형에 근거할 수 있다. '개념체계'는 그 추정, 판단 및 모형의 기초가 되는 개념(concepts)을 정한다. 이 개념에는 후술할 유용한 재무정보의 질적 특성, 발생기준, 재무제표 요소의 인식 및 측정기준 등이 포함된다.

2.3 일반목적재무보고가 제공하는 정보

다음의 [그림 2]에서 보는 바와 같이 일반목적재무보고는 ① 보고기업의 경제적 자원과 보고기업에 대한 청구권에 대한 정보와 ② 보고기업의 경제적 자원과 청구권을 변동시키는 거래 및 그 밖의 사건의 영향에 대한 정보를 제공한다.

| 그림 2 | 일반목적재무보고가 제공하는 정보

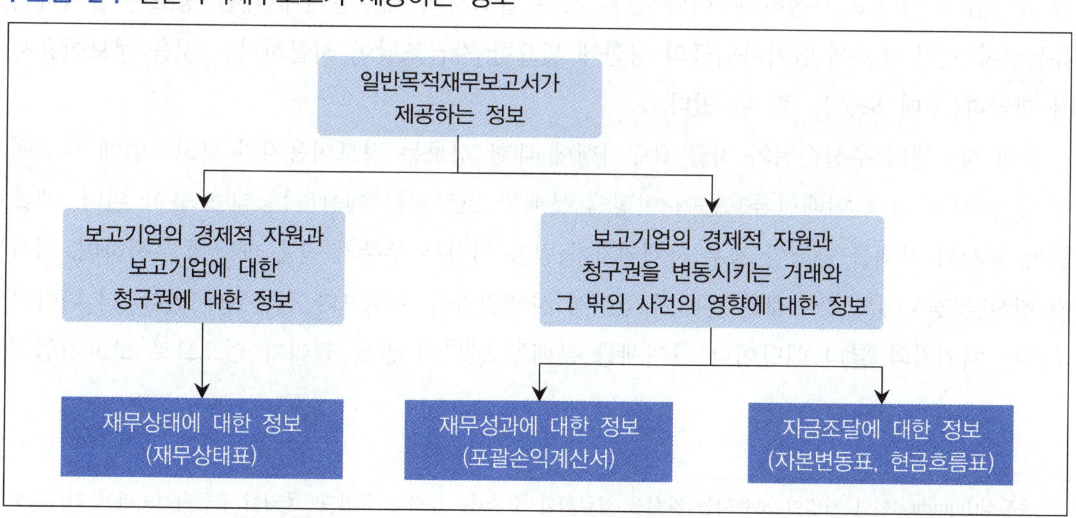

보고기업의 경제적 자원은 자산을 의미하며, 보고기업에 대한 청구권(claims)은 부채와 자본을 의미한다. 부채는 보고기업에 대한 채권자의 청구권이며, 자본은 주주의 청구권(채권자의 청구권보다 후순위인 잔여지분 청구권임)이다. 결국 일반목적재무보고는 특정 시점의 자산, 부채 및 자본을 포함하는 재무상태에 대한 정보와 일정 기간 자산, 부채 및 자본의 변동에 관한 정보를 제공한다고 이해하면 된다. 그리고 실무에서 재무상태에 대한 정보는 재무상태표를 통해서, 그리고 재무상태의 변동에 관한 정보는 포괄손익계산서, 자본변동표 및 현금흐름표를 통해서 정보이용자에게 제공된다.

[그림 1]의 마지막 부분은 ① 기업의 경제적 자원, 청구권 및 경제적 자원과 청구권 변동에 대한 정보와 ② 경영진의 수탁책임 이행 여부에 대한 정보가 표시되어 있는데, [그림 2]에는 경영진의 수탁책임 이행 여부에 대한 정보는 표시되어 있지 않다. 이는 기업의 경제적 자원과 청구권 및 그들의 변동에 대한 정보를 이용하여 경영진의 수탁책임 이행 여부도 평가할 수 있기 때문이다.

(1) 경제적 자원과 청구권에 대한 정보

보고기업의 경제적 자원과 청구권의 성격 및 금액에 대한 정보는 정보이용자가 보고기업의 재무적 강점과 약점을 식별하는 데 도움을 줄 수 있다. 그 정보는 정보이용자가 보고기업의 유동성[2]과 지급능력, 추가적인 자금조달의 필요성 및 자금 조달이 얼마나 성공적일지를 평가하는 데 도움을 줄 수 있다. 예를 들어, 갑회사는 동일 업종의 유사 규모의 회사에 비해 현금보유수준이 낮고 즉시 현금으로 전환할 수 있는 금융자산이 적은 대신 단기간 내에 갚아야 할 차입금이 많다고 가정하자. 이와 같은 경우 갑회사의 재무상태에 대한 정보는 갑회사의 유동성이 낮기 때문에 단기차입금의 상환에 필요한 자금조달이 시급하다는 것을 정보이용자가 파악하는 데 도움을 줄 수 있다.

현재 청구권의 우선순위와 지급 요구사항에 대한 정보는 정보이용자가 보고기업에 청구권이 있는 자들 간에 미래현금흐름이 어떻게 분배될 것인지를 예상하는 데 도움이 된다. 예를 들어, 회사가 사채를 발행할 경우 사채권자가 받을 이자는 주주가 받을 배당에 우선하며, 회사가 청산할 경우에도 잔여재산 분배에 있어서 사채권자가 주주보다 선순위에 있다. 더 나아가 주주는 채권자와 달리 배당이나 잔여재산 분배를 반드시 받을 권리가 없으므로 보고기업의

2) 유동성(liquidity)이란 기업이 보유하는 자산을 현금화할 수 있는 능력을 말한다. 동일한 유동자산이라고 하더라도 주식이나 채권의 유동성이 재고자산의 유동성보다 높다.

청구권을 부채와 자본으로 구분한 정보는 정보이용자가 미래현금흐름이 채권자와 주주를 포함하는 청구권자들 간에 어떤 순서로 배분되는지 예상하는 데 도움을 줄 수 있다.

(2) 경제적 자원과 청구권의 변동에 대한 정보

기업의 경제적 자원과 청구권의 변동 즉, 재무상태의 변동은 ① 주로 수익과 비용 등의 재무성과에 의해서 변동되지만, ② 채무상품(예 : 사채)이나 지분상품(예 : 주식)의 발행과 같은 자금조달 거래에 의해서 변동되기도 한다. 보고기업의 미래현금흐름에 대한 전망을 올바르게 평가하기 위해서 정보이용자는 이 두 가지 변동을 구별할 수 있어야 한다.

1) 재무성과에 대한 정보

재무성과에 대한 정보는 그 기업의 경제적 자원에서 창출한 수익을 정보이용자가 이해하는 데 도움을 준다. 기업이 창출한 수익에 대한 정보는 경영진이 자원을 효율적이고 효과적으로 사용해야 하는 책임(즉, 수탁책임)을 얼마나 잘 이행하였는지 보여준다. 예를 들어, 갑회사의 당기순이익이 10억 원이고 을회사의 당기순이익이 20억 원이라고 할 때, 무조건 을회사의 경영진이 갑회사의 경영진보다 더 나은 재무성과를 올렸다고 판단할 수 없다. 만약 갑회사의 자산총액이 100억 원이고 을회사의 자산총액이 400억 원이라면 갑회사의 자산 1원당 이익은 0.1원인데 반해, 을회사의 자산 1원당 이익은 0.05원이므로 갑회사의 경영진이 을회사의 경영진보다 자원을 더 효율적이고 효과적으로 사용했다고 결론을 내릴 수 있다. 따라서 경제적 자원에서 창출한 수익을 파악하는 재무성과에 대한 정보는 경영진의 수탁책임에 대한 판단을 내리는 데 유용한 정보이다.

미래현금흐름의 불확실성을 평가하는 데 있어서 수익의 변동성 및 수익의 구성요소에 대한 정보도 중요하다. 예를 들어, 매출액과 유형자산처분이익은 모두 수익을 구성하는 요소이지만 매출의 변동성이 유형자산처분이익의 변동성보다 낮기 때문에(즉, 매출의 지속성이 유형자산처분이익의 지속성보다 높기 때문에) 매출액과 유형자산처분이익을 별개의 항목으로 구분하면 미래 수익을 예측하는 데 도움이 될 수 있다.

보고기업의 과거 재무성과와 그 경영진이 책임을 어떻게 이행했는지에 대한 정보는 기업의 경제적 자원에서 발생하는 미래 이익을 예측하는 데 일반적으로 도움이 된다. 기업의 재무보고는 과거에 발생한 거래나 사건에 대한 보고인데, 어떻게 과거 정보를 이용하여 미래 이익을 예측할 수 있을까?

발생기준을 적용하면 현금기준을 적용할 때 제공되지 않는 발생(accrual)과 이연(deferral)에 대한 정보를 제공할 수 있다. 발생은 당기손익에는 영향을 주지만 현금유출입은 차기 이후에 발생할 항목을 말하는데, 매출채권, 미수수익, 미지급비용 등이 발생과 관련하여 인식한 계정이다. 한편, 이연은 당기에 현금유출입이 발생하였지만 차기 이후 손익에 영향을 주는 항목을 말하는데, 선급비용, 선수수익 등이 이연과 관련하여 인식한 계정이다.

정보이용자의 관심은 당기의 현금흐름보다는 미래의 현금흐름과 미래의 손익이므로 미래의 현금흐름에 영향을 주는 발생관련 계정과 미래의 손익에 영향을 주는 이연관련 계정에 대한 정보가 필요하다. 발생과 이연 항목이 미래의 손익과 현금흐름을 예측하는 데 도움을 준다는 것은 과거의 이익 정보를 이용하여 미래의 이익을 예측할 수 있음을 의미한다.

발생기준 정보가 미래이익을 예측하는 데 도움을 준다는 것이 현금흐름 정보가 중요하지 않음을 의미하는 것은 아니다. 어느 한 기간의 보고기업의 현금흐름에 대한 정보도 정보이용자가 기업의 미래 순현금유입의 창출 능력을 평가하는 데 도움이 된다. 이는 채무의 차입과 상환, 현금 배당 등 투자자에 대한 현금분배, 그리고 기업의 유동성이나 지급능력에 영향을 미치는 그 밖의 요인에 대한 정보를 포함하며, 보고기업이 어떻게 현금을 획득하고 사용하는지 보여준다. 따라서 재무상태표나 포괄손익계산서뿐만 아니라 제18장에서 설명할 현금흐름표도 의사결정에 중요한 정보를 제공한다.

2) 재무성과에 기인하지 않은 경제적 자원 및 청구권의 변동(자금조달에 대한 정보)

보고기업의 경제적 자원과 청구권은 채무상품이나 지분상품의 발행과 같이 재무성과 이외의 사유로도 변동될 수 있다. 이러한 유형의 변동에 관한 정보는 보고기업의 경제적 자원과 청구권이 변동된 이유와 그 변동이 미래 재무성과에 주는 의미를 정보이용자가 완전히 이해하는 데 필요하며, 자본변동표와 현금흐름표를 통해서 제공된다.

3 유용한 재무정보의 질적 특성

특정 기업의 재무정보가 정보이용자의 의사결정에 유용하기 위해서 '개념체계'는 [그림 3]에서 보는 바와 같이 근본적 질적 특성(fundamental qualitative characteristics)과 보강적 질적 특성(enhancing qualitative characteristics)을 갖추어야 한다고 설명한다.

| 그림 3 | 유용한 재무정보의 질적 특성

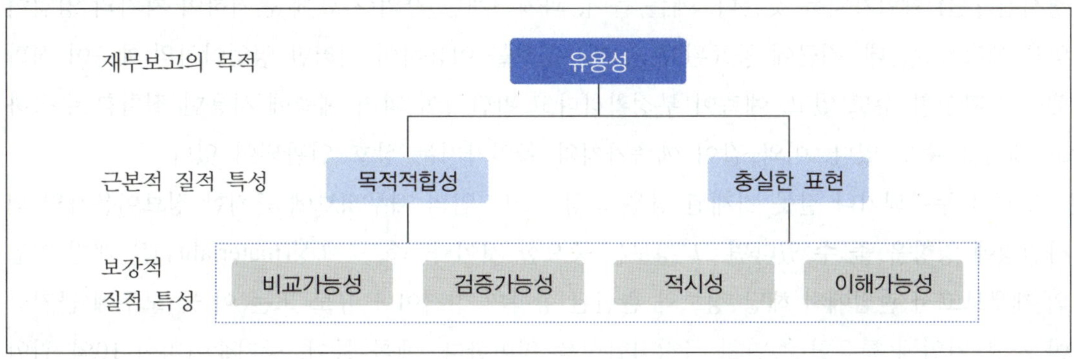

재무정보가 의사결정에 유용하기 위해서는 목적적합해야 하고, 나타내고자 하는 바를 충실하게 표현해야 한다. 그리고 비교가능성, 검증가능성, 적시성 및 이해가능성은 목적적합하고 충실하게 표현된 정보의 유용성을 보강시킨다.

3.1 근본적 질적 특성

(1) 목적적합성(relevance)

목적적합성이란 정보이용자의 의사결정에 차이가 나도록 하는 재무정보의 질적 특성을 말한다. 예를 들어, 대여자가 특정 기업의 재무정보를 이용하지 않은 상태에서 대출을 해주기로 의사결정을 내렸으나, 그 기업의 재무정보를 이용한 후에 당초의 대출 의사결정을 변경했다면 그러한 재무정보는 의사결정에 목적적합하다고 할 수 있다.

재무정보에 예측가치(predictive value), 확인가치(confirmatory value) 또는 이 두 가지 모두가 있다면 그 재무정보는 의사결정에 차이가 나도록 할 수 있다. 재무정보가 다음 연도의 현금흐름이나 손익을 예측하는 데 도움을 준다면 그러한 정보는 예측가치를 갖는다. 예를 들어, 기업이 보유하는 금융자산의 공정가치가 상승하였을 때 금융자산평가이익을 이용자에게 보고한다면 이를 보고하지 않은 재무정보에 비해 미래의 현금순유입을 예측하는 데 도움이 될 것이다.

재무정보가 예측가치를 갖기 위해서 그 자체가 예측치 또는 예상치일 필요는 없다. 정보이용자들이 미래 결과를 예측하기 위해 사용하는 절차의 투입요소로 재무정보를 사용할 수 있다면 그 재무정보는 예측가치를 갖는다. 예를 들어, 과거 3개년 간의 매출 자료는 과거의 재무정보이지만, 과거 3개년의 매출 추세를 분석하여 차기의 매출을 예상한다면 과거 3개년 간의 매출 자료는 미래 결과를 예측하기 위한 투입요소로 사용되었으므로 예측가치를 갖는다.

재무정보가 과거 평가에 대해 피드백(feedback)을 제공한다면(과거 평가를 확인하거나 변경시킨다면) 확인가치를 갖는다. 예를 들어, 과거 3개년 간의 자료에 근거하여 차기의 영업이익을 예측하였는데, 최근에 공표된 분기 재무정보를 이용하여 이러한 영업이익의 예측이 정확했다고 확인할 수도 있고, 예측이 부정확하다고 판단하여 과거 예측에 사용한 절차를 수정하고 개선할 수도 있다. 이와 같이 예측가치와 확인가치는 상호 연관되어 있다.

정보가 누락되거나 잘못 기재된 경우 특정 보고기업의 재무정보에 근거한 정보이용자의 의사결정에 영향을 줄 수 있다면 그 정보는 중요한 것이다. 즉, 중요성(materiality)은 개별 기업의 재무보고서 관점에서 해당 정보와 관련된 항목의 성격이나 규모 또는 이 둘 모두에 근거하여 해당 기업에 특유한 측면의 목적적합성을 의미한다. 예를 들어, 당기순이익이 10억 원인 기업이 분식을 통해서 당기순이익을 1억 원 과대계상했다면, 이는 규모면에서 의사결정에 차이를 가져올 수 있는 중요한 금액일 것이다. 그러나 중요성은 양적 중요성뿐만 아니라 질적 중요성도 고려해야 한다. 예를 들어, 당기순이익이 10억 원인 기업이 당기순이익을 1백만 원 과대계상했다면 이는 양적으로 중요하지 않을 수 있으나, 1백만 원의 과대계상이 조직적인 부정이나 횡령을 감추기 위한 것으로 밝혀졌다면 이는 질적으로 중요할 수 있다.

(2) 충실한 표현(faithful representation)

재무정보가 유용하기 위해서는 목적적합성뿐만 아니라 나타내고자 하는 현상을 충실하게 표현해야 한다. 즉, 충실한 표현을 하기 위해서는 서술이 완전하고(completely), 중립적이며(neutrally), 오류가 없어야(without material error) 한다.

완전한 서술이란 필요한 기술과 설명을 포함하여 정보이용자가 서술되는 현상을 이해하는 데 필요한 모든 정보를 포함하는 것을 말한다. 예를 들어, 자산 집합이 유형자산이라면 유형자산에 포함되는 개별 항목(예 : 토지, 건물, 기계장치 등)의 금액은 얼마인지, 원가모형과 재평가모형 중 어떤 항목을 적용했는지, 재평가모형을 적용했다면 공정가치가 얼마인지, 적용한 감가상각방법은 무엇인지, 손상차손을 인식했다면 그 금액이 얼마인지 등에 대한 내용을 빠짐

없이 기술해야 한다.

중립적 서술은 재무정보의 선택이나 표시에 편의(bias)가 없는 것을 말한다. 중립적 서술은 정보이용자가 재무정보를 유리하게 또는 불리하게 받아들일 가능성을 높이기 위해 편파적이 되거나, 편중되거나, 강조되거나, 경시되거나 그 밖의 방식으로 조작되지 않는 것을 말한다.

오류가 없는 서술이란 현상의 기술에 오류나 누락이 없고, 재무보고 정보를 생산하는 데 사용되는 절차의 선택과 적용 시 절차상 오류가 없음을 의미하는 것이지, 서술의 모든 면이 완벽하게 정확하다는 것을 의미하는 것은 아니다. 예를 들어, 기업이 회계처리를 할 때 여러 가지 추정치가 필요한데, 그 추정치가 정확한 것인지 아니면 부정확한 것인지 결정하기는 어렵다. 그러나 추정치로서 금액을 명확하고 정확하게 기술하고, 추정 절차의 성격과 한계를 설명하며, 그 추정치를 도출하기 위한 적절한 절차를 선택하고 적용하는 데 오류가 없다면 그 추정치의 표현은 충실하다고 할 수 있다.

(3) 근본적 질적 특성의 적용

정보가 유용하기 위해서는 목적적합하고 충실하게 표현되어야 한다. 목적적합하지 않은 현상에 대한 충실한 표현과, 목적적합한 현상에 대한 충실하지 못한 표현 모두 정보이용자가 좋은 결정을 내리는 데 도움이 되지 않는다. 근본적 질적 특성을 적용하기 위한 가장 효율적이고 효과적인 절차는 일반적으로 다음과 같다.

첫째, 보고기업의 재무정보 이용자들에게 유용할 수 있는 정보의 대상이 되는 경제적 현상을 식별한다.
둘째, 그 현상에 대한 가장 목적적합한 정보의 유형을 식별한다.
셋째, 그 정보가 이용가능한지, 그리고 경제적 현상을 충실하게 표현할 수 있는지 결정한다. 만약 그러하다면, 근본적 질적 특성의 충족 절차는 그 시점에 끝난다. 만약 그러하지 않다면, 차선의 목적적합한 유형의 정보에 대해 그 절차를 반복한다.

3.2 보강적 질적 특성

보강적 질적 특성은 근본적 질적 특성을 보강시키는 질적 특성으로서 비교가능성, 검증가능성, 적시성 및 이해가능성을 포함한다. 보강적 질적 특성은 만일 어떤 두 가지 방법이 현상을 동일하게 목적적합하고 충실하게 표현하는 것이라면, 이 두 가지 방법 가운데 어느 방법을 현상의 서술에 사용해야 할지 결정하는 데에도 도움을 줄 수 있다.

(1) 비교가능성(comparability)

정보이용자의 의사결정은 여러 가지 대안 중 하나를 선택하는 과정이다. 따라서 보고기업에 대한 정보를 다른 기업에 대한 유사한 정보 및 해당 기업에 대한 다른 기간이나 다른 일자의 유사한 정보와 비교할 수 있다면 더욱 유용하다.

일관성(consistency)은 한 보고기업 내에서 기간 간 또는 같은 기간 동안에 기업 간, 동일한 항목에 대해 동일한 방법을 적용하는 것을 말한다. 일관성은 비교가능성과 관련은 되어 있지만 동일하지는 않다. 비교가능성은 목표이고, 일관성은 그 목표를 달성하는 데 도움을 준다.

비교가능성은 통일성을 의미하는 것이 아니다. 통일성을 추구하려면 오직 한 가지 회계처리방법만 허용하도록 회계기준이 제정되어야 할 것이다. 그러나 기업마다 영업활동이나 처한 환경이 다르기 때문에 통일된 회계처리를 요구하는 것은 바람직하지 않다.

단 하나의 경제적 현상을 충실하게 표현하는 데 여러 방법이 있을 수 있으나, 동일한 경제적 현상에 대해 대체적인 회계처리방법을 허용하면 비교가능성이 감소할 수 있다. 예를 들어, 국제회계기준은 재고자산에 대해서 선입선출법 또는 총평균법의 적용을 선택할 수 있도록 하고 있는데, 이로 인하여 재무제표의 기업 간 비교가능성은 감소할 수 있다.

그러나 한 기업이 적용하던 회계정책을 변경할 경우 변경 후의 회계정책을 소급 적용하여 비교 표시하는 과년도 재무제표를 재작성하면 한 기업의 기간 간 비교가능성이 낮아지는 것을 억제할 수 있다. 그럼에도 불구하고 두 기업 간에 적용한 회계정책이 상이할 경우에는 회계정책의 차이로 인한 영향을 고려하여 의사결정을 내려야 할 것이다.

(2) 검증가능성(verifiability)

검증가능성은 합리적인 판단력이 있고 독립적인 서로 다른 관찰자가 어떤 서술이 충실한 표현이라는데, 비록 반드시 완전히 일치하지는 못하더라도, 의견이 일치할 수 있다는 것을 의미한다. 예를 들어, 자산의 공정가치 측정치에 대해서 두 관찰자가 거의 일치하는 의견을 제시했을 경우 당해 자산의 공정가치 정보는 검증가능한 정보이다.

(3) 적시성(timeliness)

적시성은 의사결정에 영향을 미칠 수 있도록 의사결정자가 정보를 필요로 할 때에 이용가능하게 하는 것을 의미한다. 당장 의사결정을 내려야 하는데, 필요로 하는 정보가 6개월 후에 제공된다면 그러한 정보는 적시성이 낮은 정보이다. 따라서 연차재무보고서보다 반기 또는 분기 재무보고서가 의사결정에 더 유용할 수 있다.

일반적으로 정보는 오래될수록 유용성이 낮아진다. 그러나 일부 정보는 보고기간 말 후에도 오랫동안 적시성이 있을 수 있다. 예를 들어, 과거 5년간 매출액 정보를 이용하여 다음 연도의 매출액을 예측하기도 하는데, 이때 과거 5년간 매출액 정보는 오랫동안 적시성이 있을 수 있다.

(4) 이해가능성(understandability)

정보가 유용하기 위해서는 이용자가 이해가능해야 한다. 정보를 명확하고 간결하게 분류하고, 특징지으며, 표시하면 이해가능하게 된다. 일부 현상은 본질적으로 복잡하여 이해하기 어려울 수 있다. 만약 그 현상에 대한 정보를 재무보고서에서 제외하면, 그 재무보고서의 정보를 더 이해하기 쉽게 할 수 있더라도 그와 같은 보고서는 불완전하여 정보이용자를 잠재적으로 오도할 수 있다.

이해가능성은 아무런 사전 지식조차 없는 정보이용자를 대상으로 고려되어야 하는 질적 특성이 아니다. 이해가능성이란 사업활동과 경제활동에 대해 합리적인 지식이 있고, 부지런히 정보를 검토하고 분석하는 정보이용자가 이해할 수 있도록 재무보고서가 작성되어야 함을 전제로 한다. 때로는 박식하고 부지런한 정보이용자도 복잡한 경제적 현상에 대한 정보를 이해하기 위해 전문가의 도움을 받는 것이 필요할 수 있다.

(5) 보강적 질적 특성의 적용

보강적 질적 특성은 가능한 한 극대화되어야 한다. 그러나 보강적 질적 특성은, 정보가 목적적합하지 않거나 충실하게 표현되지 않으면, 개별적으로든 집단적으로든 그 정보를 유용하게 할 수 없다. 보강적 질적 특성을 적용하는 것은 어떤 규정된 순서를 따르지 않는 반복적인 과정이다. 때로는 하나의 보강적 질적 특성이 다른 질적 특성의 극대화를 위해 감소될 수도 있다. 예를 들어, 새로운 재무보고기준을 소급 적용하지 않고 당기 재무제표부터 전진 적용하면 기간 간 비교가능성은 일시적으로 감소할 수 있으나, 장기적으로는 목적적합성이나 충실한 표현을 향상시킬 수 있으므로 이를 감수할 수도 있다. 이때 적절한 공시는 비교가능성의 미비를 부분적으로 보완할 수 있다.

3.3 유용한 재무보고에 대한 원가 제약

원가(cost)는 재무보고로 제공될 수 있는 정보에 대한 포괄적 제약요인이다. 아무리 유용한 정보라 하더라도 보고에 따른 원가가 그 정보로부터 기대되는 효익을 초과한다면 그러한 정보의 제공은 정당화되기 어렵다.

원가는 재무정보의 제공자뿐만 아니라 이용자에게도 발생한다. 재무정보의 제공자는 재무정보의 수집, 처리, 검증 및 전파에 대부분의 노력을 기울인다. 그러나 정보이용자는 궁극적으로 수익 감소의 형태로 그 원가를 부담한다. 재무정보의 이용자에게도 제공된 정보를 분석하고 해석하는 데 원가가 발생한다. 필요한 정보가 제공되지 않으면, 그 정보를 다른 곳에서 얻거나 그것을 추정하기 위한 추가적인 원가가 정보이용자에게 발생한다.

정보제공에 따른 효익은 자본시장의 효율적 기능으로부터 기대할 수 있다. 목적적합하고 나타내고자 하는 바가 충실하게 표현된 재무정보를 보고하는 것은 정보이용자가 더 확신을 가지고 의사결정하는 데 도움이 된다. 이것은 자본시장이 더 효율적으로 기능하도록 하고, 경제 전반에 걸쳐 자본비용(cost of capital)을 감소시킨다. 개별 투자자, 대여자 및 기타 채권자도 더 많은 정보에 근거한 의사결정을 함으로써 효익을 얻는다. 그러나 정보이용자 각자가 목적적합하다고 보는 모든 정보를 일반목적재무보고서에서 제공하는 것은 가능하지 않다.

4 재무제표와 보고기업

4.1 재무제표의 목적과 범위

재무제표의 목적은 보고기업(reporting entity)에 유입될 ① 미래순현금흐름에 대한 전망과 ② 보고기업의 경제적 자원에 대한 경영진의 수탁책임을 평가하는 데 유용한 보고기업의 자산, 부채, 자본, 수익 및 비용에 대한 재무정보를 재무제표 이용자들에게 제공하는 것이다. 이러한 정보는 다음을 통해 제공된다.

(1) 자산, 부채 및 자본이 인식된 재무상태표
(2) 수익과 비용이 인식된 재무성과표[3)]
(3) 다음에 관한 정보가 표시되고 공시된 다른 재무제표와 주석
  ① 인식된 자산, 부채, 자본, 수익 및 비용. 그 각각의 성격과 인식된 자산 및 부채에서 발생하는 위험에 대한 정보 포함
  ② 인식되지 않은 자산 및 부채. 그 각각의 성격과 인식되지 않은 자산과 부채에서 발생하는 위험에 대한 정보 포함
  ③ 현금흐름
  ④ 자본청구권 보유자의 출자와 자본청구권 보유자에 대한 분배
  ⑤ 표시되거나 공시된 금액을 추정하는 데 사용된 방법, 가정과 판단 및 그러한 방법, 가정과 판단의 변경

4.2 보고기간

재무제표는 특정 기간 즉, 보고기간(reporting period)에 대하여 작성되며 다음에 관한 정보를 제공한다.[4)]

(1) 보고기간 말 현재 또는 보고기간 중 존재했던 자산과 부채(미인식된 자산과 부채 포함) 및 자본
(2) 보고기간의 수익과 비용

개념체계의 내용과 재무제표 작성에 적용되는 개별 기준서의 내용은 다소 차이가 있을 수 있다. 제3장에서 설명하는 기준서 제1118호는 재무제표의 표시와 공시를 규정하고 있는데, 재무상태표는 보고기간 말 현재 자산, 부채 및 자본의 정보를 제공한다. 따라서 보고기간 중에 존재했던 자산과 부채, 그리고 인식되지 않은 자산과 부채는 재무상태표에 표시되지 않는다.

재무제표 이용자들이 변화와 추세를 식별하고 평가하는 것을 돕기 위해 재무제표는 최소한 직전 연도에 대한 비교 정보를 제공한다. 미래전망 정보는 미래현금흐름을 추정하는 데 도움을 줄 수 있으나, 재무제표가 이러한 미래전망 정보를 제공하도록 기준서가 요구하지는 않는다.

4.3 계속기업 가정

재무제표는 일반적으로 보고기업이 계속기업(going concern)이며, 예측가능한 미래에 영업을 계속할 것이라는 가정 하에 작성된다. 따라서 기업을 청산하거나 거래를 중단하려는 의도가 없으며, 그럴 필요도 없다고 가정한다. 만약 그러한 의도나 필요가 있다면, 재무제표는 계속기업과는 다른 기준에 따라 작성되어야 하며, 사용된 기준을 재무제표에 기술한다.

재무제표를 작성할 때 계속기업을 가정하면, 역사적 원가로 자산과 부채를 측정할 수 있는 근거를 제공할 수 있다. 그런데 계속기업을 가정하지 않으면 역사적 원가에 기초한 회계정보의 유용성이 감소된다. 왜냐하면 어떤 기업이 청산될 것으로 가정하면, 자산의 가치를 보고하는 데 있어서 역사적 원가보다 청산가치가 더 유용한 정보이기 때문이다. 유형자산에 대한 감가상각도 기업실체가 계속된다는 가정 하에 정당화될 수 있다. 왜냐하면 청산을 가정한 상태에서 유형자산의 취득원가를 미래의 기간 동안 비용으로 배분한다는 것은 의미가 없기 때문이다. 또한 청산을 가정하면 모든 자산이 곧 현금화되고, 모든 부채가 곧 결제될 것이므로 자산과 부채를 유동항목과 비유동항목으로 구분하는 것도 의미가 없게 된다.

---

3) 재무성과표라는 표현은 개념체계에만 있으며, 개별 기준서는 손익계산서, 포괄손익을 표시하는 보고서, 포괄손익계산서의 명칭을 사용하는데, 제3장에서 설명한다.

4) 실무에서는 보통 1년의 보고기간을 대상으로 정보를 제공하며, 적시성 있는 정보의 제공을 위하여 보고기간을 6개월 또는 3개월로 단축하기도 한다.

4.4 보고기업

보고기업(reporting entity)은 재무제표를 작성해야 하거나 작성하기로 선택한 기업을 말한다. 보고기업은 단일의 실체이거나 어떤 실체의 일부일 수 있으며, 둘 이상의 실체로 구성될 수도 있다. 보고기업이 반드시 법적 실체일 필요는 없다.

일반적으로 보고기업은 법적인 단일실체의 경우가 대부분이다. 그러나 그 단일실체 내에 포함되어 있는 사업부가 보고기업이 될 수도 있다. 또한 둘 이상의 기업이 지배·종속관계[5]에 있다면 이는 경제적으로 단일 실체에 해당한다. 이 경우 보고기업은 지배기업과 종속기업을 합친 실체가 되며, 그 보고기업(즉, 경제적 단일실체)의 재무제표를 연결재무제표(consolidated financial statements)라고 한다. 이에 반해 보고기업이 지배기업 단독인 경우 그 보고기업의 재무제표를 비연결재무제표(nonconsolidated financial statements)라고 한다. 비연결재무제표라는 명칭은 개념체계에만 있으며, 개별 기준서는 '별도재무제표(separate financial statements)'라는 명칭을 사용한다. 즉, 별도재무제표는 지배기업만의 재무제표라고 이해하면 된다.[6]

한편, 보고기업이 지배·종속관계로 모두 연결되어 있지는 않은 둘 이상 실체들로 구성된다면 그 보고기업의 재무제표를 결합재무제표(combined financial statements)라고 한다. 현재 개별 기준서에서 결합재무제표의 작성을 요구하고 있지는 않다.

지금까지 설명한 내용을 그림으로 표시하면 다음의 [그림 4]와 같다.

| 그림 4 | 보고기업에 따른 재무제표의 종류

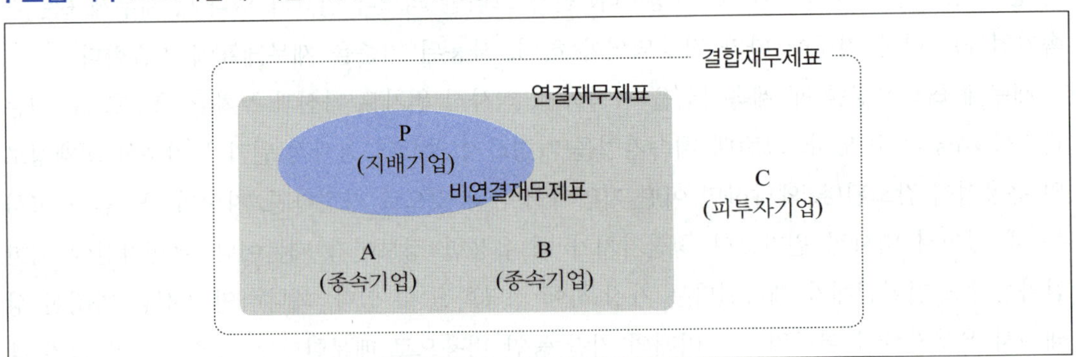

5) 지배·종속관계에 대해서는 고급회계에서 자세하게 설명한다.

6) 종속기업만의 재무제표에 대한 명칭을 기준서가 특정하고 있지는 않은데, 일반적으로 개별재무제표라는 표현을 사용한다.

5 재무제표의 요소

재무제표는 거래나 그 밖의 사건의 재무적 영향을 경제적 특성에 따라 대분류하여 나타내는데, 이러한 대분류를 재무제표의 요소(elements of financial statements)라고 한다. 재무상태표의 요소는 자산, 부채 및 자본이며, 포괄손익계산서의 요소는 수익과 비용이다. 자본변동표나 현금흐름표는 일반적으로 재무상태표 요소의 변동과 포괄손익계산서 요소를 반영하므로 별도의 요소를 식별하지 않는다.

재무제표의 요소가 재무상태표와 포괄손익계산서에 표시될 때 소분류(sub-classification)의 과정을 거친다. 예를 들어, 자산은 유형자산, 무형자산, 투자부동산, 금융자산 등 해당 항목의 성격이나 기능에 따라 정보이용자의 경제적 의사결정의 목적에 가장 유용하도록 당해 정보를 나타내는 방법으로 분류할 수 있다.

본절에서는 자산, 부채 등 재무제표 요소에 대한 정의를 설명하는데, 재무제표 요소의 정의와 6절에서 설명할 재무제표 요소의 인식은 별개이다. 예를 들어, 어떤 항목이 자산이나 부채의 정의에 부합하더라도 6절에서 설명하는 인식기준을 충족하지 못하면 이를 자산이나 부채로 인식할 수 없다(즉, 장부에 기록할 수 없다).

5.1 자산

개념체계는 자산을 다음과 같이 정의한다.

> 자산(asset)은 과거사건의 결과로 기업이 통제하는 현재의 경제적 자원이다.

자산의 정의에서 경제적 자원(economic resource)이란 경제적효익(economic benefits)[7]을 창출할 잠재력을 지닌 권리(right)를 말한다. 즉, 과거사건의 결과로 경제적효익을 창출할 잠재력을 지닌 권리를 기업이 통제한다면 그 권리는 자산의 정의에 부합한다.

건물이나 비품과 같은 물리적 형태가 있는 자산도 권리로 정의할 수 있다. 즉, 건물이나 비품은 그 자산을 사용할 권리, 임대할 권리, 매각할 권리 등이 모두 포함된 것으로 볼 수 있으므로 개념체계는 자산을 권리로 정의하는 것이다.

---

7) 종전 개념체계에서는 미래경제적효익을 '직접 또는 간접으로 미래 현금 및 현금성자산의 기업에의 유입에 기여하게 될 잠재력'으로 설명하고 있으나, 현행 개념체계에서는 경제적효익을 명시적으로 정의하고 있지 않다.

자산을 정의할 때 '미래 경제적효익의 높은 유입 가능성' 여부는 고려하지 않는다. 자산은 경제적 자원 그 자체이지 경제적 자원이 창출할 수 있는 경제적효익의 궁극적인 유입이 아니며, 후술할 부채도 경제적 자원을 이전해야 할 의무이지 경제적효익의 궁극적인 유출이 아니다. 다만, 자산(또는 부채)을 정의할 때 미래의 경제적효익의 유입(또는 유출) 가능성을 고려하지는 않지만, 자산(또는 부채)을 인식할 때 미래 현금유입(또는 유출) 가능성을 고려하므로 자산(또는 부채)의 정의를 충족한다고 해서 이를 모두 자산(또는 부채)으로 인식하는 것은 아니다(6절에서 설명).

아래에서는 자산의 정의에 대한 3가지 측면인 (1) 권리, (2) 경제적효익을 창출할 잠재력, (3) 통제의 순서로 그 내용을 설명한다.

(1) 권리

경제적효익을 창출할 잠재력을 지닌 권리는 다음을 포함하여 다양한 형태를 갖는다.

(1) 다른 당사자의 의무에 해당하는 권리로서, 예를 들면 다음과 같다.
  ① 현금을 수취할 권리
  ② 재화나 용역을 제공받을 권리
  ③ 유리한 조건으로 다른 당사자와 경제적 자원을 교환할 권리(유리한 조건으로 경제적 자원을 구매하는 선도계약 또는 경제적 자원을 구매하는 옵션 포함)
  ④ 불확실한 특정 미래사건이 발생하면 다른 당사자가 경제적효익을 이전하기로 한 의무로 인해 효익을 얻을 권리

(2) 다른 당사자의 의무에 해당하지 않는 권리로서, 예를 들면 다음과 같다.
  ① 유형자산 또는 재고자산과 같은 물리적 대상에 대한 권리(예 : 물리적 대상을 사용할 권리 또는 리스제공자산의 잔존가치에서 효익을 얻을 권리 등)
  ② 지적재산 사용권

자산의 정의에 부합하는 기업의 권리가 반드시 상대방의 의무와 연계되는 것은 아니다. 상대방으로부터 현금을 수취할 권리는 상대방에게는 현금을 지급할 의무이므로 권리와 의무가 연계되지만, 이미 취득한 자산을 사용하거나 효익을 얻을 수 있는 권리는 상대방의 의무와 관계가 없다.

많은 권리들은 계약, 법률 또는 이와 유사한 수단에 의해 성립된다. 예를 들어, 기업은 특정 물리적 대상을 소유하거나 리스(lease)함으로써 권리를 획득할 수 있고, 금융상품이나 등록된 특허권을 소유함으로써 권리를 획득할 수 있다. 그러나 기업은 그 밖의 방법[8]으로도 권리를

8) 국제회계기준위원회는 계약, 법률 또는 이와 유사한 수단 외의 방법으로 취득한 항목도 자산이 될 수 있다고 결론지었다.

획득할 수 있다. 예를 들어, 공공의 영역에 속하지 않는 노하우(know-how)의 획득이나 창작은 계약 등과 관계없이 기업의 노력을 통하여 획득하는 권리이다.

또한 실무 관행, 공개한 경영방침, 특정 성명(서)과 상충되는 방식으로 행동할 수 있는 실제 능력이 없기 때문에 발생하는 다른 당사자의 의무(이를 '의제의무'라고 함) 때문에 권리를 획득할 수도 있다. 예를 들어, 제품을 판매한 기업이 일정 기간 동안 무상수리 서비스를 제공하는 실무 관행은 그 기업이 의제의무를 부담하게 한다. 이때 제품을 구매한 측은 무상수리 서비스를 제공받을 권리를 획득한다. 그러나 이러한 권리를 자산으로 인식할 수 있는지는 별개의 사안이다.

기업의 모든 권리가 자산이 되는 것은 아니다. 권리가 기업의 자산이 되기 위해서는, 해당 권리가 그 기업을 위해서 다른 모든 당사자들이 이용가능한 경제적효익을 초과하는 경제적효익을 창출할 잠재력이 있고, 그 기업에 의해 통제되어야 한다. 즉, 유의적인 원가를 들이지 않고 다른 모든 당사자들도 이용가능한 권리라면, 일반적으로 그 권리는 보유하고 있는 기업의 자산이 아니다. 예를 들어, 토지 위의 도로에 대한 공공권리는 다른 모든 당사자가 누릴 수 있는 경제적효익을 초과하는 경제적효익을 창출할 잠재력이 있다고 볼 수 없으며, 기업이 이러한 권리에서 나오는 경제적효익에 대한 다른 당사자의 접근을 막을 수 없으므로 통제하지도 못한다. 따라서 도로에 대한 공공권리는 기업의 자산이 될 수 없다.

권리의 존재 여부가 불확실한 경우도 있다. 예를 들어, 한 기업이 다른 당사자로부터 경제적 자원을 수취할 수 있는 권리가 있는지에 대해 서로 분쟁이 있을 수 있다. 그러한 존재불확실성이 해결(예 : 법원의 판결)될 때까지 기업이 권리를 보유하는지 불확실하고, 결과적으로 자산이 존재하는지도 불확실하다. 따라서 이러한 권리가 자산의 정의에 부합하더라도 자산으로 인식하지 못할 수 있다(6절에서 설명함).

(2) 경제적효익을 창출할 잠재력

경제적 자원은 경제적효익을 창출할 잠재력을 지닌 권리이다. 이때 잠재력이 있기 위해서 권리가 경제적효익을 창출할 것이라고 확신할 필요는 없다. 권리가 이미 존재하고, 적어도 하나의 상황에서 그 기업을 위해 다른 모든 당사자들에게 이용가능한 경제적효익을 초과하는 경제적효익을 창출할 수 있으면 된다.

경제적효익을 창출할 가능성이 낮더라도 권리가 경제적 자원의 정의를 충족하면 자산이 될 수 있다. 그럼에도 불구하고 그러한 낮은 가능성은, 6절에서 설명하는 인식 여부와 7절에서 설명하는 측정방법을 포함하여, 자산과 관련하여 제공해야 할 정보와 그 정보를 제공하는 방법에 대한 결정에 영향을 미칠 수 있다.

경제적 자원의 가치가 미래경제적효익을 창출할 현재의 잠재력에서 도출되지만, 경제적 자원은 그 잠재력을 포함한 현재의 권리이지, 그 권리가 창출할 수 있는 미래경제적효익은 아니다. 예를 들어, 매입한 옵션은 미래의 어떤 시점에 옵션을 행사하여 경제적효익을 창출할 잠재력에서 그 가치가 도출된다. 그러나 경제적 자원은 미래의 어떤 시점에 옵션을 행사할 수 있는 현재의 권리이지, 옵션 행사 시 보유자가 받게 될 미래경제적효익은 아니다.

지출의 발생과 자산의 취득은 밀접하게 관련되어 있으나, 양자가 반드시 일치하는 것은 아니다. 따라서 기업이 지출한 경우 이는 미래경제적효익을 추구했다는 증거가 될 수는 있지만 자산을 취득했다는 확정적인 증거는 될 수 없다. 마찬가지로 관련된 지출이 없더라도 특정 항목이 자산의 정의를 충족하는 것을 배제하지는 않는다. 예를 들어, 자산은 정부가 기업에게 무상으로 부여한 권리 또는 기업이 다른 당사자로부터 증여받은 권리를 포함할 수 있다.

(3) 통제

기업이 경제적 자원의 사용을 지시(direct)하고 그로부터 유입될 수 있는 경제적효익을 얻을 수 있는 현재의 능력이 있다면, 그 경제적 자원을 통제(control)한다. 통제에는 다른 당사자가 경제적 자원의 사용을 지시하고 이로부터 유입될 수 있는 경제적효익을 얻지 못하게 하는 현재의 능력이 포함된다. 따라서 일방의 당사자가 경제적 자원을 통제하면 다른 당사자는 그 자원을 통제하지 못한다.

경제적 자원의 통제는 일반적으로 법적 권리를 행사할 수 있는 능력에서 비롯된다. 그러나 통제는 경제적 자원의 사용을 지시하고 이로부터 유입될 수 있는 효익을 얻을 수 있는 현재의 능력이 기업에게만 있도록 할 수 있는 경우에도 발생할 수 있다. 예를 들어, 기업이 공공의 영역에 속하지 않는 노하우에 접근할 수 있고, 그 노하우를 지킬 수 있는 현재 능력이 있다면, 그 노하우가 등록된 특허에 의해 보호받지 못하더라도 노하우를 사용할 권리를 통제할 수 있다.

예 1 자산의 정의에 부합하는지 판단

〈사례 1〉 태양광과 신기술
갑회사는 우주에 태양광 패널을 설치하여 모은 태양에너지를 전기로 전환하여 이를 지상에 있는 소비자에게 무선으로 전달할 수 있는 기술을 개발하였으며, 곧 상용화 단계에 이를 것이다. 태양광은 갑회사의 자산으로 정의될 수 있는가? 또한 태양광의 전기 전환 기술은 갑회사의 자산으로 정의될 수 있는가?

태양광이 갑회사의 자산으로 정의되기 위해서는 갑회사의 재량에 따라 태양광을 통제하여 자신만이 배타적으로 사용할 수 있어야 한다. 태양광은 누구든지 자유롭게 사용할 수 있으므로(갑회사가 통제하지 못하므로) 갑회사의 자산으로 정의될 수 없다. 그러나 갑회사가 개발한 태양광 전기 전환 기술은 미래경제적효익을 가져올 수 있다. 따라서 그 기술을 갑회사가 통제할 수 있다면 자산으로 정의될 수 있다.

〈사례 2〉 인적자원
을회사에는 30명의 능력있는 컴퓨터 전문가가 근무하고 있다. 이들은 인공지능을 이용한 여러 가지 신기술을 개발하는 업무에 투입되어 있으며, 가시적인 성과를 내고 있다. 30명의 인적자원은 을회사의 자산으로 정의될 수 있는가?

을회사에 근무하는 능력 있는 컴퓨터 전문가들이 개발한 인공지능 신기술이 을회사에 미래경제적효익을 가져올 수는 있다. 그러나 을회사에 근무하는 컴퓨터 전문가들은 언제든지 다른 회사로 이직할 수 있기 때문에 을회사가 그들을 통제하지 못한다. 따라서 30명의 인적자원은 을회사의 자산으로 정의될 수 없다.

〈사례 3〉 바닷속 물고기와 양식장의 물고기
갑회사는 어선을 이용하여 바다에서 자유롭게 헤엄치는 물고기를 잡는다. 이에 반해 을회사는 양식장에서 물고기를 키운다. 바닷속의 물고기는 갑회사의 자산이, 양식장의 물고기는 을회사의 자산으로 정의될 수 있는가?

갑회사는 바닷속의 물고기를 통제할 수 없기 때문에 바닷속의 물고기는 갑회사의 자산으로 정의될 수 없다. 이에 반해 을회사가 양식장에서 키우는 물고기는 을회사가 소유권을 갖는 경제적 자원에 해당하며, 을회사가 통제할 수 있으므로 을회사의 자산으로 정의될 수 있다.

5.2 부채

개념체계는 부채를 다음과 같이 정의한다.

부채(liability)는 과거사건의 결과로 기업이 경제적 자원을 이전해야 하는 현재의무이다.

자산의 정의에서 설명한 바와 같이 부채를 정의할 때에도 경제적 자원의 유출 가능성은 고려하지 않는다. 부채로 정의되기 위해서는 ① 기업에게 의무가 있어야 하고, ② 그 의무는 경제적 자원을 이전하는 것이며, ③ 의무는 과거사건의 결과로 존재하는 현재의무라는 3가지 조건을 모두 충족하여야 한다. 아래에서는 3가지 조건에 대해서 설명한다.

(1) 의무

의무(obligation)란 기업이 회피할 수 있는 실제 능력(practical ability)이 없는 책무(duty)나 책임(responsibility)을 말한다. 의무는 항상 다른 당사자(또는 당사자들, 이하 동일함)에게 이행해야 한다. 다른 당사자는 사람이나 다른 기업, 사람들 또는 기업들의 집단, 사회 전반이 될 수 있으나 다른 당사자의 신원을 알 필요는 없다. 즉, 제3자에 대한 의무이면 충분하며, 그 제3자가 누구인지 특정할 필요는 없다.

한 당사자가 경제적 자원을 이전해야 하는 의무가 있는 경우, 다른 당사자는 그 경제적 자원을 수취할 권리가 있다. 그러나 한 당사자가 부채를 인식하고 측정해야 한다는 요구사항이 다른 당사자가 자산을 인식하고 측정해야 한다는 것을 의미하지는 않는다. 예를 들어, 한 당사자가 자산의 인식기준을 충족한다고 하여 다른 당사자가 부채의 인식기준을 항상 충족하는 것은 아니기 때문이다.

많은 의무가 계약, 법률 또는 이와 유사한 수단에 의해 성립되지만, 기업의 실무 관행, 공개한 경영방침, 특정 성명(서)과 상충되는 방식으로 행동할 실제 능력이 없는 경우 기업의 그러한 실무 관행 등에서 의무가 발생할 수 있다. 이러한 의무를 의제의무(constructive obligation)라고 한다.[9]

일부 상황에서, 경제적 자원을 이전하는 기업의 책무나 책임은 기업 스스로 취할 수 있는 미래의 특정 행동을 조건으로 발생하기도 한다. 예를 들어, 특정 사업을 운영하는 것, 미래의 특정 시점에 특정 시장에서 영업하는 것 등을 포함하는데, 이러한 상황에서 기업이 그러한 행동을 회피할 수 있는 실제 능력이 없다면 의무가 있는 것이다.

9) 의제의무에 대해서는 기업이 충당부채를 인식하며, 여기에 대한 회계처리는 제10장에서 설명한다.

전술한 자산에서 권리의 존재여부가 불확실한 경우가 있는 것처럼, 의무가 존재하는지 불확실한 경우도 있다. 예를 들어, 다른 당사자가 기업의 범법행위 혐의에 대한 보상을 요구하는 경우, 그 행위가 발생했는지, 기업이 그 행위를 했는지 또는 법률이 어떻게 적용되는지가 불확실할 수 있다. 여기에 대해서는 6절의 재무제표 요소의 인식에서 설명하기로 한다.

(2) 경제적 자원의 이전

의무에는 기업이 경제적 자원을 다른 당사자에게 이전하도록 요구받게 될 잠재력이 있어야 한다. 그러한 잠재력이 존재하기 위해서는 기업이 경제적 자원의 이전을 요구받을 것이 확실하거나 그 가능성이 높아야 하는 것은 아니다. 예를 들어, 불확실한 특정 미래사건이 발생할 경우에만 이전이 요구될 수도 있다. 의무가 이미 존재하고, 적어도 하나의 상황에서 기업이 경제적 자원을 이전하도록 요구되기만 하면 된다.

경제적 자원의 이전가능성이 낮더라도 의무가 부채의 정의를 충족할 수 있다. 그러나 그러한 낮은 가능성은 6절의 인식과 7절의 측정방법의 결정을 포함하여, 부채와 관련하여 제공해야 할 정보와 그 정보를 제공하는 방법에 대한 결정에 영향을 미칠 수 있다.

(3) 과거사건의 결과로 존재하는 현재의무

현재의무는 다음 모두에 해당하는 경우에만 과거사건의 결과로 존재한다.

(1) 기업이 이미 경제적효익을 얻었거나 조치를 취했을 경우
(2) 기업이 이전하지 않아도 되었을 경제적 자원을 결과적으로 이전해야 하거나 이전하게 될 수 있는 경우

새로운 법률이 제정되는 경우에는, 그 법률의 적용으로 경제적효익을 얻게 되거나 조치를 취한 결과로, 기업이 이전하지 않아도 되었을 경제적 자원을 이전해야 하거나 이전하게 될 수도 있는 경우에만 현재의무가 발생한다. 법률제정 그 자체만으로는 기업에 현재의무를 부여하기에 충분하지 않다. 이와 유사하게 전술한 의제의무와 관련하여 기업의 실무 관행, 공개된 경영방침 또는 특정 성명(서)은, 그에 따라 경제적효익을 얻거나 조치를 취한 결과로, 기업이 이전하지 않아도 되었을 경제적 자원을 이전해야 하거나 이전하게 될 수도 있는 경우에만 현재의무를 발생시킨다.

미래의 특정 시점까지 경제적 자원의 이전이 집행될 수 없더라도 현재의무는 존재할 수 있다. 예를 들어, 계약에서 미래의 특정 시점까지는 지급을 요구하지 않더라도, 현금을 지급해야 하는 계약상 부채가 현재 존재할 수 있다.

현재의무의 존재와 관련하여 미이행계약을 설명한다. 미이행계약(executory contract)이란 계약당사자 모두가 자신의 의무를 모두 수행하지 않았거나 계약당사자 모두가 동일한 정도로 자신의 의무를 부분적으로 수행한 계약이나 그 계약의 일부를 말한다. 미이행계약은 경제적 자원을 교환할 권리와 의무가 결합되어 성립되는데, 권리와 의무는 상호의존적이어서 분리될 수 없으므로 미이행계약 자체에 대해서는 아무런 회계처리도 요구되지 않는다. 그러나 계약당사자 중 하나가 먼저 의무를 이행하면 권리가 생기며, 계약상대방은 의무가 생긴다. 예를 들어, 기업이 종업원의 용역을 제공받는 대가로 종업원에게 급여를 제공하는 계약을 체결한 경우 이는 미이행계약에 해당하므로 기업은 종업원의 용역을 제공받을 때까지 급여를 지급할 현재 의무가 없다. 그러나 종업원이 근로용역을 제공하면 이는 더 이상 미이행계약이 아니므로 기업은 급여를 지급할 의무를 부담한다.

예 2 부채에 정의에 부합하는지 판단

〈사례 1〉 고객에 대한 무상서비스의 약속

갑회사는 자사 제품을 고객에게 판매하면서 법적의무는 없지만 제품 판매 후 3년 동안 제품에서 발생하는 불량이나 하자에 대해서 무상으로 수리해주는 프로그램을 시행하고 있다. 갑회사가 고객에게 미래에 무상으로 수리해주기로 한 약속이 부채로 정의될 수 있는가?

부채는 현재의무인데, 이는 법적의무뿐만 아니라 의제의무도 포함한다. 즉, 기업이 제품 판매 후 3년 동안 무상 수리서비스를 제공하기로 고객에게 약속을 하였고, 고객은 기업이 약속을 이행할 것이라는 정당한 기대를 갖기 때문에 기업의 약속은 의제의무에 해당한다. 그리고 이러한 의제의무는 제품 판매라는 과거사건에 의해서 발생하였고, 의제의무를 이행하기 위해서 즉, 무상 수리서비스를 제공하기 위해서 미래에 경제적효익을 갖는 자원이 유출될 것으로 예상되므로 고객에게 무상으로 수리를 해주기로 한 약속은 부채의 정의를 충족한다.

〈사례 2〉 새로운 법률 제정

정부가 그린벨트 내에 태양광 사업을 허용하는 법률을 제정하여 을회사가 태양광 사업을 개시하였는데, 동 법률에 따르면 을회사가 태양광 전지를 설치하기 위해 훼손한 녹지만큼 정부가 지정하는 대체지에서 녹화사업을 수행해야 한다. 을회사의 대체지 녹화사업은 부채로 정의될 수 있는가?

새로 제정된 법률에 따라 을회사는 태양광 사업을 수행하게 되었으므로 경제적효익을 얻는데, 그 결과로 을회사는 정부가 지정하는 대체지에서 녹화사업을 수행해야 하며, 이는 을회사가 이전하지 않아도 되었을 경제적 자원을 이전해야 하는 현재의무이므로 부채로 정의될 수 있다.

5.3 자본

개념체계는 자본을 다음과 같이 정의한다.

> 자본(equity)은 기업의 자산에서 모든 부채를 차감한 후의 잔여지분이다.

자본청구권(equity claims)은 기업의 자산에서 모든 부채를 차감한 후의 잔여지분에 대한 청구권이다. 즉, 부채의 정의에 부합하지 않는 기업에 대한 청구권이 자본청구권이다.

보통주 및 우선주와 같이 서로 다른 종류의 자본청구권은 보유자에게 다음과 같은 서로 다른 권리를 부여할 수 있다.

> (1) 배당금
> (2) 청산 시 전액을 청구하거나, 청산이 아닌 시점에 부분적인 금액을 청구하는 자본청구권에 해당하는 배당
> (3) 그 밖의 자본청구권

기업의 대표적 형태가 주식회사인데, 주식회사의 자본청구권 보유자를 주주라고 한다. 보통주나 우선주를 보유하는 주주는 배당을 받을 권리와 청산 시 잔여재산을 분배받을 권리를 갖는다.

5.4 수익과 비용

개념체계는 수익과 비용을 다음과 같이 정의한다.

> 수익(income)은 자산의 증가 또는 부채의 감소로서 자본의 증가를 가져오며, 자본청구권 보유자의 출자와 관련된 것을 제외한다.
> 비용(expenses)은 자산의 감소 또는 부채의 증가로서 자본의 감소를 가져오며, 자본청구권 보유자에 대한 분배와 관련된 것을 제외한다.

자산 또는 부채가 변동하면 자본도 변동한다. 이때 자본의 변동을 모두 기업의 재무성과(financial performance)라고 볼 수는 없다. 매출이나 인건비 지급 등의 거래(이를 손익거래라고 함)가 발생하면 자산 또는 부채가 변동하고 그 결과 자본도 변동하는데, 손익거래로 인한 자본의 변동은 재무성과에 해당한다. 그러나 유상증자나 유상감자, 현금배당금 지급[10] 등의 거래(이를 자본거래라 함)가 발생할 경우에도 자산 또는 부채가 변동하고 그 결과 자본도 변동하는데, 자본거래로 인한 자본의 변동은 재무성과로 볼 수 없다. 따라서 개념체계는 자본의 변동 중 유상증자나 유상감자, 현금배당금 지급 등 자본청구권 보유자(예 : 주주)와의 거래를 제외한 거래로 인한 자산 또는 부채의 변동을 수익 또는 비용으로 정의한다.

개념체계가 자산, 부채, 자본, 수익 및 비용의 5가지 재무제표 요소를 언급하고 있으나 이 중에서 핵심 요소는 자산과 부채이다. 자산과 부채가 변동하면 그 결과 자본이 변동하며, 자본의 변동 중 자본청구권 보유자와의 거래로 인한 자본의 변동을 제외한 것을 수익과 비용으로 본다. 이와 같이 개념체계는 수익과 비용을 독립적으로 정의하지 않고 자산과 부채의 변동에 연계하여 정의한다.

과거에는 수익·비용의 대응(matching)이 중요한 회계원칙이었으나, 국제회계기준에서는 수익과 비용의 대응을 중요하게 여기지 않는다. 왜냐하면 수익을 인식할 때 수익 창출에 대응되는 자원의 감소를 비용으로 인식하는 것이 아니라 자산과 부채의 변동에 연계하여 수익과 비용을 각각 인식하기 때문이다.

10) 무상증자, 무상감자, 주식배당 등이 발생할 경우에는 자본의 변동이 없다.

6 인식과 제거

6.1 인식의 의의

5절에서는 재무제표 요소의 정의에 대해서 설명하였는데, 정의를 충족하는 것과 이를 인식하는 것은 별개이다. 어느 항목이 자산의 정의를 충족하더라도 본절에서 설명하는 인식기준을 충족하지 못하면 재무제표에 인식할 수 없다.

인식(recognition)이란 5절에서 설명했던 자산, 부채, 자본, 수익 또는 비용과 같은 재무제표 요소 중 정의를 충족하는 항목을 재무제표에 포함하기 위하여 포착하는 과정(process of capturing for inclusion)을 말한다. 인식은 그러한 재무제표 중 하나에 어떤 항목(단독 또는 다른 항목과 통합하여)을 명칭과 화폐금액으로 나타내고, 그 항목을 해당 재무제표의 하나 이상의 합계에 포함시키는 것과 관련된다. 이때 자산, 부채 또는 자본이 재무상태표에 인식되는 금액을 장부금액(carrying amount)이라고 한다.

인식은 화폐금액으로 기록하는 것이므로 7절에서 설명하는 측정(measurement)이 함께 이루어져야 한다. 측정이 불가능하면 인식도 이루어질 수 없다.

6.2 인식기준

자산, 부채, 자본, 수익과 비용이 5절에서 설명한 정의를 충족하더라도 항상 인식하는 것은 아니다. 이들을 인식하려면 인식기준(recognition criteria)을 충족하여야 한다. 개념체계에 따르면 자산이나 부채를 인식하고 이에 따른 결과로 수익, 비용 또는 자본변동을 인식하는 것이 재무제표 이용자에게 다음과 같이 유용한 정보를 모두 제공하는 경우에만 자산이나 부채를 인식한다.

(1) 자산이나 부채에 대한 그리고 이에 따른 결과로 발생하는 수익, 비용 또는 자본변동에 대한 목적적합한 정보
(2) 자산이나 부채 그리고 이에 따른 결과로 발생하는 수익, 비용 또는 자본변동의 충실한 표현

3절에서 목적적합성과 표현충실성이 유용한 재무정보가 되기 위한 근본적 질적 특성이라고 설명한 바 있다. 즉, 개념체계는 근본적 질적 특성을 인식기준과 연계하고 있다. 목적적합성과 충실한 표현을 요구하는 인식기준은 [그림 5]에서 보는 바와 같이 여러 요인에 의해서 영향을 받을 수 있다.

| 그림 5 | 인식기준에 영향을 주는 요인

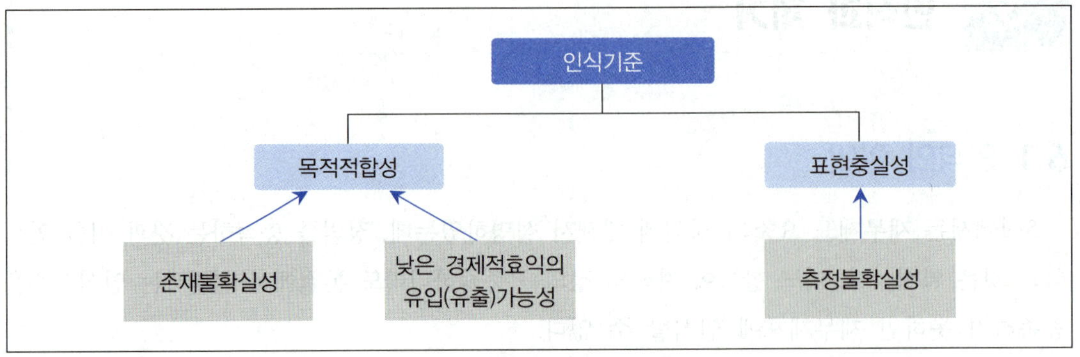

3.3절에서 원가(cost)가 재무보고 결정을 제약한다고 설명하였는데, 인식에 대한 결정도 제약한다. 재무제표 작성자는 자산이나 부채의 목적적합한 측정을 위해 원가를 부담하며, 재무제표 이용자들도 제공된 정보를 분석하고 해석하기 위해 원가를 부담한다. 이때 재무제표 이용자들에게 제공되는 정보의 효익이 그 정보를 제공하고 사용하는 원가를 정당화할 수 있는 경우에 자산이나 부채를 인식한다.

(1) 목적적합성(relevance)

특정 자산이나 부채의 인식과 이에 따른 결과로 발생하는 수익, 비용 또는 자본변동을 인식하는 것이 항상 목적적합한 정보를 제공하는 것이 아닐 수 있다. 예를 들어, 다음과 같은 경우 그러할 수 있다.

(1) 자산이나 부채가 존재하는지 불확실하다.
(2) 자산이나 부채가 존재하지만 경제적효익의 유입가능성 또는 유출가능성이 낮다.

1) 존재불확실성(existence uncertainty)

5.1절에서 자산을 설명할 때 권리의 존재 여부가 불확실한 경우가 있다고 언급하였으며, 5.2절에서 부채를 설명할 때에도 의무의 존재 여부가 불확실한 경우가 있다고 언급한 바 있다. 존재불확실성은 경제적효익의 유입가능성이나 유출가능성이 낮고 발생가능한 결과의 범위가 예외적으로 광범위한 상황과 결합될 수 있는데, 이는 자산이나 부채를 반드시 단일 금액으로만 측정하여 인식하는 것이 목적적합한 정보를 제공하지 않음을 의미할 수 있다. 자산이나 부채의 인식 여부에 관계없이, 이와 관련된 불확실성에 대한 설명정보가 재무제표에 공시되어야 할 수도 있다.

2) 경제적효익의 낮은 유입(유출)가능성

경제적효익의 유입가능성이나 유출가능성이 낮더라도 자산이나 부채가 존재할 수 있다. 경제적효익의 유입가능성이나 유출가능성이 낮다면, 그 자산이나 부채에 대해 가장 목적적합한 정보는 발생가능한 유입이나 유출의 크기, 발생가능한 시기 및 발생가능성에 영향을 미치는 요인에 대한 정보일 수 있으며, 이러한 정보는 일반적으로 주석에 기재한다.[11)]

(2) 표현충실성(faithful representation)

특정 자산이나 부채를 인식하는 것은 목적적합한 정보를 제공할 뿐만 아니라 해당 자산이나 부채 및 이에 따른 결과로 발생하는 수익, 비용 또는 자본변동에 대한 충실한 표현을 제공할 경우에 적절하다. 충실한 표현이 제공될 수 있는지는 자산이나 부채와 관련된 측정불확실성의 수준이나 다른 요인에 의해 영향을 받을 수 있다.

1) 측정불확실성(measurement uncertainty)

자산이나 부채를 인식하기 위해서는 측정을 해야 한다. 많은 경우 그러한 측정은 추정(estimation)되어야 하며, 추정은 측정불확실성의 영향을 받는다. 그러나 합리적인 추정의 사용은 재무정보 작성의 필수적인 부분이며, 추정치를 명확하고 정확하게 기술하고 설명한다면 정보의 유용성을 훼손하지 않는다. 높은 수준의 측정불확실성이 있더라도 그러한 추정치가 유용한 정보를 반드시 제공하지 못하는 것은 아니다.

경우에 따라 자산이나 부채를 측정하는 데 추정과 관련된 불확실성 수준이 너무 높아서 이러한 추정으로 해당 자산이나 부채 및 이에 따른 결과로 발생하는 수익, 비용 또는 자본의 변동을 충분히 충실하게 표현할 수 있는지 의심스러울 수 있다. 이러한 경우 추정에 대한 설명과 추정에 영향을 미칠 수 있는 불확실성에 대한 설명을 동반한다면, 불확실성이 높은 추정에 의존하는 측정이 가장 유용한 정보일 수 있다.

2) 다른 요소들

자산이나 부채의 인식으로 그 자산이나 부채를 충실하게 표현할 수 있는지를 평가할 때, 재무상태표에 이에 대한 설명과 측정뿐만 아니라 다음을 고려할 필요가 있다.

---

11) 주석에 기재한다는 것은 재무제표 본문에 자산이나 부채 등으로 인식하지 않음을 의미한다. 부채로 인식하지 못하는 우발부채를 주석으로 공시하는 것이 대표적인 예이다(제10장에서 설명).

① 결과적으로 발생하는 수익, 비용 및 자본변동에 대한 서술
② 관련 자산과 부채가 인식되는지 여부(관련 자산과 부채가 인식되지 않으면, 인식은 인식불일치(회계불일치)를 초래할 수 있다)
③ 자산이나 부채 그리고 이에 다른 결과로 발생하는 수익, 비용 또는 자본변동에 대한 정보의 표시와 공시

6.3 제거

(1) 제거의 의의

제거(derecognition)는 기업의 재무상태표에서 인식된 자산이나 부채의 전부 또는 일부를 삭제하는 것이다. 제거는 일반적으로 해당 항목이 더 이상 자산 또는 부채의 정의를 충족하지 못할 때 발생한다. 즉, 자산은 일반적으로 기업이 인식한 자산의 전부 또는 일부에 대한 통제를 상실했을 때 제거한다. 그리고 부채는 일반적으로 기업이 인식한 부채의 전부 또는 일부에 대한 현재의무를 더 이상 부담하지 않을 때 제거한다.

(2) 제거의 목표

제거에 대한 회계의 요구사항은 다음 두 가지를 모두 충실히 표현하는 것을 목표로 한다.

① 제거를 초래하는 거래나 그 밖의 사건 후의 잔여 자산과 부채
② 그 거래나 그 밖의 사건으로 인한 기업의 자산과 부채의 변동

제거의 목표는 일반적으로 다음과 같이 달성된다.

① 만료되었거나 소비, 회수, 이행 또는 이전된 자산이나 부채(이전된 구성요소)를 제거하고, 이에 따른 결과로 발생하는 수익과 비용의 인식
② 해당될 경우 잔여 자산이나 부채(잔여구성요소)의 계속 인식[12)]
③ 필요한 경우 다음 절차 중 하나 이상을 적용
　㉮ 재무상태표에서 잔여 구성요소를 별도로 표시
　㉯ 재무성과표에서 이전된 구성요소의 제거로 인하여 인식된 수익 및 비용을 별도로 표시
　㉰ 설명정보를 제공

12) 잔여구성요소는 이전된 구성요소와 별도의 회계단위가 된다.

7 측정

7.1 측정기준의 종류

재무제표에 인식된 요소들은 화폐단위로 측정되어야 하는데, 이를 위해 측정기준(measurement basis)을 선택해야 한다. 측정기준은 측정대상 항목에 대해 식별된 속성(identified feature)을 말하는데, 역사적 원가, 공정가치, 이행가치 등으로 구분한다. 국제회계기준위원회는 단일 측정기준이 항상 가장 목적적합한 정보를 제공하지는 않을 수 있다고 보았다. 이와 같은 관점에서 유용한 재무정보의 질적 특성과 원가제약을 고려하면, 서로 다른 자산, 부채, 수익과 비용에 대해 서로 다른 측정기준을 선택하는 결과가 발생할 수 있다.

개념체계의 측정기준을 제시하면 [그림 6]과 같다.

| 그림 6 | 측정기준의 종류

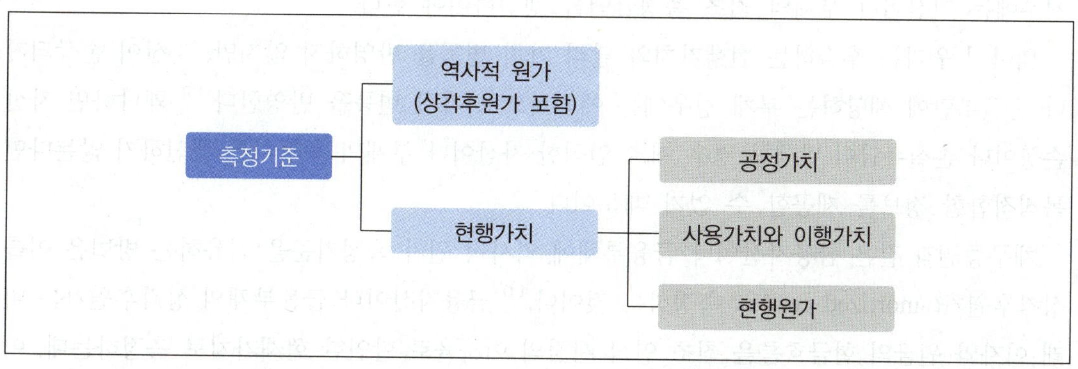

[그림 6]에서 보는 바와 같이 개념체계는 측정기준을 크게 역사적 원가와 현행가치로 구분하고, 현행가치에 공정가치, 사용가치와 이행가치, 그리고 현행원가가 포함되는 것으로 설명한다.

개념체계는 현금흐름기준 측정을 별도의 측정기준으로 보지 않고, 특정 측정기준을 적용한 측정치를 추정하기 위해 사용할 수 있다고 설명한다. 예를 들어, 채무상품의 경우 미래에 수취할 이자 및 원금의 현금흐름의 현재가치(present value)로 공정가치를 측정한다. 이와 같이 현재가치 측정은 별개의 측정기준이 아니라 [그림 6]에서 상각후원가, 공정가치, 사용가치 또는 이행가치의 측정치를 추정하기 위하여 사용하는 수단이라고 이해하면 될 것이다.

국제회계기준위원회가 다양한 측정기준을 제시한 이유는 서로 다른 상황에서 서로 다른 측정기준이 재무제표 이용자들에게 목적적합한 정보를 제공할 수 있다고 결론지었기 때문이다. 즉, 서로 다른 상황에서 특정 측정기준은 다른 측정기준에 비해 더 이해하기 쉽고 적용하기 쉬우며, 더 검증가능하거나 오류발생가능성이 낮거나 측정불확실성이 낮고 적용원가가 더 적을 수 있다. 따라서 유용한 재무정보와 원가제약의 질적 특성을 고려하면 서로 다른 자산, 부채에 대해 서로 다른 측정기준을 선택하게 될 것이다.

7.2 역사적 원가(historical cost)

자산을 취득하거나 창출할 때의 역사적 원가는 자산의 취득 또는 창출을 위하여 지급한 대가와 거래원가를 포함하고, 부채를 발생시키거나 인수할 때의 역사적 원가는 부채를 발생시키거나 인수하면서 수취한 대가에서 거래원가를 차감한 가치이다.

역사적 원가로 자산이나 부채를 측정한다고 해서 최초 인식금액을 이후에 전혀 변동시키지 않는 것은 아니다. 자산을 구성하는 경제적 자원이 소비되거나, 부채를 일부 지급·결제하는 경우에는 자산이나 부채의 최초 측정금액을 갱신하여야 한다.

역사적 원가는 후술하는 현행가치와 달리 가치 변동을 반영하지 않지만, 자산이 손상되거나 손실부담에 해당하는 부채 경우에는 예외적으로 가치 변동을 반영한다.[13] 왜냐하면 자산 손상이나 손실부담이 발생한 경우 최초 인식한 자산이나 부채의 측정치를 갱신하지 않는다면 목적적합한 정보를 제공할 수 없기 때문이다.

채무증권과 같은 금융자산이나 금융부채에 역사적 원가 측정기준을 적용하는 방법은 이를 상각후원가(amortized cost)로 측정하는 것이다.[14] 금융자산이나 금융부채의 상각후원가는 미래 이자와 원금의 현금흐름을 최초 인식 시점의 이자율로 할인한 현재가치로 측정하는데, 이후 현행 이자율이 변동하더라도 이를 반영하여 현재가치를 다시 측정하지는 않는다. 다만, 금융자산과 금융부채의 상각후원가는 이자의 발생, 금융자산의 손상 및 수취 또는 지급과 같은 후속 변동을 반영하기 위해 시간의 경과에 따라 갱신할 뿐이다. 이와 같은 특성 때문에 개념체계는 금융자산과 금융부채의 상각후원가를 역사적 원가로 분류한다. 만약 후속적으로 변동하는 현행 이자율로 할인한 현재가치로 측정한다면 이는 후술할 공정가치로 분류한다.

---

13) 자산손상의 회계처리는 제4장 4.1절에서 설명하고, 손실부담계약에 대한 회계처리는 제10장 2.6절에서 설명한다.
14) 상각후원가로 금융자산과 금융부채를 측정하는 구체적인 회계처리는 제8장과 제9장에서 설명한다.

7.3 현행가치(current value)

현행가치 측정치는 측정일의 조건을 반영하기 위해 갱신된 정보를 사용하여 자산, 부채 및 관련 수익과 비용의 화폐적 정보를 제공한다. 이러한 갱신에 따라 자산과 부채의 현행가치는 이전 측정일 이후의 변동을 반영한다. 역사적 원가와는 달리, 자산이나 부채의 현행가치는 자산이나 부채를 발생시킨 거래나 그 밖의 사건의 가격으로부터 부분적으로라도 도출되지 않는다.[15)]

현행가치 측정기준에는 공정가치, 사용가치와 이행가치, 그리고 현행원가가 포함된다.

(1) 공정가치(fair value)

공정가치는 측정일에 시장참여자 사이의 정상거래에서 자산을 매도할 때 받거나 부채를 이전할 때 지급하게 될 가격을 말한다. 공정가치는 기업이 접근할 수 있는 시장의 참여자 관점을 반영한다. 즉, 시장참여자가 경제적으로 최선의 행동을 한다면 자산이나 부채의 가격을 결정할 때 사용할 가정과 동일한 가정을 사용하여 그 자산이나 부채를 측정한다.

공정가치는 ① 활성시장에서 관측되는 가격으로 직접 결정되는 경우도 있고, ② 현금흐름기준 측정기법을 사용하여 간접적으로 측정되기도 한다. 현금흐름 측정기법은 화폐의 시간가치를 고려하므로 현재가치 측정을 의미한다. 상장 주식과 같은 지분증권의 경우 거래소의 시장가격을 공정가치로 직접 결정할 수 있는 반면, 채무증권의 경우에는 이자와 원금의 미래현금흐름을 측정 시점의 현행 이자율로 할인한 현재가치로 공정가치를 측정할 수 있다.

전술한 역사적 원가로 분류하는 상각후원가도 현재가치 측정치인데, 상각후원가와 현재가치로 측정하는 공정가치는 어떤 차이가 있는가? 채무증권을 상각후원가로 측정하는 경우와 공정가치로 측정하는 경우 최초 측정금액은 미래현금흐름을 최초 측정일의 유효이자율로 할인한 현재가치로 측정하므로 같은 금액이다. 그러나 후속 측정에 있어서 상각후원가와 공정가치 측정치는 다음과 같이 다르다(본장 9.5절에서 자세하게 설명).

- 상각후원가 – 최초 이자율을 적용하여 현재가치를 측정하므로 후속적인 가치변동 무인식
- 현금흐름기준으로 측정한 공정가치 – 현행 이자율을 적용하여 현재가치를 측정하므로 후속적인 가치변동 인식

공정가치는 자산이나 부채를 발생시킨 거래나 그 밖의 사건의 가격으로부터 부분적으로라도 도출되지 않기 때문에, 공정가치는 자산을 취득할 때 발생한 거래원가로 인해 증가하지 않으며 부채를 발생시키거나 인수할 때 발생한 거래원가로 인해 감소하지 않는다.[16)] 따라서

15) 왜냐하면 자산이나 부채의 최초 인식시점에서의 현행가치와 이후 보고기간 말의 현행가치는 별개의 측정치이기 때문이다.

공정가치 측정치에는 거래원가가 포함되지 않아야 하며, 거래원가는 발생시점에 당기손익으로 인식한다. 또한 공정가치는 자산의 궁극적인 처분이나 부채의 이전 또는 결제에서 발생할 거래원가도 반영하지 않는다.

(2) 사용가치와 이행가치(value in use and fulfilment value)

사용가치는 기업이 자산의 사용과 궁극적인 처분으로 얻을 것으로 기대하는 현금흐름 또는 그 밖의 경제적효익의 현재가치이며, 이행가치는 기업이 부채를 이행할 때 이전해야 하는 현금이나 그 밖의 경제적 자원의 현재가치이다. 즉, 사용가치와 이행가치는 직접 관측될 수 없으며 현금흐름기준 측정기법으로 결정된다.

사용가치와 이행가치는 미래현금흐름에 기초하기 때문에 자산을 취득하거나 부채를 인수할 때 발생하는 거래원가는 포함하지 않는다. 그러나 사용가치와 이행가치에는 기업이 자산을 궁극적으로 처분하거나 부채를 이행할 때 발생할 것으로 기대되는 거래원가의 현재가치가 포함된다. 즉, 이미 발생한 거래원가는 현재가치 계산에 포함될 여지가 없으나, 미래에 발생할 거래원가는 현재가치 계산에 포함된다.

사용가치와 이행가치는 시장참여자의 가정보다는 기업 특유(entity-specific)의 가정을 반영한다는 점에서 전술한 공정가치와 다르다. 하지만 실무에서 시장참여자가 사용할 가정과 기업이 자체적으로 사용하는 가정 간에는 차이가 거의 없을 것이다.

(3) 현행원가(current cost)

자산의 현행원가는 측정일에 동등한 자산의 원가로서 측정일에 지급할 대가와 그 날에 발생할 거래원가를 포함한다. 또한 부채의 현행원가는 측정일에 동등한 부채에 대해 수취할 수 있는 대가에서 그 날에 발생할 거래원가를 차감한다.

지금까지 설명한 각 측정기준의 거래원가 포함 여부와 현재가치 측정 여부를 요약하면 다음의 [표 1]과 같다.

---

16) 예를 들어, 특정 자산을 공정가치로 최초 인식할 경우 여기에 거래원가를 포함하면, 최초 인식금액이 공정가치로 측정되지 않는 문제가 발생한다. 따라서 공정가치 측정치에는 거래원가가 포함되지 않아야 하며, 거래원가는 발생시점에 당기손익으로 인식한다. 단, 금융상품과 관련된 기준서 제1109호에서는 금융자산을 최초 인식할 때 공정가치로 측정하되, 금융자산의 분류에 따라 거래원가의 회계처리를 달리 규정하고 있다. 여기에 대한 상세한 회계처리는 제8장에서 설명한다.

| 표 1 | 각 측정기준의 거래원가 포함 여부 및 현재가치 측정 여부 요약

측정기준	자산을 취득하거나 부채가 생길 때 발생하는 거래원가	자산을 매각하거나 부채를 결제(이행)할 때 발생하는 거래원가	현재가치 측정 여부
역사적 원가	반영 (자산에 가산, 부채에서 차감)	반영하지 않음	상각후원가로 측정하는 금융상품의 경우 현재가치 측정
공정가치	반영하지 않음	반영하지 않음	현금흐름기준 측정기법을 사용하여 공정가치를 간접 결정 시 현재가치 측정
사용가치와 이행가치	반영하지 않음	발생할 것으로 기대되는 거래원가의 현재가치 반영	사용가치와 이행가치는 직접 측정할 수 없고, 현금흐름기준 측정기법으로 결정되므로 현재가치 측정
현행원가	반영 (자산에 가산, 부채에서 차감)	반영하지 않음	해당 없음

[표 1]에는 다양한 측정기준이 요약되어 있는데, 개별 기준서에서 자산이나 부채를 인식할 때 [표 1]에서 열거한 측정기준을 모두 적용하는 것은 아니다. 개별 기준서에서는 자산, 부채의 특성이나 상황에 따라 역사적 원가(상각후원가 포함), 공정가치 및 사용가치로 측정하도록 규정하고 있다. 본서의 제4장부터 역사적 원가(상각후원가 포함), 공정가치 및 사용가치를 적용하여 자산이나 부채를 측정하는 회계처리를 설명할 것이다.

8 자본 및 자본유지개념

제2장에서 자본을 자산에서 부채를 차감한 잔여액으로 정의하였다. 이러한 자본의 정의에 기초하여 자본유지개념(concepts of capital maintenance)에 따른 이익을 정의할 수 있다. 자본유지개념은 경제학적 이익 개념을 회계에 도입한 것으로 특정 회계기간에 소유주의 추가출자나 소유주에 대한 자본의 환급을 제외한 상태에서 기초의 자본을 초과하는 기말의 자본을 이익이라고 보는 것이다. 즉, 기초 자본이 유지해야 할 자본(return of capital)이며, 유지해야 할 자본을 초과한 금액(return on capital)을 이익으로 본다.

자본유지개념에 따른 이익(또는 손실)의 결정을 그림으로 표시하면 다음과 같다.

| 그림 7 | 자본유지개념에 따른 이익의 결정

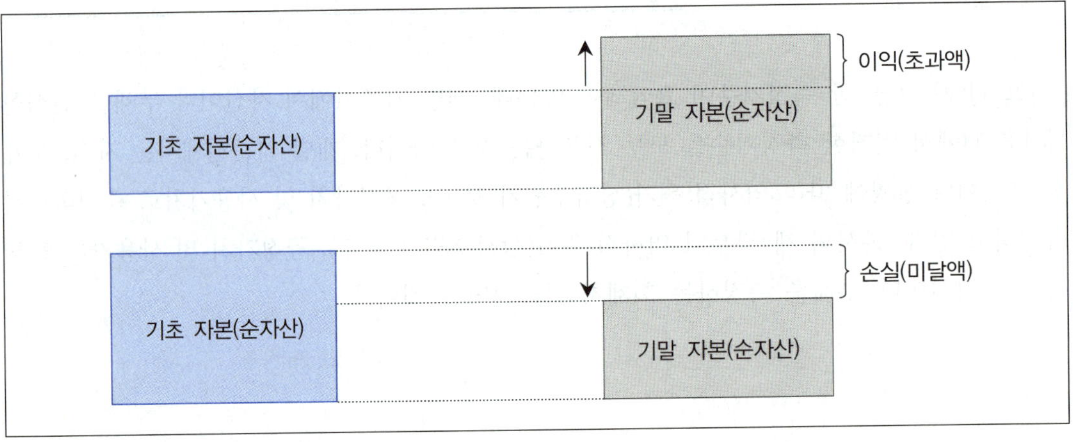

[그림 7]에서 기초 자본은 유지해야 할 자본이고, 기말 자본은 기말 현재 유지하고 있는 자본을 말한다. 기말 자본이 기초 자본을 초과할 경우 초과금액을 이익으로 결정하고, 기말 자본이 기초 자본에 미달하면 미달액을 손실로 결정하는 과정을 보여준다. 이와 같이 손익을 결정하는 과정은 자본유지개념을 따르는 것이다. [그림 7]의 이익(또는 손실)의 결정을 식으로 표시하면 다음과 같다.

기초 자본 + 추가출자 − 현금배당 등 사외유출 및 자본의 환급 + 이익(손실) = 기말 자본

자본유지개념에 따라 이익을 측정하기 위해서는 기업이 유지해야 할 자본을 무엇으로 보는지 결정해야 한다. '개념체계'는 재무자본유지(financial capital maintenance)와 실물자본유지(physical capital maintenance)의 두 가지 개념에 따라 유지해야 할 자본이 무엇인지 설명하면서, 재무자본유지를 다시 명목화폐자본유지와 불변구매력단위유지로 구분한다. 실무에서 현재 사용하고 있는 당기순이익 결정 방법이 명목화폐자본유지(일반물가수준변동을 고려하지 않음)라고 보면 된다.

본절에서는 명목화폐자본유지개념에 따른 이익 측정의 과정만 아래의 (예 3)을 통해서 소개하고, 불변구매력단위유지(일반물가수준변동을 고려함)와 실물자본유지에 따른 이익 측정 과정은 중급회계에서 설명한다.

예 3 명목화폐단위의 재무자본유지개념에 의한 당기순이익 측정

다음은 갑회사의 자본 및 자본 변동과 관련된 자료이다.

기초자산	₩1,600,000	기말자산	₩2,000,000	기초부채	₩1,100,000
기말부채	900,000	유상증자	700,000	현금배당	300,000

위의 자료를 이용하여 갑회사의 당기순이익을 계산하라.

기초순자산 + 추가출자 − 배당 및 출자환급 + 당기순이익 = 기말순자산

(₩1,600,000 − 1,100,000) + 700,000 − 300,000 + 당기순이익 = (₩2,000,000 − 900,000)

따라서 당기순이익 = ₩200,000

참고로 주식배당, 무상증자 등이 발생할 경우 자본의 구성 항목은 변동하지만 순자산(자본)의 변동은 가져오지 않으므로 위의 계산식에 포함하지 않는다.[17)]

---

17) 주식배당은 이익잉여금이 감소하면서 자본금이 증가하는 거래이고, 무상증자는 자본잉여금이나 이익잉여금이 감소하면서 자본금이 증가하는 거래이므로 순자산의 변동을 가져오지 않는다. 자본거래의 상세한 회계처리는 제11장에서 설명한다.

9 현재가치 측정

7절의 측정기준 중 상각후원가, 공정가치, 그리고 사용가치와 이행가치를 측정하는 과정에서 미래현금흐름의 현재가치가 사용된다고 설명하였다. 본절에서는 현재가치의 개념, 구체적인 계산, 그리고 회계처리의 적용에 대해서 설명하기로 한다.

9.1 화폐의 시간가치와 이자의 계산방법

지금 ₩10,000을 받는 것이 1년 후에 ₩10,000을 받는 것보다 더 유리하다. 이와 같은 의사결정은 인플레이션이 없다고 하더라도 마찬가지이다. 일반적으로 이자율은 0%보다 높기 때문에 지금 ₩10,000을 받아서 이자가 발생하는 금융상품에 투자를 한다면 1년 후 금액은 ₩10,000 보다 큰 금액이 된다. 따라서 지금 ₩10,000을 받는 것이 1년 후에 ₩10,000을 받는 것보다 더 유리한 의사결정이다.

화폐는 시간가치(time value)를 갖는데 이를 이자라고 부른다. 이자는 화폐를 사용하는 과정에서 그 대가로 발생하는 원가이다. 돈을 빌리는 사람의 입장에서 보면 그가 빌린 금액보다 나중에 더 많은 금액을 갚아야 하는데 그 차이가 바로 이자(비용)이며, 돈을 빌려준 사람의 입장에서 보면 그가 빌려준 금액보다 나중에 더 많은 금액을 회수하는데 그 차이가 이자(수익)이다. 그런데 이자율이 일정하게 유지되더라도 이자는 시간의 길이에 따라 증가한다. 즉, 화폐의 시간가치는 시간의 경과에 따라 변화하는 특징을 갖는다.

이자는 시간이 경과함에 따라 계속 발생한다. 흔히 이자율이라고 하면 연이자율을 의미하기 때문에 별도의 언급이 없는 한 본서에서의 이자율은 모두 연이자율을 의미하는 것으로 한다. 이자의 발생은 단리와 복리의 형태로 구분할 수 있다. 단리(simple interest)는 매년 동일한 이자가 발생하는 형태이며, 복리(compound interest)는 발생한 이자가 원금과 합쳐져 그 원금과 이자의 합계액에 다시 이자가 발생하는 형태이다. 만일 10%의 이자가 발생하는 금융상품에 ₩10,000을 3년간 투자한다고 가정할 때 3년간 발생하는 이자는 단리와 복리 간에 다음과 같이 차이가 있다.

〈단리의 경우〉

이자수익 ₩10,000×10%×3년＝₩3,000

〈복리의 경우〉

연도	기초원리금	×	이자율	=	이자수익	기말원리금
1차 연도	₩10,000		10%		₩1,000	₩11,000
2차 연도	11,000		10%		1,100	12,100
3차 연도	12,100		10%		1,210	13,310
합계					₩3,310	

복리의 경우 3년 후의 원리금 합계는 다음과 같이 계산할 수도 있다.

$$₩10,000 \times 1.1^3 = ₩13,310$$

단리와 복리로 계산한 원리금의 합계식을 다음과 같이 일반화하여 표시할 수 있다.

$$\text{단리의 경우 원리금 합계} = P + P \times i \times n$$
$$\text{복리의 경우 원리금 합계} = P \times (1+i)^n$$

P : 원금　　i : 이자율　　n : 기간

일반적으로 1년 이상 장기간의 현금흐름이 발생하는 경우 적용하는 이자계산방식은 주로 복리이다. 본서에서 다루는 이자계산은 모두 복리로 계산한다.

9.2 단순현금흐름의 미래가치 계산과 현재가치 계산

단순현금흐름이란 현재 또는 미래에 단 한 번의 현금흐름이 발생하는 경우를 의미한다. 현재의 시장이자율이 10%이고, 이자는 1년마다 나중에 지급하는 조건이라고 가정하자. 지금 ₩10,000을 10% 이자가 발생하는 금융상품에 투자할 경우 1년 후에 받게 될 원금과 이자의 합계는 ₩11,000(10,000×1.1)이고, 2년 후에 받게 될 원금과 이자의 합계는 ₩12,100 ($10,000 \times 1.1^2$)이다. 이 경우 현재시점 ₩10,000의 1년 후 미래가치(future value)는 ₩11,000이고, 현재시점 ₩10,000의 2년 후 미래가치는 ₩12,100이다.

〈미래가치 계산〉

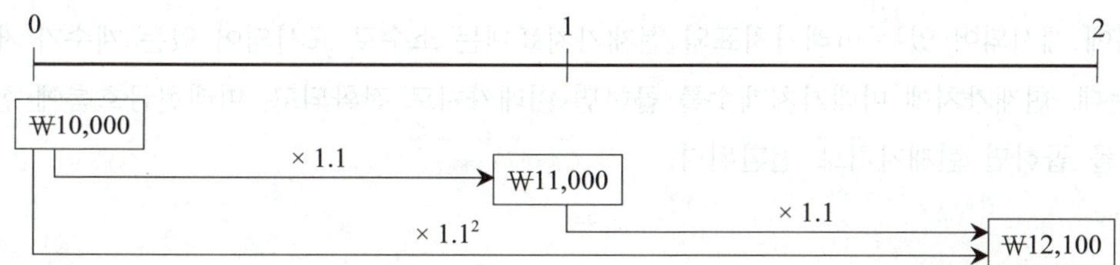

한편, 현재 이자율이 10%일 때 1년 후 ₩11,000의 현재가치(present value)는 ₩10,000이고, 2년 후 ₩12,100의 현재가치는 ₩10,000이다.

〈현재가치 계산〉

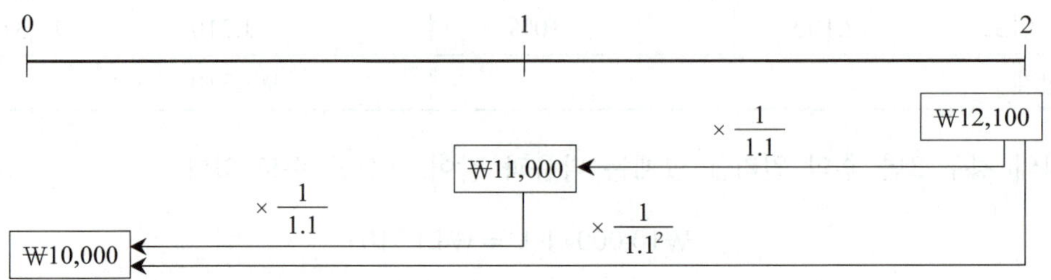

따라서 현재가치와 미래가치는 다음과 같은 식으로 일반화할 수 있다.

$$FV = PV \times (1+i)^n \qquad PV = \frac{FV}{(1+i)^n}$$

FV(future value) : 미래가치　　PV(present value) : 현재가치

i : 시장이자율　　n : 기간

현재의 현금흐름을 미래가치로 전환하기 위해서는 현재가치에 $(1+i)^n$을 곱해야 하며, 반대로 미래의 현금흐름을 현재가치로 전환하기 위해서는 미래가치를 $(1+i)^n$으로 나누어야 한다(또는 $\frac{1}{(1+i)^n}$을 곱해야 한다). 기간이 길지 않다면 $(1+i)^n$을 직접 계산할 수 있으나 기간이 장기인 경우에는 직접 계산하는 것이 번거로울 수 있다. 따라서 본서의 부록에 미래가치표(부록 표 1)와 현재가치표(부록 표 3)가 제시되어 있으며, 이자를 계산할 때에는 이 표의 해당 계수를 이용하면 된다. 예를 들어, 10%의 미래가치표와 현재가치표의 일부는 다음과 같다.

기간	미래가치계수		현재가치계수	
1	1.1	1.10000	1/1.1	0.90909
2	1.1^2	1.21000	$1/1.1^2$	0.82645
3	1.1^3	1.33100	$1/1.1^3$	0.75131

부록에 제시되어 있는 미래가치표와 현재가치표에는 소수로 표시되어 있는 계수가 제시되어 있는데, 현재가치에 미래가치계수를 곱하면 미래가치로 전환되고, 미래현금흐름에 현재가치계수를 곱하면 현재가치로 전환된다.

9.3 연금의 현재가치 계산

단순현금흐름은 오직 한 번 현금흐름이 발생하는 것을 의미하는데 반해, 연금(annuity)이란 일정액의 현금흐름이 2번 이상 계속되는 것을 의미한다. 예를 들어, 현재 시장이자율이 10%일 경우 1년 후, 2년 후 및 3년 후에 각각 현금이 ₩100,000씩 유입되는 자산의 현재가치는 얼마인지 계산해보자.

미래에 매년 말 ₩100,000씩 유입되는 자산의 현재가치
=매년 말 각각의 현금흐름의 현재가치의 합
=1년 후 ₩100,000의 현재가치+2년 후 ₩100,000의 현재가치
+3년 후 ₩100,000의 현재가치
=₩100,000×0.90909+₩100,000×0.82645+₩100,000×0.75131
=₩248,685

위의 계산식을 다음과 같이 달리 표현할 수도 있다.

$$₩100{,}000 \times \frac{1}{1.1} + ₩100{,}000 \times \frac{1}{1.1^2} + ₩100{,}000 \times \frac{1}{1.1^3}$$

$$= ₩100{,}000 \times \left(\frac{1}{1.1} + \frac{1}{1.1^2} + \frac{1}{1.1^3} \right)$$

0 1 2 3
₩100,000 ₩100,000 ₩100,000
$\times \frac{1}{1.1}$ $\times \frac{1}{1.1^2}$ $\times \frac{1}{1.1^3}$
<합계>
₩248,685

즉, 연금의 현재가치는 각각의 단순현금의 현재가치를 합친 수치이다.

위의 사례에서 보는 바와 같이 매년의 현금흐름이 동일하다면 현금흐름에 ($1/1.1+1/1.1^2+1/1.1^3$)만 곱하면 현재가치가 계산되며, 부록의 연금의 현재가치표(부록 표 4)에는 이러한 계수가 미리 계산되어 제시되어 있다. 이자율 10%의 현재가치표에서의 계수를 단순현금흐름과 연금을 비교해서 표시하면 다음과 같다.

기간	단순현금흐름의 경우	연금의 경우
1	0.90909	0.90909
2	0.82645	0.90909+0.82645=1.73554
3	0.75131	0.90909+0.82645+0.75131=2.48685

즉, 연금의 현재가치계수는 단순현금흐름의 현재가치계수의 누계임을 알 수 있다. 따라서 상기의 예에서 미래 3년간 ₩100,000의 현금유입이 발생하는 자산의 현재가치는 다음과 같이 쉽게 계산할 수 있다.

₩100,000×(기간 3, 10%, 연금현가계수) = ₩100,000×2.48685 = ₩248,685

9.4 현재가치 개념의 회계처리 적용

미래현금흐름의 현재가치는 자산 및 부채의 평가에 모두 적용할 수 있다. 다만, 미래현금흐름의 금액 및 시기를 알 수 있어야만 현재가치 평가가 가능하기 때문에 계약 등에 의해서 미래에 수취하거나 지불할 현금의 크기 및 시점을 명확하게 알 수 있는 자산 및 부채가 현재가치 평가대상이 된다.

아래에서는 토지를 외상으로 처분하고 미수금을 장기간 경과 후에 수령하는 경우 장기미수금을 명목금액으로 회계처리하는 경우와 현재가치로 회계처리하는 경우를 비교함으로써 왜 현재가치로 평가하는 회계처리가 타당한지 설명하기로 한다.

예 4 명목금액과 현재가치의 비교

20×1년 1월 1일 갑회사가 보유하고 있던 장부금액 ₩200,000의 토지를 ₩300,000에 매각하면서 현금을 즉시 수취하지 않고 20×3년 12월 31일에 ₩300,000을 일시에 수취하기로 하였다. 한편, 자산 매각 시 시장이자율(유효이자율)은 10%이다.

(1) 장기미수금을 명목금액으로 측정하는 경우의 회계처리

<20×1년 1월 1일>

(차) 장 기 미 수 금	300,000	(대) 토 지	200,000
		유형자산처분이익	100,000

위의 회계처리에 문제는 없는가? 만약 갑회사가 토지를 매각하면서 즉시 현금을 수취했다면 ₩300,000보다 적은 대가를 수취했을 것이다. 왜냐하면 토지를 취득한 측에서 마음이 바뀌어 20×1년 1월 1일에 토지 취득 대금을 모두 지급하기로 하였다면 3년의 이자 상당액을 뺀 금액을 지급하는 것으로 두 당사자가 합의할 것이기 때문이다.

토지를 취득하는 측에서 대금을 즉시 지급하든, 할부로 지급하든 관계없이 토지의 최초 인식금액은 같아야 타당하다. 대금 지급 시점을 미래로 이연할수록 지급할 총액은 많아지는데, 그 총액을 자산의 취득원가로 인식하면 동일한 자산이더라도 대금 지급 조건에 따라 최초 인식금액이 달라

지는 문제가 발생한다.

이는 토지를 매각하는 측도 마찬가지이다. 토지를 매각하면서 매각대금의 수취 시점을 미래로 이연할수록 수취할 총액은 많아지는데, 그 총액을 자산의 처분금액으로 인식하면 동일한 자산이더라도 대금 수취 조건에 따라 처분손익이 달라지는 문제가 발생할 뿐만 아니라 장기미수금이 처음부터 과대계상되는 문제도 발생한다. 이와 같은 문제점은 장기미수금을 현재가치로 측정하면 모두 해결된다.

(2) 장기미수금을 현재가치로 측정하는 경우의 회계처리

장기미수금의 현재가치는 다음과 같이 계산한다.

장기미수금의 현재가치 = ₩300,000×(10%, 기간 3, ₩1의 현가계수)
= ₩300,000×0.75131
= ₩225,393

20×1년 1월 1일에 토지를 매각하면서 대금 전체를 즉시 현금으로 수취하는 조건이었다면 매각대금은 ₩225,393이었을 것이며, 이 측정치가 7절에서 설명한 역사적 원가로 분류되는 상각후원가이다. 20×1년 1월 1일에 갑회사는 다음과 같이 회계처리한다.

<20×1년 1월 1일>

(차) 장기미수금	225,393	(대) 토지	200,000
		유형자산처분이익	25,393

토지매각 대금의 명목금액 ₩300,000과 현재가치 ₩225,393의 차이 ₩74,607은 3년에 걸쳐 이자수익으로 인식하여야 한다. 이때 '₩74,607÷3'만큼 매년 이자수익을 인식하는 것이 아니라 다음과 같이 연도별 이자수익을 계산한다.

20×1년 초 장기미수금 장부금액		₩225,393
20×1년 이자수익	225,393×10% =	22,539
20×1년 말 장기미수금 장부금액		247,932
20×2년 이자수익	247,932×10% =	24,793
20×2년 말 장기미수금 장부금액		272,725
20×2년 이자수익	272,725×10% =	27,275
20×3년 말 장기미수금 장부금액		₩300,000

위의 계산 과정에서 보는 바와 같이 기초 장기미수금의 장부금액에 유효이자율을 곱하여 이자수익을 인식하고, 그 금액만큼 장기미수금의 장부금액에 가산한다. 이렇게 매년 회계처리를 하면 20×3년 말 장기미수금의 장부금액은 명목금액 ₩300,000과 같아지며, 갑회사는 이때 ₩300,000의 현금을 수취하면서 장기미수금을 제거한다.

위와 같이 이자수익을 계산하는 방법을 유효이자율법(effective interest rate method)이라고 한다.

앞으로 여러 장에서 유효이자율법을 적용하여 이자수익이나 이자비용을 인식하는 회계처리를 소개할 것이다.

갑회사가 매년 말 해야 할 회계처리(분개)는 다음과 같다(장기미수금의 유동성 대체 생략).

<20×1년 12월 31일>

(차) 장 기 미 수 금	22,539	(대) 이 자 수 익	22,539

<20×2년 12월 31일>

(차) 장 기 미 수 금	24,793	(대) 이 자 수 익	24,793

<20×3년 12월 31일>

(차) 장 기 미 수 금	27,275	(대) 이 자 수 익	27,275
(차) 현 금	300,000	(대) 장 기 미 수 금	300,000

위의 회계처리에서 보는 바와 같이 장기미수금을 명목금액으로 인식하지 않고 현재가치로 인식하면 장기미수금이 과대계상되는 것을 막을 수 있을 뿐만 아니라 토지 매각과 관련된 손익의 분류 및 기간별 인식금액을 적정하게 보고할 수 있다.

한편, 다음과 같이 장기미수금의 장부금액조정표를 작성하면 수월하게 연도별 이자수익을 파악할 수 있다.

일자	유효이자 (10%)	표시이자 (0%)	장기미수금 장부금액 조정 (유효이자－표시이자)	장기미수금의 장부금액
20×1. 1. 1.				₩225,393
20×1. 12. 31.	₩22,539[(1)]	–[(2)]	₩22,539	247,932[(3)]
20×2. 12. 31.	24,793	–	24,793	272,725
20×3. 12. 31.	27,275	–	27,275	300,000
합계	₩74,607	–	₩74,607	

(1) ₩225,393(장기미수금 20×1년 초 장부금액)×10%＝₩22,539
(2) 본 사례에서 표시이자는 없다.
(3) ₩225,393＋22,539＝₩247,932

참고로 토지를 취득한 측의 회계처리를 제시하면 다음과 같다(유동성 대체 생략함).

<20×1년 1월 1일>

(차) 토 지	225,393	(대) 장 기 미 지 급 금	225,393

<20×1년 12월 31일>

(차) 이 자 비 용	22,539	(대) 장 기 미 지 급 금	22,539

<20×2년 12월 31일>

(차) 이 자 비 용	24,793	(대) 장 기 미 지 급 금	24,793

<20×3년 12월 31일>

(차) 이 자 비 용	27,275	(대) 장 기 미 지 급 금	27,275
(차) 장 기 미 지 급 금	300,000	(대) 현 금	300,000

9.5 상각후원가와 공정가치(현재가치 측정)의 비교

(예 4)에서 기초 장부금액에 최초 유효이자율을 적용한 이자수익과 표시이자((예 4)에서는 표시이자 없음)의 차이를 가산하여 매년 말 현재 장기미수금의 장부금액을 계산하였는데, 다음과 같이 매년 말 현재 미래현금흐름의 현재가치로 직접 계산할 수도 있다. 두 가지 방법을 비교하면 다음과 같다.

| 표 2 | 보고기간 말 현재 장기미수금의 장부금액(상각후원가) 계산방법의 비교

방법 1	방법 2
20×1년 말 장부금액 =20×1년 초 장부금액+유효이자 =₩225,393×1.1=₩247,932	20×1년 말 장부금액 =20×1년 말 현재 20×3년 원금의 현재가치 =₩300,000×0.82645(기간 2, 10%, ₩1의 현가계수) =₩247,935
20×2년 말 장부금액 =20×2년 초 장부금액+유효이자 =₩247,932×1.1=₩272,725	20×2년 말 장부금액 =20×2년 말 현재 20×3년 원금의 현재가치 =₩300,000×0.90909(기간 1, 10%, ₩1의 현가계수) =₩272,727

[표 2]의 <방법 1>은 기초 장부금액에 해당 기간의 이자수익(유효이자)을 더하여 기말 장부금액을 순차적으로 계산하는 방법인 반면, <방법 2>는 매 보고기간 말 현재 미래현금흐름을 최초 유효이자율로 할인한 현재가치로 기말 장부금액을 계산하는 방법이다. 소수점 이하 몇 자리까지의 현가계수를 적용하느냐에 따라 <방법 1>과 <방법 2>의 기말 장부금액에 약간의 차이가 발생하는데, 이를 무시하면 두 가지 방법을 적용한 결과는 동일함을 알 수 있다.

만약 회계기준에서 장기미수금을 매 보고기간 말에 공정가치로 측정하도록 요구한다면, 매 보고기간 말의 공정가치는 [표 2]의 <방법 2>를 적용하여 쉽게 계산할 수 있다. [표 2]의

<방법 2>를 적용한 상각후원가와 공정가치의 계산 과정을 비교하면 다음의 [표 3]과 같다. 단, 20×1년 말과 20×2년 말 현재 현행이자율은 각각 8%와 9%로 가정한다.

| 표 3 | 보고기간 말 현재 장기미수금의 상각후원가와 공정가치의 계산방법 비교

상각후원가(방법 2) 측정	공정가치 측정
20×1년 말 장부금액 =20×1년 말 현재 20×3년 원금의 현재가치 =₩300,000×0.82645^(1)^ =₩247,935 (1) 기간 2, 10%, ₩1의 현가계수	20×1년 말 장부금액 =20×1년 말 현재 20×3년 원금의 현재가치 =₩300,000×0.85734^(3)^ =₩257,702 (3) 기간 2, 8%, ₩1의 현가계수)
20×2년 말 장부금액 =20×2년 말 현재 20×3년 원금의 현재가치 =₩300,000×0.90909^(2)^ =₩272,727 (2) 기간 2, 10%, ₩1의 현가계수	20×2년 말 장부금액 =20×2년 말 현재 20×3년 원금의 현재가치 =₩300,000×0.91743^(4)^ =₩275,229 (4) 기간 1, 9%, ₩1의 현가계수

[표 3]에서 보는 바와 같이 현재가치로 공정가치를 측정할 경우, 미래현금흐름을 측정일 현재의 현행이자율로 할인한 현재가치로 공정가치를 계산하면 된다. 20×1년 말 상각후원가는 ₩247,935이고 공정가치는 ₩257,702인데, 만약 회계기준에서 해당 자산에 대하여 매 보고기간 말에 공정가치 측정치를 장부금액으로 보고하도록 요구한다면 ₩247,935와 ₩257,702의 차이만큼 공정가치평가이익을 인식하면 된다.

9.6 현금흐름의 유형별로 현재가치 적용

미래현금흐름의 유형별로 현재가치를 적용하는 회계처리를 정리해 보기로 한다. 전술한 (예 4)의 거래는 ₩300,000의 매각 대금을 3년 후에 일시 수취하는 조건이었다. 이러한 현금흐름 유형(유형 1) 이외에도 다양한 현금흐름의 유형이 가능하다. 매각대금 ₩300,000을 3년 후에 일시 수취하되 매년 말 기초미회수 매각대금의 5%만큼 이자를 수취하는 경우(유형 2), 매각대금 ₩300,000을 매년 말 ₩100,000씩 3회 분할 수취하면서 동시에 기초미회수 매각대금의 5%만큼 이자도 수취하는 경우(유형 3) 및 매각대금 ₩300,000을 매년 말 ₩100,000씩 3회 분할 수취하면서 이자는 수취하지 않는 경우(유형 4)로 구분할 수 있다. 이와 같이 4가지 유형의 현금흐름을 요약하면 다음과 같다.

유형	현금흐름		
	기간 1	기간 2	기간 3
유형 1 : 이자 없이 만기에 원금을 일시 수취	이자 ₩0 원금 ₩0	이자 ₩0 원금 ₩0	이자 ₩0 원금 ₩300,000
유형 2 : 만기에 원금을 일시 수취하되, 매년 말 5%의 이자 수취	이자 ₩15,000 원금 ₩0	이자 ₩15,000 원금 ₩0	이자 ₩15,000 원금 ₩300,000
유형 3 : 원금을 매년 말 1/3씩 분할 수취하되, 5%의 이자도 수취	이자 ₩15,000 원금 ₩100,000	이자 ₩10,000 원금 ₩100,000	이자 ₩5,000 원금 ₩100,000
유형 4 : 이자 없이 원금을 매년 말 1/3씩 분할 수취	이자 ₩0 원금 ₩100,000	이자 ₩0 원금 ₩100,000	이자 ₩0 원금 ₩100,000

유형 1의 현재가치 회계처리는 전술한 (예 4)에서 설명하였기 때문에 다른 3가지 유형의 현재가치 회계처리에 대해서만 설명하기로 한다.

유형	장기미수금의 현재가치 계산
유형 2	장기미수금의 현재가치 = ₩15,000×(기간 3, 10%, 연금현가계수) +300,000×(기간 3, 10%, ₩1의 현가계수) = ₩15,000×2.48685 + 300,000×0.75131 = ₩262,696
유형 3	장기미수금의 현재가치 = ₩115,000×(기간 1, 10%, ₩1의 현가계수) +110,000×(기간 2, 10%, ₩1의 현가계수) +105,000×(기간 3, 10%, ₩1의 현가계수) = ₩115,000×0.90909 + 110,000×0.82645 +105,000×0.75131 = ₩274,342
유형 4	장기미수금의 현재가치 = ₩100,000×(기간 3, 10%, 연금현가계수) = ₩100,000×2.48685 = ₩248,685

3가지 유형별로 장기미수금의 장부금액조정표를 작성하고 분개를 표시하면 다음과 같다. 단, 유동성 대체는 생략한다.

(1) 유형 2

일자	유효이자 (10%)	표시이자 (5%)	장부금액 조정 (유효이자 – 표시이자)	장기미수금의 장부금액
20×1. 1. 1.				₩262,696
20×1. 12. 31.	₩26,270(1)	₩15,000(2)	₩11,270	273,966(3)
20×2. 12. 31.	27,397	15,000	12,397	286,363
20×3. 12. 31.	28,637(4)	15,000	13,637	300,000
합계	₩82,304	₩45,000	₩37,304	

(1) ₩262,696(장기미수금 20×1년 초 장부금액)×10% = ₩26,270
(2) ₩300,000×5% = ₩15,000
(3) ₩262,696 + 11,270 = ₩273,966
(4) ₩1의 단수차이 조정

〈20×1년 1월 1일〉

(차) 장 기 미 수 금	262,696	(대) 토 지	200,000
		유형자산처분이익	62,696

〈20×1년 12월 31일〉

(차) 현 금	15,000	(대) 이 자 수 익	26,270
장 기 미 수 금	11,270		

〈20×2년 12월 31일〉

(차) 현 금	15,000	(대) 이 자 수 익	27,397
장 기 미 수 금	12,397		

〈20×3년 12월 31일〉

(차) 현 금	15,000	(대) 이 자 수 익	28,637
장 기 미 수 금	13,637		
(차) 현 금	300,000	(대) 장 기 미 수 금	300,000

(2) 유형 3

일자	유효이자 (10%)	표시이자 (5%)	장부금액 조정 (유효이자－표시이자)	장기미수금의 장부금액
20×1. 1. 1.				₩274,342
20×1. 12. 31.	₩27,434(1)	₩15,000(2)	₩12,434	186,776(3)
20×2. 12. 31.	18,678(4)	10,000(5)	8,678	95,454(6)
20×3. 12. 31.	9,546(7)	5,000(8)	4,546	0(9)
합계	₩55,658	₩30,000	₩25,658	

(1) ₩274,342(장기미수금 20×1년 초 장부금액)×10%＝₩27,434
(2) ₩300,000×5%＝₩15,000
(3) ₩274,342＋12,434－100,000(1회분 원금회수)＝₩186,776
(4) ₩186,776(장기미수금 20×2년 초 장부금액)×10%＝₩18,678
(5) ₩200,000×5%＝₩10,000
(6) ₩186,776＋8,678－100,000(2회분 원금회수)＝₩95,454
(7) ₩95,454(장기미수금 20×3년 초 장부금액)×10%＝₩9,546(₩1의 단수차이 조정)
(8) ₩100,000×5%＝₩5,000
(9) ₩95,454＋4,546－100,000(3회분 원금회수)＝₩0

〈20×1년 1월 1일〉

(차) 장기미수금	274,342	(대) 토지	200,000
		유형자산처분이익	74,342

〈20×1년 12월 31일〉

(차) 현금	15,000	(대) 이자수익	27,434
장기미수금	12,434		
(차) 현금	100,000	(대) 장기미수금	100,000

〈20×2년 12월 31일〉

(차) 현금	10,000	(대) 이자수익	18,678
장기미수금	8,678		
(차) 현금	100,000	(대) 장기미수금	100,000

〈20×3년 12월 31일〉

(차) 현금	5,000	(대) 이자수익	9,546
장기미수금	4,546		
(차) 현금	100,000	(대) 장기미수금	100,000

(3) 유형 4

일자	총수취액	유효이자 (10%)	원금회수액	장기미수금의 장부금액
20×1. 1. 1.				₩248,685
20×1. 12. 31.	₩100,000	₩24,869[(1)]	₩75,131	173,554[(2)]
20×2. 12. 31.	100,000	17,355	82,645	90,909
20×3. 12. 31.	100,000	9,091	90,909	0
합계	₩300,000	₩51,315	₩248,685	

(1) ₩248,685(장기미수금 20×1년 초 장부금액)×10% = ₩24,869

(2) ₩248,685 − ₩75,131 = ₩173,554

〈20×1년 1월 1일〉				
(차) 장 기 미 수 금	248,685	(대)	토 지	200,000
			유형자산처분이익	48,685
〈20×1년 12월 31일〉				
(차) 현 금	100,000	(대)	이 자 수 익	24,869
			장 기 미 수 금	75,131
〈20×2년 12월 31일〉				
(차) 현 금	100,000	(대)	이 자 수 익	17,355
			장 기 미 수 금	82,645
〈20×3년 12월 31일〉				
(차) 현 금	100,000	(대)	이 자 수 익	9,091
			장 기 미 수 금	90,909

연/습/문/제

01 일반목적재무보고에 대한 다음의 각 물음에 대하여 답하시오.

물음

1. 다양한 정보이용자의 정보욕구(needs)를 충족시킬 수 있는 맞춤형식의 특수목적재무제표를 제공하지 않고 일반목적재무제표를 제공하더라도 정보이용자의 의사결정에 유용한가?
2. 당기 말 현재 삼성전자㈜의 자산총계에서 부채총계를 차감한 자본총계가 200조 원이라는 재무상태표의 정보에 근거하여 삼성전자의 기업가치가 200조 원이라고 판단해도 되는가?
3. 재무비율 중 자기자본이익률(ROE, 이익÷자본총액 평균)이 있다. 경영자의 입장에서 ROE 계산식의 분자에 당기순이익과 영업이익 중 어떤 항목을 넣어야 ROE가 자신의 수탁책임을 제대로 표시한다고 생각할 것인가?
4. 현금기준에 따른 재무제표에 비해 발생기준에 따른 재무제표가 미래 순이익 및 현금흐름을 예측하는 데 더 유용한가?

해답

물음 1

정보이용자마다 내리고자 하는 의사결정은 다양할 수 있으므로 그들이 필요로 하는 정보도 매우 다양할 것이다. 그러나 기업이 다양한 정보욕구를 모두 충족시켜주기 위해서 맞춤형식의 특수목적재무제표를 제공하는 것은 막대한 원가부담 때문에 현실적이지 않을 뿐만 아니라 특수목적재무제표를 제공하더라도 그들의 모든 정보욕구를 완전하게 충족시킬 수 있다고 확신할 수 없다. 아무리 의사결정이 다양하더라도 공통적인 정보욕구인 미래현금흐름의 예측이라는 정보욕구를 충족시킬 수 있다면 그 밖의 정보욕구도 어느 정도 충족시킬 수 있을 것이다. 따라서 일반목적재무제표를 제공하더라도 정보이용자의 의사결정에 유용할 수 있다.

물음 2

재무상태표를 비롯한 일반목적재무제표는 보고기업의 가치를 보여주기 위해 고안된 것이 아니라 정보이용자가 보고기업의 가치를 추정하는 데 도움이 되는 정보를 제공할 뿐이다. 특정 시점 현재 삼성전자㈜의 자본총계가 200조 원이라는 것은 대체적인 회계기준 중 한 가지 방법을 삼성전자㈜가 선택하고, 삼성전자㈜ 경영진의 판단 및 추정에 근거하여 측정된 자산의 금액에서 부채의 금액을 차감한 장부금액일 뿐이다. 그러나 기업의 가치는 현재 순자산의 장부금액뿐만 아니라 미래에 보고기업이 얼마나 현금흐름을 창출할 수 있는지에 기초하여 평가하며, 재무상태표와 포괄손익계산서의 정보가 미래현금흐름을 예측하는 의사결정에 도움을 줄 수 있다.

물음 3

ROE는 회사의 자본 1원당 가득한 이익을 보여주는 지표이다. 일반적으로 ROE가 높을수록 경영자가 우수한 성과를 달성했다고 평가할 수 있다. 그러나 이익을 당기순이익으로 하여 ROE를 계산할 경우 경영자의 수탁책임 달성을 위한 노력이 제대로 평가되지 않을 수 있다. 당기순이익에는 경영자가 통제할 수 없는 요인에 의해서 발생한 손익이나 영업활동과 직접 관련되지 않은 손익이 포함될 수 있다. 예를 들어, 거액의 재해손실이나 보험차익과 같은 특별한 항목은 당기순이익에는 반영되지만 경영자의 수탁책임을 보여주는 항목은 아니다. 따라서 ROE를 계산할 때 이익은 당기순이익보다 영업이익을 사용하는 것이 더 바람직하다.

한편, ROE는 주주지분에 대한 성과이므로 채권자로부터 조달받은 자금에 대한 수탁책임은 반영되지 않는다. 따라서 경영자가 회사 전체의 자원을 얼마나 효율적이고 효과적으로 사용하였는지를 평가하려면 영업이익을 총자산으로 나눈 총자산영업이익률(ROA)이 ROE보다 더 나은 지표일 수 있다.

물음 4

현금기준 재무제표는 당기에 유입 또는 유출된 현금흐름에 대한 정보만 제공할 뿐 차기 이후 얼마나 손익이 발생할 것이며, 얼마나 현금이 유입 또는 유출될 것인지 등에 대한 정보를 제공하지 못한다. 발생기준에 따라 재무제표를 작성하면 발생과 이연의 두 가지 정보가 제공된다. 발생(accrual)은 당기 손익이 발생하였지만 현금흐름은 차기 이후에 유입 또는 유출되는 항목이며, 이연(deferral)은 당기에 현금흐름의 유입 또는 유출이 있었지만 당기손익은 차기 이후 발생하는 항목이다. 따라서 발생 및 이연이 포함된 발생기준에 따른 재무제표가 현금기준에 따른 재무제표에 비해 차기 이후 손익과 현금흐름을 예측하는 데 더 유용하다.

02 의사결정에 유용한 정보를 제공하기 위해서 재무보고가 갖추어야 할 질적 특성에 대한 다음의 물음에 대해서 답하시오.

물음

1. A회사는 자산총액이 50억 원이므로 「주식회사등의 외부감사에 관한 법률」에 따라 공인회계사의 회계감사 대상에서 제외되는 소규모 기업이다. A회사는 공장 증축을 위해서 5억 원의 자금이 필요하다. 필요한 자금을 은행에서 대출을 받으려고 하는데, 은행의 대출심사역은 회계감사를 받지 않은 A회사의 재무제표를 이용하여 대출의사결정을 해야 한다. 은행의 대출심사역은 A회사 재무제표에 대해서 어떤 질적 특성을 의심할 것인가?

2. 정부는 당해 연도 말을 기준일로 하여 당기를 포함한 지난 3년간 연속하여 이자보상배율(영업이익÷이자비용)이 1 미만인 기업을 더 이상 계속기업으로 존속하기 어려운 한계기업으로 정의하고, 내년부터 이러한 한계기업을 구조조정할 것이라는 발표를 하였다. 이자보상배율은 회사들이 제공한 재무정보에 기초하여 계산하는데, 한계기업을 구조조정하겠다는 정부의 의사결정은 재무정보의 어떤 질적 특성에 기초한 것인가?

3. 정부는 계열회사 간 일감 몰아주기 금지 등 특수관계자 간의 거래를 제한하는 정책을 펴고 있다. 회계기준도 특수관계자 간의 거래내역을 주석으로 공시하도록 규정하고 있는데, 이러한 정보는 재무정보의 질적 특성 중 어떤 특성과 관련되는가?

4. 갑회사는 당기에 기계장치에 대하여 1억 원의 손상차손을 인식하였다. 손상차손 인식금액은 추정한 것인데, 정보이용자는 그러한 추정에 오류가 있을지 모른다는 의심을 하고 있다. 갑회사는 정보이용자에게 어떤 재무정보를 추가로 제공해야 손상차손이 충실한 표현이라는 질적 특성을 가질 수 있는가?

5. 기업 간 재무제표의 비교가능성을 획기적으로 높이기 위해서 회계기준에서 모든 기업으로 하여금 한 가지 회계처리방법만 적용하도록 강제할 경우(예를 들어, 재고자산에 대해서는 선입선출법만 적용하도록 강제) 어떤 문제가 발생하는가? 또한 대체적인 회계처리방법을 제시하고 기업으로 하여금 이 중에서 한 가지를 선택, 적용하도록 할 경우 기업 간 재무제표의 비교가능성이 감소할 수 있는데 이를 보완할 수 있는 방법은 무엇인가?

6. 정보이용자가 의사결정을 하고자 할 때 즉시 재무정보를 제공해 주기 위해서 정부가 모든 기업으로 하여금 매월 결산을 하여 재무정보를 전자공시시스템에 업로드 하도록 관련 법규를 제정하였다면 재무보고의 적시성은 높아질 수 있다. 그러나 이로 인해 예상되는 부정적인 영향은 무엇인가?

7. 국제회계기준은 그 이전까지 적용하던 회계기준에 비해 회계처리가 생소하고 용어도 친숙하지 않은데다 공시해야 할 정보의 양도 많아져서 정보이용자의 이해력이 과거보다 떨어진다는 비판이 있다. 국제회계기준에 따른 재무보고의 이해가능성이 국제회계기준을 적용하기 전의 재무보고에 비해서 낮아진 것인가?

(해답)

물음 1

재무정보가 의사결정에 유용하기 위해서는 목적적합하고, 나타내고자 하는 바를 충실하게 표현해야 한다. 정보이용자가 가장 쉽게 얻을 수 있는 보고기업의 재무정보는 재무제표이며, 그 재무제표는 공인회계사의 회계감사를 받은 재무제표일 필요가 있다. 회계감사를 받지 않은 재무제표는 상대적으로 회계감사를 받은 재무제표에 비해 오류나 부정이 포함되어 있을 가능성이 더 높으므로 표현의 충실성에 문제가 있을 수 있다. 따라서 은행의 대출심사역은 A회사의 재무제표에 전적으로 의존하지 말고, 다른 원천으로부터 정보를 추가로 입수할 필요가 있다. 예를 들어, 그 기업이 설립되어 지금까지 어떻게 영업을 해 왔는지, 그 기업이 속해있는 산업의 최근 동향, 이자율이나 환율 등의 거시경제 요인의 변동에 회사가 얼마나 취약한지 등을 판단할 수 있는 정보를 입수하여 종합적으로 판단하는 것이 바람직하다.

물음 2

이자보상배율이 1 미만인 기업은 영업활동이 제대로 이루어지지 못하여 영업이익을 가지고 이자도 지급하지 못하는 상황에 처한 한계기업을 의미한다. 정부가 재무정보에 기초하여 당기를 포함한 과거 3년 동안 연속하여 이자보상배율이 1 미만인 기업을 구조조정하겠다는 의사결정은 재무정보가 예측가치라는 질적 특성을 가지고 있음을 전제로 한다. 즉, 재무정보가 예측치 자체는 아니지만 과거의 추세를 분석하여 미래의 상황을 예측한다면 예측가치를 가지며, 그 결과 의사결정에 목적적합한 정보가 될 수 있다.

물음 3

특수관계자 간의 거래는 독립적인 제3자와의 정상거래에 비해 그 조건이 유의하게 다를 수 있다. 특수관계자 중 어느 한 당사자의 이익을 다른 당사자의 이익으로 전환시키기 위해서 정상거래 가격보다 더 높은 가격으로 매입하거나 더 낮은 금액으로 매출하는 경우가 대표적인 사례이다. 이와 같은 특수관계자 거래가 회계기준을 위배한 거래는 아니지만 정보이용자의 의사결정 과정을 왜곡시킬 수 있다는 점에서 문제가 될 수 있다. 따라서 금액의 크기에 관계없이 특수관계자 거래의 내역을 주석으로 공시해야 하는데, 이는 정보이용자에게 목적적합한 정보를 제공하기 위해서이며, 더 구체적으로 표현하면 해당 기업에 특유한 측면의 목적적합성인 중요성 중 질적 중요성과 관련된다.

물음 4

갑회사의 손상차손 추정치가 정확한 것인지 아니면 부정확한 것인지는 정보이용자뿐만 아니라 갑회사도 확신할 수 없다. 그러나 재무제표 주석에 추정치로서 금액을 명확하고 정확하게 기술하고, 추정절차의 성격과 한계를 설명하고, 그 추정치를 도출하기 위한 적용한 절차가 어떤 것인지 서술하였다면 그렇게 추정한 손상차손의 표현은 충실하다고 할 수 있다.

물음 5

기업 간 재무제표의 비교가능성을 높이는 것이 필요하지만 그렇다고 획일적으로 한 가지 회계처리방법만 강요하는 통일성은 바람직하지 않다. 왜냐하면 각 기업마다 수행하는 영업활동의 성격이 다르고 기업의 구조, 특성 및 환경 등이 상이하기 때문에 이를 무시하고 한 가지 회계처리방법만 적용하도록 하면 기업의 재무상태나 성과를 제대로 보고하기 어렵다. 따라서 기업의 상이한 측면을 적절하게 표현할 수 있는 회계처리방법을 기업이 스스로 선택하도록 하는 것이 바람직하다.

다만, 기업마다 선택한 회계처리방법이 상이할 경우 정보이용자가 기업 간 재무제표를 비교하는 데 어려움이 있을 수 있다. 따라서 재무제표 주석을 통해서 기업이 선택한 회계처리방침을 공시하도록 하여 상이한 회계처리방법을 적용함으로써 발생할 수 있는 재무상태나 성과의 차이를 정보이용자가 파악할 수 있도록 한다.

물음 6

재무보고의 적시성은 재무정보의 유용성을 보강해 주는 질적 특성 중의 하나이다. 정보이용자가 의사결정을 할 때, 그들이 필요로 하는 정보를 적시에 제공받는다면 의사결정에 도움이 될 것이다. 그러나 기업이 매월 결산을 하여 재무정보를 정보이용자에게 제공한다면 정보 작성 및 제공에 수반되는 원가부담이 상당히 클 것이다. 또한 월단위로 작성된 재무정보는 계절적 순환에 따르는 영향을 제대로 보여주지 못할 수 있으므로 나타내고자 하는 바를 충실하게 표현하지 못할 수 있다. 그 결과 정보 작성 및 제공에 따르는 원가가 정보이용자의 효익을 초과할 수 있으므로 이와 같은 정보제공 시스템은 사회 전체적으로 볼 때 바람직하지 않다고 판단된다.

물음 7

정보가 유용하기 위해서는 이용자가 이해가능해야 하지만, 그렇다고 이용자의 특성을 고려하지 않고 모든 이용자가 이해할 수 있도록 정보를 작성, 제공하는 것을 의미하는 것은 아니다. 즉, 사업활동과 경제활동에 대해 합리적인 지식이 있고, 부지런히 정보를 검토하고 분석하는 이용자가 이해할 수 있도록 작성하는 것을 전제로 한다. 국제회계기준을 적용한 재무보고의 용어가 다소 친숙하지 않고, 정보의 양이 많아지기는 했지만 기본적인 회계지식을 가지고 있는 이용자가 이해하기 어려운 수준은 아니다. 오히려 과거보다 자세한 주석 공시 정보를 제공함으로써 이용자의 이해가능성을 더 높일 수 있을 것이다.

03 재무제표 요소에 대한 다음의 물음에 답하시오.

물음

1. 당기에 현금을 지출하였을 때 이를 모두 비용으로 인식하지 않는 이유는 무엇인가?
2. 기업이 판매한 제품에 대해서 향후 문제가 발생할 경우 기한 없이 수리나 교환을 약속하였을 때 이러한 약속은 기업의 부채인가?
3. 자본을 재무상태표에 한 과목으로 통합하여 표시하지 않고 소유주가 출연한 자본과 이익잉여금으로 소분류하여 표시하면 정보이용자의 의사결정에 더 유용한가?
4. 자산 및 부채와 독립적으로 수익 및 비용을 정의할 수 있는가?
5. 기업이 보유하고 있는 모든 권리는 당해 기업의 자산인가?

6. 갑회사가 다른 회사로부터 원재료를 매입하는 계약을 체결한 경우, 갑회사는 계약체결 시점 현재의무를 부담하는가?

(해답)

물음 1

당기에 현금을 지출하였을 때 지출의 효과가 당기에만 그치는 경우가 있는 반면, 미래의 여러 기간에 걸쳐 그 효과가 지속되는 경우도 있다. 예를 들어, 현금을 지급하고 기계장치를 취득하여 제품 생산에 사용한다고 할 때, 기계장치는 미래 여러 기간에 걸쳐 제품을 생산하는 데 기여할 것이므로 미래경제적효익을 창출할 잠재력을 가지고 있다. 이러한 지출을 비용으로 인식하면 오히려 미래순이익이나 미래현금흐름을 잘못 예측할 수 있을 것이다. 그러므로 현금 지출이 미래경제적효익을 창출할 잠재력을 갖는다면 비용이 아니라 자산으로 인식하는 것이 타당하다.

물음 2

부채의 본질적 특성은 현재의무이며, 이 의무는 계약이나 법규에 따라 강제력이 있는 의무뿐만 아니라 거래 관행 등에 의하여 기업이 어떤 의무를 이행할 것이라는 정당한 기대를 상대방이 가지게 되는 경우도 포함한다. 기업이 판매한 제품에 문제가 발생할 경우 기한 없이 수리나 교환을 하겠다고 소비자에게 약속했다면 소비자는 기업이 이러한 의무를 이행할 것이라는 정당한 기대를 가질 것이기 때문에 기업은 그러한 의무(의제의무)를 부채로 인식하여야 한다. 이러한 부채를 충당부채라고 한다.

물음 3

소유주가 출연한 자본은 기업이 마음대로 사외유출을 할 수 없는 반면, 이익잉여금은 기업이 영업활동을 통해서 가득한 누적이익이므로 배당 등을 통해 사외유출할 수 있다. 기업이 자본을 소유주가 출연한 자본과 이익잉여금으로 구분하면 정보이용자는 특정 자본항목에 대해서 배당 등으로 사용이 가능한지 아니면 법률적으로 제한이 되어 있는지를 파악할 수 있기 때문에 의사결정에 목적적합할 수 있다.

물음 4

수익은 자본청구권 보유자의 출자와 관련된 것을 제외하고, 자산의 증가나 부채의 감소를 초래하는 자본의 증가로 정의하며, 비용은 자본청구권 보유자에 대한 분배와 관련된 것을 제외하고, 자산의 감소나 부채의 증가를 초래하는 자본의 감소로 정의한다. 이와 같이 '개념체계'는 수익과 비용을 별도로 정의하지 않고 자산과 부채의 변동과 연계하여 정의한다. 따라서 자산과 부채의 변동을 인식하는 과정과 독립적으로 수익과 비용을 정의할 수 없다.

물음 5

기업의 모든 권리가 자산이 되는 것은 아니다. 권리가 기업의 자산이 되기 위해서는 해당 권리가 그 기업을 위해서 다른 모든 당사자들이 이용가능한 경제적효익을 초과하는 경제적효익을 창출할 잠재력이 있고, 그 기업에 의해 통제되어야 한다. 즉, 유의적인 원가를 들이지 않고 다른 모든 당사자들도 이용가능한 권리라면, 일반적으로 그 권리는 보유하고 있는 기업의 자산이 아니다.

물음 6

기업이 이전하지 않아도 되었을 경제적 자원을 이전하도록 요구받거나 요구받을 수 있게 하는 경제적효익의 수취나 조치가 아직 없는 경우, 기업은 경제적 자원을 이전해야 하는 현재의무가 없다. 갑회사가 원재료를 매입하는 계약을 체결한 경우 다른 기업으로부터 원재료를 공급받기 전까지 원재료 매입계약은 미이행계약에 해당하며, 미이행계약을 이행하기 전까지 갑회사는 대가를 지급할 현재의무가 없다.

04 재무제표 요소의 인식에 대한 다음의 물음에 대하여 답하시오.

물음

1. 개념체계에서 규정하고 있는 자산과 부채의 인식기준을 설명하라.
2. 특정 자산이나 부채의 인식과 이에 따른 결과로 발생하는 수익, 비용 또는 자본의 변동을 인식하는 것이 항상 목적적합한 정보를 제공하는 것이 아닐 수 있는 경우를 설명하라.
3. 추정은 측정불확실성의 영향을 받으므로 자산과 부채에 대한 충실한 표현을 제공할 수 없다는 주장에 대해서 의견을 제시하라.

해답

물음 1

개념체계에서는 자산이나 부채를 인식하고 이에 따른 결과로 수익, 비용 또는 자본변동을 인식하는 것이 목적적합하고 충실하게 표현한 정보를 제공하는 경우에만 자산과 부채를 인식하도록 규정하고 있다.

물음 2

자산이나 부채가 존재하는지 불확실할 경우와 자산이나 부채가 존재하지만 경제적효익의 유입가능성 또는 유출가능성이 낮을 경우 특정 자산이나 부채의 인식과 이에 따른 결과로 발생하는 수익, 비용 또는 자본의 변동을 인식하는 것이 목적적합하지 않을 수 있다.

물음 3

많은 경우 추정에 의한 측정이 불가피한데, 합리적인 추정의 사용은 재무정보 자성의 필수적인 부분이며, 추정치를 명확하고 정확하게 기술하고 설명한다면 정보의 유용성은 훼손하지 않으므로 추정은 충실한 표현을 할 수 없다는 주장은 타당하지 않다.

05 재무제표 요소의 측정에 대한 다음의 물음에 답하시오.

물음

1. 개념체계에서 자산, 부채, 수익, 비용에 대해서 단일의 측정기준을 규정하지 않고 다양한 측정기준을 선택하도록 한 이유는 무엇인가?
2. 금융자산이나 금융부채에 대한 상각후원가 측정은 역사적 원가 측정기준인가 아니면 현행가치 측정기준인가?
3. 현행가치 측정기준에는 어떤 측정기준이 포함되는지 열거하고, 현재가치 측정치와의 연계되는 측정기준은 무엇인지 설명하라.
4. 미래에 수취할 대금의 현재가치로 자산을 인식하지 않고, 명목금액으로 자산을 인식하면 재무상태표와 포괄손익계산서의 관점에서 볼 때 어떤 문제가 생기는가?

해답

물음 1

서로 다른 상황에서 서로 다른 측정기준이 재무제표 이용자들에게 목적적합한 정보를 제공할 수 있기 때문이다. 즉, 서로 다른 상황에서 특정 측정기준은 다른 측정기준에 비해 더 이해하기 쉽고 적용하기 쉬우며, 더 검증가능하거나 오류발생 가능성이 낮거나 측정불확실성이 낮고 적용원가가 더 적을 수 있다. 따라서 유용한 재무정보와 원가제약의 질적 특성을 고려하면 서로 다른 자산, 부채, 수익과 비용에 대해서 서로 다른 측정기준을 선택하는 것이 바람직하다.

물음 2

금융자산이나 금융부채의 상각후원가는 자산이나 부채가 변동이자율을 갖지 않는 한 최초 인식 후 갱신되지 않는 이자율로 미래현금흐름을 할인한 현재가치이다. 반면에 현행 이자율로 미래현금흐름을 할인한 현재가치는 현행가치에 해당하며 가치변동을 인식하는 점에서 상각후원가와 차이가 있다. 금융자산과 금융부채의 상각후원가는 이자의 발생, 금융자산의 손상 및 수취 또는 지급과 같은 후속 변동을 반영하기 위해 시간의 경과에 따라 갱신되는데, 이러한 특성도 역사적 원가의 특성을 반영한다.

물음 3

현행가치 측정기준에는 공정가치, 사용가치와 이행가치, 그리고 현행원가가 포함된다. 공정가치는 활성시장에서 관측되는 가격으로 직접 결정되는 경우도 있고, 현금흐름기준 측정기법을 사용하여 간접적으로 결정되기도 하는데, 현금흐름 측정기법이 현재가치 측정을 의미한다. 또한 사용가치와 이행가치도 미래현금흐름에 기초하기 때문에 현재가치 측정치에 해당한다.

물음 4

미래에 수취할 대금의 명목금액에는 이자요소가 포함되어 있는데, 현재가치 대신 명목금액으로 자산을 인식하면 이자요소까지 자산으로 인식하기 때문에 재무상태표에 표시될 자산이 과대표시되는 문제가 발생한다. 또한 명목금액으로 자산을 인식하면 미래의 대금 수취기간 동안 이자수익을 인식하지 못하게 되어 미래 기간의 당기손익도 왜곡되는 문제가 발생한다.

06 [현재가치 회계처리]

20×1년 1월 1일에 갑회사는 보유하고 있는 토지(장부금액 ₩200,000)를 을회사에게 매각하였다. 토지 매각일 현재 유효이자율은 연 6%이다.

물음

1. 갑회사가 을회사로부터 토지매각대금 ₩300,000을 20×1년부터 20×3년까지 매년 12월 31일에 ₩100,000씩 수취하기로 한 경우 20×1년부터 20×3년까지 갑회사와 을회사가 해야 할 회계처리를 모두 하라.
2. (물음 1)에서 토지매각대금 ₩300,000 중 ₩90,000을 20×1년 1월 1일에 수취하고, 나머지 ₩210,000은 20×1년부터 20×3년까지 매년 12월 31일에 ₩70,000씩 수취하기로 하였다고 가정하고 다시 답하라.

해답

물음 1

토지매각대금의 현재가치 = ₩100,000×2.67301(기간 3, 6%, ₩1의 현가계수)
= ₩267,301

장기미수금의 장부금액 조정표

일자	총수취액	유효이자(6%)	원금회수액	장기미수금의 장부금액
20×1. 1. 1.				₩267,301
20×1. 12. 31.	₩100,000	₩16,038(1)	₩83,962	183,339(2)
20×2. 12. 31.	100,000	11,000	89,000	94,339
20×3. 12. 31.	100,000	5,661(3)	94,339	0
합계	₩300,000	₩32,699	₩267,301	

(1) ₩267,301×6% = ₩16,038
(2) ₩267,301 − 83,962 = ₩183,339
(3) 단수차이 조정

(1) 갑회사의 회계처리

<20×1년 1월 1일>

(차) 장기미수금	267,301	(대) 토지	200,000
		유형자산처분이익	67,301

<20×1년 12월 31일>

(차) 현금	100,000	(대) 이자수익	16,038
		장기미수금	83,962

<20×2년 12월 31일>

(차) 현금	100,000	(대) 이자수익	11,000
		장기미수금	89,000

<20×3년 12월 31일>

(차) 현금	100,000	(대) 이자수익	5,661
		장기미수금	94,339

(2) 을회사의 회계처리

<20×1년 1월 1일>

(차) 토지	267,301	(대) 장기미지급금	267,301

<20×1년 12월 31일>

(차) 이자비용	16,038	(대) 현금	100,000
장기미지급금	83,962		

<20×2년 12월 31일>

(차) 이자비용	11,000	(대) 현금	100,000
장기미지급금	89,000		

<20×3년 12월 31일>

(차) 이자비용	5,661	(대) 현금	100,000
장기미지급금	94,339		

물음 2

토지매각대금의 현재가치 = ₩90,000 + ₩70,000×2.67301(기간 3, 6%, ₩1의 현가계수)
= ₩277,111

장기미수금의 장부금액 조정표

일자	총수취액	유효이자(6%)	원금회수액	장기미수금의 장부금액
20×1. 1. 1.				₩187,111[(1)]
20×1. 12. 31.	₩70,000	₩11,227[(2)]	₩58,773	128,338[(3)]
20×2. 12. 31.	70,000	7,700	62,300	66,038
20×3. 12. 31.	70,000	3,962	66,038	0
합계	₩210,000	₩22,889	₩187,111	

(1) ₩277,111 − 90,000 = ₩187,111
(2) ₩187,111×6% = ₩11,227
(3) ₩187,111 − 58,773 = ₩128,338

(1) 갑회사의 회계처리

<20×1년 1월 1일>

(차) 현금	90,000	(대) 토지	200,000
장기미수금	187,111	유형자산처분이익	77,111

<20×1년 12월 31일>

(차) 현금	70,000	(대) 이자수익	11,227
		장기미수금	58,773

<20×2년 12월 31일>

(차) 현금	70,000	(대) 이자수익	7,700
		장기미수금	62,300

<20×3년 12월 31일>

(차) 현금	70,000	(대) 이자수익	3,962
		장기미수금	66,038

(2) 을회사의 회계처리

<20×1년 1월 1일>

(차) 토지	277,111	(대) 현금	90,000
		장기미지급금	187,111

<20×1년 12월 31일>

(차) 이 자 비 용	11,227	(대) 현	금	70,000
장 기 미 지 급 금	58,773			

<20×2년 12월 31일>

(차) 이 자 비 용	7,700	(대) 현	금	70,000
장 기 미 지 급 금	62,300			

<20×3년 12월 31일>

(차) 이 자 비 용	3,962	(대) 현	금	70,000
장 기 미 지 급 금	66,038			

제 3 장

재무제표의 표시

1 재무제표의 의의

1.1 재무제표에 대한 일반적인 요구사항[1)]

(1) 재무제표의 목적과 전체 재무제표

재무제표(financial statements)란 기업의 재무상태와 재무성과를 체계적으로 표현한 보고서이다. 기준서 제1118호 '재무제표 표시와 공시'는 재무제표의 목적을 보고기업의 자산, 부채, 자본 및 수익과 비용에 관한 재무정보를 제공하는 것으로, 이러한 재무정보는 재무제표 이용자가 기업의 미래 순현금유입에 대한 전망 및 기업의 경제적 자원에 대한 경영진의 수탁책임을 평가하는 데 유용하다고 서술하고 있다.

기준서 제1118호의 재무제표의 목적에 대한 설명은 제2장의 '개념체계'에서 설명한 일반목적 재무보고의 목적과 매우 유사하다. 이러한 목적을 달성하기 위하여 재무제표는 자산, 부채, 자본, 수익, 비용, 소유주에 의한 출자와 소유주에 대한 배분, 그리고 현금흐름에 관한 기업정보를 제공하며, 주석에서 제공되는 정보와 함께 재무제표 이용자가 기업의 미래현금흐름, 특히 그 시기와 확실성을 예측하는 데 도움을 준다.

전체 재무제표는 다음을 모두 포함하여야 한다.

(1) 보고기간의 재무성과표
(2) 보고기간 말 재무상태표
(3) 보고기간의 자본변동표
(4) 보고기간의 현금흐름표
(5) 보고기간의 주석
(6) 전기에 관한 비교 정보
(7) 회계정책을 소급하여 적용하거나, 재무제표 항목을 소급하여 재작성 또는 재분류하는 경우 전기 초 재무상태표[2)]

---

1) 기준서 제1118호 '재무제표 표시와 공시'가 새로 제정되면서 종전 기준서 제1001호 '재무제표 표시'가 폐기되었다. 종전 기준서 제1001호의 내용 중 재무제표 표시와 관련된 부분은 기준서 제1118호로 이전되었고, 일반사항은 기준서 제1008호 '회계정책, 회계추정의 변경 및 오류'로 이전되었다. 그리고 기준서 제1008호의 명칭이 '재무제표의 작성기준'으로 변경되었다. 본장에서는 기준서 제1008호 중 일반적인 사항과 기준서 제1118호의 내용을 중심으로 설명한다.

2) 회계정책의 소급 적용으로 인하여 재무제표를 재작성 또는 재분류하는 경우 적어도 3개의 재무상태표(당기 말, 전기 말 그리고 전기 초 현재의 재무상태표)를 공시하여야 한다.

전체 재무제표 중 (1)부터 (4)까지의 재무제표를 주요 재무제표(primary financial statements)라고 한다. 주요 재무제표 중 '재무성과표'는 실제 공표하는 재무제표의 명칭이 아니며, 3절에서 공표하는 재무제표의 명칭을 설명한다.

(2) 주요 재무제표의 역할과 주석의 역할

주요 재무제표는 보고기업이 인식한 자산, 부채, 수익, 비용 및 현금흐름에 대한 구조화된 요약정보(structured summaries)를 재무제표 이용자에게 제공하는 역할을 한다. 한편, 주석(notes)은 재무제표 이용자가 주요 재무제표에 표시된 별도표시항목(line items)을 이해할 수 있도록 하고,[3] 재무제표의 목적이 달성되도록 추가 정보를 제공하여 주요 재무제표를 보완하는 역할을 한다. 주요 재무제표와 주석의 역할은 다른데, 이는 주석 공시가 요구되는 정보의 범위가 주요 재무제표와 다르다는 것을 의미한다. 예를 들어, 구조화된 요약 정보를 제공하기 위해 주요 재무제표에서는 주석보다 더 통합된 정보를 제공하는 반면, 주석은 재무제표보다 더 자세한 정보를 제공한다.

1.2 일반적인 요구사항

(1) 공정한 표시와 한국채택국제회계기준의 준수

재무제표는 기업의 재무상태, 재무성과 및 현금흐름을 공정하게 표시(fair presentation)해야 한다. 공정한 표시를 위해서는 제2장에서 설명한 '개념체계'에서 정한 자산, 부채, 수익 및 비용에 대한 정의와 인식요건에 따라 거래, 그 밖의 사건과 상황의 효과를 충실하게 표현해야 한다. 한국채택국제회계기준에 따라 작성된 재무제표(필요에 따라 추가 공시한 경우 포함)는 공정하게 표시된 재무제표로 본다.

한국채택국제회계기준을 준수하여 재무제표를 작성하는 기업은 그러한 준수 사실을 주석에 명시적이고 제한 없이 기재한다. 참고로 삼성전자㈜의 재무제표 주석을 보면, '한국채택국제회계기준에 따라 작성'하였다는 준수 사실을 명시적으로 기재하고 있다.

---

3) 별도표시항목이란 유형자산, 재고자산 등으로 재무제표에 표시한 항목을 말한다.

주석 공시 사례	주석 1. 일반적 사항

삼성전자주식회사(이하 "회사")는 1969년 대한민국에서 설립되어 1975년에 대한민국의 증권거래소에 상장하였습니다. (중략) 이 재무제표는 한국채택국제회계기준에 따라 작성되었으며, 기준서 제1027호 '별도재무제표'에 따른 별도재무제표[4]입니다.

재무제표가 한국채택국제회계기준의 요구사항을 모두 충족한 경우가 아니라면 한국채택국제회계기준을 준수하여 작성되었다고 기재하여서는 안 된다. 부적절한 회계정책은 이에 대하여 공시나 주석 또는 보충자료를 통해 설명하더라도 정당화될 수 없다.

(2) 계속기업

경영진은 재무제표를 작성할 때 계속기업(going concern)으로서의 존속가능성을 평가해야 한다. 계속기업의 가정이 적절한지의 여부를 평가할 때 경영진은 적어도 보고기간 말로부터 향후 12개월 기간에 대하여 이용가능한 모든 정보를 고려한다. 그러나 기업이 상당 기간 계속 사업이익을 보고하였고, 보고기간 말 현재 경영에 필요한 재무자원을 확보하고 있는 경우에는 자세한 분석이 없어도 계속기업을 전제로 한 회계처리가 적절하다는 결론을 내릴 수 있다.

경영진이 기업을 청산하거나, 경영활동을 중단할 의도를 가지고 있지 않거나, 청산 또는 경영활동의 중단 외에 다른 현실적 대안이 없는 경우가 아니면 계속기업을 전제로 재무제표를 작성한다. 계속기업으로서의 존속능력에 중대한 의문이 제기될 수 있는 사건이나 상황과 관련된 중요한 불확실성을 알게 된 경우, 경영진은 그러한 불확실성을 공시하여야 한다. 재무제표가 계속기업의 기준 하에 작성되지 않는 경우에는 그 사실과 함께 재무제표가 작성된 기준 및 그 기업을 계속기업으로 보지 않는 이유를 공시하여야 한다.

(3) 발생기준 회계

기업은 현금흐름 정보를 제외하고는 발생기준 회계(accrual basis of accounting)를 사용하여 재무제표를 작성한다. 발생기준 회계는 미래현금흐름 예측에 필요한 정보를 제공할 수 있기 때문에 현금기준 회계보다 더 유용하다는 데 이견은 없다. 발생기준 회계를 사용하는 경우 각 항목이 '개념체계'의 정의와 인식요건을 충족할 때 자산, 부채, 자본, 수익 및 비용으로 인식한다.

---

4) 삼성전자㈜는 자신만의 재무제표 및 종속기업의 재무제표와 자신의 재무제표를 합친 연결재무제표도 공시해야 한다. 삼성전자㈜의 자신만의 재무제표를 '별도재무제표'라고 부른다.

(4) 재무제표의 식별

각 주요 재무제표와 주석은 명확하게 식별되어야 한다. 또한 다음 정보를 분명하게 공시하고, 제공하는 정보가 이해될 수 있도록 필요할 때에는 반복한다.

(1) 보고기업의 명칭 또는 그 밖의 식별 수단과 전기 보고기간 말 이후 해당 정보의 변경내용
(2) 재무제표가 개별 기업에 대한 것인지 연결실체에 대한 것인지[5)]
(3) 보고기간 종료일이나 재무제표 작성 대상이 되는 보고기간
(4) 기준서 제1021호 '환율변동효과'에서 정의한 표시통화[6)]
(5) 재무제표 금액을 표시하기 위해 사용한 금액 단위[7)]

(5) 보고 빈도

전체 재무제표는 적어도 매년 제공한다. 보고기간 종료일을 변경하여 재무제표의 보고기간이 1년을 초과하거나 미달하는 경우 재무제표 작성 대상이 되는 보고기간뿐만 아니라 보고기간이 1년을 초과하거나 미달하게 된 이유와 재무제표에 표시되는 금액이 완전하게 비교가능한 것은 아니라는 사실을 공시한다.

(6) 비교 정보

한국채택국제회계기준이 달리 허용하거나 요구하는 경우를 제외하고는 당기 재무제표에 보고되는 모든 금액에 대한 비교 정보(즉, 전기 보고기간에 대한 정보)를 제공한다. 당기 재무제표를 이해하는 데 필요하다면 서술형 정보의 경우에도 비교 정보를 포함한다.

재무제표 항목의 표시, 공시 또는 분류를 변경할 때 실무적으로 불가능한 경우가 아니라면 비교 금액도 재분류한다. 이때 재분류의 성격, 재분류된 개별 항목이나 항목군의 금액 및 재분류한 이유를 공시한다. 비교 금액을 실무적으로 재분류할 수 없는 경우에는 해당 금액을 재분류하지 않은 이유와 해당 금액을 재분류했다면 이루어졌을 조정의 성격을 공시한다.

---

5) 예를 들어, 삼성전자㈜의 재무제표에는 보고 실체가 '삼성전자주식회사'로 표시되어 있는 반면, 삼성전자㈜의 연결재무제표에는 보고 실체가 '삼성전자주식회사와 그 종속기업'으로 표시되어 있다.

6) 표시통화란 작성된 재무제표가 표시하는 통화를 의미한다. 우리나라 기업이 우리나라에서 공시한 재무제표의 표시통화는 모두 원화이다. 그러나 미국 증권거래소에 상장한 우리나라 기업이 미국 증권거래소에 제출한 재무제표의 표시통화는 달러화이다.

7) 우리나라 기업들이 공시한 재무제표를 살펴보면 원, 천 원, 백만 원 등 다양한 금액 단위를 사용하여 재무제표를 작성하고 있음을 확인할 수 있다.

(7) 상계

한국채택국제회계기준에서 요구하거나 허용하지 않는 한 자산과 부채 또는 수익과 비용은 상계하지 않는다. 이들 항목을 상계표시하면 발생한 거래, 그 밖의 사건과 상황을 이해하고 기업의 미래현금흐름을 분석할 수 있는 재무제표 이용자의 능력을 저해할 수 있다.

그러나 자산을 평가충당금(예 : 재고자산에 대한 평가충당금, 금융자산에 대한 기대신용손실충당금)을 차감한 순액으로 측정하는 것은 상계에 해당하지 않는다. 평가충당금이나 손실충당금은 부채가 아니라 자산의 차감계정이므로 이를 해당 자산에서 차감표시하는 것은 자산과 부채의 상계가 아니다.

2 재무상태표

2.1 재무상태표의 의의와 재무상태표에 표시되는 정보

재무상태표(statement of financial position)는 특정 시점 현재 기업의 자산, 부채 및 자본의 잔액을 보고하는 재무제표이다. 재무상태표는 기업의 재무구조[8], 유동성과 지급능력[9], 영업환경변화에 대한 적응능력[10]을 평가하는 데 필요한 정보를 제공한다.

그러나 자산에 대한 측정기준을 선택하여 적용할 수 있고[11], 가치가 있는 내부창출 무형자산을 비용으로 인식하며[12], 재무상태표에 인식되지 않는 부외 항목이 발생[13]할 수 있는 한계점도 있다. 따라서 기업의 재무상태를 평가할 때 주석으로 공시한 사항도 함께 분석해야 할 것이다.

기업은 성격이나 기능이 유사한 항목들을 중요성의 관점에서 재무제표에 통합표시할 수 있기 때문에 공표된 재무상태표에 표시된 항목들이 동일하지는 않다. 그럼에도 불구하고 재무상

---

8) 자본 대비 부채가 많은 기업은 재무구조가 취약하다고 평가할 수 있다.

9) 유동부채에 비해 유동자산이 많은 기업은 유동성이 양호하다고 평가할 수 있다.

10) 유동자산에 비해 비유동자산이 지나치게 많은 기업은 영업 환경이 급변할 때 자산 매각 등 구조조정을 빠르게 이행하기 어렵다고 평가할 수 있다.

11) 유형자산에 대해서 원가모형 또는 재평가모형을 선택 적용할 수 있다. 재평가모형은 제4장에서 설명한다.

12) 내부창출 브랜드는 무형자산으로 인식하지 않고 발생 즉시 비용으로 인식한다. 제6장의 설명을 참조하라.

13) 자산을 매각하고 현금을 수령한 것으로 회계처리하였으나 거래의 실질이 자산을 담보로 제공하고 현금을 차입한 것이라면 재무상태표에 부채가 인식되지 않는다.

태표에는 적어도 다음에 해당하는 금액을 나타내는 항목을 표시하여야 한다.

(1) 유형자산
(2) 투자부동산
(3) 무형자산
(4) 영업권
(5) 금융자산(단, (7), (10) 및 (11) 제외)
(6) 기준서 제1117호 '보험계약'의 적용 범위에 포함되는 자산인 계약 포트폴리오
(7) 지분법을 적용하여 회계처리하는 투자자산
(8) 기준서 제1041호 '농림어업' 적용 범위에 포함되는 생물자산
(9) 재고자산
(10) 매출채권 및 기타 채권
(11) 현금및현금성자산
(12) 기준서 제1105호에 따라 매각예정으로 분류된 자산과 매각예정으로 분류된 처분자산집단에 포함된 자산의 합계
(13) 매입채무 및 기타 채무
(14) 충당부채
(15) 금융부채(단, (13)과 (14) 제외)
(16) 기준서 제1117호 '보험계약'의 적용 범위에 포함되는 부채인 계약 포트폴리오
(17) 기준서 제1012호에서 정의된 당기 법인세와 관련한 부채와 자산
(18) 기준서 제1012호에서 정의된 이연법인세부채 및 이연법인세자산
(19) 기준서 제1105호에 따라 매각예정으로 분류된 처분자산집단에 포함된 부채

2.2 자산, 부채의 유동 또는 비유동 분류

유동성 순서에 따른 표시방법이 보다 유용한 구조화된 요약 정보를 제공하는 경우를 제외하고는 자산을 유동자산과 비유동자산으로, 부채를 유동부채와 비유동부채로 분류(유동·비유동 구분법)하여 재무상태표에 표시한다.

유동·비유동 구분법은 1년 또는 정상영업주기 내에 실현 또는 결제되는지의 여부에 따라 자산과 부채를 표시하는 방법인 반면, 유동성 순서에 따른 표시방법은 모든 자산과 부채를 유동성이 높은(또는 낮은) 순서대로 재무상태표에 표시하는 방법이다. 금융회사와 같은 일부 기업의 경우에는 영업주기를 명확하게 식별하기 어렵기 때문에 유동·비유동 구분법보다 유동성 순서에 따른 표시방법이 더 신뢰성 있고 목적적합한 정보를 제공한다.

더욱 유용한 구조화된 요약 정보를 제공한다면 자산과 부채의 일부는 유동·비유동 구분법으로, 나머지는 유동성 순서에 따른 표시방법으로 표시하는 혼합표시방법이 허용된다. 이러한 혼합표시방법은 기업이 다양한 사업을 영위하는 경우에 필요할 수 있다.

유동·비유동 구분법을 적용할 경우 유동자산과 유동부채의 분류기준을 요약하면 [표 1]과 같다.

| 표 1 | 유동자산 및 유동부채의 분류기준

유동자산의 분류기준	유동부채의 분류기준
(1) 기업의 정상영업주기[14] 내에 실현될 것으로 예상하거나, 정상영업주기 내에 판매하거나 소비할 의도가 있다. (2) 주로 단기매매목적으로 보유하고 있다. (3) 보고기간 후 12개월 이내에 실현될 것으로 예상한다. (4) 현금이나 현금성자산[15]으로서, 교환이나 부채 상환 목적으로의 사용에 대한 제한 기간이 보고기간 후 12개월 이상이 아니다.	(1) 정상영업주기 내에 결제될 것으로 예상하고 있다. (2) 주로 단기매매 목적으로 보유하고 있다. (3) 보고기간 후 12개월 이내에 결제하기로 되어 있다. (4) 보고기간 말 현재 보고기간 후 적어도 12개월 이상 부채의 결제를 연기할 수 있는 권리를 가지고 있지 않다.

부채의 결제를 위해서 필요한 자금은 자산으로부터 현금을 회수하여 충당하는 것이 바람직하다. 자산과 부채를 정상영업주기 또는 1년 주기에 근거하여 유동항목과 비유동항목으로 구분표시하면 정상영업주기 또는 1년 이내에 부채 결제를 위해서 필요한 자금을 정상영업주기 또는 1년 이내에 유입될 현금으로 충분하게 충당할 수 있는지를 판단하는 데 도움을 받을 수 있다. 만약 유입될 현금이 충분하지 않다고 판단되면 추가 차입 등의 자금조달 방법을 미리 강구할 수 있으므로 유용한 정보라고 할 수 있다.

유동자산은 보고기간 후 12개월 이내에 실현될 것으로 예상되지 않는 경우에도 재고자산 및 매출채권과 같이 정상영업주기의 일부로서 판매, 소비 또는 실현되는 자산을 포함한다. 따라서 정상영업주기가 12개월을 초과하는 경우, 재고자산이나 매출채권이 12개월을 초과하여 판매되거나 회수되더라도 이것이 정상영업주기 내에 이루어진다면 유동자산으로 분류한다. 또한 유동자산은 주로 단기매매목적으로 보유하는 자산과 비유동금융자산의 유동성 대체 부분을 포함한다.

14) 영업주기는 영업활동을 위한 자산의 취득시점부터 그 자산이 현금이나 현금성자산으로 실현되는 시점까지 소요되는 기간이다. 정상영업주기(normal operating cycle)를 명확히 식별할 수 없는 경우에는 그 기간이 12개월인 것으로 가정한다.

15) 현금성자산은 유동성이 매우 높은 단기 투자자산으로서 확정된 금액의 현금으로 전환이 용이하고 가치변동의 위험이 중요하지 않은 자산을 말한다.

매입채무 그리고 종업원 및 그 밖의 영업원가에 대한 미지급비용과 같은 유동부채는 기업의 정상영업주기 내에 사용되는 운전자본의 일부이므로 이러한 항목은 보고기간 후 12개월 후에 결제일이 도래한다 하더라도 유동부채로 분류한다.

[표 1]의 유동부채 분류기준 (4)와 관련하여, 보고기간 후 적어도 12개월 이상 부채의 결제를 연기할 수 있는 기업의 권리가 실질적이어야 하고, 보고기간 말 현재 존재한다면 비유동부채로 분류한다. 이때 차입약정상의 특정 조건(이하 '약정사항'(covenants)이라 함)을 준수해야만 결제를 연기할 수 있는 권리가 있는 경우 다음과 같이 판단한다.

① 보고기간 말 또는 보고기간 말 이전에 약정사항을 준수하도록 요구받는다면, 이러한 약정사항은 유동부채 분류기준(4)를 적용할 때 보고기간 말 현재 그러한 권리가 존재하는지에 영향을 미친다.

② 기업이 보고기간 후에만 약정사항을 준수하도록 요구받는다면, 이러한 약정사항은 유동부채 분류기준(4)를 적용할 때 보고기간 말 현재 그러한 권리가 존재하는지 여부에 영향을 미치지 않는다.

예를 들어, 20×1년 12월 31일 현재 갑회사에 은행 차입금 10억 원(잔여 만기 3년)이 있는데, 약정사항에 따르면 20×1년 12월 31일(보고기간 말) 현재 갑회사의 운전자본비율이 1.0 미만이거나, 보고기간 말 이후 매년 6월 30일 현재 운전자본비율이 1.1 미만인 경우에는 당해 부채를 즉시 상환해야 하는 조건이다. 만약 갑회사의 20×1년 12월 31일 현재 운전자본비율이 1.05라면 보고기간 말 현재 준수해야 하는 약정사항(운전자본비율 1.0)을 충족하므로 부채의 결제를 연기할 수 있는 권리가 존재하는 것으로 판단한다. 이때 보고기간 말 이후에 준수해야 하는 약정사항(운전자본비율 1.1)의 충족 여부는 고려하지 않는다. 따라서 갑회사는 은행 차입금 10억 원을 비유동부채로 분류한다.

2.3 재무상태표의 양식

재무상태표는 특정 시점 현재 자산과 부채 및 자본의 잔액을 표시하는데, [그림 1]에서 보는 바와 같이 다양한 양식이 가능하다.

| 그림 1 | 재무상태표의 다양한 양식

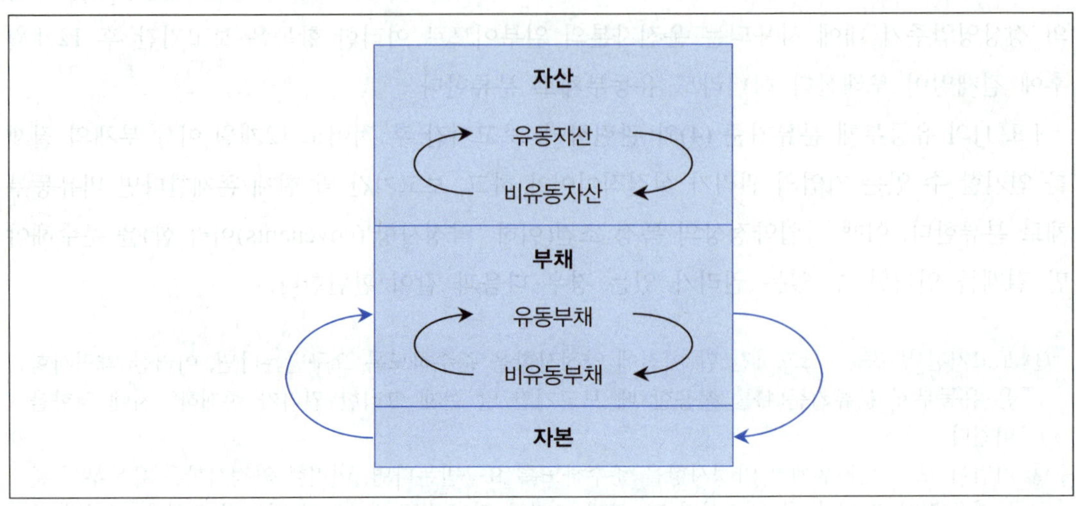

[그림 1]에서 보는 바와 같이 기업은 재무상태표에 자산, 부채, 자본의 순서로 표시할 수도 있고, 자산, 자본, 부채의 순서로 표시할 수도 있다. 또한 유동·비유동 구분법을 적용할 경우, 유동자산(부채)을 비유동자산(부채)보다 먼저 표시할 수도 있고 비유동자산(부채)을 유동자산(부채)보다 먼저 표시할 수도 있다. 현재 우리나라 기업들이 공시하는 재무상태표를 살펴보면 다양한 표시방법을 선택하고 있음을 알 수 있다.

기준서 제1118호의 적용 사례에서 예시하고 있는 유동·비유동 구분법을 적용한 재무상태표의 양식은 다음과 같다. 기준서 제1118호는 자산, 자본, 부채의 순서로 표시하고, 비유동항목을 유동항목보다 먼저 표시한 재무상태표를 예시하고 있다.

재무상태표

회사명 (단위 : 원)

과목	20×2년	20×1년
자산		
비유동자산	×××	×××
유형자산	×××	×××
영업권	×××	×××
기타무형자산	×××	×××
관계기업및공동기업투자	×××	×××
비유동자산 합계	×××	×××

유동자산	×××	×××
재고자산	×××	×××
매출채권	×××	×××
현금및현금성자산	×××	×××
기타유동자산	×××	×××
유동자산 합계	×××	×××
자산 합계	×××	×××
자본		
납입자본	×××	×××
이익잉여금	×××	×××
기타자본구성요소	×××	×××
자본 합계	×××	×××
부채		
비유동부채	×××	×××
차입금	×××	×××
리스부채	×××	×××
연금부채	×××	×××
충당부채	×××	×××
이연법인세부채	×××	×××
비유동부채 합계	×××	×××
유동부채	×××	×××
차입금	×××	×××
리스부채	×××	×××
매입채무와 기타미지급금	×××	×××
충당부채		
법인세부채	×××	×××
유동부채 합계	×××	×××
부채 합계	×××	×××
자본 및 부채 합계	×××	×××

참고로 유동·비유동 구분법을 적용한 삼성전자㈜의 제51기 재무상태표의 일부를 예시하면 다음과 같다. 삼성전자㈜는 자산, 부채, 자본의 순서로 표시하고, 유동항목을 비유동항목보다 먼저 표시하고 있다.

재무상태표

삼성전자주식회사 (단위 : 백만 원)

과목	제51(당)기		제50(전)기	
자산				
Ⅰ. 유동자산		72,659,080		80,039,455
1. 현금및현금성자산	2,081,917		2,607,957	
2. 단기금융상품	26,501,392		34,113,871	
3. 매출채권	26,255,438		24,933,267	
4. 미수금	2,406,795		1,515,079	
	(중략)			
Ⅱ. 비유동자산		143,521,840		138,981,902
1. 기타포괄손익-공정가치금융자산	1,206,080		1,098,565	
2. 당기손익-공정가치금융자산	3,181		7,413	
3. 종속기업, 관계기업 및 공동기업 투자	56,571,252		55,959,745	
4. 유형자산	74,090,275		70,602,493	
	(중략)			
자산총계		216,180,920		219,021,357
부채				
Ⅰ. 유동부채		36,237,164		43,145,053
1. 매입채무	7,547,273		7,315,631	
2. 단기차입금	10,228,216		10,353,873	
3. 미지급금	9,142,890		8,385,752	
	(중략)			
Ⅱ. 비유동부채		2,073,509		2,888,179
1. 사채	39,520		43,516	
2. 장기차입금	174,651		–	
	(중략)			
부채총계		38,310,673		46,033,232

(이하 생략)

참고로 ㈜신한은행의 제188기 재무상태표의 일부를 제시하면 다음과 같다. 일반 기업과 달리 은행은 재무상태표의 자산과 부채를 유동항목과 비유동항목으로 구분하지 않고 유동성 순서에 따라 표시하고 있음을 알 수 있다.

재무상태표

주식회사 신한은행 (단위 : 백만 원)

과목	제188(당)기 반기말		제187(전)기 기말	
자산				
1. 현금및예치금	19,639,860		9,405,839	
2. 당기손익－공정가치측정유가증권	16,660,083		12,811,266	
3. 파생상품자산	2,107,875		1,488,548	
4. 상각후원가측정대출채권	247,186,759		233,246,276	
5. 당기손익－공정가치측정대출채권	868,991		645,237	
6. 기타포괄손익－공정가치측정유가증권	39,457,965		30,731,281	
7. 상각후원가측정유가증권	19,323,185		16,230,964	
8. 유형자산	2,302,208		1,942,867	
9. 무형자산	545,409		204,308	
	(중략)			
자산총계		364,744,341		323,875,533
부채				
1. 예수부채	263,732,746		237,451,779	
2. 당기손익－공정가치측정금융부채	508,081		479,559	
3. 파생상품부채	1,889,700		1,771,313	
4. 차입부채	17,311,859		15,876,442	
5. 사채	35,575,365		29,294,584	
	(중략)			
부채총계		339,669,735		300,304,150

(이하 생략)

3 손익계산서와 포괄손익을 표시하는 보고서

3.1 수익과 비용의 구분

제2장의 '개념체계'에서는 수익과 비용을 자본청구권 보유자와의 거래를 제외한 거래에서 발생하는 순자산의 변동으로 정의하였다. 일반적으로 기업의 재무성과를 이해하려면 모든 수익과 비용을 분석할 필요가 있지만, 자산이나 부채의 현재가치 변동으로 인한 순자산의 변동까지 재무성과에 포함하는 것은 적절하지 않을 수 있다.

국제회계기준은 수익과 비용을 재무제표에 표시할 때 당기손익(profit or loss)에 해당하는 수익, 비용과 기타포괄손익(other comprehensive income)에 해당하는 수익, 비용을 구분 표시하도록 규정하고 있다. 이는 기업의 재무성과를 분석할 때 기타포괄손익에 해당하는 수익, 비용까지 포함하면 목적적합한 정보나 충실한 표현을 제공하지 못할 수 있다는 우려가 반영된 것으로 판단된다.

3.2 손익계산서와 포괄손익을 표시하는 보고서의 작성

기준서 제1118호에 따르면 기업은 수익과 비용을 다음의 (1) 또는 (2)의 방식으로 표시한다.

(1) 포괄손익계산서(a single statement of profit or loss and other comprehensive income)에 당기순손익과 기타포괄손익을 두 개의 부분으로 나누어 표시 – 이 방식을 선택하는 경우 당기순손익 부분을 먼저 표시하고 바로 이어서 기타포괄손익 부분을 표시한다.

(2) 손익계산서(a statement of profit or loss) 그리고 당기순손익에서 시작하는 포괄손익을 표시하는 보고서(a statement presenting comprehensive income)를 표시 – 이 방식을 선택하는 경우 손익계산서는 포괄손익을 표시하는 보고서의 바로 앞에 위치한다.

위의 문단에서 규정한 바와 같이 기업은 당기손익과 기타포괄손익에 해당하는 수익과 비용을 모두 포함하여 단일 재무제표로서 포괄손익계산서를 작성할 수 있는데, 이 방식(즉, 단일보고방식)을 선택할 경우 당기손익 부분 다음에 기타포괄손익 부분을 표시한다. 또한 기업은 당기손익에 해당하는 수익과 비용만 손익계산서에 표시하고, 기타포괄손익에 해당하는 수익과 비용을 별도의 재무제표인 포괄손익을 표시하는 보고서에 표시하는 방식(즉, 별도보고방식)을 선택할 수도 있다. 이를 요약하면 다음의 [그림 2]와 같다.

| 그림 2 | 수익과 비용의 포괄손익계산서 표시

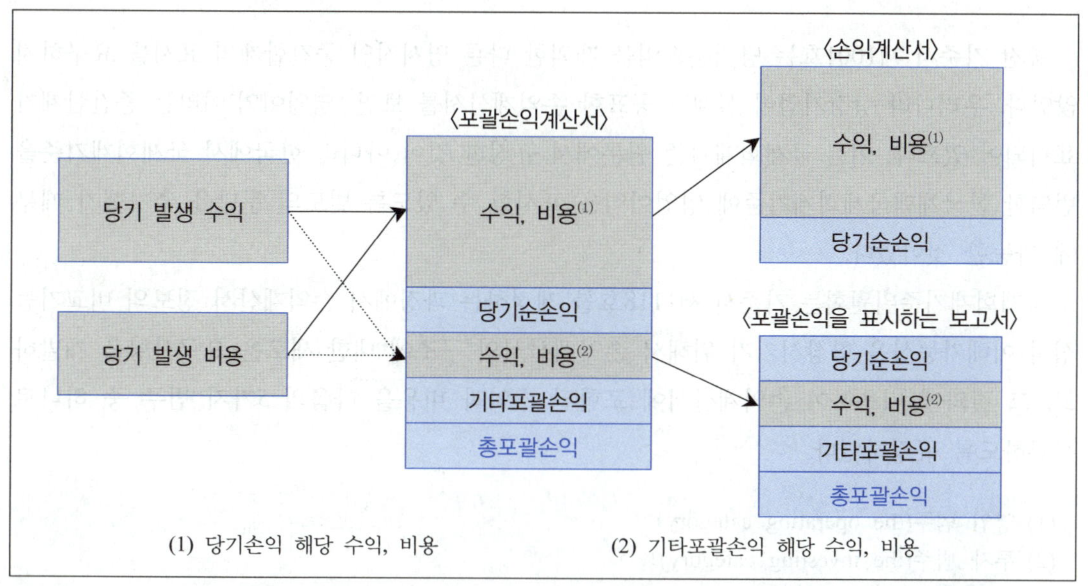

기준서 제1118호가 수익·비용을 어떻게 당기손익과 기타포괄손익으로 구별하는지 지침을 제시하고 있지는 않다. 다만, 현행가치로 측정하는 자산·부채의 가치변동 등 재무성과로 보기 곤란한 항목을 기타포괄손익으로 구분한다고 보면 된다. 본서에서는 제4장에서 유형자산의 재평가잉여금, 제8장에서 FVOCI 금융자산평가손익 등의 기타포괄손익 항목을 설명할 것이다.

전통적으로 손익계산서는 당기손익에 해당하는 수익·비용만 포함하였고, 기타포괄손익에 해당하는 수익·비용은 인식하지 않거나, 인식하더라도 직접 재무상태표의 자본항목에 표시하였다. 국제회계기준위원회가 과거에 국제회계기준을 개정하는 과정에서 기타포괄손익에 해당하는 항목을 손익계산서에 표시하는 단일보고방식을 제시하였으나, 많은 기업들이 반대한 바 있다. 왜냐하면 기타포괄손익에 해당하는 수익·비용은 경영자가 통제할 수 없는 특성이 있고, 보고기간마다 발생 금액도 일정하지 않기 때문에 이를 손익계산서에 포함하면 경영성과가 저평가될 수 있다고 우려했기 때문이다. 이에 국제회계기준위원회가 이들의 주장을 받아들여 기업으로 하여금 단일보고방식(포괄손익계산서 작성)과 별도보고방식(손익계산서와 포괄손익을 표시하는 보고서 작성) 중 한 가지를 선택할 수 있도록 하였다.

3.3 손익계산서에 표시하는 수익과 비용의 범주 분류

종전 기준서 제1001호는 당기순손익을 제외한 다른 명시적인 중간합계의 표시를 요구하지 않았다. 우리나라 상장기업이 실제로 공표한 손익계산서를 보면 '영업이익'이라는 중간합계가 표시되어 있으나, 이는 국제회계기준 원문에서 규정한 것이 아니라 한국에서 국제회계기준을 번역한 한국채택국제회계기준에 영업이익을 표시할 수 있도록 별도의 문단을 추가했기 때문에 가능한 것이었다.

국제회계기준위원회는 기준서 제1118호를 제정하는 과정에서 손익계산서 정보의 비교가능성과 이해가능성을 향상시키기 위해서 손익계산서의 구조에 대한 새로운 요구사항을 개발하고, 그 결과에 기초하여 손익계산서에 포함된 수익과 비용을 다음의 5가지 범주 중 하나로 분류하도록 규정하였다.

(1) 영업 범주(the operating category)
(2) 투자 범주(the investing category)
(3) 재무 범주(the financing category)
(4) 법인세 범주(the income taxes category)
(5) 중단영업 범주(the discontinued operations category)

도소매업이나 제조업 또는 유통업 등을 주업으로 하는 일반 기업은 금융상품(지분상품, 채무상품)이나 부동산에 투자하여 발생한 수익과 비용을 투자 범주로 분류하는 것이 적절하다. 그러나 금융상품이나 부동산 등의 자산에 투자하는 것을 주된 사업활동으로 하는 기업은 그러한 투자에서 발생한 수익과 비용이 그 기업의 영업성과에 대한 중요한 지표라고 할 수 있으므로 관련 수익과 비용을 영업 범주로 분류하는 것이 적절할 것이다.

또한, 일반 기업은 자금조달(즉, 차입 등) 거래와 관련하여 발생한 비용을 재무 범주로 분류하는 것이 적절하다. 그러나 자금을 조달하여 고객에게 금융을 제공하는 것을 주된 사업활동으로 하는 기업은 자금조달과 고객에게 금융을 제공하는 과정에서 발생한 수익과 비용이 그 기업의 영업성과에 대한 중요한 지표라고 할 수 있으므로 관련 수익과 비용을 영업 범주로 분류하는 것이 적절할 것이다.

따라서 국제회계기준위원회는 전술한 5가지의 범주로 수익과 비용을 분류하기 위해 기업이 다음과 같은 특정한 주된 사업활동(specified main business activities)을 하는지의 여부를 평가하도록 규정하고 있다.

(1) 특정 유형의 자산에 투자(investing in particular types of assets)[16]
(2) 고객에게 금융을 제공(providing financing to customers)[17]

특정한 주된 사업활동을 하는 기업을 일반기업과 구분함으로써 특정 유형의 자산에 투자하거나 고객에게 금융을 제공하는 것을 주된 사업활동으로 하는 기업은 일반 기업이라면 투자 또는 재무 범주로 분류하였을 수익과 비용을 영업 범주로 분류한다.

이후 본장에서는 일반 기업만을 대상으로 수익·비용의 범주 분류를 설명하고, 특정한 주된 사업활동을 하는 기업의 수익·비용의 범주 분류는 중급회계에서 자세하게 설명한다. 본장 후반부에 기준서 제1118호에 따른 손익계산서의 세부 양식을 소개하는데, 그 전에 종전 기준서 제1001호에 따른 손익계산서의 양식과 기준서 제1118호의 손익계산서의 양식을 단순하게 비교하면 다음과 같다.

종전 기준서 제1001호		기준서 제1118호	
매출	×××	영업 범주 수익	×××
매출원가	(×××)	영업 범주 비용	(×××)
매출총이익	×××	**영업이익**	×××
판매비와 관리비	(×××)	투자 범주 수익	×××
영업이익	×××	투자 범주 비용	(×××)
기타수익	×××	**재무손익및법인세비용차감전이익**	×××
기타비용	(×××)	재무 범주 수익	×××
금융수익	×××	재무 범주 비용	(×××)
금융비용	(×××)	**법인세비용차감전이익**	×××
법인세비용차감전순이익	×××	법인세비용	(×××)
법인세비용	(×××)	계속영업이익	×××
계속영업이익	×××	중단영업손익	(×××)
중단영업손익	(×××)	**당기순손익**	×××
당기순손익	×××		

위의 비교를 보면, 마치 종전 기준서의 영업외손익(기타수익, 기타비용, 금융수익, 금융비용)에 해당하는 수익과 비용을 기준서 제1118호의 투자 범주 또는 재무 범주로 분류하는 것처럼 보이는데, 종전 기준서의 영업외손익에 해당하는 수익과 비용 중 일부는 기준서 제1118호의

16) 특정 유형의 자산에 투자하는 것이 주된 사업활동일 수 있는 기업의 예는 기준서 제1110호 '연결재무제표'에서 정의된 투자기업, 부동산 투자기업, 보험회사 등이 있다.

17) 고객에게 금융을 제공하는 것이 주된 사업활동일 수 있는 기업의 예는 은행 및 기타 대출기관, 고객이 기업의 제품을 구매할 수 있도록 금융을 제공하는 기업, 금융리스로 금융을 제공하는 리스제공자 등이 있다.

영업 범주로 분류한다. 예를 들어, 종전 기준서에서 영업외손익으로 분류하였던 유·무형자산 처분손익 및 손상차손(환입), 비정상적인 재고자산감모손실, 제조원가 중 비정상적인 낭비, 외화매출채권(매입채무)의 환율변동손익 등은 기준서 제1118호에서 영업 범주로 분류한다.

3.4 수익과 비용의 구체적인 범주 분류 및 손익계산서의 작성

(1) 영업 범주

기업의 영업은 주된 사업활동에만 국한되지는 않는다. 예를 들어, 지원활동에서 발생하는 수익과 비용은 직접적으로 수익을 창출하지는 않으나 기업이 영업과정에서 수행하는 활동에서 발생하므로 이를 영업 범주에 포함하는 것이 적절하다. 또한 국제회계기준위원회의 견해에 따르면, 수익과 비용은 변동성(volatile)이 있는지 또는 비경상적(unusual)인지와는 관계없이 영업 범주에 포함되어야 한다. 왜냐하면 변동성이 있고 비경상적인 수익과 비용은 예측가치를 가지고 있지 않을 수 있으나, 예측가치가 수익과 비용을 영업 범주에 포함할지의 여부를 결정하는 특성은 아니기 때문이다. 또한 변동성이 있고 비경상적인 수익과 비용을 영업손익에서 제외하면, 해당 기간에 기업이 영업을 수행한 결과를 충실하게 나타내지 못할 수 있다.

이에 국제회계기준위원회는 모든 기업에 적합하고 일관되게 적용할 수 있는 영업손익을 직접적으로 정의하기 위해서는 상당한 판단이 요구될 뿐만 아니라 영업손익을 직접적으로 정의하면 영업비용을 덜 일관되게 분류할 것으로 판단하고, 투자, 재무, 법인세 및 중단영업 범주에 속하지 않는 모든 수익과 비용인 잔여 범주를 영업 범주로 정의하기로 하였다.

(2) 투자 범주

특정한 주된 사업활동을 하지 않는 일반 기업은 다음의 [표 2]의 자산에서 발생하는 수익과 비용을 투자 범주로 분류한다.

| 표 2 | 투자 범주로 분류하는 수익과 비용

자산의 구분	관련 수익과 비용
(1) 관계기업, 공동기업, 비연결 종속기업에 대한 투자자산[18)] (2) 현금및현금성자산 (3) 개별적으로 그리고 기업의 다른 자원과 독립적으로 수익을 창출하는 기타 자산[19)]	(1) 자산에서 발생한 수익 (2) 자산의 최초 또는 후속 측정에서 발생한 수익과 비용 (3) 자산의 취득 및 처분과 직접 관련된 증분원가 상기 수익과 비용에는 이자, 배당, 임대수익, 감가상각비, 손상차손(환입), 공정가치손익, 자산처분손익 등이 포함됨

한편, [표 2]의 자산 (3)과 비교되는 자산으로, 개별적으로 그리고 기업의 다른 자원과 독립적으로 수익을 창출하지 않는 기타 자산이 있다. 여기에는 유형자산, 수익·비용이 영업 범주로 분류되는 재화·용역의 생산 또는 공급과 관련된 자산(예 : 수취채권) 등이 포함되는데, 이와 관련된 수익 또는 비용은 영업 범주로 분류한다. 따라서 투자부동산처분손익은 투자 범주로 분류하지만, 유형자산처분손익은 영업 범주로 분류한다.

(3) 재무 범주

특정한 주된 사업활동을 하지 않는 일반 기업은 다음의 [표 3]의 부채에서 발생하는 수익과 비용을 재무 범주로 분류한다.

I 표 3 I 재무 범주로 분류하는 수익과 비용

부채의 구분	관련 수익과 비용
자금조달에만 관련된 거래에서 발생하는 부채[20]	최초 측정과 부채의 제거를 포함한 후속 측정에서 발생하는 수익과 비용(이자비용, 공정가치 손익, 부채상환손익 등)
자금조달에만 관련되지는 않는 거래에서 발생하는 부채[21]	이자수익과 이자비용

[표 3]을 보면 자금조달에만 관련되지는 않는 거래에서 발생하는 부채 관련 수익·비용에는 이자수익과 이자비용만 포함되는데, 그 이유는 기준서가 자금조달에만 관련되지는 않는 거래에서 발생하는 부채에 대해서 공정가치 평가손익, 부채상환손익, 거래원가 등을 세분화하여 인식하도록 요구하지 않기 때문이다.

(4) 법인세 범주와 중단영업 범주

기준서 제1012호 '법인세비용'을 적용하여 손익계산서에 포함된 법인세비용(또는 수익)을 법인세 범주로 분류한다. 법인세와 관련된 회계처리는 제14장에서 설명한다.

---

18) 투자자가 피투자자에 대해서 유의적인 영향력을 행사할 수 있는 경우 투자자가 보유하는 피투자자의 지분을 관계기업투자라 하고, 투자자가 피투자자에 대해서 공동지배력을 보유하는 경우 투자자가 보유하는 피투자자의 지분을 공동기업투자라 하며, 투자자가 피투자자에 대해서 지배력을 보유하는 경우 피투자자의 지분을 종속기업투자라고 한다. 비연결종속기업투자는 투자자가 연결재무제표의 작성 의무가 면제되는 종속기업의 지분을 말한다.

19) 금융상품(채무상품 또는 지분상품)과 투자부동산 및 투자부동산에서 발생하는 임대료 수취채권이 포함된다.

20) 사채, 대출금, 담보대출 등 현금으로 결제되는 채무상품이 포함된다.

21) 계약부채, 리스부채, 확정급여형 연금부채, 복구관련 충당부채, 소송 충당금 등이 포함된다.

기준서 제1015호 '매각예정비유동자산과 중단영업'에 따르면, 회사가 수행하는 사업이 2개 이상의 영업단위로 구분되는 경우, 이미 처분되었거나 매각예정으로 분류된 영업단위에서 발생한 수익과 비용에서 관련 법인세비용을 차감한 순액을 중단영업손익으로 하여 구분 표시하도록 요구한다. 이에 기준서 제1118호에 따라 손익계산서를 작성할 때 중단영업손익을 중단영업 범주로 분류한다. 중단영업과 관련된 구체적인 회계처리는 중급회계에서 설명한다.

기준서 제1118호가 사례로 제시한 일반 기업의 손익계산서 양식은 다음과 같다.

손익계산서

회사명 (단위 : 원)

〈범주〉	과목	20×2년	20×1년
영업	수익	×××	×××
	매출원가	(×××)	(×××)
	매출총이익	×××	×××
영업	기타영업수익	×××	×××
	판매비	(×××)	(×××)
	연구개발비	(×××)	(×××)
	일반관리비	(×××)	(×××)
	영업권손상차손	(×××)	(×××)
	기타영업비용	(×××)	(×××)
	영업이익	×××	×××
투자	이자수익, 배당수익, 금융자산평가손익(처분손익)	×××	×××
	관계기업 및 공동기업의 당기손익에 대한 지분	×××	×××
	재무손익및법인세비용차감전이익	×××	×××
재무	차입금 및 리스부채에 대한 이자비용	(×××)	(×××)
	연금부채 및 충당부채에 대한 이자비용	(×××)	(×××)
	법인세비용차감전이익	×××	×××
법인세	법인세비용	(×××)	(×××)
	계속영업이익	×××	×××
중단영업	중단영업손익	(×××)	(×××)
	당기순이익	×××	×××

위의 손익계산서 양식에서 영업이익 이전까지 표시한 수익과 비용이 영업 범주로 분류한 수익과 비용이고, 영업이익과 재무손익및법인세비용차감전이익 사이에 표시한 수익과 비용이 투자 범주로 분류한 수익과 비용이며, 재무손익및법인세비용차감전이익과 법인세비용차감전

이익 사이에 표시한 수익과 비용이 재무 범주로 분류한 수익과 비용이다.

손익계산서의 하단을 보면, 계속영업이익과 중단영업손익이 표시되어 있다. 손익계산서에는 세전 계속영업이익(법인세비용차감전이익)에서 법인세비용을 차감하여 세후 계속영업이익을 표시하는 반면, 중단영업손익은 이미 관련 법인세비용을 차감한 후의 세후 금액만 표시한다.

3.5 영업 범주로 분류하는 비용의 성격별 또는 기능별 표시

손익계산서의 영업 범주에서는 비용에 대한 가장 유용한 구조화된 요약 정보를 제공할 수 있도록 다음의 특성 중 하나 또는 모두를 사용하여 비용을 별도표시항목으로 분류하고 표시한다.

(1) 비용의 특성(the nature of expenses)
(2) 기업 내에서 해당 비용의 기능(the function of the expenses within the entity)

예를 들어, 비용을 매출원가, 판매비, 일반관리비, 연구개발비 등으로 분류하는 것은 기능별 분류에 해당한다. 그런데 감가상각비의 경우, 제품 생산에 사용하는 유형자산의 감가상각비는 제품 제조원가에 포함되었다가 매출원가로 대체되고, 사무용 비품의 감가상각비는 일반관리비에, 연구개발 과정에 사용하는 장치의 감가상각비는 연구개발비에 포함될 것이다. 또한 급여의 경우, 제품을 생산하는 공장에 근무하는 직원의 급여는 매출원가에, 본사 사무실에 근무하는 직원의 급여는 일반관리비에, 연구개발부서에 근무하는 직원의 급여는 연구개발비에 포함될 것이다. 이와 같이 비용을 감가상각비, 급여 등으로 분류하는 것을 성격별 분류라고 한다.

비용을 성격별로 분류하는 경우, 해당 경제적 자원이 소비된 활동은 고려하지 않으며 기업의 활동을 달성하기 위해 소비된 경제적 자원의 성격과 관련된 영업비용에 대한 정보를 제공한다. 반면에 비용을 기능별로 분류할 경우, 소비된 자원이 관련된 활동에 따라 영업비용을 배분하고 통합한다.

비용을 기능별로 분류하면 경제적 환경의 변화에 따라 다르게 반응하는 다양한 성격별 비용 항목을 통합하므로 재무제표 이용자가 미래 영업비용을 예측하는 것을 어렵게 한다. 반면에 비용의 성격에 대한 정보는 미래 영업비용을 더 쉽게 예측할 수 있도록 하며, 현금흐름표에 표시된 정보와의 연관성을 이해할 수 있도록 한다.

이에 기준서는 영업 범주에 포함되는 비용을 성격과 기능의 특성 중 하나 또는 모두를 사용하여 별도표시항목으로 분류하고 표시하도록 규정하고 있다. 비용의 성격별 분류를 적용하여 작성한 손익계산서(영업이익까지만 표시)의 사례를 제시하면 다음과 같다.

손익계산서

회사명		(단위 : 원)
과목	20×2년	20×1년
수익	×××	×××
제품과 재공품의 변동[22]	×××	(×××)
원재료사용액	(×××)	(×××)
종업원급여	(×××)	(×××)
감가상각비, 상각비 및 손상차손	(×××)	(×××)
기타영업비용	(×××)	(×××)
영업이익	×××	×××
(중략)		

3.6 포괄손익을 표시하는 보고서의 작성

총포괄손익은 순자산의 증감이므로 결국 결산 과정을 거쳐 재무상태표의 자본에 반영되어야 한다. 총포괄손익 중 당기순손익을 구성하는 수익과 비용 항목은 직접 차기로 이월되는 것이 아니라[23] 순액으로 하여 재무상태표의 자본 중 이익잉여금(좀 더 구체적으로 미처분이익잉여금 계정)에 집합되어 다음 보고기간으로 이월된다. 미처분이익잉여금은 이후 주주총회의 결의를 거쳐 기업에 유보되거나 배당 등으로 사외유출되기도 한다.[24]

이에 반해 기타포괄손익을 구성하는 수익과 비용은 각 항목별로 다음 보고기간으로 이월된다. 그런데 기타포괄손익은 다음 보고기간 이후에 당기손익으로 재분류되는 항목과 당기손익으로 재분류되지 않는 항목으로 구분할 수 있다.

기타포괄손익 중 미래의 당기순손익으로 재분류될 항목과 재분류되지 않을 항목을 포괄손익계산서에 구분 표시하면 정보이용자가 차기 이후 당기순손익을 예측하는 데 도움을 받을 수 있다. 따라서 포괄손익을 표시하는 보고서를 작성할 때 기타포괄손익 중 후속적으로 당기손익으로 재분류되지 않는 항목과 당기손익으로 재분류되는 항목을 구분 표시한다.

본서에서 설명할 몇 가지 기타포괄손익의 종류와 후속적인 당기손익 재분류 여부를 요약하면 [표 4]와 같다.[25]

22) 제품과 재공품의 잔액이 당기 중에 증가하였다면 양(+)의 값을 갖고, 반대로 당기 중에 감소하였다면 음(−)의 값을 갖는다.

23) 20×1년도의 매출이나 이자비용이 20×2년도의 매출이나 이자비용으로 이월될 수는 없다.

24) 미처분이익잉여금의 회계처리는 제11장에서 자세하게 설명한다.

| 표 4 | 기타포괄손익의 종류와 후속적인 당기손익 재분류 여부

종류	당기손익 재분류 해당 여부
유·무형자산의 재평가 시 인식하는 재평가잉여금[26]	재분류 금지
FVOCI 금융자산(채무상품)의 공정가치 평가손익[27]	재분류
FVOCI 선택 금융자산(지분상품)의 공정가치 평가손익[28]	재분류 금지
확정급여제도의 재측정요소[29]	재분류 금지

기타포괄손익 항목에 따라 후속적으로 당기손익 재분류를 금지 또는 허용하는 이유에 대해서는 제4장과 제8장의 해당 부분에서 설명한다. 기준서 제1118호가 사례로 제시한 포괄손익을 표시하는 보고서의 양식은 다음과 같다.

포괄손익을 표시하는 보고서

회사명 (단위 : 원)

과목	20×2년	20×1년
당기순이익	×××	×××
당기손익으로 재분류되지 않는 수익과 비용		
확정급여제도의 재측정요소	×××	×××
관계기업 및 공동기업의 기타포괄손익에 대한 지분	×××	×××
관련된 법인세	(×××)	(×××)
당기손익으로 재분류되지 않는 수익과 비용 합계	×××	×××
특정 조건을 충족할 때 당기손익으로 재분류되는 수익과 비용		
해외사업장환산외환차이	×××	×××
현금흐름위험회피 손실	×××	×××
관련된 법인세	(×××)	(×××)
특정 조건을 충족할 때 당기손익으로 재분류되는 수익과 비용의 합계	×××	×××
법인세차감후기타포괄손익	×××	×××
총포괄이익	×××	×××

25) [표 4]에 포함되지 않은 기타포괄손익은 중급회계와 고급회계에서 설명한다.
26) 제4장 유형자산의 재평가 회계처리에서 설명한다.
27) FVOCI 금융자산이란 공정가치 변동을 기타포괄손익으로 인식하는 금융자산을 의미한다. 제8장의 금융자산 회계처리에서 설명한다.
28) FVOCI 선택 금융자산이란 공정가치 변동을 기타포괄손익으로 인식하는 회계처리를 선택한 금융자산을 의미한다. 제8장의 금융자산 회계처리에서 설명한다.
29) 제13장 퇴직급여 중 확정급여제도의 회계처리에서 설명한다.

특정 연도에 발생한 기타포괄손익을 후속적으로 당기손익으로 재분류되는 항목으로 구분하였는데, 차기 이후에 해당 기타포괄손익을 당기손익으로 대체하는 것을 재분류조정(reclassification adjustment)이라고 한다. 예를 들어, 20×1년도에 발생한 기타포괄이익 ₩100을 포괄손익계산서에 당기손익으로 재분류되는 항목으로 구분하였는데 20×2년도에 당기손익으로 재분류할 경우(즉, 기타포괄이익을 당기손익 항목으로 대체) 20×2년도 총포괄이익은 변동하지 않는다. 따라서 20×2년도 포괄손익을 표시하는 보고서를 작성할 때 재분류조정 항목이 총포괄손익에 이중으로 포함되지 않도록 당기손익으로 대체한 기타포괄이익 ₩100을 감소 표시해야 한다.

한편, 재무제표 중 자본변동표는 제11장에서, 현금흐름표는 제18장에서 설명한다.

연 / 습 / 문 / 제

01 재무상태표는 특정 시점 현재 기업의 자산, 부채 및 자본의 잔액을 보고하는 재무제표로서 기업의 재무구조, 유동성과 지급능력 등을 평가하는 데 필요한 정보를 제공한다.

물음

1. 국제회계기준은 적어도 재무상태표에 구분하여 표시하는 항목들을 열거하고 있다. 예를 들어, 재고자산, 유형자산, 투자부동산은 통합표시하지 않고 구분 표시하여야 하는데, 그 이유는 무엇인가?
2. 재무상태표에 자산과 부채를 유동항목과 비유동항목으로 구분표시하면 재무상태표의 유용성이 증가하는가?
3. 재무상태표의 자산과 부채를 상계 표시하는 것을 허용하면 정보이용자가 의사결정을 하는 데 어떤 문제가 생길 수 있는가?

해답

물음 1

자산은 미래의 경제적효익의 유입을 가져오는 잠재력을 가지고 있다. 그런데 자산의 특성 및 기능에 따라 미래경제적효익의 유입 형태나 시기가 다를 수 있다. 재고자산의 경우에는 이를 판매하여 현금을 수취하므로 직접적인 미래경제적효익의 유입이 발생할 수 있다. 그러나 유형자산은 직접적으로 미래경제적효익의 유입을 가져오게 하는 것이 아니라 간접적으로 미래경제적효익의 유입에 기여한다. 예를 들어, 기계장치는 제품 생산에 사용되며, 사무용 건물은 기업의 전반적인 관리활동을 지원하는 데 사용되는 과정에서 미래경제적효익의 유입에 영향을 미친다. 반면에 투자부동산은 임대목적이나 시세차익을 얻기 위한 목적으로 보유하기 때문에 유형자산과 외형은 유사하지만 유형자산과 독립적인 현금흐름을 창출한다. 따라서 재무상태표에 이들 자산을 구분 표시함으로써 정보이용자가 미래현금흐름을 예측하는 데 유용할 수 있다.

물음 2

유동자산은 정상영업주기 또는 1년 이내에 현금화될 가능성이 높은 자산인데 반해, 유동부채는 정상영업주기 또는 1년 이내에 현금으로 결제할 가능성이 높은 부채이다. 따라서 유동부채에 비해 유동자산이 더 많아야 유동부채를 원활하게 상환할 수 있을 것이다. 재무상태표에 자산과 부채를 유동항목과 비유동항목으로 구분표시하면 정보이용자가 유동부채 대비 유동자산을 얼마나 가지고 있는지 쉽게 파악할 수 있으므로 기업의 단기상환능력을 평가하는 데 유용할 것이다.

물음 3

자산과 부채를 상계표시하면 전체적인 기업의 재무구조를 파악하는 데 어려움이 있다. 예를 들어, 자산이 ₩1,000이고 부채가 ₩600이라면 자본이 ₩400일 것이므로 부채비율은 600÷400＝150%로 계산된다. 그런데 자산 ₩200과 부채 ₩200을 상계하면 부채가 ₩600에서 ₩400으로 감소하므로 부채비율은 400÷400＝100%로 낮아져서 재무구조가 개선된 것으로 오해할 수 있다. 따라서 기준서에서 상계표시를 허용하는 경우를 제외하고는 자산과 부채의 상계표시는 허용될 수 없다.

02 기준서 제1118호에 따르면 당기손익에 해당하는 수익과 비용을 손익계산서에 표시할 때 영업 범주, 투자 범주, 재무 범주, 법인세 범주 및 중단영업 범주로 구분한다.

물음

1. 특정 수익과 비용이 영업 범주로 분류되는지를 고려할 때 변동성이 있는지 또는 비경상적인지를 고려하지 않는 이유를 설명하라.
2. 영업 범주로 분류되는 수익과 비용을 독립적으로 정의하지 않고, 잔여 범주로 정의하는 이유를 설명하라.

해답

물음 1

변동성이 있고 비경상적인 수익과 비용은 예측가치를 가지고 있지 않을 수 있으나, 예측가치가 수익과 비용을 영업 범주에 포함할지의 여부를 결정하는 특성은 아니며, 변동성이 있고 비경상적인 수익과 비용을 영업손익에서 제외하면 해당 기간에 기업이 영업을 수행한 결과를 충실하게 나타내지 못할 수 있다. 따라서 특정 수익과 비용이 영업 범주로 분류되는지를 고려할 때 변동성이 있는지 또는 비경상적인지의 여부를 고려하지 않는다.

물음 2

기업마다 수행하는 사업활동이 다양하므로 모든 기업에 적합하고 일관되게 적용할 수 있는 영업손익을 직접 정의하는 것이 어렵고, 영업손익을 직접적으로 정의하기 위해서는 상당한 판단이 요구될 뿐만 아니라 영업손익을 직접적으로 정의하면 영업비용을 덜 일관되게 분류할 여지가 있으므로 투자, 재무, 법인세 및 중단영업 범주에 속하지 않는 모든 수익과 비용인 잔여 범주를 영업 범주로 정의하는 것이다.

03 손익계산서 및 포괄손익을 표시하는 보고서의 표시에 대한 다음의 물음에 답하시오.

물음

1. 기업들은 단일보고 방법에 따라 1개의 포괄손익계산서를 작성하기도 하고, 별도보고 방법에 따라 손익계산서와 포괄손익을 표시하는 보고서를 각각 작성하기도 한다. 경영자의 관점과 정보이용자의 관점에서 별도보고 방법에 따른 손익보고를 평가하라.
2. 포괄손익을 표시하는 보고서의 기타포괄손익 부분을 보면 후속적으로 당기손익으로 재분류되지 않는 것과 재분류되는 것을 구분 표시하는데, 그 이유는 무엇인가?

해답

물음 1

전통적인 성과보고 방법은 당기순이익까지 보고하는 손익계산서 방법이었으나, 국제회계기준에서는 기타포괄손익도 포함하여 성과보고를 하라는 입장이다. 경영자의 관점에서 볼 때 자신이 평가받고자 하는 기업의 성과는 영업손익이며, 더 나아가 당기순손익까지도 자신의 책임이라고 할 수 있다. 그러나 기타포괄손익은 경영자의 통제 영역을 벗어나는 항목이기 때문에 기업의 성과를 보고하는 재무제표에 기타포괄손익을 함께 표시하는 것보다 이를 분리하여 별도로 표시하는 것이 더 낫다고 판단하여 별도보고 방법을 선택할 것으로 판단된다.

정보이용자의 관점에서는 한 회계기간 동안 발생한 순자산의 변동 내역을 하나의 보고서로 일목요연하게 보는 것을 선호할 수 있다. 물론 전통적인 손익계산서에 익숙한 이용자라면 기타포괄손익을 함께 표시한 재무제표가 어색할 수 있으나, 단일보고 방법의 포괄손익계산서를 이해하는 데 큰 애로는 없을 것이다.

물음 2

기타포괄손익 중 차기 이후 당기손익으로 재분류되는 것도 있고 재분류되지 않는 것도 있다. 발생기준 재무제표의 장점은 당기의 재무제표를 이용하여 미래의 현금흐름 및 미래의 순이익을 예측할 수 있다는 것이다. 기타포괄손익 중 미래에 순이익으로 재분류되는 항목을 구분표시하면 정보이용자가 미래의 순이익에 영향을 주는 항목을 식별하는 데 도움을 받을 수 있을 것이다.

04 포괄손익계산서는 일정 기간에 발생한 모든 수익과 비용을 보고하는 재무제표이다.

물음

1. 포괄손익계산서에 당기순손익 부분과 기타포괄손익 부분으로 수익과 비용을 구분표시하는 이유는 무엇인가?
2. 중단영업이 있는 경우 중단영업손익을 구분 표시하는 이유는 무엇인가?

해답

물음 1

당기순손익과 기타포괄손익 모두 소유주와의 거래를 제외한 거래에서 발생한 순자산 변동이다. 그런데 기타포괄손익은 경영자의 노력에 의한 성과로 보기는 어려울 뿐만 아니라 단기간 내에 현금흐름으로 전환될 가능성도 낮다. 따라서 정보이용자가 미래현금흐름을 예측하는 데 유용한 정보를 제공하기 위하여 포괄손익계산서에 기타포괄손익을 당기순손익과 구분하여 표시한다.

물음 2

중단영업에서 발생한 수익과 비용은 미래에는 더 이상 발생하지 않는 항목이다. 만약에 중단영업의 수익과 비용을 계속영업부문의 수익과 비용에 포함시킨다면 미래에 발생할 수익과 비용을 예측하는 데 오류가 발생할 수 있다. 따라서 중단영업손익을 계속영업손익에서 분리하여 별도로 표시하여야 한다.

05 다음은 갑회사의 20×1년도에 발생한 수익과 비용(중단영업은 없음)의 자료이다.

매출액	₩1,340,000	급여	₩145,000
유형자산처분이익	89,000	이자비용	34,000
매출원가	780,000	판매비	120,000
배당수익	43,000	투자부동산처분손실	35,000
감가상각비	148,000	재평가잉여금	90,000
법인세비용	55,000	사채상환손실	48,000

물음

20×1년도 갑회사의 포괄손익계산서에 표시될 다음의 손익 항목을 모두 계산하라.

영업 범주 손익	①
투자 범주 손익	②
재무 범주 손익	③
법인세비용	④
당기순이익	⑤
기타포괄손익	⑥
총포괄손익	⑦

해답

영업 범주 손익	① 236,000
투자 범주 손익	② 8,000
재무 범주 손익	③ (82,000)
법인세비용	④ (55,000)
당기순이익	⑤ 104,000
기타포괄손익	⑥ 90,000
총포괄손익	⑦ 194,000

① ₩1,340,000 − 145,000 + 89,000 − 780,000 − 120,000 − 148,000 = ₩236,000

② ₩43,000 − 35,000 = ₩8,000

③ (−)₩34,000 − 48,000 = (−)₩82,000

④ ₩55,000

⑤ ₩236,000 + 8,000 − 82,000 − 55,000 = ₩104,000

⑥ ₩90,000

⑦ ₩104,000 + 90,000 = ₩194,000

제 4 장

유형자산

1 유형자산의 의의

1.1 유형자산이란?

기준서 제1016호 '유형자산'은 다음과 같이 유형자산을 정의하고 있다.

> 유형자산이란 재화나 용역의 생산이나 제공, 타인에 대한 임대 또는 관리활동에 사용할 목적으로 보유하는 물리적 형태가 있는 자산으로서 한 회계기간을 초과하여 사용할 것이 예상되는 자산이다.

회사의 업종에 따라서 유형자산(property, plant and equipment)의 종류는 다양하다. 제조업을 영위하는 기업이라면 제품을 생산하는 공장건물과 부속토지, 기계장치, 그리고 다양한 공기구, 지게차, 운반용 트럭 등이 모두 유형자산에 해당한다. 액체 원료를 저장하는 탱크나 액체 원료의 이동에 사용하는 파이프라인도 유형자산이다. 운송업을 하는 회사는 항공기와 선박이 주요 유형자산이고, 건설업을 하는 회사는 건설용 중장비 등이 주요 유형자산이다. 그리고 전반적인 경영전략을 수립하고 생산이나 연구개발 활동 등을 후방에서 지원하고 관리하는 데 사용하는 본사 건물과 본사 건물 내에서 사용하는 컴퓨터나 가구 등 비품도 유형자산이다.

유형자산은 물리적인 형태가 있다는 점에서 물리적인 형태가 없는 무형자산과 구별된다. 또한 한 회계기간을 초과하여 사용할 것이 예상되어야 유형자산이 될 수 있다. 예를 들어, 취득 후 2~3개월 밖에 사용하지 못하는 소모성 공구의 경우 취득시점에 취득원가를 모두 비용으로 인식하더라도 이용자의 의사결정에 거의 영향을 주지 않을 것이다.

국제회계기준(기준서 제1040호)은 임대수익이나 시세차익 또는 두 가지 모두를 얻기 위해서 보유하는 부동산을 투자부동산(investment property)으로 분류[1)]하도록 규정하고 있다. 전술한 유형자산의 정의를 보면 '타인에 대한 임대'라는 언급이 있어 임대자산을 유형자산으로 분류하는지, 아니면 투자부동산으로 분류하는지 혼란스러울 수 있다. 임대자산이 부동산(토지나 건물)이면 투자부동산으로 분류하고, 임대자산이 부동산이 아니면 유형자산으로 분류한다고 이해하면 될 것이다. 따라서 타인에게 사무실을 임대하기 위해 보유하는 건물은 투자부동산에 해당하나, 자동차 대여업을 하는 회사가 보유하는 렌탈용 자동차는 유형자산에 해당한다.

---

1) 투자부동산은 제5장에서 설명한다.

1.2 기준서 제1016호 '유형자산'의 적용 범위

자산을 유형자산으로 분류하려면 전술한 1.1절의 유형자산의 정의를 충족하는지 판단하여야 한다. 그러나 유형자산의 정의를 충족하더라도 무조건 유형자산으로 분류하는 것이 아니다. 다음의 경우에는 유형자산의 정의를 충족하더라도 기준서 제1016호 '유형자산'을 적용하지 않으므로 다른 기준서를 적용해야 한다.

① 매각예정으로 분류되는 유형자산
② 농림어업활동과 관련되는 생물자산
③ 탐사평가자산
④ 매장광물과 광업권

유형자산은 기업이 장기간 사용함으로써 경제적효익이 유입되는 자산이다. 그러나 특정 유형자산이 통상적이고 관습적인 거래조건만으로 즉시 매각가능하고, 매각될 가능성이 매우 높다면 이러한 자산은 계속사용이 아닌 매각을 통하여 장부금액을 회수할 것이므로 미래경제적효익의 유입 시기나 규모가 유형자산과 다를 것이다. 따라서 이러한 경우 기준서 제1016호를 적용하지 않고 기준서 제1105호 '매각예정비유동자산과 중단영업'을 적용하여 유형자산을 매각예정비유동자산(non-current asset held for sale)으로 분류한다.[2)]

원목을 생산하기 위한 조림지의 나무, 양모를 수확하기 위해서 키우는 양 등은 물리적 형태가 있는 자산이기는 하지만 이를 유형자산으로 분류하지 않고 생물자산(biological asset)으로 분류하고 기준서 제1041호 '농림어업'을 적용한다. 생물자산에 생물적 변환을 가하는 관리활동을 농림어업활동이라고 하는데, 농림어업활동이 수반되지 않으면 생물자산으로 분류할 수 없다.[3)]

석유나 가스 등의 광물자원을 추출하기 위한 탐사 및 평가활동과 관련한 지출에 대해서 기준서 제1106호 '광물자원의 탐사와 평가'는 특정 회계처리방법을 제시하지 않고 기업으로 하여금 탐사 및 평가활동 관련 지출을 자산으로 인식하기 위한 회계정책을 개별적으로 수립하여 계속 적용하도록 규정하고 있다. 기업이 탐사 및 평가활동 관련 지출을 자산으로 인식하기로 회계정책을 수립한 경우, 자산으로 인식하는 계정이 탐사평가자산(exploration and evaluation assets)이다.[4)] 한편, 매장광물의 회계처리를 위한 국제회계기준은 아직 제정되어 있지 않으며, 광업권은 제6장에서 설명하는 무형자산 기준서를 적용한다.

---

2) 매각예정비유동자산의 구체적인 회계처리는 제5장에서 설명한다.
3) 생물자산 및 수확물에 대한 구체적인 회계처리는 제5장에서 설명한다.
4) 탐사평가자산에 대한 구체적인 회계처리는 중급회계에서 설명한다.

예 1 유형자산에 해당하는지의 판단

〈사례 1〉 공해방지 시설의 추가
갑회사는 화학약품을 제조하는 공장을 신축하였는데, 유해가스 배출을 일정 수준 이상 감소시켜야 하는 공해 방지 시설을 추가로 설치해야만 정부가 공장 가동을 허가해 주도록 최근에 환경관련법규가 개정되었다. 제조 공장은 유형자산으로 분류하는 데 문제가 없는데, 추가 설치하는 공해 방지 시설도 유형자산으로 분류하는가?

환경상의 문제로 취득하는 자산은 그 자체로 직접적인 미래경제적효익을 얻을 수 없지만 다른 자산에서 미래경제적효익을 얻는 데 필요할 수 있다. 갑회사가 신축한 공장이 정상적으로 가동하기 위해서는 정부의 허가가 필요한데, 공해 방지 시설을 추가로 설치하지 않으면 공장을 정상적으로 가동할 수 없다. 따라서 신축한 공장건물로부터 미래경제적효익을 얻기 위해서 추가 설치해야 할 공해 방지 시설도 유형자산으로 분류한다.

〈사례 2〉 회사소유 건물의 다양한 용도 사용
을회사는 지하 1층, 지상 5층의 건물을 취득하였다. 을회사는 지하 1층과 지상 1층은 임대하기로 하였으며, 2층부터 4층까지 회사의 업무용 공간으로, 5층은 직원을 위한 구내식당, 휴게실, 그리고 직원의 어린 자녀를 돌보아주는 어린이방으로 활용하기로 하였다. 이 경우 건물 전체를 유형자산으로 분류할 수 있는가?

임대용으로 사용하는 건물과 자가사용 건물은 미래경제적효익을 창출하는 특성이 다르므로 전체 건물 중 임대용으로 사용하는 지하 1층과 지상 1층은 투자부동산으로 분류한다. 건물의 2층부터 4층까지는 을회사가 업무용으로 직접 사용하므로 유형자산으로 분류한다. 종업원의 복지향상 목적으로 사용하는 건물 5층은 직접적으로 미래경제적효익을 창출하지는 않는다. 그러나 을회사가 종업원의 복지향상을 위한 시설을 운영함으로써 종업원의 업무만족도가 높아지고 이직률이 낮아지는 등 긍정적인 효과를 통하여 간접적으로 미래경제적효익을 창출하는 데 기여할 수 있으므로 건물 5층도 유형자산으로 분류한다.

〈사례 3〉 동물원에서 키우는 동물
동물원에서는 사자와 기린 등 여러 종류의 동물을 키우는데, 이러한 동물을 유형자산과 생물자산 중 어느 것으로 분류하는가?

살아있는 동식물이 생물자산으로 분류되기 위해서는 기업이 농림어업활동을 수행해야 한다. 즉, 판매 목적이나 수확물을 얻을 목적, 또는 추가적인 생물자산으로의 전환목적으로 생물자산의 생물적 변환과 수확을 관리하는 활동을 수행해야 한다(제5장에서 자세하게 설명함). 동물원은 동물을 판매 목적이 아니라 관람용으로 키우기 때문에 농림어업활동을 수행한다고 볼 수 없으므로 관람용으로 키우는 동물은 유형자산으로 분류한다. 이와 유사하게 보안경비업체가 감시견을 키운다고 할 때 감시견을 키우는 활동을 농림어업활동이라고 볼 수 없으므로 감시견은 보안경비업체의 유형자산으로 분류한다.

2 유형자산의 인식과 측정

2.1 유형자산의 인식기준

인식이란 재무제표 요소(자산, 부채, 자본, 수익 및 비용)의 정의에 부합하고, 인식기준을 충족하는 항목을 재무상태표나 포괄손익계산서에 포함하는 과정을 말한다. 기준서 제1016호는 전술한 1.1절의 유형자산의 정의를 충족하고, 다음의 인식기준을 모두 충족할 때 유형자산을 인식하도록 규정하고 있다.

① 자산으로부터 발생하는 미래경제적효익이 기업에 유입될 가능성이 높다.
② 자산의 원가를 신뢰성 있게 측정할 수 있다.

기준서 제1016호의 유형자산 인식기준은 제2장에서 설명한 '개념체계'의 인식기준과 상이함을 알 수 있다. '개념체계'에서는 자산이나 부채를 인식하고 이에 따른 결과로 수익, 비용 또는 자본변동을 인식하는 것이 목적적합하고 충실하게 표현한 정보를 제공하는 경우에만 자산과 부채를 인식하도록 규정하고 있다. '개념체계'는 각 기준서보다 우선하지 않으므로 자산과 부채를 인식하는 회계처리는 각 기준서에서 규정하는 바를 따라야 한다.

재무제표 요소는 원가(cost)로 측정하는 경우도 있고, 가치(value)로 측정하는 경우도 있다. 예를 들어, 본장의 유형자산이나 제7장에서 설명하는 재고자산은 최초에 원가로 측정하는 반면, 제8장에서 설명하는 금융자산은 최초에 공정가치로 측정한다. 각 기준서가 요구하는 측정기준이 의사결정에 목적적합한 정보가 될 수 있는지, 그리고 기준서가 요구하는 측정치를 신뢰성 있게 측정할 수 있는지도 고려해야 한다.

미래순현금유입액의 전망을 평가한다는 관점에서 볼 때, 원가보다 공정가치가 더 목적적합한 정보라는 점에 이견은 거의 없다. 다만, 모든 재무제표 구성요소를 공정가치로 측정하는 것이 실무상 곤란하고 재무제표 작성 비용도 많이 소요될 것이므로 각 기준서는 신뢰성 있게 공정가치를 측정할 수 있는 항목에 대해서만 공정가치 측정을 요구한다.

유형자산은 장기간 기업 활동에 사용될 자산이지 시세차익을 얻고자 매수와 매도를 반복하는 자산이 아니다. 따라서 유형자산의 공정가치 변동에 대한 정보는 의사결정에 필수적이지 않으므로 유형자산을 최초에 원가로 측정하는 것이다.

2.2 후속 원가의 인식

유형자산을 원가로 최초 인식한 후 이를 사용하는 기간 중에도 다양한 후속 원가가 발생할 수 있다. 예를 들어, 수선 유지, 정기적인 부품의 교체 및 종합검사 등과 관련하여 후속 원가가 발생할 수 있다. 이때 후속 원가를 유형자산으로 인식할 것인지, 아니면 발생기간의 비용으로 인식할 것인지에 따라 재무제표에 미치는 영향이 유의하게 다를 수 있다.

후속 원가를 인식할 때에도 최초 인식에 적용한 인식기준을 동일하게 적용한다. 후속 원가의 상황별 회계처리를 요약하면 [표 1]과 같다.

| 표 1 | 후속 원가의 회계처리

구분	회계처리
일상적인 수선·유지 원가	발생시점의 당기손익으로 인식
주요 부품의 정기적 교체 및 대체	교체 및 대체 시 발생하는 원가가 인식기준을 충족하는 경우 유형자산의 장부금액에 포함하여 인식
반복적이지만 비교적 적은 빈도로 대체되거나, 비반복적으로 대체	
정기적인 종합검사 원가	정기적인 종합검사 과정에서 발생하는 원가가 인식기준을 충족하는 경우 유형자산의 일부가 대체되는 것으로 보고 유형자산의 장부금액에 포함하여 인식

일상적인 수선·유지 과정에서 발생하는 원가(예를 들어, 깨진 유리창을 수선하거나 실내 벽을 페인트로 칠하는 과정에서 발생하는 원가)는 유형자산의 미래경제적효익을 증가시켰다고 보기 어려우므로 발생시점의 비용으로 인식한다. 그러나 용광로의 내화벽돌이나 항공기의 좌석과 같은 내부시설 등을 정기적으로 교체할 경우 미래 여러 회계기간에 걸쳐 경제적효익을 창출할 것이다. 이러한 경우 관련된 원가를 발생시점에 모두 비용으로 인식하는 것보다

유형자산의 장부금액에 포함시키고 미래의 여러 기간에 걸쳐 감가상각하는 것이 의사결정에 더 유용한 정보를 제공할 것이다. 항공기 등의 안전 운항을 위한 정기적인 종합검사 과정에서 발생하는 원가도 동일한 논리로 유형자산의 장부금액에 포함하여 인식한다.

교체하는 주요 부품이나 구성요소의 원가(대체원가)를 자산으로 인식할 때 교체되는 부분을 제거하지 않으면 자산이 이중으로 계상된다. 따라서 교체되는 부분을 별도로 분리하여 감가상각했는지와 관계없이 대체되는 부분의 장부금액을 제거한다.

또한 유형자산에 대한 정기적인 종합검사와 관련된 원가가 인식기준을 충족할 경우에도 그 원가만큼 유형자산의 일부가 대체되는 것으로 보고 유형자산의 장부금액에 포함한다. 이때 직전에 이루어진 종합검사에서 유형자산으로 인식했던 금액 중 남아있는 금액(미상각금액)을 제거하는데, 이러한 회계처리는 종합검사와 관련된 원가를 분리하여 인식하였는지 여부와 관계없다.

유형자산의 인식기준을 충족하는 교체 또는 정기적인 종합검사와 관련된 회계처리를 제시하면 다음과 같다.

〈교체, 또는 정기적인 종합검사 관련 원가 발생〉

(차) 유 형 자 산	×××	(대) 현 금 등	×××

〈교체되는 부분 또는 직전 종합검사와 관련하여 인식한 유형자산의 장부금액 제거〉

(차) 감가상각누계액	×××	(대) 유 형 자 산	×××
유형자산처분손실	×××		

미래에 지출이 예상되는 정기 교체, 정기 종합검사와 관련하여 소요될 원가를 보고기간 말에 수선충당부채로 인식할 수 있는가? 충당부채는 현재의무가 존재하고 그 의무를 미래 행위에 의해 회피할 수 없어야 인식할 수 있다.[5] 그러나 미래의 정기 교체나 정기 종합검사는 해당 유형자산을 매각하면 발생하지 않을 원가이므로 회피가능하므로 현재의무가 존재한다고 볼 수 없다. 따라서 이러한 원가에 대해서 수선충당부채를 인식할 수 없으며, 실제로 관련 원가가 발생할 때(후속 원가에 해당함) 자산 인식요건을 충족하는지의 여부에 따라 자산 또는 당기비용으로 인식하면 된다.

5) 충당부채의 회계처리는 제10장에서 자세하게 설명한다.

2.3 원가의 구성요소

앞에서 유형자산의 인식기준을 설명할 때 원가를 신뢰성 있게 측정할 수 있어야 한다고 설명한 바 있다. 이때 원가(cost)란 자산을 취득하기 위하여 자산의 취득시점이나 건설시점에서 지급한 현금 또는 현금성자산이나 제공한 기타 대가의 공정가치를 말한다.

유형자산의 원가는 다음과 같이 구성된다.

① 관세 및 환급불가능한 취득 관련 세금을 가산하고 매입할인과 리베이트 등을 차감한 구입가격
② 경영진이 의도하는 방식으로 유형자산을 가동하는 데 필요한 장소와 상태에 이르게 하는 데 직접 관련되는 원가
③ 자산을 해체, 제거하거나 부지를 복구하는 데 소요될 것으로 최초에 추정되는 원가

(1) 구입가격

유형자산 취득 과정에서 부담한 관세나 취득세 등의 세금은 회피불능원가에 해당하므로 유형자산의 원가에 포함되어야 한다. 그러나 매입할인이나 리베이트는 그만큼 유형자산을 싸게 구입하는 것이므로 구입가격에서 차감한다.

(2) 필요한 장소와 상태에 이르게 하는 데 직접 관련되는 원가

경영진이 의도하는 방식으로 자산을 가동하는 데 필요한 장소와 상태에 이르게 하는 데 직접 관련되는 원가의 예는 다음과 같다.

① 유형자산의 매입 또는 건설과 직접적으로 관련되어 발생한 종업원급여
② 설치장소 준비 원가
③ 최초의 운송 및 취급 관련 원가
④ 설치원가 및 조립원가
⑤ 유형자산이 정상적으로 작동되는지 여부를 시험하는 과정에서 발생하는 원가
⑥ 전문가에게 지급하는 수수료

예를 들어, 기계장치를 취득하는 경우 공장에 기계장치를 설치하기 위한 장소를 미리 준비하는 데 소요되는 원가, 기계장치의 운송·설치·조립원가, 정상 작동 여부를 시험하는 과정(즉, 시운전 과정)에서 소요된 원가 등이 모두 기계장치의 취득원가에 포함된다. 다만, 시운전 과정에서 발생한 원가 중 시제품의 생산원가와 생산한 시제품의 순매각금액은 기계장치의 취득원가에 포함하지 않고 관련 기준서에 따라 당기손익으로 인식한다.

유형자산이 경영진이 의도하는 방식으로 가동될 수 있는 장소와 상태에 이른 후에 발생한 원가는 더 이상 자산으로 인식하지 않는다. 따라서 유형자산을 사용하거나 이전하는 과정에서 발생하는 다음과 같은 원가는 유형자산의 장부금액에 포함하지 않는다.

① 유형자산이 경영진이 의도하는 방식으로 가동될 수 있으나, 아직 실제로 사용되지는 않고 있는 경우 또는 가동수준이 완전조업도 수준에 미치지 못하는 경우에 발생하는 원가
② 유형자산과 관련된 산출물에 대한 수요가 형성되는 과정에서 발생하는 가동손실과 같은 초기 가동손실
③ 기업의 영업 전부 또는 일부를 재배치하거나 재편성하는 과정에서 발생하는 원가

부동산의 취득 과정에서 부담한 취득세는 유형자산의 장부금액에 포함되나, 이후 보유기간에 부과되는 재산세 등은 이미 취득 과정이 종료된 후에 발생한 것이므로 발생기간의 비용으로 인식한다. 마찬가지로 유형자산의 취득 과정에서 파손이나 화재 등에 대비하기 위하여 보험에 가입하고 부담한 보험료는 유형자산의 장부금액에 포함되나, 취득 이후 기간에 부담한 보험료는 발생기간의 비용으로 인식한다.

경영진이 의도하는 방식으로 유형자산이 가동될 수 있는 장소와 상태에 이르게 하기 위해 필요한 활동이 아닌 부수적인 활동(예 : 토지의 개발활동이 시작되기 전에 이를 주차장 용도로 사용)으로부터 발생한 수익과 비용은 유형자산의 취득과 무관하므로 발생기간에 당기손익으로 인식한다.

(3) 해체, 제거 및 복구에 소요될 추정원가

유형자산을 사용한 후 원상회복을 해야 할 의무를 부담하는 경우가 있다. 예를 들어, 원자력발전소를 건설하여 전력을 생산하는 경우 원자로 등의 내용연수가 경과되어 더 이상 사용이 불가능하다고 판단되면 이를 안전하게 해체하여야 한다.

이와 같이 원상회복 의무를 부담하는 유형자산을 취득할 때 미래에 원상회복에 소요될 원가를 추정하고, 그 추정치의 현재가치를 복구충당부채로 인식하면서 이를 유형자산의 최초 인식금액에 포함한다. 예를 들어, 갑회사가 20×1년 초에 원상회복 의무를 부담하고 구축물(내용연수 5년, 잔존가치 없음)을 ₩10,000에 취득하였는데, 내용연수 경과 후 원상회복에 ₩1,000의 복구비용이 발생할 것으로 추정(복구비용의 현재가치 ₩700 가정)하였다면, 구축물 취득 시 다음과 같이 회계처리한다.

〈구축물 취득 시〉

(차) 구 축 물	10,700	(대) 현 금	10,000
		복 구 충 당 부 채	700

미래에 부담할 원상회복에 소요되는 원가는 미래경제적효익을 직접 창출하지 않는다. 그러나 원상회복 의무를 부담하지 않으면 유형자산을 취득할 수 없기 때문에 원상회복에 소요될 원가를 경영진이 의도하는 방식으로 자산을 가동하는 데 필요한 장소와 상태에 이르게 하는 데 직접 관련되는 원가로 보고 유형자산의 취득원가에 포함시키는 것이다.

원상회복에 소요될 원가의 현재가치를 유형자산의 최초 측정에 포함하면 원상회복 원가를 미래에 지출하는 시점에 비용으로 인식하지 않고, 유형자산의 사용기간 동안 감가상각비를 통해서 비용으로 인식하게 된다.

전술한 갑회사의 예를 보면, 복구비용 추정치의 명목금액은 ₩1,000인데 현재가치 ₩700으로 복구충당부채를 인식하였으므로 5년에 걸쳐 매 보고기간 말에 유효이자율법을 적용하여 복구충당부채의 장부금액이 ₩1,000이 되도록 조정하는 다음과 같은 회계처리를 한다.

〈매 보고기간 말〉

(차) 이 자 비 용	×××	(대) 복 구 충 당 부 채	×××

위의 분개에서 5년간 누적 이자비용은 ₩300이며, 5년 후 복구충당부채 장부금액은 ₩1,000이 될 것이다. 따라서 최초 구축물 취득 시 추정했던 복구비용 ₩1,000 중 ₩700은 5년에 걸쳐 감가상각비로 인식하고, 나머지 ₩300은 이자비용으로 인식한다.

한편, 갑회사가 내용연수 종료 후 구축물을 철거하고 원상회복을 하면서 실제 지출한 금액이 ₩1,000과 다르다면, 그 차이를 다음과 같이 당기손익으로 인식한다.

(차) 복 구 충 당 부 채	1,000	(대) 현 금	×××
(복 구 공 사 손 실	×××)	(복 구 공 사 이 익	×××)

원상회복에 소요될 원가(명목금액)의 현재가치를 유형자산의 취득원가에 가산하면 유형자산의 내용연수 동안 원상회복 추정원가의 현재가치만큼 감가상각비를 더 인식하고, 원상회복 추정원가의 명목금액과 현재가치의 차이만큼 이자비용을 더 인식하게 된다.

예 2 기계장치의 최초 원가

갑회사는 공장건물에 기계장치 1대를 설치하고 제품 생산에 사용하기 시작하였다. 다음의 자료를 이용하여 기계장치의 최초 인식 원가(취득원가)를 계산해 보기로 한다.

내역	금액
구입가격(관세 ₩2,500이 포함된 금액임)	₩50,000
운반비	2,000
설치비	1,000
정상작동 여부 시험비	2,400
시제품 생산비	300
시제품 순매각금액	200

기계장치의 최초 인식 원가는 구입가격과 경영진이 의도하는 방식으로 자산을 가동하는 데 필요한 장소와 상태에 이르게 하는 데 직접 관련되는 원가를 포함한다. 관세는 이미 구입가격에 포함되어 있으므로 별도의 조정이 필요하지 않다. 시제품 생산비와 시제품 순매각금액은 관련 기준서에 따라 당기 손익으로 인식한다.

기계장치 취득원가 = ₩50,000 + 2,000 + 1,000 + 2,400 = ₩55,400

예 3 원상회복 소요원가

을회사는 지방자치단체 소유의 토지에 구축물을 건설하고 3년간 소정의 사용료를 지방자치단체에 지급하기로 하였다. 다만, 3년 후에는 구축물을 철거하고 토지를 원래의 상태로 되돌려 놓을 의무를 부담한다. 구축물 건설에 ₩1,000,000이 소요되었으며, 3년 후 원상회복을 위해서 ₩100,000의 원가가 발생할 것으로 추정하였다. 원상회복 원가의 현재가치 계산에 적용할 할인율은 연 5%이다.

구축물의 취득원가는 건설원가에 원상회복에 소요될 원가의 현재가치를 가산한 금액이다.

구축물 취득원가 = ₩1,000,000 + 100,000×0.86384(기간 3, 5%, ₩1의 현가계수)

= ₩1,086,384

그리고 미래에 부담할 원상회복 의무의 원가(현재가치)를 취득시점에 부채(복구충당부채)로 인식한다. 구축물 취득 시 회계처리는 다음과 같다.

(차) 구 축 물	1,086,384	(대) 현 금	1,000,000
		복구충당부채	86,384

복구충당부채 ₩86,384에 매년 유효이자율법을 적용하여 복구충당부채의 장부금액을 증액시키는 조정을 하므로 3년 후 복구충당부채의 장부금액은 ₩100,000이 된다. 복구충당부채 장부금액의 증액은 금융비용으로 인식한다. 복구충당부채의 장부금액 조정표를 제시하면 다음과 같다.

복구충당부채 장부금액 조정표

일자	유효이자(5%)	장부금액 증액	장부금액
20×1. 1. 1.			₩86,384
20×1. 12. 31.	₩4,319	₩4,319	90,703
20×2. 12. 31.	4,535	4,535	95,238
20×3. 12. 31.	4,762	4,762	100,000
	₩13,616	₩13,616	

20×1년 말 복구충당부채에 대한 금융비용 인식의 회계처리는 다음과 같다.

(차) 이 자 비 용	4,319	(대) 복구충당부채	4,319

결국 을회사가 구축물 취득 과정에서 원상회복 의무를 부담함으로써 20×1년부터 20×3년까지 3년 동안 추가로 인식하는 비용은 이자비용 ₩13,616과 감가상각비 ₩86,384인데, 두 금액의 합계는 ₩100,000으로 자산 취득 시 추정한 원상회복 원가와 같은 금액임을 알 수 있다.

한편, 20×3년 말 이후에 실제로 원상회복 의무를 이행할 때 실제 지출이 ₩110,000이라면 다음과 같이 회계처리한다.

(차) 복구충당부채	100,000	(대) 현 금	110,000
복구공사손실	10,000		

천문학적인 원가가 소요될 원상회복이 필요한 곳이 원자력발전소일 것이다. 우리나라에서 아직 한 번도 경험해 보지 않은 노후 원자력발전소의 안전한 해체를 위해서 상당한 원가가 투입될 것으로 예상되는데, 한국전력공사의 자회사인 한국수력원자력㈜의 원상회복의무에 대한 주석 공시 내용의 일부를 소개하면 다음과 같다.

주석 공시 사례

주석 14. 유형자산

보고기간(제24기) 말 현재 유형자산 장부금액의 구성내역은 다음과 같습니다.

(단위 : 백만 원)

구분	취득금액	정부보조금	감가상각·손상차손누계액	장부금액
토지	2,790,148	–	–	2,790,148
		(중략)		
복구추정자산	18,065,227	–	(8,323,530)	9,741,697
합계	107,250,806	(9,107)	(50,936,734)	56,304,965

주석 21. 충당부채

보고기간(제24기) 말 현재 충당부채의 내역은 다음과 같습니다.

(단위 : 백만 원)

구분	유동	비유동
(중략)		
사후처리, 복구, 정화비용	953,922	26,849,882
원자력발전소 사후처리복구충당부채	79,501	23,192,872
사용 후 원전연료 처리복구충당부채	799,385	2,124,360
중저준위폐기물 처리복구충당부채	75,036	1,532,650

한국수력원자력㈜는 다양한 충당부채를 인식하고 있는데, 복구충당부채와 관련한 내용만 상기 주석에 표시하였다. 회사는 사후처리, 복구 등과 관련하여 제24기 말 현재 약 28조 원의 충당부채를 인식하고 있다. 회사는 이를 유동부채와 비유동부채로 구분하여 재무상태표에 표시하였다. 회사는 복구충당부채를 인식하면서 유형자산으로 복구추정자산을 인식하였는데, 복구추정자산과 복구충당부채 잔액은 서로 일치하지 않는다. 복구추정자산은 내용연수에 걸쳐 상각되거나 손상차손을 인식(4절에서 설명함)하는 반면, 복구충당부채는 유효이자율법을 적용하여 매년 조정할 뿐만 아니라 관련 지출이 발생할 때 감소하기 때문에 양자의 잔액은 일치하지 않는다.

2.4 원가의 측정

전술한 바와 같이 유형자산은 원가로 측정한다. 이때 원가(cost)란 자산을 취득하기 위하여 자산의 취득시점이나 건설시점에서 지급한 현금 또는 현금성자산이나 제공한 기타 대가의 공정가치이며, 이는 인식시점의 현금가격상당액(cash price equivalent)을 말한다. 아래에서는 유형자산 취득거래의 성격에 따라 어떻게 원가를 결정하는지 살펴보기로 한다.

(1) 일반적인 신용기간을 초과한 대금지급의 이연

즉시 대금을 지급하는 조건으로 유형자산을 취득할 경우 지급액이 ₩10,000이라고 하자. 그러나 유형자산을 취득하려는 측이 가지고 있는 자금이 충분하지 않다면 나중에 대금을 지급하는 조건으로 계약을 체결할 수도 있다. 대금지급을 몇 주쯤 뒤로 미루는 것은 별 문제가 없겠지만 1년이나 2년 등 장기간 대금지급을 미루고자 한다면 아마도 유형자산을 매도하려는 측에서 ₩10,000보다 더 많은 대가를 요구할 것이다. 이와 같이 대금지급 조건에 따라 지급할 총액이 ₩10,000일 수도 있고 ₩10,000보다 더 많을 수도 있는데, 그렇다면 유형자산의 최초 인식금액을 총지급액으로 측정할 수 있을까?

유형자산의 최초 인식금액을 총지급액으로 측정한다면 대금지급조건에 따라 유형자산의 최초 인식금액이 달라지는 문제가 발생한다. 왜냐하면 대금지급을 미래로 이연하면 할수록 총지급액이 많아지기 때문에 유형자산의 최초 인식금액도 많아질 것이다. 따라서 기준서에서는 대금지급이 일반적인 신용기간을 초과하여 이연되는 경우 유형자산의 취득원가를 현금가격상당액(즉시 현금지급 조건으로 자산을 취득한다면 지급할 금액)으로 인식하도록 규정하고 있다. 이 경우 현금지급상당액은 미래의 총지급액을 유형자산 취득시점 현재 유효이자율로 할인한 현재가치라고 이해하면 된다. 그리고 총지급액과 현금가격상당액의 차이를 신용기간에 걸쳐 유효이자율법을 적용하여 이자비용으로 인식한다.

예를 들어, 유형자산을 즉시 현금지급 조건으로 취득한다면 ₩10,000을 지급해야 하는데, 즉시 현금을 지급하지 않고 2년 후에 ₩11,000을 지급하기로 하고 유형자산을 취득했다면 다음과 같이 회계처리한다.

〈유형자산 취득 시〉

(차) 유 형 자 산	10,000	(대) 장 기 미 지 급 금	10,000

〈매 보고기간 말〉

(차) 이 자 비 용	×××⁽¹⁾	(대) 장 기 미 지 급 금	×××

(1) 2년 동안 인식할 이자비용 누적액은 ₩1,000이다. 구체적인 유효이자율법을 적용한 이자비용의 계산은 (예 4)에서 설명한다.

〈2년 후 취득대금 지급〉

(차) 장 기 미 지 급 금	11,000	(대) 현 금	11,000

예 4 현금가격상당액으로 최초 측정

〈상황 1〉

갑회사는 20×1년 1월 1일에 기계장치를 취득하여 사용하기 시작하였다. 기계장치를 현금지급조건으로 취득했다면 ₩100,000이었을 것인데, 갑회사는 현금이 부족하여 취득대금을 미래로 이연지급하고자 하였다. 갑회사는 매도자와 연 6%의 유효이자율에 합의하여 20×2년 12월 31일에 기계장치의 취득대금으로 ₩112,360을 일시에 지급하기로 하였다. 이는 대금지급이 일반적인 신용기간을 초과하여 이연된 거래에 해당한다.

〈상황 2〉

을회사는 20×1년 1월 1일에 업무용 차량운반구를 취득하여 사용하기 시작하였다. 총 취득대금은 ₩500,000인데, 20×1년 1월 1일에 ₩200,000을 지급하고, 나머지 ₩300,000은 20×1년부터 매년 말에 ₩100,000씩 3회 분할 지급하기로 하였다. 20×1년 1월 1일 현재 차량운반구의 현금가격상당액과 을회사가 지급할 총취득대금을 일치시키는 유효이자율은 연 5%이다.

〈상황 1〉과 〈상황 2〉의 회계처리는 다음과 같다.

1. 〈상황 1〉의 회계처리

현금가격상당액 ₩100,000은 2년 후에 지급할 ₩112,360을 6%로 할인한 현재가치와 동일하며, 이를 계산하면 다음과 같다.

₩112,360×0.8900(기간 2, 6%, ₩1의 현가계수)＝₩100,000

갑회사의 회계처리는 다음과 같다.

<20×1년 1월 1일. 기계장치 취득>

(차) 기 계 장 치	100,000	(대) 장 기 미 지 급 금	100,000

<20×1년 12월 31일. 이자비용 인식>

(차) 이 자 비 용	6,000[(1)]	(대) 장 기 미 지 급 금	6,000

(1) ₩100,000×6%＝₩6,000

<20×2년 12월 31일. 이자비용 인식>

(차) 이 자 비 용	6,360[(2)]	(대) 장 기 미 지 급 금	6,360

(2) 20×2년 초(20×1년 말) 장기미지급금 장부금액＝₩100,000＋6,000＝₩106,000
20×2년도 이자비용＝₩106,000×6%＝₩6,360

위와 같이 회계처리하면 20×2년 말 장기미지급금을 지급하기 직전 장부금액은 ₩112,360이 된다. 갑회사는 장기미지급금을 지급하면서 다음과 같이 회계처리한다.

(차) 장 기 미 지 급 금	112,360	(대) 현 금	112,360

2. 〈상황 2〉의 회계처리

차량운반구의 현금가격 상당액 = 현금지급액의 현재가치

= ₩200,000 + 100,000×2.72325(기간 3, 5%, 연금현가계수) = ₩472,325

을회사의 회계처리는 다음과 같다.

<20×1년 1월 1일. 차량운반구 취득>

(차) 차 량 운 반 구	472,325	(대) 현 금	200,000
		장 기 미 지 급 금	272,325

<20×1년 12월 31일. 이자비용 인식, 1회 할부금 지급>

(차) 이 자 비 용	13,616[(1)]	(대) 장 기 미 지 급 금	13,616
(차) 장 기 미 지 급 금	100,000	(대) 현 금	100,000

(1) ₩272,325×5% = ₩13,616

<20×2년 12월 31일. 이자비용 인식, 2회 할부금 지급>

(차) 이 자 비 용	9,297[(2)]	(대) 장 기 미 지 급 금	9,297
(차) 장 기 미 지 급 금	100,000	(대) 현 금	100,000

(2) 20×2년 初(20×1년 말) 장기미지급금 장부금액 = ₩272,325 + 13,616 − 100,000 = ₩185,941
20×2년도 이자비용 = ₩185,941×5% = ₩9,297

<20×3년 12월 31일. 이자비용 인식, 3회 할부금 지급>

(차) 이 자 비 용	4,762[(3)]	(대) 장 기 미 지 급 금	4,762
(차) 장 기 미 지 급 금	100,000	(대) 현 금	100,000

(3) 20×3년 初(20×2년 말) 장기미지급금 장부금액 = ₩185,941 + 9,297 − 100,000 = ₩95,238
20×3년도 이자비용 = ₩95,238×5% = ₩4,762

위와 같이 회계처리하면 20×3년 말 장기미지급금은 0이다.

참고로 <상황 2>는 제2장 9.6절의 현금흐름 중 (유형 4)에 해당하는데, 장기미지급금의 장부금액 조정표를 작성하면 다음과 같다.

일자	총지급액	유효이자 (10%)	원금지급액	장기미지급금의 장부금액
20×1. 1. 1.				₩272,325
20×1. 12. 31.	₩100,000	₩13,616	₩86,384	185,941
20×2. 12. 31.	100,000	9,297	90,703	95,238
20×3. 12. 31.	100,000	4,762	95,238	0
합계	₩300,000	₩27,675	₩272,325	

(2) 일괄취득

두 가지 이상의 유형자산을 일괄하여 취득하는 경우에는 유형자산의 전체 취득원가를 개별 유형자산에 배분할 필요가 있다. 예를 들어, 토지와 토지 위에 정착된 건물을 한꺼번에 10억 원을 지급하고 취득했을 때, 총 취득원가 10억 원 중 얼마를 토지와 건물로 각각 인식해야 하는가?

유형자산을 일괄취득한 경우에는 개별 유형자산의 상대적 공정가치에 비례하여 총취득원가를 개별 유형자산에 배분하면 될 것이다. 예를 들어, 토지와 건물을 10억 원에 취득하였는데, 토지와 건물의 상대적 공정가치가 7:3이라면 토지를 7억 원, 건물을 3억 원으로 각각 인식하면 된다.

토지와 건물을 일괄취득한 후 건물을 즉시 철거하고 새로운 건물을 신축하는 경우도 있다. 이때 구건물의 철거비용은 토지의 취득원가에 가산한다. 2.3절에서 경영진이 의도하는 방식으로 유형자산을 가동하는 데 필요한 장소와 상태에 이르게 하는 데 직접 관련되는 원가를 취득원가에 포함시킨다고 설명한 바 있다. 토지와 건물을 일괄취득한 목적은 토지 위에 새로운 건물을 신축하기 위한 것이다. 따라서 토지를 새로운 건물을 신축할 수 있는 상태로 만드는 데 투입한 원가 즉, 구건물의 철거비용을 토지의 취득원가에 가산하는 것이다.

한편, 사용하던 건물을 철거하고 새로운 건물을 신축할 때 발생한 건물 철거비용의 회계처리에 대해서는 이견이 존재한다. 사용하던 건물의 철거비용을 건물의 처분과 관련하여 발생한 비용으로 보고 당기손익으로 인식해야 한다는 주장과 새 건물의 설치장소 준비원가로 보고 새 건물의 신축원가에 가산해야 한다는 주장이 있는데, 기준서는 이와 관련된 회계처리를 규정하고 있지 않다.

예 5 유형자산의 일괄취득

갑회사는 토지와 건물을 일괄하여 현금 ₩200,000을 지급하고 취득하였다. 취득일 현재 토지와 건물의 상대적 공정가치는 3 : 1이다.
갑회사가 일괄취득한 토지와 건물을 계속 사용할 것이라면 취득일의 회계처리는 다음과 같다.

<일괄취득 시>

(차) 토 지	150,000(1)	(대) 현 금	200,000
건 물	50,000(2)		

(1) ₩200,000×3/4 = ₩150,000
(2) ₩200,000×1/4 = ₩50,000

만약 갑회사가 건물을 신축하기 위하여 토지와 건물을 일괄취득했다면 취득일의 회계처리는 다음과 같다.

<일괄취득 시>

(차) 토 지	200,000	(대) 현 금	200,000

일괄취득 직후 건물을 신축하기 위하여 토지 위의 구건물을 철거하면서 ₩10,000의 철거비용이 발생했다면 다음과 같이 회계처리한다.

<구건물 철거 시>

(차) 토 지	10,000	(대) 현 금	10,000

---

(3) 교환거래

유형자산은 원가로 최초 인식하는데, 이때 원가란 지급한 현금이나 제공한 대가의 공정가치라고 설명한 바 있다. 교환거래로 자산을 취득한 경우에도 그 자산은 원가로 최초 인식해야 하므로 교환거래 시 제공한 자산의 공정가치로 취득 자산을 최초 인식한다. 다만, 교환거래 시 취득한 자산의 공정가치가 더 명백한 경우에는 취득한 자산의 공정가치로 취득 자산을 최초 인식한다. 그리고 교환거래 시 취득 자산의 최초 인식금액과 제공한 자산의 장부금액의 차이는 당기손익(처분손익)으로 인식한다. 회계처리를 제시하면 다음과 같다.

〈유형자산 교환 시〉

(차) (취득)유형자산	×××(1)	(대) (제공)유형자산	×××(2)
(유형자산처분손실	×××)	(유형자산처분이익	×××)

(1) 제공한 유형자산의 공정가치. 만약 취득한 유형자산의 공정가치가 더 명백하면 취득한 유형자산의 공정가치로 인식
(2) 제공한 유형자산의 장부금액

그러나 교환거래가 다음의 경우에 해당하면 제공한 자산의 장부금액으로 취득 자산을 최초 인식하므로 처분손익을 인식하지 않는다.

(1) 교환거래에 상업적 실질이 결여된 경우
(2) 취득한 자산과 제공한 자산 모두의 공정가치를 신뢰성 있게 측정할 수 없는 경우

자산의 교환거래에 상업적 실질이 결여된 경우(즉, 경제적 측면에서 식별가능한 효과가 없는 경우)라면 이는 손익이 발생하지 않는 단순한 교환으로 보아야 할 것이다. 따라서 제공한 자산의 장부금액을 취득한 자산의 원가로 측정함으로써 교환으로 인한 유형자산처분손익을 인식하지 않는다. 이러한 회계처리는 취득한 자산과 제공한 자산의 공정가치를 모두 신뢰성 있게 측정할 수 없는 경우에도 적용한다. 회계처리를 제시하면 다음과 같다.

〈유형자산 교환 시〉

(차) (취득)유형자산	×××[1]	(대) (제공)유형자산	×××[1]

(1) 제공한 유형자산의 장부금액

유형자산의 교환거래 시 현금을 추가로 주고받을 수 있다. 이러한 경우 교환으로 취득한 자산의 원가는 다음의 [표 2]와 같이 결정한다.

| 표 2 | 현금수수가 있는 경우의 취득한 자산의 원가

구분	취득한 자산의 원가
제공한 자산의 공정가치를 취득원가로 인식하는 경우	제공한 자산의 공정가치 + 현금지급액 – 현금수취액
취득한 자산의 공정가치가 더 명백하여 이를 취득원가로 인식하는 경우	취득한 자산의 공정가치. 현금수수액은 처분손익에 반영

교환거래 시 제공한 자산의 공정가치를 취득원가로 인식하는 경우 현금을 지급했다면 그 현금도 제공한 자산의 일부에 해당하므로 취득원가에 가산한다. 반대로 현금을 수취했다면 취득원가에서 차감한다. 이에 반해 교환거래 시 취득한 자산의 공정가치를 취득원가로 인식하는 경우에는 현금수수와 관계없이 취득한 자산의 공정가치로 취득원가를 결정하므로 현금수수액은 취득원가에 반영하지 않고 유형자산처분손익에 반영한다.

예 6 교환거래

> 갑회사는 생산한 제품을 도매상에게 운반할 때 사용하고 있는 트럭 중 한 대를 을회사가 사용하고 있는 지게차(생산공정에 투입할 원재료 운반에 사용)와 교환하였다. 또한 갑회사는 사용하고 있는 다른 국산 5톤 트럭 한 대를 병회사가 사용하고 있는 외국산 5톤 트럭과 교환하였다. 두 가지 교환거래의 회계처리를 설명하기로 한다.

교환의 회계처리를 할 때 가장 먼저 고려해야 할 것은 특정 교환거래가 상업적 실질이 있는지의 여부(경제적 측면에서 식별가능한 효과 존재 여부)이다.

(1) 트럭과 지게차의 교환

트럭과 관련된 현금흐름의 구성(위험, 유출입시기 및 금액)은 지게차의 현금흐름의 구성과 다르다고 보아야 한다. 왜냐하면 트럭과 지게차 모두 운반의 목적에 사용되지만, 제품 판매 과정에서 사용되는 트럭과 생산 과정에 사용되는 지게차가 미래 현금유입액에 기여하는 특성이 서로 동일하다고 보기는 어렵기 때문이다. 따라서 트럭과 지게차의 교환거래는 상업적 실질이 있다고 판단되므로 갑회사는 트럭(제공자산)의 공정가치로 지게차의 취득원가를 최초 인식하되, 지게차(취득자산)의 공정가치가 트럭의 공정가치보다 더 명백하다면 지게차의 공정가치를 취득원가로 최초 인식한다.

① 제공자산의 공정가치로 취득원가를 인식하는 경우

갑회사 트럭의 장부금액이 ₩5,000이고, 공정가치가 ₩4,000인 경우 갑회사는 다음과 같이 회계처리한다.

(차)	장 비(지게차)	4,000	(대) 차량운반구(순액)	5,000
	유형자산처분손실	1,000		

만약 갑회사가 교환 과정에서 현금 ₩100을 지급했다면 지급한 현금도 교환 시 제공한 자산의 일부에 해당하므로 다음과 같이 취득한 자산의 원가에 포함한다.

(차)	장 비(지게차)	4,100	(대) 차량운반구(순액)	5,000
	유형자산처분손실	1,000	현 금	100

② 취득자산의 공정가치가 더 명백한 경우

갑회사 트럭의 장부금액이 ₩5,000, 공정가치는 ₩4,000인데, 지게차의 공정가치가 ₩4,200으로 트럭의 공정가치보다 더 명백하다면, 교환거래 시 갑회사는 다음과 같이 회계처리한다.

(차)	장 비(지게차)	4,200	(대) 차량운반구(순액)	5,000
	유형자산처분손실	800		

만약 갑회사가 교환 과정에서 현금 ₩100을 지급했다면 지급한 현금을 취득자산의 원가에 포함하지 않고, 처분손익에 반영한다.

(차) 장 비(지게차)	4,200	(대) 차량운반구(순액)	5,000
유형자산처분손실	900	현 금	100

(2) 국산 트럭과 외국산 트럭의 교환

두 트럭의 취득원가와 잔존 내용연수가 유사하다면, 두 트럭이 미래 현금유입액에 기여하는 특성도 서로 유사할 것이다. 왜냐하면 국내 제조사가 생산한 5톤 트럭인지, 아니면 외국의 기업이 생산한 5톤 트럭인지에 따라 미래현금흐름의 구성이 유의하게 다를 것이라고 판단할 만한 근거가 없기 때문이다. 따라서 이 교환거래에 상업적 실질이 없다고 판단할 경우 갑회사는 (국산)트럭의 장부금액을 외국산 트럭의 취득원가로 인식하며, 유형자산처분손익을 인식하지 않는다. 예를 들어, 갑회사 트럭의 장부금액이 ₩5,000이라면 다음과 같이 회계처리한다.

(차) 장 비(지게차)	5,000	(대) 차량운반구(순액)	5,000

2.5 차입원가의 자본화

(1) 자산 취득 관련 차입금의 차입원가는 자산 취득원가의 일부인가?

두 회사가 공장신축을 계획하고 있는데, 모두 10억 원의 자금이 투입될 것으로 예상한다. 갑회사는 내부의 여유자금이 있어 보유 현금 10억 원을 사용하여 공장신축을 하였다. 반면에 을회사는 자금이 부족하여 현금 10억 원을 은행에서 차입(연 이자율 4%)하여 그 자금으로 공장신축을 하였다. 공장신축기간은 모두 1년이며, 을회사는 차입금을 공장신축기간인 1년 동안만 사용하였다.

갑회사가 공장건물의 취득원가를 10억 원으로 인식하는 것에 대해서 별다른 이견은 없을 것이다. 그러나 을회사가 인식할 공장건물의 취득원가에는 이견이 있을 수 있다. 즉, 신축기간 동안 을회사가 부담한 차입금 이자비용 4천만 원(10억 원×4%)을 공장건물의 취득원가에 포함하자고 주장할 수도 있고, 차입금 이자비용을 당기손익으로 인식하자고 주장할 수도 있다. 어느 주장에 따라 회계처리해야 의사결정에 유용한 정보를 제공할 수 있는가?

국제회계기준위원회는 자산의 취득, 건설 또는 생산과 직접 관련되는 차입원가(borrowing costs)를 해당 자산의 원가의 일부라고 결론을 내렸다. 이러한 결론은 자산을 취득하기 위해서 자금이 필요할 경우 그 자금을 조달하는 데 발생하는 원가도 자산을 의도된 용도로 사용하거나 판매가능한 상태에 이르게 하는 데 발생한 원가에 해당한다는 관점에 기초한다. 그러나 자기 돈으로 자산을 취득하든, 남의 돈(즉, 차입금)으로 자산을 취득하든 그 자산이 갖고 있는 미래경제적효익은 동일할 텐데, 취득에 사용한 자금의 원천에 따라 자산의 취득원가를 다르게 인식한다는 문제도 제기될 수 있다.

(2) 적격자산과 자본화기간

차입원가를 자본화(capitalization)한다는 것은 다음과 같이 이미 인식한 차입원가(이자비용)를 자산의 취득원가에 가산한다는 것을 의미한다.

〈차입원가의 발생〉			
(차) 이 자 비 용	×××	(대) 현금, 미지급비용	×××
〈비용으로 인식했던 차입원가의 자본화〉			
(차) 유 형 자 산	×××	(대) 이 자 비 용	×××

차입원가의 자본화는 모든 자산에 대해서 적용하는 것이 아니라 적격자산에 대해서만 적용한다. 적격자산(qualifying assets)이란 의도된 용도로 사용하거나 판매가능한 상태에 이르게 하는 데 상당한 기간을 필요로 하는 자산으로서 재고자산, 설비자산, 무형자산 및 투자부동산 등이 적격자산이 될 수 있다.

금융자산과 단기간 내에 제조되는 재고자산은 적격자산에 해당하지 않는다. 제8장에서 설명하겠지만 금융자산은 최초 공정가치로 인식해야 하는데, 관련 차입원가를 최초 인식금액에 반영하면 그 금액은 공정가치와 다른 금액이라는 문제가 발생한다. 그리고 단기간 내에 제조되는 재고자산의 경우 차입원가를 자본화하더라도 제조기간이 단기이므로 금액이 중요하지 않을 것이며, 재고자산은 제조완료 후 단기간 내에 판매되면서 재고자산 취득원가가 매출원가로 대체될 것이므로 차입원가를 자본화하는 실익은 적다.

차입원가의 자본화를 개시할 때부터 종료할 때까지의 기간을 자본화기간이라고 한다. 적격자산 취득을 위한 지출이 있고, 차입원가가 발생하며, 적격자산을 의도된 용도로 사용(또는 판매) 가능하게 하는 데 필요한 활동을 수행할 때 차입원가의 자본화를 개시한다.[6] 그리고 적격자산을 의도된 용도로 사용(또는 판매) 가능하게 하는 데 필요한 대부분의 활동이 완료된 시점에 차입원가의 자본화를 종료한다. 자본화기간 중 차입원가의 자본화를 중단하는 경우는 중급회계에서 설명하며, 본장에서 자본화 중단기간은 없다고 가정하고 회계처리를 설명한다.

6) 차입을 하여 이자비용이 발생하더라도 적격자산 취득을 위한 지출이 발생하지 않았다면 자본화기간이 아직 시작된 것이 아니다.

(3) 자본화차입원가의 계산

자본화할 차입원가는 적격자산 취득을 위한 목적으로 특정하여 차입한 자금(특정목적차입금)에서 발생한 차입원가뿐만 아니라 일반운용자금 목적으로 차입한 자금(일반목적차입금) 중 적격자산 취득을 위해 사용한 자금에서 발생한 차입원가도 포함한다.

특정목적차입금의 자본화차입원가는 다음과 같이 계산한다.

특정목적차입금의 자본화차입원가
=특정목적차입금×이자율×자본화기간－일시운용 투자수익

위의 계산식에서 '자본화기간'이란 차입기간과 취득(건설)기간이 겹치는 기간을 말한다. 즉, 취득이 개시되기 전에 차입이 이루어지거나, 취득 과정이 종료된 후에도 차입금을 상환하지 않을 수 있는데, 취득 개시 전 또는 취득 종료 후에 발생한 이자비용을 자본화 대상에서 제외하는 것이다.

특정목적차입금을 차입한 후 모두 사용하기 전에 일시적으로 수익이 발생하는 금융자산 등에 투자할 수도 있는데, 자본화기간 중 발생한 투자수익은 자본화차입원가에서 차감한다.

일반목적차입금을 적격자산 취득에 사용하였다면 일반목적차입금의 차입원가도 자본화한다. 그런데 일반목적차입금은 그 종류가 다양하고 수시로 차입과 상환이 이루어지는 것이 일반적이므로 여러 일반목적차입금 중 어느 차입금을 언제, 얼마나 적격자산 취득에 사용하였는지 일일이 추적하는 것은 거의 불가능할 것이다. 따라서 기준서는 '당해 자산 관련 지출액에 자본화이자율을 적용하는 방식'으로 자본화차입원가를 결정하되, 그 금액은 당해 기간 동안 실제 발생한 차입원가를 초과할 수 없도록 한도를 규정하고 있다. 이를 계산식으로 표시하면 다음과 같다.

일반목적차입금의 자본화차입원가
=당해 자산 관련 지출액×자본화이자율 (한도 : 실제 발생한 일반차입금의 차입원가)

국제회계기준은 '당해 자산 관련 지출액'과 '자본화이자율'을 어떻게 계산하는지 구체적으로 규정하고 있지 않으므로, 우리나라 비상장기업 등이 적용하는 일반기업회계기준의 실무지침을 준용하면 될 것이다. 따라서 일반목적차입금의 자본화 차입원가의 계산에 대한 아래의 설명은 모두 일반기업회계기준의 실무지침에 기초한 것이다.

전술한 바와 같이 여러 일반목적차입금 중 적격자산 취득에 어느 일반목적차입금을 사용하였는지 일일이 확인할 수 없으므로 적격자산 지출액의 평균을 당해 자산 관련 지출액으로 본다. 그리고 여러 일반목적차입의 당기 평균이자율을 자본화이자율로 하여 일반목적차입금의 자본화차입원가를 계산하되, 실제 발생한 일반차입금의 차입원가를 한도로 한다. 이를 계산식으로 표시하면 다음과 같다.

> 일반목적차입금의 자본화차입원가
> = 적격자산 지출액의 평균
> × 일반목적차입금의 당기 평균이자율 (한도 : 실제 발생한 일반차입금의 차입원가)

적격자산 취득에 특정목적차입금과 일반목적차입금을 모두 사용한 경우, 자본화 중단기간이 있는 경우 등 복잡한 상황에서의 자본화차입원가의 계산은 중급회계에서 설명한다.

예 7 특정목적차입금의 자본화차입원가

갑회사는 공장건물의 신축에 사용하기 위하여 20×1년 2월 1일부터 1년 동안 ₩200,000을 차입하였다. 차입금의 이자율은 연 6%이다. 공장건물의 신축은 20×1년 3월 1일에 시작되어 20×1년 11월 30일에 종료되었다. 공장건물은 차입원가를 자본화하는 적격자산에 해당한다. 한편, 자본화기간 중에 건물 신축에 사용할 자금의 일시적인 투자에서 ₩1,000의 수익이 발생하였다.

특정목적차입금의 자본화차입원가는 다음과 같이 계산한다.[7)]

자본화차입원가 = 차입금×이자율×자본화기간(3.1. ~ 11.30.) − 일시운용 투자수익
= ₩200,000×6%×9/12 − 1,000
= ₩8,000

차입금의 이자비용은 20×1년 2월 1일부터 발생하지만 공장건물의 신축은 20×1년 3월 1일부터 시작되어 20×1년 11월 30일에 종료되므로 자본화기간은 20×1년 3월 1일부터 11월 30일까지 9개월이며 이 기간 중에 발생한 이자비용만 자본화한다. 자본화기간 이전 또는 이후에 발생한 차입금의 이자비용은 당기비용으로 인식한다. 또한 일시운용 투자수익도 자본화기간 중에 발생한 투자수익만 자본화하는 차입원가에서 차감한다.

---

7) 실무에서는 이자비용을 일수로 계산하나, 본서를 포함한 회계학 책에서는 계산 과정을 단순화하기 위해서 일반적으로 월수로 계산한다.

예 8 일반목적차입금의 자본화차입원가

갑회사(보고기간 말 12월 31일)는 20×1년에 공장건물의 신축을 시작하였으며, 다음과 같이 공사비를 지출하였다. 공사는 20×1년 말 현재 계속 진행 중이다.

일자	금액	일자	금액
20×1. 4. 1.	₩400,000	20×1. 10. 1.	₩600,000

갑회사는 공장건물 신축에 다음의 일반목적차입금을 사용하였다.

차입금 종류	차입금액	차입기간	연이자율
차입금a	₩700,000	20×1. 1. 1. ~ 20×2. 6. 30.	6%
차입금b	600,000	20×1. 10. 1. ~ 20×2. 9. 30.	5%

일반목적차입금의 자본화차입원가는 다음과 같이 계산한다.

적격자산 평균지출액 = ₩400,000×9/12 + 600,000×3/12 = ₩450,000 … ①

당기 일반목적차입금 이자비용 = ₩700,000×6% + 600,000×5%×3/12 = ₩49,500 … ②

당기 일반목적차입금 평균 = ₩700,000 + 600,000×3/12 = ₩850,000 … ③

자본화차입원가 = ①×(②÷③) = ₩450,000×5.8% = ₩26,100 < ② (한도 ₩49,500)

---

(4) 차입원가의 자본화가 재무제표에 미치는 영향

적격자산에 해당하는 상각대상 유형자산에 차입원가를 자본화하면 당기손익으로 인식할 이자비용이 유형자산의 취득원가에 포함되고, 이렇게 유형자산의 취득원가에 포함된 이자비용은 유형자산의 내용연수에 걸쳐 감가상각비를 통해 배분된다. 이와 같이 당기의 이자비용이 자산에 포함되어 당기 및 미래의 여러 기간 동안 비용으로 조금씩 배분되기 때문에 연도별 당기손익의 변동성을 줄일 수 있는데, 이를 이익유연화(income smoothing)라고 한다.

재무제표 이용자는 당기손익이 매년 유의하게 변동되는 기업보다 안정적인 기업을 선호한다. 왜냐하면 당기의 재무제표를 이용하여 미래의 당기손익 및 현금흐름을 예측해야 하는데, 당기손익이 연도별로 심하게 변동하는 기업에 대해서는 미래의 당기손익 및 현금흐름을 신뢰성 있게 예측하기가 어렵기 때문이다. 따라서 이익유연화를 통하여 당기손익의 변동성을 낮추기 위하여 적격자산 취득을 위해 사용하지 않은 차입금의 이자비용까지 자본화하려는 유인이 있다.

차입원가를 자본화하면 재무상태표의 차입금의 규모에 비해 포괄손익계산서에 표시되는 이자비용이 적게 표시될 것이다. 예를 들어, 차입금 이자율이 약 5%이고 차입금 잔액의 당기 평균이 약 10억 원이라면 이용자는 포괄손익계산서에 5,000만 원 정도의 이자비용이 표시될 것으로 예상할 것이다. 그런데 차입금을 적격자산 취득에 사용하였다면 이자비용의 상당부분을 자산의 취득원가에 가산하기 때문에 포괄손익계산서에 보고되는 이자비용은 예상보다 아주 적은 금액일 수 있다.

기업의 재무구조를 파악하는 데 사용하는 재무비율 중 이자보상비율(이자보상배율)이 있다. 이 재무비율은 보통 실무에서 '영업이익÷이자비용'으로 계산하는데, 이 비율이 1보다 높을수록 영업이익이 이자비용을 충당하고도 충분하다는 의미이므로 기업의 차입금 부담이 크지 않다고 해석할 수 있다. 그런데 이자비용을 적격자산의 취득원가로 자본화하면 포괄손익계산서에 표시되는 이자비용이 적어지므로 이자보상비율이 높아져 실제보다 기업의 재무구조가 양호한 것으로 잘못 판단할 수 있다. 따라서 포괄손익계산서상의 이자비용만으로 기업이 부담하는 차입금의 정도를 파악하지 말고, 주석에 공시되어 있는 차입원가의 자본화 내용을 면밀하게 검토할 필요가 있다.

3 감가상각

3.1 감가상각이란?

토지를 제외한 유형자산에 내재되어 있는 미래경제적효익은 일반적으로 기업이 유형자산을 사용하는 과정에서 소비된다. 또한 기업이 유형자산을 사용하지 않더라도 기술적 또는 상업적 진부화, 마모 또는 손상 등의 요인으로 인하여 유형자산에서 얻을 것으로 예상했던 미래경제적효익이 감소될 수 있다. 따라서 유형자산을 보유하고 있는 동안 발생하는 미래경제적효익의 감소분을 재무제표에 반영하기 위하여 유형자산으로 인식한 원가를 내용연수에 걸쳐 체계적인 방법으로 배분하는데, 이를 감가상각(depreciation)이라고 한다. 따라서 감가상각은 원가의 배분 과정이지 자산의 평가 과정이 아니다.

감가상각을 통해서 배분할 총액을 상각대상금액(depreciable amount)이라고 하는데, 상각대상금액은 자산의 원가에서 잔존가치를 차감한 금액이다. 잔존가치(residual value)란 자산이 이미 오래되어 내용연수 종료시점에 도달하였다는 가정 하에 자산의 처분으로부터 현재 획득할 금액에서 추정 처분부대원가를 차감한 금액(추정치)이다.

상각대상금액은 내용연수에 걸쳐 배분하는데, 내용연수(useful life)란 기업에서 자산이 사용 가능할 것으로 기대되는 기간 또는 자산에서 얻을 것으로 기대되는 생산량이나 이와 유사한 단위 수량을 말한다. 내용연수는 기간으로만 추정되는 것이 아니라, 물량단위로도 추정될 수 있다. 예를 들어, 회계원리 과정에서 이미 배운 생산량비례법이라는 감가상각방법은 자산의 원가를 미래에 생산할 것으로 추정한 총 물량(즉, 내용연수)으로 나누어 물량 1단위당 감가상각비를 계산하는 방법이다.

전술한 '2.2 후속 원가의 인식'에서 유형자산 구성요소의 정기적인 교체 시 발생하는 원가 및 정기적인 종합검사 과정에서 발생하는 원가가 유형자산의 인식기준을 충족하면 유형자산의 장부금액에 포함시킨다고 설명하였다. 이때 유형자산에 포함시킨 원가가 유형자산 전체원가와 비교할 때 유의적이라면 그 부분을 별도로 구분하여 감가상각한다. 예를 들어, 항공기의 동체와 엔진을 별도로 구분하여 감가상각하는 것이 적절할 것이다.

참고로, 대한항공㈜가 주석에 공시한 주요한 회계정책 중 유형자산과 관련된 내용의 일부를 제시하면 다음과 같다. 대한항공㈜는 항공기와 엔진을 구분하여 감가상각하며, 정기적 대수선도 별도의 내용연수로 구분하여 감가상각한다는 것을 알 수 있다.

주석 공시 사례

(12) 유형자산

유형자산은 아래에 제시된 개별 자산별로 추정된 경제적 내용연수 동안 정액법으로 감가상각하고 있습니다.

구분		추정내용연수
건물, 구축물		40년
기계장치		8 ~ 15년
항공기	동체 등	6 ~ 15년
	정기적 대수선	2.8 ~ 12년
엔진	엔진	15년
	정기적 대수선	3.3 ~ 8.8년
항공기재		15년

유형자산을 구성하는 일부의 원가가 당해 유형자산의 전체원가에 비교하여 중요하다면, 해당 유형자산을 감가상각할 때 그 부분은 별도로 구분하여 감가상각하고 있습니다.

유형자산은 사용가능한 때(즉, 경영진이 의도하는 방식으로 자산을 가동하는 데 필요한 장소와 상태에 이른 때)부터 시작하고, 자산이 매각예정으로 분류되거나 제거되는 날 중 이른 날에 중지한다. 따라서 유형자산이 운휴 중이거나 적극적인 사용상태가 아니어도 감가상각을 중단하지 않는다. 다만, 유형자산의 사용 정도에 따라 감가상각을 하는 경우(예 : 생산량비례법을 적용하여 상각)에는 생산활동이 이루어지지 않을 때 감가상각을 하지 않는다.

유형자산을 매각예정으로 분류하면 자산의 장부금액은 미래의 영업활동보다는 매각을 통해 회수될 것이므로 그 자산의 회계처리는 원가의 배분보다 평가에 초점을 둔다. 따라서 매각예정으로 분류된 상각자산은 이후 감가상각을 하지 않고, 대신 순공정가치로 평가하여 장부금액과의 차이를 당기손익으로 인식한다.[8] 이와 같은 회계처리는 당해 자산이 매각을 통해서 미래경제적효익의 순유입이 있을 것이라는 정보를 제공함으로써 이용자의 의사결정에 더 많은 도움을 줄 수 있다. 이러한 맥락에서 기계장치의 가동을 멈추더라도 이를 매각할 것이 아니라 향후 가동을 다시 시작할 것이라면 중단기간(즉, 운휴 중)에도 원가의 배분 과정(즉, 감가상각)은 계속되어야 한다.

예 9 감가상각의 개시 및 중단과 종료

갑회사는 공장 내에 수입 기계장치를 설치하기로 하였다. 기계장치는 20×1년 2월 1일에 통관절차를 마치고 2월 10일에 공장으로 운반되어 2월 28일까지 설치 작업이 수행되었다.

설치 작업이 끝난 후 기계장치가 제대로 작동되는지 시운전을 하였다. 설치 및 시운전 과정은 기계장치를 판매한 외국기업이 파견한 외국인 기술자의 감독 하에 이루어졌으며, 외국인 기술자는 기계장치를 운전할 갑회사 직원들의 훈련도 맡았다. 시운전과 직원 훈련은 3월 말에 종료되었다. 4월 1일에 기계장치는 가동될 준비가 되었으나, 아직 거래처의 주문이 많지 않아 5월 말까지 정상적인 가동은 이루어지지 않았다.

갑회사는 낮은 수준으로 기계장치를 가동하여 왔는데, 제품의 수요가 예상보다 적기 때문에 20×2년 6월 1일부터 가동을 중단하였다. 그러나 제품 수요가 증가할 경우 기계장치를 재가동할 것이므로 작동 가능한 상태를 유지하였다. 갑회사는 20×2년 9월 30일에 기계장치를 제3자에게 매각하기로 결정하였으며, 2개월 이내에 매각은 완료될 것으로 예상된다. 20×2년 9월 30일 이후에도 기계장치는 가동을 계속 하였다.

위의 정보를 이용하여 감가상각의 개시 및 중단과 관련된 문제를 고려해 보기로 하자.

8) 매각예정비유동자산의 회계처리는 제5장에서 자세하게 설명한다.

(1) 갑회사는 언제부터 기계장치의 감각상각을 시작하는가?

감가상각은 경영진이 의도하는 방식으로 유형자산이 가동될 수 있는 상태에 이르게 된 날부터 시작하는데, 그 날은 20×1년 4월 1일이다. 비록 거래처의 주문이 많지 않아 기계장치가 정상으로 가동되지 않더라도 기계장치는 20×1년 4월 1일에 사용가능한 상태에 이르렀기 때문에 20×1년 4월 1일부터 감가상각을 시작한다.

(2) 20×2년 6월 1일부터 기계장치의 감가상각을 중단하는가?

20×2년 6월 1일 현재 갑회사는 기계장치의 장부금액에 포함된 미래경제적효익이 매각을 통해서 유입되는 것이 아니라 계속 사용을 통해서 유입될 것으로 예상하고 있다. 따라서 비록 기계장치가 운휴 중이더라도 감가상각을 중단하지 않는다.

(3) 20×2년 9월 30일에 기계장치의 감가상각을 종료하는가?

20×2년 9월 30일에 기계장치를 즉시 매각하지 않았더라도 기계장치에 포함된 미래경제적효익은 계속 사용이 아닌 매각을 통해서 회수할 것이다. 따라서 기계장치의 매각을 결정한 날인 20×2년 9월 30일에 기계장치를 매각예정비유동자산으로 재분류하고 더 이상 감가상각을 하지 않는다. 비록 20×2년 9월 30일 이후에 기계장치를 계속 가동하더라도 매각결정을 철회하지 않는 한 20×2년 9월 30일의 회계처리를 수정하지 않는다.

예 10 잔존가치와 내용연수

민간우주선 개발업체인 갑회사는 수년 동안 우주선의 설계, 제작, 시험비행 등을 성공적으로 수행하였으며, 정부로부터 최종 우주비행의 승인을 받아 본격적으로 상업용 우주선을 이용한 민간인 우주관광과 국제우주정거장으로의 화물운송을 시작하려고 한다.

갑회사의 우주선 1대의 제작원가는 ₩100,000인데, 내용연수가 끝날 때 ₩10,000에 처분할 수 있을 것으로 예상하지만 갑회사의 경영진은 경쟁기업으로 우주선 기술이 유출될 것을 우려하여 내용연수가 끝나면 우주선을 파괴할 생각을 갖고 있다. 우주선은 최대 50회의 우주비행이 가능하도록 설계되었는데, 우주항공법규에서는 30회의 우주비행을 완료한 시점과 처음 우주비행을 시작한 시점부터 5년이 경과한 시점 중 더 빠른 시기에 우주선을 폐기하도록 요구하고 있다.

위의 정보를 이용하여 잔존가치와 내용연수 추정과 관련된 문제를 고려해 보기로 한다.

(1) 우주선의 잔존가치를 얼마로 하여 감가상각을 해야 하는가?

잔존가치는 자산이 이미 오래되어 내용연수 종료시점에 도달하였다는 가정 하에 자산의 처분으로부터 현재(재무보고일에) 받을 수 있는 금액이다. 따라서 과거의 사건으로 인해 예상되는 잔존가치의 변동은 감가상각대상금액에 영향을 줄 것이지만, 예상되는 마모나 손상의 효과 외에 잔존가치가 미래에 변동될 것이라는 예상은 감가상각대상금액에 영향을 주지 않는다. 따라서 갑회사의 경우 내용연수 경과 시 우주선을 파괴할 것이라는 경영진의 의도는 잔존가치의 추정과 관련이 없으며, 실제 우주선을 파괴하는 회계기간의 비용으로 인식한다. 따라서 우주선의 잔존가치는 ₩10,000으로 추정한다.

(2) 우주선의 내용연수로서 30회의 우주비행과 5년 중 어느 것이 더 타당한가?
우주선의 특성상 미래경제적효익의 소비 형태가 시간의 경과에 따라 이루어지기보다는 우주비행의 횟수에 따라 이루어진다고 보는 것이 타당하다. 따라서 내용연수를 관련 법률에서 정한 최대 우주비행 횟수인 30회에 기초하여 생산량비례법을 적용하여 감가상각하는 것이 바람직하다.

3.2 감가상각방법

(1) 감가상각방법의 결정

유형자산의 내용연수에 걸쳐 상각대상금액을 배분할 때, 매 회계기간별 인식할 감가상각금액은 기업이 선택한 감가상각방법에 따라 다르게 결정된다. 유형자산의 감가상각방법은 자산의 미래경제적효익이 소비될 것으로 예상되는 형태를 반영하여야 한다. 그리고 예상되는 소비형태가 유의적으로 달라졌는지를 매 회계연도 말에 재검토하여 감가상각방법의 변경 여부를 검토한다. 만약에 감가상각방법을 변경한다면 이는 미래경제적효익의 소비형태에 대한 예상이 바뀐 것이므로 회계추정치 변경으로 보고, 감가상각방법을 변경한 연도부터 새로운 감가상각방법을 적용하여 전진적으로 회계처리한다.[9] 또한 유형자산의 잔존가치와 내용연수도 매 회계연도 말에 검토하고, 이를 변경할 경우 회계추정치 변경으로 보고 전진적으로 회계처리한다.

기준서는 유형자산의 감가상각방법으로 정액법, 체감잔액법과 생산량비례법을 제시하고 있다. 정액법(straight-line method)은 잔존가치가 변동하지 않는다고 가정할 때 자산의 내용연수 동안 매 기간 일정액의 감가상각비를 계상하는 방법이며, 체감잔액법(declining-balance method)은 자산의 내용연수 동안 감가상각비가 매 기간 감소하는 방법이다. 그리고 생산량비례법(units of production method)은 자산의 예상조업도 또는 예상생산량에 기초하여 감가상각비를 계상하는 방법이다. 기업은 해당 자산에 내재되어 있는 미래경제적효익의 예상 소비형태를 가장 잘 반영하는 방법을 선택하고, 예상 소비형태가 달라지지 않는 한 매 회계기간에 일관성 있게 적용한다.

---

9) 회계변경의 회계처리는 제17장에서 자세하게 설명한다.

자산을 사용하는 과정에서 창출한 수익에 기초한 감가상각방법은 적절하지 않다. 예를 들어, 자산을 사용하여 ₩2,000만큼 매출이 발생하였을 때 ₩1,000만큼 매출이 발생한 경우보다 2배 더 많은 감가상각비를 인식하는 감가상각방법을 고려해 보자. 이러한 감가상각방법은 적용할 수 없는데, 수익은 자산의 경제적효익의 소비에 의해서만 창출되는 것이 아니라 그 밖의 다양한 투입요소, 판매활동, 판매수량 및 가격 변동 등으로부터 영향을 받을 수 있기 때문이다.

(2) 회계기간별 감가상각비의 계산

기준서에는 체감잔액법에 포함되는 구체적인 감가상각방법이 언급되어 있지는 않는데, 일반적으로 체감잔액법에는 정률법, 이중체감법, 연수합계법이 포함된다. 정액법, 체감잔액법 및 생산량비례법을 적용한 연도별 감가상각비 계산식을 요약하면 [표 3]과 같다.

| 표 3 | 감가상각비의 계산식

감가상각방법		연도별 감가상각비 계산식
정액법		(취득원가 − 잔존가치)÷내용연수
체감잔액법	정률법	기초장부금액×감가상각률 =(취득원가 − 기초감가상각누계액)×감가상각률[(1)] (1) 감가상각률 = $1-\sqrt[n]{\frac{\text{잔존가치}}{\text{취득원가}}}$ (n : 내용연수)
	이중체감법	기초장부금액×감가상각률 =(취득원가 − 기초감가상각누계액)×감가상각률[(2)] (2) 정액법 상각률(1÷내용연수)×2
	연수합계법	(취득원가 − 잔존가치)×감가상각률[(3)] (3) 감가상각률 = 내용연수를 역수로 표시한 당해연도 수/ 내용연수 합계
생산량비례법		(취득원가 − 잔존가치)×(당기실제생산량 / 총추정생산량)

체감잔액법 중 정률법과 이중체감법은 매년 감소하는 기초장부금액에 고정된 감가상각률을 곱하여 감가상각비를 계산하므로 매년 감가상각비가 감소한다. 정률법과 달리 이중체감법에서는 정액법 상각률의 2배로 감가상각률을 간단하게 계산한다. 한편, 연수합계법은 고정된 상각대상금액에 매년 감소하는 감가상각률[10)]을 곱하여 감가상각비를 계산하므로 매년 감가상각비가 감소한다.

---

10) 예를 들어, 내용연수가 5년일 경우 내용연수 합계는 15년(즉, 1+2+3+4+5=15)이므로 연수합계법의 1차 연도 감가상각률은 5/15, 2차 연도 감가상각률은 4/15, 3차 연도 감가상각률은 3/15 등으로 매년 감소한다.

회계연도 중에 자산을 취득하여 사용하는 경우 그 시점부터 감가상각을 시작해야 할 것이다. 그런데 일수로 감가상각비를 계산하는 것이 번거롭기 때문에 실무에서는 월수로 감가상각비를 계산하는 것이 일반적이다. 따라서 월초에 취득하든 월중에 취득하든 취득월부터 감가상각을 시작한다. 회계연도 중에 감가상각을 종료할 때에도 종료시점까지 감가상각비를 월할계산하는데, 실무에서는 일반적으로 매각처분하는 월은 포함하지 않는다. 따라서 월초에 매각하든 월중에 매각하든 매각한 월의 감가상각비를 인식하지 않는 것이 실무 관행이다. 이와 같은 실무 관행이 시험문제 풀이에도 적용되는지는 확실하지 않다.[11)]

지금까지 설명한 각 감가상각방법에 따른 연간 감가상각비와 유형자산의 기말장부금액의 연도별 추세를 그림으로 요약하면 [그림 1] 및 [그림 2]와 같다.

| 그림 1 | 감가상각방법별 연간 감가상각비

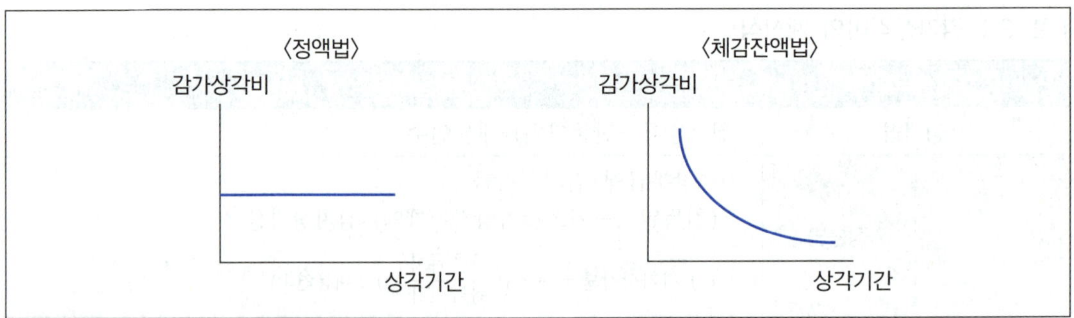

| 그림 2 | 감가상각방법별 기말장부금액

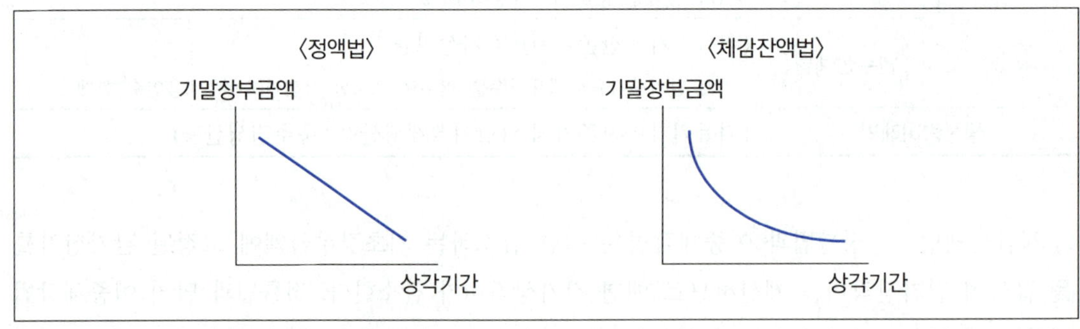

11) 기업이 유형자산을 4월 1일에 취득하여 9월 1일에 처분하였다면 약 5개월을 사용한 셈인데, 4월을 포함하고 9월을 제외하여 5개월분의 감가상각비를 인식하므로 별 문제는 없다. 그런데 유형자산을 4월 30일에 취득하여 9월 1일에 처분하였다면 약 4개월밖에 사용하지 않았음에도 불구하고 4월을 포함하고 9월을 제외한 5개월분의 감가상각비를 인식하게 되고, 4월 1일에 취득하여 9월 30일에 처분하였다고 하면 약 6개월을 사용하였음에도 불구하고 4월을 포함하고 9월을 제외한 5개월분의 감가상각비를 인식하는 문제가 발생한다.

예 11 감가상각방법에 따른 연도별 감가상각비의 계산

갑회사(보고기간 말 12월 31일)는 20×1년 4월 1일에 기계장치를 취득하여 사용하기 시작하였다. 기계장치의 최초 인식금액은 ₩500,000이며 잔존가치는 ₩20,000, 내용연수는 4년으로 추정하였다. 기계장치를 사용하여 생산할 총 제품수량은 10,000개로 추정하였으며, 20×1년부터 20×5년까지 연도별 실제 제품생산량은 각각 1,500개, 2,000개, 3,500개, 2,500개 및 500개이다.

정액법, 이중체감법, 연수합계법, 그리고 생산량비례법을 각각 적용하여 갑회사가 인식할 연도별 감가상각비를 계산하고 매년 장부금액이 어떻게 변동되는지 살펴보기로 한다. 단, 회계기간 중 기계장치를 취득하였으므로 감가상각비는 월할계산하는 것으로 한다.

(1) 정액법

연도	계산 과정	감가상각비	감가상각누계액	기말장부금액
20×1	(₩500,000－20,000)÷4년×9/12	₩90,000	₩90,000	₩410,000
20×2	(₩500,000－20,000)÷4년	120,000	210,000	290,000
20×3	(₩500,000－20,000)÷4년	120,000	330,000	170,000
20×4	(₩500,000－20,000)÷4년	120,000	450,000	50,000
20×5	(₩500,000－20,000)÷4년×3/12	30,000	480,000	20,000
계		₩480,000		

(2) 이중체감법(감가상각률은 정액법 상각률(1/4)의 2배＝0.5)

연도	계산 과정	감가상각비	감가상각누계액	기말장부금액
20×1	₩500,000×0.5×9/12	₩187,500	₩187,500	₩312,500
20×2	(₩500,000－187,500)×0.5	156,250	343,750	156,250
20×3	(₩500,000－343,750)×0.5	78,125	421,875	78,125
20×4	(₩500,000－421,875)×0.5	39,063	460,938	39,062
20×5	₩480,000－460,938(1)	19,062	480,000	20,000
계		₩480,000		

(1) 20×5년도 감가상각비는 감가상각률을 곱해서 계산하는 것이 아니라 미상각잔액이 ₩20,000이 되도록 잔액을 상각하는 것이다.

이중체감법(정률법 포함)을 적용할 때 20×2년부터 다음과 같이 감가상각비를 내용연수의 1년 단위로 우선 계산한 후 회계연도별로 월할 계산해야 한다고 생각할 수 있다.

＊1단계 : 내용연수 1년 단위별로 감가상각비 계산

1차 연도(기업의 회계연도가 아님) 감가상각비＝₩500,000×0.5＝₩250,000
2차 연도(기업의 회계연도가 아님) 감가상각비＝(₩500,000－250,000)×0.5＝₩125,000
3차 연도(기업의 회계연도가 아님) 감가상각비＝(₩500,000－375,000)×0.5＝₩62,500

＊2단계 : 회계연도별 감가상각비 계산

20×1년 감가상각비＝₩250,000(1차 연도 감가상각비)×9/12＝₩187,500
20×2년 감가상각비＝₩250,000(1차 연도 감가상각비)×3/12
＋125,000(2차 연도 감가상각비)×9/12＝₩156,250
20×3년 감가상각비＝₩125,000(2차 연도 감가상각비)×3/12
＋62,500(3차 연도 감가상각비)×9/12＝₩78,125

어떤 방식으로 계산하든 결과는 동일하지만, 전자의 계산방식이 훨씬 수월하다.

(3) 연수합계법

연도	계산 과정	감가상각비	감가상각누계액	기말장부금액
20×1	$₩480,000\times\frac{4}{1+2+3+4}\times 9/12$	₩144,000	₩144,000	₩356,000
20×2	$₩480,000\times\frac{4}{1+2+3+4}\times 3/12$ $+480,000\times\frac{3}{1+2+3+4}\times 9/12$	156,000	300,000	200,000
20×3	$₩480,000\times\frac{3}{1+2+3+4}\times 3/12$ $+480,000\times\frac{2}{1+2+3+4}\times 9/12$	108,000	408,000	92,000
20×4	$₩480,000\times\frac{2}{1+2+3+4}\times 3/12$ $+480,000\times\frac{1}{1+2+3+4}\times 9/12$	60,000	468,000	32,000
20×5	$₩480,000\times\frac{1}{1+2+3+4}\times 3/12$	12,000	480,000	20,000
계		₩480,000		

(4) 생산량비례법

연도	계산 과정 상각대상금액×(실제생산량/총추정생산량)	감가상각비	감가상각누계액	기말장부금액
20×1	₩480,000×(1,500/10,000)	₩72,000	₩72,000	₩428,000
20×2	₩480,000×(2,000/10,000)	96,000	168,000	332,000
20×3	₩480,000×(3,500/10,000)	168,000	336,000	164,000
20×4	₩480,000×(2,500/10,000)	120,000	456,000	44,000
20×5	₩480,000×(500/10,000)	₩24,000	480,000	20,000

생산량비례법을 적용할 경우에는 실제 생산량에 비례하여 감가상각비를 인식하기 때문에 기중 취득자산이더라도 월할상각을 고려할 필요가 없다.

3.3 감가상각과 관련된 의사결정에 유용한 정보

재무제표 주석에 표시되어 있는 유형자산의 감가상각비 총액과 손익계산서의 영업 범주에 표시되어 있는 감가상각비가 동일하지 않은 경우가 많은데, 그 이유는 무엇인가? 예를 들어, 본사 건물 및 그 안에서 사용하는 비품, 영업매장의 컴퓨터시스템 등의 감가상각비는 발생연도의 비용(예 : 판매비와 관리비)로 인식한다. 그러나 제품생산에 사용하는 공장건물, 기계장치, 공기구 등의 감가상각비는 판매비와 관리비로 인식하지 않고 제품제조원가(즉, 재고자산 취득원가)로 인식한 후 그 제품이 판매될 때 매출원가로 대체된다(즉, 비용의 인식이 차기 이후로 이연될 수 있다). 따라서 유형자산의 감가상각비가 다른 자산의 취득이나 생산과 관련되는지에 따라 감가상각비의 비용 분류(매출원가 또는 판매비와 관리비)도 다르고, 비용으로 인식되는 회계기간도 다를 수 있다.

제3장 3.5절에서 손익계산서상 비용을 성격별 또는 기능별로 분류할 수 있다고 설명한 바 있다. 감가상각비 전체를 묶어서 표시하면 성격별로 분류한 것이며, 이를 매출원가와 판매비와 관리비 등으로 구분하여 표시하면 기능별로 분류한 것이다.

재무상태표의 유형자산 금액은 감가상각누계액이 차감된 후의 장부금액이므로 주석을 통해서 감가상각누계액도 파악할 필요가 있다. 유형자산의 감가상각누계액 정보는 이용자의 의사결정에 중요하다. 왜냐하면 유형자산의 취득원가에 비해 감가상각누계액이 많다면, 이는 잔존 내용연수가 많이 남아있지 않음을 의미하므로 자산이 노후화되었을 가능성이 높고, 그 효율성은 낮다고 판단할 수 있기 때문이다. 또한 멀지 않은 미래에 유형자산을 대체하기 위한 대규모 투자가 필요할 것이므로 그러한 투자에 필요한 자금이 현재 기업의 영업활동에서 충분하게 조달되는지를 확인하는 것도 중요할 것이다.

4 손상

4.1 손상차손의 의의 및 인식 과정

사용하던 건물의 지반이 내려앉아 건물이 파손되거나, 사용하던 기계장치가 진부화되어 제품 생산의 효율성이 현저하게 떨어진다면 당해 자산의 비래경제적효익은 상당히 감소될 것이다. 그럼에도 불구하고 당해 자산을 적절하게 감액하지 않은 채 재무상태표에 유형자산으로 보고하면, 유형자산이 과대표시되어 정보이용자의 의사결정을 오도할 수 있다. 이와 같은 상황에서 유형자산의 장부금액을 적절하게 감액하면서 인식하는 비용이 손상차손(impairment loss)이다.

자산에 대한 손상차손은 기준서 제1036호 '자산손상'에서 규정하고 있다. 공정가치 또는 순공정가치로 측정하는 투자부동산, 생물자산, 매각예정비유동자산 등에 대해서는 기준서 제1036호를 적용하지 않지만, 유형자산이나 제6장에서 설명할 무형자산에 대해서는 기준서 제1036호를 적용하여 손상차손을 인식한다. 그리고 제8장에서 설명하는 금융자산(지분상품 제외)에 대해서도 손상차손을 인식하는데, 이 경우에는 기준서 제1036호를 적용하지 않고 기준서 제1109호 '금융상품'을 적용한다. 아래에서는 기준서 제1036호를 적용하여 유형자산의 손상차손을 인식하는 회계처리를 설명한다.

자산에 대한 손상차손의 인식 과정을 제시하면 [그림 3]과 같다.

| 그림 3 | 손상차손 인식 과정

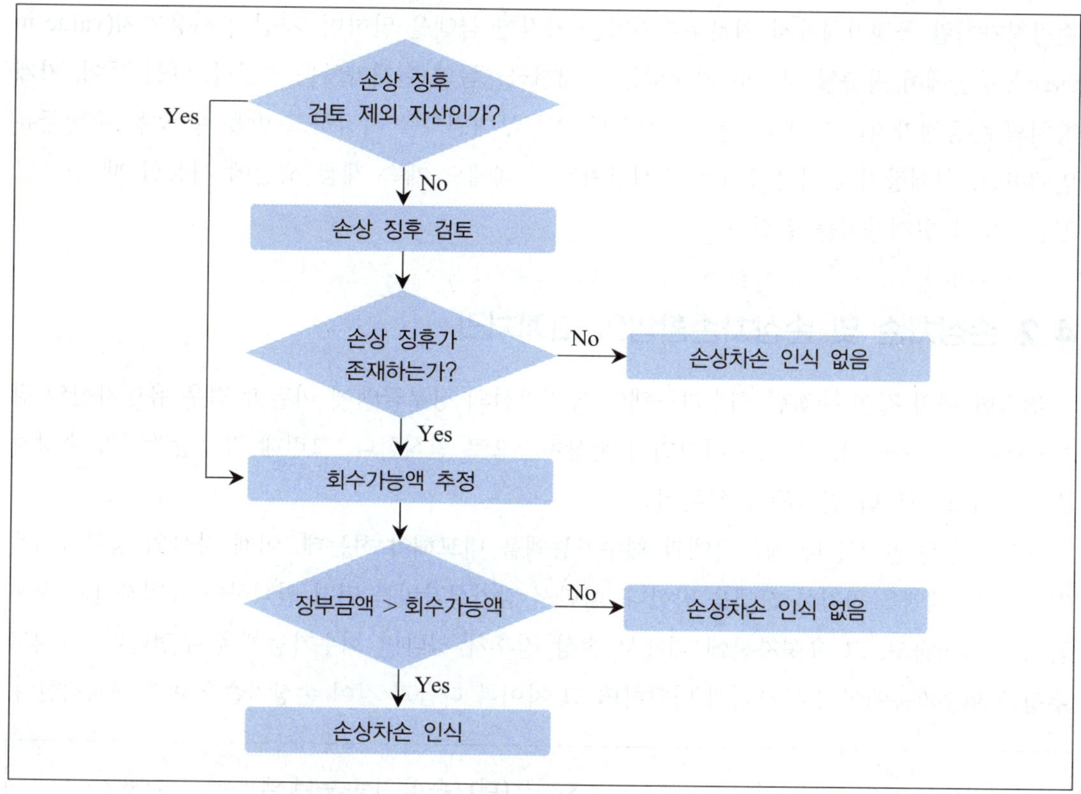

손상 징후의 검토 대상에서 제외되는 자산[12)]이 아니라면 기업은 매 보고기간 말에 자산에 자산손상을 시사하는 징후가 있는지 검토하여야 한다. 손상 징후 검토 대상에서 제외한다는 것은 손상차손을 인식하지 않는다는 것이 아니라 손상 징후에 대한 검토 없이 손상 징후가 존재하면 회수가능액을 추정한다는 의미이다.

손상 징후 검토 결과 특정 유형자산에 대해서 손상 징후가 존재한다고 판단하면 유형자산의 회수가능액을 추정하고, 회수가능액이 장부금액에 미달할 경우 차액을 손상차손으로 인식한다.

> 손상차손 = 장부금액 − 회수가능액
> 회수가능액 = Max(순공정가치, 사용가치)

12) 손상 징후 검토 대상에서 제외되는 자산은 내용연수가 비한정인 무형자산, 아직 사용할 수 없는 무형자산 및 사업결합으로 취득한 영업권이 있는데, 모두 제6장의 무형자산에 해당하는 자산이다. 따라서 손상 징후 검토 대상에서 제외되는 유형자산은 없다.

회수가능액(recoverable amount)은 순공정가치와 사용가치[13] 중 큰 금액을 말한다. 자산의 순공정가치란 공정가치에서 처분부대원가를 차감한 금액을 말하며, 자산의 사용가치(value in use)란 자산에서 창출될 것으로 기대되는 미래현금흐름의 현재가치를 말한다. 예를 들어, 기계장치의 순공정가치는 기계장치를 매각할 때 처분부대원가를 차감하고 받을 수 있는 순현금유입액이고, 기계장치의 사용가치는 기계장치를 미래에도 계속 제품 생산에 사용할 때 창출할 현금흐름의 현재가치를 말한다.

4.2 손상차손 및 손상차손환입의 회계처리

전술한 바와 같이 추정한 회수가능액이 유형자산의 장부금액에 미달할 경우 유형자산의 장부금액을 회수가능액으로 감소시키면서 손상차손으로 인식한다. 그런데 감가상각비와 손상차손 중 어느 것부터 인식해야 하는가?

손상차손을 인식할 때 장부금액과 회수가능액을 비교해야 하는데, 이때 자산의 장부금액은 감가상각누계액을 차감한 잔액을 말한다. 따라서 감가상각비를 먼저 인식하여 유형자산의 장부금액을 결정하고, 그 유형자산에 대해서 손상 징후가 있다면 회수가능액을 추정한다. 그리고 추정한 회수가능액이 장부금액에 미달하면 그 차이를 다음과 같이 손상차손으로 회계처리한다.

(차) 손 상 차 손	×××	(대) 손상차손누계액	×××

매 보고기간 말마다 손상차손 발생의 징후를 검토할 뿐만 아니라 과거에 손상차손을 인식한 자산에 대해서도 더 이상 손상차손이 존재하지 않거나 감소된 것은 없는지 징후를 검토한다. 만약 손상차손의 징후가 사라졌거나 감소했다는 징후를 포착했다면 자산의 회수가능액을 추정하고, 추정한 회수가능액이 장부금액을 초과하면 다음과 같이 손상차손환입(reversal of impairment loss)을 인식한다.

(차) 손상차손누계액	×××	(대) 손 상 차 손 환 입	×××

손상차손환입은 당초에 손상차손을 인식하지 않았더라면 계상되었을 기말장부금액을 한도로 인식한다. 손상차손환입액에 한도를 두는 이유는 제한 없이 손상차손환입을 인식할 경우 유형자산의 장부금액이 원가보다 더 높은 금액으로 표시되지 않도록 하기 위해서이다.

13) 사용가치는 제2장 7.3에서 설명한 바 있다.

예 12 유형자산의 손상차손 및 손상차손환입

> 갑회사는 20×1년 1월 1일에 기계장치 1대를 취득하였으며 최초 인식금액은 ₩100,000이다. 기계장치의 내용연수는 5년이고 잔존가치는 없다고 추정하였으며, 정액법으로 감가상각한다.
> 20×1년 말에 기계장치에 대한 손상 징후가 존재하여 회수가능액을 추정하였는데, 기계장치의 순공정가치와 사용가치는 각각 ₩76,000과 ₩72,000이다. 20×1년 말에 갑회사가 인식해야 할 손상차손을 계산해보기로 한다.

손상차손을 인식하기 전에 20×1년도 감가상각비를 반영한 장부금액을 먼저 계산해야 한다.

기계장치 감가상각비＝₩100,000÷5년＝₩20,000
손상차손 인식 전 장부금액＝₩100,000－20,000＝₩80,000
회수가능액＝Max(₩76,000, ₩72,000)＝₩76,000
따라서 손상차손＝₩76,000－80,000＝(－)₩4,000

참고로 감가상각비와 손상차손의 인식분개는 다음과 같다.

(차)	감 가 상 각 비	20,000	(대) 감가상각누계액	20,000
(차)	손 상 차 손	4,000	(대) 손상차손누계액	4,000

20×1년 말 손상차손 인식 전과 인식 후 기계장치의 장부금액은 다음과 같다.

	인식 전	인식 후
기계장치	₩100,000	₩100,000
감가상각누계액	(20,000)	(20,000)
손상차손누계액	－	(4,000)
장부금액	₩80,000	₩76,000

갑회사는 20×2년에 기계장치 장부금액 ₩76,000에 기초하여 잔존내용연수 4년에 걸쳐 감가상각비를 인식한다.

> 20×2년 말 기계장치의 회수가능액이 전년도에 비해 회복되었다는 징후를 발견하여 회수가능액을 추정하였는데, 기계장치의 순공정가치와 사용가치가 각각 ₩61,000과 ₩59,000일 경우 20×2년 말에 갑회사가 인식해야 할 손상차손환입을 계산해 보기로 한다.[14]

---

14) 물론 20×2년 말에 기계장치의 회수가능액이 장부금액보다 적다면 추가로 손상차손을 인식해야 한다.

기계장치 감가상각비 = ₩76,000÷4년 = ₩19,000

손상차손환입 인식 전 장부금액 = ₩76,000 − 19,000 = ₩57,000

회수가능액 = Max(₩61,000, ₩59,000) = ₩61,000

손상차손환입 한도액

= 20×1년 말에 손상차손을 인식하지 않았다면 계상되었을 20×2년 말 장부금액

= ₩100,000 − 20,000 − 20,000 = ₩60,000 < ₩61,000(회수가능액)

따라서 손상차손환입 = ₩60,000 − 57,000 = ₩3,000

참고로 감가상각비와 손상차손환입의 인식분개는 다음과 같다.

(차) 감 가 상 각 비	19,000	(대) 감가상각누계액	19,000
(차) 손상차손누계액	3,000	(대) 손 상 차 손 환 입	3,000

20×2년 말 손상차손환입 인식 전과 인식 후 기계장치의 장부금액은 다음과 같다.

	인식 전	인식 후
기계장치	₩100,000	₩100,000
감가상각누계액	(39,000)	(39,000)
손상차손누계액	(4,000)	(1,000)
장부금액	₩57,000	₩60,000

갑회사는 20×3년에 기계장치 장부금액 ₩60,000에 기초하여 잔존내용연수 3년에 걸쳐 감가상각비를 인식한다.

4.3 손상차손 인식에 대한 경영자의 판단

전술한 바와 같이 손상차손 회계는 자산의 장부금액이 회수가능액보다 더 많이 재무제표에 계상될 경우 이용자가 미래경제적효익의 유입액을 과대평가하는 문제가 발생하기 때문에 이를 방지하기 위해서 도입되었다. 그런데 특정 자산에 대해서 손상 징후가 있다는 것을 가장 먼저 감지할 수 있는 사람은 기업 외부의 투자자나 대여자가 아니라 그 기업의 경영자일 것이다. 즉, 제1장에서 설명했던 정보불균형(information asymmetry) 문제가 제기된다.

회수가능액을 추정할 때에도 경영자의 주관적 판단 요소가 상당한 정도로 개입될 수 있다. 지금 사용하고 있는 유형자산을 매각한다고 가정할 때 받을 수 있는 금액을 객관적으로 파악할 수 있을까? 더 나아가 계속 사용한다면 유입될 현금흐름의 현재가치를 신뢰성 있게 측정할 수 있을까?

재무상태표에 자산이 과대표시되는 것을 막고자 손상차손의 회계처리가 도입되기는 했지만,

손상차손의 인식시점과 인식금액을 경영자가 재량적으로 조정할 수 있다는 데 손상차손 회계의 한계가 있다. 경영자가 당기순이익을 높이려고 한다면, 되도록 손상차손을 인식하지 않으려고 할 것이다.

이와 반대로 경영자가 당기순이익을 줄이려고 일부러 거액의 손상차손을 인식하기도 한다. 회사의 사정이 좋지 않아 당기순손실을 보고해야 할 것으로 판단되는데, 다른 경쟁기업들도 대부분 적자를 보고할 것으로 예상된다면 경영자는 인식하지 않아도 되는 손상차손을 굳이 인식함으로써 더 많은 당기순손실을 보고하기도 한다. 이를 'big bath'라고 하는데, 이렇게 거액의 손상차손을 인식하면 차기 이후 인식할 감가상각비가 줄어들기 때문에 차기 이후의 경영성과는 당기보다 개선된 것으로 보고할 수 있다. 경영자는 'big bath'를 보수적인 회계처리라고 자신의 회계처리의 정당성을 주장하려고 하겠지만, 투자자나 대여자와 같은 외부이용자는 'big bath'를 경영자의 회계조작이라고 의심할 수밖에 없을 것이다.

5 재평가모형

5.1 재평가모형이란?

지금까지 설명한 유형자산의 회계처리는 원가모형(cost model)에 따라 이루어졌다. 원가모형을 적용하면 유형자산을 원가로 측정한 후 공정가치가 변동하더라도 이를 장부금액에 반영하지 않는다. 이에 반해 재평가모형(revaluation model)을 적용하면 유형자산의 공정가치의 변동을 장부금액에 반영한다.

갑회사의 재무상태표에 토지가 10억 원이라고 표시되어 있을 때 재무제표 이용자가 얻을 수 있는 정보는 무엇인가? 재무제표 이용자는 갑회사가 과거에 10억 원을 주고 토지를 취득했다는 것 이외에 다른 정보는 알 수가 없다. 대부분의 재무제표 이용자는 갑회사가 지금 그 토지를 매각한다면 얼마나 현금을 받을 수 있는지에 대해서 더 관심이 많을 것이다. 자산은 미래경제적효익의 유입이며, 재무제표를 통해서 이를 예측해야 하는데, 취득원가 10억 원으로 측정되어 있는 토지의 정보는 미래경제적효익을 예측하는 데 별로 유용하지 않을 것이다. 만약 토지를 취득한 이후 토지의 가격이 계속 상승하여 당기 말 현재 토지의 공정가치가 15억 원이 되었다면, 토지를 15억 원으로 보고하는 것이 재무제표 이용자가 미래경제적효익의 유입을 평가하는 데 유용할 것이다.

국제회계기준에서는 기업으로 하여금 원가모형과 재평가모형 중 하나를 회계정책으로 선택하여 유형자산을 회계처리하도록 규정하고 있다. 모든 유형자산에 대해서 재평가모형을 강제하지 않고 기업의 선택에 맡긴 이유는 모든 유형자산의 공정가치를 신뢰성 있게 측정하는 것이 쉽지 않을 뿐만 아니라, 공정가치의 변동이 중요하지 않은 비품이나 공기구 등까지 재평가모형을 적용할 경우 회계정보의 산출에 소요되는 원가가 효익을 초과하는 문제도 발생하기 때문이다.

참고로 토지에 대해서 재평가모형을 적용한 효성중공업㈜의 제7기 재무제표 주석의 일부를 제시하면 다음과 같다.

주석 공시 사례 **주석 15. 유형자산**

(중략)

당사는 당기 중 토지에 대해 재평가모형을 적용하였으며, 2024년 12월 31일을 기준으로 하여 당사와 독립적이고 전문적 자격이 있는 평가기관이 산출한 감정금액을 이용하여 토지를 재평가하였습니다. 평가방법은 공시지가 기준법을 적용하였으며 거래사례비교법에 의해 산정된 시산가액을 비교하고 합리성을 검토하여 최종금액을 검토하는 방식으로 결정하였습니다.

당기 말 현재 당사의 재평가에 따른 토지의 장부금액과 원가모형으로 평가되었을 경우의 장부금액은 다음과 같습니다. (단위 : 백만 원)

구분	재평가모형	원가모형
토지	1,415,722	591,789

상기 토지 재평가로 인해 당기 중 평가이익 823,933백만 원(법인세효과 190,328백만 원 차감 전)의 기타포괄손익으로 인식하였습니다.

5.2 재평가모형의 적용

재평가모형을 적용할 때 유형자산의 공정가치는 기준서 제1113호 '공정가치측정'을 준용한다. 기준서 제1113호에서는 공정가치를 측정일에 시장참여자 사이의 정상거래에서 자산을 매도하면서 수취하거나 부채를 이전하면서 지급하게 될 가격으로 정의한다.

특정 유형자산에 재평가모형을 적용하기로 회계정책을 선택한 경우에는 해당 자산이 포함되는 유형자산 분류 전체를 재평가한다. 이때 유형자산 분류란 토지, 토지와 건물, 기계장치, 선박, 비품 등 영업상 유사한 성격과 용도로 분류한 것을 말하는데, 기업마다 동일하지는 않다. 유형자산의 분류별로 재평가모형을 적용하므로 유형자산 중 토지만 재평가모형을 적용하고 건물 등 다른 유형자산은 원가모형을 적용할 수 있다. 그러나 토지에 재평가모형을 적용하기로 했다면 기업이 보유하는 모든 토지에 대해서 재평가모형을 적용해야 한다.

개별 자산에 기초하지 않고 동일 분류에 기초하여 재평가모형을 적용하는 이유는 개별 자산에 기초할 경우 재평가 대상자산을 선택적으로 결정함으로써 재무제표를 왜곡시킬 수 있기 때문이다. 또한 동일 분류 내의 모든 자산에 대해서 동일한 측정기준을 일관성 있게 적용할 수 있는 장점도 있다.

재평가의 빈도는 재평가하는 유형자산의 공정가치 변동에 따라 달라진다. 유의하고 급격한 공정가치 변동이 매년 발생하는 유형자산이 있는 반면, 공정가치의 변동이 경미한 유형자산도 있을 것이다. 따라서 매년 재평가를 해야 할 자산과 3년 또는 5년마다 재평가하는 것으로 충분한 유형자산도 있다.

동일한 분류 내의 유형자산에 대해서는 서로 다른 재평가기준일의 평가금액이 혼재된 재무보고를 방지하기 위하여 동시에 재평가한다. 그러나 재평가가 단기간에 수행되며 계속적으로 갱신된다면, 동일한 분류에 속하는 자산을 순차적으로 재평가할 수 있다.

5.3 재평가모형의 회계처리

(1) 공정가치 변동의 회계처리

회계정책의 변경이 있는 경우 기준서 제1008호 '재무제표의 작성 기준'에 따라 재무제표를 소급 재작성(즉, 새로운 회계정책을 처음부터 적용한 것처럼 조정하고 비교표시하는 과년도 재무제표를 재작성)하되, 해당 기준서에 경과규정이 있다면 경과규정에 따라 회계처리한다.

유형자산에 대해서 원가모형을 적용하다가 재평가모형을 적용하기로 변경하는 것도 회계정책의 변경에 해당하나, 기업으로 하여금 재무제표를 소급하여 재작성하도록 한다면 실무상 부담이 클 것이다. 이에 유형자산 기준서는 경과규정을 두어 재평가모형을 최초로 적용할 때 당기와 전기 재무제표에 대해서만 재평가모형을 소급 적용하고, 전전기 이전의 재무제표까지 소급 적용을 강제하지 않도록 하였다. 경과규정이 있는 경우를 포함한 회계정책 변경 시 소급 재작성에 대한 구체적인 회계처리는 제17장에서 설명한다.

유형자산을 재평가할 때 당해 자산의 장부금액과 공정가치를 비교하되, 상각대상 자산이라면 당해연도 감가상각비를 인식한 후의 장부금액과 공정가치를 비교한다. 이때 장부금액보다 공정가치가 더 많으면 차이만큼 재평가증가액(revaluation increase)이 발생하고, 반대로 장부금액보다 공정가치가 더 적으면 차이만큼 재평가감소액(revaluation decrease)이 발생한다. 재평가증가액과 재평가감소액으로 구분하여 재평가의 회계처리를 요약하면 다음의 [표 4]와 같다.

| 표 4 | 재평가의 회계처리

구분	회계처리
재평가증가액	재평가증가액을 기타포괄손익(재평가잉여금)으로 인식한다. 단, 동일 자산에 대하여 이전에 당기손익(재평가손실)으로 인식한 재평가감소액이 있다면 그 금액만큼 재평가증가액을 당기손익(재평가이익)으로 인식하고, 잔여액이 있다면 기타포괄손익(재평가잉여금)의 증가로 인식한다.
재평가감소액	재평가감소액을 당기손익(재평가손실)으로 인식한다. 단, 동일 자산에 대한 기타포괄손익(재평가잉여금)의 잔액이 있다면 그 금액만큼 재평가감소액을 기타포괄손익(재평가잉여금)의 감소로 인식하고, 잔여액이 있다면 당기손익(재평가손실)으로 인식한다.

유형자산에 대하여 재평가모형을 적용할 때 재평가증가액이 발생하면 이를 기타포괄손익(재평가잉여금)으로 인식한다. 다만, 과년도에 동일 자산에 대해서 재평가감소액을 당기손익(재평가손실)으로 인식했다면, 그 금액만큼 재평가증가액을 당기손익(재평가이익)으로 먼저 인식하고, 잔여액이 있다면 이를 기타포괄손익(재평가잉여금)으로 인식한다.

반대로 유형자산에 대하여 재평가모형을 적용할 때 재평가감소액이 발생하면 이를 당기손익(재평가손실)으로 인식한다. 다만, 과년도에 동일 자산에 대해서 재평가증가액을 기타포괄손익(재평가잉여금)으로 인식하였다면, 그 금액만큼 재평가감소액을 기타포괄손익(재평가잉여금)의 감소로 먼저 인식하고, 잔여액이 있다면 이를 당기손익(재평가손실)으로 인식한다.

유형자산의 재평가로 장부금액이 증가된 경우 왜 증가액을 당기손익이 아닌 기타포괄손익으로 분류하는가? 여기에 대해서 기준서 제1016호에는 아무런 언급이 없다. 경영자는 자신의 경영성과를 평가받을 때 영업이익이나 당기순이익에 기초하여 평가를 받으려고 하지, 총포괄이익에 기초하여 평가를 받으려고 하지는 않는다. 왜냐하면 총포괄이익에 포함된 기타포괄손익 항목들은 미래 지속성이 낮을 뿐만 아니라 경영자가 통제하지 못하는 요인에 의해서 발생할 가능성이 높기 때문이다.

유형자산의 재평가잉여금은 매년 반복하여 발생하는 항목도 아니며, 비록 경영자가 재평가모형을 적용하기로 회계정책을 선택했더라도 유형자산의 공정가치 변동은 경영자가 통제할 수 없다. 따라서 재무제표 이용자 및 경영자의 입장을 모두 고려하여 재평가잉여금을 당기손익이 아닌 기타포괄손익으로 구분하도록 국제회계기준이 제정된 것으로 이해하면 될 것이다.

그런데 재평가잉여금을 인식한 후에 유형자산의 공정가치가 감소하는 경우 과년도에 인식했던 재평가잉여금을 우선 감소시키고 잔여액(초과액)을 당기비용으로 인식하는 이유는 무엇인가? 이는 당초에 인식했던 재평가잉여금을 초과하는 공정가치의 감소는 자산의 미래경제적효익이 감소된 것으로 볼 수 있기 때문에 기타포괄손익이 아니라 당기비용으로 인식하는 것이다.

예 13 토지의 재평가모형 적용

갑회사는 20×1년 중에 토지를 ₩10,000에 취득하였다. 토지의 공정가치 변동이 매년 유의하였으므로 갑회사는 매 보고기간 말에 재평가모형을 적용하였다. 20×1년부터 20×4년까지 매 보고기간 말 현재 토지의 공정가치는 다음과 같다.

20×1년 말	20×2년 말	20×3년 말	20×4년 말
₩12,000	₩7,000	₩8,000	₩11,500

매 보고기간 말의 회계처리를 제시하면 다음과 같다. 아래의 분개에서 PL은 당기손익을, OCI는 기타포괄손익을 의미한다.

<20×1년 말>

(차) 토 지	2,000	(대) 재평가잉여금(OCI)	2,000

<20×2년 말>

(차) 재평가잉여금(OCI)	2,000	(대) 토 지	5,000
재평가손실(PL)	3,000		

토지의 장부금액을 ₩5,000 감소시키면서 과년도에 인식한 재평가잉여금 ₩2,000을 우선 제거하고, 초과액 ₩3,000을 당기비용으로 인식한다.

<20×3년 말>

(차) 토 지	1,000	(대) 재평가이익(PL)	1,000

토지의 장부금액을 ₩1,000 증가시키되, 과년도에 비용으로 인식한 ₩3,000 중 ₩1,000을 당기이익으로 인식한다.

<20×4년 말>

(차) 토 지	3,500	(대) 재평가이익(PL)	2,000
		재평가잉여금(OCI)	1,500

토지의 장부금액을 ₩3,500 증가시키되, 과년도 인식한 비용 중 당기이익으로 인식하지 않은 ₩2,000을 당기이익으로 인식하고, 초과액 ₩1,500을 재평가잉여금으로 인식한다.

(예 13)에서 매년 말 토지의 공정가치 변동 중 얼마를 기타포괄손익(OCI)과 당기손익(PL)으로 인식하는지 그림으로 제시하면 [그림 4]와 같다.

| 그림 4 | 재평가모형의 적용

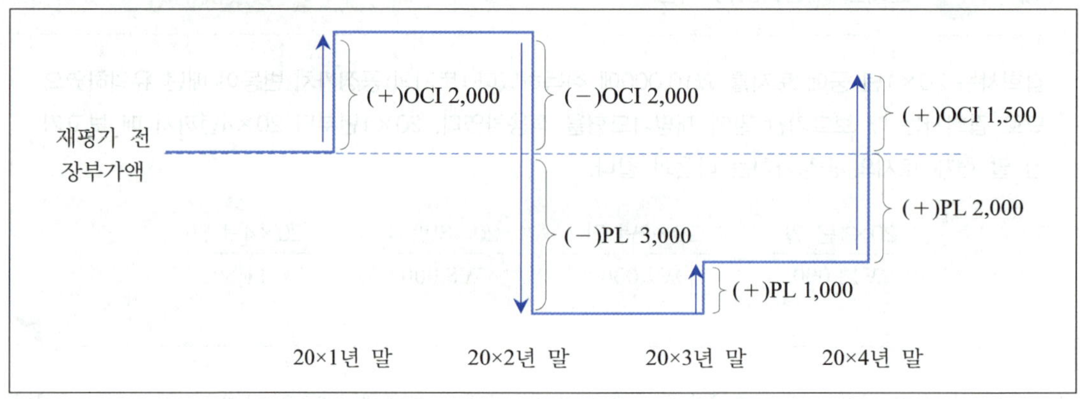

(2) 상각대상자산의 재평가모형 회계처리

전술한 재평가모형의 회계처리는 토지를 대상으로 설명하였다. 그러나 토지 이외에 건물이나 기계장치와 같은 상각대상자산에 대해서도 재평가모형을 적용할 수 있다. 다만, 보고기간 말에 상각대상자산에 재평가모형을 적용할 경우 공정가치와 비교할 장부금액은 감가상각누계액이 차감된 후의 잔액을 말한다. 이렇게 당기 말에 재평가를 하여 상각대상자산의 장부금액을 공정가치로 조정하면, 차기의 감가상각비는 당기 말에 재평가한 장부금액에 기초하여 계산한다. 따라서 당기 말에 상각대상자산에 대해서 재평가증가액을 인식했다면 차기 감가상각비(정액법 적용 가정)는 당기보다 증가할 것이다.

한편, 재평가모형을 적용하는 유형자산에 대해서도 손상차손을 인식하는데, 여기에 대한 회계처리는 중급회계에서 설명한다.

예 14 기계장치의 재평가모형 적용

갑회사는 20×1년 초에 기계장치를 취득하여 사용하기 시작하였으며, 최초 인식금액은 ₩10,000이다. 기계장치의 내용연수는 5년이며, 잔존가치는 0으로 추정하였고, 정액법을 적용하여 감가상각한다. 갑회사는 기계장치에 대해서 재평가모형을 적용한다. 20×1년 말과 20×2년 말 현재 기계장치의 공정가치는 각각 ₩8,400과 ₩5,800이다.

재평가모형을 적용할 경우 당기의 감가상각비를 반영한 기말 장부금액과 공정가치와의 차이를 재평가증가액(또는 재평가감소액)으로 회계처리한다.

	20×1년	20×2년
당기 감가상각비	₩10,000÷5년＝₩2,000	₩8,400÷4년＝₩2,100
재평가 전 장부금액	₩10,000－2,000＝₩8,000	₩8,400－2,100＝₩6,300
공정가치(재평가액)	₩8,400	₩5,800
재평가증가(감소)액	₩400	(－)₩500
회계처리	재평가증가액 ₩400을 모두 재평가잉여금으로 인식	재평가감소액 ₩500 중 ₩400은 전기인식 재평가잉여금의 감소로, 잔여액 ₩100은 당기비용으로 인식

기준서 제1016호는 상각대상자산의 재평가모형 적용 시 총장부금액과 감가상각누계액을 비례하여 조정하는 방법과 기존의 감가상각누계액을 모두 제거하는 방법을 제시하고 있는데, 구체적인 회계처리는 중급회계에서 설명하기로 하고, 본서에서는 설명의 편의상 다음과 같이 기계장치의 순액으로 재평가잉여금을 인식하는 회계처리를 제시한다.

<20×1년 말>

(차)	기계장치(순액)	400	(대) 재평가잉여금(OCI)	400

<20×2년 말>

(차)	재평가잉여금(OCI)	400	(대) 기계장치(순액)	500
	재평가손실(PL)	100		

---

(3) 유형자산 제거 시 관련 재평가잉여금의 처리

과거에 인식한 재평가잉여금은 이후 당기손익으로 재분류하지 않는다. 즉, 유형자산을 매각하더라도 과년도에 기타포괄손익으로 인식했던 재평가잉여금을 처분연도의 유형자산처분이익으로 대체하지 않는다. 다만, 자산이 폐기되거나 처분될 때에 재평가잉여금을 이익잉여금으로 대체할 수는 있다.

다음의 (예 15)를 통해서 왜 재평가잉여금을 후속적으로 당기손익으로 재분류하지 않는지 설명하기로 한다.

예 15 원가모형과 재평가모형 적용 시 당기순손익과 총포괄손익의 비교

20×1년에 ₩1,000에 취득한 토지를 20×2년 초에 ₩1,200에 처분하였다. 20×1년 말 토지의 공정가치는 ₩1,200이었다. 토지에 대해서 원가모형을 적용한 경우와 재평가모형을 적용한 경우의 회계처리와 20×1년과 20×2년의 당기손익과 총포괄손익을 비교하면 다음과 같다.

거래	원가모형	재평가모형
취득 시	(차) 토 지 1,000 (대) 현 금 1,000	(차) 토 지 1,000 (대) 현 금 1,000
20×1년 말 재평가 시	회계처리 없음	(차) 토 지 200 (대) 재평가잉여금 200
20×2년 토지 처분 시	(차) 현 금 1,200 (대) 토 지 1,000 처 분 이 익 200	(차) 현 금 1,200 (대) 토 지 1,200

	원가모형		재평가모형	
	20×1년	20×2년	20×1년	20×2년
당기순이익	–	200	–	–
기타포괄이익	–	–	200	–
총포괄이익	–	200	200	–

원가모형과 재평가모형 중 어떤 모형을 적용하든 두 회계기간의 총포괄이익의 누계액은 ₩200으로 동일하다. 이는 토지를 ₩1,000에 취득하고 ₩1,200에 처분하여 ₩200만큼 기업의 순자산이 증가했기 때문이다. 당기순이익을 경영자의 성과 측정치로 볼 때, 원가모형을 적용하면 처분이익 ₩200이 20×2년도 당기순이익으로 보고되는 반면, 재평가모형을 적용하면 처분이익은 어느 회계연도에도 당기순이익으로 보고되지 않으므로 경영자에게 불리할 수 있다.

그러나 재평가모형을 적용하면 20×1년 말 자산 총계와 자본 총계가 ₩200만큼 증가 표시되며, 이렇게 미래경제적효익이 증가하였다는 정보를 제공함으로써 이용자는 차기 이후 현금유입액을 평가할 때 추가 유입액의 가능성이 높다고 예측할 수 있다. 그러나 원가모형을 적용하면 20×1년 재무제표는 미래경제적효익의 증가에 대한 아무런 정보도 제공하지 못한다. 따라서 정보이용자의 관점에서 볼 때는 원가모형보다 재평가모형을 적용한 재무정보가 의사결정에 더 유용하다고 할 수 있다.

만약 재평가모형을 적용하면서 유형자산 처분 시 재평가잉여금을 당기손익(유형자산처분이익)으로 재분류하다록 허용하면, 20×1년과 20×2년의 당기손익과 총포괄손익이 다음과 같을 것이다.

	재평가모형	
	20×1년	20×2년
당기순이익	–	200
기타포괄이익	200	(200)
총포괄이익	200	–

20×2년도 포괄손익계산서에 유형자산처분이익과 전기이월 재평가잉여금의 감소가 모두 표시되므로 총포괄이익은 재평가잉여금을 당기손익으로 재분류하지 않은 경우와 같다. 그럼에도 불구하고 재평가잉여금을 당기손익으로 재분류하면 유형자산의 공정가치가 증가하였을 때뿐만 아니라 그 유형자산을 처분했을 때에도 포괄손익계산서에 동일한 금액이 두 번 보고된다. 또한 재평가잉여금의 당기손익 재분류를 허용하면 기업이 과거에 재평가잉여금을 인식했던 자산을 선택적으로 처분하여 당기순이익을 조정할 수도 있다. 이런 점들을 고려해 볼 때 재평가잉여금의 당기손익 재분류를 금지하는 것이 적절하다고 판단된다.

6 유형자산의 제거

유형자산의 장부금액은 당해 자산을 처분하는 때와 사용이나 처분을 통하여 미래경제적효익이 기대되지 않을 때 제거한다. 유형자산의 제거로 인하여 발생하는 손익(유형자산처분손익)은 순매각금액과 장부금액의 차이로 결정된다. 이때 순매각금액은 총매각대금에서 매각관련 비용(예 : 중개수수료, 매각관련 광고비 등)을 차감한 순액을 말한다. 따라서 매각관련 비용은 별도의 비용으로 인식하지 않고 유형자산처분손익에 반영한다. 이에 반해 취득 과정에서 발생하는 원가 중 의도한 용도나 상태에 이르게 하는 데 필요한 원가는 자산의 인식금액에 포함한다.

유형자산의 처분대가에 변동금액이 포함될 수 있다. 예를 들어, 계약에 할인, 리베이트, 장려금, 성과보너스 또는 위약금 등이 포함되거나, 유의적인 금융요소가 포함되기도 한다. 이러한 경우에는 기준서 제1115호 '고객과의 계약에서 생기는 수익'의 거래가격 산정에 관한 요구사항에 따라 처분대가를 결정한다. 즉, 예상되는 할인, 리베이트 등이 있는 경우에는 금액을 추정하여 이를 처분대가에 반영하고, 유의적인 금융요소가 있는 경우에는 현금으로 결제했다면 지급했을 금액(즉, 현금판매가격)으로 처분대가를 결정한다. 기준서 제1115호의 관련 내용은

제12장 2.3절에서 자세하게 설명한다.

유형자산을 사용하다가 즉시 매각하는 것이 아니라 일단 매각하기로 결정을 하고 일정 기간 동안 매각절차를 밟을 경우, 유형자산을 매각예정비유동자산으로 분류한다. 그리고 그 시점부터 감가상각을 하지 않고 순공정가치로 평가한다. 매각예정비유동자산의 회계처리는 제5장에서 설명한다.

정상적인 활동 과정에서 타인에게 임대할 목적으로 보유하던 유형자산을 판매하는 기업은 유형자산의 임대가 중단되고 판매목적으로 보유하게 되는 시점에 당해 자산의 장부금액을 재고자산으로 대체하여야 한다. 유형자산을 재고자산으로 대체한다는 것은 나중에 그 자산을 매각할 때 순액으로 처분손익을 인식하는 것이 아니라 수익(매출)과 비용(매출원가)을 모두 총액으로 인식하라는 의미이다. 이와 관련하여 회계처리를 예시하면 다음과 같다.

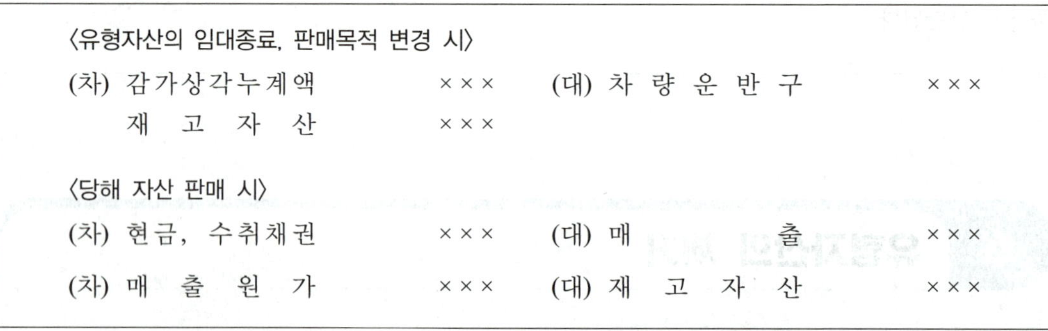

〈유형자산의 임대종료, 판매목적 변경 시〉

(차) 감가상각누계액	×××	(대) 차 량 운 반 구	×××
재 고 자 산	×××		

〈당해 자산 판매 시〉

(차) 현금, 수취채권	×××	(대) 매 출	×××
(차) 매 출 원 가	×××	(대) 재 고 자 산	×××

예를 들어, 자동차 대여업을 주업으로 하는 기업이 소유하는 렌탈자동차는 일정 기간 동안 사용한 후 외부에 매각하는 것이 일반적이다. 렌탈자동차의 대여 및 매각 모두 자동차 대여업을 영위하는 기업의 정상적인 영업활동에 해당하므로 임대수익뿐만 아니라 매각금액도 총액으로 인식하는 것이 정보이용자의 의사결정에 유용할 것이다.

예 16 유형자산의 제거

갑회사는 20×1년 1월 1일에 기계장치 1대를 취득하여 사용하기 시작하였다. 최초 인식금액은 ₩100,000이며, 내용연수는 5년, 잔존가치는 0으로 추정하였다. 갑회사는 기계장치에 대해서 원가모형을 적용하며, 정액법으로 감가상각한다.
갑회사는 동 기계장치로 생산하여 납품하던 제품의 모델이 변경되어 20×3년 1월 1일에 기계장치를 급히 매각하였다. 총 처분대가는 ₩50,000이며 이 중 ₩20,000은 20×3년 1월 1일에 수취하고, 나머지 ₩30,000은 20×4년 12월 31일에 수취하기로 하였다. 처분대가의 현재가치는 처분대가의 명목금액을 연 5%의 이자율을 적용하여 할인한 금액과 동일하다. 갑회사는 기계장치의 처분 과정에서 ₩1,000의 처분관련 비용을 지급하였다.
위의 정보를 이용하여 갑회사의 기계장치 처분과 관련된 회계처리를 설명하기로 한다.

기계장치의 연도별 감가상각비 = ₩100,000÷5년 = ₩20,000
20×3년 1월 1일 현재 기계장치 장부금액 = ₩100,000 − 20,000×2(감가상각누계액) = ₩60,000
순매각금액 = 처분대가의 현재가치 − 처분관련 비용
　　= ₩20,000 + 30,000×0.9070(기간 2, 5%, ₩1의 현가계수) − 1,000(처분비용)
　　= ₩46,210
유형자산처분손실 = ₩46,210 − 60,000 = (−)₩13,790

<20×3. 1. 1.>

(차) 현 금	19,000(1)	(대) 기 계 장 치	100,000
수 취 채 권	27,210(2)		
감가상각누계액	40,000		
유형자산처분손실	13,790		

(1) 1월 1일에 처분대가로 수취한 현금 ₩20,000에서 처분관련 비용 ₩1,000을 차감한 금액이다.
(2) ₩30,000×0.907(기간 2, 5%, ₩1의 현가계수) = ₩27,210

한편, 수취채권에 대해서 매년 5%의 유효이자율을 적용하여 이자수익을 인식한다.
<20×3. 12. 31.>

(차) 수 취 채 권	1,361	(대) 이 자 수 익	1,361(3)

(3) ₩27,210×5% = ₩1,361

이렇게 회계처리하면 수취채권의 20×3년 말 장부금액은 ₩28,571이 되며, 이 금액에 기초하여 다음과 같이 20×4년도 이자수익을 인식한다.
<20×4. 12. 31.>

(차) 수 취 채 권	1,429	(대) 이 자 수 익	1,429(4)

(4) ₩28,571×5% = ₩1,429

이렇게 회계처리하면 수취채권의 20×4년 말 장부금액은 ₩30,000이 되며, 당초 계약대로 현금 ₩30,000을 회수하면서 수취채권을 제거하면 된다.

(차) 현 금	30,000	(대) 수 취 채 권	30,000

연 / 습 / 문 / 제

01 ㈜한국정유는 원유를 수입하여 휘발유, 경유 등으로 정제하여 판매하고 있다. 정제 과정의 특성상 중단 없이 설비를 계속 가동해야 하는데, 최근 10년 동안 정전이 발생하지는 않았지만 만약 정전이 발생한다면 설비의 가동이 멈추게 되어 이를 재가동하는 데 막대한 비용이 발생할 것이다. 따라서 ㈜한국정유는 법적으로 요구되는 것은 아니지만 예측불가능한 정전사태에 대비하기 위하여 공장 내에 비상발전시설을 설치하였다. 그리고 ㈜한국정유의 설비자산은 위험물질을 다루기 때문에 높은 안전수준을 유지하기 위해 3년마다 종합검사를 하고 있으며, 주요 부품에 대해서 2년마다 정기적인 교체도 하고 있다.

물음

1. 정전에 대비하기 위하여 설치한 비상발전시설은 ㈜한국정유의 유형자산에 해당하는가?
2. 설비자산에 대한 정기적인 종합검사와 주요 부품의 교체에 소요된 원가를 유형자산으로 인식하기 위한 조건은 무엇인가?
3. 만약에 정기적인 종합검사와 주요 부품의 교체에 소요된 원가를 유형자산으로 인식한다면 기존의 설비자산의 장부금액과 더불어 어떻게 감가상각을 하는가?

해답

물음 1

유형자산으로 분류되기 위해서는 재화나 용역의 생산이나 제공, 타인에 대한 임대 또는 관리활동에 사용할 목적으로 보유하는 물리적 형태가 있는 자산으로서 한 회계기간을 초과하여 사용할 것이 예상되어야 한다. 비상발전시설은 물리적 형태가 있는 자산으로서 한 회계기간을 초과하여 사용될 것이다. 비상발전시설이 비록 재화 생산에 직접 사용되지는 않지만 정전사태가 발생하더라도 계속 설비자산이 가동될 수 있도록 함으로써 회사가 부담하게 될 손실을 회피할 수 있으므로 미래경제적효익이 있다. 따라서 비상발전시설은 ㈜한국정유의 유형자산에 해당한다.

물음 2

정기적인 종합검사 및 부품 교체를 유형자산으로 인식하기 위해서는 미래경제적효익이 유입될 가능성이 높고, 원가를 신뢰성 있게 측정할 수 있어야 한다는 유형자산의 인식기준을 충족하여야 한다. 관련 법규에서 요구하는지에 관계없이 정기적인 종합검사 및 부품의 교체는 제품의 안전한 생산에 필수적이다. 따라서 정기적으로 종합검사를 하거나 부품을 교체할 때 발생하는 원가는 미래경제적효익이 있다고 할 수 있다. 그리고 종합검사와 부품 교체 시 발생하는 원가를 신뢰성 있게 측정하는 데 큰 문제는 없을 것이므로 이를 유형자산으로 인식한다.

물음 3

기존의 유형자산과 비교해 볼 때 종합검사 및 부품 교체의 원가가 유의적이라면 이를 별개로 구분하여 감가상각한다. 왜냐하면 기존의 유형자산과 종합검사 및 부품교체의 미래경제적효익의 지속기간이 다르기 때문이다. 따라서 별개의 유형자산으로 구분하여 인식한 종합검사 원가는 3년에 걸쳐 감가상각하고, 부품 교체 원가는 2년에 걸쳐 감가상각한다.

02 ㈜백두는 새로 지은 공장의 조립 공정을 로봇으로 대체하였다. ㈜백두는 로봇을 생산하는 업체로부터 로봇을 취득하였으며, 이를 생산라인에 설치하고 시운전하는 과정에서 다음과 같은 원가가 발생하였다.

– 로봇의 총 납품가격	₩500,000
– 로봇 설치를 위하여 공장 내 기존 생산라인의 재배치에 소요된 원가	5,000
– 로봇의 운반비와 설치비	10,000
– 로봇의 시운전비	4,000
– 로봇의 시운전 과정에서 시제품 생산에 투입한 원가	600
– 로봇의 시운전 과정에서 생산한 시제품 순매각금액	300

로봇은 시운전을 거쳐 5월 1일부터 경영진이 의도하는 방식으로 가동될 수 있는 상태가 되었으나, 로봇을 도입하면서 변화된 새로운 공정에 익숙해지는 6월 30일까지 2개월간 완전조업도 수준으로 로봇을 가동하지는 못하였다. 그리고 이 기간 동안의 생산차질로부터 발생한 손실은 ₩20,000이다.

물음

㈜백두가 인식할 기계장치(로봇)의 취득원가를 계산하라. 그리고 언제부터 기계장치의 감가상각을 시작할 것인지 설명하라.

해답

기계장치의 취득원가는 경영진이 의도하는 방식으로 가동될 수 있는 장소와 상태에 이르게 하는 데 직접 관련되는 원가를 포함한다. 따라서 기존 생산라인의 재배치에 소요된 원가, 운반비와 설치비와 시운전비는 모두 기계장치의 취득원가에 포함된다. 그러나 시운전 과정에서 시제품을 생산하기 위하여 투입한 원가와 시제품의 순매각금액은 관련 기준서에 따라 당기손익으로 인식한다.

한편, 완전조업도 수준으로 가동하지 못하여 발생하는 원가(생산차질로부터 발생한 손실)는 경영진이 의도하는 방식으로 가동될 수 있는 장소와 상태에 이르게 하는 데 직접 관련되는 원가가 아니므로 발생기간의 비용으로 인식한다.

기계장치 취득원가=₩500,000+5,000+10,000+4,000=₩519,000

감가상각은 경영진이 의도하는 방식으로 가동될 수 있는 장소와 상태에 이른 시점부터 시작한다. 따라서 5월 1일부터 감가상각을 개시한다.

03 ㈜경기환경은 액체폐기물을 수집하여 처리하고 이를 고체화하여 매립을 하는 업체이다. ㈜경기환경은 지방자치단체에 소정의 사용료를 지불하고 지방자치단체 소유의 공유지에 매립을 하는데, 지방자치단체로부터 허가받은 매립기간은 10년이다.

㈜경기환경은 매립기간이 종료되면 매립지를 원상회복하여 이를 공원 녹지로 바꾸어야 할 의무를 부담한다. 매립지의 원상회복에 소요될 원가는 ₩100,000으로 추정하였으며, 원상회복원가의 현재가치 계산에 적용할 할인율은 연 5%이다.

물음

1. 원상회복에 소요될 원가를 유형자산의 취득원가로 인식하는 근거는 무엇인가?
2. ㈜경기환경은 원상회복에 소요될 원가 총액 ₩100,000을 매립기간 10년 동안 어떤 과목으로 얼마나 인식하는지 설명하라.

해답

물음 1

미래에 부담할 원상회복에 소요되는 원가가 미래경제적효익을 직접 창출하지는 않는다. 그러나 원상회복 의무를 부담하지 않으면 유형자산의 취득이 제한되기 때문에 원상회복에 소요되는 원가를 경영진이 의도하는 방식으로 자산을 가동하는 데 필요한 장소와 상태에 이르게 하는 데 직접 관련되는 원가로 보고 유형자산의 취득원가에 포함시키는 것이다.

물음 2

유형자산의 취득원가로 인식할 원상회복원가의 현재가치

=₩100,000×0.61391(기간 10, 5%, ₩1의 현가계수)=₩61,391

₩61,391은 유형자산으로 인식한 후 매립지 사용기간 동안 상각하여 감가상각비로 인식한다.

그리고 ₩100,000과 ₩61,391의 차이 ₩38,609는 유효이자율법을 적용하여 매년 복구충당부채를 증액 조정하면서 이자비용으로 인식한다.

04 갑회사는 20×1년 초에 구축물(내용연수 10년, 잔존가치 없이 정액법 상각)을 취득하였다. 총 취득 대금은 ₩4,000,000인데, 20×1년 초에 ₩1,000,000을 지급하고, 20×1년부터 20×3년까지 매년 말에 ₩1,000,000씩 지급하기로 하였다. 갑회사는 구축물의 내용연수 경과 후 구축물을 해체하여 원상회복을 해야 할 의무를 부담하며, 이때 소요될 복구비용을 ₩500,000으로 추정하였다. 현재가치 계산 시 적용할 할인율은 모두 연 6%이다.

물음

1. 구축물 취득 시 갑회사가 해야 할 회계처리를 하라.
2. 20×1년 말에 갑회사가 인식해야 할 비용을 모두 계산하라.

해답

물음 1

취득대금의 현재가치 = ₩1,000,000 + 1,000,000×2.6730(기간 3, 6%, 연금현가계수)
= ₩3,673,000

복구비용의 현재가치 = ₩500,000×0.5584(기간 10, 6%, ₩1의 현가계수)
= ₩279,200

(차) 구 축 물	3,952,200	(대) 현 금	1,000,000
		장 기 미 지 급 금	2,673,000
		복 구 충 당 부 채	279,200

물음 2

구축물 감가상각비 = ₩3,952,200÷10년 = ₩395,220
장기미지급금 이자비용 = ₩2,673,000×6% = ₩160,380
복구충당부채 이자비용 = ₩279,200×6% = ₩16,752

참고로 비용 인식의 분개를 표시하면 다음과 같다.

(차) 감 가 상 각 비	395,220	(대) 감 가 상 각 누 계 액	395,220
(차) 이 자 비 용	160,380	(대) 장 기 미 지 급 금	160,380
(차) 이 자 비 용	16,752	(대) 복 구 충 당 부 채	16,752

05 한국㈜(보고기간 말 12월 31일)는 공장건물을 신축하면서 총 건설비 ₩400,000이 소요되었다. 한국㈜는 건설비 중 ₩250,000을 은행으로부터 차입하여 사용하였다. 건설기간은 20×1년 4월 1일부터 20×2년 3월 31일까지이고, 차입기간은 20×1년 9월 1일부터 20×2년 8월 31일까지이다. 차입금의 이자율은 연 6%이다.

물음

1. 자산취득에 사용한 자금의 차입원가를 자산의 취득원가에 가산하는 이유는 무엇인가?
2. 상각대상 유형자산에 대해서 차입원가를 자본화하는 경우 자본화 연도와 그 이후 연도의 당기손익에 미치는 영향을 설명하라.
3. 한국㈜의 20×1년과 20×2년의 자본화 차입원가를 각각 계산하라.

해답

물음 1

자산취득에 사용한 자금의 차입원가는 자산을 취득하지 않았더라면 발생하지 않았을 원가이다. 즉, 자산을 의도된 용도로 사용하거나 판매가능한 상태에 이르게 하는 데 발생하는 회피불가능한 원가에 해당하므로 취득자산의 원가에 가산한다.

물음 2

자본화 연도에는 이자비용이 감소하므로 당기순이익은 증가한다. 그러나 이후 자산 취득이 완료된 연도부터 당해 자산의 감가상각비를 통해서 비용으로 전환되므로 자본화 이후 연도의 당기순이익은 감소한다.

물음 3

20×1년도 자본화 차입원가＝₩250,000×6%×4/12(9.1.부터 12.31.까지)＝₩5,000
20×2년도 자본화 차입원가＝₩250,000×6%×3/12(1.1.부터 3.31.까지)＝₩3,750

06 한국㈜(보고기간 말 12월 31일)은 사무실 건물을 증축하였는데, 증축에 소요되는 자금은 일반목적차입금을 사용하였다. 건물 증축 관련 지출은 다음과 같다.

일자	금액	일자	금액
20×1. 2. 1.	₩900,000	20×1. 9. 1.	₩600,000

일반목적차입금의 내역은 다음과 같다.

차입금 종류	차입금액	차입기간	연이자율
차입금a	₩1,200,000	20×1. 1. 1. ~ 20×1. 10. 31.	8%
차입금b	800,000	20×1. 4. 1. ~ 20×2. 6. 30.	6%

물음

사무실 건물 증축과 관련하여 일반목적차입금의 자본화차입원가를 계산하라.

해답

적격자산 취득 관련 평균지출액 = ₩900,000×11/12 + 600,000×4/12 = ₩1,025,000
당기 일반목적차입금 이자비용 = ₩1,200,000×8%×10/12 + 800,000×6%×9/12 = ₩116,000
당기 일반목적차입금 평균 = ₩1,200,000×10/12 + 800,000×9/12 = ₩1,600,000
자본화이자율 = ₩116,000÷1,600,000 = 7.25%
자본화차입원가 = ₩1,025,000×7.25% = ₩74,313 < 한도 ₩116,000

07 갑회사(보고기간 말 12월 31일)는 20×1년 7월 1일에 건물(내용연수 20년, 잔존가치 없이 정액법 상각)을 취득하여 사용하기 시작하였다. 취득대금은 총 ₩400,000인데, 20×1년 7월 1일에 ₩100,000을 지급하고, 나머지 ₩300,000은 20×2년부터 20×4년까지 매년 7월 1일에 ₩100,000씩 분할 지급하기로 하였다. 이러한 대금지급은 일반적인 신용기간을 초과하는 것이며, 현금가격상당액은 지급할 총액을 5%의 이자율로 할인한 금액과 동일하다.

물음

1. 건물의 취득 시 회계처리를 하라.
2. 20×1년 말에 건물과 관련하여 해야 할 회계처리를 모두 하라.

해답

물음 1

건물의 취득원가 = ₩100,000 + 100,000×2.72325(기간 3, 5%, 연금현가계수)
= ₩372,325

(차) 건　　　물	372,325	(대) 현　　　금	100,000
		장기미지급금	272,325

물음 2

<감가상각비 인식>

(차) 감가상각비	9,308[(1)]	(대) 감가상각누계액	9,308

(1) ₩372,325÷20년×6/12 = ₩9,308

<장기미지급금의 이자비용 인식>

(차) 이자비용	6,808[(2)]	(대) 장기미지급금	6,808

(2) ₩272,325×5%×6/12 = ₩6,808

08 당기 중에 ㈜한강에서 발생한 유형자산 취득거래는 다음과 같다.

(1) ㈜한강은 운반용 트럭 1대를 취득하였다. 트럭의 현금구입가격은 ₩300,000인데 ㈜한강은 이를 36개월 할부로 취득하였다. 월 할부금은 ₩10,000으로 총 ₩360,000을 매월 말에 지급한다.

(2) ㈜한강은 운반용 트럭 1대를 취득하였기 때문에 기존의 중고 트럭을 다른 회사가 사용하던 승용차와 교환하였다. 중고 트럭의 장부금액은 ₩50,000이고, 공정가치는 ₩40,000으로 추정하였으며, 승용차의 공정가치는 추정하기 곤란하다.

물음

1. 트럭을 취득할 때 인식할 취득원가는 얼마이며, 그 금액으로 인식하는 이유는 무엇인가?
2. 트럭의 취득원가와 총 할부대금의 차이는 어떻게 회계처리하는지 설명하라.
3. 중고 트럭과 승용차를 교환할 때 처분손익을 인식해야 하는지의 여부를 설명하라.
4. 중고 트럭과 승용차의 교환 시 ㈜한강이 해야 할 회계처리(분개)를 하라.

해답

물음 1

트럭의 취득원가는 현금구입가격 ₩300,000이다. 대금지급이 장기에 걸쳐 이루어지는 거래의 경우 총 지급할 대금에는 지급을 유예하는 대가로 이자를 포함하며, 이는 금융비용으로 인식할 금액이지 자산의 취득원가로 인식할 금액이 아니다. 만약에 총 지급할 금액으로 자산의 취득원가를 인식하면 동일한 자산이더라도 대금지급조건에 따라 취득원가를 다르게 인식하는 문제가 발생한다.

물음 2

총할부대금 ₩360,000과 현금구입가격 ₩300,000의 차이 ₩60,000은 36개월에 걸쳐 유효이자율법을 적용하여 이자비용으로 인식한다(이 경우 유효이자율은 별도로 계산해야 한다).

물음 3

자산의 교환거래 시 상업적 실질이 결여되어 있거나, 취득한 자산과 제공한 자산의 공정가치를 모두 신뢰성 있게 측정할 수 없다면 제공한 자산의 장부금액을 자산의 취득원가로 인식하므로 처분손익을 인식하지 않는다. 이 사례에서 중고 트럭을 승용차와 교환하는데, 트럭과 승용차가 미래 현금유입액에 기여하는 특성은 동일하다고 보기 어렵기 때문에 상업적 실질이 있으며, 제공 자산의 공정가치를 신뢰성 있게 측정할 수 있으므로 중고 트럭의 장부금액과 공정가치의 차이만큼 처분손익을 인식한다.

물음 4

(차)	차량운반구(승용차)	40,000	(대)	차량운반구(트럭)	50,000[1]
	유형자산처분손실	10,000			

(1) 중고 트럭의 감가상각누계액이 제시되어 있지 않아 순액인 장부금액을 제거하였다.

09 ㈜한국은 20×1년 초에 토지와 건물을 일괄하여 취득하였다. 총 취득대가는 ₩500,000인데, 20×1년 초에 ₩200,000을 지급하고 나머지 ₩300,000은 20×1년부터 20×3년까지 매년 12월 31일에 ₩100,000씩 분할 지급할 예정이다. 20×1년 초 현재 토지와 건물의 상대적 공정가치 비율은 3:1이며, 유효이자율은 연 6%이다.

물음

1. 일괄취득 후 건물을 계속 사용할 예정일 경우 취득일에 해야 할 회계처리를 하라.
2. (물음 1)과 관계없이 토지와 건물을 취득 즉시 ₩30,000을 투입하여 기존 건물을 철거하고, 새로운 건물을 짓기 시작하였다. 토지와 건물의 취득 및 철거비용을 인식하는 회계처리를 하라.

해답

물음 1

일괄구입대가의 현재가치 = ₩200,000 + 100,000×2.67301(기간 3, 6%, 연금현가계수)
= ₩467,301

일괄취득 원가의 토지 배분 = ₩467,301×3/4 = ₩350,476

일괄취득 원가의 토지 배분 = ₩467,301×1/4 = ₩116,825

(차)	토지	350,476	(대)	현금	200,000
	건물	116,825		장기미지급금	267,301

물음 2

(차)	토지	467,301	(대)	현금	200,000
				장기미지급금	267,301
(차)	토지	30,000	(대)	현금	30,000

10 ㈜고려(보고기간 말 12월 31일)는 기계장치를 ₩200,000에 취득하여 20×1년 7월 1일부터 사용하기 시작하였다. 기계장치의 내용연수는 4년, 잔존가치는 ₩20,000으로 추정하였다. 그리고 기계장치를 사용하여 생산할 수 있는 제품의 총생산수량은 5,000개로 추정하였다.

물음

1. 감가상각은 자산의 평가 과정이라는 의견에 대해서 비판하라.
2. 매각예정으로 분류된 유형자산에 대해서 더 이상 감가상각을 하지 않는 이유는 무엇인가?
3. 정액법, 이중체감법, 연수합계법 및 생산량비례법을 적용하여 감가상각할 경우 20×2년도 감가상각비를 각각 계산하라. 단, 20×2년도 제품생산량은 1,000개이다.

해답

물음 1

감가상각은 유형자산을 사용하면서 감소하는 미래경제적효익을 유형자산의 내용연수에 걸쳐 체계적으로 비용으로 배분하는 과정이다. 만약에 감가상각이 자산의 평가 과정이라면 자산의 가치가 증가하는 경우 감가상각비를 인식하지 않게 되므로 타당하지 않다.

물음 2

유형자산을 매각예정으로 분류하면 자산의 장부금액은 계속 사용이 아니라 매각을 통해 회수될 것이므로 그 자산의 회계처리는 배분보다 평가에 초점을 둔다. 따라서 당해 자산은 매각을 통해서 미래경제적효익의 순유입이 있을 것이라는 정보를 제공하는 것이 정보이용자의 의사결정에 더 많은 도움을 줄 수 있기 때문에 감가상각을 하지 않고 순공정가치로 평가하는 것이다.

물음 3

(1) 정액법

20×2년 감가상각비 = (₩200,000 − 20,000)÷4년 = ₩45,000

(2) 이중체감법(감가상각률 = 2/4 = 0.5)

20×1년 감가상각비 = ₩200,000×0.5×6/12 = ₩50,000

20×2년 감가상각비 = (₩200,000 − 50,000)×0.5 = ₩75,000

(3) 연수합계법

20×2년 감가상각비 = (₩200,000 − 20,000)×(4/10)×6/12 + (200,000 − 20,000)×(3/10)×6/12
= ₩63,000

(4) 생산량비례법

20×2년 감가상각비 = (₩200,000 − 20,000)×1,000/5,000 = ₩36,000

11 갑회사는 20×1년 1월 1일에 ₩1,000,000을 지급하고 기계장치를 취득하였으며, 원가모형을 적용한다. 기계장치의 내용연수는 4년이며, 잔존가치 없이 정액법으로 상각한다.

물음

1. 20×1년 말 손상검사에 따라 추정한 기계장치의 순공정가치와 사용가치는 각각 ₩660,000과 ₩620,000이다. 20×1년 말에 갑회사가 인식해야 할 손상차손을 계산하라.
2. 20×2년 말 기계장치의 회수가능액이 전년도에 비해 회복되었다는 판단하여 추정한 기계장치의 순공정가치와 사용가치는 각각 ₩520,000과 ₩480,000이다. 20×2년 말에 갑회사가 인식해야 할 손상차손환입을 계산하라.

해답

물음 1

손상차손 인식 전 기계장치 장부금액 = ₩1,000,000 − 250,000(감가상각비) = ₩750,000

손상차손 = ₩660,000 − 750,000 = (−)₩90,000

물음 2

손상차손환입 인식 전 기계장치 장부금액 = ₩660,000 − 660,000÷3 = ₩440,000

회수가능액

= ₩520,000 > 환입한도액 ₩500,000(손상차손을 인식하지 않았다면 계상될 장부금액)

따라서 손상차손환입 = ₩500,000 − 440,000 = ₩60,000

12 ㈜영웅(보고기간 말 12월 31일)은 기계장치를 ₩400,000에 취득하여 20×1년 7월 1일부터 사용하기 시작하였다. 기계장치의 내용연수는 5년, 잔존가치는 없는 것으로 추정하였으며 정액법으로 감가상각한다. ㈜영웅은 20×2년 말에 기계장치의 손상 징후를 발견하였으며, 회수가능액을 ₩210,000으로 추정하였다. 그러나 20×3년 말에는 기계장치의 손상차손이 감소하였다는 징후를 발견하고, 20×3년 말 회수가능액을 ₩190,000으로 추정하였다.

물음

1. 이용자의 정보유용성 관점에서 손상차손의 인식이 왜 필요한지 설명하라.

2. 다음의 표에 들어갈 금액(①부터 ⑥까지)을 각각 계산하라.

	20×1년	20×2년	20×3년
감가상각비	①	③	⑤
손상차손(환입)	②	④	⑥

해답

물음 1

손상차손은 자산의 장부금액이 회수가능액보다 많을 경우 자산의 장부금액을 회수가능액으로 감소시키면서 인식하는 비용이다. 특정 자산이 미래경제적효익보다 더 많은 금액으로 재무상태표에 표시되면 정보이용자가 당해 자산의 미래경제적효익을 과대평가함으로써 잘못된 의사결정을 내릴 수 있다. 따라서 장부금액을 회수가능액으로 감소시킨 정보가 의사결정에 더 유용할 것이다.

물음 2

	20×1년	20×2년	20×3년
감가상각비	① 40,000	③ 80,000	⑤ 60,000
손상차손(환입)	② 0	④ 손상차손 70,000	⑥ 손상차손환입 40,000

① ₩400,000÷5년×6/12＝₩40,000

② ₩0 (20×1년 말에는 손상 징후 없음)

③ ₩400,000÷5년＝₩80,000

④ 손상차손 인식 전 장부금액＝₩400,000－40,000－80,000
＝₩280,000 ＞ 회수가능액 ₩210,000

손상차손＝₩210,000－280,000＝(－)₩70,000

⑤ ₩210,000÷3.5년(20×3년 초 현재 잔존내용연수)＝₩60,000

⑥ 손상차손환입 인식 전 장부금액 = ₩210,000 − 60,000 = ₩150,000
손상차손환입 한도액 = 손상차손을 인식하지 않았다면 계상되었을 장부금액
= ₩400,000 − 40,000 − 80,000 − 80,000 = ₩200,000 > ₩190,000
손상차손환입 = ₩190,000 − 150,000 = ₩40,000

13 ㈜대풍(보고기간 말 12월 31일)은 제품의 야적장으로 사용하고 있는 토지에 대해서 20×1년부터 재평가모형을 적용하기로 하였다. 20×1년 말 현재 토지의 장부금액은 ₩300,000이며, 공정가치는 ₩450,000이다.

물음

1. 토지에 대해서 원가모형을 적용하지 않고 재평가모형을 적용하면 회계정보 유용성이 더 높아지는가?
2. ㈜대풍은 야적장으로 사용하는 토지 이외에 공장건물이 정착되어 있는 토지 및 종업원 숙소 건물이 정착되어 있는 토지도 보유하고 있다. 야적장으로 사용하는 토지만 재평가모형을 적용할 수 있는가? 만약 적용할 수 없다면 그 이유는 무엇인가?
3. ㈜대풍은 토지에 대해서 매 보고기간 말에 재평가모형을 적용하여야 하는가?
4. 야적장으로 사용하고 있는 토지의 20×2년 말 공정가치가 ₩500,000인 경우와 ₩350,000인 경우로 구분하여 각각 어떻게 재평가와 관련된 회계처리를 하는지 설명하라.
5. (물음 4)에서 20×2년 말 토지의 공정가치가 ₩350,000이라고 가정하고, 20×3년 초에 토지를 ₩350,000에 매각할 때 ㈜대풍이 해야 할 회계처리를 하라.

해답

물음 1

자산은 미래경제적효익을 창출할 잠재력이며 재무제표를 통해서 이를 예측해야 하는데, 원가모형을 적용한 토지의 장부금액은 과거에 토지를 취득했을 때 지급한 대가라는 정보 이외에 추가적인 정보를 제공하지 못한다. 그러나 토지를 공정가치로 측정하면 토지의 가치변동에 대한 정보를 제공할 수 있기 때문에 정보이용자가 미래경제적효익을 창출할 잠재력을 평가하는 데 훨씬 유용할 것이다.

물음 2

회사가 토지에 재평가모형을 적용하기로 회계정책을 선택했다면 보유하는 모든 토지에 대해서 재평가모형을 적용해야 한다. 만약 개별 토지별로 재평가모형의 적용을 선택할 수 있다면 재평가할 자산을 기업이 유리하게 선별하여 재무제표를 왜곡시킬 수 있다.

물음 3

재평가의 빈도는 재평가되는 유형자산의 공정가치 변동이 유의하고 급격한지에 따라 다를 수 있다. 따라서 공정가치 변동의 유의한 정도를 고려하여 매년 재평가를 해도 되고, 3년 또는 5년마다 재평가를 해도 무방하다.

물음 4

㈜대풍은 이미 20×1년 말에 토지의 장부금액을 ₩300,000에서 ₩450,000으로 증액하면서 ₩150,000의 재평가잉여금을 기타포괄손익으로 인식하였다.

(1) 20×2년도 토지의 공정가치가 ₩500,000인 경우

(차) 토지	50,000	(대) 재평가잉여금	50,000

(2) 20×2년도 토지의 공정가치가 ₩350,000인 경우

(차) 재평가잉여금	100,000	(대) 토지	100,000

전기이월 재평가잉여금이 ₩150,000이므로 이 중 ₩100,000을 우선 감소시킨다. 만약 공정가치 하락이 ₩150,000을 초과할 경우 그 초과액은 당기손익으로 인식한다.

물음 5

(차) 현금	350,000	(대) 토지	350,000

전기 말 공정가치와 동일한 금액으로 토지를 매각하였으므로 처분손익은 인식하지 않는다. 그리고 전기이월 재평가잉여금 ₩50,000은 토지를 매각하더라도 당기손익(재평가손실)으로 재분류하지 않으며, 회사의 선택에 따라 이익잉여금으로 대체할 수는 있다.

14 갑회사(보고기간 말 : 12월 31일)는 20×1년 초에 건물을 처음 취득하고 재평가모형을 적용하기로 하였다. 건물의 내용연수는 10년, 잔존가치는 없으며, 정액법으로 상각한다. 동 건물의 20×1년 말과 20×2년 말 현재 공정가치는 각각 ₩945,000과 ₩790,000이다.

물음

연도별로 표시될 다음의 금액을 계산하라. 금액이 없으면 0으로 표시하라.

	20×1년	20×2년
해당 연도 감가상각비	①	④
재평가잉여금 기말잔액	②	⑤
재평가손실	③	⑥

해답

	20×1년	20×2년
해당 연도 감가상각비	① ₩100,000	④ ₩105,000
재평가잉여금 기말잔액	② 45,000	⑤ 0
재평가손실	③ 0	⑥ 5,000

① 감가상각비 = ₩1,000,000÷10년 = ₩100,000

② 재평가 전 장부금액 = ₩1,000,000 − 100,000 = ₩900,000
재평가증가액 = ₩945,000 − 900,000 = ₩45,000(재평가잉여금으로 인식)

③ 재평가손실 = 0

④ 감가상각비 = ₩945,000÷9년 = ₩105,000

⑤ 재평가 전 장부금액 = ₩945,000 − 105,000 = ₩840,000
재평가감소액 = ₩790,000 − 840,000 = (−)₩50,000
전기이월 재평가잉여금 ₩45,000을 모두 제거

⑥ 재평가감소액 중 재평가잉여금을 제거한 후 잔여액 ₩5,000을 재평가손실로 인식

참고로 20×3년 감가상각비는 ₩790,000을 잔존내용연수 8년으로 나누어 계산한다.

제 5 장

투자부동산, 매각예정 비유동자산 및 생물자산

1. 투자부동산
2. 매각예정비유동자산
3. 생물자산

1 투자부동산

1.1 투자부동산이란?

기준서 제1040호 '투자부동산'은 다음과 같은 부동산을 투자부동산으로 분류하되, 재화의 생산이나 용역의 제공 또는 관리목적에 사용하는 자산과 정상적인 영업과정에서 판매 목적으로 보유하는 자산은 투자부동산에서 제외하도록 규정하고 있다.

임대수익이나 시세차익 또는 둘 다를 얻기 위하여 보유하는 부동산을 투자부동산으로 분류한다.

부동산(토지나 건물)을 재화의 생산이나 용역의 제공 또는 관리목적에 사용한다면 이는 자가사용부동산으로서 제4장에서 설명한 유형자산에 해당한다. 그리고 정상적인 영업과정에서 판매하기 위하여 보유하는 부동산(예 : 부동산개발업자가 판매할 목적으로 개발 중인 토지)은 제7장에서 설명하는 재고자산에 해당한다.

투자부동산은 기업이 보유하는 다른 자산과 거의 독립적으로 현금흐름을 창출한다. 왜냐하면 임대활동에서 창출된 현금흐름은 임대목적 부동산에 직접 귀속되는 반면, 재화의 생산이나 용역의 제공(또는 관리목적에 부동산의 사용)에서 창출된 현금흐름은 해당 부동산에만 귀속되는 것이 아니라 생산이나 공급 과정에서 사용된 다른 자산에도 귀속되기 때문이다. 따라서 이러한 특성에 기초하여 투자부동산과 자가사용부동산을 구별한다.

1.2 리스제공자와 리스이용자의 투자부동산의 인식

1.3절에서 기업이 보유하는 부동산이 투자부동산에 해당하는지의 여부를 설명하는데, 이해를 돕기 위해 본절에서 먼저 리스의 개념을 간략하게 설명한다(리스는 제16장에서 자세하게 설명함). 단, 본절에서 설명하는 리스계약 대상이 되는 자산은 토지와 건물 등 부동산에 국한한다.

리스(lease)란 자산을 소유한 자(리스제공자)가 그 자산을 이용하고자 하는 자(리스이용자)에게 일정 기간 동안 그 자산을 사용할 수 있는 권리를 이전하고, 리스이용자는 자산을 사용한 대가(리스료)를 리스제공자에게 지급하는 계약을 말한다.

(1) 리스제공자의 회계처리

리스제공자는 리스계약에 따라 보유 부동산을 리스이용자에게 이전하더라도 법적 소유권을 계속 보유한다. 이때 리스거래는 법적 형식이 아니라 경제적 실질에 따라 회계처리한다.

리스제공자는 실질에 따라 리스계약을 금융리스 또는 운용리스로 분류한다. 즉, 자산의 소유에 따른 위험과 보상의 대부분을 리스이용자에게 이전하였다면, 리스제공자는 그 자산을 리스이용자에게 매각한 것이나 다름없다. 이러한 성격의 리스를 금융리스(finance lease)라고 하는데, 리스제공자는 보유하고 있던 자산을 제거하고 향후 리스료로 수취할 금액의 현재가치를 리스채권으로 인식한다.[1)]

반면에 리스제공자가 리스계약에 따라 자산을 리스이용자에게 이전하였는데, 당해 자산의 소유에 따른 위험과 보상의 대부분을 계속 보유하고 있다면 이는 임대 거래나 다름없다. 이러한 성격의 리스를 운용리스(operating lease)라고 하는데, 리스제공자는 당해 자산을 계속 인식하되 리스개시일에 리스 대상 부동산을 투자부동산으로 분류한다.

리스제공자가 취득한 토지를 리스이용자에게 금융리스할 경우와 운용리스할 경우로 구분하여 회계처리를 예시하면 다음과 같다.

〈금융리스인 경우〉

(차) 리 스 채 권	×××[(1)]	(대) 토	지	×××

(1) 리스채권은 제8장에서 설명하는 금융자산에 해당한다.

〈운용리스인 경우〉

(차) 투 자 부 동 산	×××	(대) 토	지	×××

(2) 리스이용자의 회계처리

리스이용자는 리스제공자와 달리 금융리스와 운용리스의 구분 없이 리스계약에 따라 리스기간 동안 지급할 리스료의 현재가치를 리스부채로 인식하고, 리스기간 동안 특정 자산을 사용할 수 있는 권리를 사용권자산으로 인식한다.[2)] 리스이용자가 토지나 건물 등 부동산을 리스할 경우 리스개시일의 회계처리를 예시하면 다음과 같다.

---

1) 리스개시일 이후의 회계처리는 제16장에서 설명한다.

2) 리스이용자가 사용권자산과 리스부채의 인식을 면제하는 경우도 있는데, 이 부분은 중급회계에서 설명한다.

(차) 사 용 권 자 산	×××	(대) 리 스 부 채	×××(1)

(1) 리스부채는 제9장에서 설명하는 금융부채에 해당한다.

리스이용자가 부동산을 리스하면서 인식한 사용권자산은 사용 목적에 따라 재무상태표에 유형자산 또는 투자부동산으로 분류한다. 리스이용자가 리스계약에 따라 이전받은 부동산을 자가사용 목적으로 사용한다면 사용권자산을 유형자산으로 분류하고, 리스계약에 따라 이전받은 부동산을 다시 제3자에게 임대(이를 전대리스라고 함)한다면 사용권자산을 투자부동산으로 분류한다.

1.3 투자부동산의 해당 여부 판단

투자부동산(investment property)은 기준서 제1040호에서 규정하고 있는데, 투자부동산에 해당하는 사례와 해당하지 않는 사례를 요약하면 [표 1]과 같다.

| 표 1 | 투자부동산의 해당 여부 사례

구분	사례
투자부동산 해당	(1) 장기 시세차익을 얻기 위하여 보유하고 있는 토지 (2) 장래 사용목적을 결정하지 못한 채로 보유하고 있는 토지 (3) 직접 소유하고 운용리스로 제공하고 있는 건물(또는 보유하고 있는 건물에 관련되고 운용리스로 제공하고 있는 사용권자산) (4) 운용리스로 제공하기 위하여 보유하고 있는 미사용 건물 (5) 미래에 투자부동산으로 사용하기 위하여 건설 또는 개발 중인 부동산
투자부동산 해당 없음	(1) 통상적인 영업과정에서 판매하기 위한 부동산이나 이를 위하여 건설 또는 개발 중인 부동산 (2) 자가사용부동산 (3) 금융리스로 제공한 부동산

(1) 투자부동산에 해당하는 경우

[표 1]에서 투자부동산에 해당하는 경우를 보면, 장기 시세차익을 얻기 위해 보유하고 있는 토지는 투자부동산의 정의에 부합한다. 그러나 통상적인 영업과정에서 단기간에 판매하기 위하여 보유하는 토지는 재고자산으로 분류하여야 한다.

장래 사용목적을 결정하지 못한 채 보유하는 토지는 투자부동산으로 분류한다. 만약 토지를 자가사용할지, 통상적인 영업과정에서 단기간 내에 판매할지를 결정하지 못한 경우 당해 토지는 시세차익을 얻기 위하여 보유하고 있는 것으로 보고, 투자부동산으로 분류한다.

직접 소유하고 있던 건물을 운용리스로 제공하였다면 1.2절에서 설명한 바와 같이 리스제공자는 리스 대상 건물을 투자부동산으로 분류한다. 그리고 리스이용자가 사용권자산으로 인식한 부동산을 제3자에게 운용리스하였다면 이는 전대리스에 해당하는데, 전대리스 대상 사용권자산은 투자부동산으로 분류한다. 아직 사용하고 있지 않은 건물이더라도 운용리스로 제공할 목적으로 보유하고 있다면 투자부동산으로 분류한다. 또한 미래에 투자부동산으로 사용하기 위하여 건설 또는 개발 중인 부동산도 투자부동산으로 분류한다.

(2) 투자부동산에 해당하지 않는 경우

[표 1]에서 투자부동산에 해당하지 않는 경우를 보면, 통상적인 영업과정에서 판매하기 위한 부동산이나 이를 위하여 건설 또는 개발 중인 부동산은 재고자산으로 분류한다. 자가사용부동산은 미래에 자가사용하기 위한 부동산, 미래에 개발 후 자가사용할 부동산, 종업원이 사용하고 있는 부동산(종업원이 시장가격으로 임차료를 지급하고 있는지는 관계없음), 처분예정인 자가사용부동산을 포함한다. 처분예정 자가사용부동산은 본장에서 2절에서 설명할 매각예정비유동자산으로 분류하고, 나머지 자가사용부동산은 유형자산으로 분류한다.

한편, 보유하던 부동산을 금융리스로 제공하면 1.2절에서 설명한 바와 같이 보유자산을 제거하고 리스채권을 인식하므로 투자부동산을 인식할 여지는 없다.

(3) 투자부동산의 분류에 대한 추가 논의

부동산 중 일부분은 임대수익이나 시세차익을 얻을 목적으로 보유하고, 일부는 재화의 생산이나 용역의 제공 또는 관리목적에 사용하기 위하여 보유할 수 있다. 이러한 경우 부동산을 부분별로 분리하여 매각할 수 있으면 각 부분을 분리하여 투자부동산과 유형자산으로 회계처리한다. 그러나 부분별로 분리하여 매각할 수 없다면 재화의 생산이나 용역의 제공 또는 관리목적에 사용하기 위하여 보유하는 부분이 경미한 경우에만 당해 부동산을 투자부동산으로 분류한다.

예 1 투자부동산에 해당하는지의 판단

〈사례 1〉 임대업이 주업인 회사가 보유하는 임대용 건물
임대용역을 제공하는 것을 주요 영업활동으로 하는 갑회사는 임대목적으로 보유하는 건물을 단기간 내에 매각할 것이 아니므로 시세차익을 얻기 위해서 건물을 보유하는 것이 아니라고 주장한다. 이에 갑회사는 임대용 건물이 임대업이라는 회사의 주요 영업활동에 사용하는 자산이므로 유형자산으로 분류되어야 한다고 주장하는데, 이러한 주장은 타당한가?

임대목적 부동산의 경제적 성과는 임대기간의 임대수익과 미래 순임대수익의 가치변화로 구성된다고 볼 수 있다. 그리고 임대용역의 성과는 가까운 미래에 해당 부동산을 매각할 것인지와 관계없이 자가사용부동산인 유형자산과 거의 독립된 현금흐름을 창출한다. 따라서 이러한 부동산을 유형자산에 포함시키지 않고 별도의 자산으로 분류하여야 의사결정에 목적적합한 정보를 제공할 수 있다. 의사결정에 목적적합한 정보를 제공하기 위해서는 임대목적 부동산을 공정가치로 측정하고 공정가치의 변동을 당기손익으로 보고하는 것이 필요한데, 유형자산으로 분류하면 이와 같은 정보를 제공할 수 없다. 따라서 임대목적 부동산은 유형자산과 별개로 투자부동산이라는 자산으로 분류하는 것이 타당하다.

〈사례 2〉 개발 또는 건설 중인 부동산
을회사는 토지를 취득하여 이를 개발하고 토지 위에 건물을 신축한다. 을회사가 개발 또는 건설 중인 부동산은 어떤 자산으로 소분류하는가?

개발 또는 건설 중인 부동산은 향후 이를 어떻게 사용할 것인지에 따라 분류를 달리한다. 만약에 미래에 임대목적으로 사용하기 위하여 또는 시세차익을 얻기 위하여 부동산을 개발 또는 건설한다면 그 부동산은 투자부동산으로 분류한다. 미래에 자가사용하기 위하여 부동산을 개발 또는 건설한다면 그 부동산은 유형자산으로 분류한다. 그리고 정상적인 영업과정에서 판매하기 위하여 부동산을 개발 또는 건설 중이라면 그 부동산은 재고자산으로 분류한다.
그런데 개발 또는 건설 중인 부동산을 재고자산으로 분류하는 경우 개발 또는 건설이 종료되면 이를 판매하여 차익을 얻을 수 있는데, 시세차익을 얻기 위해 개발 또는 건설하는 투자부동산과의 차이점은 무엇인가? 개발 또는 건설 중인 부동산이 재고자산으로 분류되기 위해서는 정상적인 영업활동과정으로 부동산을 개발 또는 건설하여야 하며, 정상적인 영업과정이란 개발 또는 건설 후 이를 판매하는 것이 주요 영업이어야 함을 의미한다. 따라서 정상적인 영업활동과정인지 여부를 판단하여 재고자산과 투자부동산을 구분한다.

1.4 투자부동산의 인식

투자부동산은 제4장 2.1절에서 설명한 유형자산과 마찬가지로 다음의 조건을 모두 충족할 때 자산으로 인식한다.

① 투자부동산에서 발생하는 미래경제적효익의 유입가능성이 높다.
② 투자부동산의 원가를 신뢰성 있게 측정할 수 있다.

투자부동산은 최초 인식시점에 원가로 측정하며, 취득 과정에서 발생한 거래원가는 투자부동산의 최초 측정에 포함한다. 투자부동산의 원가에는 당해 자산을 취득하기 위하여 최초로 발생한 원가와 후속적으로 발생한 추가원가 및 대체원가[3]가 포함되며, 일상적으로 발생하는 유지원가는 발생기간의 비용으로 인식한다.

취득한 투자부동산의 원가는 취득금액 및 취득에 직접 관련이 있는 지출(법률용역의 대가로 전문가에게 지급하는 수수료, 부동산 구입과 관련된 세금 및 그 밖의 거래원가 포함)로 구성된다. 그러나 다음의 항목은 투자부동산의 원가에 포함하지 않고, 발생기간의 비용으로 인식한다.

- 경영진이 의도하는 방식으로 부동산을 운영하는 데 필요한 상태에 이르게 하는 데 직접 관련이 없는 초기원가
- 계획된 사용수준에 도달하기 전에 발생하는 부동산의 운영손실
- 건설이나 개발 과정에서 발생한 비정상적인 원재료, 인력 및 기타 자원의 낭비 금액

투자부동산을 후불조건으로 취득하는 경우의 원가는 취득시점의 현금가격상당액(cash price equivalent)으로 한다. 또한 현금가격상당액과 실제 총지급액의 차액은 유효이자율법을 적용하여 신용기간 동안 이자비용으로 인식한다. 이와 관련되는 회계처리는 제4장의 유형자산에서 이미 설명하였으므로 본장에서는 상세한 설명을 생략한다.

투자부동산을 교환거래를 통하여 취득할 수도 있는데, 제4장의 유형자산의 교환거래에서 설명한 회계처리와 동일하다. 즉, 제공한 자산의 공정가치로 교환취득한 자산의 취득원가를 인식하되, 제공한 자산의 공정가치보다 취득한 자산의 공정가치가 더 명백한 경우에는 취득한 자산의 공정가치로 교환취득한 자산의 취득원가를 인식한다. 한편, 교환거래에 상업적 실질이 결여되어 있거나(즉, 경제적 측면에서 식별가능한 효과가 없는 거래), 취득한 자산과 제공한 자산 중 어느 자산에 대해서도 공정가치를 신뢰성 있게 측정할 수 없는 경우에는 제공한 자산의 장부금액으로 원가를 측정한다.

---

3) 투자부동산의 일부를 대체하는 경우 대체에 소요되는 원가가 인식기준을 충족한다면 원가 발생시점에서 투자부동산의 장부금액에 인식하고, 대체되는 부분의 장부금액은 제거한다.

예 2 투자부동산의 인식

〈사례 1〉

갑회사는 임대목적으로 토지와 토지 위의 건물을 ₩100,000에 취득하였다. 자산 취득일 현재 토지와 건물의 상대적 공정가치 비율은 7 : 3이다. 취득 과정에서 취득세 ₩10,000과 부동산 중개수수료 ₩2,000을 지급하였으며, 건물의 내부 인테리어 공사로 ₩30,000의 원가가 발생하였다. 인테리어 공사 관련 원가는 자산의 인식조건을 충족한다. 갑회사는 자산 취득 시 어떻게 회계처리하는가?

토지와 건물의 일괄취득원가 = ₩100,000 + 10,000 + 2,000 = ₩112,000

인테리어 공사원가 ₩30,000은 건물의 취득원가에 가산한다.

(차)	투자부동산 - 토지	78,400[1]	(대) 현 금	142,000
	투자부동산 - 건물	63,600[2]		

(1) ₩112,000×7/10 = ₩78,400

(2) ₩112,000×3/10 + 30,000 = ₩63,600

〈사례 2〉

을회사는 20×1년 초에 임대목적으로 토지를 취득하였는데, 토지의 현금가격상당액은 ₩100,000이나 판매자와 합의하여 연 5%의 이자율을 적용하여 20×2년 말에 ₩110,250을 지급하기로 하였다. 을회사는 20×1년과 20×2년에 어떤 회계처리를 하는가?

투자부동산의 취득원가는 현금가격상당액으로 인식하고, 총지급액과 현금가격상당액의 차이를 2년에 걸쳐 유효이자율법을 적용하여 이자비용으로 인식한다.

<20×1. 1. 1.>

(차)	투 자 부 동 산	100,000	(대) 장 기 미 지 급 금	100,000

<20×1. 12. 31.>

(차)	이 자 비 용	5,000[1]	(대) 장 기 미 지 급 금	5,000

(1) ₩100,000×5% = ₩5,000

<20×2. 12. 31.>

(차)	이 자 비 용	5,250[2]	(대) 장 기 미 지 급 금	5,250

(2) (₩100,000 + 5,000)×5% = ₩5,250

(차)	장 기 미 지 급 금	110,250	(대) 현 금	110,250

〈사례 3〉

병회사는 투자부동산으로 분류하고 있는 토지(장부금액 ₩200,000)를 다른 회사가 보유하고 있는 토지와 토지 위에 정착된 건물과 교환하였다. 다른 회사가 보유하고 있는 토지와 건물의 상대적 공정가치 비율은 3 : 1이다. 제공한 토지의 공정가치가 ₩300,000으로 더 명백한 경우와 취득한 토지와 건물의 일괄 공정가치가 ₩320,000으로 더 명백한 경우로 구분하여 교환거래의 회계처리를 제시하기로 한다. 단, 병회사는 교환으로 취득한 토지와 건물도 투자부동산으로 분류하며, 교환거래에 상업적 실질이 결여되어 있지는 않다.

<사례 3>은 교환거래를 통한 일괄취득 사례이다. 일단 일괄취득자산의 총취득금액을 교환거래의 규정을 준용하여 결정한 후, 그 총취득금액을 개별 취득자산의 상대적 공정가치에 비례하여 안분한다.

(1) 제공한 자산의 공정가치가 더 명백한 경우

제공한 토지의 공정가치 ₩300,000이 취득한 토지와 건물의 일괄취득 금액이다.

(차)	투자부동산 – 토지	225,000(1)	(대)	투자부동산 – 토지	200,000
	투자부동산 – 건물	75,000(2)		투자부동산처분이익	100,000

(1) ₩300,000×3/4 = ₩225,000
(2) ₩300,000×1/4 = ₩75,000

(2) 취득한 자산의 공정가치가 더 명백한 경우

취득한 토지와 건물의 일괄 공정가치 ₩320,000이 더 명백하므로 이 금액이 토지와 건물의 일괄취득 금액이다.

(차)	투자부동산 – 토지	240,000(1)	(대)	투자부동산 – 토지	200,000
	투자부동산 – 건물	80,000(2)		투자부동산처분이익	120,000

(1) ₩320,000×3/4 = ₩240,000
(2) ₩320,000×1/4 = ₩80,000

1.5 공정가치모형의 적용

투자부동산은 임대수익이나 시세차익을 얻기 위하여 보유하는 부동산으로서 다른 자산과 거의 독립적으로 현금흐름을 창출한다. 제4장에서 설명한 유형자산은 재화의 생산이나 용역의 제공에 사용되면서 현금흐름을 창출하는데, 이렇게 창출된 현금흐름은 당해 유형자산뿐만 아니라 다른 자산에도 귀속된다. 예를 들어, 공장 건물(부동산)이라는 유형자산의 감가상각비는 재고자산의 취득원가(제조원가)를 구성한다. 따라서 독립적으로 현금흐름을 창출하는지, 아니면 다른 자산에 현금흐름이 귀속되는지가 투자부동산과 자가사용부동산(유형자산)을 구별하는 중요한 특성이다.

임대수익이나 시세차익을 얻기 위해 기업이 보유하는 투자부동산으로부터 미래에 현금이 얼마나 유입될 것인지를 회계정보이용자가 평가하려면 투자부동산의 원가 정보보다 공정가치 정보가 훨씬 더 목적적합하다. 예를 들어, 임대목적으로 사용하는 투자부동산의 공정가치가 변동하면 이를 매각하여 얻을 수 있는 시세차익이 변할 뿐만 아니라, 임대수익도 달라질 수 있다. 왜냐하면 일반적으로 임대목적 건물의 가격이 올라가면 건물 주인은 임대료도 더 많이 받으려 하기 때문이다.

국제회계기준은 투자부동산에 대해서 원가모형(cost model)과 공정가치모형(fair value model) 중 한 가지 측정모형을 선택하도록 규정하고 있다. 투자부동산에 대해서 공정가치모형의 적용을 강제하지 않는 이유는 각 국가마다 부동산 시장의 성숙도가 다르기 때문에 신뢰성 있는 공정가치 측정이 어려울 수 있다는 점을 고려한 결과이다.

기업이 투자부동산에 대해서 원가모형을 적용한다면 이는 부동산을 유형자산으로 분류한 경우와 재무제표에 미치는 영향이 동일할 것이다. 따라서 국제회계기준은 투자부동산에 대해서 원가모형을 적용하더라도 투자부동산의 공정가치 정보를 주석으로 공시하도록 규정함으로써 회계정보 이용자가 투자부동산의 재무성과를 평가하는 데 도움을 받을 수 있도록 하고 있다.

참고로 롯데쇼핑㈜의 제49기 재무제표 주석에 공시되어 있는 투자부동산과 관련된 내용 중 일부를 제시하면 다음과 같다. 롯데쇼핑㈜는 투자부동산에 대해서 원가모형을 적용하고 있으며, 당기 말 장부금액은 약 9,918억 원인데 공정가치모형을 적용했더라면 1조 6천억 원 정도의 금액으로 평가되었을 것으로 예상할 수 있다.

주석 공시 사례 **주석 15. 투자부동산**

(1) 당기 말과 전기 말 현재 투자부동산의 내역은 다음과 같습니다. (단위 : 천 원)

과목	제49(당)기		
	취득원가	상각누계액	장부금액
토지	531,081,365	–	531,081,365
건물	606,380,767	(145,674,503)	460,706,264
합계	1,137,462,132	(145,674,503)	991,787,629

(중략)

(4) 투자부동산 관련 수익 및 비용
당기와 전기 중 투자부동산과 관련하여 수익 및 비용으로 인식한 내역은 다음과 같습니다. (단위 : 천 원)

구분	제49(당)기
임대수익	76,133,762
직접 운영비용(유지 및 보수비용 포함)	53,717,075

(5) 당기 말 현재 투자부동산에 대한 공정가치 평가내역은 다음과 같습니다. (단위 : 천 원)

구분	장소	장부금액	공정가치
토지 및 건물	서울시 송파구 잠실동 40-1외 55건	991,787,629	1,559,350,895

투자부동산의 공정가치모형은 제4장에서 설명한 유형자산의 재평가모형과 유사하지만 다른 점도 많다. 두 모형을 비교하면 [표 2]와 같다.

| 표 2 | 공정가치모형과 재평가모형의 비교

구분	투자부동산의 공정가치모형	유형자산의 재평가모형
적용 범위	모든 투자부동산에 대해서 공정가치 측정	유형자산의 분류에 따라 공정가치 측정 선택 가능
적용 빈도	매 보고기간 말에 적용	1년마다 또는 3년이나 5년마다 적용 가능
평가손익	평가이익과 평가손실 모두 당기손익으로 인식	재평가잉여금은 기타포괄손익으로 인식하고, 이미 인식한 재평가잉여금을 초과하는 평가손실은 당기손익으로 인식
감가상각	감가상각하지 않음	재평가한 장부금액에 기초하여 감가상각비 인식

유형자산의 재평가모형은 유형자산의 분류별(토지, 건물, 기계장치 등의 분류를 말함)로 재평가모형을 적용하므로 토지에 대해서는 재평가모형을 적용하고 건물에 대해서는 원가모형을 적용할 수 있다. 그러나 투자부동산에 대해서 공정가치모형을 적용하기로 선택하였다면 모든 투자부동산을 공정가치로 측정하여야 한다. 따라서 투자부동산으로 분류한 토지는 공정가치모형을 적용하고, 투자부동산으로 분류한 건물은 원가모형을 적용할 수 없다.

투자부동산에 대해서 공정가치모형을 적용할 경우 매 보고기간마다 적용한다. 그러나 유형자산의 재평가 빈도는 재평가되는 유형자산의 공정가치 변동에 따라 달라진다. 따라서 매년 재평가를 할 수도 있고 3년이나 5년마다 재평가를 할 수도 있다.

유형자산을 재평가할 때 인식한 재평가잉여금은 기타포괄손익으로 회계처리 반면, 투자부동산에 공정가치모형을 적용할 때 인식하는 평가손익은 당기손익으로 회계처리한다. 그리고 상각자산인 유형자산에 재평가모형을 적용할 경우 전기 말 재평가금액에 기초하여 감가상각비를 인식하는 반면, 상각자산인 투자부동산에 공정가치모형을 적용할 경우에는 감가상각비를 인식하지 않는다. 공정가치모형을 적용하는 투자부동산에 대해서 감가상각비를 인식하더라도 그만큼 공정가치평가이익을 더 많이 인식하거나 공정가치평가손실을 더 적게 인식하게 되어 궁극적으로 당기순손익에 미치는 영향은 달라지지 않는다. 따라서 실무의 편의를 위해 공정가치모형을 적용하는 투자부동산에 대해서 감가상각을 요구하지 않는다.

공정가치모형을 적용하는 투자부동산의 회계처리는 다음과 같다.

(차) 투 자 부 동 산	×××	(대) 투자부동산평가이익	×××(1)
또는			
(차) 투자부동산평가손실	×××(1)	(대) 투 자 부 동 산	×××

(1) 투자부동산평가손익은 당기손익에 해당한다. 한편, 감가상각비는 인식하지 않는다.

예 3 원가모형과 공정가치모형의 비교

갑회사는 임대목적으로 사용하기 위해서 20×1년 1월 1일에 건물을 취득하여 투자부동산으로 분류하였다. 건물의 취득원가는 ₩200,000이며 내용연수는 20년, 잔존가치는 없다고 추정하였다. 갑회사는 유형자산으로 분류한 건물을 정액법으로 상각하고 있다. 갑회사가 투자부동산 건물에 대해서 원가모형을 적용한 경우와 공정가치모형을 적용한 경우의 회계처리를 비교해 보기로 한다. 단, 건물의 20×1년 말과 20×2년 말의 공정가치는 각각 ₩202,000과 ₩188,000이다.

(1) 원가모형 적용 시

<20×1. 1. 1.>

(차) 투 자 부 동 산	200,000	(대) 현 금	200,000

<20×1. 12. 31.>

(차) 감 가 상 각 비	10,000	(대) 감 가 상 각 누 계 액	10,000

(1) ₩200,000÷20년＝₩10,000. 매 회계연도에 ₩10,000의 감가상각비를 인식한다.

(2) 공정가치모형 적용 시

<20×1. 1. 1.>

(차)	투 자 부 동 산	200,000	(대) 현 금	200,000

<20×1. 12. 31.>

(차)	투 자 부 동 산	2,000	(대) 투자부동산평가이익	2,000[(2)]

(2) ₩202,000 − 200,000 = ₩2,000(평가이익)

<20×2. 12. 31.>

(차)	투자부동산평가손실	14,000[(3)]	(대) 투 자 부 동 산	14,000

(3) ₩188,000 − 202,000 = (−)₩14,000(평가손실)

공정가치모형을 적용할 경우 감가상각비는 인식하지 않는다.

1.6 제거

투자부동산을 처분하거나, 사용을 영구히 중지하고 처분으로도 더 이상의 경제적효익을 기대할 수 없는 경우에는 재무상태표에서 제거한다. 투자부동산의 장부금액과 순처분금액의 차이는 폐기나 처분이 발생한 기간에 당기손익으로 인식한다.

투자부동산의 처분대가에 변동금액이 포함될 수 있다. 예를 들어, 계약에 할인, 리베이트, 장려금, 성과보너스 또는 위약금 등이 포함되거나, 유의적인 금융요소가 포함되기도 한다. 이러한 경우에는 기준서 제1115호 '고객과의 계약에서 생기는 수익'의 거래가격 산정에 관한 요구사항에 따라 처분대가를 결정한다. 즉, 예상되는 할인, 리베이트 등이 있는 경우에는 금액을 추정하여 이를 처분대가에 반영하고, 유의적인 금융요소가 있는 경우에는 현금으로 결제했다면 지급했을 금액(즉, 현금판매가격)으로 처분대가를 결정한다. 기준서 제1115호의 관련 내용은 제12장 2.3절에서 자세하게 설명한다.

한편, 공정가치모형을 적용하는 투자부동산을 자가사용부동산이나 재고자산으로 대체하거나, 자가사용부동산이나 재고자산을 공정가치모형을 적용하는 투자부동산으로 대체하는 경우는 회계처리가 다소 복잡하므로 중급회계에서 설명하기로 한다.

2 매각예정비유동자산

2.1 매각예정비유동자산이란?

기준서 제1105호 '매각예정비유동자산과 중단영업'은 매각예정비유동자산을 다음과 같이 정의한다.

> 비유동자산의 장부금액이 계속사용이 아닌 매각거래를 통하여 주로 회수될 경우 이를 매각예정비유동자산으로 분류한다.

유형자산과 같은 비유동자산은 기업이 영업활동과정에서 장기간 사용하기 위해서 보유한다. 그러나 이를 매각하기로 결정했다면 비유동자산의 장부금액은 계속사용이 아닌 매각거래를 통해서 회수될 것이므로 원가로 측정된 당해 자산의 장부금액은 재무제표 이용자의 의사결정에 별로 중요하지 않다. 오히려 당해 자산을 매각하면 얼마나 현금이 유입될 것인지에 대한 정보가 의사결정에 더 유용한 정보가 될 수 있다. 따라서 매각예정분류기준을 충족한 비유동자산을 매각예정비유동자산(non-current assets held for sale)이라는 별개의 자산으로 분류하고, 순공정가치로 측정한 정보를 제공함으로써 의사결정에 유용한 정보를 제공할 수 있다.

비유동자산을 단순히 매각하기로 결정했다고 해서 무조건 매각예정비유동자산으로 분류하는 것은 아니다. 비유동자산이 매각예정분류기준을 충족하기 위해서는 현재의 상태에서 통상적이고 관습적인 거래조건만으로 즉시 매각가능해야 하며, 매각될 가능성이 매우 높아야 한다.[4)]

비유동자산으로 분류했던 자산을 단순히 경영진이 매각 의도를 가지고 있다거나, 기대 잔여 사용기간이 1년 미만이 되었다는 이유만으로 유동자산으로 재분류할 수는 없다. 또한, 매각만을 목적으로 취득한 자산이더라도 전술한 매각예정분류기준을 충족하지 못한다면 유동자산으로 분류할 수 없다. 한편, 폐기될(to be abandoned) 비유동자산도 매각예정으로 분류할 수 없다. 왜냐하면 폐기될 비유동자산의 장부금액은 원칙적으로 계속 사용함으로써 회수되기 때문이다.

---

4) 더 상세한 매각예정분류조건은 중급회계에서 설명한다.

예 4 매각예정으로의 분류에 대한 판단

〈사례 1〉 사용중단 자산

"매각예정은 계속 사용하지 않을 경영자의 의도가 반영되어 있다. 따라서 '매각예정자산'이라는 분류 대신에 '실제 사용이 중단된 자산'으로 관점을 바꾼다면 경영자의 의도보다 사실관계에 근거하여 자산을 분류할 수 있으므로 자산분류 과정의 복잡성이 낮아질 수 있다." 이러한 주장에 대해서 어떻게 생각하는가?

특정 자산의 사용이 중단되었다고 그 자산이 처분되는 것은 아니다. 특정 자산이 매각예정의 분류기준을 충족할 경우 이를 구분하는 이유는 매각예정자산의 미래현금흐름이 사용중단 자산의 미래현금흐름과 시기, 금액 및 불확실성에서 근본적인 차이가 있기 때문이다. 또한 사용이 중단된 자산이라는 관점을 적용한다면 이것이 영구적인 사용 중단인지, 아니면 일정 기간의 운휴 상태인지 등을 구분해야 하므로 오히려 복잡성이 높아질 수 있다.

〈사례 2〉 매각기간의 연장

갑회사는 공장건물과 부속토지를 매각하는 계획을 발표하였다. 갑회사는 공장건물과 부속토지의 매각대금으로 새로운 사업을 개시하려고 한다. 그런데 경기둔화로 인하여 공장건물과 부속토지의 매각이 1년 내에 완료되지는 못할 것으로 예상된다. 그럼에도 불구하고 공장건물과 부속토지를 매각예정비유동자산으로 분류할 수 있는가?

기업이 통제할 수 없는 사건이나 상황 때문에 매각기간이 1년을 초과하여 연장될 것으로 예상되지만 갑회사가 여전히 해당 자산의 매각계획을 확약한다는 충분한 증거가 있다면 매각이 완료되기까지의 기간이 연장된다고 하더라도 해당 자산을 매각예정으로 분류할 수 있다.

2.2 매각예정비유동자산의 회계처리

매각예정으로 분류된 비유동자산은 순공정가치와 장부금액 중 작은 금액으로 측정한다. 이때 비유동자산의 순공정가치는 공정가치에서 처분부대원가(1년 이후에 매각될 것으로 예상된다면 현재가치로 측정)를 뺀 금액을 말하며, 비유동자산의 장부금액은 매각예정으로 최초 분류하기 직전에 적용가능한 한국채택국제회계기준에 따라 측정한 금액을 말한다.

매각예정 분류일에 비유동자산의 장부금액보다 순공정가치가 작다면 순공정가치로 매각예정비유동자산을 인식하고, 장부금액과 순공정가치의 차이를 손상차손으로 인식한다. 매각예정 분류일 이후 매각예정비유동자산을 즉시 매각하지 못하고 보고기간 말까지 보유하고 있는 경우 보고기간 말 현재 순공정가치로 매각예정비유동자산을 재측정한다. 이때 순공정가치가 하락하였다면 추가로 손상차손을 인식하고, 순공정가치가 상승하였다면 그전에 인식했던 손상차손누계액을 한도로 손상차손환입을 인식한다.

상각대상자산이 매각예정비유동자산으로 분류된 경우에는 감가상각을 하지 않는다. 그 이유는 매각예정으로 분류된 자산은 계속 사용을 통해서 장부금액을 회수하는 것이 아니라 매각을 통해서 장부금액을 회수할 것이기 때문에 감가상각비라는 정보는 더 이상 재무제표 이용자의 의사결정에 유용한 정보가 아니다. 즉, 매각예정비유동자산은 원가의 배분보다 평가의 과정에 초점을 두는 회계처리를 한다.

매각예정비유동자산(기계장치 가정)의 회계처리를 예시하면 다음과 같다.

〈최초 매각예정 분류일〉

(차)	매각예정비유동자산	×××	(대)	기계장치	×××[(1)]
	감가상각누계액	×××[(1)]			
	손상차손	×××[(2)]			

(1) 매각예정 분류 직전 관련 기준서에 따라 측정한 장부금액을 제거하고 매각예정비유동자산으로 대체
(2) 매각예정으로 분류하는 자산의 장부금액보다 순공정가치가 작은 경우 손상차손 인식

〈보고기간 말 현재 아직 매각되지 않은 경우〉

(차)	손상차손	×××[(3)]	(대)	매각예정비유동자산	×××
또는					
(차)	매각예정비유동자산	×××	(대)	손상차손환입	×××[(3)]

(3) 보고기간 말 현재 순공정가치의 추가 하락이 있다면 손상차손을 인식하고, 순공정가치가 증가하면 이전에 인식하였던 손상차손누계액을 한도로 손상차손환입을 인식한다. 그러나 감가상각비는 인식하지 않는다.

매각예정비유동자산을 순공정가치와 장부금액 중 작은 금액으로 측정하기 때문에 매각예정으로 분류하는 과정에서 이익을 인식할 수는 없다. 만약 이익을 인식할 수 있도록 하면 이는 원가로 측정하던 자산을 매각하기로 결정하는 순간 공정가치법을 적용하는 자산으로 변경하는 것과 다름없다.

매각예정비유동자산의 회계처리를 요약하면 [그림 1]과 같다.

| 그림 1 | 매각예정비유동자산의 회계처리

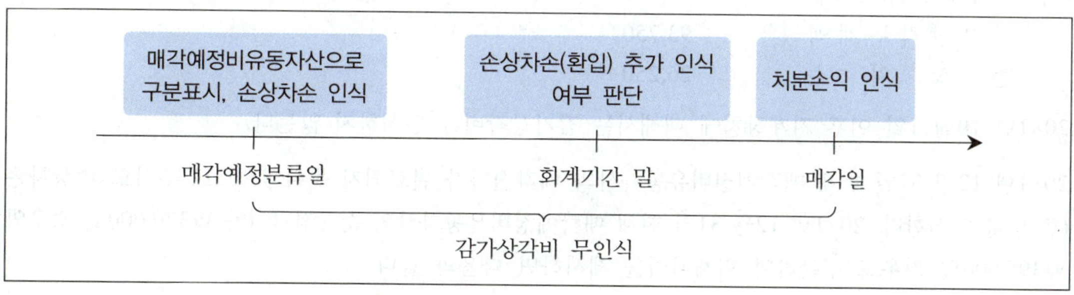

지금까지 설명한 매각예정비유동자산은 개별 자산에 국한한 것인데 복수의 자산과 부채가 포함된 처분자산집단이 매각예정으로 분류될 수도 있다. 여기에 대한 회계처리는 중급회계에서 설명한다.

예 5 매각예정비유동자산의 측정

> 갑회사(보고기간 말 12월 31일)는 20×1년 10월 1일에 이사회의 결의로 사용하던 기계장치를 매각하기로 결정하였는데, 그 시점에서 기계장치는 매각예정비유동자산의 분류조건을 충족한다. 기계장치의 20×1년 1월 1일 현재 장부금액은 ₩500,000이며, 잔존내용연수는 4년이고 잔존가치 없이 정액법으로 감가상각한다. 기계장치의 매각절차는 20×1년 12월 31일까지 완료되지 못하였으나 20×2년 상반기 중에 모두 완료될 것으로 판단된다. 20×1년 10월 1일 현재 기계장치의 순공정가치는 ₩380,000이다.
> 아래에서 매각예정비유동자산에 대한 갑회사의 회계처리를 설명하기로 한다.

갑회사가 20×1년 10월 1일에 기계장치를 매각예정으로 분류하기 위해서는 우선 그 시점의 기계장치의 장부금액을 계산해야 한다.

20×1. 1. 1. ~ 9. 30.까지 감가상각비 = ₩500,000÷4년×9/12 = ₩93,750

20×1. 10. 1. 현재 기계장치 장부금액 = ₩500,000 − 93,750 = ₩406,250

매각예정 분류일에 인식할 기계장치 손상차손 = ₩380,000 − 406,250 = (−)₩26,250

<20×1. 10. 1.>

(차) 감 가 상 각 비 93,750 (대) 감 가 상 각 누 계 액 93,750

(차) 매각예정비유동자산 380,000 (대) 기 계 장 치 500,000
감 가 상 각 누 계 액 93,750
손 상 차 손 26,250

20×1년 10월 1일 이후 기계장치에 대해서는 감가상각비를 인식하지 않는다.

20×1년 12월 31일 현재 매각예정비유동자산의 매각절차가 완료되지 못하였으므로 추가로 손상차손(환입)을 인식한다. 20×1년 12월 31일 현재 매각예정비유동자산의 순공정가치가 ₩370,000일 경우와 ₩395,000일 경우로 구분하여 회계처리를 제시하면 다음과 같다.

<20×1. 12. 31.>

① 매각예정비유동자산의 순공정가치가 ₩370,000인 경우

(차) 손 상 차 손 10,000(1) (대) 매각예정비유동자산 10,000

(1) 매각예정비유동자산을 ₩380,000에서 ₩370,000으로 ₩10,000을 감소시키면서 손상차손 인식

② 매각예정비유동자산 순공정가치가 ₩395,000인 경우

(차) 매각예정비유동자산 15,000 (대) 손 상 차 손 환 입 15,000(2)

(2) 기계장치를 ₩380,000에서 ₩395,000으로 ₩15,000을 증가시키면서 손상차손환입 인식
손상차손환입의 최대 인식금액은 20×1년 10월 1일에 인식한 손상차손누계액 ₩26,250이다.

2.3 매각예정비유동자산의 재무제표 표시 및 공시

매각예정으로 분류된 비유동자산은 다른 자산과 별도로 재무상태표에 표시한다. 또한 처분자산집단이 매각예정으로 분류되었다면 처분자산집단에 포함되는 자산이나 부채도 다른 자산이나 부채와 별도로 재무상태표에 표시한다. 이때 해당 자산과 부채를 상계하여 단일금액으로 표시할 수 없다. 또한 매각예정으로 분류된 비유동자산과 관련하여 기타포괄손익으로 인식한 금액이 있다면 이 금액도 별도로 표시한다.

예를 들어, 20×2년도에 처분자산집단이 매각예정으로 분류되고, 그 처분자산집단에 특정 자산에 대해서 인식한 기타포괄손익과 관련 부채가 포함되어 있을 때, 이들을 재무상태표에 어떻게 표시하는지 제시하면 다음과 같다.

과목	20×2	20×1
자산		
비유동자산		
……	×××	×××
비유동자산 계	×××	×××
유동자산		
……	×××	×××
유동자산 계	×××	×××
매각예정비유동자산	×××	–
자산 총계	×××	×××
자본 및 부채		
지배기업 소유주에 귀속되는 자본		
……	×××	×××
매각예정비유동자산 관련 기타포괄손익	×××	–
비지배지분	×××	×××
자본 총계	×××	×××
비유동부채		
……	×××	×××
비유동부채 계	×××	×××
유동부채		
……	×××	×××
유동부채 계	×××	×××
매각예정비유동자산 관련 부채	×××	–
부채 총계	×××	×××
자본 및 부채 총계	×××	×××

매각예정비유동자산의 손상차손(환입)은 제3장에서 설명했던 포괄손익계산서 양식의 어디에 표시하는가? 매각예정비유동자산이 제3장 3.4절에서 설명한 중단영업에 속하는 자산이라면 중단영업손익으로 하여 중단영업 범주로 분류하고, 그렇지 않다면 계속영업손익(포함되어 있는 수익과 비용을 영업, 투자, 재무 범주로 분류)에 포함시킨다.

한편, 비유동자산(또는 처분자산집단)을 매각예정으로 분류한 기간이나 매각한 기간에는 다음을 주석으로 공시한다.

① 비유동자산(또는 처분자산집단)의 상세 내역

② 매각 관련 사실과 정황, 처분의 방법과 시기

③ 인식한 손상차손(환입)

3 생물자산

3.1 생물자산이란?

기준서 제1041호 '생물자산'은 생물자산과 수확물을 다음과 같이 정의한다.

> 생물적 변환과 수확을 관리하는 농림어업활동의 대상이 되는 살아 있는 동물과 식물을 생물자산이라고 한다. 그리고 생물자산에서 수확한 생산물을 수확물이라고 한다.

기업은 양모를 얻기 위해서 양을 키우기도 하고, 나무를 벌목하여 판매하기 위해서 조림지에서 나무를 키우기도 한다. 이때 양이나 조림지의 나무와 같이 살아있는 동식물을 생물자산(biological asset)이라고 하며, 양모나 벌목한 나무와 같이 생물자산으로부터 수확한 생산물을 수확물(agricultural produce)이라고 한다.

모든 살아 있는 동식물이 기업의 생물자산이 되는 것은 아니다. 기업이 소유하는 살아있는 동식물이 생물자산으로 분류되기 위해서는 기업이 농림어업활동을 수행하여야 한다. 농림어업활동이란 판매목적 또는 수확물이나 추가적인 생물자산으로의 전환목적으로 생물자산의 생물적 변환과 수확을 관리하는 활동을 말한다.

농림어업활동에는 목축, 조림, 일년생이나 다년생 곡물의 재배, 과수재배와 농원경작, 화훼원예, 양식(양어 포함)과 같은 다양한 활동이 포함된다. 그러나 관리하지 않는 자원을 수확하는 것, 예를 들어, 원양어업이나 천연림 벌채 등은 농림어업활동에 해당하지 않으므로 바닷속의 참치나 천연림에서 자라는 나무는 회사의 생물자산이 될 수 없다.

예 6 생물자산으로의 분류에 대한 판단

〈사례 1〉 아쿠아리움에서 키우는 열대어
㈜퍼시픽 아쿠아리움은 두 가지 목적으로 열대어를 키운다. 하나는 일반 대중의 관람 목적으로, 다른 하나는 일반 대중에게 판매할 목적으로 열대어를 키운다. 두 가지 사업에서 발생하는 현금흐름은 모두 유의적이다. ㈜퍼시픽 아쿠아리움은 열대어를 생물자산으로 분류할 수 있는가?

생물자산으로 분류하기 위해서는 기업이 농림어업활동을 수행하여야 한다. 즉, 판매목적 또는 수확물이나 추가적인 생물자산으로의 전환목적으로 생물자산의 생물적 변환과 수확을 관리하는 활동을 수행하여야 동식물을 생물자산으로 분류할 수 있다. ㈜퍼시픽 아쿠아리움이 일반 대중에게 판매할 목적으로 키우는 열대어는 농림어업활동과 관련되어 있으므로 생물자산으로 분류한다. 그러나 관람 목적으로 키우는 열대어는 농림어업활동보다는 ㈜퍼시픽 아쿠아리움의 영업활동(관람)에 장기간 사용할 목적으로 보유하는 자산이므로 유형자산으로 분류한다.

〈사례 2〉 벌목할 나무
㈜나무제지는 종이원료인 펄프 생산을 위해서 인도네시아 정부의 허가를 받아 열대림 A지역에 조림지를 조성하고 이곳에서 나무를 키워 벌목하고 있다. 또한 ㈜나무제지는 인도네시아 정부에 소정의 대금을 지급하고 열대림 B지역에서 자라고 있는 천연림 30만톤을 벌채할 수 있는 권리를 획득하여 나무를 벌목하고 있다. ㈜나무제지가 벌목할 열대림 A지역과 B지역에서 자라고 있는 나무들은 회사의 생물자산인가?

생물자산으로 분류하기 위해서는 농림어업활동과 관련되어야 한다. 열대림 A지역의 나무들은 ㈜나무제지가 조림활동을 수행하므로 농림어업활동과 관련되어 있다. 따라서 열대림 A지역에서 자라는 나무들은 ㈜나무제지의 생물자산이다. 그러나 열대림 B지역은 천연림 상태에서 ㈜나무제지가 벌목할 수 있는 권리를 갖고 있을 뿐 농림어업활동을 수행하지 않으므로 열대림 B지역에서 자라는 나무들은 ㈜나무제지의 자산이 될 수 없다. 다만, 벌채의 권리를 획득하기 위해서 지급한 대가는 제6장에서 설명하는 무형자산으로 인식하고 벌채한 양에 비례하여 상각하면 될 것이다.

〈사례 3〉 실험용 동물
㈜첨단제약은 실험용 쥐와 돼지를 키운다. 이 동물들은 개발된 신약의 효과와 안전성을 검증하기 위하여 사람에 대한 임상실험 전에 수행되는 동물실험에 사용될 것이다. 실험용 동물은 특정 실험이 끝날 때마다 소각된다. 쥐는 태어나서 1개월 후, 돼지는 태어나서 6개월 후가 되면 실험용으로 사용할 수 있다. ㈜첨단제약이 키우는 실험용 쥐와 돼지는 생물자산으로 분류되는가?

쥐와 돼지를 키우는 ㈜첨단제약의 활동을 농림어업활동으로 보기는 어렵다. 왜냐하면 ㈜첨단제약이 쥐와 돼지를 판매하거나 수확물을 얻기 위해서 쥐와 돼지를 키우는 것이 아니기 때문이다. 쥐와 돼지는 오직 신약을 개발하는 과정에서 신약의 효과와 안전성을 검증하는 데 소비될 뿐이다. 쥐와 돼지를 키우는 데 소요되는 원가는 신약의 연구개발활동의 일부에 해당하므로 제6장에서 설명하는 무형자산의 인식요건을 모두 충족하면 무형자산으로 인식하고, 그렇지 않을 경우에는 당기손익으로 인식한다.

3.2 생물자산 및 수확물의 인식과 측정

(1) 인식기준

생물자산이나 수확물은 다음의 조건이 모두 충족되는 경우에 한하여 인식한다.

① 과거사건의 결과로 자산을 통제한다.
② 자산과 관련된 미래경제적효익의 유입가능성이 높다.
③ 자산의 공정가치나 원가를 신뢰성 있게 측정할 수 있다.

제4장의 유형자산이나 본장 1절에서 설명한 투자부동산의 인식조건과 생물자산이나 수확물의 인식조건은 다소 차이가 있다. 위의 인식조건 ①을 보면, 과거사건의 결과로 자산을 통제할 것을 요구하는데, 생물자산은 취득이 아니라 번식을 통해 그 수가 증가할 수 있고, 특히 동물의 경우에는 넓은 지역에 방목하는 경우가 많으므로 어느 생물자산이 특정 기업이 통제하는 자산인지 불분명할 수 있다. 따라서 다양한 방법을 통해서 기업이 통제한다는 것을 확인해야 하는 인식조건을 요구하는 것이다.[5)]

한편, 위의 인식조건 ③을 보면, 공정가치 측정을 규정하고 있다. 투자부동산은 원가모형과 공정가치모형 중 하나를 기업이 선택할 수 있는 반면, 생물자산은 활성시장이 존재하는 경우 공정가치모형의 적용을 강제하고 있다. 그 이유는 생물자산의 공정가치 변동이 기업의 미래경제적효익에 대한 기대 변화와 직접 관련되며, 한 가지 방법을 강제함으로써 비교가능성을 높일 수 있기 때문이다. 예를 들어, 조림업계의 경우 나무를 키워 이를 판매할 때까지 수십년이 걸리는데, 나무를 역사적 원가로 회계처리한다면 조림을 시작할 때부터 수확할 때까지 장기간 동안 수익을 전혀 보고하지 못할 수 있다. 반면에 공정가치모형을 적용하여 생물자산의 생물학적 성장을 인식하고 측정한다면 조림이 시작될 때부터 수확할 때까지의 기간에 걸쳐 수익을 보고할 수 있다. 이러한 공정가치 측정은 생물자산뿐만 아니라 수확물에도 적용한다. 다만, 생물자산의 경우에는 공정가치 측정이 곤란한 상황이라면 예외적으로 원가 측정을 허용한다.

---

5) 농림어업활동에서 자산의 통제는 예를 들어, 법적 소유권에 의하거나 취득·출생·이유 시점에 낙인을 찍거나 그 밖의 방법으로 가축에 표시하여 입증할 수 있다.

(2) 생물자산 및 수확물의 측정 및 회계처리

농림어업활동에서 자산에 대한 통제는 법적 소유권에 의하거나, 동물에 낙인을 찍거나 그 밖의 방법으로 가축에 표시하여 입증할 수 있다. 생물자산과 수확물의 측정을 요약하면 [표 3]과 같다.

| 표 3 | 생물자산과 수확물의 측정

구분	측정기준	평가손익의 인식
생물자산	최초 인식시점 및 매 보고기간 말에 순공정가치[6]로 측정	최초 인식시점에 순공정가치로 인식하여 발생하는 평가손익 및 최초 인식 후 생물자산의 순공정가치 변동으로 발생하는 평가손익은 발생기간의 당기손익에 반영
수확물	수확시점에만 순공정가치로 측정	최초 인식시점에 순공정가치로 인식하여 발생하는 평가손익은 발생기간의 당기손익에 반영

전술한 생물자산과 수확물의 인식기준에서는 공정가치 측정을 규정하고 있는데, [표 3]의 측정기준을 보면 순공정가치(공정가치[7]에서 추정매각부대원가를 차감한 금액)로 측정하도록 규정하고 있다. 생물자산을 순공정가치로 측정하면 보고기간 말에 생물자산으로부터 기업에 유입될 것으로 기대되는 경제적효익의 시장 추정치를 표시할 수 있다. 한편, 생물자산을 순공정가치가 아니라 추정매각부대원가를 차감하지 않은 공정가치로 측정하면 생물자산이 판매될 때까지 손실의 인식이 이연될 수 있다.[8] 따라서 생물자산과 수확물을 순공정가치로 측정하는 것이다.

생물자산이 갖는 가장 큰 특징은 생물적 변환(biological transformation)이다. 생물적 변환은 생물자산에 질적 또는 양적 변화를 일으키는 성장, 퇴화, 생산 그리고 생식 과정으로 구성된다. 새끼 젖소가 성숙한다든지, 조림지의 나무가 성장한다든지 하는 것이 생물자산의 생물적 변환인데, 생물자산은 생물적 변환에 의해 미래경제적효익이 변화한다. 그리고 생물자산의 미래경제적효익의 변화는 순공정가치 측정을 통해서 정보이용자에게 가장 적절하게 보고할 수

---

6) 순공정가치는 공정가치에서 매각부대비용을 차감한 금액을 말한다.

7) 공정가치란 측정일에 시장참여자 사이의 정상거래에서 자산을 매도할 때 받거나 부채를 이전할 때 지급하게 될 가격을 말한다(기준서 제1113호 '공정가치 측정' 참조).

8) 예를 들어, 당기 초에 생물자산의 최초 인식금액이 ₩1,000인데, 당기 말 생물자산의 공정가치가 ₩2,000이고 추정매각부대원가가 ₩300(즉, 순공정가치가 ₩1,700)일 경우, 생물자산평가이익을 ₩1,700이 아니라 ₩2,000으로 인식하면 생물자산을 매각할 때까지 추정매각부대원가 ₩300을 비용으로 인식하지 않게 되므로 손실이 이연될 수 있다.

있으며, 정보이용자는 순공정가치로 측정된 생물자산의 정보를 이용하여 생물자산으로부터 기업에 유입될 미래 순현금유입의 금액, 시기 및 불확실성을 평가하는 데 도움을 받을 수 있다.

조림지에 나무를 심자마자 그 해부터 벌목을 할 수 있는 것은 아니다. 상품성 있는 목재를 수확하려면 수년 또는 수십 년 동안 이를 가꾸어야 하는데, 1년생 나무 보다는 2년생 나무가, 2년생 나무보다는 3년생 나무가 더 가치가 있을 것이다. 왜냐하면 시간이 경과할수록 나무를 벌목할 수 있는 시기가 가까워 오기 때문이다. 조림지에서 키우는 나무의 미래경제적효익이 증가하였다면 이를 적절히게 보고하기 위해서 매 보고기간 말에 조림지의 나무를 순공정가치로 측정하여 그 증가분을 당기손익으로 인식할 필요가 있다. 만약 산불이나 가뭄 또는 냉해로 일부의 나무가 죽었거나 손상되었다면, 나무의 순공정가치가 하락하였을 것이므로 그 감소분을 당기손익으로 인식하면 재무제표 이용자가 생물자산의 미래경제적효익을 제대로 평가할 수 있을 것이다. 이와 같은 이유 때문에 [표 3]에서 보는 바와 같이 생물자산은 최초 인식시점 및 매 보고기간 말에 순공정가치로 측정하고, 순공정가치 변동액을 당기손익으로 인식한다.

생물자산의 최초 인식 및 후속 측정의 회계처리는 다음과 같다.

〈최초 인식〉

(차) 생 물 자 산	×××	(대) 현 금 등	×××
(생물자산평가손실	×××)(1)	(생물자산평가이익	×××)(1)

(1) 생물자산을 취득하면서 지급한 대가와 순공정가치가 다를 경우 평가손익을 인식한다.

〈매 보고기간 말〉

(차) 생 물 자 산	×××	(대) 생물자산평가이익	×××
또는			
(차) 생물자산평가손실	×××	(대) 생 물 자 산	×××

유제품 제조를 위해서 젖소로부터 착유한 우유를 수확물이라고 하며, 우유는 수확시점에서 순공정가치로 측정하고 평가손익을 당기손익으로 인식한다. 이후 우유는 유제품의 제조 과정에 원재료로 투입될 것이므로 재고자산으로 분류될 것인데, 그 재고자산의 최초 인식금액이 바로 수확시점에서 측정한 순공정가치이다. 수확물의 회계처리는 다음과 같다.

〈수확 시〉

(차) 수 확 물	×××	(대) 수확물평가이익	×××

〈재고자산으로 분류 시〉

(차) 원 재 료	×××	(대) 수 확 물	×××

수확물을 수확한 후 거래처에 판매할 경우에는 재고자산의 판매로 회계처리한다. 수확물을 재고자산으로 분류한 후 보고기간 말 현재 보유하고 있는 재고자산의 순실현가능가치가 장부금액에 미달하면 저가법 평가손실을 인식한다. 회계처리를 예시하면 다음과 같다.

〈수확 시〉

(차) 수　확　물	×××	(대) 수확물평가이익	×××

〈수확 직후 재고자산 대체〉

(차) 재 고 자 산	×××	(대) 수　확　물	×××

〈외부 판매 시〉

(차) 현　　금	×××	(대) 매　　출	×××
(차) 매 출 원 가	×××	(대) 재 고 자 산	×××

〈보고기간 말 현재 보유 재고자산의 저가법 평가〉

(차) 재고자산평가손실	×××	(대) 평가손실충당금	×××

생물자산을 최초로 인식하는 시점에 시장 공시가격을 구할 수 없고, 대체적인 공정가치 측정치가 명백하게 신뢰성이 없이 결정되는 경우에는 최초 인식시점에 한하여 원가에서 감가상각누계액과 손상차손누계액을 차감한 금액으로 측정한다. 이후 그러한 생물자산의 공정가치를 신뢰성 있게 측정할 수 있게 되면 순공정가치로 측정한다. 반면에 어떠한 경우에도 수확시점의 수확물은 순공정가치로 측정한다.

(3) 생물자산의 후속적 지출

보고기간 중에 생물자산을 키우고 관리하는 데 발생한 원가의 회계처리에 대해서는 기준서에 명시적 규정이 없다. 이에 대하여 IFRS 해석위원회는 생물자산에 대한 후속적 지출을 자본화(즉, 자산의 장부금액에 추가)해야 하는지 아니면 발생 시 비용처리해야 하는지에 대해서 두 가지 방법 모두 가능하다고 결론을 내렸다.

해석위원회는 후속적 지출의 자본화나 즉시 비용 인식은 생물자산의 공정가치나 손익에 아무런 영향이 없다고 보았다.[9] 다만, 포괄손익계산서 표시방법과 관련하여 기업의 재무성과를 이해하는 데 목적적합한 경우 당기손익과 기타포괄손익을 표시하는 보고서에 항목, 제목 및

9) 생물자산의 관리원가 등을 생물자산의 장부금액에 가산했다면 그만큼 보고기간 말에 평가이익을 더 적게 인식하거나 평가손실을 더 많이 인식할 것이므로 관리원가 등을 비용으로 인식한 경우와 비교할 때 당기순손익에 미치는 영향에 차이는 없을 것이다. 오히려 생물자산을 키우는 데 소요되는 다양한 원가를 개별 생물자산에 직접 귀속시키거나 일정한 기준에 따라 배분하여 개별 생물자산의 장부금액에 반영하는 것이 실무상 쉽지 않을 것이다.

중간합계를 추가하여 표시하고, 비용의 분류방법 중에서 신뢰성 있고 더욱 목적적합한 정보를 제공할 수 있는 방법을 적용하여 당기손익으로 인식한 비용의 분석 내용을 표시하도록 요구하였다.

예 7 생물자산과 수확물의 회계처리

> 갑회사는 낙농법인으로 20×1년도에 사업을 시작하였다. 20×1년 7월 초에 젖소를 ₩100,000에 취득하였는데, 취득 당시 젖소의 순공정가치는 ₩98,000이다. 당기 중에 젖소에서 300kg의 우유를 짜냈는데, 착유시점의 우유의 kg당 순공정가치는 연중 ₩50으로 변동 없다. 20×1년 11월 초에 젖소가 새끼 한 마리를 낳았는데, 새끼 젖소의 순공정가치는 ₩5,000이다. 그리고 20×1년 12월 말 현재 전체 젖소의 순공정가치는 ₩99,000이다.

생물자산인 젖소와 수확물인 우유에 대한 회계처리는 다음과 같다.

<20×1년 7월 초>

(차)	생 물 자 산	98,000[(1)]	(대) 현 금	100,000
	생물자산평가손실	2,000		

(1) 순공정가치는 매각부대비용을 차감해야 하므로 취득원가보다 낮을 수 있다. 취득원가와 순공정가치의 차이 ₩2,000을 당기손익으로 인식한다.

<우유 수확 시>

(차)	수 확 물	15,000[(2)]	(대) 수확물평가이익	15,000

(2) 수확물은 수확시점에 순공정가치로 인식한다. 300kg×₩50 = ₩15,000

만약에 수확한 우유를 우유가공업체에 판매(kg당 ₩50 가정)하였다면 다음과 같이 회계처리(총액인식)한다.

(차)	현 금	15,000	(대) 매 출	15,000
(차)	매 출 원 가	15,000	(대) 수 확 물	15,000

만약에 수확한 우유를 회사가 직접 유제품 생산에 사용할 예정이라면 다음과 같이 회계처리한다.

(차)	원재료(재고자산)	15,000	(대) 수 확 물	15,000

<20×1년 11월 초>

(차)	생 물 자 산	5,000[(3)]	(대) 생물자산평가이익	5,000

(3) 생물자산은 최초 순공정가치로 인식하므로 대가 없이 취득한 새끼 젖소의 순공정가치를 모두 당기손익으로 인식한다.

<20×1년 12월 말>

(차) 생물자산평가손실	4,000[(4)]	(대) 생 물 자 산	4,000

(4) 생물자산의 장부금액 ₩103,000과 순공정가치 ₩99,000의 차이를 당기손익으로 인식한다.

3.3 생산용식물 및 생산용식물에서 자라는 생산물

생물자산을 최초 인식시점뿐만 아니라 매 보고기간 말에 순공정가치로 측정하는 이유는 생물적 변환을 매년 공정가치로 측정함으로써 생물자산의 미래경제적효익에 대한 목적적합한 정보를 보고할 수 있다는 관점에 기초한다. 그러나 다음 모두에 해당하는 식물을 생산용식물(bearer plants)이라고 하며, 생산용식물은 유형자산으로 분류한다.

① 수확물을 생산하거나 공급하는 데 사용한다.
② 한 회계기간을 초과하여 생산물을 생산할 것으로 예상한다.
③ 수확물로 판매될 가능성이 거의 없다. 단, 부수적인 폐물(scrap)로 판매하는 경우 제외

포도나무, 기름야자나무나 고무나무와 같은 식물은 포도열매, 야자열매, 고무유액과 같은 생산물을 얻기 위해서 재배되는데, 생산물을 얻을 정도로 성숙해진 생산용식물은 충분히 자랐기 때문에(자라고 있는 생산물과는 별도로) 생물적 변환이 미래경제적효익을 창출하는 데 더 이상 유의적이지 않다. 또한 생산용식물은 여러 기간에 걸쳐서 생산물을 생산하는 데에만 사용되며, 이 기간 후에 생산용식물은 보통 폐기된다.

생산용식물에서 유일한 유의적인 미래경제적효익은 그것이 창출하는 수확물의 판매에서 발생하므로 유형자산과 그 성격이 유사하다. 따라서 생산용식물에 유형자산의 회계처리를 적용한다. 그러나 생산용식물에서 자라는 생산물은 생물자산에 해당하므로 본절에서 설명한 바와 같이 순공정가치로 측정한다.

참고로 우리손에프앤지 농업회사법인㈜의 생물자산과 관련된 제18기 재무제표 주석의 일부를 제시하면 다음과 같다. 회사는 돼지와 소를 소비용생물자산과 생산용생물자산으로 분류하고 있다. 소비용생물자산은 돼지나 소가 성숙되면 도축하여 판매하는 자산이고, 생산용생물자산은 번식을 위한 종돈과 종우로 보유하는 자산이다. 회사는 소비용생물자산은 순공정가치로 평가하는 반면, 생산용생물자산은 원가로 측정하고 있다(따라서 감가상각비도 인식하고 있음).

주석 공시 사례 주석 9. 생물자산

(1) 생물자산의 내용은 다음과 같습니다(단위 : 원).

구분	당기	전기
소비용생물자산		
비육돈	6,833,165,997	7,988,524,606
비육우	8,386,016,640	8,712,496,763
소계	15,219,182,637	16,701,021,369
생산용생물자산		
종돈	1,615,635,785	1,715,063,649
종우	1,417,517,416	1,370,712,786
소계	3,033,153,201	3,085,776,435
합계	18,252,335,838	19,786,797,804

(2) 당기 소비용생물자산의 증감내용은 다음과 같습니다(단위 : 원).

구분	비육돈	비육우	합계
기초금액	7,988,524,606	8,712,496,763	16,701,021,369
사육 또는 매입으로 인한 증가	22,872,567,153	6,761,690,510	29,634,257,663
판매 또는 처분으로 인한 감소	(21,159,479,083)	(6,448,202,161)	(27,607,681,244)
평가손익	(2,875,274,205)	(74,348,530)	(2,949,622,735)
기타(주1)	6,827,526	(565,619,942)	(558,792,416)
기말금액	6,833,165,997	8,386,016,640	15,219,182,637

(주1) 생산용생물자산과의 대체금액입니다.

(3) 당기 생산용생물자산의 증감내용은 다음과 같습니다(단위 : 원).

구분	종돈	종우	합계
기초금액	1,715,063,649	1,370,712,786	3,085,776,435
매입으로 인한 증가	749,352,617	–	749,352,617
판매 또는 처분으로 인한 감소	(543,484,105)	(58,486,861)	(601,970,966)
감가상각비	(298,468,850)	(460,328,451)	(758,797,301)
기타(주1)	(6,827,526)	565,619,942	558,792,416
기말금액	1,615,635,785	1,417,517,416	3,033,153,201

(주1) 소비용생물자산과의 대체금액입니다.

연 / 습 / 문 / 제

01 투자부동산의 회계처리 및 공시와 관련하여 다음의 물음에 답하시오.

물음

1. 회사가 보유하는 토지나 건물 중 임대목적이나 시세차익을 얻을 목적으로 보유하는 부동산을 유형자산에 포함시키지 않고 투자부동산이라는 별도의 자산으로 분류하는 이유는 무엇인가?
2. 회사가 투자부동산에 대해서 원가모형을 적용하고 있는 경우 투자부동산과 관련된 기준서의 요구사항이 재무제표 이용자의 의사결정에 유용한 정보를 제공할 수 있는지 언급하라.

해답

물음 1

투자부동산은 임대수익이나 시세차익을 얻기 위하여 보유하는 부동산으로서 다른 자산과 거의 독립적으로 현금흐름을 창출한다. 유형자산은 재화의 생산이나 용역의 제공에 사용되면서 현금흐름을 창출하는데, 이렇게 창출된 현금흐름은 당해 유형자산뿐만 아니라 다른 자산에도 귀속된다. 예를 들어, 공장 건물(부동산)이라는 유형자산의 감가상각비는 재고자산의 취득원가(제조원가)를 구성한다. 이에 반해 투자부동산은 유형자산과 구분되는 미래현금흐름을 창출하기 때문에 유형자산과 별개의 자산으로 분류하여 보고하는 것이 정보이용자의 의사결정에 도움을 줄 수 있다.

물음 2

임대수익이나 시세차익을 얻기 위해 기업이 보유하는 투자부동산으로부터 미래에 현금이 얼마나 유입될 것인지를 정보이용자가 평가하려면 투자부동산의 원가 정보보다는 공정가치 정보가 훨씬 더 목적적합하다. 공정가치가 변동되면 이를 매각하여 얻을 수 있는 시세차익이 변할 뿐만 아니라, 임대수익도 달라질 수 있기 때문이다. 그런데 공정가치모형의 적용은 의무가 아니라 선택사항이기 때문에 회사가 투자부동산에 대해서 원가모형을 적용할 경우 회계정보의 유용성이 다소 감소할 수 있다. 따라서 이러한 문제점을 완화하기 위하여 원가모형을 적용하더라도 투자부동산의 공정가치를 주석에 공시하도록 하고 있다.

02 갑회사는 20×1년 초에 5층 빌딩을 ₩1,000,000에 취득(내용연수 20년, 잔존가치 없이 정액법 상각)하여 임대목적에 사용하기 시작하였다. 20×1년 말과 20×2년 말 현재 빌딩의 공정가치는 각각 ₩1,020,000과 ₩960,000이며, 손상차손의 징후는 없다.

물음

1. 갑회사가 취득한 빌딩에 대하여 원가모형을 적용한 경우와 공정가치모형을 적용한 경우로 구분하여 20×1년 말과 20×2년 말에 해야 할 분개를 모두 하라.
2. (물음 1)과 관련하여 갑회사가 20×3년 초에 빌딩을 ₩970,000에 처분할 때 원가모형을 적용한 경우와 공정가치모형을 적용한 경우로 구분하여 분개를 하라.

해답

물음 1

(1) 원가모형 적용

① 20×1년 말

(차)	감가상각비	50,000[(1)]	(대) 감가상각누계액	50,000

(1) ₩1,000,000÷20년＝₩50,000

② 20×2년 말

(차)	감가상각비	50,000	(대) 감가상각누계액	50,000

(2) 공정가치모형 적용

① 20×1년 말

(차)	투자부동산	20,000	(대) 투자부동산평가이익	20,000[(2)]

(2) ₩1,020,000－1,000,000＝₩20,000

② 20×2년 말

(차)	투자부동산평가손실	60,000[(3)]	(대) 투자부동산	60,000

(3) ₩960,000－1,020,000＝(－)₩60,000

물음 2

(1) 원가모형 적용

(차)	현금	970,000	(대) 투자부동산	1,000,000
	감가상각누계액	100,000	투자부동산처분이익	70,000

(2) 공정가치모형 적용

(차)	현금	970,000	(대) 투자부동산	960,000
			투자부동산처분이익	10,000

03 ㈜한국은 20×1년 초에 토지 10,000m^{2}를 ₩500,000에 취득하였다. 20×1년 말과 20×2년 말 현재 토지의 공정가치는 각각 ₩550,000과 ₩540,000이다. ㈜한국은 20×3년 3월 1일에 토지를 ₩570,000에 매각하였다.

물음

1. ㈜한국은 자가사용목적으로 토지를 취득하였다. 재평가모형을 적용할 경우 토지를 취득할 때부터 매각할 때까지 해야 할 회계처리를 모두 하라.
2. (물음 1)과 관계없이 ㈜한국은 임대목적으로 토지를 취득하였다. 공정가치모형을 적용할 경우 토지를 취득할 때부터 매각할 때까지 해야 할 회계처리를 모두 하라.

해답

물음 1

<20×1년 초>

(차) 토지	500,000	(대) 현금	500,000

<20×1년 말>

(차) 토지	50,000[(1)]	(대) 재평가잉여금	50,000

(1) ₩550,000 − 500,000 = ₩50,000

<20×2년 말>

(차) 재평가잉여금	10,000[(2)]	(대) 토지	10,000

(2) ₩540,000 − 550,000 = (−)₩10,000 전기인식 재평가잉여금을 감소시킨다.

<20×3년 3월 1일>

(차) 현금	570,000	(대) 토지	540,000
		유형자산처분이익	30,000

토지를 처분하더라도 재평가잉여금은 당기손익으로 재분류하지 않는다. 이익잉여금 등으로 대체할 수는 있다.

물음 2

<20×1년 초>

(차) 투자부동산	500,000	(대) 현금	500,000

<20×1년 말>

(차) 투 자 부 동 산 50,000[(1)] (대) 투자부동산평가이익 50,000[(1)]

(1) ₩550,000－500,000＝₩50,000 투자부동산평가이익은 당기손익으로 회계처리한다.

<20×2년 말>

(차) 투자부동산평가손실 10,000[(2)] (대) 투 자 부 동 산 10,000

(2) ₩540,000－550,000＝(－)₩10,000 투자부동산평가손실은 당기손익으로 회계처리한다.

<20×3년 3월 1일>

(차) 현 금 570,000 (대) 투 자 부 동 산 540,000
투자부동산처분이익 30,000

04 갑회사(보고기간 말 12월 31일)는 20×1년 1월 1일에 건물을 ₩300,000에 취득하였다. 건물의 내용연수는 20년으로 추정하였으며, 감가상각을 한다면 잔존가치 없이 정액법을 적용할 것이다. 20×1년 12월 31일과 20×2년 12월 31일 현재 건물의 공정가치는 각각 ₩320,000과 ₩290,000이다. 갑회사는 20×3년 7월 1일에 건물을 ₩270,000에 처분하였다.

물음

1. 갑회사는 건물을 투자부동산으로 분류하고 공정가치모형을 적용한다. 다음의 양식에 들어갈 금액을 모두 계산하라.

	20×1년	20×2년	20×3년
감가상각비	①	④	⑦
투자부동산평가손익	②	⑤	⑧
투자부동산처분손익	③	⑥	⑨

2. (물음 1)과 관계없이 갑회사는 건물을 유형자산으로 분류하고 재평가모형을 적용한다. 다음의 양식에 들어갈 금액을 모두 계산하라. 단, 재평가잉여금은 이익잉여금으로 대체하지 않는다.

	20×1년	20×2년	20×3년
감가상각비	①	⑤	⑨
재평가잉여금 기말잔액	②	⑥	⑩
재평가손익	③	⑦	⑪
유형자산처분손익	④	⑧	⑫

해답

물음 1

	20×1년	20×2년	20×3년
감가상각비	① 0	④ 0	⑦ 0
투자부동산평가손익	② 이익 ₩20,000	⑤ 손실 ₩30,000	⑧ 0
투자부동산처분손익	③ 0	⑥ 0	⑨ 손실 ₩20,000

투자부동산을 공정가치모형으로 평가하면 감가상각비를 인식하지 않는다.

② 20×1년 말 투자부동산평가손익 = ₩320,000 − 300,000 = ₩20,000(이익)

⑤ 20×2년 말 투자부동산평가손익 = ₩290,000 − 320,000 = (−)₩30,000(손실)

⑨ 20×3년도 처분손익 = ₩270,000 − 290,000 = (−)₩20,000(손실)

물음 2

	20×1년	20×2년	20×3년
감가상각비	① ₩15,000	⑤ ₩16,842	⑨ ₩8,056
재평가잉여금 기말잔액	② ₩35,000	⑥ ₩21,842	⑩ ₩21,842
재평가손익	③ 0	⑦ 0	⑪ 0
유형자산처분손익	④ 0	⑧ 0	⑫ 손실 ₩11,944

① ₩300,000÷20년 = ₩15,000

② 20×1년 말 재평가 전 장부금액 = ₩300,000 − 15,000 = ₩285,000
재평가잉여금 = ₩320,000 − 285,000 = ₩35,000

⑤ ₩320,000÷19년 = ₩16,842

⑥ 20×2년 말 재평가 전 장부금액 = ₩320,000 − 16,842 = ₩303,158
평가감 = ₩290,000 − 303,158 = (−)₩13,158
전기이월 재평가잉여금 ₩35,000에서 ₩13,158을 제거한다.
따라서 재평가잉여금 잔액 = ₩35,000 − 13,158 = ₩21,842

⑨ ₩290,000÷18년×6/12 = ₩8,056

⑩ 처분 직전 장부금액 = ₩290,000 − 8,056 = ₩281,944

⑫ 처분손익 = ₩270,000 − 281,944 = (−)₩11,944(손실)

05 매각예정비유동자산의 회계처리에 대한 다음의 물음에 답하시오.

물음

1. 회사가 사용하던 건물을 매각하는 계약을 체결하면서 이를 유형자산으로 계속 분류하지 않고 매각예정비유동자산으로 구분하면 회계정보의 유용성이 높아지는가?
2. 매각예정으로 분류한 후에 당해 자산에 대해서 매각이 완료될 때까지 감가상각비를 인식하지 않는 이유를 설명하라.

해답

물음 1

회사가 보유하고 있던 유형자산을 매각하기로 결정하였고 이것이 매각예정의 분류조건을 충족한다면 당해 자산의 장부금액은 계속 사용이 아니라 매각거래를 통해서 회수할 것이다. 따라서 매각예정으로 분류되는 시점부터 당해 자산의 감가상각은 더 이상 의미가 없으며, 원가에 의한 측정치도 의사결정에 유용하지 않다. 매각예정으로 분류된 자산에 대해서는 매각 시 기업에 유입될 현금이 얼마인지가 가장 중요한 정보이다. 따라서 매각예정비유동자산으로 별도 구분하고 이 시점부터 감가상각을 하지 않으며, 장부금액과 순공정가치의 차이를 손상차손으로 인식하면 정보이용자가 미래의 현금순유입액을 평가하는 데 유용한 정보를 제공할 수 있다.

물음 2

사용하던 유형자산을 매각하기로 결정할 경우 당해 자산의 장부금액은 계속 사용이 아닌 매각거래를 통해서 회수될 것이므로 감가상각비 정보는 더 이상 이용자의 의사결정에 유용한 정보가 아니다. 오히려 매각예정비유동자산이 매각을 통해서 얼마의 현금흐름을 창출하는지가 더 유용한 정보이므로 감가상각비를 인식하지 않는 대신 순공정가치로 측정한다.

06 ㈜한국(보고기간 말 12월 31일)은 20×1년 7월 1일에 유형자산으로 사용하던 토지와 토지상의 건물을 매각하기로 이사회에서 결의하였으며, 매각예정의 분류조건을 모두 충족한다. 매각예정 분류일 현재 토지와 건물의 장부금액(건물의 감가상각비 반영 후)과 공정가치 및 매각부대원가는 각각 다음과 같다.

구분	장부금액	공정가치	매각부대원가
토지	₩200,000	₩300,000	₩3,000
건물	120,000	100,000	1,000

매각예정 분류일 현재 건물의 잔존내용연수는 6년이며 ㈜한국은 잔존가치 없이 정액법으로 건물을 감가상각해오고 있다.

물음

1. 20×1년 7월 1일에 매각예정으로 분류하는 회계처리(분개)를 하라. 단, 건물의 경우 감가상각누계액을 고려하지 않고 순액으로 분개하라.
2. 20×1년 12월 31일 현재 토지와 건물의 매각절차가 완료되지 못하였으나 20×2년 상반기 이내에 완료될 것으로 예상된다. 20×1년 12월 31일 현재 토지와 건물의 공정가치 및 매각부대원가가 다음과 같을 때 20×1년 12월 31일에 해야 할 회계처리를 하라.

구분	공정가치	매각부대원가
토지	₩290,000	₩3,000
건물	95,000	1,000

해답

물음 1

<20×1. 7. 1.>

(1) 토지의 매각예정비유동자산 분류

(차)	매각예정비유동자산－토지	200,000[(1)]	(대) 토지	200,000

(2) 건물의 매각예정비유동자산 분류

(차)	매각예정비유동자산－건물	99,000[(2)]	(대) 건물	120,000
	손상차손	21,000[(2)]		

(1) 토지의 순공정가치(₩297,000)가 장부금액(₩200,000)보다 크기 때문에 매각예정비유동자산을 장부금액으로 인식한다.

(2) 건물의 순공정가치＝₩100,000－1,000＝₩99,000
건물의 손상차손＝₩99,000－120,000＝(－)₩21,000

물음 2

<20×1. 12. 31.>

(차) 손 상 차 손 5,000[(1)] (대) 매각예정비유동자산-건물 5,000

(1) 건물의 순공정가치 변동 = ₩94,000 − 99,000 = (−)₩5,000
토지는 순공정가치가 증가했으므로 손상차손을 인식하지 않는다.

07 갑회사는 2만ha 면적의 조림지에서 나무를 키우고 있다. 갑회사는 조림지의 나무를 순공정가치로 평가하는데, 기대순현금흐름을 현행시장이자율로 할인한 현재가치로 산정하고 있다. 조림지 나무의 기초 공정가치는 ₩150,000이며, 이 금액이 생물자산의 기초장부금액이다.

물음

1. 당기 중에 조림지 나무 중 일부를 벌목하여 목재가공 공정에 투입하였다. 벌목한 나무의 순공정가치는 ₩8,000이다. 나무를 벌목하는 시점에 해야 할 회계처리는 무엇인가?
2. 당기 중에 조림관련 비용이 ₩3,000 발생하였다. 당기 말 조림지 나무를 순공정가치로 평가하였는데 그 금액은 ₩160,000이다. 당기 중에 발생한 조림관련 비용 및 당기 말 생물자산의 평가와 관련하여 해야 할 회계처리는 무엇인가?
3. 생물자산을 매 보고기간 말에 순공정가치로 측정하는 이유는 무엇인가?
4. 생산용식물을 생물자산이 아닌 유형자산으로 분류하는 이유는 무엇인가?

해답

물음 1

벌목한 나무의 순공정가치만큼 수확물을 인식한다.

(차) 수 확 물 8,000 (대) 수확물평가이익 8,000

수확물은 목재 가공 공정의 원재료로 투입되므로 이 시점에서 원재료로 대체하는 회계처리를 한다.

(차) 원 재 료 8,000 (대) 수 확 물 8,000

물음 2

<당기 중>

(차) 관 리 비 용	3,000	(대) 현금, 미지급금 등	3,000

<당기 말>

(차) 생 물 자 산	10,000	(대) 생물자산평가이익	10,000(1)

(1) 순공정가치 평가 전 생물자산의 장부금액 = ₩150,000
생물자산평가손익 = ₩160,000 − 150,000 = ₩10,000(평가이익)

조림지 관리비용 ₩3,000을 생물자산의 장부금액에 가산하는 회계처리를 하였다면 보고기간 말 순공정가치 평가 전 생물자산의 장부금액이 ₩153,000이 되어 생물자산평가이익을 ₩7,000만큼 인식할 것이다. 따라서 조림지 관리비용을 어떻게 회계처리하든 당기순손익에 미치는 영향에는 차이가 없다.

물음 3

생물자산은 생물적 변환에 의해 미래경제적효익이 변화하며 생물자산의 미래경제적효익의 변화는 순공정가치의 측정을 통해서 정보이용자에게 가장 적절하게 보고할 수 있다. 정보이용자는 순공정가치로 측정된 생물자산의 정보를 이용하여 생물자산으로부터 기업에 유입될 미래 순현금유입의 금액, 시기 및 불확실성을 평가하는 데 도움을 받을 수 있기 때문에 생물자산을 순공정가치로 평가하는 것이다.

물음 4

포도나무, 기름야자나무나 고무나무와 같은 식물은 포도열매, 야자열매, 고무유액과 같은 생산물을 얻기 위해서 재배되는데, 생산물을 얻을 정도로 성숙해진 생산용식물은 충분히 자랐기 때문에(자라고 있는 생산물과는 별도로) 생물적 변환이 미래경제적효익을 창출하는 데 더 이상 유의적이지 않다. 또한 생산용식물은 여러 기간에 걸쳐서 생산물을 생산하는 데에만 사용되며, 이 기간 후에 생산용식물은 보통 폐기된다. 생산용식물에서 유일한 유의적인 미래경제적효익은 그것이 창출하는 수확물의 판매에서 발생하므로 유형자산과 그 성격이 유사하다. 따라서 생산용식물은 유형자산으로 분류한다.

제 6 장

무형자산

1 무형자산의 의의

1.1 무형자산의 정의

기준서 제1038호 '무형자산'은 다음과 같이 무형자산을 정의한다.

> 무형자산(intangible assets)은 물리적 실체는 없지만 식별가능한 비화폐성자산을 말한다.

자산은 과거사건의 결과로 기업이 통제하고 있고 미래경제적효익이 기업에 유입될 것으로 기대되는 자원으로 정의된다. 이때 물리적 형태가 존재해야만 자산이 되는 것은 아니다. 물리적 형태의 유무에 관계없이 미래경제적효익을 기대할 수 있다면 자산의 정의를 충족한다.

기업은 경제적 자원을 사용하거나 부채를 부담하여 과학적·기술적 지식, 새로운 공정이나 시스템의 설계와 실행, 라이선스, 지적재산권, 시장에 대한 지식과 상표 등의 무형자산을 취득, 개발, 유지하거나 개선한다. 이러한 예에는 컴퓨터소프트웨어, 특허권, 저작권, 영화필름, 고객목록, 모기지관리용역권(mortgage service rights), 어업권, 수입할당량, 프랜차이즈, 고객이나 공급자와의 관계, 고객충성도, 시장점유율과 판매권(marketing rights) 등이 있다. 그러나 이러한 항목들을 무형자산으로 인식하기 위해서는 1.2절에서 설명할 무형자산의 정의를 충족하여야 한다.

일부의 무형자산은 컴팩트디스크, 법적 서류나 필름과 같은 물리적 형체에 담겨 있을 수 있다. 이와 같이 유형과 무형의 요소를 모두 갖추고 있는 경우에는 어떤 요소가 더 유의적인지 판단하여 유형자산 또는 무형자산으로 결정한다. 예를 들어, 특정 소프트웨어가 있어야만 가동할 수 있는 기계장치의 경우 당해 소프트웨어를 하드웨어의 일부로 보고 유형자산으로 회계처리한다. 그러나 특정 소프트웨어가 하드웨어의 일부가 아니라면 당해 소프트웨어를 무형자산으로 회계처리한다.

과거와 달리 현재의 산업은 다양한 지적재산을 활용하는 업종이 많기 때문에 정보이용자가 재무제표를 이용하여 기업가치를 평가할 때 재무제표에 포함되어 있지 않은 무형의 가치를 어떻게 고려할 것인지가 주요 관심사이다. 의사결정에 목적적합한 정보를 제공하여야 한다는 관점에서 되도록 많은 무형의 가치를 재무제표에 인식할 필요가 있으나, 무형의 가치를 인식하고 측정하는 과정이 물리적 형태가 있는 자산에 비해 객관적으로 이루어지지 못할 수 있다는 한계가 있다.

자산을 물리적 실체의 유무에 따라 분류한다면, 현금이나 매출채권 등 금융자산도 무형자산으로 분류되는 문제가 발생한다. 따라서 이러한 문제점을 피하기 위해 기준서 제1038호 '무형자산'은 금융자산에 대해서 별도의 금융자산 기준서(제8장에서 설명함)를 적용하도록 규정하고 있다.

1.2 무형자산으로 정의되기 위한 조건

무형자산은 물리적 실체가 존재하지 않으므로 물리적 실체가 존재하는 자산과 동일한 기준을 적용하여 자산으로 인식하는 것은 적절하지 않다. 따라서 기준서에서는 무형자산의 인식 기준을 충족하는지 판단하기 전에 무형자산으로 정의되기 위한 세 가지 조건(① 식별가능성, ② 자원에 대한 통제 및 ③ 미래경제적효익의 존재)을 충족하는지 먼저 판단하도록 요구하고 있다.

(1) 식별가능성(identifiability)

식별가능하다는 것은 다음 두 가지 중 하나에 해당하는 경우를 말한다.

(1) 자산이 분리가능(separable)하다. 즉, 기업의 의도와는 무관하게 기업에서 분리하거나 분할할 수 있고, 개별적으로 또는 관련된 계약, 식별가능한 자산이나 부채와 함께 매각, 이전, 라이선스, 임대, 교환할 수 있다.
(2) 자산이 계약상 권리 또는 기타 법적 권리로부터 발생한다. 이 경우 그러한 권리가 이전가능한지 여부 또는 기업이나 기타 권리와 의무에서 분리가능한지 여부는 고려하지 않는다.

자산이 분리가능하다는 것은 기업에서 분리하여 별개의 자산으로 매각, 이전, 라이선스, 임대 또는 교환이 가능함을 의미한다. 따라서 다른 자산과 분리하여 교환하지 못한다면 식별가능성이 없다.

후술할 대부분의 무형자산은 분리가능성의 조건을 충족하는 반면, 영업권(goodwill)은 분리가능성의 조건을 충족하지 못한다. 영업권은 합병과 같은 사업결합을 하는 과정에서 피취득자의 순자산의 공정가치를 초과하는 이전대가를 지급할 경우 그 초과액을 말한다. 영업권은 고급회계에서 자세하게 설명할 부분이지만, 본장에서도 기본적인 내용은 이해해야 할 필요가 있으므로 영업권이 발생하는 경우를 다음의 (예 1)을 통해서 간단하게 설명하기로 한다.

예 1 영업권의 발생

갑회사는 사업 다각화를 위해서 을회사를 합병하였다. 합병일 현재 을회사의 자산과 부채의 장부금액과 공정가치는 다음과 같다. 갑회사는 을회사를 합병하면서 을회사 주주에게 갑회사의 주식(액면총액 ₩50,000, 공정가치 ₩80,000)을 발행, 교부하였다.

과목	장부금액	공정가치
자산	₩100,000	₩130,000
부채	60,000	70,000

갑회사는 합병 과정에서 영업권을 어떻게 인식하는가?

합병은 다른 회사의 주주들에게 대가를 지급하고 그 회사의 자산과 부채를 취득하는 사업결합 거래로서, 합병 과정에서 을회사(피취득회사)의 법적 실체는 소멸한다. 우리의 관심사는 합병일에 갑회사(취득회사)의 회계처리이다. 갑회사는 합병 과정에서 을회사의 자산과 부채를 실사하고 공정가치가 얼마인지 측정했을 것이다. 왜냐하면 을회사의 자산과 부채의 공정가치가 얼마인지에 따라 합병대가가 달라질 수 있기 때문이다.

(예 1)에서 을회사 순자산(자산에서 부채를 차감한 순액)의 장부금액은 ₩40,000이지만, 순자산의 공정가치는 ₩130,000에서 ₩70,000을 뺀 ₩60,000이다. 갑회사는 을회사 주주에게 을회사 순자산의 공정가치인 ₩60,000만큼 합병대가를 지급하길 원하겠지만, 일반적으로 을회사 주주는 을회사의 장부에 기록되지 않은 무형의 가치가 존재한다고 주장하면서 더 많은 대가를 요구할 것이다. 또한 갑회사의 입장에서도 을회사를 합병함으로써 시너지 효과를 기대할 수 있기 때문에 피취득자의 순자산의 공정가치를 초과하는 대가를 지급할 가능성이 높다. 이러한 경우는 실제 인수합병(M&A) 과정에서 흔하게 발생한다.

(예 1)에서 갑회사는 사업 다각화라는 장기 전략을 성취하기 위해서 을회사 주주의 요구를 수용하여 순자산의 공정가치 ₩60,000보다 ₩20,000 더 많은 ₩80,000의 합병대가(공정가치 ₩80,000의 갑회사 주식을 합병대가로 지급)를 지급한 것으로 가정하였다. 이때 갑회사는 초과 지급한 합병대가 ₩20,000을 영업권으로 인식한다. 합병일에 갑회사의 회계처리는 다음과 같다.

(차)			(대)	
	자 산	130,000	부 채	70,000
	영 업 권	20,000	자 본 금	50,000
			주식발행초과금	30,000

(예 1)에서 합병회사가 인식한 영업권은 기업과 분리하여 매각이나 이전 등을 할 수 없는 항목이다. 또한 영업권은 계약상 권리나 법적 권리에 해당하지도 않는다. 따라서 기준서

제1038호 '무형자산'에서 언급하고 있는 무형자산으로 정의되기 위한 조건을 충족하지 못한다. 대신 기준서 제1103호 '사업결합'에서 영업권을 무형자산에 포함시키고 있다. 사업결합의 구체적인 회계처리는 고급회계에서 설명한다.

계약상 권리나 법적 권리가 있으면 이전가능 또는 분리가능 여부와 관계없이 식별가능한 것으로 본다. 예를 들어, 기업이 지방자치단체 소유의 특정 시설물을 일정 기간 사용하기로 계약을 체결하고 대가를 지급했다면 그 대가는 무형자산(시설물사용권 계정)으로 정의되기 위한 식별가능성의 조건을 충족한다. 또한 기업이 개발한 신기술에 대해서 특허권을 획득했다면, 이는 일정 기간 동안 법적으로 보호받는 권리이므로 무형자산(산업재산권 계정)으로 정의되기 위한 식별가능성의 조건을 충족한다.

기준서 제1038호가 무형자산의 인식조건을 제시하기 전에 분리가능성을 요구하는 것은 인식과 측정을 좀 더 용이하게 하기 위해서라고 판단된다. 일반적으로 분리가능하여 거래상대방과 교환거래를 할 수 있는 자산은 그렇지 못한 자산에 비해 시장가격 등 거래가격에 대한 정보를 쉽게 입수할 수 있기 때문이다.

(2) 자원에 대한 통제

자원에서 유입되는 미래경제적효익을 확보할 수 있고, 그 효익에 대한 제3자의 접근을 제한할 수 있다면 기업이 그 자산을 통제(control)한다고 본다. 일반적으로 무형자산의 미래경제적효익에 대한 통제능력은 법적 권리에서 나오지만(예 : 특허권), 권리의 법적 집행가능성이 통제의 필요조건은 아니다.

시장에 대한 지식이나 기술적 지식도 계약상의 제약이나 법에 의한 종업원의 기밀유지 의무 등과 같이 법적 권리에 의해 보호된다면 기업은 그러한 지식으로부터 얻을 수 있는 미래경제적효익을 통제하고 있는 것이다. 그러나 기업이 숙련된 종업원을 보유하고 있고, 그들의 숙련된 기술을 계속 이용할 수 있을 것으로 기대하더라도 그 종업원은 언제라도 다른 회사로 옮길 수 있으므로 종업원으로부터 발생하는 미래경제적효익에 대해서 충분한 통제 능력을 가지고 있다고 보기 어렵다. 따라서 기업의 인적자원은 무형자산의 정의를 충족할 수 없다.

예를 들어, 기업이 특정 기술을 갖춘 종업원을 거액을 지급하고 스카웃하였을 때 그 종업원이 언제라도 다른 직장으로 옮겨 갈 수 있다면, 지급한 스카웃 금액은 미래경제적효익의 통제라는 정의를 충족하지 못한다. 그러나 프로축구 구단이 거액을 지급하고 다른 구단으로부터 선수를 스카웃하였으며, 구단 간 선수 이적은 축구협회 및 구단의 동의를 받아야 하고, 동의 없이 이적했을 경우 해당 선수는 축구협회의 등록이 말소되는 등 축구협회와 구단 간의 협약에 의해 모든 등록 선수를 통제하고 있다면, 지급한 스카웃 금액은 미래경제적효익의 통제라는 정의를 충족한다고 볼 수 있다.

기업이 고객구성이나 시장점유율에 근거하여 고객관계와 고객충성도를 잘 유지함으로써 고객이 계속하여 거래할 것이라고 기대할 수 있으나, 고객관계나 고객충성도를 지속할 수 있는 법적 권리나 그것을 통제할 수 있는 방법이 없다면, 기업은 무형자산의 정의를 충족할 수 있는 충분한 통제를 가지고 있지 않다.

그러나 고객관계를 보호할 법적 권리가 없더라도 동일한 또는 유사한, 비계약적 고객관계를 교환하는 거래(사업결합에서 발생한 것이 아닌 경우)가 발생한 경우 이는 고객관계가 분리가능하다는 것을 보여주며, 고객관계로부터 기대되는 미래경제적효익을 통제할 수 있다는 증거가 된다. 따라서 그러한 고객관계는 무형자산의 정의를 충족한다. 예를 들어, 갑회사가 을회사로부터 을회사의 고객목록을 대가를 지급하고 취득하였으며, 을회사는 이후 그 고객에 대한 접근을 할 수 없다면 갑회사의 관점에서 볼 때 그 고객목록은 분리가능하며, 고객에 대한 을회사의 접근이 제한되므로 갑회사는 미래경제적효익을 통제할 수 있다는 증거가 된다.[1)]

(3) 미래경제적효익의 존재

미래경제적효익은 자산이 갖추어야 할 기본적 특성이다. 무형자산의 미래경제적효익은 제품의 매출, 용역수익, 원가절감 또는 자산의 사용에 따른 기타 효익의 형태로 발생할 수 있다. 예를 들어, 제조 과정에서 지적재산을 사용하면 미래 수익을 증가시키기보다는 미래 제조원가를 감소시킬 수 있다.

예 2 무형자산으로 인식되기 위한 통제의 조건 충족 여부

〈사례 1〉

㈜미래백화점은 고객관계나 고객충성도를 잘 유지함으로써 고객이 계속하여 자사와 거래할 것이라고 기대할 수 있으므로 고객관계나 고객충성도로부터 미래경제적효익이 유입될 수 있다. 고객관계나 고객충성도는 통제의 조건을 충족하는가?

㈜미래백화점이 고객관계를 지속시키거나 고객충성도를 유지시킬 수 있는 법적으로 통제할 수 있는 방법이 없다. 따라서 ㈜미래백화점은 고객관계나 고객충성도에서 창출될 미래경제적효익에 대한 통제력을 가지고 있다고 볼 수 없으므로 고객관계나 고객충성도는 무형자산의 정의를 충족하지 못한다.

---

1) 만약 갑회사가 고객목록을 취득한 이후 고객으로부터 기대되는 미래경제적효익이 당초 예상보다 매우 낮다면 이는 후술할 무형자산의 손상차손으로 회계처리할 문제이다.

그러나 고객관계를 보호할 법적 권리가 없는 경우에도 동일하거나 유사한 비계약적 고객관계를 교환하는 거래가 발생하였다면, 고객관계로부터 기대되는 미래경제적효익을 통제할 수 있다는 증거가 될 수 있다. 예를 들어, ㈜미래백화점이 대가를 지급하고 을회사로부터 고객목록을 취득하였으며, 을회사는 이후 고객목록에 포함되어 있는 고객에 대한 접근이 제한된다면 ㈜미래백화점은 고객관계로부터 발생하는 미래경제적효익을 통제할 수 있다.

〈사례 2〉

㈜K팝엔터테인먼트는 5명의 가수로 구성된 아이돌 그룹을 훈련시키는데, 여기에 상당한 시간과 원가가 투입되고 있다. ㈜K팝엔터테인먼트는 아이돌 그룹의 5명의 가수들과 10년간의 전속계약을 체결하였는데, 계약에 따르면 전속계약기간이 만료되기 전까지 5명의 가수는 ㈜K팝엔터테인먼트의 지시하에 모든 연예활동이 이루어진다. 또한 전속계약기간 만료 전에 다른 소속사로 이전할 경우 거액의 위약금을 물어야 하므로 다른 소속사로의 이전은 거의 불가능하다. ㈜K팝엔터테인먼트는 5명이 가수로부터 발생할 미래경제적효익의 유입을 통제할 수 있는가?

아이돌 그룹의 5명의 가수들은 전속계약 기간이 만료되기 전까지 ㈜K팝엔터테인먼트에 소속되어 회사의 지시에 따라 모든 연예활동을 해야 하며, 다른 소속사로 이전하는 것도 거의 불가능한 상태이다. 따라서 ㈜K팝엔터테인먼트는 전속계약기간 동안 5명의 가수들로부터 발생할 미래경제적효익을 통제할 수 있다. 다만, 미래경제적효익을 통제한다고 해서 아이돌 그룹 가수를 훈련하는 데 투입한 원가를 자산으로 인식할 수 있는 것은 아니며, 투입한 원가를 자산으로 인식하기 위해서는 후술하는 2절의 인식조건을 모두 충족해야 한다.

---

2 무형자산의 인식과 측정

2.1 무형자산의 인식기준

어떤 항목을 무형자산으로 인식하기 위해서는 1.2에서 설명한 무형자산의 정의(식별가능성, 통제 및 미래경제적효익의 존재)를 충족하면서 다음과 같은 일반적인 자산의 인식기준을 모두 충족해야 한다. 무형자산의 인식기준은 제4장의 유형자산이나 제5장의 투자부동산의 인식기준과 동일하다.

① 자산에서 발생하는 미래경제적효익이 기업에 유입될 가능성이 높다.
② 자산의 원가를 신뢰성 있게 측정할 수 있다.

전술한 (예 2)의 <사례 2>에서 엔터테인먼트회사가 아이돌 그룹의 미래경제적효익을 통제할 수 있어 무형자산의 정의를 충족한다고 하더라도 미래경제적효익이 기업에 유입될 가능성이 높지 않을 수 있다. 왜냐하면 가수 연습생이 오랜 연습기간을 거쳐 최종적으로 음반을 내고 인기를 얻어 미래경제적효익을 창출할 수 있는 경우는 그리 많지 않기 때문이다. 따라서 회사가 아이돌 그룹을 훈련시키는 과정에서 투입한 원가를 무형자산으로 인식하는 것은 적절하지 않을 수 있다.

무형자산의 정의와 인식조건은 무형자산을 취득할 때뿐만 아니라 내부적으로 창출하기 위하여 최초로 발생한 원가와 취득이나 완성 후에 증가, 대체, 수선을 위하여 발생한 원가에도 적용한다. 제4장의 유형자산에서도 이와 동일한 설명을 하였다.

무형자산을 최초로 인식할 때에는 원가(cost)로 측정한다. 이때 원가란 자산을 취득하기 위하여 자산의 취득시점이나 건설시점에서 지급한 현금 또는 현금성자산이나 제공한 기타 대가의 공정가치를 말한다.

2.2 개별 취득하는 무형자산의 인식

일반적으로 무형자산을 개별 취득하기 위하여 지급하는 가격은 그 자산이 갖는 미래경제적효익이 기업에 유입될 확률에 대한 기대를 반영할 것이다. 즉, 미래경제적효익이 기업에 유입될 확률이 낮으면 지급하는 가격도 낮을 것이며, 그 확률이 아주 낮으면 기업은 그러한 무형자산을 취득하지 않을 것이다. 따라서 기업이 무형자산을 개별 취득하는 경우 미래경제적효익이 유입되는 시기와 금액이 불확실하더라도 전술한 자산의 인식기준 중 첫째 기준(자산에서 발생하는 미래경제적효익이 기업에 유입될 가능성이 높다)을 항상 충족하는 것으로 본다.

개별 취득하는 무형자산의 최초 인식금액은 일반적으로 신뢰성 있게 측정할 수 있다. 개별 취득 무형자산의 원가는 다음의 항목으로 구성되는데, 제4장의 유형자산의 최초 인식 금액의 결정과 유사하다.

① 구입가격(매입할인과 리베이트를 차감하고, 수입관세와 환급받을 수 없는 제세금 포함)
② 자산을 의도한 목적에 사용할 수 있도록 준비하는 데 직접 관련되는 원가

취득원가에 포함되는 직접 관련되는 원가와 무형자산의 원가에 포함하지 않는 지출의 예는 [표 1]과 같다.

| 표 1 | 취득원가에 포함 또는 제외되는 항목의 예

구분	사례
취득원가 포함	① 그 자산을 사용가능한 상태로 만드는 데 직접적으로 발생하는 종업원급여 ② 그 자산을 사용가능한 상태로 만드는 데 직접적으로 발생하는 전문가 수수료 ③ 그 자산이 적절하게 기능을 발휘하는지 검사하는 데 발생하는 원가
취득원가 제외	① 새로운 제품이나 용역의 홍보원가(판매촉진활동 원가 포함) ② 새로운 지역에서 또는 새로운 계층의 고객을 대상으로 사업을 수행하는 데에서 발생하는 원가(교육훈련비 포함) ③ 관리원가와 기타 일반경비원가

무형자산 취득원가의 인식은 그 자산을 경영자가 의도하는 방식으로 운용될 수 있는 상태에 이르면 중지한다. 따라서 무형자산을 사용하거나 재배치하는 데 발생하는 원가[2]는 무형자산의 장부금액에 포함하지 않는다. 예를 들어, 다음의 원가는 무형자산의 장부금액에 포함하지 않는다.

(1) 경영자가 의도하는 방식으로 운용할 수 있으나 아직 사용하지 않고 있는 기간에 발생한 원가
(2) 자산의 산출물에 대한 수요가 확립되기 전까지 발생하는 손실과 같은 초기 영업손실

무형자산에 대한 대금지급기간이 일반적인 신용기간보다 긴 경우 무형자산의 취득원가는 현금가격상당액으로 한다. 이때 현금가격상당액과 실제 총지급액과의 차액은 자본화 대상이 아닌 한 신용기간에 걸쳐 유효이자율법을 적용하여 이자비용으로 인식한다.[3]

교환 거래를 통하여 무형자산을 취득하는 경우에도 제4장의 유형자산의 교환거래와 회계처리가 동일하다. 즉, 제공한 자산의 공정가치로 취득원가를 인식하되, 제공한 자산의 공정가치보다 취득한 자산의 공정가치가 더 명백하다면, 취득한 자산의 공정가치로 취득원가를 인식한다. 그러나 교환거래에 상업적 실질이 결여된 경우(즉, 경제적 측면에서 식별가능한 효과가 없는 거래) 또는 제공한 자산과 취득한 자산의 공정가치를 둘 다 신뢰성 있게 측정할 수 없는 경우에는 제공한 자산의 장부금액으로 취득자산의 원가를 측정한다.

---

2) 여기에 해당하는 원가의 예로는 경영자가 의도하는 방식으로 운용할 수 있으나 아직 사용하지 않고 있는 기간에 발생한 원가, 자산의 산출물에 대한 수요가 확립되기 전까지 발생하는 손실과 같은 초기 영업손실 등이 있다.

3) 유형자산의 회계처리와 동일하므로 제4장의 유형자산의 설명을 참조하라.

예 3 무형자산의 인식

〈사례 1〉
갑회사는 20×1년 초에 을회사로부터 특정 기술에 대한 특허권을 취득하였다. 총지급액은 ₩300,000인데, ₩100,000은 20×1년 초에 지급하고, 나머지 ₩200,000은 20×1년 말과 20×2년 말에 ₩100,000씩 분할 지급하기로 하였다. 20×1년 초 현재 특허권의 현금가격상당액은 현금흐름을 연 6%의 이자율로 할인한 현재가치와 동일하다. 이 거래의 대금지급기간이 일반적인 신용기간보다 길다고 할 때 갑회사의 회계처리는 다음과 같다.

특허권의 취득원가(현금가격상당액)
=₩100,000+100,000×1.83339(기간 2, 6%, 연금현가계수)
=₩283,339

<20×1년 초>

(차) 특 허 권	283,339[(1)]	(대) 현 금	100,000
		장 기 미 지 급 금	183,339

(1) 특허권 등의 무형자산을 산업재산권 계정으로 표시하나, 여기에서는 특허권이라는 계정으로 표시하기로 한다.

<20×1년 말>

(차) 이 자 비 용	11,000[(2)]	(대) 장 기 미 지 급 금	11,000

(2) ₩183,339×6%=₩11,000

(차) 장 기 미 지 급 금	100,000	(대) 현 금	100,000

<20×2년 말>

(차) 이 자 비 용	5,661[(3)]	(대) 장 기 미 지 급 금	5,661

(3) 20×2년 초(20×1년 말) 장기미지급금 장부금액
=₩183,339+11,000−100,000=₩94,339
20×2년도 이자비용=₩94,339×6%=₩5,661(단수차이 ₩1 조정)

(차) 장 기 미 지 급 금	100,000	(대) 현 금	100,000

〈사례 2〉

을회사는 무형자산 중 고객목록을 병회사의 무형자산인 저작권과 교환하였다. 두 회사의 소유 무형자산의 장부금액과 공정가치는 다음과 같으며, 현금수수는 없다.

	을회사 고객목록	병회사 저작권
장부금액	₩700,000	₩600,000
공정가치	650,000	670,000

을회사 고객목록의 공정가치가 더 명백한 경우와 병회사 저작권의 공정가치가 더 명백한 경우로 구분하여 을회사가 교환 시 해야 할 회계처리를 제시하면 다음과 같다.

(1) 을회사의 고객목록의 공정가치가 더 명백한 경우

(차)	저 작 권	650,000[(1)]	(대) 고 객 목 록	700,000
	무형자산처분손실	50,000		

(1) 고객목록의 공정가치로 저작권의 최초 인식 금액을 측정한다.

(2) 병회사의 저작권의 공정가치가 더 명백한 경우

(차)	저 작 권	670,000[(2)]	(대) 고 객 목 록	700,000
	무형자산처분손실	30,000		

(2) 저작권의 공정가치로 저작권의 최초 인식 금액을 측정한다.

만약에 고객목록과 저작권 모두 공정가치를 신뢰성 있게 측정할 수 없다면 을회사는 고객목록의 장부금액으로 저작권을 인식하며, 이 과정에서 처분손익은 인식하지 않는다.

(차)	저 작 권	700,000	(대) 고 객 목 록	700,000

2.3 사업결합으로 무형자산의 취득

(예 1)에서 설명한 바와 같이 취득자가 사업결합으로 피취득자를 합병할 경우 취득자는 피취득자의 자산과 부채를 공정가치로 인식한다.[4] 따라서 사업결합 과정에서 취득하는 피취득자의 무형자산도 사업결합의 대가와 관계없이 당해 무형자산의 공정가치로 인식한다. 사업결합의 회계처리를 간략하게 제시하면 다음과 같다.

4) 지배기업이 종속기업을 포함하여 연결재무제표를 작성할 때에도 종속기업 순자산의 공정가치와 지배기업이 소유한 종속기업투자주식을 상계하는 과정에서 영업권을 인식하는데, 이와 관련된 회계처리는 고급회계에서 설명한다. 따라서 본장에서는 합병 거래만을 대상으로 영업권을 설명한다.

(차) (피취득회사)자산	×××*	(대) (피취득회사)부채	×××*
영 업 권	×××	현 금 등	×××

* 피취득회사의 무형자산을 비롯한 모든 자산과 부채를 공정가치로 인식

사업결합 과정에서 취득회사는 두 가지 종류의 무형자산을 인식할 수 있다. 하나는 피취득회사가 소유하던 무형자산(지적재산권, 소프트웨어 등)이며, 다른 하나는 영업권이다. 취득회사는 피취득회사로부터 취득하는 무형자산을 비롯한 모든 자산과 부채를 공정가치로 인식하며, 이전대가가 취득·인수하는 피취득회사 순자산의 공정가치를 초과할 때 그 초과액으로 영업권을 인식한다.[5)]

연구개발 프로젝트를 수행하는 다른 기업을 사업결합 과정에서 취득하였다면 그 기업이 수행하는 연구개발 프로젝트도 함께 취득하게 되는데, 당해 연구개발 프로젝트의 공정가치를 신뢰성 있게 측정할 수 있다면 피취득자의 회계처리(2.5절에서 설명함)와 관계없이 취득자는 공정가치로 무형자산을 인식한다. 그러나 당해 연구개발 프로젝트의 공정가치를 신뢰성 있게 측정할 수 없다면 무형자산을 인식할 수 없다.

2.4 내부적으로 창출한 영업권

영업권은 (예 1)에서 설명한 바와 같이 사업결합 과정에서 취득·인수하는 피취득자 순자산의 공정가치를 초과하여 이전대가를 지급할 경우에만 인식한다. 따라서 내부적으로 창출한 영업권은 무형자산으로 인식하지 않는다.

예를 들어, 갑회사가 자신의 브랜드 가치가 높다고 주장하면서 스스로 영업권을 자산으로 인식할 수는 없다. 왜냐하면 내부적으로 창출한 영업권은 취득원가를 신뢰성 있게 측정할 수 없고, 기업이 통제하고 있는 식별가능한 자원이 아니기(즉, 분리가능하지 않고, 계약상 또는 기타 법적 권리로부터 발생하지 않기) 때문이다. 갑회사의 높은 브랜드 가치는 다른 기업이 인정해 줄 때 그 다른 기업의 재무제표에 표시될 수 있다. 예를 들어, 을회사가 갑회사를 합병할 경우 을회사가 갑회사의 높은 브랜드 가치를 인정하여 갑회사의 순자산의 공정가치보다 더 많은 이전대가를 지급한다면, 그 초과액을 을회사의 재무제표에 영업권으로 인식할 수 있을 뿐이다.

5) 흔하게 발생하지는 않지만, 만약 이전대가가 취득·인수하는 피취득회사 순자산의 공정가치에 미달하는 경우에는 차액을 염가매수차익(당기손익)으로 인식하는데, 고급회계에서 자세하게 설명한다.

2.5 내부적으로 창출한 무형자산

(1) 연구단계와 개발단계의 구분과 회계처리

많은 기업들이 신기술이나 신제품의 연구개발을 위해서 매년 막대한 금액을 지출하고 있다. 연구개발활동을 위한 지출을 장기적인 투자로 본다면 미래경제적효익의 유입을 기대할 수도 있다. 그러나 연구개발을 위한 지출이 무형자산의 인식기준을 충족하는지 평가하는 것은 쉽지 않다. 왜냐하면 미래경제적효익을 창출할 식별가능한 자산이 있는지와 미래경제적효익이 언제 유입될 것인지를 파악하기 어렵고, 자산의 원가를 신뢰성 있게 측정하는 것도 어렵기 때문이다. 따라서 기준서 제1038호는 내부적으로 창출한 무형자산에 대한 인식과 측정을 위하여 별도의 규정을 두고 있다.

일단 무형자산을 창출하기 위한 내부 프로젝트가 연구단계와 개발단계 중 어느 단계에 해당하는지 구분할 필요가 있다. 연구단계(research phase)에서는 미래경제적효익을 창출할 무형자산이 존재한다는 것을 제시할 수 없는 반면, 개발단계(development phase)는 연구단계보다 훨씬 더 진전되어 있는 상태이기 때문에 개발단계에서는 무형자산을 식별할 수 있고, 그 무형자산이 미래경제적효익을 창출할 것임을 제시할 수 있다. 따라서 내부 프로젝트가 어느 단계에 있는지 구분하는 것이 중요하다.

기준서는 다음의 [표 2]에서 제시하는 바와 같이 연구활동이 진행되는 단계를 연구단계로, 개발활동이 진행되는 단계를 개발단계로 구분하도록 규정하고 있다. 단, 내부 프로젝트를 연구단계와 개발단계로 구분할 수 없는 경우에는 그 프로젝트에서 발생한 지출은 모두 연구단계에서 발생한 것으로 본다.

| 표 2 | 연구활동과 개발활동의 예

구분	사례
연구활동	① 새로운 지식을 얻고자 하는 활동 ② 연구결과나 기타 지식을 탐색, 평가, 최종 선택, 응용하는 활동 ③ 재료, 장치, 제품, 공정, 시스템이나 용역에 대한 여러 가지 대체안을 탐색하는 활동 ④ 새롭거나 개선된 재료, 장치, 제품, 공정, 시스템이나 용역에 대한 여러 가지 대체안을 제안, 설계, 평가, 최종 선택하는 활동
개발활동	① 생산이나 사용 전의 시제품과 모형을 설계, 제작, 시험하는 활동 ② 새로운 기술과 관련된 공구, 지그, 주형, 금형 등을 설계하는 활동 ③ 상업적 생산 목적으로 실현가능한 경제적 규모가 아닌[6] 시험공장을 설계, 건설, 가동하는 활동 ④ 신규 또는 개선된 재료, 장치, 제품, 공정, 시스템이나 용역에 대하여 최종적으로 선정된 안을 설계, 제작, 시험하는 활동

연구단계와 개발단계에서 발생한 지출의 회계처리를 요약하면 [표 3]과 같다.

| 표 3 | 연구단계 및 개발단계 지출의 회계처리

구분		회계처리
연구단계		발생시점에서 비용[7] 인식
개발단계	기술적 실현가능성 등 6가지 사항을 모두 제시할 수 없는 경우	발생시점에서 비용[8] 인식
	6가지 사항을 모두 제시할 수 있는 경우	무형자산[9]으로 인식

내부 프로젝트의 연구단계에서는 미래경제적효익을 창출할 무형자산이 존재한다는 것을 제시할 수 없기 때문에 연구단계에서 발생한 지출은 발생시점에 비용으로 인식한다. 반면에 개발단계는 연구단계보다 훨씬 더 진전되어 있는 상태이기 때문에 무형자산을 식별할 수 있고 미래경제적효익이 창출될 수 있음을 제시할 수도 있다. 따라서 다음의 6가지 사항을 모두 제시할 수 있으면 개발단계 지출을 무형자산을 인식하고, 그렇지 못하면 비용으로 인식한다.

(1) 무형자산을 사용하거나 판매하기 위해 그 자산을 완성할 수 있는 기술적 실현가능성[10]
(2) 무형자산을 완성하여 사용하거나 판매하려는 기업의 의도
(3) 무형자산을 사용하거나 판매할 수 있는 기업의 능력
(4) 무형자산이 미래경제적효익을 창출하는 방법
(5) 무형자산의 개발을 완료하고 그것을 판매하거나 사용하는 데 필요한 기술적, 재정적 자원 등의 입수가능성
(6) 개발과정에서 발생한 무형자산 관련 지출을 신뢰성 있게 측정할 수 있는 기업의 능력

내부적으로 창출한 무형자산의 원가는 전술한 무형자산의 인식기준(미래경제적효익의 높은 유입가능성과 원가의 신뢰성 있는 측정 가능)과 개발단계 지출을 무형자산으로 인식할 수 있는 전술한 6가지 사항을 최초로 충족시킨 이후에 발생한 지출금액의 합으로 한다.

6) 경제적 규모에 해당하는 시험 공장을 설계, 건설한다면 관련 지출은 유형자산으로 회계처리해야 할 것이다.
7) 실무에서는 보통 '연구비'라는 비용 계정으로 회계처리한다.
8) 실무에서는 보통 '경상개발비'라는 비용 계정으로 회계처리한다.
9) 실무에서는 보통 '개발비'라는 무형자산 계정으로 회계처리한다.
10) 6가지 사항 중 실무에서 가장 중요한 요소로 보는 것이 기술적 실현가능성이다. 신약개발을 하는 제약업계에서는 기술적 실현가능성을 제시할 수 있는 시점을 임상3상 시험개시 시점으로 보는 경우가 많으나, 외국 제약회사는 정부의 품목 허가 승인 시점으로 보기도 한다. 이와 같이 같은 업종이더라도 기술적 실현가능성을 제시할 수 있는 시점에 대해서 다양한 견해가 존재한다.

이미 무형자산의 인식기준을 충족하지 못하여 비용으로 인식한 지출은 그 이후에 무형자산의 원가로 인식할 수 없다. 예를 들어, 전기에 개발단계의 지출에 대해서 무형자산의 인식조건을 충족하지 못한다고 판단하여 비용으로 인식하였으나, 당기에는 개발단계의 지출이 무형자산의 인식조건을 충족한다고 판단하더라도 이미 전기에 비용으로 인식한 금액을 소급하여 당기에 무형자산으로 인식할 수는 없다.

내부적으로 창출한 무형자산의 원가는 그 자산을 창출 또는 제조하거나 경영자가 의도하는 방식으로 운영될 수 있게 준비하는 데 필요한 직접 관련된 모든 원가를 포함한다. 내부적으로 창출된 무형자산의 원가에 포함되는 직접 관련 원가의 예는 다음과 같다.

(1) 무형자산의 창출에 사용되었거나 소비된 재료원가, 용역원가 등
(2) 무형자산의 창출을 위하여 발생한 종업원급여
(3) 법적 권리를 등록하기 위한 수수료
(4) 무형자산의 창출에 사용된 특허권과 라이선스의 상각비[11)]
(5) 무형자산의 내부 창출에 직접 관련된 차입원가[12)]

그러나 다음의 항목은 내부적으로 창출한 무형자산의 원가에 포함하지 않는다.

(1) 판매비, 관리비 및 기타 일반 경비 지출. 다만, 무형자산을 의도한 용도로 사용할 수 있도록 준비하는 데 직접 관련된 경우는 제외
(2) 당해 자산이 계획된 성과를 달성하기 전에 발생한 명백한 비효율로 인한 손실과 초기 영업손실
(3) 자산을 운용하는 직원의 교육훈련과 관련된 지출

연구개발활동으로 신기술을 확보하였을 때 이를 일정 기간 동안 법적으로 보호받기 위해 특허권을 획득할 수 있다. 기업은 특허권을 획득하는 데 소요된 원가(예 : 변리사 평가수수료, 특허출원 비용 등)를 특허권의 최초 금액으로 인식한다. 따라서 특허권은 신기술의 개발관련 무형자산과 별개의 무형자산(예 : 산업재산권 등)으로 인식한다.

기업이 웹사이트(web site)를 자체 개발하는 경우가 많은데, 이 경우에도 내부창출 무형자산의 회계처리를 적용한다. 즉, 자체적으로 개발하는 웹사이트가 무형자산의 인식기준을 충족

---

11) 예를 들어, 무형자산으로 인식하기 위한 6가지 항목을 모두 제시할 수 있는 신기술의 개발단계에서 과거에 무형자산으로 인식한 라이선스를 사용하였다면 다음과 같이 라이선스의 상각비를 다시 개발비(무형자산)로 인식한다.

(차)	무형자산상각비	×××	(대)	라 이 선 스	×××
(차)	개발비(무형자산)	×××	(대)	무형자산상각비	×××

기준서에는 명시적인 언급이 없지만 예를 들어, 연구소 건물이나 시험기기와 같은 유형자산의 감가상각비도 6가지 항목을 모두 제시할 수 있는 개발단계에서 발생한 것이라면 무형자산으로 인식한다.

12) 적격자산에 대한 차입원가의 자본화에 대한 회계처리는 제4장 2절의 설명을 참조하라.

하고 개발단계에서 발생한 지출이 무형자산으로 인식되기 위해서 갖추어야 할 전술한 6가지 사항을 모두 제시할 수 있다면 무형자산으로 인식한다. 그러나 기업이 주로 자체의 재화와 용역의 판매촉진과 광고를 위해 웹사이트를 개발한 경우에는 그 웹사이트가 미래경제적효익을 창출할지 제시하기 어렵기 때문에 지출이 발생한 시점에 모두 비용으로 인식한다.

국내에는 여러 연예 엔터테인먼트 회사가 성업 중이며, 세계적으로 이름을 떨치는 가수들도 배출하고 있다. 회사에서 신인을 발굴하여 수년 간 연습생으로 훈련을 하고 데뷔를 시키기까지 많은 원가가 발생하는데, 회사별로 회계처리에 다소 차이가 있다. 참고로 YG엔터테인먼트의 제23기 재무제표의 주석을 소개하면 다음과 같다.

주석 공시 사례

주석 2-9

무형자산은 아래의 내용연수와 상각방법을 적용하고 있습니다.

구분	내용연수	상각방법
회원권	비한정	–
개발비	전속계약기간	정액법
전속계약금	전속계약기간	정액법
소프트웨어	4년	정액법

주석 14-2

당기 중 무형자산의 변동내용은 다음과 같습니다. (단위 : 원)

구분	기초	취득	상각	기말
개발비	1,649,073,499	151,408,412	(237,914,442)	1,562,567,469
전속계약금	814,713,438	60,000,000	(788,683,961)	86,029,477

YG엔터테인먼트는 연습생 훈련을 위한 지출을 개발비로 하여 무형자산으로 인식하고 있으며, 전속계약금도 무형자산으로 인식한다. 두 무형자산 모두 전속계약기간 동안 정액법으로 상각한다. 이에 반해 JYP의 무형자산 주석을 보면(주석 공시사례를 제시하지는 않았음), 개발비가 없으며 판매비와 관리비에 신인개발비를 당기손익으로 인식하고 있어 업계에서도 연습생 발굴과 훈련에 소요된 지출을 다양하게 회계처리하고 있음을 짐작할 수 있다.

(2) 이익유연화와 감독당국의 감독지침

개발단계의 모든 지출을 무형자산으로 인식하면 제4장에서 설명한 이익유연화(income smoothing) 현상이 발생한다. 당기에 비용으로 인식할 대상을 자산으로 인식한 후 미래의 여러 기간에 걸쳐 상각하기 때문에 당기손익의 변동성을 줄일 수 있다.

재무구조가 취약한 기업의 경우 개발단계에서 발생하는 막대한 지출을 모두 비용으로 인식하면 재무제표에 재무구조와 성과가 취약한 것으로 표시되므로 개발에 필요한 자금 조달에 애로가 있을 수 있다. 따라서 이러한 기업은 무형자산으로 인식하기 위한 6가지 사항을 충족하지 못하여 비용으로 인식하여야 할 개발단계의 지출을 무형자산으로 인식하고자 하는 유인이 많다.

우리나라 회계감독당국은 오래 전부터 제약업계의 연구개발 지출에 대한 다양한 회계처리에 우려를 제기하여 왔다. 그리고 2018년 하반기에 제약·바이오 기업의 연구개발비 회계처리 관련 감독지침을 발표하였다. 그 지침에 따르면 신약개발은 임상3상부터, 바이오시밀러는 임상1상부터 연구개발 지출을 자산으로 인식할 수 있도록 하였다. 감독지침의 발표로 자본시장의 불확실성이 어느 정도 제거될 수는 있지만, 원칙 중심의 특성을 갖는 국제회계기준이 규칙 중심의 회계기준으로 바뀌는 것은 바람직하지 못할 수 있다.

예 4 개발단계의 지출에 대한 무형자산 인식 여부 판단

㈜미래제약은 신약 개발을 위한 프로젝트를 수행하고 있으며 연구단계와 개발단계로 구분된다. 연구단계는 전임상시험(preclinical) 단계로서 탐색연구 및 동물 테스트를 수행하는 데 약 8년 내외의 기간이 소요된다. 보통 이 단계에서 개발단계로 넘어가는 확률은 0.5% 미만으로 알려져 있다. 전임상시험이 성공적으로 종료되면 식품의약품안전처(FDA)에 인체시험개시 신청을 하고 개발단계로 들어간다. 개발단계에서는 1상(20~30명 정상인 대상 시험), 2상(100~300명 환자 대상 시험) 및 3상(1,000~5,000명 환자 대상 시험)의 임상시험(clinical)을 수행하는 데 약 7년 내외의 기간이 소요된다. 1상, 2상 및 3상 임상시험이 성공할 확률은 각각 17%, 24% 및 55%이다. 3상 임상시험이 성공적으로 종료되면 FDA의 최종 승인을 신청하고, 이후 FDA의 최종 승인(최종 승인 확률은 80%)을 받으면 개발한 약품을 시판하는데, 시판 후에도 부작용 조사(4상)가 이루어진다. ㈜미래제약은 개발단계의 어느 시점부터 관련 지출을 무형자산으로 인식할 수 있는가?

임상시험의 1상과 2상의 경우에는 성공확률이 매우 낮기 때문에 이 단계에서 발생하는 지출이 미래경제적효익의 유입을 가져올 가능성은 낮다고 판단되므로 이 단계에서 발생한 지출을 무형자산으로 인식하는 것은 적절하지 않을 것이다. 따라서 ㈜미래제약은 3상의 임상시험을 시작하는 시점과 FDA의 최종 승인을 받는 시점 중 하나를 선택하여 그 이후 발생하는 지출을 무형자산으로 인식할 수 있을 것이다.
어느 시점이 회계기준에 부합되는 것인지 판단하기는 쉽지 않다. 3상의 임상시험이 성공할 확률이 50%를 넘기 때문에 미래경제적효익의 유입가능성이 높다는 조건은 충족한다고 판단된다. 다만, 최종 정부승인을 얻지 못할 가능성도 20%나 되기 때문에 FDA의 최종 승인 시점 이후 발생한 지출을 무형자산으로 인식하는 것이 더 타당할 수도 있다.

참고로 ㈜셀트리온의 제34기 재무제표 주석에 공시한 내부창출 무형자산의 회계정책의 일부 내용을 소개하면 다음과 같다. 회사는 대체로 전술한 금융감독원의 회계처리지침을 따르고 있음을 알 수 있다.

주석 공시 사례 **주석 2. 중요한 회계정책**

2.12 무형자산

(중략)

당사의 무형자산 인식과 관련하여 경영진이 내린 판단은 다음과 같습니다.

(1) 내부창출의 경우

신약 개발 프로젝트는 일반적으로 후보물질발굴, 공정개발, 비임상, 임상1상, 임상2상, 임상3상, 정부승인신청, 정부승인완료, 제품판매 등의 단계로 진행됩니다. 당사는 임상3상 개시 승인 이후 기술적 실현가능성, 미래경제적효익 등을 포함한 자산 인식요건이 충족된 시점 이후 발생한 지출을 무형자산으로 인식하고, 이전 단계에서 발생한 지출은 연구개발비로 보아 당기 비용처리하고 있습니다.

바이오의약품 개발 프로젝트는 일반적으로 공정개발, 비임상, 임상1상, 임상3상, 정부승인신청, 정부승인완료, 제품판매 등의 단계로 진행됩니다. 당사는 임상1상 개시 승인 이후 기술적 실현가능성, 미래경제적효익 등을 포함한 자산 인식요건이 충족된 시점 이후 발생한 지출을 무형자산으로 인식하고, 이전 단계에서 발생한 지출은 연구개발비로 보아 당기 비용처리하고 있습니다.

케미컬의약품 개발 프로젝트는 일반적으로 공정개발, 생물학적 동등성시험, 정부승인신청, 정부승인완료, 제품판매 등의 단계로 진행됩니다. 당사는 생물학적 동등성시험 계획 승인 이후 기술적 실현가능성, 미래경제적효익 등을 포함한 자산 인식요건이 충족된 시점 이후 발생한 지출을 무형자산으로 인식하고, 이전 단계에서 발생한 지출은 연구개발비로 보아 당기 비용처리하고 있습니다.

예 5 연구개발 지출의 회계처리

다음은 당기 중에 갑회사가 자율주행 자동차의 센서의 연구개발 프로젝트를 수행하는 과정에서 발생한 지출내역이다.

비용 내역	연구단계에서 발생	개발단계에서 발생	기타
연구원 급여	₩20,000	₩100,000	₩10,000
원재료 사용액	30,000	90,000	–
시험기기 감가상각비	25,000	80,000	–
외부위탁용역비	–	–	60,000
계	₩75,000	₩270,000	₩70,000

기타로 구분되는 비용은 연구단계에서 발생하였는지 개발단계에서 발생하였는지 구분이 곤란한 항목이다. 개발단계에서 발생한 지출은 무형자산의 인식조건을 모두 충족한다. 한편, 개발 후 이를 운용하는 직원에 대한 훈련비 ₩5,000을 지출하였다.
연구개발 프로젝트에서 발생한 지출의 회계처리는 다음과 같다.

당기비용 인식금액＝₩75,000(연구단계 발생)＋70,000(기타)＋5,000(직원 훈련비)
＝₩150,000
무형자산 인식금액＝₩270,000

참고로 (예 5)와 관련하여 갑회사가 해야 할 분개는 다음과 같다.

(차)	연 구 비[(1)]	150,000	(대) 현 금 등	420,000
	개 발 비[(1)]	270,000		

(1) 연구비는 당기 비용이고, 개발비는 무형자산이다.

2.6 비용의 인식

다음 중 하나에 해당하지 않는 무형항목 관련 지출은 발생시점에 비용으로 인식한다.

① 인식기준을 충족하는 무형자산 원가의 일부가 되는 경우
② 사업결합에서 취득하였으나 무형자산으로 인식할 수 없는 경우. 이 경우에는 취득일의 영업권으로 인식한 금액의 일부가 된다.

전술한 바와 같이 연구단계에서 지출한 금액은 무형자산의 인식기준을 충족하지 못하므로 발생시점에 비용으로 인식한다. 또한 사업결합 과정에서 취득한 무형자산 중 공정가치를 신뢰

성 있게 측정할 수 없는 경우에도 별도의 무형자산으로 인식할 수 없으므로 그만큼 영업권이 더 인식될 것이다. 따라서 엄격하게 표현하면 사업결합 시점에서 즉시 비용으로 인식되는 것은 아니라 영업권이라는 무형자산에 포함되어 있다가 후술할 영업권의 손상차손을 통해서 비용으로 대체될 것이다.

연구활동 지출 이외에 발생시점에서 비용으로 인식하는 지출의 예는 다음과 같다.

① 사업개시활동에 대한 지출(즉, 사업개시원가)[13)]
② 교육 훈련을 위한 지출
③ 광고 및 판매촉진 활동을 위한 지출(우편주문 카탈로그 포함)
④ 기업의 전부나 일부의 이전 또는 조직 개편에 관련된 지출

3 무형자산의 상각과 손상

3.1 무형자산의 상각

(1) 내용연수의 추정

유형자산과 마찬가지로 무형자산도 일정 기간 동안 상각을 한다. 다만, 내용연수를 추정할 수 없는 무형자산은 상각을 하지 않고 후술하는 손상차손을 인식한다. 따라서 무형자산을 상각하기 위해서는 우선 내용연수를 추정할 수 있는지의 여부부터 확인해야 한다.

내용연수를 추정할 수 있는 무형자산을 내용연수가 유한한 무형자산이라고 하며, 내용연수를 추정할 수 없는 무형자산을 내용연수가 비한정인 무형자산이라고 한다. 내용연수가 비한정이라는 것은 내용연수가 무한하다는 의미가 아니라 미래경제적효익의 지속 연수를 결정하지 못한다는 의미이다. 내용연수가 비한정인 무형자산에는 회원권(예 : 골프회원권), 상표권[14)] 등이 포함된다.

13) 사업개시활동에 대한 지출 중 기준서 제1016호 '유형자산'에 따라 유형자산의 원가에 포함되는 지출은 제외한다. 사업개시원가는 법적 실체를 설립하는 데 발생한 법적비용과 사무비용 같은 설립원가, 새로운 시설이나 사업을 개시하기 위하여 발생한 지출(개업원가), 또는 새로운 영업을 시작하거나 새로운 제품이나 공정을 시작하기 위하여 발생하는 지출(신규영업준비원가)로 구성된다.

14) 우리나라의 경우 상표권을 최초 등록할 때 법적 유효기간은 10년인데, 이후 유효기간 만료 전에 갱신을 한다면 10년 단위로 무제한 갱신이 가능하므로 상표권은 내용연수 비한정 무형자산에 해당한다.

컴퓨터 소프트웨어와 같은 무형자산은 기술 변화가 빠르기 때문에 기술적 진부화의 영향을 받기 쉽다. 따라서 그러한 무형자산의 내용연수는 짧을 것이다. 내용연수의 불확실성으로 인하여 무형자산의 내용연수를 신중하게 추정하는 것은 정당하지만, 비현실적으로 짧은 내용연수를 선택하는 것은 정당화되지 않는다. 예를 들어, 컴퓨터 소프트웨어를 취득한 후 내용연수를 1년으로 하여 상각을 하는 것은 취득시점에서 모두 비용으로 인식하는 것과 크게 다르지 않으므로 정당화되기 어려울 것이다.

무형자산이 계약상 권리 또는 기타 법적 권리로부터 발생하는 것이라면 내용연수는 계약상 권리 또는 기타 법적 권리의 기간을 초과할 수 없으나, 자산의 예상사용기간에 따라 더 짧을 수는 있다. 또한 그러한 권리가 중요한 원가 없이 한정된 기간 동안 갱신될 것이 명백한 경우에만 그 갱신기간을 무형자산의 내용연수에 포함한다.

예 6 무형자산의 내용연수 추정[15)]

〈사례 1〉 취득한 고객목록

직접우편발송(DM) 광고회사가 고객목록을 취득하였다. 광고회사는 당해 고객목록의 정보로부터 적어도 1년, 그러나 3년을 넘지 않는 기간 동안 효익을 얻을 수 있을 것으로 기대한다. 고객목록의 상각을 위한 내용연수는?

고객목록은 내용연수에 대한 경영진의 최선의 추정기간 동안 상각한다. 최선의 추정기간은 1년에서 3년 사이의 기간이 될 것이며, 예를 들어, 1.5년 또는 2년 등으로 추정될 수 있다. 직접우편발송 광고회사가 미래에 그 고객목록에 고객이름과 그 밖의 정보를 추가할 의도를 가지고 있더라도 취득한 고객목록에서 기대되는 효익은 취득일의 당해 목록에 포함된 고객에게만 관련된다. 그리고 고객목록에 대해서 매 보고기간 말마다 자산손상을 시사하는 징후가 있는지 평가하여 손상차손 인식 여부를 검토하여야 한다.

〈사례 2〉 취득한 방송 라이선스(1)

방송 라이선스는 기업이 통상적인 수준의 서비스를 고객에게 제공하고 법적 규정을 준수한다면 매 10년마다 갱신이 가능하다. 이 라이선스는 거의 추가적인 원가 없이 비한정으로 갱신이 가능하다. 라이선스 취득 기업이 라이선스를 비한정으로 갱신하려는 의도와 능력을 가지고 있다는 증거가 있다. 방송 라이선스의 상각을 위한 내용연수는?

15) (예 6)의 사례는 기준서 제1038호의 '적용사례'를 인용하여 수정하였다.

방송 라이선스는 비한정으로 기업의 순현금유입에 기여할 것으로 기대되므로 내용연수가 비한정인 것으로 보고 상각을 하지 않는다. 다만, 라이선스에 대해서 매년 그리고 자산손상을 시사하는 징후가 있을 때마다 손상검사를 한다.

〈사례 3〉 취득한 방송 라이선스(2)
방송 라이선스 발급기관이 더 이상 라이선스를 갱신해 주지 않고 이를 경매에 붙이기로 결정하였다. 라이선스 발급기관의 이러한 결정이 이루어진 시점에 회사가 보유하는 방송 라이선스는 만료시점까지 3년이 남아 있다. 이 경우 방송 라이선스의 상각을 위한 내용연수는?

방송 라이선스가 더 이상 갱신될 수 없으므로 3년의 잔여 내용연수 동안 상각을 해야 한다. 또한 즉시 손상검사도 수행해야 한다.

---

(2) 무형자산 상각비의 인식

내용연수가 유한한 무형자산의 상각대상금액은 내용연수 동안 체계적인 방법으로 배분한다. 이와 같은 무형자산의 상각은 당해 무형자산이 사용가능한 때부터(즉, 자산이 경영자가 의도하는 방식으로 운영할 수 있는 위치와 상태에 이르렀을 때부터) 시작한다. 따라서 신기술의 개발단계에서 무형자산의 인식조건을 충족하는 지출이 발생하여 이를 무형자산으로 인식했더라도 그 시점부터 상각을 시작하는 것이 아니라, 개발이 완료되어 신기술을 사용할 수 있게 된 시점부터 상각을 시작한다.

제4장에서 운휴 중인 유형자산에 대해서도 감가상각을 한다고 설명한 바 있다. 같은 이유로 무형자산을 사용하지 않을 때에도 상각을 중지하지 않는다. 무형자산의 상각은 당해 자산이 매각예정으로 분류[16)]되는 날과 재무상태표에서 제거되는 날 중 이른 날에 중지한다.

무형자산의 상각방법은 자산의 경제적효익이 소비되는 형태를 반영하여 정액법, 체감잔액법(정률법, 이중체감법, 연수합계법), 생산량비례법 중에서 선택하되, 소비되는 형태를 신뢰성 있게 결정할 수 없는 경우에는 정액법을 사용한다.

내용연수가 유한한 무형자산의 잔존가치는 특별한 경우를 제외하고는 영(0)으로 본다. 무형자산의 잔존가치는 처분으로 회수가능한 금액을 근거로 하여 추정하며, 적어도 매 회계기간 말에 검토한다. 무형자산의 잔존가치는 해당 자산의 장부금액 이상으로 증가할 수도 있는데, 이러한 경우에는 잔존가치가 장부금액 미만으로 감소될 때까지 상각을 하지 않는다.

---

16) 매각예정비유동자산에 대한 회계처리는 제5장의 설명을 참조하라.

무형자산의 잔존가치뿐만 아니라 상각기간과 상각방법도 적어도 매 회계연도 말에 검토한다. 검토결과 잔존가치, 상각기간, 상각방법을 변경하는 경우에는 회계추정치 변경으로 보고 전진적으로 회계처리한다.[17] 즉, 변경연도부터 변경된 추정치를 이용하여 무형자산 상각비를 계산한다.

상표권이나 회원권과 같은 내용연수 비한정 무형자산은 상각을 하지 않고 후술하는 손상차손(환입)을 인식한다.

3.2 무형자산의 손상차손(환입)

제4장에서 유형자산의 손상차손 인식에 대하여 설명하였다. 기업은 매 보고기간 말에 유형자산의 손상을 시사하는 징후가 있는지 검토하고, 징후가 발견되면 회수가능액을 추정한다. 만약 추정한 회수가능액이 장부금액보다 적다면 차액을 손상차손으로 인식한다.

무형자산에 대해서도 유형자산과 유사한 방법으로 손상차손을 인식한다. 다만, 다음에 해당하는 무형자산의 경우에는 손상 징후에 관계없이 매년 손상검사를 한다.

① 내용연수가 비한정인 무형자산
② 아직 사용할 수 없는 무형자산(예 : 개발단계에서 발생한 지출을 무형자산으로 인식하였으나 보고기간 말 현재 개발이 완료되지 않은 상태)
③ 사업결합과정에서 인식한 영업권

손상차손의 환입도 제4장에서 설명한 유형자산의 경우와 동일하게 회계처리한다. 다만, 영업권에 대해서 손상차손을 인식한 후에는 손상차손환입을 인식할 수 없다는 점에 유의하여야 한다. 왜냐하면 영업권에 대해서 손상차손환입의 인식을 허용하면 이는 2.4절에서 자가창설 영업권의 인식을 금지한 규정과 상충되기 때문이다. 영업권 손상차손의 인식은 고급회계에서 자세하게 설명한다.

17) 회계변경의 회계처리는 제17장에서 자세하게 설명한다.

예 7 무형자산의 상각과 손상

갑회사(보고기간 말 : 12월 31일)는 20×1년부터 신기술을 개발하고 있는데, 20×2년 6월 30일에 개발이 완료되어 20×2년 7월 1일부터 제품생산에 적용하기 시작하였다. 갑회사는 신기술 개발과 관련하여 20×1년에 ₩400,000, 20×2년에 ₩500,000을 지출하였으며, 모두 무형자산의 인식조건을 충족한다. 갑회사는 개발 완료한 신기술에 대하여 20×2년 10월 1일에 특허권을 취득하였으며, 특허권 취득 과정에서 ₩20,000을 지출하였다.
갑회사는 무형자산으로 인식한 개발비의 내용연수를 5년, 특허권의 내용연수를 10년으로 추정하였다.
20×1년과 20×2년의 회계처리를 제시하면 다음과 같다.

<20×1년>

(차) 개발비	400,000	(대) 현금 등	400,000

<20×2년 6월 말까지>

(차) 개발비	500,000	(대) 현금 등	500,000

<20×2년 10월 1일>

(차) 특허권	20,000	(대) 현금	20,000

<20×2년 말>

(차) 무형자산상각비	90,500	(대) 개발비상각누계액	90,000[(1)]
		특허권상각누계액	500[(2)]

(1) 개발비 상각 = (₩400,000 + 500,000)÷5년×6/12 = ₩90,000
(2) 특허권 상각 = ₩20,000÷10년×3/12 = ₩500

만약 20×2년 말 현재 신기술의 사업성이 당초 예상했던 것보다 낮아 손상의 징후가 있다고 판단하고, 회수가능액을 ₩700,000으로 추정했다면 다음과 같이 손상차손을 인식한다.
손상차손 인식 전 개발비의 장부금액 = ₩900,000 − 90,000 = ₩810,000
개발비 손상차손 = ₩810,000 − 700,000 = ₩110,000
이렇게 회계처리하면 20×2년 말 개발비의 장부금액은 ₩700,000이 되며, 다음 연도부터 개발비는 ₩700,000에 기초하여 잔존 내용연수에 걸쳐 상각한다.

4 재평가모형의 적용과 무형자산의 제거

4.1 재평가모형의 적용

유형자산과 마찬가지로 무형자산에 대해서도 원가모형(cost model) 또는 재평가모형(revaluation model) 중 한 가지를 선택할 수 있다. 다만, 무형자산에 재평가모형을 적용하기 위해서는 무형자산의 공정가치를 활성시장에 기초하여 측정해야 한다는 점이 유형자산의 재평가모형을 적용할 때와 다른 점이다. 따라서 무형자산의 공정가치를 활성시장에 기초하여 측정할 수 없으면 무형자산에 대해서 재평가모형을 적용할 수 없다.

영업상 유사한 성격과 용도로 분류한 같은 분류의 모든 무형자산을 동시에 재평가한다. 이는 무형자산을 선택적으로 재평가하거나 재무제표에 서로 다른 기준일의 원가와 가치가 혼재된 금액을 보고하는 것을 방지하기 위해서이다.

구체적인 무형자산 재평가의 회계처리는 유형자산과 동일하므로 더 이상 반복하여 설명하지 않고, 제4장의 재평가모형의 회계처리의 요약만 [표 4]에 제시한다.

| 표 4 | 무형자산 재평가의 회계처리

구분	회계처리
재평가증가액	재평가증가액을 기타포괄손익(재평가잉여금)으로 인식 단, 동일 자산에 대하여 이전에 당기손익(재평가손실)으로 인식한 재평가감소액이 있다면 그 금액만큼 재평가증가액을 당기손익(재평가이익)으로 인식하고, 잔여액이 있다면 기타포괄손익(재평가잉여금)의 증가로 인식
재평가감소액	재평가감소액을 당기손익(재평가손실)으로 인식 단, 동일 자산에 대한 기타포괄손익(재평가잉여금)의 잔액이 있다면 그 금액만큼 재평가감소액을 기타포괄손익(재평가잉여금)의 감소로 인식하고, 잔여액이 있다면 당기손익(재평가손실)으로 인식

원가모형에 비해 재평가모형을 적용한 회계정보가 미래경제적효익의 순유입을 평가하는 데 더 유용한 이유는 무형자산을 공정가치로 평가한 정보를 재무제표 이용자에게 제공하기 때문이다. 공정가치로 측정한 무형자산의 정보는 그 무형자산이 시장에서 팔린다면 얼마나 현금을 받을 수 있을지를 표시하므로 원가로 측정한 무형자산의 정보에 비해 더 목적적합하다. 다만, 무형자산의 활성시장이 존재하지 않는 경우 공정가치 측정이 신뢰성 있게 이루어지기 어렵기

때문에 재평가모형을 적용하기 위해서는 활성시장에 기초하여 공정가치를 측정할 수 있어야 한다는 조건을 전제로 한다. 무형자산의 활성시장이 거의 없는 우리나라의 상황을 감안하면 무형자산을 재평가하는 기업은 거의 없을 것으로 판단된다. 한편, 재평가모형을 적용하는 무형자산의 손상 회계처리는 중급회계에서 설명한다.

4.2 무형자산의 제거

무형자산의 제거에 적용하는 회계처리는 제4장의 유형자산에서 설명한 회계처리와 동일하다. 무형자산은 처분하는 때와 사용이나 처분으로부터 미래경제적효익이 기대되지 않을 때 재무상태표에서 제거한다. 무형자산의 제거로 인한 손익은 순매각가액과 장부금액의 차이이며, 당기손익으로 인식한다.

무형자산의 처분일은 수령자가 기준서 제1115호 '고객과의 계약에서 생기는 수익'의 수행의무 이행시기 판단 규정에 따라 해당 자산을 통제하는 날로 한다.

무형자산의 처분대가는 기준서 제1115호의 거래가격 산정에 관한 요구사항에 따라 산정한다. 처분대가에는 할인, 리베이트, 장려금, 성과보너스 또는 위약금 등 변동대가가 포함되거나, 유의적인 금융요소가 포함되기도 한다. 예상되는 할인, 리베이트 등이 있는 경우에는 금액을 추정하여 이를 처분대가에 반영하고, 유의적인 금융요소가 있는 경우에는 현금으로 결제했다면 지급했을 금액(즉, 현금판매가격)으로 처분대가를 결정한다. 기준서 제1115호의 관련 내용은 제12장에서 자세하게 설명한다.

무형자산의 일부가 다른 무형자산으로 대체되는 경우, 대체되는 부분의 장부금액을 제거한다. 그러나 대체된 부분의 장부금액을 실무적으로 결정할 수 없는 경우에는 대체된 부분을 취득하거나 내부적으로 창출한 시점에 대체된 부분의 원가가 얼마였는지 나타내주는 자료로 대체원가(replacement cost)를 사용할 수 있다.

연 / 습 / 문 / 제

01 무형자산의 인식과 관련된 다음의 물음에 답하시오.

물음

1. 기준서에서 연구개발활동과 관련된 모든 지출을 무형자산으로 인식하지 못하도록 규정한 이유는 무엇인가?

2. 국제적인 평가기관에서 갑회사의 브랜드가치를 1조 원으로 평가하였다. 갑회사는 브랜드가치를 갑회사의 무형자산으로 인식할 수 있는가?

해답

물음 1

자산을 인식하기 위해서는 미래경제적효익의 유입가능성이 높고, 금액을 신뢰성 있게 측정할 수 있어야 한다. 연구단계의 지출은 미래경제적효익의 유입에 대한 불확실성이 매우 높기 때문에 자산의 인식조건을 충족하기 어렵다. 따라서 연구단계의 지출은 모두 비용으로 인식한다. 반면에 개발단계의 지출 중 일부는 새로운 기술이나 제품의 개발로 이어질 가능성이 있다. 개발단계의 지출이라고 하더라도 미래경제적효익의 유입가능성이 모두 높은 것은 아니기 때문에 기술적 실현가능성 등 6가지의 조건을 충족하는 경우에 한하여 무형자산으로 인식하도록 함으로써 함부로 무형자산을 인식하지 못하도록 규정하고 있다.

물음 2

무형자산으로 인식하기 위해서는 식별가능성이 있고 기업이 미래경제적효익에 대해서 통제할 수 있어야 한다. 외부평가기관이 갑회사의 브랜드가치를 1조 원으로 평가했더라도 브랜드가치를 기업으로부터 분리, 양도할 수 있는 것이 아니므로 브랜드가치는 분리가능하지 않다. 따라서 브랜드가치는 식별가능성이 없다. 또한 미래에 1조 원의 브랜드가치에 해당하는 미래경제적효익이 유입될 가능성이 높은지 판단할 수 없기 때문에 무형자산의 인식조건을 충족한다고 볼 수 없다.

02 ㈜내일소프트는 자사의 특허권(장부금액 ₩45,000, 공정가치 ₩85,000)을 다른 회사가 소유한 시설이용권(장부금액 ₩65,000, 공정가치 ₩80,000)과 교환하였다.

물음

1. 특허권의 공정가치가 시설이용권의 공정가치보다 더 명백할 경우 ㈜내일소프트가 무형자산의 교환거래 시 해야 할 회계처리를 하라. 단, 교환거래의 상업적 실질이 결여되어 있지 않다.
2. (물음 1)과 관계없이 시설이용권의 공정가치가 특허권의 공정가치보다 더 명백할 경우 ㈜내일소프트가 무형자산의 교환거래 시 해야 할 회계처리를 하라. 단, 교환거래의 상업적 실질이 결여되어 있지 않다.
3. (물음 1)과 관련하여 시설이용권과 특허권의 공정가치를 모두 신뢰성 있게 측정할 수 없다고 가정하고 다시 답하라.

해답

물음 1

(차) 시설이용권	85,000	(대) 특허권	45,000
		무형자산처분이익	40,000

물음 2

(차) 시설이용권	80,000	(대) 특허권	45,000
		무형자산처분이익	35,000

물음 3

(차) 시설이용권	45,000	(대) 특허권	45,000

03 갑회사는 20×1년 4월 1일에 사업확장을 위하여 을회사를 흡수합병하였다. 합병 직전일 현재 을회사의 자산과 부채의 장부금액과 공정가치는 다음과 같다. 을회사 자산의 장부금액과 공정가치에는 산업재산권이 제외되어 있다.

과목	장부금액	공정가치
자산	₩200,000	₩260,000
부채	120,000	130,000

갑회사는 을회사를 합병하면서 을회사 주주에게 현금 ₩170,000을 지급하였다.

물음

1. 합병일 현재 을회사가 소유하고 있는 산업재산권의 장부금액과 공정가치가 각각 ₩10,000과 ₩15,000이라고 가정하고 합병일에 갑회사가 해야 할 회계처리를 하라.
2. (물음 1)에서 을회사가 소유하고 있는 산업재산권의 공정가치를 신뢰성 있게 추정할 수 없다고 가정하고 다시 답하라.

해답

물음 1

(차)	자산	275,000[(1)]	(대) 부채	130,000
	영업권	25,000	현금	170,000

(1) ₩260,000 + 15,000(산업재산권의 공정가치) = ₩275,000

물음 2

(차)	자산	260,000	(대) 부채	130,000
	영업권	40,000	현금	170,000

산업재산권의 공정가치를 신뢰성 있게 측정할 수 없으므로 관련 지급액이 모두 영업권으로 인식된다.

04 ㈜미래전지(보고기간 말 12월 31일)는 전기자동차의 배터리를 초단시간에 충전할 수 있는 신기술을 개발하는 프로젝트를 수행하고 있다. 프로젝트는 20×1년에 시작하여 20×2년 9월 30일에 종료되었으며, 20×2년 10월 1일부터 배터리 충전 신기술을 사용하기 시작하였다. 그리고 20×2년 11월 1일에 배터리 충전 신기술에 대한 특허권을 획득하였다. 특허권 획득에 소요된 원가는 ₩20,000이다. 다음은 20×1년과 20×2년에 발생한 연구 및 개발 관련 지출이다. 개발단계에서 발생한 지출은 모두 무형자산의 인식조건을 충족한다.

구분	20×1년	20×2년
연구단계 지출	₩50,000	−
개발단계 지출	230,000	₩450,000

물음

무형자산으로 인식한 개발비의 내용연수는 5년으로 추정하였다. 그리고 특허권은 10년간 법적으로 보호를 받는데, ㈜미래전지는 배터리 신기술의 예상사용기간을 개발비와 동일한 5년으로 추정하였다. 다음의 양식에 들어갈 연도별 비용의 인식금액을 계산하라. 단, 모든 상각은 월단위로 계산한다.

구분	20×1년	20×2년
연구비	①	③
무형자산상각비	②	④

해답

구분	20×1년	20×2년
연구비	① 50,000	③ 0
무형자산상각비	② 0	④ 34,667

① 연구비는 모두 발생기간의 비용으로 인식한다.
② 무형자산으로 인식한 개발비 ₩230,000은 사용개시 시점부터 상각한다.
③ 20×2년도의 연구비는 발생하지 않았다.
④ 개발비 상각＝(₩230,000＋450,000)÷5년×3/12＝₩34,000
　특허권 상각＝₩20,000÷5년×2/12＝₩667
　특허권은 법적으로 10년간 보호받을 수 있으나, 예상사용기간이 10년보다 짧을 경우 예상사용기간 동안 상각한다.

05 갑회사는 20×1년 7월 1일에 법인 접대용으로 사용하기 위해서 골프회원권을 다른 회사로부터 ₩300,000에 취득하였다. 골프회원권 소유자는 회원권을 분양한 골프장이 당시 분양금액이었던 ₩50,000으로 골프회원권을 매수하도록 풋옵션을 행사할 수 있다.

물음

1. 갑회사는 골프회원권을 어떻게 상각하는가?
2. 20×1년 중에 국내 및 세계 경제상황이 악화되어 거의 모든 골프회원권의 시가가 하락하였다. 갑회사가 소유한 골프회원권도 매매가격이 하락하여 20×1년 12월 31일 현재 순공정가치는 ₩180,000으로 추정되었다. 골프회원권의 공정가치의 하락이 가까운 미래에 회복되기 어렵다고 판단될 때 갑회사가 20×1년 말에 해야 할 회계처리는 무엇인가?

해답

물음 1

골프회원권은 내용연수가 비한정인 무형자산이다. 따라서 상각을 하지 않는다. 대신 회계기간 중 어느 때라도 손상검사를 하여 손상차손 인식 여부를 판단해야 한다.

물음 2

골프회원권의 시장가치가 하락되고 이러한 변화가 단기간 내에 호전될 것으로 예상되지 않으므로 자산손상의 징후가 있다고 판단된다. 따라서 다음과 같이 손상차손을 인식하여야 한다.

(차) 회원권손상차손	120,000(1)	(대) 회원권손상차손누계액	120,000

(1) ₩180,000 − 300,000 = (−)₩120,000

참고로 갑회사는 골프회원권의 장부금액을 ₩50,000보다 더 낮은 금액으로 감액할 수는 없다. 왜냐하면 회수가능액이 ₩50,000보다 더 낮을 경우 골프장에게 회원권을 ₩50,000에 구매하도록 풋옵션을 행사할 수 있기 때문이다.

06 ㈜한국은 20×1년과 20×2년에 신기술 개발과 관련하여 다음과 같은 지출을 하였다.

개발 프로젝트	20×1년	20×2년
신기술A	₩250,000	₩230,000
신기술B	−	300,000

신기술A의 개발 과정은 20×1년에 시작하여 20×2년 9월 말에 종료하였으며, 20×2년 10월 1일부터 사용하기 시작하였다. 신기술B의 개발은 20×2년 중에 시작하였으며 20×2년 말 현재 계속 개발이 진행 중이다. 두 가지 신기술 개발 프로젝트 모두 관련 지출이 무형자산의 인식조건을 충족한다.

물음

1. 20×2년 말 재무상태표에 두 가지 신기술 개발 프로젝트와 관련하여 표시될 무형자산의 잔액을 계산하라. 단, 신기술 개발과 관련된 무형자산의 내용연수는 5년이며, 잔존가치 없이 정액법으로 상각한다.
2. (물음 1)에서 신기술B에 대하여 20×2년 말에 ㈜한국이 손상차손을 인식할 수 있는지에 대해서 설명하라.
3. 20×3년 말에 신기술A의 손상검사 후 추정한 회수가능액이 ₩320,000일 때 ㈜한국이 신기술A와 관하여 인식할 무형자산의 손상차손을 계산하라.

해답

물음 1

20×2년 10월 1일 현재 신기술A 무형자산 = ₩250,000 + 230,000 = ₩480,000
신기술A 무형자산상각비 = ₩480,000÷5년×3/12 = ₩24,000
20×2년 말 신기술 무형자산 잔액 = ₩480,000 − 24,000 + 300,000 = ₩756,000

물음 2

아직 사용할 수 없는 무형자산에 대해서는 손상 징후에 관계없이 매 보고기간 말에 손상검사를 실시하여 손상차손 인식 여부를 판단한다. 따라서 신기술B는 20×2년 말 현재 개발이 완료되지 않았으나 회수가능액이 장부금액에 미달할 경우 손상차손을 인식한다.

물음 3

신기술A의 20×3년도 무형자산상각비 = ₩480,000÷5년 = ₩96,000
20×3년 말 손상차손 인식 전 신기술A의 무형자산 잔액
= ₩480,000 − 24,000 − 96,000 = ₩360,000
손상차손 = ₩360,000 − 320,000 = ₩40,000

참고로 20×4년에는 신기술A 무형자산의 기초잔액 ₩320,000을 잔존 내용연수 45개월에 걸쳐 상각한다.

제 7 장

재고자산

1 재고자산의 의의

1.1 재고자산이란?

기준서 제1002호 '재고자산'은 다음의 자산을 재고자산으로 정의한다.

> 재고자산(inventories)이란 다음의 자산을 말한다.
> ① 통상적인 영업과정에서 판매를 위하여 보유 중인 자산
> ② 통상적인 영업과정에서 판매를 위하여 생산 중인 자산
> ③ 생산이나 용역제공에 사용될 원재료나 소모품

위의 재고자산의 정의에서 '통상적인 영업'이란 기업이 수행하는 주요 영업활동을 의미한다. 예를 들어, 가구 판매를 주업으로 하는 기업이 매장에서 보유하는 가구는 재고자산이지만, 사무실에서 사용하기 위해 보유하는 가구는 제4장에서 설명한 유형자산이다. 부동산개발업자가 고객에게 분양할 목적으로 보유하는 토지는 재고자산이지만, 사무용 건물이나 공장 건물을 짓기 위해서 보유하는 토지는 유형자산이고, 임대목적이나 시세차익을 얻기 위해서 보유하는 토지는 투자부동산이다. 이와 같이 특정 자산이 재고자산에 해당하는지는 외견상 형태에 따라 구분하는 것이 아니라 기업이 통상적인 영업과정에서 그 자산을 판매하기 위해서 보유하는 것인지에 따라 판단한다.

통상적인 영업과정에서 판매를 목적으로 보유 중인 자산 이외에도 판매를 위하여 생산 중인 자산(재공품, 반제품), 그리고 그 생산에 투입하기 위해서 보유하는 원재료나 소모품 등도 재고자산이다. 도소매업이 주업인 경우에는 다른 거래처로부터 생산 완료한 재고자산을 매입하여 이를 소비자에게 판매할 것이므로 보통 상품이라는 재고자산을 보유한다.

제조업이 주업인 경우에는 생산에 투입할 재고자산인 원재료, 부재료, 소모품, 생산 중인 재고자산인 재공품, 반제품, 그리고 생산이 완료된 재고자산인 제품을 보유할 것이다. 서비스의 제공을 주업으로 하는 기업은 서비스를 제공하는 데 필요한 소모품이나 저장품을 제외하고는 재고자산을 보유하는 경우가 드물다. 서비스는 고객에게 제공되기 전에 이를 기업이 보관할 수 있는 것이 아니며, 고객에게 제공되는 순간 즉시 소비된다는 특성이 있기 때문이다. 따라서 본장에서 설명하는 재고자산은 매매업을 주업으로 하는 기업이 보유하는 재고자산을 중심으로 회계처리를 설명할 것이다.

1.2 기준서 제1002호 '재고자산'의 적용 범위

(1) 전체 제외

자산을 재고자산으로 분류하려면 전술한 1.1절의 재고자산의 정의를 충족하는지 판단하여야 한다. 그러나 재고자산의 정의를 충족하더라도 무조건 재고자산으로 분류하는 것은 아니다. 다음의 경우에는 재고자산의 정의를 충족하더라도 기준서 제1002호 '재고자산'을 적용하지 않고 다른 기준서를 적용한다.

① 금융상품
② 생물자산과 수확시점의 수확물

증권회사와 같은 금융기관은 자기가 직접 매매할 목적으로 금융상품을 보유하고 있는 경우가 많은데, 그러한 금융상품도 재고자산의 특성을 가질 수 있으나 별도로 제정되어 있는 기준서 제1032호 '금융상품 : 표시' 및 기준서 제1109호 '금융상품'을 적용(제8장에서 설명)하므로 기준서 제1002호 '재고자산'을 적용하지 않는다.

또한 생물자산과 수확시점의 수확물이 재고자산의 정의를 충족하더라도 기준서 제1002호를 적용하지 않고, 제5장에서 설명한 기준서 제1041호 '농림어업'을 적용한다.

(2) 측정 규정만 제외

4절에서 설명하겠지만 재고자산은 원가와 순실현가능가치 중 낮은 금액으로 측정한다. 그러나 다음의 항목은 재고자산에 해당하지만 재고자산 측정 시 기준서 제1002호를 적용하지 않는다.

① 생산자가 해당 산업의 합리적인 관행에 따라 순실현가능가치로 측정하는 농림어업과 삼림제품, 수확한 농림어업 제품 및 광물자원과 광업 제품
② 순공정가치로 측정한 일반상품 중개기업의 재고자산

곡물이 수확되거나 광물이 추출되었는데 선도계약(미래의 특정 시점에 물건을 인도하면서 특정 금액을 받기로 한 계약)이나 정부의 보증으로 매출이 확실시되거나, 활성시장이 존재하여 판매되지 않을 위험이 매우 낮은 경우, 원가와 순실현가능가치 중 낮은 금액으로 재고자산을 표시하면 오히려 이용자의 의사결정에 유용하지 않을 수 있다. 예를 들어, 추출한 광물의 원가가

₩600인데, 이를 정부보증으로 ₩1,000에 팔 수 있다면 재무제표 이용자에게는 ₩1,000이라는 순실현가능가치 정보가 ₩600이라는 원가 정보보다 미래경제적효익의 유입액을 추정할 때 더 목적적합할 것이다.

중개기업은 주로 단기간 내에 재고자산을 매도하여 시세차익을 얻을 목적으로 재고자산을 취득하는 기업이다. 예를 들어, 원유 중개상의 경우 국제원유시장에서 매입한 원유는 정제 가공을 위해서 매입한 것이 아니라 시세차익을 얻기 위해서 매입한 것이며 언제라도 매도할 준비를 하고 있을 것이다. 따라서 원유 중개상이 보유하는 원유를 순공정가치(공정가치에서 매각부대원가를 차감한 금액)로 측정한 정보는 원가로 측정한 정보보다 이용자가 미래경제적효익의 순유입액을 평가하는 데 더 목적적합할 것이다.

기준서의 정의에 따르면 순실현가능가치는 정상적인 영업과정에서의 판매를 통해 실현할 것으로 기대하는 순매각금액(매각부대원가 차감 후)을 말한다. 이에 반해 순공정가치는 재고자산의 주된(또는 가장 유리한) 시장에서 시장참여자 사이에서 일어날 수 있는 재고자산을 판매하는 정상거래의 가격에서 매각부대원가를 차감한 순액을 말한다.

순실현가능가치는 특정 기업의 특성이나 상황이 반영된 기업특유가치인 반면, 순공정가치는 정상적인 영업과정에서의 판매 여부를 고려하지 않고 시장에서 결정되는 정상거래 가격에 기초한다는 점이 다르다. 따라서 재고자산의 순실현가능가치와 순공정가치는 일치하지 않을 수 있다. 해당 산업의 합리적인 관행에 따라 농림어업과 삼림 제품을 생산하는 자는 정상적인 영업과정에서의 판매를 전제로 하는 순실현가능가치로 농립어업과 삼림 제품을 측정하는 것이 자연스러운 반면, 일반상품 중개기업은 시세차익을 얻기 위해서 수시로 재고자산을 시장에서 판매할 것이므로 시장참여자의 가격을 반영하는 순공정가치로 재고자산을 측정하는 것이 자연스럽다고 하겠다.

예 1 재고자산에 해당하는지 판단

〈사례 1〉 고속버스 운송업체가 보유한 경우
갑회사는 고속버스 운송업을 하는 회사이다. 갑회사는 경유의 보관 및 주유를 위한 자체 시설을 갖추고 고속버스의 운행에 필요한 경유를 직접 주유하여 운송업을 영위한다. 갑회사가 보유하는 경유는 재고자산에 해당하는가?

갑회사는 재화가 아니라 운송 서비스를 제공하는 기업이다. 갑회사의 주요 영업활동인 고속버스 운송사업을 수행하기 위해서 직접 보유하고 있는 경유는 생산이나 용역제공에 사용될 소모품에 해당하므로 재고자산으로 분류한다.

〈사례 2〉 분양이 되지 않아 임대용으로 전환한 아파트
갑회사는 지방자치단체로부터 건설허가를 얻어 1,000가구 규모의 아파트 단지 건설을 시작하였다. 갑회사는 아파트 용지를 구입하고 아파트의 건설과 분양을 모두 수행한다. 그러나 아파트 건설이 개시되는 시점에 부동산 경기가 침체되어 50% 정도밖에 분양이 이루어지지 않았으며, 건설이 모두 종료되었음에도 불구하고 200가구가 미분양된 상태이다. 이에 갑회사는 200가구를 임대용으로 전환하였다. 미분양된 200가구의 아파트는 갑회사의 재고자산인가?

판매목적으로 건설한 아파트는 재고자산의 정의를 충족한다. 따라서 건설은 종료되었지만 아직 판매되지 않은 아파트 즉, 미분양된 아파트도 재고자산에 해당한다. 그러나 미분양된 아파트를 임대목적으로 전환했다면 이는 더 이상 판매목적으로 보유하는 자산이 아니므로 투자부동산(제5장에서 설명)으로 분류해야 한다.

---

2 재고자산의 인식

2.1 재고자산 원가의 배분

재고자산을 매입한 후 판매할 때 발생하는 현금유입은 유형자산을 처분할 때 발생하는 현금유입과 그 의미가 매우 다르다. 제4장에서 설명한 바와 같이 유형자산은 기업이 장기간 영업활동에 사용하기 위해서 보유하는 자산으로서 취득과 처분거래가 빈번하게 일어나는 것이 아니며, 주로 처분을 통해서 미래현금순유입을 창출하는 자산도 아니다. 이에 반해 재고자산은 회사의 영업활동과정에서 판매나 생산을 위해서 보유하는 자산으로서 매입과 매출 거래가 매우 빈번하게 일어나며, 재고자산을 판매함으로써 미래현금순유입을 창출한다.

이와 같은 재고자산 거래의 특징 때문에 재무제표 이용자는 재고자산 거래에서 얼마나 이익이 발생하였는지에 대한 순액 정보보다 얼마의 수익과 비용이 발생하였는지에 대한 총액 정보를 원한다. 총액 정보를 알아야 특정 기업의 수익성을 다른 기업의 수익성과 비교할 수 있다. 예를 들어, 갑회사가 재고자산의 매매를 통해서 ₩1,000만큼 이익을 얻었을 때 순액 정보만으로는 갑회사의 수익성이 높은 수준인지, 아니면 낮은 수준인지를 가늠하기 어렵다. 그러나 얼마에 매입한 재고자산을 얼마에 판매하여 ₩1,000의 이익을 얻었는지 알 수 있다면 수익성을

비교 평가할 수 있다. 예를 들어, ₩1,500에 매입한 재고자산을 ₩2,500에 판매하여 ₩1,000의 이익을 얻었다면 매출총이익률[1]은 '(2,500 − 1,500) / 2,500 = 40%'이다. 반면에 ₩3,000에 매입한 재고자산을 ₩4,000에 판매하여 ₩1,000의 이익을 얻었다면 매출총이익률은 '(4,000 − 3,000) / 4,000 = 25%'에 불과하다. 따라서 수익성의 비교 평가를 위해서 매출 정보와 판매한 재고자산의 취득원가 즉, 매출원가 정보를 각각 총액으로 제공하는 것이 재고자산 회계에서 가장 중요한 부분이다.

2.2 총액 정보를 제공하기 위한 재고자산 매매거래의 기장방법

전술한 바와 같이 순액으로 처분손익을 인식하는 유형자산의 매매거래와 달리 재고자산의 매매거래는 총액으로 수익과 비용을 인식한 정보를 이용자에게 제공할 필요가 있다. 독자들은 회계원리에서 재고자산의 매매거래에 대한 장부기록방법을 배웠겠지만, 복습 차원에서 다음의 (예 2)를 통해서 재고자산 매매거래의 장부기록방법을 설명하기로 한다.

예 2 재고자산 매매거래의 기장방법

갑회사의 기초상품 수량은 10개(취득단가 ₩1,000)이며, 당기에 90개(취득단가 ₩1,000)를 추가로 현금매입한 후 이 중에서 80개(판매단가 ₩1,500)를 현금매출하고, 나머지 20개의 상품은 기말까지 보유하고 있다. 당기 매입 및 매출거래에 대해서 유형자산의 취득, 처분 시에 행하는 분개를 적용하여 표시하면 다음과 같다.

매입 시:	(차) 상 품	90,000	(대) 현 금	90,000
매출 시:	(차) 현 금	120,000	(대) 상 품	80,000
			매 출 총 이 익	40,000

그런데 위와 같이 회계처리하면, 당기 손익계산서에는 매출총이익 ₩40,000만 계상된다. 이러한 회계 정보만으로는 이 회사가 얼마의 매출을 했는지, 얼마에 매입했던 재고자산을 판매했는지(즉, 매출원가가 얼마인지), 매출총이익률은 몇 %인지 등에 대해서 파악할 수 없다. 왜냐하면 매출(수익)과 매출원가(비용)가 상쇄되어 매출총이익만 순액으로 보고되기 때문이다. 따라서 다음과 같은 회계처리를 함으로써 수익과 비용을 총액으로 보고할 수 있다.

1) 매출총이익률은 '매출총이익÷매출액'으로 계산하며, 수익성을 평가하는 재무비율 중 하나이다.

매입 시 :	(차) 상 품	90,000	(대) 현 금	90,000
매출 시 :	(차) 현 금	120,000	(대) 매 출	120,000
	(차) 매 출 원 가	80,000	(대) 상 품	80,000

이와 같은 회계처리를 계속기록법이라고 하는데, 계속기록법으로 회계처리하면 당기 손익계산서에는 다음과 같이 수익과 비용을 총액으로 보고할 수 있다.

손익계산서

매출액	₩120,000
매출원가	(80,000)
매출총이익	₩40,000

총액으로 매출과 매출원가를 보고하면 매출총이익만 순액으로 보고하는 경우에 비해서 정보의 유용성이 더 높아진다. 그런데 계속기록법은 상품을 판매할 때마다 판매하는 상품의 취득원가를 매출원가로 인식해야 하기 때문에, 매입 및 매출거래가 빈번하게 발생하고 매입할 때마다 매입단가가 다를 경우 매출원가가 얼마인지 일일이 파악해야 하는 번거로움이 있다. 따라서 다음과 같은 회계처리를 고려할 수 있다.

매입 시 :	(차) 매 입	90,000	(대) 현 금	90,000
매출 시 :	(차) 현 금	120,000	(대) 매 출	120,000
결산 시 :	(차) 상 품 (기 말)	20,000	(대) 상 품 (기 초)	10,000
	매 출 원 가	80,000[(1)]	매 입	90,000

(1) 대차 일치 금액임

즉, 기초상품재고액과 당기상품매입액의 합계액에서 기말상품재고액을 차감하면 매출원가가 도출되는 방식으로 회계처리하는 것인데, 이를 실지재고조사법이라고 한다. 실지재고조사법으로 회계처리하면 당기 손익계산서에는 다음과 같이 수익과 비용을 총액으로 보고할 수 있으며(매출원가를 도출하는 과정은 표시를 생략할 수 있음), 계속기록법의 결과와 동일함을 알 수 있다.

손익계산서

매출액		₩120,000
매출원가		80,000
기초상품재고액	₩10,000	
당기상품매입액	90,000	
기말상품재고액	(20,000)	
매출총이익		₩40,000

다음의 [그림 1]은 기초재고자산과 당기매입재고자산의 합계액(이를 판매가능재고자산이라고 함)을 당기 중에 판매된 부분과 판매되지 않은 부분으로 배분하는 과정을 보여준다. 당기 중에 판매된 재고자산은 매출원가로 배분되고, 판매되지 않은 부분은 기말재고자산을 구성한다. (예 2)의 계속기록법은 [그림 1]에서 매출원가를 먼저 확정짓고 나머지를 기말재고자산으로 배분하는 방법인데 반해, 실지재고조사법은 기말재고자산을 먼저 확정짓고 나머지 금액을 매출원가로 배분하는 방법이다.

| 그림 1 | 재고자산의 원가배분

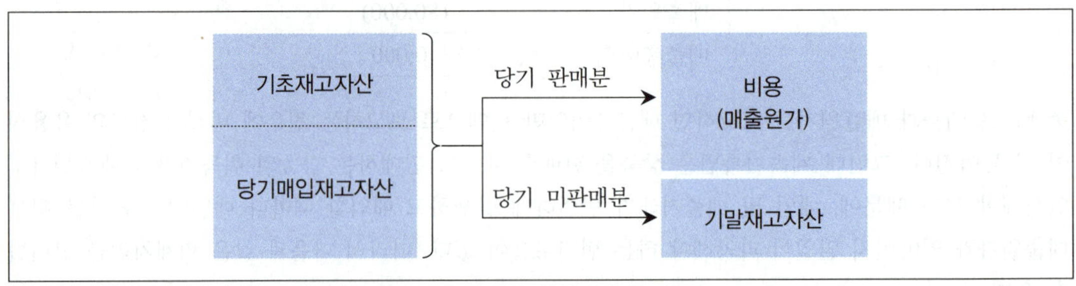

매출원가와 기말재고자산 중 어느 것을 먼저 확정짓느냐가 중요한 것이 아니라 매출에 대응되는 매출원가를 적정하게 인식하고, 기말재고자산이 미래경제적효익의 유입액으로 표시될 수 있도록 평가하는 것이 중요하다고 하겠다.

2.3 계속기록법과 실지재고조사법의 비교

(1) 계속기록법

(예 2)에서 소개한 계속기록법(perpetual inventory system)은 재고자산을 매입할 때 재고자산을 증가시키는 장부기록을 하고, 재고자산을 매출할 때 재고자산을 감소시키는 장부기록을 하면서 이를 매출원가로 인식하는 방법이다. 계속기록법의 회계처리를 요약하면 [표 1]과 같다.

| 표 1 | 계속기록법의 회계처리

구분	회계처리
상품매입 시	(차) 재 고 자 산 ××× (대) 현금, 매입채무 ×××
상품매출 시	(차) 현금, 매출채권 ××× (대) 매 출 ××× (차) 매 출 원 가 ××× (대) 재 고 자 산 ×××
결산 시	회계처리 없음

계속기록법을 적용하면 회계연도 중 특정 시점의 재고자산 장부에 기록되어 있는 금액이 그 시점에서 회사가 보유하는 재고자산의 금액이며, 매출원가 장부에 기록되어 있는 금액이 그 시점까지 회사가 판매한 재고자산의 원가이다. 경영자는 회계연도 중 어느 시점에서도 매출과 매출원가를 총액으로 파악할 수 있기 때문에 재고자산의 판매에 따른 수익성을 언제라도 파악할 수 있다. 즉, 계속기록법을 사용하면 제2장에서 설명한 유용한 재무정보의 질적 특성 중 적시성을 높임으로써 재무정보의 유용성을 보강할 수 있다.

계속기록법을 사용하면 [그림 2]에서 보는 바와 같이 매출원가가 먼저 결정되고 기말재고자산가액이 사후적으로 결정된다.

| 그림 2 | 계속기록법 하에서의 기말재고자산가액의 결정 과정

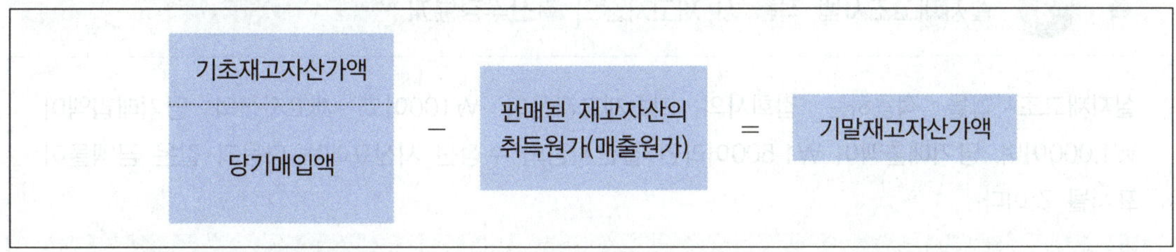

(2) 실지재고조사법

실지재고조사법(periodic inventory system)은 재고자산을 매입하더라도 재고자산을 증가시키는 장부기록을 하지 않고 '매입'을 인식한다. 매입 계정은 결산 과정에서 제거되는 임시 계정으로 이해하면 된다. 실지재고조사법을 적용하면 재고자산을 매출하더라도 재고자산을 감소시키는 장부기록을 하지 않으므로 매출원가는 인식하지 않고, 매출만 인식한다.

이렇게 회계처리하면 결산시점의 수정전 시산표에는 매출과 매입이 표시되는데, 매입 계정의 금액은 회계연도 중에 매입한 재고자산의 원가이지 판매한 재고자산의 원가(즉, 매출원가)가 아니라는 문제가 있다. 또한 당기 중에 한 번도 재고자산의 증가 또는 감소를 장부에 기록하지 않았으므로 수정전 시산표의 상품 계정은 기말재고자산이 아니라 기초재고자산 금액으로 표시되어 있다. 따라서 상품 계정의 금액을 재고실사를 통해서 확인한 기말금액으로 전환하고, 매입을 매출원가로 바꾸는 결산수정분개가 필요하다. 즉, 매출원가는 「기초재고자산가액+당기매입액-기말재고자산가액=매출원가」의 방식으로 산출한다. 실지재고조사법의 회계처리를 요약하면 [표 2]와 같다.

| 표 2 | 실지재고조사법의 회계처리

구분	회계처리			
상품매입 시	(차) 매　입	×××	(대) 현금, 매입채무	×××
상품매출 시	(차) 현금, 매출채권	×××	(대) 매　출	×××
결산 시	(차) (기말)재고자산 매 출 원 가 * 대차 일치 금액	××× ×××*	(대) (기초)재고자산 매　입	××× ×××

예 3 실지재고조사법 적용 시 재고자산의 결산수정분개

실지재고조사법을 적용하는 갑회사의 기초재고자산이 ₩100이고 재고자산의 당기매입액이 ₩1,000이며, 당기매출액이 ₩1,500이라면 결산시점의 수정전 시산표에는 다음과 같은 금액들이 표시될 것이다.

수정전 시산표

……		……	
재고자산	100	……	
……		……	
매입	1,000	매출	1,500
……		……	
	××		××

결산일에 재고자산을 실사한 결과 기말재고자산이 ₩150임을 확인하였다.

수정전 시산표에는 매출원가가 표시되어 있지 않으며, 재고자산은 기말재고자산이 아니라 기초재고자산으로 표시되어 있다. 당기 판매가능재고자산은 ₩1,100(기초재고자산+당기매입)인데, 실사 결과 기말재고자산이 ₩150이므로 판매된 재고자산의 취득원가(매출원가)는 ₩950(₩1,100 − 150)임을 알 수 있다. 즉, 판매가능재고자산 ₩1,100이 기말재고자산 ₩150과 매출원가 ₩950으로 배분된다. 따라서 수정후 시산표에는 다음의 금액들이 표시되어야 한다.

수정후 시산표

……		……	
재고자산	150	……	
……		……	
매출원가	950	매출	1,500
……		……	
	××		××

수정전 시산표의 금액을 수정후 시산표의 금액으로 전환하기 위해서 결산 시에 다음과 같은 재고자산의 결산수정분개를 한다.

(차)	(기말)재고자산	150	(대) (기초)재고자산	100
	매출원가	950*	매입	1,000

* 대차 일치 금액

실지재고조사법은 재고자산을 판매할 때마다 매출원가를 인식하지 않고, 보고기간 말에 기말재고자산을 확정지으면서 한꺼번에 매출원가를 인식하기 때문에 계속기록법에 비해 장부기록의 부담은 적을 것이다. 그러나 경영자가 회계연도 중에 회사가 보유하고 있는 재고자산이 얼마인지, 그 시점까지 재고자산의 판매로부터 얻은 이익은 얼마인지 등에 대한 정보는 재고자산을 실사하지 않는 한 파악할 수 없다는 한계가 있다.

실지재고조사법을 사용하면 [그림 3]에서 보는 바와 같이 기말재고자산가액이 먼저 결정되고 매출원가가 사후적으로 결정된다.

| 그림 3 | 실지재고조사법 하에서의 매출원가의 결정 과정

현재는 컴퓨터를 이용한 장부기록이 일반화되어 있기 때문에 대부분의 기업들은 판매할 때마다 매출원가를 기록하는 계속기록법을 사용한다. 다만, 계속기록법은 특정 시점 현재 재고자산 장부금액만큼의 재고자산을 회사가 실제로 보유하고 있는지 확신할 수 없다는 문제점이 있다. 따라서 실무에서는 계속기록법으로 장부기록을 하되, 보고기간 말에 회사가 보유하고 있는 재고자산을 실사함으로써 재고자산 감모에 대한 통제를 실시한다.

이와 같이 두 가지 방법을 병행함으로써 적시성 있는 정보를 제공할 뿐만 아니라 보고되는 정보도 충실하게 표현할 수 있기 때문에 재무제표 이용자의 의사결정에 유용한 정보가 될 수 있다. 재고자산의 실사수량이 장부수량보다 적을 경우 이를 재고자산 감모라고 하는데, 재고자산의 감모에 대한 회계처리는 본장 후반부에서 설명한다.

2.4 재고자산의 인식기준

유형자산, 무형자산 등 다른 자산에 대해서는 해당 기준서가 인식기준을 규정하고 있는데 반해, 기준서 제1002호 '재고자산'은 인식기준을 언급하고 있지 않다. 따라서 기준서 제1115호 '고객과의 계약에서 생기는 수익'에서 규정하고 있는 수익 인식기준을 준용하는 것이 적절할 것이다. 왜냐하면 판매자가 재고자산의 매출을 인식할 때 구매자는 재고자산의 매입을 인식해야 하기 때문이다.

기준서 제1115호에서는 판매자는 고객(구매자)이 자산을 통제(control)할 때 수익을 인식하도록 규정하고 있다. 따라서 재고자산을 매입하는 측에서는 재고자산을 자신이 통제할 때 재고자산을 인식한다. 예를 들어, 미착품(운송 중인 재고자산)은 운송 조건에 따라 회계처리가 다른데, 판매처에서 선적지 조건으로 발송했다면 미착품은 선적시점부터 매입자가 통제하므로 매입자의 재고자산이 되며, 도착지 조건으로 발송했다면 미착품은 목적지에 도착하기 전까지 매입자가 통제할 수 없으므로 목적지에 도착할 때 비로소 매입자의 재고자산이 된다.

또한 위탁판매를 위해 수탁자(대리인)가 보관 중인 재고자산(적송품)은 수탁자가 판매하기 전까지 위탁자가 통제하므로 위탁자의 재고자산에 포함되며, 회사가 시용판매를 위해 고객에게 발송한 재고자산(시송품)은 고객이 매입의사를 표시하기 전까지 회사가 통제하므로 회사의 재고자산에 포함된다. 통제의 이전을 비롯한 기준서 제1115호에 대한 내용은 제12장에서 설명한다.

2.5 재고자산의 취득원가

재고자산의 취득원가는 다음의 원가를 포함한다.

(1) 매입원가
(2) 전환원가
(3) 재고자산을 현재의 장소에 현재의 상태로 이르게 하는 데 발생한 기타 원가

(1) 매입원가

재고자산의 매입원가는 매입가격에 수입관세와 제세금(과세당국으로부터 추후 환급받을 수 있는 금액 제외), 매입운임, 하역료 및 취득 과정에 직접 관련된 기타원가를 가산한 금액이다. 그러나 매입할인이나 리베이트 등은 매입원가에서 차감한다.

(2) 전환원가

제조업의 경우 제품을 생산하기 위해서는 원재료가 투입된 후 다양한 가공 과정이 필요하다. 가공 과정에서 근로자의 노동력이 투입되며, 그 이외에 전기, 수도, 가스 등 다양한 원가가 소비되어 제품을 생산한다. 제품의 제조원가(취득원가)는 재료원가, 노무원가 및 제조간접원가로 구성되는데, 전환원가는 노무원가와 제조간접원가를 말한다. 제조업의 회계처리는 원가회계에서 자세하게 다루기 때문에 본장에서는 [표 3]을 통하여 매매업과 제조업의 재고자산 회계처리(계속기록법 가정)만 간략하게 비교하기로 한다.

| 표 3 | 매매업과 제조업의 재고자산 회계처리의 비교

거래		매매업	제조업
상품 또는 원재료의 매입		(차) 상 품 ××× (대) 현금, 매입채무 ×××	(차) 원 재 료 ××× (대) 현금, 매입채무 ×××
생산 진행 중	원재료 사용	해당 없음	(차) 재 공 품 ××× (대) 원 재 료 ×××
	전환원가 발생	해당 없음	(차) 재 공 품 ××× (대) 미지급비용 등 ×××
생산완료 시		해당 없음	(차) 제 품 ××× (대) 재 공 품 ×××
판매 시		(차) 매 출 원 가 ××× (대) 상 품 ×××	(차) 매 출 원 가 ××× (대) 제 품 ×××

[표 3]에서 매매업의 경우 외부로부터 매입한 상품을 보유하다가 이를 판매할 때 매출원가로 대체한다. 이에 반해 제조업의 경우 제품을 생산하는 과정에서 원재료를 사용하면 원재료를 감소시키면서 이를 재공품의 증가로 회계처리한다. 또한 노무원가나 제조간접원가 등 전환원가가 발생할 때에도 이를 재공품의 증가로 회계처리한다. 생산이 완료되면 재공품을 제품으로 대체하고, 그 제품을 판매할 때 매출원가로 대체한다. 따라서 제품을 생산하는 과정에서 여러 가지 원가가 발생하더라도 이를 비용이 아닌 자산(재공품 및 제품)으로 인식하며, 나중에 제품을 판매할 때 비용(매출원가)으로 대체됨을 알 수 있다.

(3) 기타 원가

기타 원가는 재고자산을 현재의 장소에 현재의 상태로 이르게 하는 데 발생한 범위 내에서만 취득원가에 포함된다. 예를 들어, 특정 고객을 위한 비제조 간접원가 또는 제품 디자인원가를 재고자산의 원가에 포함시키는 것이 적절할 수도 있다.

재고자산을 장기간 취득 및 제조하는 데 필요한 자금을 차입하여 사용할 경우 차입금 이자비용 등 차입원가를 재고자산의 취득원가에 가산한다. 이를 차입원가의 자본화라고 하는데, 제4장 유형자산의 2.4절에서 관련 회계처리를 설명하였다.

재고자산을 후불조건으로 취득할 경우 계약이 실질적으로 금융요소를 포함하고 있다면 해당 금융요소(예 : 정상신용조건의 매입가격과 실제 지급액 간의 차이)는 금융이 이루어지는 기간 동안 이자비용으로 인식한다. 예를 들어, 상품을 외상매입할 경우 정상적인 신용기간이 1개월이라면 ₩1,000을 지급하는데, 신용기간을 2년으로 연장하면서 매입대금으로 ₩1,200을 지급하기로 했다면 이는 매입채무 결제를 장기간 유예받는 대가로 ₩200을 더 지급하는 것이다. 따라서 상품의 취득원가는 ₩1,000(이를 현금가격상당액이라고 함)으로 인식하고, ₩200은 2년 동안 유효이자율법을 적용하여 이자비용으로 인식한다.[2)]

2) 유효이자율법을 적용하여 이자비용으로 인식하는 과정은 제4장 유형자산의 2.5절과 제6장 무형자산의 2.2절의 (예)를 참조하라.

예 4 재고자산의 취득원가 결정

〈사례 1〉

갑회사는 상품 100개를 개당 ₩3,000에 을회사로부터 매입하기로 하였다. 매입 과정에서 갑회사는 운반비 ₩2,000과 하역료 ₩500을 부담하였으며, 을회사는 갑회사에게 우수 거래처에게 부여하는 리베이트로 ₩10,000을 지급하였다. 갑회사는 상품 매입을 완료한 후 판매할 때까지 보관할 장소가 부족하여 갑회사 근처의 창고를 빌렸으며, 상품을 모두 판매할 때까지 ₩300의 임차비용을 부담하였다. 갑회사가 상품 취득원가로 인식할 금액을 계산해 보자.

재고자산의 취득원가는 매입가격뿐만 아니라 매입 과정에서 불가피하게 발생하는 원가 및 현재의 장소에 현재의 상태로 이르게 하는 데 발생한 원가를 포함하되 매입할인이나 리베이트는 차감한다. 이미 판매가능한 상태에 도달한 후에 발생하는 창고임차비용(보관비용)은 재고자산의 취득원가에 포함하지 않고 발생시점에서 비용으로 인식한다.

재고자산의 취득원가 = 100개 × ₩3,000 + 2,000 + 500 − 10,000 = ₩292,500

〈사례 2〉

다음은 을회사의 당기 상품매매와 관련된 자료이다.

총매출액	₩450,000	매출운반비	₩5,000
매출할인	6,000	총매입액	280,000
매입운반비	4,000	매입할인	7,000
기초상품재고액	12,000	기말상품재고액	13,000

위의 자료를 이용하여 을회사의 당기 포괄손익계산서에 계상될 매출액, 매출원가 및 매출총이익을 각각 계산해 보자.

매입할인을 재고자산 취득원가에서 차감하는 것과 동일한 논리로 매출할인은 총매출액에서 차감한다. 매입운반비는 재고자산의 취득원가에 가산하는 반면, 매출운반비는 매출 과정에서 발생하는 비용이므로 당기비용으로 인식한다.

매출액 = ₩450,000 − 6,000 = ₩444,000

매출원가 = 기초상품재고액 + 당기상품매입액 − 기말상품재고액

= ₩12,000 + (280,000 + 4,000 − 7,000) − 13,000 = ₩276,000

매출총이익 = ₩444,000 − 276,000 = ₩168,000

3 재고자산의 단위원가 결정방법

3.1 재고자산의 단위원가 결정이 왜 중요한가?

유형자산이나 무형자산과 달리 재고자산은 회사의 영업활동과정에서 빈번하게 매입과 매출이 이루어지는 자산이다. 그런데 재고자산을 매입할 때마다 거래처의 판매단가가 변동할 수 있고, 설령 거래처의 판매단가가 변동하지 않더라도 매입할 때 운반비 등 매입부대원가가 변동할 수 있으므로 매입할 때마다 매입단가(즉, 단위당 취득원가)가 다를 수 있다. 이와 같이 매입할 때마다 재고자산의 단위당 취득원가가 다를 경우 당기 중에 판매한 재고자산이 얼마에 취득한 재고자산이었는지 파악하는 것이 쉽지 않을 것이다. 판매한 재고자산의 취득원가를 파악해야 매출원가를 제대로 인식할 수 있다.

예를 들어, [그림 4]에서 보는 바와 같이 당기에 동일한 재고자산을 한 번에 한 개씩 모두 3번 취득했으며, 3번의 재고자산 취득원가가 각각 ₩100, ₩120 및 ₩110이고, 3개의 재고자산 중에서 2개를 판매했다고 가정하자.

| 그림 4 | 단위원가 결정방법의 필요성

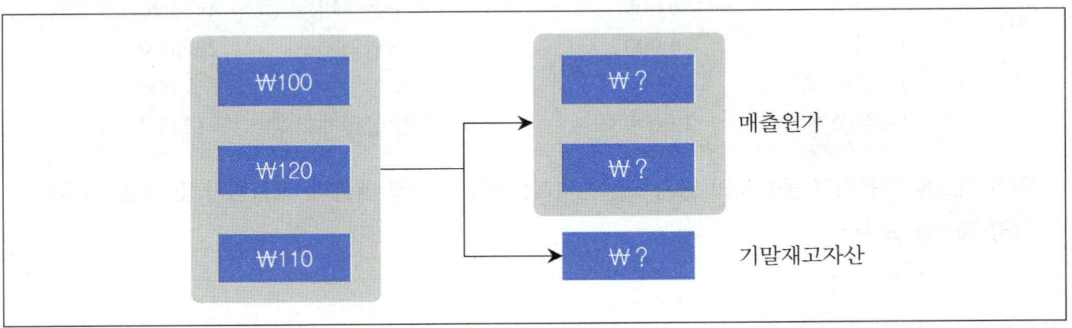

[그림 4]에서 판매된 재고자산의 취득원가가 개별적으로 식별된다면, 그 식별된 재고자산의 취득원가를 매출원가로 대체하면 될 것이다. 그러나 재고자산의 외형이 동일하다면 판매하는 재고자산의 당초 취득원가를 식별하는 것은 어려울 것이므로 기업이 자의적으로 매출원가를 결정할 여지가 있다. 만약 기업이 당기순이익을 증가시키고자 한다면 매출원가를 적게 인식하기 위하여 ₩100과 ₩110에 취득한 재고자산이 판매되었다고 주장하면 되고, 반대로 당기순이익을 감소시키고자 한다면 매출원가를 많이 인식하기 위하여 ₩120과 ₩110에 취득한 재

고자산이 판매되었다고 주장하면 될 것이다.

재고자산 회계의 초점은 판매가능재고자산의 금액을 당기 중에 판매한 부분(매출원가)과 기말 현재 보유하고 있는 부분(기말재고자산)으로 배분하는 것이다. 그런데 외견상 구별이 어려운 재고자산의 경우 이를 판매할 때마다 그 재고자산의 매입단가가 얼마인지 확인하는 것이 쉽지 않기 때문에 매출원가를 자의적으로 인식할 수 있다. 또한 재고자산의 당초 매입단가가 얼마였는지 알고 있더라도 회사가 일부러 매입단가가 낮은 자산을 판매하면 매출원가를 적게 인식하게 되어 당기순이익을 증가시킬 수 있고, 매입단가가 높은 자산을 판매하면 매출원가를 많이 인식하게 되어 당기순이익을 감소시킬 수 있다.

재고자산을 매입할 때마다 매입단가가 동일하다면 별 문제가 없겠지만 일반적으로 재고자산을 매입할 때마다 매입단가는 동일하지 않으므로 기업이 특정 매입단가의 재고자산을 판매하였다고 주장하여 당기순이익을 조정할 수 있다. 따라서 회계기준은 이를 막기 위해서 실제 재고자산의 물량 흐름과 관계없이 여러 가지 단위원가 결정방법을 제시하고, 기업이 이 중에서 한 가지 방법을 선택·적용하여 판매가능재고자산의 금액을 매출원가와 기말재고자산으로 배분하도록 하고 있다. 이를 원가흐름의 가정(cost flow assumption)이라고도 한다.

3.2 단위원가 결정방법의 종류

(1) 개별법(specific identification of cost)

통상적으로 상호 교환될 수 없는 재고자산항목의 원가와 특정 프로젝트별로 생산되고 분리되는 재화 또는 용역의 원가는 개별법을 사용한다. 개별법은 실제 물량흐름대로 원가를 매출원가와 기말재고자산으로 구분하므로 기업이 임의로 당기순이익을 조정하기 어렵다. 그러나 개별법을 적용할 수 없는 재고자산은 다음에서 설명하는 방법 중 한 가지 방법을 선택하여 매 회계연도마다 계속 적용하여야 한다.

(2) 선입선출법(FIFO, first-in first-out cost formula)

선입선출법은 먼저 매입한 재고자산이 먼저 판매되었다는 가정에 따라 판매가능재고자산 금액을 매출원가와 기말재고자산으로 배분한다. 예를 들어, 당기에 상품 3개를 서로 다른 단가에 매입(₩100, ₩110, ₩120의 순서대로 매입)하고 이 중에서 2개를 판매했을 경우 선입선출법에 의한 매출원가 및 기말재고자산의 결정 과정은 [그림 5]와 같다.

| 그림 5 | 선입선출법

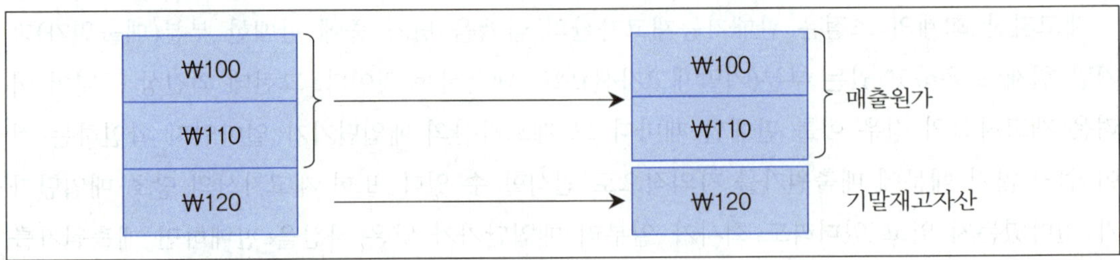

[그림 5]에서 보는 바와 같이 선입선출법을 적용할 경우 먼저 매입한 재고자산이 먼저 판매되었다고 보기 때문에 판매가능재고자산 금액 ₩330 중 매출원가로 ₩210, 기말재고자산으로 ₩120이 배분된다. 선입선출법을 적용할 경우 기말재고자산은 최근에 매입한 금액으로 구성되므로 현행원가[3]에 가까운 금액으로 재무상태표에 표시되는 장점이 있다.

(3) 후입선출법(LIFO, last-in first-out cost formula)

후입선출법은 나중에 매입한 재고자산이 먼저 판매되었다는 가정에 따라 판매가능재고자산 금액을 매출원가와 기말재고자산으로 배분한다. 예를 들어, 당기에 상품 3개를 서로 다른 단가에 매입(₩100, ₩110, ₩120의 순서대로 매입)하고 이 중에서 2개를 판매했을 경우 후입선출법에 의한 매출원가 및 기말재고자산의 결정 과정은 [그림 6]과 같다.

| 그림 6 | 후입선출법

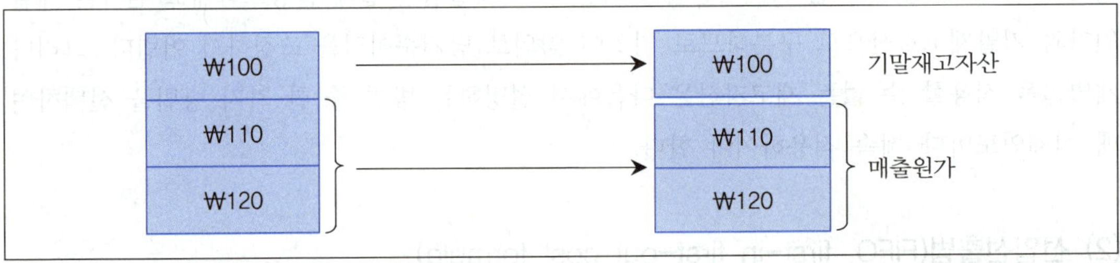

[그림 6]에서 보는 바와 같이 후입선출법을 적용할 경우 나중에 매입한 재고자산이 먼저 판매되었다고 보기 때문에 판매가능재고자산 금액 ₩330 중 매출원가로 ₩230, 기말재고자산으로 ₩100이 배분된다. 후입선출법을 적용할 경우 최근에 매입한 금액으로 매출원가가 구성되는 특징이 있다. 그러나 국제회계기준에서는 후입선출법을 허용하지 않는다.

---

3) 현행원가는 제2장 7.3절에서 설명하였다.

(4) 가중평균법(weighted average cost formula)

가중평균법은 재고자산의 매입 순서와 관계없이 기초재고자산과 당기매입재고자산을 하나로 묶은 후 평균단가를 계산하여 매출원가와 기말재고자산에 배분하는 방법이다. 예를 들어, 당기에 상품 3개를 서로 다른 단가에 매입(₩100, ₩110, ₩120의 순서대로 매입)하고 이 중에서 2개를 판매했을 경우 가중평균법에 의한 매출원가 및 기말재고자산의 결정 과정은 [그림 7]과 같다.

| 그림 7 | 가중평균법

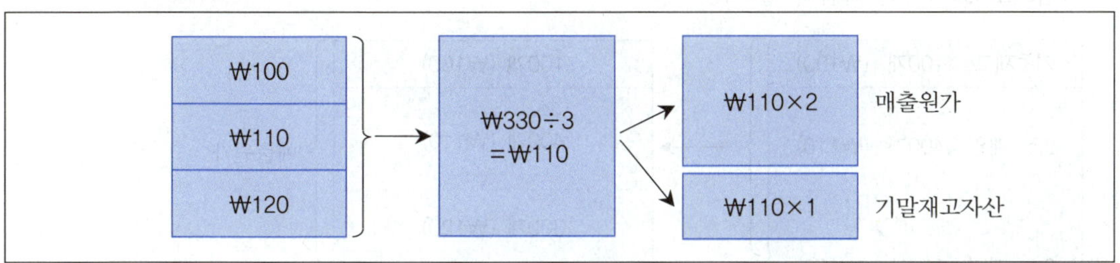

[그림 7]에서 보는 바와 같이 가중평균법을 적용할 경우 매입순서에 관계없이 판매가능재고자산 금액 중 2/3가 매출원가로, 1/3이 기말재고자산으로 배분된다. 가중평균법은 재고자산의 장부기록방법에 따라 그 명칭이 다르다. 계속기록법 하에서의 가중평균법을 이동평균법이라 하고 실지재고조사법 하에서의 가중평균법을 총평균법이라고 한다.

예 5 단위원가 결정방법의 비교

갑회사의 20×1년도 1분기(1월 1일부터 3월 31일까지) 재고자산 관련 자료는 다음과 같다.

일자	수량	매입단가
기초재고자산	100개	₩100
당기매입		
2월 5일	400개	₩110
3월 8일	500개	₩120
매출		
2월 15일	350개	–
3월 20일	450개	–
분기 말 실지재고수량	200개	

실지재고조사법과 계속기록법의 장부기록방법으로 구분하여 갑회사가 선입선출법, 후입선출법, 가중평균법을 각각 적용하였다고 가정하고 20×1년 1분기 매출원가와 1분기 말 재고자산 장부금액을 계산하기로 한다. 후입선출법은 국제회계기준에서 허용하지는 않지만 비교목적으로 포함하였다.

1. 실지재고조사법, 선입선출법

1분기의 판매가능재고는 1,000개인데, 이 중에서 800개를 판매하였다. 선입선출법을 적용하므로 판매한 800개는 기초재고자산 100개, 2월 5일 매입분 400개와 3월 8일 매입분 300개로 구성되어 있다고 가정한다. 따라서 1분기 말 재고자산 200개는 3월 8일 매입분 200개로 구성되어 있다. 이를 그림으로 표시하면 다음과 같다.

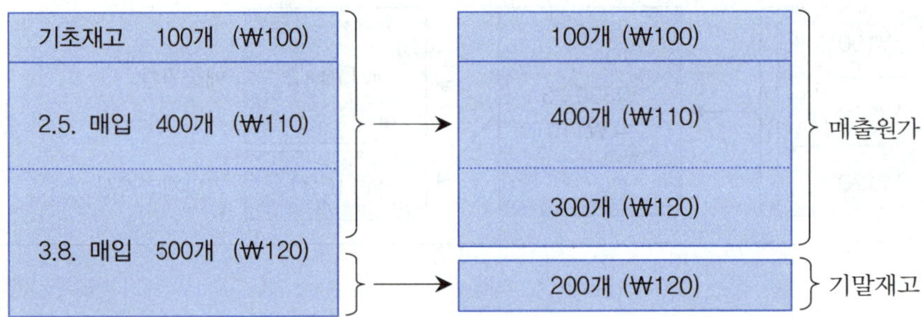

1분기 말 재고자산 = 200개 × ₩120 = ₩24,000

1분기 매출원가 = ₩10,000(기초재고자산) + (44,000 + 60,000)(1분기 매입액) − 24,000(1분기 말 재고자산) = ₩90,000

또는 1분기 매출원가 = 100개 × ₩100 + 400개 × ₩110 + 300개 × ₩120 = ₩90,000

2. 실지재고조사법, 후입선출법

1분기의 판매가능재고는 1,000개인데, 이 중에서 800개를 판매하였다. 후입선출법을 적용하므로 판매한 800개는 3월 8일 매입분 500개와 2월 5일 매입분 300개로 구성되어 있다고 가정한다. 따라서 1분기 말 재고자산 200개는 2월 5일 매입분 100개와 기초재고자산 100개로 구성되어 있다. 이를 그림으로 표시하면 다음과 같다.

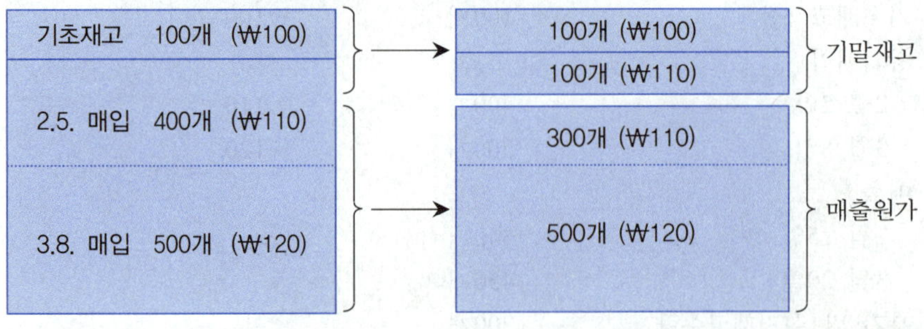

1분기 말 재고자산 = 100개×₩100 + 100개×₩110 = ₩21,000

1분기 매출원가 = ₩10,000(기초재고자산) + (44,000 + 60,000)(1분기 매입액)

− 21,000(1분기 말 재고자산) = ₩93,000

또는 1분기 매출원가 = 500개×₩120 + 300개×₩110 = ₩93,000

3. 실지재고조사법, 가중평균법(총평균법)

실지재고조사법 하에서의 가중평균법을 총평균법이라고 하는데, 판매가능재고자산 1,000개의 평균단가를 계산하여 800개에 평균단가를 곱한 금액을 매출원가로, 200개에 평균단가를 곱한 금액을 1분기 말 재고자산으로 배분한다. 이를 그림으로 표시하면 다음과 같다.

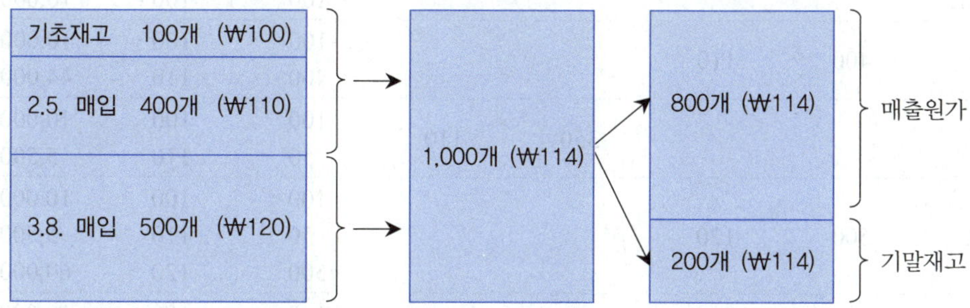

총평균단가 = (₩10,000 + 44,000 + 60,000)÷1,000개 = ₩114

1분기 말 재고자산 = 200개×₩114 = ₩22,800

1분기 매출원가 = ₩10,000(기초재고자산) + (44,000 + 60,000)(1분기 매입액)

− 22,800(1분기 말 재고자산) = ₩91,200

또는 1분기 매출원가 = 800개×₩114 = ₩91,200

4. 계속기록법, 선입선출법

계속기록법을 사용하는 경우 재고자산 입출고 수불부의 형태로 매출원가와 1분기 말 재고자산을 파악하여야 하므로 번거로울 수 있다. 다만, 아래에서 보는 바와 같이 선입선출법을 적용할 경우에는 실지재고조사법의 결과와 계속기록법의 결과가 동일하다.

일자	입고		출고		잔고		
	수량	단가	수량	단가	수량	단가	금액
기초재고					100	100	10,000
2. 5.	400	110			100 400	100 110	10,000 44,000
2. 15.			100 250	100 110	150	110	16,500
3. 8.	500	120			150 500	110 120	16,500 60,000
3. 20.			150 300	110 120	200	120	24,000

잔고란의 마지막 금액이 1분기 말 재고자산 금액이 된다.

1분기 말 재고자산＝₩24,000

출고란에 표시되는 출고수량에 단가를 곱한 금액의 합계가 1분기 매출원가이다.

1분기 매출원가＝100×₩100＋250×₩110＋150×₩110＋300×₩120＝₩90,000

5. 계속기록법, 후입선출법

일자	입고		출고		잔고		
	수량	단가	수량	단가	수량	단가	금액
기초재고					100	100	10,000
2. 5.	400	110			100 400	100 110	10,000 44,000
2. 15.			350	110	100 50	100 110	10,000 5,500
3. 8.	500	120			100 50 500	100 110 120	10,000 5,500 60,000
3. 20.			450	120	100 50 50	100 110 120	10,000 5,500 6,000

잔고란의 마지막 금액이 1분기 말 재고자산 금액이 된다.

1분기 말 재고자산＝₩10,000＋5,500＋6,000＝₩21,500

출고란에 표시되는 출고수량에 단가를 곱한 금액의 합계가 1분기 매출원가이다.

1분기 매출원가＝350×₩110＋450×₩120＝₩92,500

6. 계속기록법, 가중평균법(이동평균법)

계속기록법 하에서의 가중평균법을 이동평균법이라고 하는데, 판매할 때마다 그 직전까지 매입한 재고자산을 포함한 판매가능재고자산의 평균단가를 계속 재계산하여 매출원가를 산출한다.

일자	입고		출고		잔고		
	수량	단가	수량	단가	수량	단가	금액
기초재고					100	100	10,000
2. 5.	400	110			500	108(1)	54,000
2. 15.			350	108	150	108	16,200
3. 8.	500	120			650	117(2)	76,200
3. 20.			450	117	200	117	23,550

(1) 단가 ₩108은 전체 금액 ₩54,000을 먼저 결정한 후 500개로 나누어 구한다.

(2) 단가 ₩117은 전체 금액 ₩76,200을 먼저 결정한 후 650개로 나누어 구한다.

잔고란의 마지막 금액이 1분기 말 재고자산 금액이 된다. 다만, 이동평균단가를 소수점 이하 몇째 자리까지 계산하는가에 따라 금액이 달라질 수 있다. 따라서 다음과 같이 3월 8일 재고자산 잔액에서 3월 20일 매출원가를 차감한 금액을 1분기 말 재고자산으로 결정한다.

1분기 말 재고자산 = ₩76,200 − 450×₩117 = ₩23,550

출고란에 표시되는 출고수량에 단가를 곱한 금액의 합계가 1분기 매출원가이다.

1분기 매출원가 = 350×₩108 + 450×₩117 = ₩90,450

(예 5)의 계산결과에 기초하여 재고자산의 단위원가 결정방법이 1분기 재무제표에 미치는 영향을 비교 요약한 것이 [표 4]이다.

| 표 4 | 단위원가 결정방법에 따른 재무제표의 영향 비교

장부기록방법	구분	선입선출법	가중평균법
실지재고조사법	1분기 매출원가	₩90,000	₩91,200
	1분기 말 재고자산	24,000	22,800
	합계	₩114,000	₩114,000
계속기록법	1분기 매출원가	₩90,000	₩90,450
	1분기 말 재고자산	24,000	23,550
	합계	₩114,000	₩114,000

회계기간 중에 재고자산의 취득단가가 계속 상승할 경우 선입선출법, 가중평균법 및 후입선출법에 의한 기말재고자산, 매출원가, 법인세비용차감전순이익, 법인세비용 및 당기순이익의 크기를 비교하면 다음과 같다.

기 말 재 고 자 산 : 선입선출법 > 가중평균법 > 후입선출법
매 출 원 가 : 선입선출법 < 가중평균법 < 후입선출법
법인세비용차감전순이익 : 선입선출법 > 가중평균법 > 후입선출법
법 인 세 비 용 : 선입선출법 > 가중평균법 > 후입선출법
당 기 순 이 익 : 선입선출법 > 가중평균법 > 후입선출법

선입선출법의 경우에는 최근에 높은 가격으로 매입한 재고자산부터 기말재고자산 장부금액을 구성하는 것으로 가정하는 반면, 가중평균법에서는 기초재고자산과 당기매입재고자산의

평균취득원가를 기말재고자산 장부금액으로 결정하기 때문에 선입선출법의 기말재고자산 장부금액이 가중평균법의 기말재고자산 장부금액보다 더 많다. 그 결과 매출원가는 선입선출법이 가중평균법보다 더 적으며, 법인세비용차감전순이익, 법인세비용 및 당기순이익은 선입선출법이 가중평균법보다 더 많다. 물론 회계기간 중에 재고자산의 취득단가가 하락하는 경우에는 위의 부등호 방향은 반대가 된다.

회계기간 중 재고자산의 취득단가에 대한 등락이 심하지 않은 경우 선입선출법과 가중평균법이 재무제표에 미치는 영향의 차이는 중요하지 않을 것이다. 그러나 재고자산 취득단가의 등락이 심한 경우에는 재무제표 주석에 공시되는 단위원가 결정방법의 내용을 이해한 후 재무제표를 분석해야 할 것이다.

단위원가 결정방법은 기업이 선택한다. 그리고 성격과 용도 면에서 유사한 재고자산에는 동일한 단위원가 결정방법을 적용한다. 어떤 단위원가 결정방법을 적용하는가에 따라 재무제표에 미치는 영향이 상이하므로 기업이 자의적으로 당기손익을 조정하지 못하도록 한번 적용한 방법은 다음 연도에도 계속 적용하는 것이 원칙이다. 그러나 단위원가 결정방법을 변경해야 할 정당한 이유가 있다면 이를 변경할 수도 있는데, 회계변경의 회계처리는 제17장에서 자세하게 설명한다.

전술한 바와 같이 국제회계기준에서는 후입선출법을 적용하지 못하도록 규정하고 있다. 후입선출법을 적용하면 기말재고자산이 최근의 취득원가와 거의 관계가 없는 금액으로 표시되는 문제가 있다. 또한 당기 중 재고자산의 매입단가가 지속적으로 상승하는 경우 일부러 재고자산을 매입하지 않거나 적게 매입하면 낮은 취득원가로 인식된 기초재고자산이 매출원가로 대체되므로(이를 LIFO liquidation이라고 함) 당기순이익을 증가시킬 수 있다. 즉, 후입선출법을 적용할 경우 재고자산의 매입시점을 조절하여 당기손익을 조정할 수 있으므로 국제회계기준에서는 후입선출법의 적용을 허용하지 않는다. 그러나 우리나라의 비상장기업 등이 적용하는 「일반기업회계기준」에서는 후입선출법을 허용하고 있다.

3.3 단위원가 결정방법의 주석 공시

삼성전자㈜의 재무제표 주석을 보면 다음과 같이 단위원가 결정방법을 공시하고 있다.

주석 공시 사례	주석 2.8 재고자산
재고자산은 원가와 순실현가능가치 중 작은 금액으로 표시하고 있습니다. 원가는 미착품을 제외하고는 평균법에 따라 결정하고 있습니다.	

삼성전자㈜는 평균법에 따라 원가를 결정한다고 공시하였는데, 여기에서 평균법은 본장의 가중평균법을 의미한다. 경쟁기업과 재무성과를 비교할 때 재고자산의 단위원가 결정방법이 서로 같은지 여부를 먼저 파악할 필요가 있다. 보고기간 중 재고자산의 매입단가의 변동이 심하다면 가중평균법과 선입선출법이 재무성과에 미치는 영향의 차이는 중요할 수 있다.

2020년 1분기부터 전세계적으로 Covid 19의 영향이 본격적으로 기업의 재무성과에 영향을 주기 시작하였는데, 우리나라 4대 정유회사도 재무성과의 하락을 피할 수 없었다. SK 이노베이션, GS 칼텍스와 현대오일뱅크는 단위원가 결정방법으로 가중평균법을 적용하는 반면, S-Oil은 선입선출법을 적용하였다.

주석 공시 사례

<S-oil> 주석 2. 바. 재고자산

재고자산은 원가와 순실현가능가치 중 작은 금액으로 표시되고, 재고자산의 원가는 개별법을 적용하는 미착품과 이동평균법을 적용하는 저장품을 제외하고는 선입선출법에 따라 결정됩니다.

<SK 이노베이션> 주석 2. (5) 재고자산

재고자산은 취득원가와 순실현가능가치 중 낮은 금액으로 표시하고 있습니다. 당사는 재고자산을 가중평균법(단, 미착품은 개별법)에 의하여 산정된 취득원가로 평가하고 있습니다.

위에서 요약한 바와 같이 매입단가가 계속 상승하면 선입선출법보다 가중평균법의 매출원가가 더 많은데, 반대로 매입단가가 계속 하락하면 가중평균법보다 선입선출법의 매출원가가 더 많다. 이러한 상황이 2020년에 벌어졌다. Covid 19의 확산으로 전반적인 수요 감소에 따른 유가 하락으로 인해 4대 정유회사의 2020년 1분기의 재무성과가 모두 하락하였는데, 그 중에서 S-OiI의 하락 폭이 가장 컸다. 왜냐하면 선입선출법을 적용한 S-Oil은 과거에 높은 가격으로 매입한 재고부터 매출원가에 반영하기 때문에 가중평균법을 적용한 다른 3개 기업의 매출원가에 비해 S-Oil의 매출원가가 높았던 것이 1조 원이 넘는 영업손실의 주요 원인이 되었다.

이와 같이 재무제표 주석에 공시되는 재고자산의 단위원가 결정방법은 재무제표를 이해하고 분석하는 데 있어 매우 중요한 정보라고 할 수 있다.

3.4 매출원가 결정이 어려운 서비스 업종

재고자산을 제조하거나 매입한 후 이를 판매할 경우 매출원가의 측정은 어렵지 않지만, 일부 서비스업종의 경우 매출원가의 결정이 쉽지 않은 경우가 있다. 예를 들어, 과거처럼 가수의 노래를 LP나 CD 또는 카세트 테이프 등으로 제작하여 판매하는 경우에는 LP 등을 제작하는 데 소요된 원가를 결정할 수 있으므로 해당 제품을 판매할 때 매출원가를 인식하는 데 별 문제가 없었다.

그러나 최근에는 고객들이 LP나 CD 등을 구매하기보다는 노래나 음악이 저장되어 있는 서버에 접속하여 원하는 곡을 들을 수 있는 스트리밍 서비스를 제공받는 것이 일반적이다. 이 경우 유료 스트리밍 서비스를 제공하는 기업은 매출을 인식하는 데 별 어려움이 없으나 전통적인 방식으로 매출원가를 인식하는 것은 어렵다. 음원을 서버에 저장하기까지 발생한 원가는 알 수 있으나, 고객이 서버에 접속하여 음악을 듣는 만큼 음원이 소비되는 것이 아니기 때문이다. 이는 온라인으로 게임이나 영화 등을 제공하는 업종도 동일한 문제를 안고 있다.

4 저가법

4.1 저가법 평가가 왜 필요한가?

재고자산을 최초 원가로 인식한 후 전술한 선입선출법이나 가중평균법을 적용하여 재무상태표에 표시할 기말재고자산 금액을 결정한다. 그런데 다음과 같은 경우에는 재고자산의 원가를 회수하기 어려울 수 있다.

① 물리적으로 손상된 경우
② 완전히 또는 부분적으로 진부화된 경우
③ 판매가격이 하락한 경우
④ 완성하거나 판매하는 데 필요한 원가가 상승한 경우

예를 들어, 상품의 원가가 1억 원인데, 위에서 언급한 여러 가지 이유 때문에 상품의 판매가가 낮아져 예상 판매비용을 차감한 후 받을 수 있는 순액(이를 순실현가능가치라고 함)이 8천만 원이라고 하자. 이러한 경우 재무상태표에 기말상품을 1억 원으로 표시하면 정보이용자가 그 상품으로부터 유입될 미래경제적효익을 과대평가하여 잘못된 의사결정을 내릴 수 있다. 따라서 재무상태표에 표시될 기말상품을 8천만 원으로 감액할 필요가 있다.

이와 같이 재고자산은 취득원가와 순실현가능가치 중 낮은 금액으로 측정하는데, 이를 저가법이라고 한다. 이때 순실현가능가치(net realizable value)란 정상적인 영업과정의 예상 판매가격에서 예상되는 추가 완성원가와 판매비용을 차감한 금액을 말한다.

저가법을 적용하는 사례로 홍수가 발생하여 창고에 보관 중이던 상품이나 제품이 물에 잠겨 물리적으로 손상이 되어 정상적으로 판매할 수 없는 경우를 들 수 있다. 또한 의류와 같은 계절상품은 해당 시즌이 끝나면 더 이상 정상가격으로 판매하지 못하고 이월상품으로 구분하여 다음 연도에 대폭 할인 판매를 할 것이므로 보고기간 말에 보유하는 상품의 순실현가능가치가 취득원가보다 낮을 수 있다.

저가법은 순실현가능가치가 취득원가보다 낮은 경우 재고자산 금액을 감액하면서 평가손실을 인식하는 방법이다. 그런데 왜 순실현가능가치가 취득원가보다 높아진 경우에는 재고자산 금액을 증액하면서 평가이익을 인식하지 않을까? 만약 재고자산에 대해서 평가이익을 인식하면 재고자산에 대해서 공정가치법을 적용하는 결과가 된다. 재고자산은 정상적인 영업과정에서 판매나 생산을 위해서 보유하는 자산이지, 공정가치 변동에 따른 시세차익을 얻기 위해서 보유하는 자산이 아니다. 따라서 재고자산의 공정가치 증가에 따른 보유이익을 재고자산을 판매하기도 전에 보고하는 것보다 재고자산을 판매한 회계기간의 매출총이익에 포함하여 보고하는 것이 재무제표 이용자의 의사결정에 더 유용한 정보가 될 것이다. 다만, 재고자산을 판매하기 전이라도 순실현가능가치가 하락하여 취득원가보다 낮아졌을 때에는 미래경제적효익의 유입액이 적어질 수 있음을 미리 이용자에게 보고할 필요가 있다는 점에서 저가법의 적용이 정당화될 수 있다.

4.2 저가법의 회계처리

재고자산의 순실현가능가치가 취득원가보다 낮을 경우 다음과 같이 재고자산의 금액을 순실현가능가치로 감액하면서 재고자산평가손실을 인식한다. 아래의 회계처리에서 재고자산평가충당금은 재고자산의 차감적 평가계정이다.

(차) 재고자산평가손실	×××	(대) 재고자산평가충당금	×××

저가법은 항목별로 적용한다. 그러나 서로 유사하거나 관련있는 항목들을 통합하여 적용하는 것이 적절한 경우도 있다.

순실현가능가치를 추정할 때에는 재고자산으로부터 실현가능한 금액에 대하여 추정일 현재 사용가능한 가장 신뢰성 있는 증거에 기초하여야 한다. 순실현가능가치를 추정할 때 재고자산의 보유목적도 고려하여 다음의 [표 5]와 같이 추정한다.

| 표 5 | 순실현가능가치의 추정

상황	순실현가능가치의 추정
확정판매계약 또는 용역계약을 이행하기 위하여 보유하는 재고자산	계약가격에 기초하여 추정
보유하고 있는 재고자산의 수량이 확정판매계약의 이행에 필요한 수량을 초과하는 경우	초과 수량의 순실현가능가치는 일반 판매가격에 기초하여 추정

완성될 제품이 원가 이상으로 판매될 것으로 예상되는 경우 그 생산에 투입하기 위해 보유하는 원재료 및 기타 소모품에 대해서는 감액하지 않는다(즉, 저가법을 적용하지 않는다). 그러나 원재료 가격이 하락하여 제품의 순실현가능가치가 원가에 미달할 것으로 예상된다면 해당 원재료를 순실현가능가치로 감액한다. 이 경우 원재료는 판매할 자산이 아니므로 순실현가능가치를 직접 추정하기 어려울 것이다. 따라서 순실현가능가치에 대한 최선의 이용가능한 측정치로서 현행대체원가(replacement cost)[4]를 사용할 수 있다.

예 6 확정판매계약에 대한 저가법의 적용

갑회사는 당기 말 현재 상품 300개(단위당 원가 ₩100)를 보유하고 있다. 그런데 이 중 200개는 단위당 ₩120에 판매하기로 2주일 전에 확정계약을 체결한 상태이며, 차기 초에 거래처에 인도할 예정이다. 확정계약 체결 후 상품의 일반판매가격이 하락하여 당기 말 현재 단위당 일반판매가격은 ₩90이다. 갑회사의 상품판매 시 예상되는 단위당 판매비용은 ₩10이다. 갑회사는 당기 말에 상품에 대해서 어떻게 저가법을 적용할 것인가?

갑회사가 보유하는 기말상품 300개 중 200개는 확정판매계약의 이행에 필요한 수량이고 나머지 100개는 일반판매에 충당할 것이다. 확정판매계약을 체결한 200개의 순실현가능가치는 ₩110(계약가격 ₩120에서 예상판매비용 ₩10 차감)으로 취득원가보다 높으므로 저가법 평가대상이 아니다. 그러나 나머지 100개의 순실현가능가치는 ₩80(일반판매가격 ₩90에서 예상판매비용 ₩10 차감)이므로 100개에 대해서만 저가법을 적용한다.

재고자산평가손실 = 100개 × (₩100 − 80) = ₩2,000

---

4) 현행대체원가는 제2장 7절의 측정기준에서 설명한 현행원가와 동일한 개념이다. 즉, 자산의 현행원가는 동일하거나 동등한 자산을 현재시점에서 취득할 경우에 그 대가로 지불하여야 할 현금이나 현금성자산의 금액이다.

재고자산평가손실을 인식한 후 매 후속기간에 순실현가능가치를 재평가한다. 재고자산의 감액을 초래했던 상황이 해소되거나 경제상황의 변동으로 순실현가능가치가 상승한 명백한 증거가 있는 경우에는 최초의 장부금액을 초과하지 않는 범위 내에서 다음과 같이 평가손실을 환입하는 회계처리를 한다.

(차) 재고자산평가충당금	×××	(대) 재고자산평가손실환입	×××

국제회계기준에서는 재고자산평가손실이나 재고자산평가손실환입에 대한 손익의 구분에 대해서 명시적으로 언급하고 있지 않다. 우리나라 「일반기업회계기준」에서는 재고자산평가손실(환입)을 매출원가에 가감하는 회계처리를 규정하고 있다.[5)]

예 7 재고자산의 저가법 평가

갑회사의 20×1년 기말상품 관련 자료는 다음과 같다. 아래의 3가지 품목은 성격과 용도가 유사하지 않다.

품목	취득원가	예상 판매가격	예상 판매비용
A	₩10,000	₩12,000	₩500
B	20,000	21,000	2,000
C	15,000	14,000	1,000

갑회사의 20×1년 기초상품재고액이 ₩50,000이고 당기상품매입액이 ₩600,000일 때 갑회사가 20×1년 말에 인식할 재고자산평가손실을 총계 기준과 종목별 기준으로 계산해보고, 20×1년 매출원가를 계산하면 다음과 같다. 단, 재고자산평가손실은 매출원가에 포함한다.

<20×1년 말 재고자산평가손실>

품목	취득원가	순실현가능가치	총계 기준 평가이익(손실)	종목별 기준 평가이익(손실)
A	₩10,000	₩11,500	₩1,500	–
B	20,000	19,000	(1,000)	₩(1,000)
C	15,000	13,000	(2,000)	(2,000)
계	₩45,000	₩43,500	₩(1,500)	₩(3,000)

5) 외부 시험문제를 풀 때에는 문제에서 요구하는 대로 재고자산평가손실(환입)을 매출원가 또는 기타손익 등으로 구분하면 될 것이다.

3가지 품목을 하나로 묶어서 총계 기준으로 저가법을 적용하면 취득원가 합계는 ₩45,000인데 반해, 순실현가능가치 합계는 ₩43,500으로 ₩1,500만큼 평가손실을 인식하게 된다. 그러나 종목별기준으로 저가법을 적용하면 품목B와 품목C에 대해서만 평가손실을 인식하므로 ₩3,000의 평가손실을 인식하게 된다.

저가법은 종목별로 적용하는 것이 원칙이다. 본 (예)에서 3가지 품목은 성격과 용도가 유사하지 않다고 전제하였으므로 이를 묶어서 저가법을 적용할 수 없다.

<20×1년 매출원가>

매출원가 = ₩50,000 + 600,000 − 45,000 + 3,000(평가손실) = ₩608,000

저가법 평가손실을 포함하여 분개를 표시하면 다음과 같다.

(차)	(기말)상품	45,000	(대) (기초)상품	50,000
	매출원가	605,000	매입	600,000
(차)	재고자산평가손실	3,000	(대) 재고자산평가충당금	3,000

재고자산평가손실을 매출원가에 포함시키므로 손익계산서에는 매출원가가 ₩608,000으로 표시된다.

갑회사의 20×2년 기말상품 관련 자료는 다음과 같다.

품목	취득원가	예상 판매가격	예상 판매비용
A	₩14,000	₩14,000	₩500
B	22,000	24,000	1,000
C	11,000	10,000	300

갑회사의 20×2년 당기상품매입액이 ₩500,000일 때 갑회사가 20×2년 말에 인식할 재고자산평가손실(환입)을 종목별 기준으로 계산하고, 20×2년 매출원가를 계산하면 다음과 같다. 단, 재고자산평가손실(환입)은 매출원가에 포함한다.

<20×2년 말 재고자산평가손실(환입)>

품목	취득원가	순실현가능가치	평가충당금 잔액
A	₩14,000	₩13,500	₩(500)
B	22,000	23,000	−
C	11,000	9,700	(1,300)
계	₩47,000	₩43,500	₩(1,800)

20×1년 말 재고자산평가충당금 잔액은 ₩3,000인데, 위에서 보는 바와 같이 20×2년 말 재고자산평가충당금 잔액은 ₩1,800이어야 하므로 20×2년 말에 ₩1,200의 재고자산평가충당금을 환입하여야 한다.

매출원가 = ₩45,000 + 500,000 − 47,000 − 1,200(평가손실환입) = ₩496,800

분개를 표시하면 다음과 같다.

(차)	(기말)상품	47,000	(대) (기초)상품	45,000
	매출원가	498,000	매입	500,000
(차)	재고자산평가충당금	1,200	(대) 재고자산평가손실환입	1,200

재고자산평가손실을 매출원가에 반영하므로 재고자산평가손실환입도 매출원가에서 차감한다. 따라서 손익계산서에는 매출원가가 ₩496,800으로 표시된다.

4.3 재고자산감모손실과 재고자산평가손실

재고자산을 취득하여 이를 보관하거나, 아니면 이를 생산에 투입하여 완제품을 만드는 과정에서 수량이 감소하여 특정 시점에 재고자산을 실사할 경우 실사수량이 장부수량보다 적은 경우가 발생할 수 있다. 이와 같은 차이는 자연적인 증발, 생산 과정에서의 감모, 도난이나 파손 등 다양한 원인 때문에 발생할 수 있다. 예를 들어, 유류나 가스의 경우에는 취급 과정에서 통제불가능한 자연증발이 발생하므로 실사수량과 장부수량 간에 차이가 발생한다. 무연탄이나 모래와 같이 가루로 되어 있는 원자재는 야적을 해 놓은 상태에서 그 수량(㎥)을 측량하는데, 비바람에 의해 일부가 쓸려 나가기도 하고, 야적장의 지반이 약한 경우 일부 원자재가 땅 밑으로 침하되기도 하므로 측량한 실제수량이 장부수량보다 적을 때가 많다. 또한 재고관리의 내부통제가 부실한 경우 창고에 보관된 상품이나 제품이 도난을 당하기도 할 것이다.

재고자산의 통제 관리 목적을 위해서 기업은 적어도 매 보고기간 말에 재고자산을 실사하여 장부수량과 얼마나 차이가 있는지 확인하고, 차이가 있다면 그 원인을 파악하여 내부통제를 견고하게 보완하여야 한다. 재고자산을 실사한 결과 실제수량이 장부수량보다 적을 경우 그 차이를 재고자산 감모라고 하며, 다음과 같이 재고자산감모손실을 인식하여야 한다. 재고자산의 감모만큼 실제로 그 재고자산이 존재하지 않으므로 차감적 평가계정을 사용하지 않고 직접 재고자산을 감소시키는 회계처리를 한다.

(차)	재고자산감모손실	×××	(대) 재고자산	×××

재고자산감모손실과 재고자산평가손실이 모두 발생하는 경우에는 다음의 [그림 8]과 같이 구분하여 계산한다.

| 그림 8 | 재고자산감모손실과 재고자산평가손실

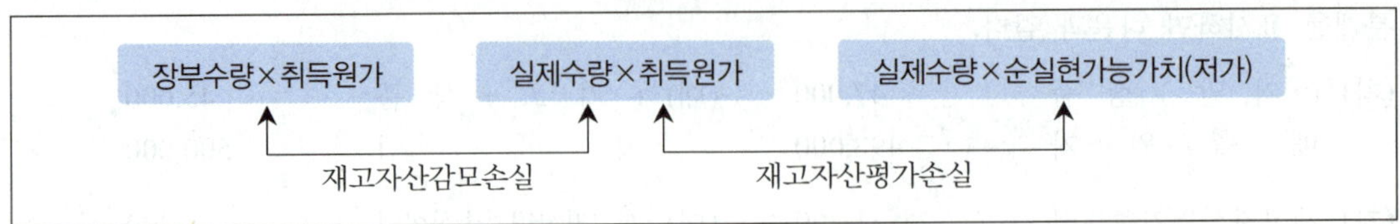

우리나라 「일반기업회계기준」은 영업과정에서 정상적으로 발생한 감모손실은 매출원가에 포함시키고, 비정상적으로 발생한 감모손실은 영업외비용으로 구분하도록 규정하고 있다. 반면에 제3장에서 설명한 기준서 제1118호에 따르면, 정상적인 감모손실과 비정상적인 감모손실 모두 어느 계정으로 인식하든 관계없이 영업 범주로 분류한다.

재고자산감모손실과 재고자산평가손실이 함께 있는 경우 매출원가의 계산 과정을 다음의 [그림 9]와 같이 표시하면 수월하게 그 금액을 계산할 수 있다. 단, 정상적인 감모손실과 재고자산평가손실은 전액 매출원가에 포함하는 것으로 가정한다.

| 그림 9 | 재고자산감모손실과 재고자산평가손실의 계산

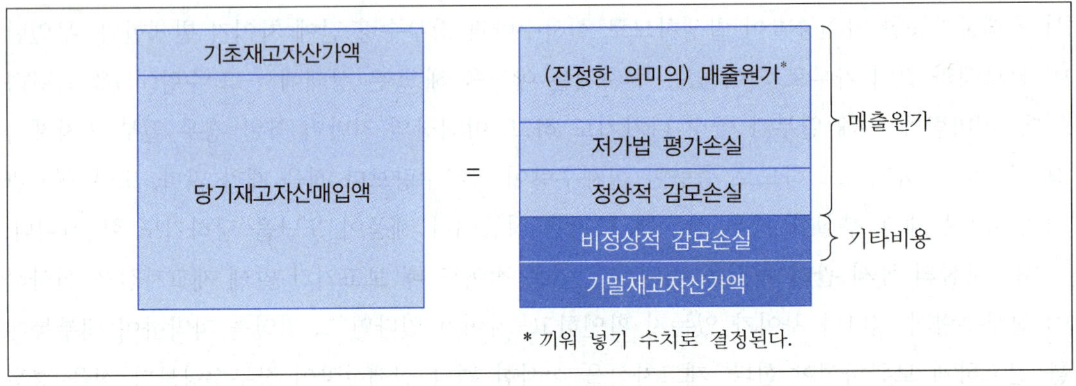

예 8 재고자산감모손실과 재고자산평가손실

단일 상품을 매매하는 갑회사의 기말재고자산 평가와 관련된 자료이다.

장부수량	실지재고수량	취득단가	단위당 순실현가능가치
100개	95개	₩200	₩180

재고감모분 중 80%는 정상적인 감모로 판단된다. 그리고 기초상품재고액은 ₩25,000이며, 당기상품매입액은 ₩600,000이다. 이상의 자료를 이용하여 갑회사의 기말재고자산과 매출원가를 계산하기로 하자. 단, 정상적 감모손실과 재고자산평가손실은 전액 매출원가에 포함하고, 비정상적 감모손실은 기타 비용으로 분류한다.

장부수량×취득단가 = 100개×₩200 = ₩20,000 … ①
실사수량×취득단가 = 95개×₩200 = ₩19,000 … ②
실사수량×순실현가능가치 = 95개×₩180 = ₩17,100 … ③

재고자산감모손실(① − ②) = ₩20,000 − 19,000 = ₩1,000 이 중 80%인 ₩800은 정상적인 감모로서 매출원가에 포함시키고, 나머지 20%인 ₩200은 비정상적인 감모이므로 기타비용으로 인식한다.
재고자산평가손실(② − ③) = ₩19,000 − 17,100 = ₩1,900 재고자산평가손실은 모두 매출원가에 포함시킨다.
기말재고자산가액 = ₩17,100
매출원가 = ₩25,000 + 600,000 − 20,000 + 800 + 1,900 = ₩607,700
또는 매출원가 = ₩25,000 + 600,000 − 17,100 − 200 = ₩607,700

이를 그림으로 표시하면 다음과 같다.

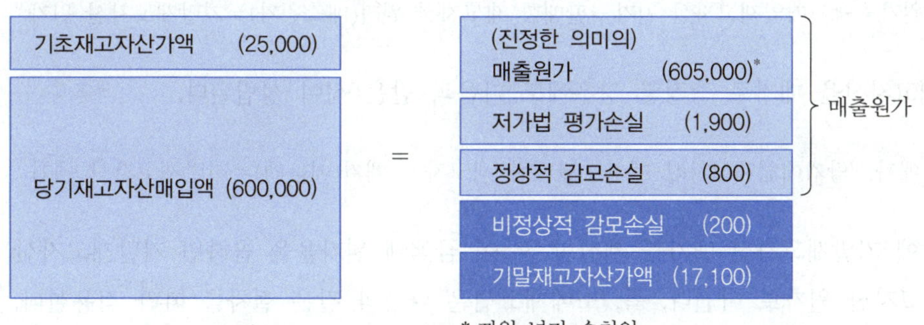

* 끼워 넣기 수치임

손익계산서에 표시되는 매출원가는 ₩605,000 + 1,900 + 800 = ₩607,700이다.

5 소매재고법

5.1 소매재고법이란?

다품종의 상품을 다량으로 매매하는 대형할인매점이나 백화점과 같은 업종은 계속기록법을 적용하면서 매출원가와 기말재고자산 원가를 기록하는 것이 번거로울 수 있다. 이러한 경우에는 판매가격에 기초하여 기말재고자산 매가를 결정한 후 여기에 원가율을 곱하여 기말재고자산 매가를 기말재고자산 원가로 환원하는 방법을 사용하는데, 이러한 방법을 소매재고법(retail method) 또는 매출가격환원법이라고 한다.

소매재고법을 적용하더라도 단위원가 결정방법인 선입선출법 또는 가중평균법의 원가흐름의 가정은 그대로 적용한다. 일반적으로 기초재고자산의 원가율과 당기매입재고자산의 원가율은 다르다. 소매재고법을 적용하면서 가중평균법을 선택했다면 기말재고자산은 기초재고자산과 당기매입재고자산이 섞여 있으므로 기초재고자산과 당기매입재고자산을 합쳐서 계산한 평균원가율을 사용하여 기말재고자산 매가를 기말재고자산 원가로 환원한다. 그러나 선입선출법을 선택했다면 기말재고자산은 당기매입재고자산으로만 구성되어 있을 것이므로 당기매입재고자산의 원가율을 사용하여 기말재고자산 매가를 기말재고자산 원가로 환원한다.

5.2 소매재고법의 적용방법

재고자산을 원가로 측정할 경우 다음과 같은 식이 성립된다.

기초재고자산 원가 + 당기매입재고자산 원가 − 판매한 재고자산 원가(매출원가) = 기말재고자산 원가

그렇다면 재고자산을 매가로 측정할 경우에도 다음과 같은 식이 성립된다.

기초재고자산 매가 + 당기매입재고자산 매가 − 판매한 재고자산 매가(매출액) = 기말재고자산 매가

보고기간 말에 기말재고자산 매가를 계산한 후 이 금액에 원가율을 곱하면 기말재고자산 매가가 기말재고자산 원가로 바뀐다. 즉, 소매재고법은 다음과 같은 절차를 따라 적용한다.

기말재고자산 매가의 계산 … ①
원가율의 계산 … ②
기말재고자산 원가 = 기말재고자산 매가(①) × 원가율(②)

그렇다면 원가율은 어떻게 계산하는가? 원가율이란 매가 대비 원가의 비율을 말한다. 예를 들어, 원가가 ₩60이고, 매가가 ₩100이라면 원가율은 60%(₩60÷100)이다. 원가율은 기본적으로 다음과 같이 계산한다.

$$\text{원가율} = \frac{\text{(원가) 기초재고자산} + \text{당기매입액}}{\text{(매가) 기초재고자산} + \text{당기매입액}}$$

위의 원가율은 원가와 매가에 기초재고자산과 당기매입액을 모두 포함하고 있기 때문에 가중평균법을 적용한 원가율을 의미한다. 선입선출법을 적용한다면 기초재고자산은 당기 중에 모두 판매되었을 것이고, 기말재고자산은 당기매입재고자산 중 판매되지 않은 재고자산일 것이므로 다음과 같이 당기매입액만으로 원가율을 계산한다.

$$\text{(선입선출법) 원가율} = \frac{\text{(원가) 당기매입액}}{\text{(매가) 당기매입액}}$$

예 9 소매재고법

소매재고법으로 재고자산을 평가하는 갑회사의 당기 재고자산 관련 자료는 다음과 같다.

	원가	매가
기초재고자산	₩50,000	₩100,000
당기매입액	650,000	1,000,000
매출액	–	950,000
기말재고자산	?	?

가중평균법의 단위원가 결정방법을 적용하여 기말재고자산 원가와 매출원가를 계산하기로 한다.

기말재고자산 매가 = ₩100,000 + 1,000,000 − 950,000 = ₩150,000

$$\text{원가율} = \frac{\text{(원가) ₩50,000} + 650{,}000}{\text{(매가) ₩100,000} + 1{,}000{,}000} = 63.6\%$$

기말재고자산 원가 = ₩150,000×63.6% = ₩95,400

매출원가 = ₩50,000 + 650,000 − 95,400 = ₩604,600

기말재고자산 원가의 계산 과정을 그림으로 표시하면 다음과 같다.

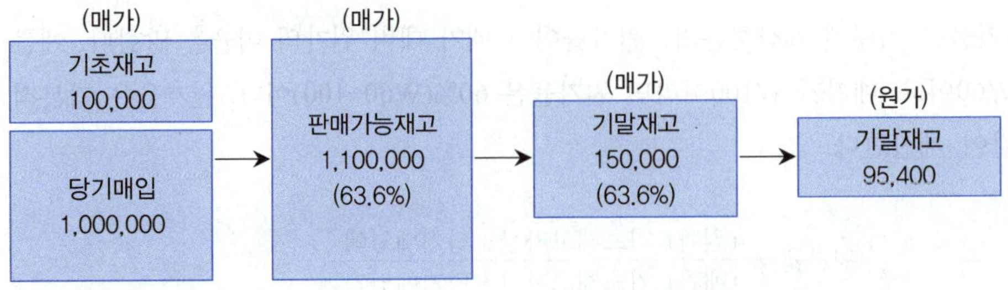

( ) 내의 수치는 원가율임

> 만약에 갑회사가 선입선출법의 단위원가 결정방법을 적용한다면 기말재고자산 원가와 매출원가는 다음과 같이 계산한다.

기말재고자산 매가 = ₩100,000 + 1,000,000 − 950,000 = ₩150,000

$$원가율 = \frac{(원가)\ ₩650,000}{(매가)\ ₩1,000,000} = 65\%$$

기초재고자산은 당기 중에 모두 판매되었으므로 기말재고자산은 당기매입재고자산만으로 구성되어 있을 것이므로 당기매입재고자산의 원가율을 적용하여 기말재고자산 원가를 계산한다.

기말재고자산 원가 = ₩150,000×65% = ₩97,500

매출원가 = ₩50,000 + 650,000 − 97,500 = ₩602,500

기말재고자산 원가의 계산 과정을 그림으로 표시하면 다음과 같다.

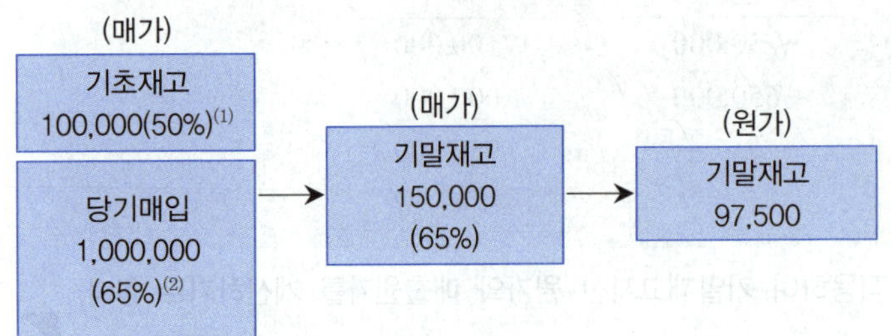

( ) 내의 수치는 원가율임

(1) $\frac{(원가)\ ₩50,000}{(매가)\ ₩100,000} = 50\%$, (2) $\frac{(원가)\ ₩650,000}{(매가)\ ₩1,000,000} = 65\%$

5.3 소매재고법의 한계

(예 9)에서 적용한 소매재고법은 갑회사가 취급하는 재고자산의 종류가 얼마나 다양한지 알 수는 없으나 각 재고자산의 원가율이 유사하다는 것을 전제로 한다. 재고자산마다 원가율이 크게 다를 경우 이를 무시하고 하나의 그룹으로 통합하여 원가율을 계산하면, 기초재고자산과 당기매입재고자산, 그리고 기말재고자산을 구성하는 각 재고자산의 배합(mix)이 일정하지 않을 경우 추정한 기말재고자산 원가는 신뢰성이 낮을 것이다. 따라서 원가율이 유사한 항목들을 묶어서 여러 개의 그룹으로 나누어 그룹별로 각각 소매재고법을 적용할 필요가 있다.

현대의 유통업계는 모든 재고자산을 컴퓨터를 이용하여 실시간으로 관리하고 매매거래를 기록하기 때문에 소매재고법을 사용할 유인이 적다. 거래처로부터 아무리 다양한 상품을 대량으로 매입하더라도 각 품목마다 회사가 사전에 부여한 고유 코드에 따라 매입원가가 기록되고, 바코드나 QR코드가 붙여져 매장에 진열된다. 소비자가 특정 품목을 구매하면 바코드나 QR코드가 붙은 품목이 스캐너를 지나치는 순간, 자동으로 그 품목에 대한 매출액과 매출원가가 인식되며, 동시에 재고수불부에 출고로 기록된다. 모든 재고자산을 컴퓨터로 관리한다는 것은 그 재고자산을 매입할 때부터 소비자에게 판매할 때까지 원가 추적이 가능하다는 것을 의미하므로 굳이 재고자산 매가를 구하고 여기에 원가율을 곱하여 재고자산 원가를 계산하는 방법을 이용할 이유가 없는 것이다.

소매재고법에 저가법을 적용하는 경우 및 여러 가지 특별 항목들이 포함된 경우 어떻게 소매재고법을 적용하는지에 대해서는 중급회계에서 자세하게 설명한다.

6 매출총이익법

6.1 매출총이익법의 의의 및 적용방법

매출총이익법(gross profit method)은 기준서에서 규정하는 재고자산의 평가방법은 아니다. 그러나 화재, 도난 등으로 인하여 특정 시점 현재 재고자산의 실물이 존재하지 않는 경우 재고자산 가액을 추정하는 데 이용할 수 있는 방법이므로 본절에서 소개하기로 한다.

매출총이익법은 당기 매출원가를 추정할 수 있다는 가정에 근거한다. 즉, 매출원가를 파악할 수 있으면 기초재고자산과 당기매입 재고자산의 회계자료가 존재할 것이므로 다음과 같이 기말재고자산가액을 추정할 수 있다.

기말재고자산가액(추정) = 기초재고자산가액 + 당기매입액 − 매출원가(추정)

이때 매출원가는 다음과 같이 두 가지 방법으로 추정할 수 있다.

① 매출총이익률을 알고 있는 경우
매출원가 = 당기매출액×(1 − 매출총이익률)
② 원가에 대한 이익률을 알고 있는 경우
매출원가 = 당기매출액÷(1 + 원가에 대한 이익률)

예 10 매출총이익법

갑회사의 상품창고의 화재로 인하여 기말상품재고가 모두 소실되었다. 다음은 당기의 상품재고와 관련된 자료이다.

기초상품재고액	₩250,000
당기상품매입액	2,800,000
당기매출액	4,500,000

갑회사의 전기 매출총이익률이 35%인데, 당기에도 매출총이익률이 변동되지 않았다고 판단되는 경우와 원가에 대한 이익률이 50%인 경우로 각각 구분하여 상품재고자산의 손실액을 추정하면 다음과 같다.

(1) 매출총이익률이 35%인 경우
매출원가 = 당기매출액×(1 − 매출총이익률)
= 당기매출액×매출원가율 = ₩4,500,000×0.65
= ₩2,925,000
상품재고자산 손실액 = ₩250,000 + 2,800,000 − 2,925,000 = ₩125,000

(2) 원가에 대한 이익률이 50%인 경우
매출원가 = 당기매출액÷(1 + 원가의 이익률) = ₩4,500,000÷1.5 = ₩3,000,000
상품재고자산 손실액 = ₩250,000 + 2,800,000 − 3,000,000 = ₩50,000

6.2 매출총이익법의 장점과 단점

매출총이익법의 장점은 다음과 같다.

① 화재 등 재해로 재고자산이 소실되었을 경우 가장 논리적으로 재고자산을 추정할 수 있는 방법이다. 따라서 화재보험의 보상액을 결정하는 데 사용될 수 있다.

② 회계감사인이 기업의 재고자산을 감사상 추정할 필요가 있을 경우 사용할 수 있다.

그러나 매출총이익법은 다음과 같은 이유 때문에 일반적으로 인정된 회계원칙이 될 수 없다.

① 매출총이익률은 매년 변동될 가능성이 높기 때문에 과거 자료로부터 구한 매출총이익률을 이용하여 당기의 재고자산가액을 추정하는 것은 타당하지 않다.

② 판매가능자산이 반드시 판매되거나 기말재고로 남아 있어야 한다는 가정에 근거하고 있기 때문에 파손, 도난 등과 같은 감모손실을 파악할 수 없다.

③ 매출총이익률 계산 당시의 재고자산 배합과 기말재고자산의 배합이 일치하지 않을 경우에는 기말재고자산이 왜곡표시될 수 있다.

연 / 습 / 문 / 제

01 다음은 ㈜한국의 당기 말 현재 상품 관련 자료이다.

항목	금액 (취득원가기준)	비고
기말재고자산실사액	₩50,000	창고 보유분
미착상품	20,000	선적지 조건으로 현재 운송 중
적송품	80,000	70% 판매 완료
시송품	10,000	이 중 ₩6,000에 대해서 고객이 매입의사표시
담보제공상품	15,000	차입금에 대하여 담보로 제공되어 있고, 기말재고자산 실사액에는 포함되어 있지 않음

물음

당기 말 재무상태표에 표시될 상품재고액을 계산하라.

해답

기말상품재고액 = ₩50,000 + 20,000 + 80,000×30% + 4,000 + 15,000 = ₩113,000

선적지 조건으로 운송 중인 상품은 ㈜한국의 재고자산에 포함한다. 그러나 도착지 조건으로 운송 중인 상품이라면 ㈜한국의 재고자산에 포함되지 않아야 한다.
적송품 중 판매되지 않은 30%는 ㈜한국의 재고자산에 포함되어야 한다.
시송품 중 고객이 매입의사를 표시하지 않은 부분 ₩4,000은 ㈜한국의 재고자산에 포함되어야 한다.
담보제공자산은 판매한 것이 아니므로 ㈜한국의 재고자산에 모두 포함되어야 한다.

02 갑회사의 1분기 재고자산 관련 자료는 다음과 같다. 갑회사는 실지재고조사법으로 장부기록을 한다.

일자		수량	단가
기초재고	1. 1.	100	₩500
매입	1. 15.	200	₩520
매출	1. 30.	250	
매입	2. 20.	200	₩550
매출	3. 10.	150	

물음

1. 동일 업종의 경쟁기업 간 재무제표를 비교분석할 때 재고자산에 대해서 어떤 단위원가 결정방법을 적용하였는지 주석을 통해서 확인하는 이유는 무엇인가?
2. 다음의 양식에 들어갈 금액(①부터 ④까지)을 각각 계산하라.

	선입선출법 적용	가중평균법 적용
1분기 말 재고자산금액	①	③
1분기 매출원가	②	④

3. 갑회사가 선입선출법을 적용할 경우와 가중평균법을 적용할 경우 갑회사의 1분기 손익에 미치는 영향을 비교하여 설명하라.
4. 후입선출법을 적용할 경우 예상되는 문제점은 무엇인가?

해답

물음 1

기초재고자산과 당기매입재고자산의 매입단가가 상이할 경우 판매한 재고자산이 기초재고자산부터 판매되었다고 가정하는지, 아니면 기초재고자산과 당기매입재고자산을 합쳐서 평균적으로 판매되었다고 가정하는지에 따라 매출원가가 달라지고, 그 결과 당기순이익도 차이가 발생한다. 따라서 경쟁기업 간에 재무상태나 성과를 비교분석하기 위해서는 경쟁기업이 선택한 단위원가 결정방법이 동일한지의 여부를 주석을 통해서 확인해야 한다. 만약에 경쟁기업 간에 단위원가 결정방법이 상이하다면 그 기업들이 취급한 재고자산의 매입단가가 당해연도 중에 어떻게 변동되었는지 확인하여 재무제표의 분석결과를 해석할 때 고려하여야 한다.

물음 2

갑회사의 1분기 판매가능재고자산은 500개이고, 이 중 400개를 판매하여 1분기 말 재고자산은 100개이다.

① 선입선출법 적용 시 기말재고자산 100개는 2월 20일 매입한 재고자산 200개 중 100개가 남아 있는 것이라고 가정한다.
따라서 1분기 말 재고자산=100개×₩550=₩55,000

② 선입선출법 적용 시 매출원가(400개)는 기초재고자산 100개, 1월 15일 매입한 재고자산 200개, 그리고 2월 20일에 매입한 재고자산 200개 중 100개로 구성되어 있다고 가정한다.
따라서 매출원가=100개×₩500+200개×₩520+100개×₩550=₩209,000

다음과 같이 기초재고자산과 당기매입재고자산의 합계액에서 기말재고자산을 차감하여 매출원가를 계산할 수도 있다.
100개×₩500+200개×₩520+200개×₩550−₩55,000=₩209,000

③ 가중평균법을 적용할 때에는 판매가능재고자산의 평균단가부터 계산해야 한다.
평균단가=(100개×₩500+200개×₩520+200개×₩550)÷500개=₩528
따라서 1분기 말 재고자산=100개×₩528=₩52,800

④ 매출원가=400개×₩528=₩211,200

물음 3

기초재고자산의 매입단가는 ₩500인데 반해 1분기 중에 매입을 할 때마다 계속 매입단가가 상승하였다. 이와 같은 경우 선입선출법을 적용하면 최근에 높은 단가로 매입한 재고자산이 기말재고자산을 구성하기 때문에 가중평균법에 비해서 기말재고자산이 더 많이 계상되며, 그 결과 선입선출법을 적용한 매출원가는 가중평균법을 적용한 경우에 비해 더 적다.

갑회사의 1분기 자료를 보면 선입선출법의 기말재고자산이 가중평균법의 기말재고자산보다 ₩2,200 더 많으며, 그 결과 선입선출법의 매출원가가 가중평균법의 매출원가보다 ₩2,200 더 적다. 따라서 법인세를 고려하지 않은 당기순이익은 선입선출법이 가중평균법에 비해 ₩2,200 더 많이 보고된다.

물음 4

후입선출법을 적용하면 과거에 매입한 재고자산 위주로 기말재고자산이 구성된다. 따라서 재무상태표상 기말재고자산의 금액은 현행원가와 가까운 수치를 보여주지 못한다. 또한 당기 중에 회사가 일부러 재고자산의 매입시점을 늦추면 기초재고자산이 판매된 것으로 회계처리해야 하므로 당기손익을 조정할 수 있는 문제가 있다.

03 [문제 2]의 자료를 그대로 사용한다. 갑회사의 1분기 재고자산 관련 자료는 다음과 같다. 갑회사는 계속기록법으로 장부기록을 한다.

일자		수량	단가
기초재고	1. 1.	100	₩500
매입	1. 15.	200	₩520
매출	1. 30.	250	
매입	2. 20.	200	₩550
매출	3. 10.	150	

물음

1. 선입선출법을 적용하여 1분기 매출원가와 1분기 말 재고자산금액을 계산하라.

2. 가중평균법(이동평균법)을 적용하여 1분기 매출원가와 1분기 말 재고자산금액을 계산하라.

해답

물음 1

일자	입고		출고		잔고		
	수량	단가	수량	단가	수량	단가	금액
기초재고					100	500	50,000
1. 15.	200	520			100 200	500 520	50,000 104,000
1. 30.			100 150	500 520	50	520	26,000
2. 20.	200	550			50 200	520 550	26,000 110,000
3. 10.			50 100	520 550	100	550	55,000

잔고란의 마지막 금액이 1분기 말 재고자산장부금액이 된다.
1분기 말 재고자산장부금액 = ₩55,000

출고란에 표시되는 출고수량에 단가를 곱한 금액의 전체합계가 매출원가이다.

1분기 매출원가 = 100×₩500 + 150×₩520 + 50×₩520 + 100×₩550 = ₩209,000

선입선출법을 적용할 경우에는 계속기록법을 적용하든 실지재고조사법을 적용하든 매출원가와 기말재고자산이 동일하게 산출된다. 문제 2의 해답 2와 비교해보기 바란다.

물음 2

일자	입고		출고		잔고		
	수량	단가	수량	단가	수량	단가	금액
기초재고					100	500	50,000
1. 15.	200	520			300	513.3[(1)]	154,000[(1)]
1. 30.			250	513.3	50	513.3[(2)]	25,675[(2)]
2. 20.	200	550			250	542.7[(3)]	135,675[(3)]
3. 10.			150	542.7	100	542.7	54,270

(1) ₩50,000 + (200×₩520) = ₩154,000
₩154,000÷300 = ₩513.3

(2) ₩154,000 − (250×₩513.3) = ₩25,675
그러나 50×₩513.3 = ₩25,665로 ₩10의 단수차이가 발생한다.

(3) ₩25,675 + (200×₩550) = ₩135,675
₩135,675÷250 = ₩542.7

잔고란의 마지막 금액이 1분기 말 재고자산장부금액이 된다.

1분기 말 재고자산장부금액 = ₩54,270

출고란에 표시되는 출고수량에 단가를 곱한 금액의 전체합계가 매출원가이다.

1분기 매출원가 = 250개×₩513.3 + 150개×₩542.7 = ₩209,730

가중평균법을 적용할 경우에는 계속기록법(이동평균법)을 적용한 결과와 실지재고조사법(총평균법)을 적용한 결과가 동일하지 않다. 문제 2의 해답 2와 비교해보기 바란다.

04 갑회사의 당기(20×1년) 재고자산 관련 자료는 다음과 같다.

- 기초상품재고액 : ₩35,000
- 당기상품매입액 : ₩640,000
- 기말상품재고 : 장부수량 500개, 단위당 취득원가 ₩100
  실사수량 480개, 단위당 순실현가능가치 ₩90
  감모수량 중 15개는 정상 감모에 해당됨

물음

1. 재고자산에 대해서 저가법을 적용하는 이유는 무엇인가?
2. 재고자산평가손실이나 재고자산감모손실을 매출원가로 구분하는 것과 기타비용으로 구분하는 것 중 어느 것이 더 타당한가?
3. 회사가 당기에 재고자산에 대해서 저가법을 적용하였을 때 재무제표의 이용자가 고려해야 할 점은 무엇인가?
4. 당기 말 재무상태표에 표시될 기말상품재고액을 계산하라.
5. 당기 손익계산서에 계상될 매출원가를 계산하라. 단, 정상적인 감모손실과 평가손실은 매출원가에 포함하고, 비정상 감모손실은 기타비용으로 구분한다.
6. 20×2년 말 갑회사의 재고자산 장부수량은 300개이고 실사수량도 300개로 동일하다. 재고자산의 단위당 취득원가는 ₩110인데, 순실현가능가치가 ₩105일 경우 재고자산에 대한 저가법 평가의 회계처리를 하라.

해답

물음 1

재고자산의 순실현가능가치가 취득원가보다 낮을 경우 재무상태표에 취득원가로 재고자산을 보고하면 정보이용자가 기업의 미래경제적효익의 순유입을 과대평가하여 잘못된 의사결정을 내릴 수 있다. 따라서 재고자산의 순실현가능가치가 취득원가보다 낮을 경우 저가법을 적용하면 재고자산의 장부금액을 순실현가능가치로 감액하고 재고자산평가손실을 인식함으로써 미래경제적효익의 순유입이 감소할 수 있다는 정보를 재무제표 이용자에게 제공할 수 있다.

물음 2

재고자산의 순실현가능가치가 취득원가보다 낮음에도 불구하고 저가법을 적용하지 않는다면 차기 이후에 재고자산을 판매할 때 매출총이익의 감소로 반영될 것이다. 따라서 재고자산을 판매하기 전에 저가법을 적용하여 인식하는 재고자산평가손실도 매출총이익에 반영하는 것이 일관된 회계처리이므로 이를 매출원가에 가산하는 것이 타당하다.

재고자산을 판매하기 전에 보관하는 과정에서 감모가 발생될 수 있는데, 정상적인 영업활동과정에서 발생하는 감모는 피할 수 없는 것이므로 매출원가에 가산하는 것이 타당하다. 그러나 대규모 파손이나 도난 등에 의해서 발생한 재고자산의 감모는 기타비용으로 구분하여 인식하는 것이 타당하다. 그러나 어느 것으로 구분하든 관계없이 감모손실은 손익계산서의 영업 범주로 분류한다.

물음 3

어떤 기업이 저가법을 적용한 경우 그 기업의 업종이 무엇인지, 과거에도 저가법을 적용하여 왔는지 등을 확인할 필요가 있다. 업종의 특성상 감모가 흔하게 발생하거나, 과거에도 매 회계기간마다 평가손실을 인식하여 왔으면 일단 저가법 적용이 특이한 상황은 아니다. 그러나 과거에 재고자산평가손실을 거의 인식하지 않았던 기업이 당해연도에 저가법을 적용했다면 동종업계의 다른 기업들도 저가법을 적용했는지 확인할 필요가 있다. 만약 다른 기업들은 저가법을 적용하지 않았다면 저가법을 적용한 기업에서 특별한 사건이 발생했을 수 있으므로 금융감독원의 수시공시사항과 신문기사 등을 검색할 필요도 있다. 그리고 재고자산의 평가손실을 인식하는 시점과 인식금액을 기업이 재량적으로 결정할 수 있다는 점을 염두에 두어야 한다.

물음 4

기말재고자산 = 480개 × ₩90 = ₩43,200

물음 5

재고자산감모손실 = (500개 − 480) × ₩100 = ₩2,000

정상 감모손실 = 15개 × ₩100 = ₩1,500

비정상 감모손실 = ₩500

재고자산평가손실 = 480개 × (₩100 − 90) = ₩4,800

매출원가 = ₩35,000 + 640,000 − 50,000(감모손실 및 평가손실 반영 전 기말재고자산)
+ 1,500(정상 감모손실) + 4,800(평가손실)
= ₩631,300

물음 6

20×2년 말 현재 재고자산평가충당금 잔액 = 300개 × (₩110 − 105) = ₩1,500

전기이월 재고자산평가충당금은 ₩4,800이다. 따라서 다음과 같이 재고자산평가충당금을 ₩3,300만큼 감소시키면서 재고자산평가손실환입을 인식한다.

(차) 재고자산평가충당금	3,300	(대) 재고자산평가손실환입	3,300

05 갑회사의 당기 재고자산 관련 자료는 다음과 같다.

– 기초상품재고액 ₩220,000
– 당기상품매입액 ₩2,500,000
– 기말상품재고 관련 자료

상품	장부재고	실지재고	단위당 원가	판매단가	단위당 추정판매비
A	1,000개	980개	₩100	₩120	₩10
B	400개	390개	₩200	₩210	₩25
C	500개	500개	₩250	₩230	₩10

물음

1. 재고자산감모손실과 재고자산평가손실을 각각 계산하라.
2. 매출원가를 계산하라. 단, 재고자산감모손실과 재고자산평가손실은 모두 매출원가에 포함시킨다.

해답

물음 1

재고자산감모손실 = 20개 × ₩100 + 10 × 200 = ₩4,000
재고자산평가손실 = 390개 × (₩200 − 185) + 500 × (250 − 220) = ₩20,850

상품A에 대해서는 재고자산평가손실을 인식하지 않는다.

물음 2

재무상태표에 표시될 기말상품재고액 = 980개 × ₩100 + 390 × 185 + 500 × 220 = ₩280,150
매출원가 = ₩220,000 + 2,500,000 − 280,150 = ₩2,439,850

기초상품재고액과 당기상품매입액의 합계액에서 기말상품재고액 ₩280,150을 차감하면 그 금액에는 재고자산감모손실과 재고자산평가손실이 모두 포함된다.

06 20×1년 초에 설립한 ㈜대한은 20×1년 말 다음과 같이 성격과 용도가 다른 세 종목의 상품을 보유하고 있다.

구분	수량	단위당 원가	단위당 예상판매가격	단위당 예상판매비용
A상품	1,300개	₩1,000	₩1,100	₩50
B상품	900개	1,500	1,560	90
C상품	400개	800	790	20

㈜대한의 기말재고에는 확정판매계약(단위당 계약가격 : ₩900)을 이행하기 위하여 보유한 A상품 600개가 포함되어 있으며, 확정판매계약 이행을 위한 판매비용은 발생하지 않는다.

물음

1. 재고자산평가손실과 당기 말 재무상태표에 표시될 기말상품재고액을 각각 계산하라.
2. 기초상품재고액이 ₩1,260,000이고, 당기상품매입액이 ₩6,850,000일 때 당기 매출원가를 계산하라. 단, 재고자산평가손실은 매출원가에 가산한다.

해답

물음 1

A상품 기말재고 1,300개 중 확정판매계약을 체결한 600개에 대해서만 재고자산평가손실을 인식한다.

A상품 : 600개×(₩1,000 − 900)	=	₩60,000
B상품 : 900개×(₩1,500 − 1,470)	=	27,000
C상품 : 400개×(₩800 − 770)	=	12,000
재고자산평가손실		₩99,000

기말상품재고액 = 700개×₩1,000 + 600개×900 + 900개×1,470 + 400개×770
= ₩2,871,000

물음 2

매출원가 = ₩1,260,000 + 6,850,000 − 2,871,000 = ₩5,239,000

07 소매재고법을 적용하는 을회사의 당기 재고자산 관련 자료는 다음과 같다.

	원가	매가
기초재고	₩39,000	₩65,000
당기매입	250,000	500,000
매출	–	520,000

물음

다음의 양식에 들어갈 금액(①부터 ④까지)을 각각 계산하라.

	가중평균법 적용	선입선출법 적용
기말재고자산 원가	①	③
매출원가	②	④

해답

① 기말재고자산 매가 = ₩65,000 + 500,000 − 520,000 = ₩45,000
(평균)원가율 = (₩39,000 + 250,000) / (65,000 + 500,000) = 51.2%
기말재고자산 원가 = ₩45,000×51.2% = ₩23,040

② 매출원가 = ₩39,000 + 250,000 − 23,040 = ₩265,960

③ (당기매입 재고자산)원가율 = ₩250,000 / 500,000 = 50%
기말재고자산 원가 = ₩45,000×50% = ₩22,500

④ 매출원가 = ₩39,000 + 250,000 − 22,500 = ₩266,500

08 [매출총이익법]

갑회사는 당기 중에 상품 창고에 화재가 발생하여 일부의 상품과 회계자료가 소실되었다. 다음은 당기 상품재고와 관련된 자료이다.

기초상품재고액	₩330,000
화재발생 직전까지 상품매입액	₩5,340,000
화재발생 직전까지 상품매출액	₩7,280,000
화재에서 소실되지 않은 상품재고액	₩150,000

물음

1. 갑회사의 당기 매출총이익률은 전기와 동일한 30%라고 가정하고 화재로 소실된 상품재고액을 추정하라.
2. 갑회사는 재고자산의 원가에 40%의 이익을 가산한 금액으로 매출을 한다고 가정하고 화재로 소실된 상품재고액을 추정하라.

해답

물음 1

매출원가 = 매출액×(1 − 매출총이익률) = ₩7,280,000×0.7 = ₩5,096,000

화재 직전 상품재고액 = ₩330,000 + 5,340,000 − 5,096,000 = ₩574,000

화재로 소실된 상품재고액 = ₩574,000 − 150,000 = ₩424,000

물음 2

매출원가 = 매출액÷(1 + 원가에 대한 이익률) = ₩7,280,000÷1.4 = ₩5,200,000

화재 직전 상품재고액 = ₩330,000 + 5,340,000 − 5,200,000 = ₩470,000

화재로 소실된 상품재고액 = ₩470,000 − 150,000 = ₩320,000

제 8 장

금융자산

1. 금융자산의 의의
2. 금융자산의 분류
3. 금융자산의 최초 측정과 후속 측정
4. 금융자산의 손상
5. 금융자산의 제거

1 금융자산의 의의

금융상품(financial instrument)이란 [그림 1]에서 보는 바와 같이 거래당사자 일방에게 금융자산(financial asset)을 발생시키고, 동시에 다른 거래상대방에게 금융부채(financial liability) 또는 지분상품(equity instrument)을 생기게 하는 모든 계약(contract)을 말한다.

| 그림 1 | 금융상품의 계약당사자

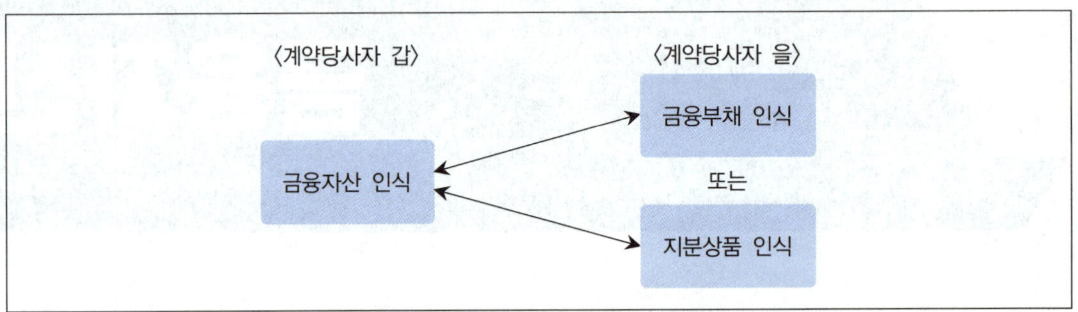

금융상품이 존재하려면 둘 이상의 당사자 간에 계약(구두계약, 서면계약 무관)이 존재해야 한다. [그림 1]에서 보는 바와 같이 갑과 을이 계약을 체결함으로써 갑이 금융자산을 인식할 때, 을은 금융부채 또는 지분상품을 인식한다. 예를 들어, 을이 사채를 발행하고 갑이 이를 취득하면 갑은 금융자산을 인식하고 을은 금융부채를 인식하는 반면, 을이 주식을 발행하고 갑이 이를 취득하면 갑은 금융자산을 인식하고 을은 지분상품을 인식한다. 즉, 을은 계약시점 현재 미래에 경제적효익을 이전해야 할 회피불가능한 의무를 부담할 경우 금융부채를 인식하고, 그렇지 않으면 지분상품을 인식한다.

그러나 발행하는 금융상품에 금융부채와 지분상품의 요소가 모두 포함되어 있는 경우 이를 어느 것으로 구분할지 명확하게 판단할 수 없는 경우도 있다. 금융부채와 지분상품의 구분에 대해서는 제9장에서 자세하게 설명한다. 파생상품계약도 금융상품에 해당할 수 있는데, 파생상품의 회계처리는 고급회계에서 다룰 부분이므로 본서에서는 파생상품을 제외한 금융자산 및 금융부채로 설명의 범위를 제한한다.

기준서 제1032호 '금융상품: 표시'는 금융자산을 별도로 정의하지 않고, 금융자산에 포함되는 항목만 다음과 같이 열거하고 있다.

① 현금
② 다른 기업의 지분상품
③ 다음 중 하나에 해당하는 계약상 권리
　㉠ 거래상대방에게서 현금 등 금융자산을 수취할 계약상 권리
　㉡ 잠재적으로 유리한 조건으로 거래상대방과 금융자산이나 금융부채를 교환하기로 한 계약상 권리*
④ 기업 자신의 지분상품(이하 '자기지분상품'이라 함)으로 결제되거나 결제될 수 있는 다음 중 하나의 계약
　㉠ 수취할 자기지분상품의 수량이 변동가능한 비파생상품
　㉡ 확정 수량의 자기지분상품에 대하여 확정금액의 현금 등 금융자산을 교환하여 결제하는 방법이 아닌 방법으로 결제되거나 결제될 수 있는 파생상품*

* 파생상품에 해당하는 금융자산은 중급회계 및 고급회계에서 설명한다.

(1) 현금

현금(화폐)은 교환의 수단이므로 금융자산이며, 재무제표에 모든 거래를 인식하고 측정하는 기준이 된다. 은행 등 금융기관에 대한 예치금은 당해 금융기관에서 현금을 인출하거나 금융부채를 지급하기 위하여 예치된 잔액에 대하여 채권자를 수취인으로 하여 수표 등을 발행할 수 있는 계약상 권리를 나타내므로 금융자산이다.

(2) 다른 기업의 지분상품

다른 기업이 발행한 주식이나 신주인수권 등 지분상품의 보유자는 이를 금융자산으로 분류한다. 다만, 투자자가 지분상품을 보유함으로써 피투자자에 대하여 유의적인 영향력이나 지배력을 행사할 수 있는 경우에는 당해 지분상품을 관계기업투자나 종속기업투자로 구분하고 별도의 기준서를 적용하므로 본장에서 설명하는 금융자산의 범위에 포함되지 않는다. 관계기업투자나 종속기업투자와 관련된 회계처리는 고급회계에서 설명한다.

(3) 거래상대방에게서 현금 등 금융자산을 수취할 계약상 권리

매출채권, 미수금, 대여금 및 채무상품(예 : 다른 기업이 발행한 사채, 국가가 발행한 국채 등) 등은 거래상대방에게서 현금 등 금융자산을 수취할 계약상 권리이므로 금융자산에 해당한다. 경제적효익의 수취가 현금 이외의 금융상품으로 이루어지는 경우에도 금융자산으로 분류한다. 예를 들어, 현금 대신 국채로 수취할 계약상 권리가 있다면 금융자산에 해당한다.

금융상품 정의의 핵심은 계약에 기초한다는 것이다. 따라서 계약에 기초하지 않은 자산이나 부채는 금융자산이나 금융부채가 될 수 없다. 예를 들어, 어떤 기업이 회계기간 중에 과세당국에 미리 납부한 법인세가 보고기간 말을 기준으로 계산한 최종 납부할 법인세보다 더 많을 경우 차액을 돌려받을 수 있는데, 이를 당기법인세자산이라고 한다. 당기법인세자산은 기업과 과세당국 간의 계약에 기초하는 자산이 아니므로 금융자산에 해당하지 않는다. 마찬가지로 과세당국에 납부해야 할 법인세인 당기법인세부채도 계약에 기초하는 부채가 아니므로 제9장에서 설명하는 금융부채에 해당하지 않는다.

(4) 자기지분상품으로 결제되는 계약

기업 자신의 지분상품(이하 '자기지분상품'이라 함)을 수취하거나 인도하는 방식으로 계약을 체결하기도 한다. 예를 들어, 갑회사가 거래상대방에게 재화를 공급하고 그 대가로 현금 대신 갑회사의 주식을 수취하는 계약을 체결한 경우가 여기에 해당한다. 자기지분상품을 수취하는 계약당사자와 자기지분상품을 인도하는 다른 당사자의 회계처리를 함께 설명해야 이해하기 쉬우므로 자기지분상품으로 결제되는 계약은 본장에서 설명하지 않고 제9장 1절에서 설명하기로 한다.

(5) 기타 고려사항

재고자산, 유형자산, 무형자산 등은 금융자산에 해당하지 않는다. 왜냐하면 재고자산 등에 대한 통제는 현금 등 금융자산이 유입될 기회를 제공하지만, 현금 등 금융자산을 수취할 현재의 권리를 발생시키지는 않기 때문이다.

경제적효익의 수취가 비금융상품으로 이루어지는 경우에는 금융자산으로 분류할 수 없다. 예를 들어, 선급비용이나 선급금은 현금 등 금융자산을 수취할 권리가 아니라 재화나 용역을 수취할 권리이므로 금융자산에 해당하지 않는다.

2 금융자산의 분류

2.1 후속 측정과 연계한 금융자산의 분류

3.1절에서 설명하는 바와 같이 모든 금융자산은 공정가치(fair value)로 최초 측정하는데, 후속 측정과 연계하여 금융자산을 분류한다. 즉, 금융자산을 후속 측정할 때 ① 공정가치 변동을 인식하지 않는 금융자산과 ② 공정가치 변동을 인식하는 금융자산으로 분류한다. 이때 기업이 임의로 금융자산을 분류하는 것이 아니라 다음의 2가지 사항에 근거하여 분류한다.

(1) 금융자산의 계약상 현금흐름 특성
(2) 금융자산의 관리를 위한 사업모형

계약상 현금흐름 특성(contractual cash flow characteristics)이란 계약조건에 따라 원금과 원금 잔액에 대한 이자 지급만의 현금흐름이 특정일에 생기는 특성을 말한다. 계약상 현금흐름이 원금과 원금 잔액에 대한 이자의 지급으로만 구성되어 있는 것을 실무에서는 흔히 SPPI(Solely Payment of Principal and Interest on the principal amount outstanding)라고 한다. 실무에서 거래되고 있는 다양한 조건의 금융상품에 대해서 SPPI 조건의 충족 여부를 쉽게 판단할 수 없는 경우도 적지 않다. 따라서 본장에서는 설명의 편의상 특정일에 이자와 원금의 현금흐름이 생기는 채무상품이나 대여금 등은 SPPI 조건을 충족하는 반면, 주식과 같은 지분상품은 SPPI 조건을 충족하지 않는 것으로 단순화하기로 한다.

한편, 금융자산의 관리를 위한 기업의 사업모형(business model)은 다음과 같이 3가지로 구분한다.

(1) 계약상 현금흐름을 수취하기 위해 금융자산을 보유하는 것이 목적인 사업모형
(2) 계약상 현금흐름의 수취와 금융자산의 매도 둘 다를 통해 목적을 이루는 사업모형
(3) 기타의 사업모형(예 : 금융자산의 매도를 통한 현금흐름 실현이 목적인 사업모형 등)

위의 3가지 사업모형 중 (1)은 금융자산을 보유하는 필수적인 목적이 계약상 현금흐름을 수취하는 것이고, 차익 실현을 위한 중도 매도는 부수적인 목적인 사업모형을 말한다. 이러한 사업모형을 갖는 기업이 보유하는 금융자산의 공정가치 변동에 대한 정보는 의사결정에 유용하지 않을 것이므로 후술하는 바와 같이 금융자산의 공정가치 변동을 인식하지 않고 상각후원가로 측정한다. 반면에 사업모형 (2)는 계약상 현금을 수취하는 것과 차익 실현을 위한 매도

둘 다를 목적으로 금융자산을 보유하므로 기업이 보유하는 금융자산의 공정가치 변동에 대한 정보가 의사결정에 유용할 것이다. 또한 사업모형 (3)도 언제든지 보유 금융자산을 매각하여 차익을 실현하는 것을 목적으로 하므로 기업이 보유하는 금융자산의 공정가치 변동에 대한 정보가 의사결정에 유용할 것이다.

이와 같은 관점에서 기준서 제1109호 '금융상품'은 SPPI 조건의 충족 여부와 기업의 사업모형에 따라 금융자산을 다음과 같이 3가지 범주 중 하나로 분류한다.

① 상각후원가 측정(AC, amortized cost) 금융자산
② 기타포괄손익-공정가치 측정(FVOCI, fair value through other comprehensive income) 금융자산
③ 당기손익-공정가치 측정(FVPL, fair value through profit or loss) 금융자산

위의 금융자산의 3가지 범주는 결국 후속적인 공정가치 변동을 인식하는지, 그리고 공정가치 변동을 인식한다면 이를 기타포괄손익과 당기손익 중 어느 것으로 인식하는지와 관련된다. 지금까지 설명한 금융자산의 분류 과정을 다음과 같이 그림으로 요약할 수 있다.

| 그림 2 | 금융자산의 분류

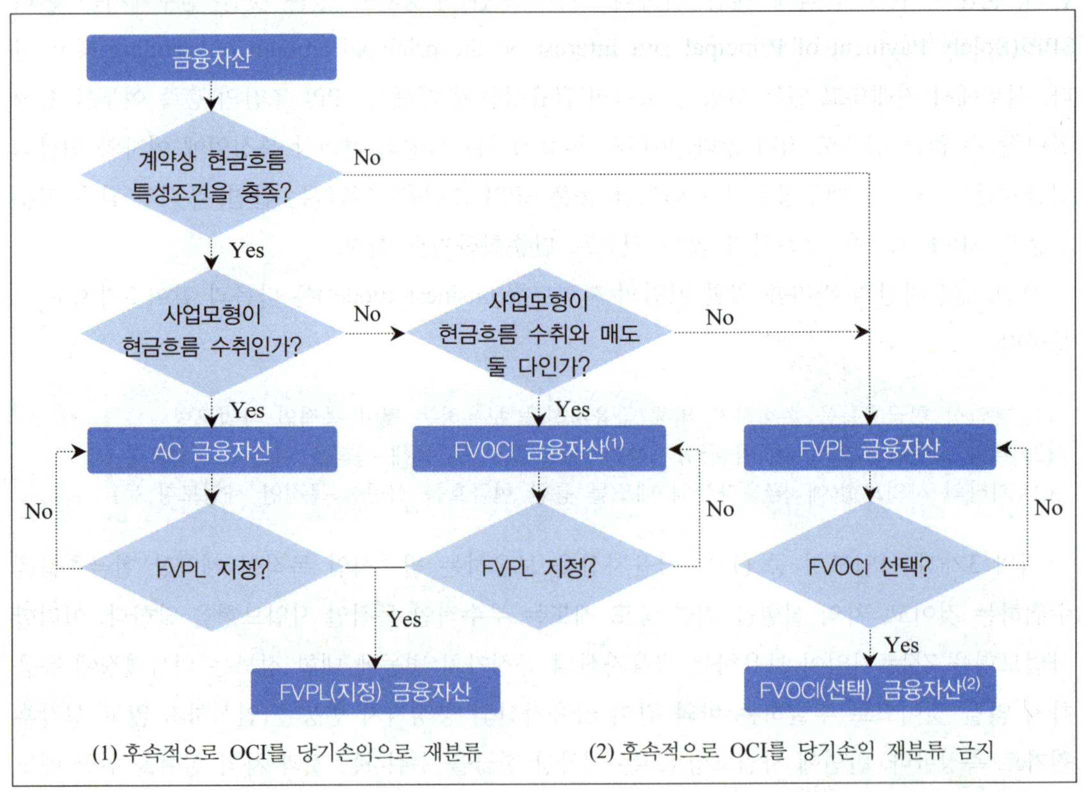

[그림 2]에서 보는 바와 같이 SPPI 조건을 충족하는 금융자산의 경우에만 기업의 사업모형을 고려하여 분류를 결정한다. 금융자산이 SPPI 조건을 충족하고, 사업모형이 현금흐름 수취라면 금융자산의 공정가치 변동에 대한 정보는 중요하지 않으므로 '상각후원가 측정 금융자산'의 범주로 분류하는데, 본서에서는 이를 'AC 금융자산'으로 간략하게 표시하기로 한다.

금융자산이 SPPI 조건을 충족하는데, 사업모형이 계약상 현금흐름 수취와 금융자산의 매도 두 가지 모두를 목적으로 금융자산을 보유하는 것이라면, 금융자산의 공정가치 변동에 대한 정보가 중요하므로 공정가치 변동을 인식하되, 이를 기타포괄손익으로 인식하는 '기타포괄손익－공정가치 측정 금융자산'의 범주로 분류하는데, 본서에서는 이를 'FVOCI 금융자산'으로 간략하게 표시하기로 한다.

한편, 금융자산이 SPPI 조건을 충족하는데 기타의 사업모형(즉, 금융자산의 매도)을 위해서 금융자산을 보유하는 경우에도 금융자산의 공정가치 변동에 대한 정보가 중요하므로 금융자산의 공정가치 변동을 인식하되, 이를 당기손익으로 인식하는 '당기손익－공정가치 측정 금융자산'의 범주로 분류하는데, 본서에서는 이를 'FVPL 금융자산'으로 간략하게 표시하기로 한다.

주식과 같은 지분상품은 미래 특정일에 원금과 이자의 현금흐름이 발생하지 않으므로 SPPI 조건을 충족하지 않는다. 따라서 기업이 이러한 금융자산을 보유할 경우 사업모형을 고려하지 않고 무조건 공정가치 변동을 당기손익으로 인식하는 '당기손익－공정가치 측정 금융자산'의 범주로 분류하는데, 본서에서는 'FVPL 금융자산'으로 간략하게 표시하기로 한다. 따라서 FVPL 금융자산에는 채무상품과 지분상품이 모두 포함될 수 있다.

그런데 기업이 지분상품을 취득하여 단기간 내에 매각하지 않고 장기 보유하는 경우 이러한 지분상품의 공정가치 변동을 당기손익으로 인식하면 당기손익의 변동성이 커지므로 오히려 재무제표 이용자의 의사결정을 오도할 수 있다. 따라서 지분상품을 단기매매목적으로 보유하지 않는 경우에는 공정가치 변동을 기타포괄손익으로 인식하는 금융자산의 범주로 분류를 선택할 수 있다. 다만, FVOCI 금융자산으로 분류하는 채무상품과 구분하기 위해서 본서에서는 'FVOCI 선택 금융자산'으로 간략하게 표시하기로 한다. 따라서 FVOCI 금융자산에는 채무상품과 같이 SPPI 조건을 충족하는 금융자산이 포함되는 반면, FVOCI 선택 금융자산에는 지분상품만 포함된다고 이해하면 된다.

2.2 분류한 금융자산의 특성

(1) AC 금융자산

금융자산으로부터 현금흐름을 수취하는 것을 사업목적으로 하는 경우란 당해 금융자산을 중도에 매각할 수도 있겠지만 중도 매각은 부수적인 사업의 일환이고, 당해 금융자산과 관련된 이자와 원금을 회수하는 것이 필수적인 사업임을 의미한다. 이러한 사업모형을 갖고 있다면 당해 금융자산의 공정가치가 높아졌다고 하더라도 차익을 얻기 위해 금융자산을 빈번하게 매도할 가능성은 낮을 것이므로 금융자산의 공정가치 변동에 대한 정보는 의사결정에 그리 유용하지 않을 것이다. 따라서 이러한 금융자산은 공정가치 변동을 인식하지 않는 AC 금융자산으로 분류한다.

특정 금융자산을 AC 금융자산으로 분류한다고 하여 반드시 만기까지 보유해야 하는 것은 아니다. 따라서 금융자산의 매도가 필수적인 사업모형이 아니라면(즉, 빈번하게 매도가 이루어지는 것이 아니라면) 금융자산을 중도에 매도하더라도 당해 금융자산을 AC 금융자산으로 분류하는 데 문제는 없다.

(2) FVOCI 금융자산

SPPI 조건을 충족하는 금융자산을 보유하는데, 기업의 사업모형이 원금 및 이자의 수취와 당해 금융자산의 매도를 통해 차익을 얻는 것 두 가지 모두를 목적으로 하는 경우에는 금융자산의 공정가치 변동에 대한 정보가 의사결정에 유용할 것이다. 따라서 이러한 금융자산은 공정가치 변동을 기타포괄손익으로 인식하는 FVOCI 금융자산으로 분류한다.

그런데 왜 공정가치의 변동을 당기손익이 아닌 기타포괄손익으로 인식하는가? 기업이 현금흐름 수취를 목적으로 하는 사업모형과 현금흐름 수취와 금융자산의 매도 둘 다를 목적으로 하는 사업모형 중 어떤 사업모형을 선택하는지에 따라 금융자산의 공정가치 변동이 당기손익에 상이한 영향을 미치는 것은 타당하지 않다. 따라서 AC 금융자산과 FVOCI 금융자산 중 어느 것으로 분류하든 당기손익에 미치는 영향이 동일하도록 FVOCI 금융자산의 공정가치 변동을 기타포괄손익으로 인식하는 것이다.

(3) FVPL 금융자산

SPPI 조건을 충족하는 금융자산(채무상품)을 보유하는데, 기업의 사업모형이 금융자산의 매도를 통한 현금흐름 실현이 목적인 경우에는 금융자산의 공정가치 변동을 당기손익으로 인식하는 FVPL 금융자산으로 분류한다.

한편 SPPI 조건을 충족하지 못하는 금융자산(지분상품)을 보유하는 경우에는 기업의 사업모형을 고려할 필요 없이 공정가치 변동을 당기손익으로 인식하는 FVPL 금융자산으로 분류한다. 따라서 FVPL 금융자산에는 채무상품과 지분상품이 모두 포함될 수 있다.

(4) FVOCI 선택 금융자산(지분상품만 해당)

SPPI 조건을 충족하지 않는 금융자산(지분상품)은 사업모형에 관계없이 FVPL 금융자산으로 분류한다고 설명하였다. 그런데 당해 지분상품을 장기간 보유하면서 공정가치 변동을 당기손익으로 인식하면, 당기순손익의 변동성이 증가할 뿐만 아니라 당기순손익이 기업의 경영성과를 제대로 보여주지 못할 수 있다. 따라서 이러한 문제를 해소하기 위해서 기업은 단기매매 목적도 아니고 조건부 대가[1]도 아닌 지분상품을 보유하는 경우 공정가치 변동을 당기손익이 아닌 기타포괄손익으로 인식하는 금융자산으로 분류를 선택할 수 있다. 이러한 선택은 최초 인식시점에서만 가능하며, 이후에 취소할 수 없다.

2.3 FVPL 지정

[그림 2]를 보면 기업은 AC 금융자산 또는 FVOCI 금융자산으로 분류될 항목 중 특정한 조건을 충족하는 경우에 이를 FVPL 금융자산으로 지정(designate)할 수 있다. 이때 특정한 조건이란 회계불일치[2]를 제거하거나 유의적으로 줄이는 경우를 말한다.

예를 들어, 금융상품집합에 금융자산과 금융부채가 모두 포함되어 있는데, 이자율이 상승하면 금융상품의 공정가치는 낮아지므로 금융자산에서는 평가손실이 발생하고, 금융부채에서는 평가이익이 발생하여 서로 상쇄되는 경향이 있다. 그런데 금융자산과 금융부채를 모두 FVPL로 측정하지 않는다면 평가이익과 평가손실이 상쇄되지 못하여 회계불일치가 발생한다. 이때 FVPL로 측정되지 않는 금융상품을 FVPL 항목으로 지정하면 평가이익과 평가손실이 상쇄되어 회계불일치를 제거하거나 또는 유의적으로 감소시킬 수 있기 때문에 보다 목적적합한 정보를 제공할 수 있다.[3] 이러한 지정은 최초 인식시점에서만 가능하며, 한 번 지정하면 이를 취소할 수 없다.

참고로 SK㈜는 제28기 말 현재 약 1.2조 원의 금융자산을 보유하고 있는데, 이 금융자산을 어떻게 분류하였는지 재무제표 주석의 일부를 제시하면 다음과 같다. SK㈜는 전술한 바와 같이 금융자산을 당기손익－공정가치 측정 금융자산, 기타포괄손익－공정가치 측정 금융자산 그리고 상각후원가 측정 금융자산의 3가지로 분류하고 있다.

---

1) 조건부 대가란 합병 등 사업결합과정에서 미래 특정 사건이 발생하거나 특정 조건이 충족되면 취득자가 피취득자(피합병회사)의 소유자(주주)에게 추가로 지분을 이전하기로 한 것을 말한다. 따라서 피취득자의 입장에서 조건부대가는 금융자산에 해당한다. 조건부 대가에 대해서는 고급회계에서 자세하게 설명한다.

2) 서로 다른 기준에 따라 자산이나 부채를 측정하거나 그에 따른 손익을 인식하는 경우에 측정이나 인식의 불일치가 발생할 수 있는데, 이를 회계불일치(accounting mismatch)라고 한다.

3) 금융자산을 당기손익－공정가치 측정 항목으로 지정하는 것은 회계정책의 선택과 비슷하다. 그러나 회계정책의 선택과는 달리 비슷한 모든 거래에 같은 회계처리를 반드시 적용해야 하는 것은 아니다.

주석 공시 사례 **주석 4. 범주별 금융상품**

(1) 금융자산

당기 말 현재 범주별 금융자산의 내역은 다음과 같습니다(단위 : 백만 원).

구분	당기손익－공정가치 측정 금융자산	기타포괄손익－공정가치 측정 금융자산	상각후원가 측정 금융자산	합계
유동자산 :				
현금및현금성자산	73,491	–	50,367	123,858
단기금융상품	96,271	–	32,220	128,491
매출채권	–	–	354,128	354,128
미수금	–	–	1,858	1,858
미수수익	–	–	118	118
보증금	–	–	112	112
파생상품자산	34	–	–	34
소계	169,796	–	438,803	608,599
비유동자산 :				
장기금융상품	–	–	19	19
장기투자증권	162,475	232,216	394	395,085
장기대여금	–	–	397	397
장기보증금	–	–	21,074	21,074
파생상품자산	175,993	–	–	175,993
소계	338,468	232,216	21,884	592,568
합계	508,264	232,216	460,687	1,201,167

SK㈜의 주석에서 보는 바와 같이 회사가 장부기록을 하거나 재무제표를 작성할 때 어떤 계정을 사용하든 관계없이 3가지 금융자산의 분류에 따라 회계처리를 달리하여야 한다. 예를 들어, 회사가 단기금융상품이라는 계정을 사용하더라도 단기금융상품 계정에 포함된 금융자산이 FVPL 금융자산이라면 공정가치 변동을 당기손익으로 인식하고, 단기금융상품 계정에 포함된 금융자산이 AC 금융자산이라면 공정가치 변동을 인식하지 않는 회계처리를 한다.

3 금융자산의 최초 측정과 후속 측정

3.1 최초 측정

(1) 공정가치 측정

유형자산이나 무형자산, 재고자산과 같은 자산은 최초 인식시점에 원가(cost)로 측정한다. 이에 반해 금융자산은 최초 인식시점에 공정가치(fair value)로 측정한다. 최초 인식시점에서 금융상품의 공정가치는 일반적으로 거래가격(transaction price. 제공하거나 수취한 대가의 공정가치)과 같은 금액이다. 따라서 거래가격으로 금융상품을 최초 인식하는 것이 일반적이다.

거래가격과 공정가치가 다른 경우에는 거래가격에 금융상품 이외의 대가가 포함되어 있거나 금융상품 이외의 대가가 포함되어 있지 않을 수도 있는데, 여기에 대한 상세한 회계처리는 중급회계에서 설명한다.

(2) 공정가치 측정의 예외

최초 인식시점에 매출채권이 유의적인 금융요소를 포함하고 있지 않거나, 기준서 제1115호 '고객과의 계약에서 생기는 수익'에서 실무적 간편법 적용을 허용하여 금융요소의 효과를 조정하지 않는 경우에는 거래가격으로 측정한다. 예를 들어, 재고자산을 ₩1,000에 외상 판매하고 1개월 후에 회수될 것으로 기대되는 매출채권의 경우 일반적으로 금융요소가 유의적이지 않을 것이다(즉, 매출채권의 명목금액과 현재가치의 차이가 중요하지 않을 것이다). 따라서 당해 매출채권을 공정가치(즉, 1개월 후에 수취할 ₩1,000의 현재가치)로 측정하지 않고, 거래가격인 ₩1,000으로 측정한다.

지분상품에 대한 모든 투자와 해당 지분상품에 대한 모든 계약도 공정가치로 측정해야 하나, 제한된 상황에서는 원가(cost)가 공정가치의 적절한 추정치가 될 수 있다. 제한된 상황(limited circumstances)이란 공정가치를 결정하기 위해 이용할 수 있는 더 최근의 정보가 불충분하거나, 가능한 공정가치 측정치의 범위가 넓고 그 범위에서 원가가 공정가치의 최선의 추정치를 나타내는 경우를 들 수 있다. 예를 들어, 비상장 신설법인의 경우 지분상품의 공정가치를 측정하는 것이 실무상 어려울 것이므로 취득할 때 지급한 대가(즉, 원가)로 최초 인식하는 예외를 허용한다.

(3) 취득관련 거래원가

FVPL 금융자산이 아닌 경우 금융자산의 취득과 관련되는 거래원가는 최초 인식시점의 공정가치에 가산한다. 그러나 FVPL 금융자산의 경우에는 취득 후 공정가치 변동을 당기손익으로 인식하므로 취득관련 거래원가를 금융자산 최초 측정에 포함하든 발생 시 즉시 당기손익으로 인식하든 당기손익에 미치는 영향에는 차이가 없다. 따라서 거래기록의 편의를 위하여 FVPL 금융자산의 취득관련 거래원가는 발생 시 당기손익으로 인식한다.

(4) 채무상품의 최초 측정

채무상품의 공정가치는 미래현금흐름(이자와 원금)의 현재가치(present value)로 측정한다. 즉, 채무상품의 최초 인식금액은 취득일 이후 채무상품에서 발생하는 미래현금흐름(이자 및 원금)의 현재가치로 측정한다.

설명의 편의를 위해서 채무상품이 발행되는 시점에서 투자자가 이를 취득한다고 가정한다. 채무상품의 발행가액은 당해 채무상품으로부터 발생하는 미래현금흐름을 최초 인식하는 시점의 유효이자율(effective interest rate)로 할인한 현재가치와 동일하다. 채무상품의 이자를 발행일로부터 1년이 경과할 때마다 n년 동안 지급할 경우, 당해 채무상품의 발행가액(즉, 발행 시 공정가치)은 다음과 같이 계산한다.

• 채무상품의 발행가액 $= \dfrac{I}{1+i} + \dfrac{I}{(1+i)^2} + \dfrac{I}{(1+i)^3} + \cdots + \dfrac{I+P}{(1+i)^n}$

현가계수가 주어져 있다면 다음과 같이 채무상품의 발행가액을 계산한다.

• 채무상품의 발행가액
= 이자수취액의 현재가치 + 원금의 현재가치
= 이자수취액×(i, n, 연금현가계수) + 채무상품의 액면금액×(i, n, ₩1의 현가계수)

I : 이자수취액 P : 채무상품의 액면금액 i : 유효이자율 n : 채무상품의 기간

예를 들어, 채무증권의 액면금액이 ₩1,000,000이고 만기는 발행일로부터 3년 후이며, 이자는 액면금액의 4%를 매년 한 번씩 후급하는 조건이라고 할 때, 유효이자율이 연 6%라면 다음과 같이 채무증권의 최초 인식금액을 계산한다.

채무증권의 최초 인식금액(현재가치)
= 이자수령액×(기간 3, 6%, 연금현가계수) + 원금×(기간 3, 6%, ₩1의 현가계수)
= ₩40,000×2.67301 + 1,000,000×0.83962 = ₩946,540

그런데 채무증권의 현재가치를 계산할 때 유효이자율이 6%인지 어떻게 알 수 있는가? 채무증권을 발행하는 회사와 이를 취득하는 투자자 모두 채무증권의 유효이자율을 사전에 알 수 없다. 채무증권의 유효이자율이 먼저 주어진 후에 채무증권의 현재가치를 계산하는 것이 아니라 자본시장에서 채무증권의 가격(즉, 발행가액)이 먼저 결정되면, 그 가격에 기초하여 유효이자율을 역으로 계산하는 것이다.

자본시장에서 채무증권의 가격은 발행자의 채무불이행위험, 유동성위험, 중도상환위험 뿐만 아니라 환율이나 인플레이션 등과 같은 거시경제적인 요소까지 반영되어 결정된다. 자본시장이 효율적이라면 이렇게 결정된 채무증권의 가격을 공정가치로 볼 수 있다. 이와 같은 채무증권의 가격 결정 과정은 최초 발행 시에도 적용된다.

예를 들어, 액면금액이 ₩1,000,000이고 만기는 발행일로부터 3년 후이며, 이자는 액면금액의 4%를 매년 한 번씩 후급하는 조건의 채무증권을 ₩950,000에 발행하였다면, 투자자가 동 채무증권을 금융자산으로 최초로 인식하는 금액(공정가치)은 ₩950,000이며, 투자자는 후속측정의 회계처리를 위해서 유효이자율(i)을 계산해야 한다. 이때 유효이자율은 다음의 식에 의하여 5.866%로 계산된다.[4)]

$$₩950{,}000 = \frac{₩40{,}000}{(1+i)} + \frac{40{,}000}{(1+i)^2} + \frac{40{,}000 + 1{,}000{,}000}{(1+i)^3}$$

만약 위의 예에서 채무증권의 발행가액이 ₩960,000이라면, 동 채무증권의 유효이자율(i)은 다음의 식에 의하여 5.482%로 계산된다.

$$₩960{,}000 = \frac{₩40{,}000}{(1+i)} + \frac{40{,}000}{(1+i)^2} + \frac{40{,}000 + 1{,}000{,}000}{(1+i)^3}$$

채무증권의 최초 인식금액이 ₩950,000일 경우 유효이자율은 5.866%인데 반해, 채무증권의 최초 인식금액이 ₩960,000일 경우 유효이자율은 5.482%로 낮아진다. 이는 투자자의 입장에서 동일한 현금흐름(이자와 원금)을 수령하기 위해 더 많은 금액을 지급하고 채무증권을 취득하면 투자수익률은 감소한다는 것을 의미한다. 투자자의 입장에서 유효이자율은 투자수익률을 의미하는 반면, 발행자의 입장에서 유효이자율은 채무증권 발행으로 차입한 자금의 실질이자율을 의미한다.

채무증권을 취득하고 이를 AC 금융자산이나 FVOCI 금융자산으로 분류할 경우 취득과 직접 관련되는 거래원가가 발생하였다면 후술하는 바와 같이 금융자산의 최초 인식금액에 가산

---

4) 유효이자율을 계산하려면 보통 3차 이상의 고차방정식을 풀어야 하므로 컴퓨터나 재무관리용 계산기를 사용하여야 한다.

해야 하므로 유효이자율은 거래원가를 가산하기 전보다 낮아진다. 예를 들어, 위에서 채무증권의 최초 인식금액 ₩960,000이 취득과 직접 관련되는 거래원가 ₩5,000을 고려하지 않은 금액이라고 가정하자. 거래원가 ₩5,000을 고려하면 채무증권의 최초 인식금액은 ₩965,000이 되며, 이 경우 유효이자율(i)은 다음의 식에 의하여 5.292%로 계산된다.

$$₩965,000 = \frac{₩40,000}{(1+i)} + \frac{40,000}{(1+i)^2} + \frac{40,000 + 1,000,000}{(1+i)^3}$$

유효이자율을 계산하려면 재무관리용 계산기나 컴퓨터가 필요하기 때문에 일반적으로 회계학 서적에서는 계산의 편의를 위해서 실제와 달리 채무증권의 유효이자율을 먼저 제시하고 채무증권의 현재가치를 계산하도록 요구한다. 본서에서도 이와 같은 방식으로 회계처리를 설명하지만, 실제로는 유효이자율(할인율)이 나중에 계산된다는 것을 잊지 말아야 할 것이다.

다음의 (예 2)에서 확인하겠지만, 채무상품의 취득금액(발행자의 발행금액과 같다고 가정, 즉, 취득관련 거래원가는 없다고 가정)이 액면금액과 같으면 액면취득이라고 하고, 액면금액보다 적으면 할인취득, 그리고 액면금액보다 많으면 할증취득이라고 한다. 액면취득, 할인취득 및 할증취득은 채무상품의 표시이자율과 유효이자율 간의 관계에 따라 다음과 같이 결정된다.

표시이자율 = 유효이자율 : 액면취득
표시이자율 < 유효이자율 : 할인취득
표시이자율 > 유효이자율 : 할증취득

예를 들어, 자본시장에서 갑회사와 동일한 신용등급을 가진 회사들이 발행한 사채가 연 6%를 초과하는 수익률을 반영하여 거래되고 있을 때, 갑회사가 표시이자율 6%, 액면금액 100억 원의 사채를 발행하려 한다고 가정하자. 투자자가 갑회사 사채를 취득하여 연 6%를 초과하는 수익을 얻으려면 갑회사 사채를 100억 원보다 싸게 사야 한다(즉, 할인취득). 이를 갑회사의 입장에서 본다면, 사채를 발행하여 투자자로부터 필요한 자금을 적시에 조달하려면 100억 원보다 낮은 금액으로 시장에 판매(즉, 할인발행)해야 함을 의미한다. 만약 갑회사가 액면금액 100억 원, 표시이자율 6%의 사채를 100억 원보다 낮은 금액으로 발행한다면 이에 기초하여 역산한 유효이자율은 표시이자율 6%보다 높을 것이다.[5)] 할증취득은 이와 반대로 생각하면 된다.

5) 앞에서도 언급했던 것처럼 실무에서는 채권의 발행가액이 먼저 확정되고 이에 기초하여 유효이자율이 사후적으로 계산되나, 회계 교재에는 유효이자율을 채권 발행일에 이미 알고 있다고 가정하고 그 유효이자율에 기초하여 채권의 현재가치 즉, 발행가액을 계산한다.

(5) 이자지급일 사이의 채무상품 취득

투자자가 채무상품이 발행된 후 기간이 경과된 후에 취득하는 경우가 있는데, 이를 이자지급일 사이의 채무상품 취득이라고 한다. 예를 들어, 이자 지급기간이 1월 1일부터 12월 31일인 채무상품을 20×1년 4월 1일에 발행하였고 투자자가 같은 날에 취득하였다면, 채무상품의 발행가액은 20×1년 4월 1일 현재 자본시장에서 여러 가지 요인을 반영하여 결정되며, 그 발행가액에 기초하여 4월 1일 현재의 유효이자율을 계산할 수 있다. 회계학 강의에서는 이렇게 계산한 유효이자율을 이용하여 다음과 같은 방식으로 4월 1일 현재 채무상품의 발행가액을 계산하는데, 채무상품의 발행가액이 곧 투자자의 취득원가가 된다.

1월 1일 채무상품의 발행가액
\+ 1월 1일부터 3월 31일까지 유효이자
− 1월 1일부터 3월 31일까지 표시이자
= 4월 1일 채무상품의 발행가액

일반적으로 1월 1일의 유효이자율과 4월 1일의 유효이자율은 동일하지 않겠지만, 계산의 편의상 4월 1일의 유효이자율을 이용하여 1월 1일의 발행가액(현재가치)을 계산한 후 3개월분 유효이자와 표시이자를 가감하여 4월 1일 현재 사채의 발행가액을 계산하는 것이다.[6)]

채무상품의 발행자는 20×1년 4월 1일에 채무상품을 발행하면서 3개월분 표시이자(이를 경과이자라 함)만큼 투자자로부터 현금을 더 수취한다. 왜냐하면 채무상품을 20×1년 4월 1일에 발행했더라도 발행자는 20×1년 12월 31일에 투자자에게 12개월분 이자를 지급해야 하므로[7)] 4월 1일에 투자자로부터 3개월분 이자를 더 받고 12월 31일에 12개월분 이자를 지급하면 결국 발행자는 9개월분 이자를 지급한 셈이 된다. 이때 발행자는 수취한 경과이자를 미지급비용(미지급이자)으로 인식한다. 한편, 투자자는 4월 1일에 3개월분 경과이자를 더 지급하지만 12월 31일에 12개월분 이자를 수취하므로 결국 9개월분 이자를 받는 셈이 된다. 이때 투자자는 지급한 경과이자를 채무상품의 최초 인식금액에 반영하지 않고 미수수익(미수이자)으로 인식한다. 이자지급일 사이에 채무상품을 취득하고 AC 금융자산으로 분류하는 경우 투자자의 회계처리는 다음과 같다(발행자의 회계처리는 9장에서 설명).

---

6) 만약 시험문제에서 1월 1일 유효이자율이 5%이고, 4월 1일 유효이자율이 6%라면 5%의 이자율은 무시하고, 6% 유효이자율을 이용하여 1월 1일의 발행가액을 계산한 후 3개월분 6% 유효이자를 더하고 3개월분 표시이자를 빼서 4월 1일의 발행가액을 계산한다. 그러나 만약 1월 1일 유효이자율이 5%이고, 4월 1일 유효이자율에 대한 언급이 없다면 4월 1일 유효이자율도 5%로 가정하고 4월 1일의 발행가액을 계산하면 될 것이다.

7) 이자지급일 현재 사채의 보유자에게 보유기간과 관계없이 이자지급기간의 전체 이자를 지급한다. 본 사례의 이자지급기간은 1년이므로 이자지급일 현재 사채의 보유자에게 12개월분 이자를 지급하는 것이다.

〈취득 시〉

(차) AC 금융자산	×××	(대) 현 금	×××[1]
미 수 수 익	×××[1]		

(1) 경과이자(미지급비용 계정)만큼 현금을 더 수취한다.

예 1 채무상품의 최초 측정

갑회사는 다음과 같은 조건으로 발행된 채무상품을 취득하고, AC 금융자산으로 분류하였다.

- 액면금액 : ₩1,000,000
- 발행일 : 20×1년 1월 1일
- 이자지급 : 매년 12월 31일에 액면금액의 6% 지급
- 상환 : 20×3년 말에 액면금액으로 일시 상환

갑회사가 20×1년 초에 채무상품을 취득한 경우와 20×1년 4월 1일에 채무상품을 취득한 경우로 구분하고, 채무상품 취득일 현재 유효이자율이 6%, 8% 및 4%라고 가정하여 취득 시 해야 할 회계처리를 제시하면 다음과 같다.

1. 20×1년 초에 채무상품 취득

(1) 유효이자율이 6%인 경우(액면취득)

채무상품의 최초 측정금액 = 미래 이자수취액의 현재가치 + 원금수취액의 현재가치
= ₩60,000×2.67301(기간 3, 6%, 연금현가계수)
+ 1,000,000×0.83962(기간 3, 6%, ₩1의 현가계수)
= ₩1,000,000

<취득 시>

(차) AC 금융자산	1,000,000	(대) 현 금	1,000,000

(2) 유효이자율이 8%인 경우(할인취득)

채무상품의 최초 측정금액 = ₩60,000×2.57710(기간 3, 8%, 연금현가계수)
+ 1,000,000×0.79383(기간 3, 8%, ₩1의 현가계수)
= ₩948,456

<취득 시>

(차) AC 금융자산	948,456	(대) 현 금	948,456

(3) 유효이자율이 4%인 경우(할증취득)

채무상품의 최초 측정금액 = ₩60,000×2.77509(기간 3, 4%, 연금현가계수)
+1,000,000×0.88900(기간 3, 4%, ₩1의 현가계수)
= ₩1,055,505

<취득 시>

(차) A C 금 융 자 산	1,055,505	(대) 현 금	1,055,505

만약에 취득일 현재 유효이자율이 8%인데, 취득관련 거래원가 ₩5,000을 현금으로 지급했을 때 취득 시 해야 할 회계처리는 다음과 같다. 즉, 거래원가를 발행가액에서 차감한다.

<취득 시>

(차) A C 금 융 자 산	953,456[(1)]	(대) 현 금	953,456

(1) ₩948,456+5,000=₩953,456

이 경우 재계산한 유효이자율은 당초 8%보다 낮은 7.8%이다.

2. 20×1년 4월 1일에 채무상품 취득

(1) 유효이자율이 6%인 경우

20×1년 1월 1일의 발행가액	₩1,000,000
1월 1일부터 4월 1일까지 발생한 유효이자 (₩1,000,000×6%×3/12=₩15,000)	15,000
1월 1일부터 4월 1일까지 발생한 표시이자 (₩1,000,000×6%×3/12=₩15,000)	(15,000)
20×1년 4월 1일의 발행가액	₩1,000,000

(차) A C 금 융 자 산	1,000,000	(대) 현 금	1,015,000
미 수 수 익	15,000[(1)]		

(1) 투자자는 경과이자만큼 현금을 더 지급하는데 이를 금융자산의 취득원가로 인식하지 않고 미수수익으로 회계처리한다.

(2) 유효이자율이 8%인 경우

20×1년 1월 1일의 발행가액	₩948,456
1월 1일부터 4월 1일까지 발생한 유효이자 (₩948,456×8%×3/12=₩18,969)	18,969
1월 1일부터 4월 1일까지 발생한 표시이자 (₩1,000,000×6%×3/12=₩15,000)	(15,000)
20×1년 4월 1일의 발행가액	₩952,425

(차) A C 금 융 자 산 952,425 (대) 현 금 967,425
미 수 수 익 15,000

(3) 유효이자율이 4%인 경우

20×1년 1월 1일의 발행가액	₩1,055,505
1월 1일부터 4월 1일까지 발생한 유효이자 (₩1,055,505×4%×3/12=₩10,555)	10,555
1월 1일부터 4월 1일까지 발생한 표시이자 (₩1,000,000×6%×3/12=₩15,000)	(15,000)
20×1년 4월 1일의 발행가액	₩1,051,060

(차) A C 금 융 자 산 1,051,060 (대) 현 금 1,066,060
미 수 수 익 15,000

3.2 후속 측정

금융자산의 분류에 따른 후속 측정의 회계처리를 요약하면 [표 1]과 같다. FVOCI 금융자산의 경우 유효이자율법을 적용하여 장부금액을 조정한 후 공정가치와의 차이를 평가손익으로 인식하기 때문에 이자수익의 인식도 [표 1]에 포함하였다.

| 표 1 | 금융자산의 후속 측정

금융자산의 분류	이자수익의 인식	공정가치 변동의 인식	기타포괄손익의 후속적 당기손익 재분류 여부
AC 금융자산	유효이자율법 적용	해당 없음	해당 없음
FVOCI 금융자산	유효이자율법 적용	기타포괄손익 인식	재분류
FVOCI 선택 금융자산	지분상품이므로 해당 없음	기타포괄손익 인식	재분류 불가
FVPL 금융자산	채무상품은 이자수익 인식 지분상품은 해당 없음	당기손익 인식*	해당 없음

* 제한된 상황에서 원가로 측정하는 지분상품의 경우에는 공정가치 변동 무인식

금융자산의 분류별로 이자수익과 평가손익의 인식 및 금융자산의 처분 시 회계처리를 함께 설명한다.

(1) AC 금융자산

AC 금융자산으로 분류된 금융자산은 공정가치 변동에 따른 평가손익을 인식하지 않고 유효이자율법을 적용한 이자수익만 인식한다. 예를 들어, AC 금융자산의 최초 인식금액이 액면금액보다 낮다면, 이는 할인 취득한 것이므로 다음과 같이 매년 유효이자율법을 적용하여 이자수익을 인식하면서 표시이자와 유효이자의 차이만큼 AC 금융자산의 장부금액을 증가시키는 조정을 한다. 이와 같은 회계처리를 하면, 만기 시점에 AC 금융자산의 장부금액은 액면금액과 동일한 금액이 된다.

(차) 현금(미수수익)	×××	(대) 이 자 수 익	×××
AC 금융자산	×××		

반대로 AC 금융자산의 최초 인식금액이 액면금액보다 높다면, 이는 할증 취득한 것이므로 다음과 같이 매년 유효이자율법을 적용하여 이자수익을 인식하면서 AC 금융자산의 장부금액을 감소시키는 회계처리를 한다. 이와 같이 회계처리를 하면, 만기 시점에 AC 금융자산의 장부금액은 액면금액과 동일한 금액이 된다.

(차) 현금(미수수익)	×××	(대) 이 자 수 익	×××
		AC 금융자산	×××

대여금이나 매출채권과 같은 금융자산도 AC 금융자산으로 분류될 수 있으나, 최초 인식하는 시점으로부터 단기간 내에 현금이 회수될 것이라면 유의적인 금융요소를 포함하고 있지 않으므로 굳이 현재가치로 측정할 실익이 없다. 따라서 이러한 금융자산은 명목금액으로 인식하더라도 재무제표에 미치는 영향은 중요하지 않을 것이다.

AC 금융자산으로 분류했다고 해서 반드시 만기까지 보유해야 하는 것은 아니다. AC 금융자산을 중도 매각한 경우에는 매각일까지 유효이자율법에 따라 이자수익을 인식하여 매각일 현재 AC 금융자산의 장부금액을 확정한 후, 다음과 같이 매각(처분)의 회계처리를 한다.

(차) 현 금	×××	(대) AC 금융자산	×××
(금융자산처분손실	×××)	(금융자산처분이익	×××)

예 2 AC 금융자산의 후속 측정

(예 1)의 계속되는 회계처리이다.
갑회사가 A회사가 발행한 사채를 20×1년 초에 취득한 경우와 20×1년 4월 1일에 취득하여 만기까지 보유한 경우 연도별로 이자수익의 인식과 만기 상환의 회계처리를 제시한다. 단, 사채발행일 현재 유효이자율이 8%와 4%일 경우로 구분하여 회계처리를 제시한다.

1. 20×1년 초에 채무상품 취득

(1) 유효이자율이 8%인 경우

갑회사는 AC 금융자산을 최초 인식한 후 공정가치 변동을 인식하지 않지만, 매 보고기간 말에 유효이자율법을 적용하여 이자수익을 인식하고 AC 금융자산의 장부금액을 ₩948,456에서 매년 증가시켜 만기에 ₩1,000,000이 되도록 조정한다. 만기까지 AC 금융자산의 장부금액 조정표를 작성하면 다음과 같다.

채무상품 장부금액 조정표

일자	유효이자(8%)	표시이자(6%)	채무상품 조정	채무상품 장부금액
20×1. 1. 1.				₩948,456
20×1. 12. 31.	₩75,876	₩60,000	₩15,876	964,332
20×2. 12. 31.	77,147	60,000	17,147	981,479
20×3. 12. 31.	78,521(1)	60,000	18,521	1,000,000
계	₩231,544	₩180,000	₩51,544	

(1) 단수차이 조정

<20×1. 12. 31.>

(차) 현 금	60,000	(대) 이 자 수 익	75,876
AC 금융자산	15,876		

<20×2. 12. 31.>

(차) 현 금	60,000	(대) 이 자 수 익	77,147
AC 금융자산	17,147		

<20×3. 12. 31.>

(차) 현 금	60,000	(대) 이 자 수 익	78,521
AC 금융자산	18,521		

(차) 현 금	1,000,000	(대) AC 금융자산	1,000,000

(2) 유효이자율이 4%인 경우

갑회사는 AC 금융자산을 최초 인식한 후 공정가치 변동을 인식하지 않지만, 매 보고기간 말에 유효이자율법을 적용하여 이자수익을 인식하고 AC 금융자산의 장부금액을 ₩1,055,505에서 매년 감소시켜 만기에 ₩1,000,000이 되도록 조정한다. 만기까지 AC 금융자산의 장부금액 조정표를 작성하면 다음과 같다.

채무상품 장부금액 조정표

일자	유효이자(4%)	표시이자(6%)	채무상품 조정	채무상품 장부금액
20×1. 1. 1.				₩1,055,505
20×1. 12. 31.	₩42,220	₩60,000	₩17,780	1,037,725
20×2. 12. 31.	41,509	60,000	18,491	1,019,234
20×3. 12. 31.	40,766(1)	60,000	19,234	1,000,000
계	₩124,495	₩180,000	₩55,505	

(1) 단수차이 조정

<20×1. 12. 31.>

(차) 현 금	60,000	(대) 이 자 수 익		42,220
		AC 금융자산		17,780

<20×2. 12. 31.>

(차) 현 금	60,000	(대) 이 자 수 익		41,509
		AC 금융자산		18,491

<20×3. 12. 31.>

(차) 현 금	60,000	(대) 이 자 수 익		40,766
		AC 금융자산		19,234
(차) 현 금	1,000,000	(대) AC 금융자산		1,000,000

2. 20×1년 4월 1일에 채무상품 취득

(1) 유효이자율이 8%인 경우

AC 금융자산의 최초 인식금액 ₩952,425(예 1 참조)에서 매년 증가시켜 만기에 ₩1,000,000이 되도록 조정한다. 이때 유의할 점은 20×1년 이자수익의 계산이다. 만기까지 AC 금융자산의 장부금액 조정표를 작성하면 다음과 같다.

채무상품 장부금액 조정표

일자	유효이자(8%)	표시이자(6%)	채무상품 조정	채무상품 장부금액
20×1. 4. 1.				₩952,425
20×1. 12. 31.	₩56,907(1)	₩45,000	₩11,907	964,332
20×2. 12. 31.	77,147	60,000	17,147	981,479
20×3. 12. 31.	78,521(2)	60,000	18,521	1,000,000
계	₩212,575	₩165,000	₩47,575	

(1) ₩948,456×8%×9/12＝₩56,907
20×1년 9개월분 이자수익을 '₩952,425×8%×9/12'로 계산하는 것이 아니라는 점에 유의해야 한다. ₩948,456×8%×3/12'는 (예 1)에서 보는 바와 같이 20×1년 4월 1일 장부금액을 계산할 때 반영하고, 나머지 '₩948,456×8%×9/12'를 20×1년 9개월분 이자수익을 인식할 때 반영한다. 이렇게 회계처리하면 20×1년 말 장부금액이 ₩964,332가 되는데, 이 금액은 (예 1)의 20×1년 초에 채무상품을 취득했을 때의 20×1년 말 장부금액과 같은 금액이다.
(2) 단수차이 조정

<20×1. 12. 31.>

(차) 현 금	60,000	(대) 이 자 수 익	56,907
AC 금융자산	11,907	미 수 수 익	15,000(3)

(3) 20×1년 4월 1일 채무상품 취득 시 경과이자만큼 인식했던 미수수익 ₩15,000을 제거한다.

이하 연도별 이자수익 분개는 20×1년 초에 채무상품을 취득한 경우와 동일하므로 생략한다.

(2) 유효이자율이 4%인 경우
AC 금융자산의 최초 인식금액 ₩1,051,060(예 1 참조)에서 매년 감소시켜 만기에 ₩1,000,000이 되도록 조정한다. 이때 유의할 점은 20×1년 이자수익의 계산이다. 만기까지 AC 금융자산의 장부금액 조정표를 작성하면 다음과 같다.

채무상품 장부금액 조정표

일자	유효이자(4%)	표시이자(6%)	채무상품 조정	채무상품 장부금액
20×1. 4. 1.				₩1,051,060
20×1. 12. 31.	₩31,665(4)	₩45,000	₩13,335	1,037,725
20×2. 12. 31.	41,509	60,000	18,491	1,019,234
20×3. 12. 31.	40,766(5)	60,000	19,234	1,000,000
계	₩113,940	₩165,000	₩51,060	

(4) ₩1,055,505×4%×9/12＝₩31,665
20×1년 9개월분 이자수익을 '₩1,051,060×8%×9/12'로 계산하는 것이 아니라는 점에 유의해야 한다. ₩1,055,505×4%×3/12'는 (예 1)에서 보는 바와 같이 20×1년 4월 1일 장부금액을 계산할 때 반영하고, 나머지 '₩1,055,505×4%×9/12'를 20×1년 9개월분 이자수익을 인식할 때 반영한다. 이렇게 회계처리하면 20×1년 말 장부금액이 ₩1,051,060이 되는데, 이 금액은 (예 1)의 20×1년 초에 채무상품을 취득했을 때의 20×1년 말 장부금액과 같은 금액이다.
(5) 단수차이 조정

<20×1. 12. 31.>

(차) 현　　금	60,000	(대) 이 자 수 익	31,665
		미 수 수 익	15,000(6)
		AC 금융자산	13,335

(6) 20×1년 4월 1일 채무상품 취득 시 경과이자만큼 인식했던 미수수익 ₩15,000을 제거한다.

이하 연도별 이자수익 분개는 20×1년 초에 채무상품을 취득한 경우와 동일하므로 생략한다.

---

(2) FVOCI 금융자산

FVOCI 금융자산으로 분류되는 금융자산에는 채무상품, 대여금 등이 포함되는데, 공정가치 평가손익을 인식하기 전에 우선 유효이자율법에 따른 이자수익을 인식하여 FVOCI 금융자산의 장부금액을 조정한 후 공정가치와의 차이를 평가손익으로 인식한다.

계약상 현금흐름 특성조건을 갖는 금융자산을 사업모형에 따라 AC 금융자산으로 분류하기도 하고 FVOCI 금융자산으로 분류하기도 하는데, 어느 항목으로 분류하는가에 관계없이 당기손익에 미치는 영향은 동일해야 한다. 따라서 AC 금융자산의 이자수익을 인식할 때 사용한 유효이자율법을 그대로 적용하여 FVOCI 금융자산의 이자수익을 인식하면서 장부금액을 조정한다. 그리고 이자수익 인식 후의 FVOCI 금융자산의 장부금액과 보고기간 말 현재 공정가치의 차이를 금융자산평가손익으로 인식하는데, AC 금융자산으로 분류되었더라면 평가손익을 인식하지 않아 당기손익에 영향을 미치지 않았을 것이므로 FVOCI 금융자산의 평가손익을 인식하면서 이를 당기손익이 아니라 기타포괄손익으로 인식한다. 예를 들어, 할인취득한 FVOCI 금융자산에 대해서 보고기간 말에 이자수익과 공정가치 변동(평가이익 발생 가정)을 인식하는 회계처리는 다음과 같다.

(차) 현금(미수수익)	×××	(대) 이 자 수 익	×××
FVOCI 금융자산	×××		
(차) FVOCI 금융자산	×××	(대) 금융자산평가이익(OCI)	×××

기타포괄손익으로 회계처리한 FVOCI 금융자산평가손익은 향후 동 금융자산을 매각할 때 장부에서 제거한다. 즉, 기타포괄손익을 후속적으로 당기손익으로 재분류하여 처분손익에 반영한다.

전술한 바와 같이 특정 금융자산이 사업모형에 따라 AC 금융자산과 FVOCI 금융자산 중 어느 것으로 분류되는지 관계없이 당기손익에 미치는 영향은 동일해야 하므로 FVOCI 금융자산에 대해서 기타포괄손익으로 인식한 평가손익을 후속적으로 당기손익으로 재분류하는 것이다. 예를 들어, 과년도에 기타포괄손익으로 금융자산평가이익을 인식했던 FVOCI 금융자산을 매각하면서 처분이익을 인식할 경우 회계처리는 다음과 같다. 기타포괄손익으로 인식했던 금융자산평가이익을 제거하면 그만큼 금융자산처분이익을 더 인식하게 되어, 결과적으로 기타포괄손익이 후속적으로 당기손익으로 재분류되는 것이다.

(차) 현 금	×××	(대) FVOCI 금융자산	×××
금융자산평가이익(OCI)	×××	금융자산처분이익	×××

물론 FVOCI 금융자산의 이자지급일 사이에 FVOCI 금융자산을 처분할 경우 처분일까지 발생한 이자수익을 인식하여 장부금액을 조정한 후 위와 같은 처분의 회계처리를 해야 하는데, 중급회계에서 설명한다.

예 3 FVOCI 금융자산의 후속 측정

비교 목적으로 (예 2)의 사례를 다시 인용한다.

갑회사는 A회사가 20×1년 1월 1일 발행한 사채를 동 일자에 취득하여 FVOCI 금융자산으로 분류하였다. 사채의 조건은 다음과 같으며, 사채발행일 현재 유효이자율은 연 6%이고, 거래원가는 없다.

- 액면금액 : ₩1,000,000
- 표시이자율 : 연 4%, 매년 12월 31일 후급
- 만기상환일 : 20×3년 12월 31일

동 사채의 매년 말 공정가치는 다음과 같다.

- 20×1년 말 : ₩963,000
- 20×2년 말 : ₩982,000

FVOCI 금융자산으로 분류하더라도 채무상품의 최초 인식금액은 (예 2)의 AC 금융자산의 경우와 동일하다.

FVOCI 금융자산의 최초 인식금액 = 미래 이자수취액의 현재가치 + 원금수취액의 현재가치
= ₩40,000×2.67301(기간 3, 6%, 연금현가계수)
+ 1,000,000×0.83962(기간 3, 6%, ₩1의 현가계수)
= ₩946,540

FVOCI 금융자산의 공정가치 변동을 인식하기 전에 유효이자율법을 적용하여 이자수익을 인식하는데, 전술한 바와 같이 AC 금융자산으로 분류한 경우에 인식할 이자수익과 동일하다.

채무상품 장부금액 조정표

일자	유효이자(6%)	표시이자(4%)	채무상품 증액	채무상품 장부금액
20×1. 1. 1.				₩946,540
20×1. 12. 31.	₩56,792	₩40,000	₩16,792	963,332
20×2. 12. 31.	57,800	40,000	17,800	981,132
20×3. 12. 31.	58,868	40,000	18,868	1,000,000
계	₩173,460	₩120,000	₩53,460	

FVOCI 금융자산을 20×2년 말까지 계속 보유하고 있다고 가정하고 취득시점부터 20×2년 말까지 회계처리를 제시하면 다음과 같다.

<20×1. 1. 1.>

(차)	FVOCI 금융자산	946,540	(대) 현금	946,540

<20×1. 12. 31.>

(차)	현금	40,000	(대) 이자수익	56,792
	FVOCI 금융자산	16,792		
(차)	금융자산평가손실(OCI)	332[(1)]	(대) FVOCI 금융자산	332

(1) 공정가치 평가 전 장부금액 = ₩946,540 + 16,792 = ₩963,332
공정가치 평가손익 = ₩963,000 − 963,332 = (−) ₩332(평가손실)

<20×2. 12. 31.>

(차)	현금	40,000	(대) 이자수익	57,800
	FVOCI 금융자산	17,800		
(차)	FVOCI 금융자산	1,200	(대) 금융자산평가손실(OCI)	332[(2)]
			금융자산평가이익(OCI)	868[(2)]

(2) 공정가치 평가 전 장부금액 = ₩963,000 + 17,800 = ₩980,800
공정가치 평가손익 = ₩982,000 − 980,800 = ₩1,200(평가이익)
전기이월 기타포괄손실 ₩332를 우선 감소시키고, 초과액 ₩868을 기타포괄이익으로 인식한다.

만약에 20×3년 초에 FVOCI 금융자산을 ₩982,000에 모두 처분한다면 다음과 같이 회계처리한다.

<20×3년 초>

(차)	현금	982,000	(대) FVOCI 금융자산	982,000
	금융자산평가이익(OCI)	868	금융자산처분이익	868

전기이월 금융자산평가이익(OCI) ₩868을 당기손익으로 재분류하므로 이를 차변으로 제거하면 그만큼 금융자산처분이익을 인식하게 된다.

한편, 본 (예)에서 채무상품을 FVOCI 금융자산이 아니라 AC 금융자산으로 분류했더라면 20×2년 말 장부금액은 ₩981,132(장부금액 조정표 참조)인데, 20×3년 초에 AC 금융자산을 ₩982,000에 모두 처분한다면 다음과 같이 회계처리한다.

<20×3년 초>

(차) 현　　　　금	982,000	(대)	A C 금 융 자 산	981,132
			금융자산처분이익	868

즉, 채무상품을 AC 금융자산과 FVOCI 금융자산 중 어느 것으로 분류하든 관계없이 아래와 같이 당기손익에 미치는 영향에는 차이가 없음을 알 수 있다.

구분	AC 금융자산인 경우	FVOCI 금융자산인 경우
20×1년 이자수익	₩56,792	₩56,792
20×2년 이자수익	57,800	57,800
20×3년 금융자산처분이익	868	868
합계	₩115,460	₩115,460

한편, 본 예에서 20×1년 말 공정가치가 ₩963,000이고 20×2년 말 공정가치가 ₩982,000이라고 제시했는데, 이 금액은 20×1년 말(또는 20×2년 말) 현재 미래현금흐름을 20×1년 말(또는 20×2년 말) 현행이자율로 할인한 현재가치를 말한다. 따라서 본 예와 같이 채무상품의 공정가치 정보를 주고 문제를 풀게 할 수도 있고, 보고기간 말 현행이자율을 주고 채무상품의 공정가치를 직접 계산할 것을 요구할 수도 있다.

---

(3) FVPL 금융자산

1) 지분상품

FVPL 금융자산으로 분류한 지분상품은 공정가치 변동을 당기손익(금융자산평가손익)으로 인식하는 회계처리를 한다. 다만, FVPL 금융자산으로 분류하더라도 제한된 상황에서 원가로 측정하는 지분상품에 대해서는 공정가치 변동을 인식하지 않는다. 그리고 FVPL 금융자산을 처분할 경우 처분부대비용을 차감한 순처분대가와 처분 전 장부금액의 차이를 처분손익으로 인식한다.

2) 채무상품

FVPL 금융자산으로 분류한 채무상품도 이자수익과 공정가치 변동에 대한 금융자산평가손익을 인식한다. 이때 금융자산평가손익은 당기손익으로 인식한다.

기준서 제1109호의 이자수익 인식 규정을 보면, 유효이자율법으로 이자수익을 계산하도록 하면서 상각후원가 측정 범주와 기타포괄손익－공정가치 측정 범주에서는 최초 인식시점에 유효이자율을 산정해야 한다고 규정하고 있으나, FVPL 금융자산(채무상품)의 유효이자율 산정에 대한 별도의 언급이 없으므로 FVPL 금융자산의 이자수익을 계산할 때에도 유효이자율법을 적용해야 하는지 불분명하다.

FVPL 금융자산(채무상품)에 유효이자율법을 적용하여 이자수익을 인식하고자 한다면, 매 보고기간 말 현재 공정가치에 기초하여 재계산한 유효이자율을 적용하여 다음 보고기간의 이자수익을 인식하여야 할 것이다. 만약 매 보고기간 말 현재 FVPL 금융자산의 공정가치에 최초 취득 시 유효이자율을 적용하여 이자수익을 인식한다면 이는 유효이자율법을 잘못 적용한 결과를 초래할 것이다. 따라서 본서에서는 FVPL 금융자산에 대해서 표시이자로 이자수익을 인식하는 것으로 하여 모든 문제 풀이를 제시한다.

(4) FVOCI 선택 금융자산(지분상품)

지분상품이 FVOCI 선택 금융자산으로 분류된 경우, 공정가치의 변동을 기타포괄손익으로 인식한다. FVOCI 선택 금융자산에 대해서 보고기간 말에 공정가치 변동을 인식하는 회계처리는 다음과 같다.

(차) FVOCI 선택 금융자산	×××	(대) 금융자산평가이익(OCI)	×××
또는			
(차) 금융자산평가손실(OCI)	×××	(대) FVOCI 선택 금융자산	×××

FVOCI 금융자산과 달리 FVOCI 선택 금융자산을 매도하는 경우에는 과년도에 기타포괄손익으로 인식했던 금융자산평가손익은 후속적으로 당기손익으로 재분류하지 않는다. 만약에 이를 당기손익으로 재분류하도록 허용하면 기업은 기타포괄이익을 인식했던 금융자산만을 선택하여 매도함으로써 처분이익을 증가시키는 이익조정을 할 수 있을 것이다. 기업은 FVOCI로 측정할 것을 선택함으로써 당기손익의 변동성을 줄일 수 있는 혜택을 받았는데, 당해 금융자산을 매도하면서 처분손익을 조작할 수 있도록 허용하는 것은 적절하지 않으므로 이미 인식한 기타포괄손익을 후속적으로 당기손익으로 재분류하지 못하도록 하는 것이다.

FVOCI 선택 금융자산에 대해서 인식한 기타포괄손익을 후속적으로 당기손익으로 재분류하지 못한다는 것은 FVOCI 선택 금융자산을 처분할 때에도 처분손익을 인식하지 않는다는 것을 의미한다. 만약에 회계기간 중에 FVOCI 선택 금융자산을 처분하면서 처분손익을 인식하면,

이는 회계기간 중에 발생한 공정가치 변동을 당기손익으로 인식하는 결과가 되어 이미 인식한 기타포괄손익을 당기손익으로 재분류하지 못하도록 한 기준서의 취지에 어긋난다. 따라서 기중 처분일 현재 공정가치의 변동이 있다면 다음과 같이 평가손익을 기타포괄손익으로 우선 인식한 후에 처분의 회계처리를 한다. 이렇게 회계처리하면 처분손익을 인식하지 않게 된다.

① 기중 처분일 현재 공정가치 변동에 대한 평가손익 인식(평가이익 가정)

(차) FVOCI 선택 금융자산	×××	(대) 금융자산평가이익(OCI)	×××

② 처분거래 인식

(차) 현　　　　　금	×××	(대) FVOCI 선택 금융자산	×××

처분 시 수령한 현금은 처분일의 공정가치와 동일할 것이므로 처분손익을 인식하지 않는다. 또한 이미 인식한 기타포괄손익은 당해 금융자산을 매도하더라도 제거하지 않는다.

위와 같이 회계처리하면 FVOCI 선택 금융자산이 모두 제거되더라도 관련 금융자산평가손익(OCI)이 장부에 남게 되는데, 기준서에서 후속 회계처리를 언급하고 있지는 않지만 유형자산의 재평가잉여금을 이익잉여금 등으로 대체할 수 있는 것처럼 기타포괄손익으로 인식한 금융자산평가손익도 이익잉여금 등으로 대체할 수 있다고 판단된다.

(5) 원가로 측정하는 지분상품

지분상품은 공정가치로 측정하는 것이 원칙이다. 그러나 제한된 상황에서 원가는 공정가치의 적절한 추정치가 될 수 있다. 예를 들어, 공정가치를 결정하기 위해 이용할 수 있는 더 최근의 정보가 불충분하거나 가능한 공정가치 측정치의 범위가 넓고 그 범위에서 원가가 공정가치의 최선의 추정치를 나타내는 경우가 제한된 상황이라 할 수 있다. 따라서 비상장 신생기업의 지분상품을 취득할 경우 공정가치 측정이 어렵다면 원가로 측정할 수 있다.

예 4 지분상품의 후속 측정 - FVPL 금융자산과 FVOCI 선택 금융자산의 비교

갑회사는 20×1년 1월 1일에 을회사 보통주 100주를 주당 ₩2,000에 취득하였으며, 취득과 직접 관련되는 ₩1,000의 거래원가가 발생하였다. 20×2년 말까지 을회사 보통주의 추가 취득이나 처분거래는 없다. 20×1년 말과 20×2년 말 현재 을회사 보통주의 주당 공정가치는 각각 ₩2,200과 ₩1,900이다. 갑회사는 20×3년 2월 1일에 을회사 주식 전부를 ₩215,000에 처분하였다.
갑회사가 을회사 보통주를 FVPL 금융자산으로 분류한 경우와 FVOCI 금융자산으로 분류되도록 선택한 경우로 구분하여 회계처리를 제시하면 다음과 같다.

(1) FVPL 금융자산으로 분류한 경우

<20×1. 1. 1.>

(차)	FVPL 금융자산	200,000	(대) 현금	201,000
	수수료비용	1,000		

<20×1. 12. 31.>

(차)	FVPL 금융자산	20,000	(대) 금융자산평가이익(PL)	20,000[(1)]

(1) 공정가치 평가손익 = ₩220,000 − 200,000 = ₩20,000(평가이익)

<20×2. 12. 31.>

(차)	금융자산평가손실(PL)	30,000[(2)]	(대) FVPL 금융자산	30,000

(2) 공정가치 평가손익 = ₩190,000 − 220,000 = (−) ₩30,000(평가손실)

<20×3. 2. 1.>

(차)	현금	215,000	(대) FVPL 금융자산	190,000
			금융자산처분이익	25,000

(2) FVOCI 선택 금융자산으로 분류한 경우

<20×1. 1. 1.>

(차)	FVOCI 선택 금융자산	201,000[(1)]	(대) 현금	201,000

(1) 거래원가를 최초 인식금액에 포함시킨다.

<20×1. 12. 31.>

(차)	FVOCI 선택 금융자산	19,000	(대) 금융자산평가이익(OCI)	19,000[(2)]

(2) 공정가치 평가손익 = ₩220,000 − 201,000 = ₩19,000(평가이익)

<20×2. 12. 31.>

(차)	금융자산평가이익(OCI)	19,000[(3)]	(대) FVOCI 선택 금융자산	30,000
	금융자산평가손실(OCI)	11,000[(3)]		

(3) 공정가치 평가손익 = ₩190,000 − 220,000 = (−) ₩30,000(평가손실)
전기이월 평가이익(OCI) ₩19,000을 우선 제거하고, 초과액 ₩11,000을 평가손실(OCI)로 인식한다.

<20×3. 2. 1.>

(차)	FVOCI 선택 금융자산	25,000	(대) 금융자산평가손실(OCI)	11,000[(4)]
			금융자산평가이익(OCI)	14,000[(4)]

(4) 처분일 현재 평가이익 ₩25,000을 인식하되, 전기이월 평가손실(OCI) ₩11,000을 우선 제거하고, 초과액 ₩14,000을 평가이익(OCI)으로 인식한다.
한편, FVOCI 선택 금융자산에 대해서는 처분손익을 인식하지 않는다. 따라서 FVOCI 선택 금융자산에 대해서 인식했던 기타포괄손익은 후속적으로 당기손익으로 재분류하지 않는다.

(차)	현금	215,000	(대) FVOCI 선택 금융자산	215,000

지분상품을 FVPL 금융자산으로 분류한 경우와 FVOCI 선택 금융자산으로 분류한 경우 아래에서 보는 바와 같이 당기손익에 미치는 영향이 다르다.

구분	FVPL 금융자산인 경우	FVOCI 선택 금융자산인 경우
20×1년 평가손익	₩20,000	–
20×2년 평가손익	(30,000)	–
20×3년 금융자산처분이익	25,000	–
합계	₩15,000	–

3.3 지분상품에 대한 배당 수취

지분상품 투자에 대해서 현금배당을 수취하는 경우가 많다. 배당은 3가지 조건 즉, ① 배당받을 권리가 확정되고 ② 배당과 관련된 경제적효익의 유입가능성이 높으며 ③ 배당액을 신뢰성 있게 측정할 수 있다는 조건을 모두 충족한 경우에만 당기손익으로 인식한다.

일반적으로 지분상품을 발행한 회사가 투자자에게 현금배당을 지급하기로 주주총회 등에서 결의를 하는 시점에 현금배당을 지급할 의무가 발생하며, 지분상품 보유자는 현금배당을 받을 권리가 발생한다(이 시점에서 배당금수익 인식). 다만, 주식배당은 지분을 발행한 회사의 순자산이 유출되지 않으므로[8] 지분상품 보유자에게 유입되는 경제적효익도 없다. 따라서 지분을 발행한 회사가 주식배당을 결의하고 주식을 교부하더라도 지분상품 보유자는 아무런 회계처리를 하지 않는다. 지분상품 보유자(투자자)의 배당 관련 회계처리를 제시하면 다음과 같다.

〈피투자자의 현금배당 지급 결의〉[9]

(차) 미 수 배 당 금	×××	(대) 배 당 금 수 익	×××

〈현금배당금 수취〉

(차) 현 금	×××	(대) 미 수 배 당 금	×××

〈주식배당의 지급 결의 및 수취〉

회계처리 없음

8) 주식발행회사의 현금배당이나 주식배당의 회계처리는 제11장에서 설명한다.

9) 피투자자는 배당 결의일에 '(차) 미처분이익잉여금 ×× (대) 미지급배당금(유동부채) ××'의 회계처리를 한다. 배당지급과 관련된 상세한 회계처리는 제11장에서 설명한다.

4 금융자산의 손상

4.1 손상차손이란?

보고기간 말 현재 기업이 계약상 이자와 원금의 현금흐름을 수취할 금융자산을 보유하고 있는데, 당해 금융자산으로부터 미래에 회수할 현금흐름이 감소할 것으로 예상되는 경우가 있다. 예를 들어, 거래처가 파산할 가능성이 높아져 매출채권을 모두 회수하기 어렵다고 예상되거나, 보유하고 있는 채권을 발행한 회사의 재무상태가 악화되어 이자와 원금의 지급이 연체될 것으로 예상되는 경우가 발생할 수 있다. 이와 같이 금융자산 발행자의 신용위험(credit risk)이 높아진 경우 미래에 수취하지 못할 금액을 추정하여 이를 비용으로 인식하여야 하는데, 그 비용을 손상차손(impairment loss)이라고 한다.

기준서는 기대손실모형(expected credit loss model)에 기초하여 보고기간 말에 과거와 현재의 정보뿐만 아니라 미래전망 정보까지 이용하여 미래에 회수하지 못할 금액을 추정하여 손상차손을 인식하도록 규정하고 있다. 기대손실모형을 적용하면 손상차손을 적시에 인식할 수 있으므로 재무제표 이용자에게 미래현금흐름의 금액, 시기 및 불확실성을 평가하는 데 목적적합한 정보를 제공할 수 있을 것이다.[10)]

4.2 손상차손 인식 대상 금융자산

모든 금융자산에 대해서 손상차손을 인식하는 것은 아니다. 손상차손은 신용위험 증가로 인하여 미래 수취할 것으로 예상하는 현금흐름의 부족액에 기초하여 측정하기 때문에 계약상 현금흐름 특성 조건(SPPI)을 충족하지 않는 지분상품이나 파생상품 등에 대해서는 손상차손을 인식하지 않는다.

또한 SPPI를 충족하지만 사업모형에 따라 FVPL 금융자산으로 분류한(FVPL 지정도 포함) 금융자산에 대해서도 손상차손을 인식하지 않는다. 왜냐하면 FVPL 금융자산의 신용위험이 증가하면 공정가치가 하락할 것이며, 그 결과 손상차손 해당액이 금융자산평가손실에 포함되어 당기손익으로 인식될 것이기 때문이다.

10) 제4장과 제6장에서 유형자산 및 무형자산의 손상차손을 설명하였다. 유형자산이나 무형자산의 손상차손은 회수가능액과 장부금액의 차이로 인식하는데 반해 금융자산의 손상차손은 기대신용손실을 추정해야 하는 다소 복잡한 과정을 거쳐서 인식한다는 점에 차이가 있다.

따라서 AC 금융자산과 FVOCI 금융자산으로 분류되면서 계약상 현금흐름이 발생하는 채무상품, 대여금, 수취채권 등이 손상차손을 인식하는 금융자산이다. 이하 본절에서 금융자산이라고 하면 손상차손의 인식 대상에 해당하는 금융자산을 의미하는 것으로 한다.

4.3 기대신용손실의 측정

회사는 손상차손 인식대상 금융자산에 대해서 측정한 기대신용손실을 손실충당금(loss allowance)으로 인식하는데, 기대신용손실은 다음과 같이 측정한다.

현금부족액 = 계약에 따라 수취하기로 한 현금흐름과 수취할 것으로 예상하는 현금흐름의 차이
신용손실 = 현금부족액의 현재가치
기대신용손실 = 신용손실을 개별 채무불이행 발생위험으로 가중평균한 금액

금융자산의 신용위험이 증가하였다면 계약에 따라 수취하기로 한 현금흐름보다 수취할 것으로 예상하는 현금흐름이 더 적을 것인데, 두 금액의 차이가 현금부족액이다. 현금부족액을 최초 유효이자율로 할인한 현재가치를 신용손실(credit loss)이라고 하며, 신용손실을 개별 채무불이행(default)의 발생 위험으로 가중평균한 금액을 기대신용손실(expected credit loss)이라고 한다.

일반적으로 금융자산을 최초 인식하는 시점에서는 현금부족액이 예상되지 않는 건전한 상태일 것이다. 그러나 이후 계약 상대방의 신용위험이 증가하면서 이자와 원금 회수가 연체되기 시작할 것이고, 연체금액과 연체기간이 점점 늘어나다가 결국 채무불이행에 이르는 경우도 발생할 수 있다.

금융자산의 보유자는 매 보고기간 말에 기대신용손실을 측정해야 하는데, 측정해야 할 기간이 길면 길수록 측정이 어렵고 복잡해질 것이다. 이러한 점을 고려하여 금융자산을 최초 인식한 후 신용위험이 유의적으로 증가하였는지 또는 신용이 손상되었는지의 여부에 따라 다음의 [표 2]와 같이 12개월 기대신용손실 또는 전체기간 기대신용손실을 측정한다.

| 표 2 | 기대신용손실의 측정

신용위험의 평가	유의적으로 증가하지 않음	유의적으로 증가함	신용이 손상됨
기대신용손실의 측정기간	12개월 기대신용손실	전체기간 기대신용손실	

[표 2]에서 보고기간 말에 금융자산의 신용위험이 유의적으로 증가하지 않았다고 판단한 경우에는 보고기간 말 후 12개월 내에 발생할 수 있는 채무불이행 사건으로 인한 기대신용손실을 측정하여 손실충당금을 인식한다. 그러나 최초 인식 후 금융자산의 신용위험이 유의적으로 증가하였거나 신용이 손상되었다고 판단한 경우에는 금융상품의 전체기간 즉, 기대존속기간에 발생할 수 있는 채무불이행 사건으로 인한 기대신용손실을 측정하여 손실충당금을 인식한다. 또한 취득할 때부터 신용이 손상되어 있는 금융자산[11]도 보고기간 말에 최초 인식 이후 전체기간 기대신용손실로 손실충당금을 인식한다.

전체기간 기대신용손실을 인식해야 하는지의 여부는 보고기간 말에 금융자산의 신용이 손상되었다는 증거나 실제 채무불이행 발생에 기초하는 것이 아니라 최초 인식 후에 채무불이행 발생가능성이나 그 발생 위험의 유의적인 증가에 기초하여 평가한다. 일반적으로 금융자산의 신용이 손상되기 전이나 채무불이행이 실제로 발생하기 전에 신용위험이 유의적으로 증가할 것이다.

전술한 신용위험의 유의적인 증가 여부를 판단하는 것은 쉽지 않다. 따라서 기준서는 덜 정교한 신용위험 관리시스템을 가지고 있는 기업을 지원하기 위해서 매출채권 등에 대해서는 전체기간 기대신용손실을 측정하도록 함으로써 매 보고기간 말마다 신용위험의 유의적인 증가 여부를 추적해야 하는 부담을 줄여 주고 있다.

기준서는 기대신용손실의 구체적인 측정방법에 대해서 언급하고 있지 않다. 따라서 각 기업마다 합리적이고 일관된 접근법을 적용하면 될 것이다. 기준서는 기대신용손실을 측정할 때 실무적 간편법을 사용할 수 있는 경우를 언급하고 있다. 실무적 간편법의 예로서 충당금 설정률표(provision matrix)를 사용한 매출채권의 기대신용손실의 계산을 들 수 있다. 기대신용손실의 추정에 대한 구체적인 내용은 중급회계에서 설명한다.

4.4 손실충당금의 회계처리

기대신용손실 추정액을 손실충당금으로 인식하는데, 다음과 같이 보고기간 말 현재 손실충당금 잔액을 조정하면서 손상차손 또는 손상차손환입을 당기손익으로 인식한다. 손실충당금은 금융자산의 차감계정이다. 따라서 일반적으로 재무상태표에는 손실충당금을 차감한 순액으로 금융자산을 표시한다.

11) 채권추심 회사의 경우 부실채권을 저가 취득하기도 하는데, 이 경우가 취득할 때부터 신용이 손상된 금융자산을 취득하는 사례가 될 수 있다.

① 당기 말 기대신용손실 추정액 > 수정전 시산표상 손실충당금 잔액
→ 양자의 차이만큼 다음과 같이 손상차손 인식

(차) 손 상 차 손	×××	(대) 손 실 충 당 금	×××

② 당기 말 기대신용손실 추정액 < 수정전 시산표상 손실충당금 잔액
→ 양자의 차이만큼 다음과 같이 손상차손환입 인식

(차) 손 실 충 당 금	×××	(대) 손 상 차 손 환 입	×××

손실충당금을 인식한 금융자산의 전부 또는 일부가 회수불능으로 확정될 경우 회수불능 확정액만큼 금융자산을 제거하면서 이미 인식한 손실충당금과 상계하는 회계처리를 한다. 이때 제거하는 금융자산의 장부금액이 이미 인식한 손실충당금을 초과할 경우 다음과 같이 차액만큼 손상차손을 인식한다.

(차) 손 실 충 당 금	×××	(대) 금 융 자 산	×××
손 상 차 손	×××		

예 5 충당금 설정률표를 이용한 손상차손의 인식

갑회사는 20×1년 12월 31일(보고기간 말) 현재 ₩1,000,000의 매출채권 잔액을 가지고 있으며 한 지역에서만 영업을 한다. 갑회사의 고객들은 다수의 작은 고객들로 구성되어 있으며, 유의적인 금융요소를 포함하고 있지 않다. 따라서 매출채권의 손실충당금은 항상 전체기간 기대신용손실에 해당하는 금액으로 측정한다.

매출채권의 기대신용손실을 결정하기 위하여 충당금 설정률표를 이용하면 다음과 같다.

구분	미연체	1~30일 연체	31~90일 연체	91일 초과 연체
매출채권 총장부금액	₩800,000	₩100,000	₩70,000	₩30,000
채무불이행률	0.2%	1%	4%	12%

갑회사의 20×1년 말 매출채권에 대한 손실충당금 잔액은 다음과 같이 계산한다.

구분	매출채권 총장부금액	채무불이행률	손실충당금
미연체	₩800,000	0.2%	₩1,600
1~30일 연체	100,000	1%	1,000
31~90일 연체	70,000	4%	2,800
91일 초과 연체	30,000	12%	3,600
합계	₩1,000,000		₩9,000

예 6 매출채권에 대한 손실충당금의 회계처리

(예 5)의 자료를 이용한다.

갑회사는 20×1년 말에 장부금액 ₩1,000,000의 매출채권에 대해서 기대신용손실을 ₩9,000으로 추정하였다.

수정전 시산표 상 손실충당금 잔액이 ₩5,000이라면 당기 말의 손실충당금 잔액이 ₩9,000이 되어야 하므로 미달액 ₩4,000을 다음과 같이 인식한다.

(차) 손 상 차 손	4,000	(대) 손 실 충 당 금	4,000

그러나 수정전 시산표 상 손실충당금 잔액이 ₩10,000이라면 당기 말의 손실충당금 잔액이 ₩9,000이 되어야 하므로 초과액 ₩1,000을 다음과 같이 환입한다.

(차) 손 실 충 당 금	1,000	(대) 손 상 차 손 환 입	1,000

다음 연도에 매출채권의 일부가 회수불능으로 판명되어 장부에서 제거할 경우 매출채권의 총 장부금액과 손실충당금을 상계처리한다. 그러나 손실충당금 잔액보다 제거해야 할 매출채권이 더 많다면 초과액은 손상차손으로 인식하여야 한다. 예를 들어, 갑회사가 20×2년 중에 ₩9,500의 매출채권을 제거할 경우 다음과 같이 회계처리한다.

(차) 손 실 충 당 금	9,000	(대) 매 출 채 권	9,500
손 상 차 손	500		

4.5 FVOCI 금융자산에 대한 손실충당금의 회계처리

손상차손을 인식하면서 상대계정으로 회계처리하는 손실충당금은 금융자산의 차감계정이다. 재무상태표에는 손실충당금을 차감한 순액으로 금융자산을 표시하는 것이 일반적이다. 그러나 FVOCI 금융자산에 대해서 인식하는 손상차손은 손실충당금으로 인식하지 않고 기타포괄손익(FVOCI 금융자산평가손익)에서 조정한다.

FVOCI 금융자산의 보고기간 말의 장부금액은 공정가치로 표시되어야 하는데, 손상차손(환입)을 인식하면서 손실충당금의 변동으로 회계처리하면 재무상태표상 금융자산의 장부금액(손실충당금이 차감된 순액)이 공정가치와 다른 금액으로 표시되는 문제가 발생한다. 예를 들어, 보고기간 말 현재 FVOCI 금융자산의 공정가치 평가 전 장부금액이 ₩1,000이고 공정가치가 ₩900일 경우 금융자산평가손실(기타포괄손익) ₩100을 인식하였을 것인데, ₩30의 손상차손을 추가로 인식할 경우, 상대계정으로 손실충당금을 인식하는 방법과 공정가치 평가 시 인식했던 기타포괄손익에서 조정하는 방법으로 구분하여 회계처리를 비교하면 다음과 같다.

〈방법 1〉 손실충당금 인식

① FVOCI 금융자산에 대한 평가손실 인식

(차) 금융자산평가손실(OCI)	100	(대) FVOCI 금융자산	100

② FVOCI 금융자산에 대한 손상차손 인식

(차) 손상차손	30	(대) 손실충당금	30

〈방법 2〉 기타포괄손익에서 조정

① FVOCI 금융자산에 대한 평가손실 인식

(차) 금융자산평가손실(OCI)	100	(대) FVOCI 금융자산	100

② FVOCI 금융자산에 대한 손상차손 인식

(차) 손상차손	30	(대) 금융자산평가손실(OCI)	30

	〈방법 1〉	〈방법 2〉
FVOCI 금융자산	₩900	₩900
손실충당금	(30)	–
기말 장부금액	₩870	₩900
기말 공정가치	₩900	₩900

두 가지 회계처리를 비교하면, <방법 1>과 같이 손상차손을 인식하면서 상대계정을 손실충당금으로 회계처리하면 FVOCI 금융자산의 기말 장부금액이 ₩870이 되어 기말 공정가치로 재무상태표에 표시되지 못하는 문제가 있음을 알 수 있다. 따라서 <방법 2>와 같이 손상차손을 기타포괄손익에서 조정함으로써 이러한 문제를 해결할 수 있다.

위의 예에서 금융자산평가손실을 ₩100만큼 인식한 상황에서 ₩100보다 더 많은 손상차손을 인식하는 경우는 흔하지 않을 것이다. 왜냐하면 신용위험의 유의적 증가를 반영하여 이미 공정가치가 충분하게 하락했을 것이기 때문이다.

예 7 FVOCI 금융자산(채무상품)의 손상차손 인식[12)]

갑회사는 20×1년 10월 1일에 채무상품을 취득하고 FVOCI 금융자산으로 분류하였다. 동 채무상품은 취득 시 신용이 손상되어 있지 않았다. 20×1년 12월 31일(보고기간 말) 현재 공정가치 평가 전 채무상품의 장부금액은 ₩1,000이며 공정가치는 ₩950이다. 갑회사는 채무상품의 최초 인식 후 신용위험이 유의적으로 증가하지 않았다고 판단하고, 12개월 기대신용손실을 ₩30으로 측정하였다.

갑회사의 보고기간 말 회계처리는 다음과 같다.

(차) 금융자산평가손실(OCI)	50	(대) FVOCI 금융자산	50
(차) 손상차손(PL)	30	(대) 금융자산평가손실(OCI)	30

위의 분개는 공정가치 하락에 대한 평가손실 ₩50을 기타포괄손익으로 인식하면서 금융자산의 장부금액을 ₩50만큼 감소시키는 분개와 손상차손 ₩30을 당기손익으로 인식하면서 이미 인식한 기타포괄손익 ₩30과 상계하는 분개이다. 위의 두 개의 분개를 다음과 같이 합쳐도 무방하다.

(차) 금융자산평가손실(OCI)	20	(대) FVOCI 금융자산	50
손상차손(PL)	30		

채무상품에 대해서 손상차손을 인식한 후의 이자수익 인식과 계약상 현금흐름이 변경되는 경우의 회계처리는 중급회계에서 설명한다. 그리고 기업이 사업모형을 변경하면 금융자산을 재분류해야 하는데, 여기에 대한 회계처리도 중급회계에서 설명한다.

12) (예 7)은 기준서 제1109호 문단IE78의 사례13을 수정한 것이다.

5 금융자산의 제거

5.1 금융자산 제거 여부의 판단 및 회계처리

금융자산의 제거에 대한 국제회계기준의 규정은 매우 복잡하다. 기준서에서 제시하는 금융자산 제거의 회계처리 순서도는 [그림 3]과 같다.

| 그림 3 | 금융자산의 제거

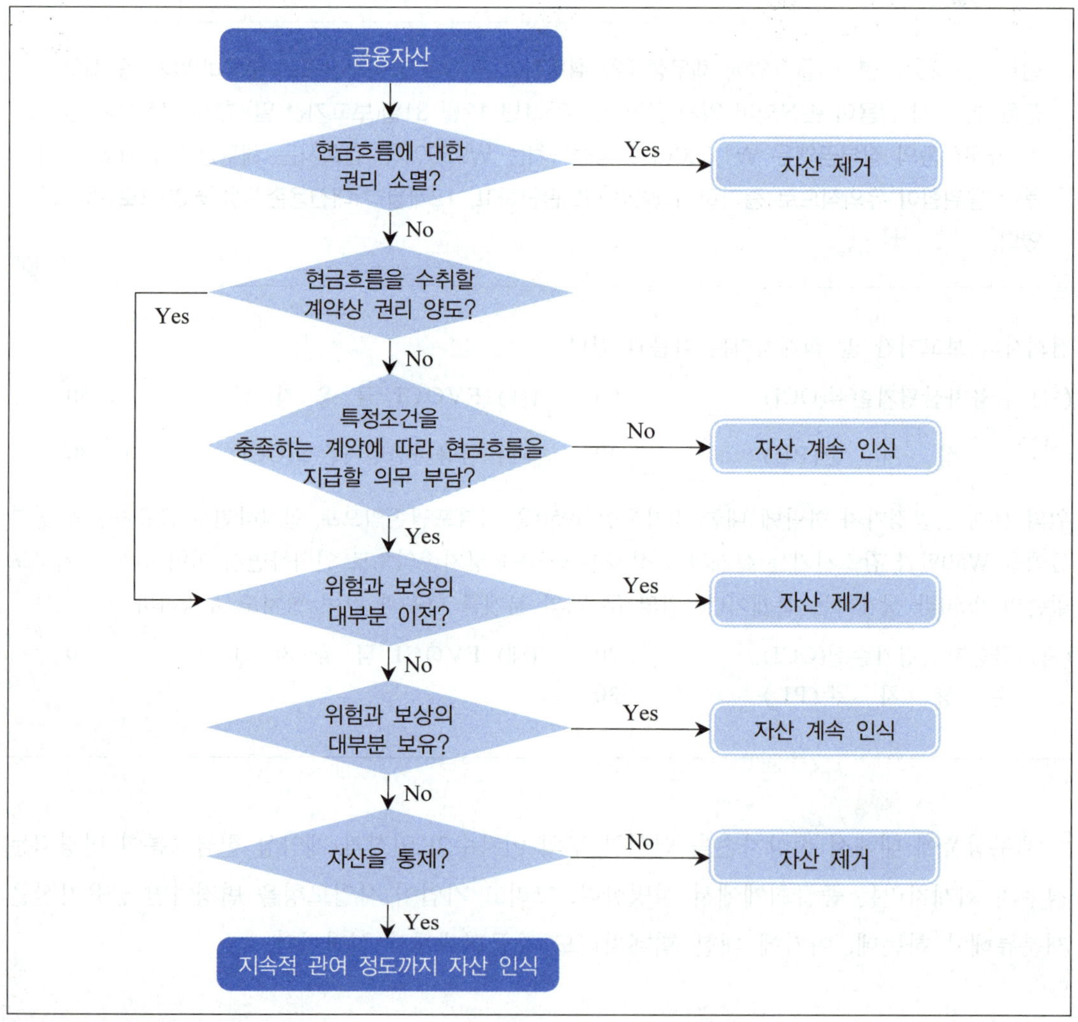

금융자산의 제거(derecognition)란 인식(recognition)과 반대의 개념으로서 금융자산의 권리가 소멸되거나 양도됨으로써 금융자산을 재무제표에서 제거하는 것을 말한다. 금융자산의 제거와 관련된 회계처리의 핵심은 금융자산 양도거래의 실질이 매각(true sale)인지의 여부를 판단하는 것이다. 만일 금융자산의 양도거래가 매각이 아니라면, 이는 금융자산을 담보로 제공하고 자금을 차입한 거래와 실질이 동일하므로 양도 시 수취한 대가를 금융부채(예 : 차입금 등)로 인식해야 한다.

많은 기업들이 금융자산을 제3자에게 양도하고 현금을 확보하는데, 거래의 실질을 들여다보면 매각이 아닌 경우가 많다. 따라서 국제회계기준도 거래의 실질에 따라 금융자산 제거의 판단 순서를 [그림 3]과 같이 규정하고 있다. [그림 3]을 보면 크게 자산의 현금흐름에 대한 권리가 소멸(expire)되었는지 아니면 양도(transfer)하였는지를 구분하도록 되어 있다.

현금흐름에 대한 권리가 소멸하면 금융자산을 장부에서 제거한다. 그러나 현금흐름을 수취할 계약상 권리를 양도하는 경우에는 무조건 금융자산을 제거하는 것이 아니라 위험과 보상(risks and rewards)이 대부분 이전된 경우에만 금융자산을 제거하고(즉, 양도거래로 회계처리), 위험과 보상을 대부분 보유하는 경우에는 금융자산을 계속 인식하며 수취한 현금이 있다면 이를 금융부채로 인식한다(즉, 차입거래로 회계처리).

그런데 금융자산 소유에 따른 위험과 보상의 대부분을 이전하지도 않고 보유하지도 않은 불분명한 상태라면, 양도자가 당해 금융자산을 통제(control)하는지 판단하여 회계처리를 결정한다. 이때 금융자산의 통제 여부는 양수자가 그 자산을 자유롭게 매도할 수 있는 능력이 있는지에 따라 결정한다. 양수자가 양수한 금융자산을 자유롭게 매도할 수 있는 능력이 있다면 양도자는 양도자산을 통제하지 않으므로 양도자산을 제거한다. 반면에 양수자가 양수한 금융자산을 자유롭게 매도할 수 있는 능력이 없다면 양도자가 양도자산을 통제하고 있으므로 양도자는 양도자산에 대해서 지속적으로 관여(continuing involvement)하는 정도까지 양도자산을 계속하여 인식한다.

한편, [그림 3]의 3번째 단계에서 현금흐름을 수취할 계약상 권리를 양도하지 않았으나, 특정 조건을 모두 충족하는 계약에 따라 현금흐름을 지급할 의무를 부담하면 양도거래로 본다. 이때 특정 조건이란 다음의 세 가지 조건을 말한다.

① 최종 자산에서 최종 수취인에게 지급할 금액에 상응하는 금액을 회수하지 못한다면, 그 금액을 최종 수취인에게 지급할 의무가 없다.
② 현금흐름을 지급할 의무를 이행하기 위해 최종 수취인에게 담보물로 제공하는 경우를 제외하고는, 양도자는 양도계약의 조건 때문에 최초 자산을 매도하거나 담보물로 제공하지 못한다.
③ 양도자는 최종 수취인을 대신해서 회수한 금액을 중요하게 지체하지 않고 최종 수취인에게 지급할 의무가 있으며, 해당 현금을 재투자할 권리가 없다.

위의 조건에 따르면 금융자산을 보유하는 자가 현금흐름을 수취하고 이를 즉시 제3자(최종 수취인)에게 전달해주는 역할만 하는 경우 이는 현금흐름에 대한 계약상 권리를 양도한 것과 실질이 다르지 않다. 따라서 이러한 경우 금융자산을 양도한 것으로 보고 위험과 보상의 대부분이 이전되었는지를 판단하여 회계처리를 결정한다. 지금까지 설명한 금융자산의 제거에 대한 회계처리를 요약하면 [표 3]과 같다.

| 표 3 | 금융자산 양도(권리 소멸 포함)의 회계처리

<table>
<tr><th colspan="2">상황</th><th>회계처리</th></tr>
<tr><td colspan="2">금융자산의 현금흐름에 대한 계약상 권리 소멸</td><td>금융자산 제거</td></tr>
<tr><td colspan="2">금융자산 소유에 따른 위험과 보상의 대부분 이전</td><td>금융자산 제거</td></tr>
<tr><td colspan="2">금융자산 소유에 따른 위험과 보상의 대부분 보유</td><td>금융자산 계속 인식. 수령한 현금이 있다면 금융부채 인식</td></tr>
<tr><td rowspan="2">금융자산 소유에 따른 위험과 보상의 대부분을 이전하지도 않고, 보유하지도 않은 경우</td><td>양도자가 양도자산을 통제하지 않음</td><td>금융자산 제거</td></tr>
<tr><td>양도자가 양도자산을 통제함</td><td>지속적 관여부분까지 양도자산 계속 인식. 관련 부채도 인식</td></tr>
</table>

예 8 금융자산의 양도가 제거조건을 충족하는지 판단

〈사례 1〉

갑회사는 매출거래처인 을회사에 대한 매출채권 ₩10,000을 조기에 현금화하기 위해서 거래은행에 매출채권을 양도하고 현금 ₩9,500을 수취하였다. 은행은 을회사로부터 직접 매출채권을 회수하는데, 을회사가 대금지급을 거절할 경우 갑회사는 은행에 대신 지급할 의무가 없다. 이와 같은 경우 갑회사는 매출채권을 은행에 양도하면서 장부에서 제거할 수 있는가?

갑회사는 을회사가 은행에 대금지급을 거절하더라도 대신 지급할 의무가 없으므로 매출채권의 소유에 따른 위험과 보상의 대부분을 은행에 이전한 것으로 보아야 한다. 따라서 갑회사는 매출채권 양도 시 다음과 같이 회계처리한다.

(차) 현금	9,500	(대) 매출채권	10,000
금융자산처분손실	500		

〈사례 2〉
〈사례 1〉에서 을회사가 은행에 대금지급을 거절할 경우 갑회사가 은행이 미회수한 전액을 대신 지급할 의무가 있다고 가정하면 갑회사는 어떻게 회계처리하는가?

갑회사는 을회사가 은행에 대금지급을 거절할 경우 미회수한 전액을 은행에 대신 지급할 의무가 있으므로 매출채권의 소유에 따른 위험과 보상의 대부분을 보유하고 있다. 따라서 갑회사는 매출채권 양도 시 다음과 같이 회계처리한다.

(차) 현 금	9,500	(대) 차 입 금	9,500

〈사례 3〉
갑회사는 매출거래처인 을회사에 대한 매출채권 ₩10,000을 조기에 현금화하기 위해서 거래은행에 매출채권을 양도하고 현금 ₩9,500을 수취하였다. 은행은 을회사로부터 직접 매출채권을 회수하는데, 향후 발생할 수 있는 미회수 손실에 대하여 갑회사는 은행에 매출채권의 10%까지 보장해주기로 하였다. 과거 10년 동안 동 거래처의 매출채권에 대한 평균손실률은 1%이다. 이와 같은 경우 갑회사는 매출채권을 은행에 양도하면서 장부에서 제거할 수 있는가?

을회사의 매출채권에 대한 과거 10년 동안 평균손실률은 1%인데, 갑회사가 매출채권을 은행에 양도하면서 매출채권의 10%까지 보장을 해주기로 했으므로 갑회사는 매출채권 소유에 따른 위험과 보상을 대부분 보유하는 결과가 되었다. 따라서 갑회사는 매출채권을 계속 보유하며, <사례 2>처럼 차입거래로 회계처리한다.

〈사례 4〉
갑회사는 매출거래처인 을회사에 대한 매출채권 ₩10,000을 조기에 현금화하기 위해서 거래은행에 매출채권을 양도하고 현금 ₩9,500을 수취하였다. 은행은 을회사로부터 직접 매출채권을 회수하는데, 향후 발생할 수 있는 미회수 손실에 대하여 갑회사는 은행에 매출채권의 3%까지 보장해주기로 하였다. 과거 10년 동안 동 거래처의 매출채권에 대한 평균손실률은 5%이다. 이와 같은 경우 갑회사는 매출채권을 은행에 양도하면서 장부에서 제거할 수 있는가?

을회사의 매출채권에 대한 과거 10년 동안 평균손실률은 5%인데, 갑회사가 매출채권을 은행에 양도하면서 매출채권의 3%까지 보장을 해주기로 했으므로 갑회사는 매출채권 소유에 따른 위험과 보상을 대부분 보유하지도 않고 이전하지도 않은 결과가 되었다. 따라서 갑회사는 매출채권 중 지속적 관여부분을 계속 인식한다. 지속적 관여부분을 자산으로 인식할 때 관련 부채도 인식하여야 하는데, 이와 관련된 회계처리는 중급회계에서 설명한다.

예 9 받을어음의 할인

〈사례 1〉

갑회사는 20×1년 4월 1일 거래처에 외상매출 ₩100,000을 하고 어음(액면금액 ₩100,000, 발행일 20×1년 4월 1일, 결제일 20×1년 7월 1일, 표시이자 없음)을 거래처로부터 수취한 후 20×1년 6월 1일 은행에 연 이자율 6%로 할인하였다. 갑회사가 어음 할인 시 받을어음의 소유에 따른 위험과 보상의 대부분을 이전한 경우와 보유하는 경우 20×1년 6월 1일과 7월 1일에 어떤 회계처리를 하는가? 단, 어음은 20×1년 7월 1일에 정상 결제되었다.

(1) 받을어음의 소유에 따른 위험과 보상의 대부분을 이전한 경우－매각거래

<20×1. 6. 1.>

(차) 현금	99,500(1)	(대) 매출채권	100,000
매출채권처분손실	500		

(1) 어음의 만기금액＝₩100,000(무이자부어음이므로)
은행 할인액＝₩100,000×6%×1/12(은행 보유기간)＝₩500
현금 수취액＝어음 만기금액－할인액＝₩100,000－500＝₩99,500

<20×1. 7. 1.>

회계처리 없음

(2) 받을어음의 소유에 따른 위험과 보상의 대부분을 보유한 경우－차입거래

<20×1. 6. 1.>

(차) 현금	99,500	(대) 단기차입금	99,500(2)

(2) 현금 수취액을 금융부채로 인식

<20×1. 7. 1.>

(차) 단기차입금	99,500	(대) 매출채권	100,000
이자비용	500		

〈사례 2〉

〈사례 1〉에서 갑회사가 할인한 받을어음이 연 3% 이자율이 표시되어 있는 이자부어음이라는 것만 제외하고 다른 내용은 동일하다고 가정하고 다시 갑회사의 회계처리를 제시한다.

(1) 받을어음의 소유에 따른 위험과 보상의 대부분을 이전한 경우－매각거래

<20×1. 6. 1.>

(차)	현금	100,246[(1)]	(대) 매출채권	100,000
	매출채권처분손실	254	이자수익	500[(2)]

(1) 어음의 만기금액＝₩100,000＋100,000×3%×3/12＝₩100,750
은행 할인액＝₩100,750×6%×1/12(은행 보유기간)＝₩504
현금 수취액＝어음 만기금액－할인액＝₩100,750－504＝₩100,246

(2) 이자수익＝₩100,000×3%×2/12(갑회사 보유기간)＝₩500

<20×1. 7. 1.>

회계처리 없음

(2) 받을어음의 소유에 따른 위험과 보상의 대부분을 보유한 경우－차입거래

<20×1. 6. 1.>

(차)	현금	100,246	(대) 단기차입금	100,246[(3)]

(3) 현금 수취액을 금융부채로 인식

<20×1. 7. 1.>

(차)	단기차입금	100,246	(대) 매출채권	100,000
	이자비용	504	이자수익	750[(4)]

(4) 이자수익＝₩100,000×3%×3/12(갑회사 보유기간)＝₩750

5.2 환매조건부 양도

실무에서는 금융자산을 양도하면서 미래의 특정시점에 동 금융자산을 다시 매입하기로 약정하는 경우가 적지 않다. 예를 들어, 갑회사가 보유하고 있는 A주식(활성시장에서 거래됨) 100주를 현금 ₩10,000을 받고 을회사에게 양도하면서, 6개월 후에 갑회사는 을회사로부터 A주식 100주를 그 시점의 공정가치로 재매입할 수 있는 권리를 가지고 있다고 하자. 을회사가 A주식 100주를 양수한 후 이를 매도할 수 있는 실질적인 능력을 보유하고 있다면, 갑회사는 양도한 A주식에 대해서 통제를 상실한 것이므로 장부에서 제거한다.

갑회사가 6개월 후 반환을 요청했을 때, A주식이 활성시장에서 거래되고 있으므로 을회사는 시장에서 A주식을 공정가치로 제한 없이 재매입할 수 있다. 결국 을회사는 공정가치로 재매입한 A주식을 갑회사에게 이전하고 그 대가로 A주식의 공정가치만큼을 수취한다. 따라서 을회사는 양도자산인 A주식을 매도할 수 있는 실질적인 능력을 보유하고 있으므로 갑회사는 양도한 A주식에 대한 통제를 상실한 것으로 보고 양도 시 A주식을 제거한다.

반면에 갑회사가 보유하고 있는 A주식(활성시장에서 거래됨) 100주를 현금 ₩10,000을 받고 을회사에게 양도하면서, 6개월 후에 갑회사는 을회사에게 ₩11,000의 현금을 지급하고 을회사로부터 A주식 100주를 재매입해야 하는 의무를 가지고 있다고 하자. 이 거래는 마치 6개월간 갑회사가 A주식을 담보로 제공하면서 을회사로부터 ₩10,000을 받고 6개월 후 이자 ₩1,000을 가산한 ₩11,000을 상환하면서 담보로 제공한 A주식을 반환받는 거래나 다름없다. 따라서 갑회사는 A주식 소유에 따른 위험과 보상의 대부분을 보유하고 있는 것이므로 양도 시 A주식을 제거하지 않고 계속 인식하며, 수령한 ₩10,000을 금융부채(예 : 차입금)로 인식한다.

연 / 습 / 문 / 제

01 금융자산은 계약상 현금흐름 특성 조건과 기업의 사업모형에 따라 다양하게 분류된다. 다음의 물음에 답하시오.

물음

1. 상각후원가로 측정하는 금융자산(AC 금융자산)으로 분류되는 금융자산에 대해서 후속적으로 공정가치 변동을 인식하지 않는 이유는 무엇인가?
2. 채무상품을 기타포괄손익-공정가치 측정 금융자산(FVOCI 금융자산)으로 분류하는 경우 공정가치 평가손익을 당기손익이 아니라 기타포괄손익으로 인식하는 이유는 무엇인가? 또한 기타포괄손익으로 인식한 평가손익을 후속적으로 당기손익으로 재분류하도록 규정한 이유는 무엇인가?
3. 지분상품은 당기손익-공정가치 측정 금융자산(FVPL 금융자산)으로 분류하는 것이 원칙이나, 단기매매 목적이 아닌 지분상품의 경우 기업의 선택에 따라 기타포괄손익-공정가치 측정 금융자산으로 분류할 수 있다. 이렇게 금융자산의 분류를 선택할 수 있게 허용한 이유는 무엇이며, 이 경우에 인식한 기타포괄손익을 후속적으로 당기손익으로 재분류할 수 없도록 규정한 이유는 무엇인가?
4. 금융자산 매도를 통한 현금흐름을 실현하는 것을 사업모형으로 하는 경우 기업이 보유하는 채무증권은 어떤 금융자산으로 분류하며, 그 이유는 무엇인가?

해답

물음 1

금융자산을 AC 금융자산으로 분류하였다면 이는 계약상 현금흐름 특성조건을 충족하는 금융자산으로부터 현금흐름을 수취하는 것을 사업목적으로 하는 것을 말한다. 이러한 사업모형을 갖고 있다면 당해 금융자산의 공정가치가 높아졌다고 하더라도 차익을 얻기 위해 금융자산을 빈번하게 매도할 가능성은 낮을 것이므로 금융자산의 공정가치 변동에 대한 정보는 의사결정에 그리 유용하지 않을 것이다. 따라서 이러한 금융자산은 공정가치 변동을 인식하지 않고 상각후원가로 측정한다.

물음 2

기업이 현금흐름 수취의 사업모형과 현금흐름 수취와 금융자산의 매도 둘 다의 사업모형 중 어떤 사업모형을 선택하는지에 관계없이 금융자산의 공정가치 변동이 당기손익에 미치는 영향에는 차이가 없는 것이 타당하다. 따라서 AC 금융자산과 FVOCI 금융자산 중 어느 것으로 분류하든 당기손익에 미치는 영향이 동일하도록 FVOCI 금융자산의 공정가치 변동을 기타포괄손익으로 인식한다. 또한 기타포괄손익으로 인식한 공정가치 평가손익을 후속적으로 당기손익으로 재분류하면 당해 금융자산을 AC 금융자산으로 분류한 경우와 당기손익에 미치는 영향에 차이가 없기 때문에 기타포괄손익을 후속적으로 당기손익으로 재분류한다.

물음 3

단기매매목적이 아닌 지분상품을 보유할 경우(대부분 장기투자 목적으로 지분을 보유하는 경우일 것임) 지분상품의 공정가치 변동을 당기손익으로 인식하면 당기순손익의 변동성이 증가할 뿐만 아니라 당기순손익이 기업의 성과 측정치로서의 역할을 제대로 하지 못할 수 있다. 따라서 이러한 문제를 해결하기 위해서 기업은 단기매매목적으로 보유하는 지분상품이 아닌 지분상품의 공정가치 변동을 기타포괄손익으로 인식하는 FVOCI 금융자산으로 분류하도록 선택할 수 있다. 한편, FVOCI 선택 금융자산을 매도하는 경우 과년도에 기타포괄손익으로 인식했던 금융자산평가손익은 당기손익으로 재분류하지 않는다. 만약에 이를 재분류하도록 허용하면 기업은 기타포괄이익을 인식했던 금융자산만을 선택하여 매도함으로써 처분이익을 증가시키는 이익조정을 할 수 있을 것이다. 이미 FVOCI로 측정할 것을 선택하여 기업은 당기손익의 변동성을 줄일 수 있는 혜택을 받았는데, 당해 금융자산을 매도하면서 처분손익을 조작할 수 있도록 허용하는 것은 적절하지 않으므로 이미 인식한 기타포괄손익을 후속적으로 당기손익 재분류를 하지 못하도록 하는 것이다.

물음 4

금융자산 매도를 통한 현금흐름을 실현하는 것을 사업모형으로 하는 경우에는 보유하고 있는 금융자산의 매매차익을 예상할 수 있도록 공정가치로 평가하고 공정가치 변동을 당기손익으로 인식하는 FVPL 금융자산으로 분류하는 것이 타당하다. FVPL 금융자산의 평가손익을 당기손익으로 인식하는 이유는 평가손익이 아직 미실현된 상태이더라도 이를 당기손익에 반영함으로써 적절한 성과측정치로서의 역할을 할 수 있기 때문이다.

02 ㈜서울은 20×1년 1월 1일에 다음과 같은 조건으로 발행된 채무증권을 취득하고 AC 금융자산으로 분류하였다.

- 액면금액 : ₩1,000,000
- 이자지급 : 매년 12월 31일에 액면금액의 6% 지급
- 만기상환 : 20×3년 12월 31일에 원금 일시 상환

물음

1. 취득일의 유효이자율이 연 8%일 때 채무증권의 최초 인식금액을 계산하라.
2. (물음 1)과 관련하여 20×1년부터 20×3년까지 채무증권의 장부금액 조정표를 작성하라.
3. (물음 1)과 관계없이 취득일의 유효이자율이 연 4%일 때 채무증권의 최초 인식금액을 계산하라.
4. (물음 3)과 관련하여 20×1년부터 20×3년까지 채무증권의 장부금액 조정표를 작성하라.
5. 위의 물음과 관계없이 ㈜서울이 채무증권을 20×1년 4월 1일에 취득하였으며, 취득일 현재 유효이자율은 연 8%라고 가정하고 채무증권 취득일의 회계처리, 취득일부터 만기일까지 채무증권 장부금액 조정표의 작성 및 20×1년 말 이자수익 인식의 회계처리를 하라.

해답

물음 1

채무상품의 최초 인식금액
=미래 이자수취액의 현재가치+원금수취액의 현재가치
=₩60,000×2.57710(기간 3, 8%, 연금현가계수)
+1,000,000×0.79383(기간 3, 8%, ₩1의 현가계수)=₩948,456

물음 2

일자	유효이자(8%)	표시이자(6%)	장부금액 조정	채무증권 장부금액
20×1. 1. 1.				₩948,456
20×1. 12. 31.	₩75,876	₩60,000	₩15,876	964,332
20×2. 12. 31.	77,147	60,000	17,147	981,479
20×3. 12. 31.	78,521(1)	60,000	18,521	1,000,000
합계	₩231,544	₩180,000	₩51,544	

(1) 단수차이 조정

물음 3

채무상품의 최초 인식금액
=미래 이자수취액의 현재가치+원금수취액의 현재가치
=₩60,000×2.77509(기간 3, 4%, 연금현가계수)
+1,000,000×0.88900(기간 3, 4%, ₩1의 현가계수)=₩1,055,505

물음 4

일자	유효이자(4%)	표시이자(6%)	장부금액조정	채무증권 장부금액
20×1. 1. 1.				₩1,055,505
20×1. 12. 31.	₩42,220	₩60,000	₩17,780	1,037,725
20×2. 12. 31.	41,509	60,000	18,491	1,019,234
20×3. 12. 31.	40,766[(1)]	60,000	19,234	1,000,000
합계	₩124,495	₩180,000	₩55,505	

(1) 단수차이 조정

물음 5

<20×1년 4월 1일 채무증권의 최초 인식금액 계산>

20×1년 1월 1일의 발행가액(해답 1 참조)	₩948,456
1월 1일부터 4월 1일까지 발생한 유효이자 (₩948,456×8%×3/12＝₩18,929)	18,969
1월 1일부터 4월 1일까지 발생한 표시이자 (₩1,000,000×6%×3/12＝₩15,000)	(15,000)
20×1년 4월 1일의 발행가액	₩952,425

<20×1. 4. 1. 채무증권 취득 시>

(차)	AC 금융자산	952,425	(대) 현 금	967,425
	미 수 수 익	15,000		

<채무증권 장부금액 조정표 작성>

일자	유효이자(8%)	표시이자(6%)	장부금액조정	채무증권 장부금액
20×1. 4. 1.				₩952,425
20×1. 12. 31.	₩56,907[(1)]	₩45,000	₩11,907	964,332
20×2. 12. 31.	77,147	60,000	17,147	981,479
20×3. 12. 31.	78,521[(2)]	60,000	18,521	1,000,000
합계	₩212,575	₩165,000	₩47,575	

(1) ₩948,456×8%×9/12＝₩56,907
(2) 단수차이 조정

<20×1. 12. 31. 이자수익>

(차)	현 금	60,000	(대) 이 자 수 익	56,907
	AC 금융자산	11,907	미 수 수 익	15,000

03 ㈜한국은 20×1년 1월 1일에 다음과 같은 조건으로 발행된 채무증권을 취득하였다.

- 액면금액 : ₩1,000,000
- 이자지급 : 매년 12월 31일에 액면금액의 5% 지급
- 만기상환 : 20×3년 12월 31일에 원금 일시 상환

물음

1. 취득일의 유효이자율이 연 7%일 때 채무증권의 최초 인식금액을 계산하라.
2. 채무상품을 AC 금융자산으로 분류하였다고 가정하고 20×1년부터 20×3년까지 채무증권의 장부금액 조정표를 작성하라.
3. (물음 2)에서 회사가 자금 수요에 충당하기 위해서 AC 금융자산을 20×3년 1월 1일에 ₩983,000에 중도 매각했을 때 회계처리를 하라.
4. (물음 2)와 (물음 3)에 관계없이 채무상품을 FVOCI 금융자산으로 분류하였다고 가정하고 20×1년 말과 20×2년 말 공정가치 평가와 관련된 회계처리를 하라. 단, 20×1년 말과 20×2년 말 공정가치는 각각 ₩960,000과 ₩983,000이다.
5. (물음 4)와 관련하여 회사가 FVOCI 금융자산을 20×3년 1월 1일에 ₩983,000에 중도 매각했을 때 회계처리를 하라.
6. 회사가 채무증권을 AC 금융자산으로 분류한 경우와 FVOCI 금융자산으로 분류한 경우 20×1년 1월 1일부터 20×3년 1월 1일까지 당기손익에 미친 영향을 비교하라.

해답

물음 1

채무상품의 최초 인식금액
=미래 이자수취액의 현재가치+원금수취액의 현재가치
=₩50,000×2.62432(기간 3, 7%, 연금현가계수)
+1,000,000×0.81630(기간 3, 7%, ₩1의 현가계수)=₩947,516

물음 2

일자	유효이자(7%)	표시이자(5%)	장부금액조정	채무증권 장부금액
20×1. 1. 1.				₩947,516
20×1. 12. 31.	₩66,326	₩50,000	₩16,326	963,842
20×2. 12. 31.	67,469	50,000	17,469	981,311
20×3. 12. 31.	68,689(1)	50,000	18,689	1,000,000
합계	₩202,484	₩150,000	₩52,484	

(1) ₩981,311×7%=₩68,692이나 단수차이 조정을 위하여 ₩68,689를 이자수익으로 인식한다.

물음 3

<20×3. 1. 1.>

(차)	현 금	983,000	(대) AC 금융자산	981,311
			금융자산처분이익	1,689

물음 4

<20×1. 12. 31.>

(차)	금융자산평가손실(OCI)	3,842(1)	(대) FVOCI 금융자산	3,842

(1) 공정가치 평가 전 장부금액=₩963,842. 이자수익 인식금액은 AC 금융자산과 동일
평가손익=₩960,000−963,842=(−)₩3,842

<20×2. 12. 31.>

(차)	FVOCI 금융자산	5,531	(대) 금융자산평가손실(OCI)	3,842(2)
			금융자산평가이익(OCI)	1,689(2)

(2) 공정가치 평가 전 장부금액=₩960,000(기초잔액)+17,469(이자수익 인식에 따른 장부금액 조정)
=₩977,469
평가손익=₩983,000−977,469=₩5,531
전기이월 평가손실(OCI) ₩3,842를 우선 감소시키고 초과액 ₩1,689를 평가이익(OCI)으로 인식

물음 5

<20×3. 1. 1.>

(차)	현 금	983,000	(대) FVOCI 금융자산	983,000
	금융자산평가이익(OCI)	1,689	금융자산처분이익	1,689

물음 6

당기손익 영향	AC 금융자산으로 분류	FVOCI 금융자산으로 분류
20×1년 이자수익	₩66,326	₩66,326
20×2년 이자수익	67,469	67,469
20×3년 처분이익	1,689	1,689
합계	₩135,484	₩135,484

채무상품을 취득하여 처분할 때까지 AC 금융자산으로 분류하든, FVOCI 금융자산으로 분류하든 연도별 당기손익에 미치는 영향에 차이는 없다.

04 ㈜한강은 20×1년 1월 1일에 다음과 같은 조건으로 발행된 채무증권을 취득하였다.

- 액면금액 : ₩1,000,000
- 이자지급 : 매년 12월 31일에 액면금액의 4% 지급
- 만기상환 : 20×3년 12월 31일에 원금 일시 상환

물음

1. 취득일의 유효이자율이 연 6%일 때 채무증권의 최초 인식금액(미래현금흐름의 현재가치)을 계산하라.
2. 20×1년부터 20×3년까지 유효이자율법을 적용하여 채무증권의 장부금액 조정표를 작성하라.
3. 채무상품을 FVOCI 금융자산으로 분류하였다고 가정하고 20×1년 말과 20×2년 말에 ㈜한강이 해야 할 회계처리를 하라. 단, 20×1년 말과 20×2년 말 공정가치는 각각 ₩965,000과 ₩980,000이다.
4. (물음 3)과 관련하여 채무상품을 FVPL 금융자산으로 분류하였다고 가정하고 다시 답하라. 단, FVPL 금융자산의 이자비용은 표시이자로 인식한다.

해답

물음 1

채무상품의 최초 인식금액

=미래 이자수취액의 현재가치+원금수취액의 현재가치

=₩40,000×2.67301(기간 3, 6%, 연금현가계수)

+1,000,000×0.83962(기간 3, 6%, ₩1의 현가계수)=₩946,540

물음 2

일자	유효이자(6%)	표시이자(4%)	장부금액조정	채무증권 장부금액
20×1. 1. 1.				₩946,540
20×1. 12. 31.	₩56,792	₩40,000	₩16,792	963,332
20×2. 12. 31.	57,800	40,000	17,800	981,132
20×3. 12. 31.	58,868	40,000	18,868	1,000,000
합계	₩173,460	₩120,000	₩53,460	

물음 3

<20×1. 12. 31.>

(차)	현금	40,000	(대) 이자수익	56,792
	FVOCI 금융자산	16,792		
(차)	FVOCI 금융자산	1,668[(1)]	(대) 금융자산평가이익(OCI)	1,668

(1) 공정가치 평가 전 장부금액=₩963,332
평가이익=₩965,000−963,332=₩1,668

<20×2. 12. 31.>

(차)	현금	40,000	(대) 이자수익	57,800
	FVOCI 금융자산	17,800		
(차)	금융자산평가이익(OCI)	1,668[(3)]	(대) FVOCI 금융자산	2,800[(2)]
		1,132[(3)]		

(2) 공정가치 평가 전 장부금액=₩965,000+17,800=₩982,800
평가손실=₩980,000−982,800=(−) ₩2,800
(3) 전기이월 평가이익 ₩1,668을 우선 제거하고 초과액을 평가손실로 인식한다.

물음 4

<20×1. 12. 31.>

(차)	현금	40,000	(대) 이자수익	40,000
(차)	FVPL 금융자산	18,460	(대) 금융자산평가이익(PL)	18,460

(1) 공정가치 평가 전 장부금액=₩946,540
평가이익=₩965,000−946,540=₩18,460

<20×2. 12. 31.>

(차)	현금	40,000	(대) 이자수익	40,000
(차)	FVPL 금융자산	15,000	(대) 금융자산평가이익(PL)	15,000[(2)]

(2) 공정가치 평가 전 장부금액=₩965,000
평가이익=₩980,000−965,000=₩15,000

05 ㈜대한은 20×1년 7월 1일에 A회사 발행 주식 200주를 주당 ₩3,000에 취득하였으며, 취득 과정에서 직접 거래원가 ₩2,000을 지급하였다. ㈜대한은 20×2년 4월 1일에 A회사 발행 주식 중 100주를 주당 ₩4,000에 처분하였고, 나머지 주식 100주는 20×3년 1월 5일에 주당 ₩3,800에 처분하였다. 20×1년 12월 31일과 20×2년 12월 31일 현재 A회사 발행주식의 주당 공정가치는 각각 ₩3,600과 ₩3,900이다.

물음

1. ㈜대한이 A회사 주식을 취득하면서 FVPL 금융자산으로 분류하였다고 가정하고 20×1년 7월 1일부터 20×3년 1월 5일까지 필요한 회계처리를 모두 하라.
2. ㈜대한이 A회사 주식을 취득하면서 FVOCI 금융자산으로 분류는 것을 선택하였다고 가정하고 20×1년 7월 1일부터 20×3년 1월 5일까지 필요한 회계처리를 모두 하라.
3. (물음 1)과 (물음 2)의 답에 기초하여 A회사 주식을 FVPL 금융자산으로 분류한 경우와 FVOCI 선택 금융자산으로 분류한 경우로 구분하여 20×1년도와 20×3년도의 당기손익에 미친 영향을 비교하라.

해답

물음 1

<20×1. 7. 1.>

(차)	FVPL 금융자산	600,000	(대) 현금	602,000
	수수료비용	2,000[(1)]		

(1) FVPL 금융자산 취득과 직접 관련된 거래원가는 당기비용으로 인식한다.

<20×1. 12. 31.>

(차)	FVPL 금융자산	120,000	(대) 금융자산평가이익(PL)	120,000[(2)]

(2) 기말 공정가치 = 200주×₩3,600 = ₩720,000
평가이익 = ₩720,000 − 600,000 = ₩120,000

<20×2. 4. 1.>

(차)	현금	400,000[(3)]	(대) FVPL 금융자산	360,000[(4)]
			금융자산처분이익	40,000

(3) 100주×₩4,000 = ₩400,000
(4) 100주×₩3,600 = ₩360,000

<20×2. 12. 31.>

(차) F V P L 금 융 자 산 30,000 (대) 금융자산평가이익(PL) 30,000(5)

(5) 기말 공정가치 = 100주×₩3,900 = ₩390,000
공정가치 평가 전 장부금액 = 100주×₩3,600 = ₩360,000
평가이익 = ₩390,000 − 360,000 = ₩30,000

<20×3. 1. 5.>

(차) 현 금 380,000(6) (대) F V P L 금 융 자 산 390,000(7)
금 융 자 산 처 분 손 실 10,000

(6) 100주×₩3,800 = ₩380,000
(7) 100주×₩3,900 = ₩390,000

물음 2

<20×1. 7. 1.>

(차) FVOCI 선택 금융자산 602,000(1) (대) 현 금 602,000

(1) FVOCI 금융자산 취득과 직접 관련된 거래원가는 최초 인식금액에 가산한다.

<20×1. 12. 31.>

(차) FVOCI 선택 금융자산 118,000 (대) 금융자산평가이익(OCI) 118,000(2)

(2) 기말 공정가치 = 200주×₩3,600 = ₩720,000
평가이익 = ₩720,000 − 602,000 = ₩118,000(기타포괄손익)

<20×2. 4. 1.>

(차) FVOCI 선택 금융자산 40,000 (대) 금융자산평가이익(OCI) 40,000(3)

(3) 처분 직전 공정가치 변동을 인식한다. 100주×(₩4,000 − 3,600) = ₩40,000
처분손익을 인식하지 않는다.

(차) 현 금 400,000 (대) FVOCI 선택 금융자산 400,000

<20×2. 12. 31.>

(차) F V O C I 금 융 자 산 30,000 (대) 금융자산평가이익(OCI) 30,000(4)

(4) 기말 공정가치 = 100주×₩3,900 = ₩390,000
공정가치 평가 전 장부금액 = ₩360,000
평가이익 = ₩390,000 − 360,000 = ₩30,000(기타포괄손익)

<20×3. 1. 5.>

(차) 금융자산평가이익(OCI) 10,000(5) (대) FVOCI 선택 금융자산 10,000

(5) 처분 직전 공정가치 변동을 인식한다. 100주×(₩3,800 − 3,900) = (−)₩10,000. 금융자산평가손실을 인식하지 않고 전기이월 금융자산평가이익(OCI)을 감소시킨다. 처분손익을 인식하지 않는다.

(차) 현 금 380,000 (대) FVOCI 선택 금융자산 380,000

물음 3

당기손익 영향	FVPL 금융자산으로 분류	FVOCI 선택 금융자산으로 분류
20×1년 수수료비용	(₩2,000)	–
평가이익	120,000	–
20×2년 처분손익	40,000	–
평가이익	30,000	–
20×3년 처분손익	(10,000)	–
합계	₩178,000	–

06 ㈜한국은 ㈜서울의 주식을 다음과 같이 매매하였다.

거래일	거래내역	주식수	취득/처분 단가
20×1. 10. 1.	취득	100주	₩1,000
20×2. 5. 1.	처분	60주	₩1,150
20×2. 11. 1.	취득	100주	₩1,300

20×1년 12월 31일과 20×2년 12월 31일 현재 ㈜서울 주식의 주당 공정가치는 각각 ₩1,100과 ₩1,200이다. ㈜서울은 20×2년 말에 주당 ₩30의 현금배당을 지급하기로 결의하였다.

물음

1. ㈜한국이 ㈜서울의 주식을 FVPL 금융자산으로 분류하였다고 가정하고 20×1년과 20×2년에 해야 할 회계처리를 모두 하라.
2. (물음 1)과 관계없이 ㈜한국이 ㈜서울의 주식을 FVOCI 선택 금융자산으로 분류하였다고 가정하고 20×1년과 20×2년에 해야 할 회계처리를 모두 하라.

해답

물음 1

<20×1. 10. 1.>

(차) F V P L 금 융 자 산 100,000 (대) 현 금 100,000[(1)]

(1) 100주×₩1,000 = ₩100,000

<20×1. 12. 31.>

(차) FVPL 금융자산	10,000	(대) 금융자산평가이익(PL)	10,000[(2)]

(2) 100주×(₩1,100 − 1,000) = ₩10,000

<20×2. 5. 1.>

(차) 현금	69,000[(3)]	(대) FVPL 금융자산	66,000[(4)]
		금융자산처분이익	3,000

(3) 60주×₩1,150 = ₩69,000
(4) 60주×₩1,100 = ₩66,000

<20×2. 11. 1.>

(차) FVPL 금융자산	130,000	(대) 현금	130,000[(5)]

(5) 100주×₩1,300 = ₩130,000

<20×2. 12. 31.>

(차) 금융자산평가손실(PL)	6,000[(6)]	(대) FVPL 금융자산	6,000
(차) 미수배당금	4,200[(7)]	(대) 배당금수익	4,200

(6) 공정가치 평가 전 금융자산 장부금액 = ₩174,000
평가손익 = 140주×1,200 − 174,000 = (−)₩6,000
(7) 140주×₩30 = ₩4,200

물음 2

<20×1. 10. 1.>

(차) FVOCI 선택 금융자산	100,000	(대) 현금	100,000[(1)]

(1) 100주×₩1,000 = ₩100,000

<20×1. 12. 31.>

(차) FVOCI 선택 금융자산	10,000	(대) 금융자산평가이익(OCI)	10,000[(2)]

(2) 100주×(₩1,100 − 1,000) = ₩10,000

<20×2. 5. 1.>

(차) FVOCI 선택 금융자산	3,000[(3)]	(대) 금융자산평가이익(OCI)	3,000
(차) 현금	69,000[(4)]	(대) FVOCI 선택 금융자산	69,000

(3) 처분직전에 공정가치 평가손익 인식. 60주×(₩1,150 − 1,000) = ₩3,000(평가이익)
(4) 60주×₩1,150 = ₩69,000. 처분손익을 인식하지 않는다.

<20×2. 11. 1.>

(차) FVOCI 선택 금융자산	130,000	(대) 현금	130,000

(5) 100주×₩1,300 = ₩130,000

<20×2. 12. 31.>

(차) 금융자산평가이익(OCI)	6,000(6)	(대) FVOCI 선택 금융자산	6,000
(차) 미 수 배 당 금	4,200(7)	(대) 배 당 금 수 익	4,200

(6) 공정가치 평가 전 금융자산 장부금액 = ₩174,000
평가손익 = 140주×1,200 − 174,000 = (−)₩6,000
기타포괄손익으로 인식했던 평가이익을 우선 감소

(7) 140주×₩30 = ₩4,200

07 ㈜한국의 20×1년 말 현재 이자수익 인식 후, 공정가치 평가 및 손상차손 인식 전 채무상품의 내역은 다음과 같다.

종류	손실충당금 차감 전 장부금액	손실충당금 잔액	기말 공정가치
AC 금융자산	₩360,000	₩15,000	₩350,000
FVOCI 금융자산	280,000	−	265,000
FVPL 금융자산	120,000	−	115,000

FVOCI 금융자산과 FVPL 금융자산은 모두 20×1년 중에 취득하였으며, AC 금융자산은 전기에 취득하였다.

물음

1. 20×1년 말 현재 AC 금융자산의 만기는 3년이 남아 있는 상태이다. 기대신용손실을 추정하기 위한 기간은 20×1년 말부터 언제까지인지 설명하라.
2. (물음 1)과 관련하여 20×1년 말 현재 AC 금융자산의 기대신용손실을 ₩13,000으로 추정하였을 때 보고기간 말에 해야 할 회계처리를 하라.
3. 20×1년 말 현재 FVOCI 금융자산의 기대신용손실을 ₩10,000으로 추정하였을 때 보고기간 말에 해야 할 회계처리를 하라.
4. 20×1년 말 현재 FVPL 금융자산의 기대신용손실을 ₩6,000으로 추정하였을 때 보고기간 말에 해야 할 회계처리를 하라.

해답

물음 1

AC 금융자산의 신용위험이 유의적으로 증가하지 않았다면 보고기간 말부터 12개월 동안만 기대신용손실을 추정하고, 신용위험이 유의적으로 증가하거나 신용이 손상되었다면 AC 금융자산의 전체 기간(3년) 동안 기대신용손실을 추정한다.

물음 2

(차) 손 실 충 당 금	2,000	(대) 손 상 차 손 환 입	2,000[(1)]

(1) 당기 말 손실충당금 잔액이 ₩13,000이어야 하는데, 전기이월 손실충당금이 ₩15,000이므로 ₩2,000만큼 손실충당금을 환입한다. AC 금융자산에 대해서는 공정가치 변동을 인식하지 않는다.

물음 3

(차) 금융자산평가손실(OCI)	15,000[(1)]	(대) FVOCI 금융자산	15,000
(차) 손 상 차 손	10,000[(2)]	(대) 금융자산평가손실(OCI)	10,000[(2)]

(1) 공정가치 변동에 따른 평가손실 = ₩265,000 − 280,000 = (−)₩15,000
FVOCI 금융자산의 평가손익은 기타포괄손익으로 인식한다.

(2) 당기 중 취득한 FVOCI 금융자산의 당기 말 기대신용손실이 ₩10,000이므로 ₩10,000의 손상차손을 인식한다. 다만, 상대계정을 손실충당금으로 회계처리하지 않고 이미 기타포괄손익으로 인식한 평가손익에서 조정한다.

물음 4

(차) 금융자산평가손실(PL)	5,000[(1)]	(대) FVPL 금융자산	5,000

(1) 공정가치 변동에 따른 평가손실 = ₩115,000 − 120,000 = (−)₩5,000
FVPL 금융자산의 평가손익은 당기손익으로 인식한다.
FVPL 금융자산에 대해서는 손상차손을 인식하지 않는다.

제 9 장

금융부채

1 금융부채의 의의

1.1 금융부채란?

제8장에서 금융상품(financial instrument)이란 거래당사자 일방에게 금융자산(financial asset)을 발생시키고, 동시에 다른 거래상대방에게 금융부채(financial liability)나 지분상품(equity instrument)을 발생시키는 모든 계약(contract)으로 정의하였다. 거래당사자 일방이 금융자산을 인식하면 다른 당사자는 금융부채를 인식할 수도 있고, 지분상품을 인식할 수도 있다. 지분상품은 제11장에서 설명하는데, 필요한 경우 본장에서 지분상품도 함께 설명할 것이다.

기준서 제1032호 '금융상품 : 표시'에서 규정하는 금융부채와 지분상품은 다음과 같다.

[금융부채]

① 다음 중 하나에 해당하는 계약상 의무
   ㉠ 거래상대방에게 현금 등 금융자산을 인도하기로 한 계약상 의무
   ㉡ 잠재적으로 불리한 조건으로 거래상대방과 금융자산이나 금융부채를 교환하기로 한 계약상 의무*

② 기업 자신의 지분상품(이하 '자기지분상품'이라 함)으로 결제되거나 결제될 수 있는 다음 중 하나의 계약
   ㉠ 인도할 자기지분상품의 수량이 변동가능한 비파생상품
   ㉡ 확정 수량의 자기지분상품에 대하여 확정금액의 현금 등 금융자산을 교환하여 결제하는 방법이 아닌 방법으로 결제되거나 결제될 수 있는 파생상품*

   * 파생상품에 해당하는 금융부채는 중급회계 및 고급회계에서 설명한다.

[지분상품]

기업의 자산에서 모든 부채를 차감한 후의 잔여지분을 나타내는 모든 계약

(1) 금융자산을 인도하기로 한 계약상 의무

기업이 발행한 사채 등 채무상품에 대해서 기업은 채무상품의 보유자에게 이자와 원금을 지급할 계약상 의무를 부담하므로 이를 금융부채로 분류한다. 또한 매입채무, 미지급금, 차입금 등도 거래상대방에게 현금 등을 지급할 계약상 의무이므로 금융부채로 분류한다. 그러나 과세당국에 납부할 당기법인세부채는 계약상 의무가 아니므로 금융부채에 해당하지 않는다. 또한 충당부채를 설정해야 하는 의제의무[1]도 계약에서 발생한 것이 아니므로 금융부채가 아니다.

1) 의제의무(constructive obligation)는 제10장에서 자세하게 설명한다.

계약에 기초한 의무이더라도 현금 등 금융자산을 인도할 의무가 아니라면 금융부채로 분류할 수 없다. 예를 들어, 선수금이나 선수수익은 거래상대방에게 현금이 아니라 재화나 용역을 제공해야 할 의무이므로 금융부채에 해당하지 않는다.

계약상 의무의 이행이 미래사건의 발생 여부를 조건으로 할 수도 있다. 예를 들어, 갑회사가 은행으로부터 차입을 하고자 하는데, 을회사가 갑회사에게 금융보증을 제공하는 경우가 있다. 을회사의 보증의무의 이행은 채무자인 갑회사의 채무 불이행이라는 미래사건의 발생을 조건으로 하더라도 계약상 의무에 해당한다. 따라서 금융보증계약은 금융부채에 해당한다.

(2) 자기지분상품으로 결제되는 계약

현금 등 금융자산을 이전해야 할 의무만 금융부채로 분류되는 것은 아니다. 결제수단이 자기지분상품이고 이를 이전하는 계약(예 : 갑회사가 갑회사 주식을 이전하는 계약)은 성격에 따라 금융부채 또는 지분상품으로 분류한다.

자기지분상품으로 결제되는 계약의 성격을 이해하기 위해서 투자자가 발행자의 자본위험을 부담하는지의 여부를 먼저 설명한다. 여기에서 자본위험이란 발행자의 기업 가치가 하락할 경우 발행자의 자산에서 부채를 차감한 잔여지분 즉, 자본의 가치도 하락하는 위험을 말한다. 예를 들어, 투자자가 갑회사의 주식을 취득한 경우 갑회사의 기업 가치가 하락하면 투자자가 보유한 갑회사 주식의 가치도 하락하므로 투자자는 갑회사의 자본위험을 부담한다.[2] 반면에 투자자가 갑회사의 채무상품(예 : 사채)을 취득한 경우에는 갑회사의 기업 가치가 하락하더라도 투자자는 사전에 확정된 이자와 원금을 수취할 권리를 갖고 있으므로 갑회사의 자본위험을 부담하지 않는다.

이와 같은 자본위험의 특성을 자기지분상품으로 결제하는 계약에 적용해 보자. 발행자가 확정수량－확정금액 조건(fixed-for-fixed arrangement)으로 자기지분상품을 결제하는 계약을 발행(예를 들어, 확정 수량의 주식으로 전환할 수 있는 권리를 부여한 계약을 발행)하고 이를 투자자가 취득한 경우, 발행자의 주식 가치가 하락하면 투자자가 수취할 자기지분상품의 수량이 확정되어 있으므로 투자자가 보유한 계약의 가치도 하락한다. 즉, 투자자는 발행자의 자본위험을 부담하므로(즉, 기존 주주와 동일한 자본위험을 부담하므로) 발행자는 이러한 계약을 지분상품(자본)으로 분류한다.

---

2) 어떤 이유로 인하여 기업 가치가 하락하면 결국 주식 가치가 하락하며, 그 결과 회사의 자본 가치 즉, 자산에서 부채를 차감한 잔여지분 가치도 하락한다.

반면에 발행자가 변동수량−변동금액 조건으로 자기지분상품을 결제하는 계약을 발행(예를 들어, 발행자의 주가가 하락할 경우 전환되는 주식 수량을 증가 조정하는 조건으로 계약을 발행)하고 이를 투자자가 취득한 경우, 발행자의 주식 가치가 하락하더라도 투자자가 수취할 자기지분상품의 수량이 증가하므로 투자자가 보유한 계약의 가치는 변동하지 않는다. 즉, 투자자는 발행자의 자본 위험을 부담하지 않으므로(즉, 기존 주주와 동일한 자본위험을 부담하지 않으므로) 발행자는 이러한 계약을 금융부채로 분류한다.

요약하면, 자기지분상품으로 결제하는 계약의 경우 거래 상대방이 기존 주주가 부담하는 자본위험(즉, 잔여지분 위험)과 동일한 위험을 부담하면 발행자는 이를 지분상품(즉, 자본)으로 분류하고, 거래 상대방이 발행자의 기존 주주가 부담하는 자본위험(즉, 잔여지분 위험)과 동일하지 않은 위험을 부담하면 발행자는 이를 금융부채로 분류한다. 이렇게 금융부채와 지분상품을 분류하는 것은 위에서 언급했던 기준서 제1032호에서 지분상품을 '기업의 자산에서 모든 부채를 차감한 후의 잔여지분을 나타내는 모든 계약'으로 정의한 것과 일관되는 회계처리이다.

지금까지 자기지분상품을 인도하는 계약의 분류를 설명하였는데, 8장에서 설명한 자기지분상품을 수취하는 계약과 함께 금융상품의 분류를 [표 1]에 요약하였다.

| 표 1 | 자기지분상품으로 결제되는 계약(비파생상품과 파생상품 모두 포함)의 분류

구분	인도하는 자기지분상품의 분류	수취하는 자기지분상품의 분류
인도하는 자기지분상품의 수량이 확정되어 있거나(비파생상품), 또는 인도하는 자기지분상품의 수량과 그 대가의 금액이 모두 확정되어 있는 경우(파생상품)	지분상품	지분상품의 감소
인도하는 자기지분상품의 수량이 변동가능하거나(비파생상품), 또는 인도하는 자기지분상품의 수량과 그 대가의 금액 중 하나 또는 모두가 확정되어 있지 않은 경우(파생상품)	금융부채	금융자산

[표 1]에서 자기지분상품을 수취하는 계약의 경우에도 잔여지분 위험의 부담 여부에 따라 분류한다. 즉, 확정수량−확정금액 조건으로 자기지분상품을 수취하는 계약은 지분상품의 감소(즉, 자기주식을 취득할 때 자산 증가가 아니라 자본 감소로 인식하는 것과 같은 개념임)로 분류하고, 변동수량−변동금액 조건으로 자기지분상품을 수취하는 계약은 금융자산으로 분류한다고 이해하면 된다.

예 1 자기지분상품으로 결제되는 계약

〈상황 1〉
갑회사가 을회사로부터 상품을 ₩10,000에 매입하고 대가는 1개월 후에 갑회사 주식 100주(액면총액 ₩6,000)를 인도하여 결제하는 계약을 체결하였다. 이 경우 회계처리를 제시하면 다음과 같다.

(1) 상품 매입 시

(차) 상　품	10,000	(대) 기타자본항목	10,000

갑회사가 인도해야 할 자기지분상품의 수량이 확정되어 있으므로 지분상품으로 분류한다.

(2) 자기지분상품 인도 시

(차) 기타자본항목	10,000	(대) 자　본　금	6,000
		주식발행초과금	4,000

1개월 후에 실제로 갑회사가 주식 100주를 발행할 경우 동 지분상품을 다른 자본 항목(자본금 등)으로 대체한다.

〈상황 2〉
갑회사가 을회사로부터 상품을 ₩10,000에 매입하고 대가는 1개월 후에 공정가치 ₩10,500에 상당하는 갑회사 주식을 인도하여 결제하는 계약을 체결하였다. 이 경우 회계처리를 제시하면 다음과 같다.

(1) 상품 매입 시

(차) 상　품	10,000	(대) 금 융 부 채	10,000

1개월 후의 갑회사 주식의 공정가치에 따라 인도해야 할 갑회사 주식의 수량이 변동될 수 있다. 이러한 경우 갑회사 주식은 공정가치 ₩10,000의 의무 이행을 위한 결제수단으로 사용되는 것이므로 금융부채로 분류한다.

(2) 자기지분상품 인도 시, 인도하는 주식의 액면총액 ₩6,500 가정

(차) 이 자 비 용	500	(대) 금 융 부 채	500

자기지분상품 인도일에 금융부채의 장부금액이 ₩10,500이 되도록 이자비용을 인식한다.

(차) 금 융 부 채	10,500	(대) 자 본 금	6,500
		주식발행초과금	4,000

1.2 금융부채와 지분상품의 구분

일반적으로 기업들은 부채비율을 낮게 유지함으로써 추가 차입 시 금융비용의 부담을 줄일 수 있고, 부채약정을 위반하지 않을 수도 있으므로 특정 금융상품이 금융부채와 지분상품의 두 가지 특성을 모두 가지고 있다면 금융부채보다는 지분상품으로 구분할 유인이 높다. 따라서 특정 금융상품이 금융부채인지, 아니면 지분상품인지 구분하는 것은 매우 중요하다.

금융부채와 지분상품을 구분하는 가장 중요한 특징은 계약상 의무를 결제하기 위하여 현금 등 금융자산의 인도를 회피할 수 있는가의 여부이다. 만일 기업이 금융자산의 인도를 회피할 수 있는 무조건적인 권리를 가지고 있지 않다면 금융부채로 분류하고, 금융자산의 인도를 회피할 수 있다면 지분상품으로 분류한다.

또한 현금과 같은 금융자산을 인도하는 것이 아니라 자기지분상품을 인도하는 경우 전술한 바와 같이 보유자가 발행자의 기존 주주와 동일한 자본위험(즉, 잔여지분 위험)을 부담하지 않으면 금융부채로 분류하고, 기존 주주와 동일한 자본위험을 부담하면 지분상품으로 분류한다.

금융상품은 법적 형식이 아니라 실질에 따라 분류하여야 한다. 어떤 금융상품이 법적으로는 지분상품의 형식을 가지고 있더라도 실질적으로 금융부채에 해당하면 금융부채로 분류한다. 이와 관련하여 기준서 제1032호가 제시하고 있는 사례는 다음과 같다.

① 다음의 상환우선주는 금융부채로 분류
우선주의 발행자가 보유자에게 확정되었거나 결정가능한 미래의 시점에 확정되었거나 결정가능한 금액을 의무적으로 상환해야 하거나, 우선주의 보유자가 발행자에게 특정일이나 그 이후에 확정되었거나 결정가능한 금액의 상환을 청구할 수 있는 권리를 보유하고 있는 경우

② 다음의 풋가능 금융상품(puttable instrument)은 금융부채로 분류
금융상품의 보유자가 발행자에게 당해 금융상품의 환매를 요구하여 현금 등 금융자산을 수취할 권리가 부여된 금융상품

상환우선주의 경우 상환권리를 발행자가 갖는 경우(callable preferred share)와 보유자가 갖는 경우(redeemable preferred share)가 있다. 발행자가 상환권리를 갖는다면 발행자는 상환의무가 없으므로 상환우선주는 지분상품으로 분류한다. 그러나 보유자가 상환권리를 갖는다면 발행자는 상환의무를 회피할 수 없기 때문에 우선주의 법적 형식은 지분상품(즉, 자본)이지만 금융부채로 분류하여야 한다. 금융부채로 분류되는 우선주의 구체적인 회계처리는 중급회계에서 설명한다.

상환우선주가 아닌 우선주가 누적적 우선주라면, 특정 연도에 배당가능이익이 부족하여 배당을 지급하지 못할 경우 이후에 이를 누적하여 배당을 해야 한다. 그러나 배당의 누적 여부에 관계없이 우선주의 보유자에 대한 배당을 발행자가 재량적으로 결정할 수 있다면 그러한 우선주는 지분상품이다.

금융상품의 보유자에게 환매를 요구할 수 있는 권리가 부여되어 있는 금융상품을 풋가능 금융상품이라고 하는데, 보유자가 환매를 요구하면(즉, 풋옵션을 행사하면) 발행자가 의무를 이행해야 하므로 금융부채로 분류한다. 그러나 풋가능 금융상품이 잔여재산에 귀속되는 지분상품의 모든 특성을 가지고 있다면[3] 지분상품으로 분류한다.

2 금융부채의 분류와 최초 측정

2.1 금융부채의 분류

제8장에서 금융자산은 계약상 현금흐름 특성조건과 기업의 사업모형에 따라 분류를 달리하였다. 이에 반해 금융부채는 최초 인식시점에서는 공정가치로 측정하지만 후속적으로 상각후원가로 측정하는 금융부채와 별도의 후속 측정기준을 적용하는 금융부채로 분류하며, 공정가치 측정 금융부채로 지정하는 경우도 있다. 금융부채의 분류를 표시하면 다음의 [그림 1]과 같다.

3) 풋가능 금융상품이 지분상품의 모든 특성을 가지고 있는 경우에 대한 구체적인 요건은 중급회계에서 설명한다.

| 그림 11 | 금융부채의 분류

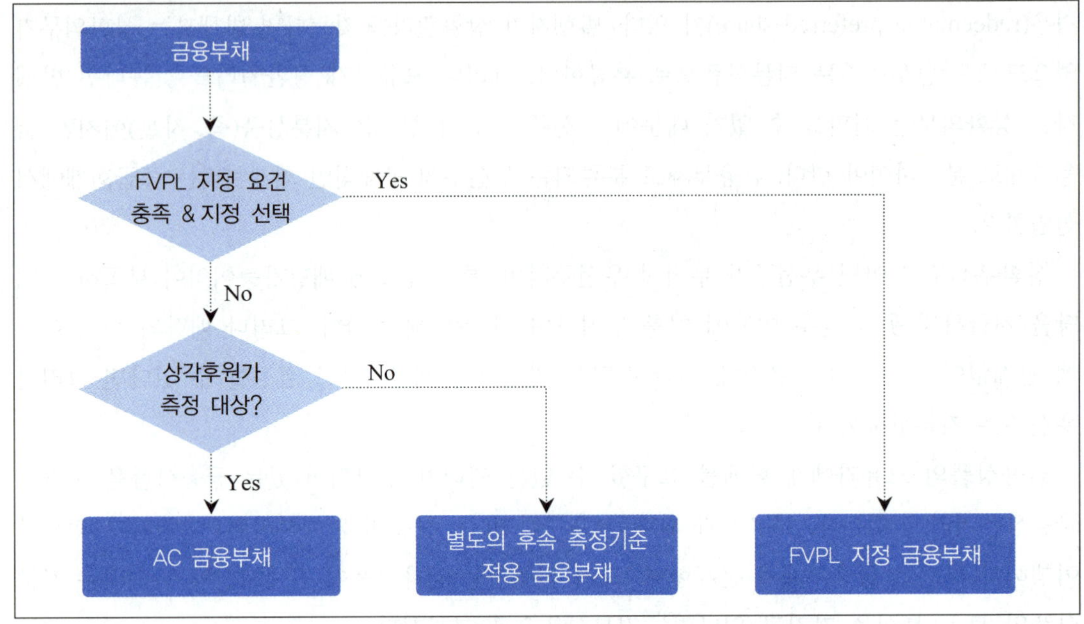

제8장에서 금융자산을 FVPL 항목으로 지정하는 경우를 설명하였는데, 금융부채도 특정 조건을 충족하면 FVPL 항목으로 지정할 수 있다. 금융부채를 FVPL 항목으로 지정하지 않는다면 대부분의 금융부채는 상각후원가(amortized cost)로 측정하는 금융부채로 분류한다. 그러나 금융보증계약을 비롯한 몇 가지 금융부채는 별도로 후속측정기준을 적용하는 금융부채로 분류한다. 본장에서는 AC 금융부채의 회계처리만 설명하고, 별도의 후속측정기준을 적용하는 금융부채와 FVPL 지정 금융부채는 중급회계에서 설명한다.

2.2 최초 측정

금융부채는 금융상품의 계약당사자가 되는 때에만 재무상태표에 인식한다. 그리고 금융자산과 마찬가지로 금융부채도 최초 인식시점에 공정가치로 측정한다. 당기손익－공정가치측정(FVPL) 금융부채 이외의 금융부채의 발행과 직접 관련되는 거래원가는 당해 금융부채의 최초 인식금액에서 차감한다.

이에 반해 FVPL 금융부채의 발행과 직접 관련되는 거래원가는 당기비용으로 인식하는데, 당해 금융부채의 공정가치에서 거래원가를 차감하더라도 보고기간 말에 인식하는 공정가치평가손익을 당기손익으로 인식하기 때문에 거래원가를 당기비용으로 인식한 경우와 비교할 때 당기손익에 미치는 결과는 동일하다. 따라서 실무상 회계처리의 편의를 위해서 거래원가를 당기비용으로 인식한다. 이러한 회계처리는 금융자산 취득 시 발생한 거래원가의 회계처리(제8장 3.2절에서 설명함)와 일관된다.

2.3 사채의 최초 측정

(1) 사채의 발행가액 계산

본장에서는 대표적인 AC 금융부채인 사채를 중심으로 회계처리를 설명한다. 제8장의 3.1절에서 채무상품의 발행가액 계산 과정을 이미 설명하였는데, 사채와 같은 채무상품의 발행가액도 아래의 [그림 2]와 같이 이자와 원금 지급의 미래현금흐름을 유효이자율로 할인한 현재가치로 계산한다. 그리고 이렇게 계산한 현재가치가 최초 인식시점의 공정가치이다.

| 그림 2 | 사채의 발행가액 계산

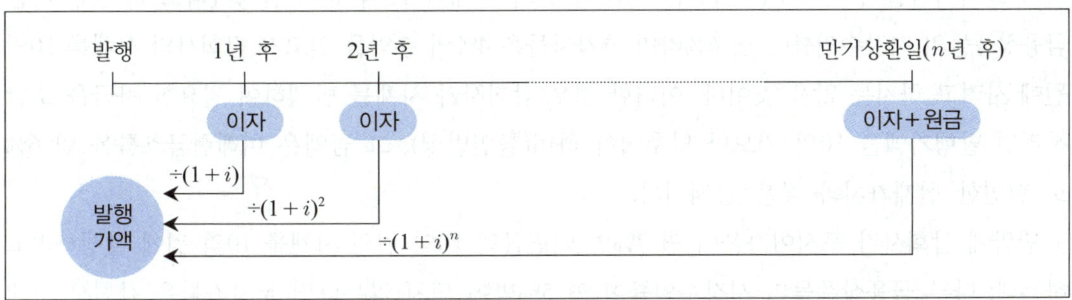

사채발행일 현재 유효이자율이 i%이고 사채이자를 1년마다 후급하는 조건일 경우 사채발행가액은 미래 이자지급액 및 원금상환액을 i%로 할인한 현재가치이다. 사채의 발행가액 계산 과정을 식으로 표시하면 다음과 같다.

- 채무상품의 발행가액 $= \frac{I}{1+i} + \frac{I}{(1+i)^2} + \frac{I}{(1+i)^3} + \cdots + \frac{I+P}{(1+i)^n}$

현가계수가 주어져 있다면 다음과 같이 채무상품의 발행가액을 계산한다.

- 채무상품의 발행가액
 = 이자수령액×(i, n, 연금현가계수) + 채무상품의 액면금액×(i, n, ₩1의 현가계수)

I : 이자수령액 　 P : 채무상품의 액면금액 　 i : 유효이자율 　 n : 채무상품의 기간

제8장에서 설명한 바와 같이 사채를 발행하는 시점에서 유효이자율이 먼저 결정되는 것이 아니라, 발행회사의 신용 정도와 금융시장의 자금수급 상황 등 여러 가지 요건들이 결합되어 사채의 발행가액이 먼저 결정되고, 그 발행가액에 기초하여 유효이자율을 사후적으로 계산한

다. 그러나 제8장에서 언급한 바와 같이 본서를 비롯한 회계학 책에서는 설명의 편의상 유효이자율이 먼저 주어진 상태에서 사채의 발행가액을 계산하는 방식으로 서술한다.

사채의 발행가액이 액면금액과 동일한 경우를 액면발행이라 하고, 사채의 발행가액이 액면금액보다 작으면 할인발행, 그리고 사채의 발행가액이 액면금액보다 크면 할증발행이라고 한다. 사채의 발행가액은 표시이자율(stated rate, coupon rate)과 유효이자율 간의 관계에 따라 다음과 같이 결정된다.

표시이자율 = 유효이자율 : 액면발행

표시이자율 < 유효이자율 : 할인발행

표시이자율 > 유효이자율 : 할증발행

액면발행, 할인발행 및 할증발행은 직관적으로 살펴보아도 이해할 수 있다. 예를 들어, 갑회사가 표시이자율이 연 4%인 액면금액 10억 원의 사채를 10억 원에 발행하려고 하는데, 다른 금융상품들의 시장수익률이 연 6%라면 투자자들은 4%의 수익을 얻고자 갑회사의 사채를 10억 원에 사려고 하지는 않을 것이다. 이러한 경우 갑회사가 사채를 발행하여 필요한 자금을 조달하려면 발행가액을 10억 원보다 낮추어야 하며(할인발행), 그 금액은 미래현금흐름을 연 6%로 할인한 현재가치와 같은 금액이다.

만약에 갑회사가 표시이자율이 연 7%인 액면금액 10억 원의 사채를 10억 원에 발행하려고 하는데, 다른 금융상품들의 시장수익률이 연 5%밖에 되지 않는다면 투자자들은 갑회사 사채를 구매하려고 경쟁할 것이다. 이러한 경우 갑회사는 사채의 발행가액을 10억 원보다 올려도(할증발행) 투자자가 사채를 구매할 것인데, 그 금액은 미래현금흐름을 연 5%로 할인한 현재가치와 같은 금액이다.

회사가 사채를 발행할 경우의 회계처리는 다음과 같다.

〈액면발행〉

(차)	현 금	×××	(대) 사 채	×××

〈할인발행〉

(차)	현 금	×××	(대) 사 채	×××
	사채할인발행차금	×××		

〈할증발행〉

(차)	현 금	×××	(대) 사 채	×××
			사채할증발행차금	×××

위의 사채 발행의 회계처리에서 사채할인발행차금은 사채의 차감 계정이며, 사채할증발행차금은 사채의 가산 계정이다. 특정일 현재 사채의 장부금액은 사채의 액면금액에서 사채할인발행차금 잔액을 차감하거나 사채할증발행차금 잔액을 가산한 금액을 말한다.

사채와 같이 상각후원가로 측정하는 금융부채의 발행과 직접 관련되는 거래원가(사채발행비 등)는 사채의 발행가액에서 차감한다. 따라서 사채발행비만큼 사채의 발행가액이 감소하므로 유효이자율은 높아진다.[4)]

예 2 사채 발행 시의 회계처리

> 갑회사는 20×1년 1월 1일에 액면금액 ₩1,000,000(표시이자율 연 5%, 이자지급일 매년 12월 31일, 20×3년 12월 31일 일시 상환)의 사채를 발행하였다. 사채발행일의 유효이자율이 각각 5%, 7%, 3%일 때 사채의 발행가액을 계산하고 발행 시 회계처리를 제시하면 다음과 같다.

(1) 유효이자율이 5%인 경우

사채의 발행가액 = 이자지급액의 현재가치 + 원금상환액의 현재가치
= ₩50,000×2.72325(기간 3, 5%, 연금현가계수)
+ 1,000,000×0.86384(기간 3, 5%, ₩1의 현가계수)
≒ ₩1,000,000(연금현가의 단수차이로 인하여 정확하게 ₩1,000,000은 아님)

<발행 시 회계처리>

(차) 현 금	1,000,000	(대) 사 채	1,000,000

(2) 유효이자율이 7%인 경우

사채의 발행가액 = 이자지급액의 현재가치 + 원금상환액의 현재가치
= ₩50,000×2.62432(기간 3, 7%, 연금현가계수)
+ 1,000,000×0.81630(기간 3, 7%, ₩1의 현가계수)
= ₩947,516

<발행 시 회계처리>

(차) 현 금	947,516	(대) 사 채	1,000,000
사채할인발행차금	52,484		

4) 사채발행비가 발생하는 경우 유효이자율을 재계산해야 하는데, (예 2)의 풀이를 참조하라.

(3) 유효이자율이 3%인 경우

사채의 발행가액 = 이자지급액의 현재가치 + 원금상환액의 현재가치

= ₩50,000×2.82861(기간 3, 3%, 연금현가계수)

+ 1,000,000×0.91514(기간 3, 3%, ₩1의 현가계수)

= ₩1,056,571

<발행 시 회계처리>

(차) 현 금	1,056,571	(대) 사 채	1,000,000
		사채할증발행차금	56,571

(4) 유효이자율이 7%이고 ₩10,000의 사채발행비가 발생한 경우

사채의 발행가액 = ₩947,516(풀이 2의 발행가액) − 10,000

= ₩937,516

<발행 시 회계처리>

(차) 현 금	937,516	(대) 사 채	1,000,000
사채할인발행차금	62,484		

즉, 사채발행비만큼 사채의 발행가액이 낮아지므로 사채할인발행차금을 더 많이 인식하게 된다. 이때 유의해야 할 점은 발행일의 유효이자율(i)을 다음의 식을 이용하여 재계산하고, 이렇게 재계산한 유효이자율을 적용하여 이자비용을 인식해야 한다는 점이다.

$$₩937,516 = \frac{50,000}{(1+i)} + \frac{50,000}{(1+i)^2} + \frac{1,050,000}{(1+i)^3}$$

위의 식에 기초하여 재계산한 유효이자율은 약 7.4%로 사채발행비가 없는 경우 유효이자율 7%보다 높다. 7.4%를 적용하여 이자비용을 인식하면, 그 금액에 사채발행비가 포함된다.

(2) 이자지급일 사이에 사채 발행 시 발행가액의 결정

회사가 사채를 발행하였으나, 사채를 취득하겠다는 투자자가 없어 사채권면에 표시된 사채발행일에 사채를 투자자에게 매각하지 못하다가 일정 기간이 경과한 후에 발행(즉, 투자자에게 사채를 매각하여 자금을 조달)하는 경우 이를 이자지급일 사이의 사채발행이라고 한다. 예를 들어, 이자 지급기간이 1월 1일부터 12월 31일인 사채를 4월 1일에 발행(즉, 투자자가 이 시점에서 사채를 취득)하였다면, 실제 사채의 발행가액은 4월 1일 현재 자본시장에서 여러 가지 요인을 반영하여 결정되며, 발행자는 발행가액에 기초하여 4월 1일 현재의 유효이자율을 계산할 수 있다. 그러나 회계학 책에서는 편의상 4월 1일의 유효이자율을 임의로 제시한 후

다음과 같은 방식으로 4월 1일 현재 사채의 발행가액을 계산하는 것으로 설명한다.

1월 1일에 발행할 경우 사채의 발행가액
+ 1월 1일부터 3월 31일까지 유효이자
− 1월 1일부터 3월 31일까지 표시이자
= 4월 1일 사채의 발행가액

일반적으로 1월 1일의 유효이자율과 4월 1일의 유효이자율은 동일하지 않겠지만, 계산의 편의상 4월 1일의 유효이자율을 이용하여 1월 1일의 발행가액(현재가치)을 계산한 후 3개월분 유효이자와 표시이자를 가감하여 4월 1일 현재 사채의 발행가액을 계산하는 것이다.

그런데 사채 발행회사는 4월 1일에 사채를 발행하면서 3개월분 표시이자(이를 경과이자라 함)만큼 투자자로부터 현금을 더 수취한다. 왜냐하면 사채를 4월 1일에 발행했더라도 발행자는 12월 31일 현재 보유자에게 12개월분 이자를 지급해야 하므로 4월 1일에 투자자로부터 3개월분 이자를 더 받고 12월 31일에 12개월분 이자를 지급하면 결국 발행자는 9개월분 이자를 지급한 셈이 된다. 이때 발행자는 수취한 경과이자를 미지급비용(미지급이자)으로 인식한다. 이자지급일 사이에 사채를 발행할 경우 발행자의 회계처리는 다음과 같다.

〈액면발행〉

(차)	현 금	×××*	(대)	사 채	×××
				미 지 급 비 용	×××*

〈할인발행〉

(차)	현 금	×××*	(대)	사 채	×××
	사채할인발행차금	×××		미 지 급 비 용	×××*

〈할증발행〉

(차)	현 금	×××*	(대)	사 채	×××
				미 지 급 비 용	×××*
				사채할증발행차금	×××

* 경과이자(미지급비용 계정)만큼 현금을 더 수취한다.

이자지급일 사이에 사채를 발행할 경우 투자자는 경과이자를 포함하여 금융자산을 취득한다. 이때 투자자는 제8장 3.1절에서 설명한 바와 같이 지급한 대가에서 경과이자를 차감한 금액으로 금융자산을 최초 인식하고, 경과이자 해당액을 미수수익(미수이자)으로 회계처리한다(AC 금융자산으로 분류 가정).

(차) AC 금융자산	×××	(대) 현 금	×××
미 수 수 익	×××		

예 3 이자지급일 사이의 사채발행

(예 2)와 동일한 자료를 사용한다. 갑회사는 20×1년 1월 1일에 액면금액 ₩1,000,000(표시이자율 연 5%, 이자지급일 매년 12월 31일, 20×3년 12월 31일 일시 상환)의 사채를 발행하려고 했으나 실패하고, 3개월이 경과한 20×1년 4월 1일에 동 사채를 을회사에게 발행(판매)하였다. 20×1년 4월 1일 현재 유효이자율이 각각 5%, 7%, 3%라고 가정하고 사채발행일에 갑회사의 사채 발행 시 회계처리와 을회사의 채무상품 취득 시 회계처리를 함께 제시하면 다음과 같다. 단, 을회사는 취득한 갑회사 사채를 AC 금융자산으로 분류한다.

(1) 유효이자율이 5%인 경우

20×1년 1월 1일의 발행가액	₩1,000,000[(1)]
1월 1일부터 4월 1일까지 발생한 유효이자 (₩1,000,000×5%×3/12 = ₩12,500)	12,500
1월 1일부터 4월 1일까지 발생한 표시이자 (₩1,000,000×5%×3/12 = ₩12,500)	(12,500)
20×1년 4월 1일의 발행가액	₩1,000,000

(1) ₩50,000×2.72325 + 1,000,000×0.86384 = ₩1,000,000

<갑회사(발행자)의 회계처리>

(차) 현 금	1,012,500	(대) 사 채	1,000,000
		미 지 급 비 용	12,500[(2)]

<을회사(투자자)의 회계처리>

(차) AC 금융자산	1,000,000	(대) 현 금	1,012,500
미 수 수 익	12,500[(2)]		

(2) 발행일에 인식한 미지급비용 및 미수수익은 12월 31일에 이자지급 또는 이자수취 시 제거한다(후술하는 (예 5) 참조).

(2) 유효이자율이 7%인 경우

20×1년 1월 1일의 발행가액	₩947,516[(3)]
1월 1일부터 4월 1일까지 발생한 유효이자 (₩947,516×7%×3/12=₩16,582)	16,582
1월 1일부터 4월 1일까지 발생한 표시이자 (₩1,000,000×5%×3/12=₩20,000)	(12,500)
20×1년 4월 1일의 발행가액	₩951,598

(3) ₩50,000×2.62432+1,000,000×0.81630=₩947,516

사채할인발행차금=₩1,000,000−951,598=₩48,402

<갑회사(발행자)의 회계처리>

(차)	현 금	964,098	(대)	사 채	1,000,000
	사채할인발행차금	48,402		미 지 급 비 용	12,500

<을회사(투자자)의 회계처리>

(차)	A C 금 융 자 산	951,598	(대)	현 금	964,098
	미 수 수 익	12,500			

(3) 유효이자율이 3%인 경우

20×1년 1월 1일의 발행가액	₩1,056,571[(4)]
1월 1일부터 4월 1일까지 발생한 유효이자 (₩1,056,571×3%×3/12=₩7,924)	7,924
1월 1일부터 4월 1일까지 발생한 표시이자 (₩1,000,000×5%×3/12=₩12,500)	(12,500)
20×1년 4월 1일의 발행가액	₩1,051,995

(4) ₩50,000×2.82861+1,000,000×0.91514=₩1,056,571

사채할증발행차금=₩1,051,995−1,000,000=₩51,995

<갑회사(발행자)의 회계처리>

(차)	현 금	1,064,495	(대)	사 채	1,000,000
				사채할증발행차금	51,995
				미 지 급 비 용	12,500

<을회사(투자자)의 회계처리>

(차)	A C 금 융 자 산	1,051,995	(대)	현 금	1,064,495
	미 수 수 익	12,500			

3 상각후원가 측정 금융부채의 후속 측정과 제거

3.1 이자비용의 인식

사채와 같이 상각후원가로 측정하는 금융부채는 후속적으로 공정가치 변동을 인식하지 않고, 유효이자율법을 적용하여 이자비용만 인식한다. (예 2)에서 액면금액 ₩1,000,000의 사채를 ₩947,516에 할인발행한 경우를 살펴보기로 하자. 갑회사는 3년 동안 매년 말에 ₩50,000의 이자를 지급하며, 3년이 경과되어 만기일이 되면 액면금액(원금) ₩1,000,000을 상환한다. 그런데 갑회사는 사채 발행 시 ₩947,516을 수취했음에도 불구하고 만기상환 시 ₩1,000,000을 지급하기 때문에 ₩52,484를 더 지급하는 셈이 된다. 이때 ₩52,484도 사채기간 동안 인식해야 할 이자비용에 포함한다.

한편, (예 2)에서 ₩1,056,571에 할증발행한 사채의 경우를 살펴보기로 하자. 갑회사는 3년 동안 매년 말에 ₩50,000의 이자를 지급하며, 3년이 경과되어 만기일이 되면 액면금액(원금) ₩1,000,000을 상환한다. 그런데 갑회사는 사채 발행 시 ₩1,056,571을 수취했음에도 불구하고 만기 상환 시 ₩1,000,000을 지급하기 때문에 ₩56,571을 덜 지급하는 셈이 된다. 이때 ₩56,571은 사채기간 동안 인식해야 할 이자비용의 차감액이다.

이와 같이 할인발행 또는 할증발행한 사채의 이자비용은 표시이자와 동일하지 않다. (예 2)에서 사채의 전체기간 동안 갑회사가 인식해야 할 이자비용은 사채의 발행가액에 따라 다음과 같이 결정된다.

액면발행의 경우 이자비용 총액 = ₩50,000×3 = ₩150,000
할인발행의 경우 이자비용 총액 = ₩50,000×3 + 52,484 = ₩202,484
할증발행의 경우 이자비용 총액 = ₩50,000×3 − 56,571 = ₩93,429

위에서 계산한 사채의 전체기간 이자비용은 사채의 전체기간 동안 인식할 이자비용 총액인데, 매 회계연도별로 인식할 이자비용은 얼마인가? 상각후원가로 측정하는 금융부채의 경우 다음과 같이 유효이자율법을 적용하여 매 회계연도에 인식할 이자비용을 계산한다. 이와 같은 이자비용의 계산방법은 제8장에서 설명한 금융자산(AC 금융자산, FVOCI 금융자산)의 이자수익을 계산하는 방법과 동일하다.

이자비용 = 금융부채의 이자 계산기간의 기초 장부금액* × 유효이자율

* 사채의 장부금액 = 사채의 액면금액 − 사채할인발행차금(또는 + 사채할증발행차금)

액면발행한 사채의 경우에는 표시이자와 유효이자(포괄손익계산서에 인식할 이자비용)가 동일하다. 그러나 할인발행 또는 할증발행한 사채의 경우에는 표시이자와 유효이자가 다르므로 양자의 차이만큼 사채할인(할증)발행차금을 상각하여야 한다. 사채이자비용을 인식하는 회계처리는 다음과 같다.

〈액면발행된 경우〉

(차) 이 자 비 용	×××	(대) 현 금	×××

〈할인발행된 경우〉

(차) 이 자 비 용	×××	(대) 현 금	×××
		사채할인발행차금	×××

〈할증발행된 경우〉

(차) 이 자 비 용	×××	(대) 현 금	×××
사채할증발행차금	×××		

할인발행된 사채의 경우 유효이자가 표시이자보다 더 크므로 차이만큼 사채할인발행차금을 상각한다(즉, 감소시킨다). 사채할인발행차금이 매년 감소하면 사채의 장부금액은 매년 증가하여 만기일이 되면 액면금액과 같아진다.

반대로 할증발행된 사채의 경우 표시이자가 유효이자보다 더 크므로 차이만큼 사채할증발행차금을 상각한다(즉, 감소시킨다). 사채할증발행차금이 매년 감소하면 사채의 장부금액도 매년 감소하여 만기일이 되면 액면금액과 같아진다.

즉, 할인발행 또는 할증발행된 사채의 경우에는 표시이자와 유효이자의 차이만큼 매년 사채의 장부금액을 조정하는 반면, 액면발행된 사채의 경우에는 표시이자와 유효이자가 동일하므로 후속적으로 장부금액을 조정할 필요가 없다.

예 4 사채 이자비용의 인식

(예 2)와 동일한 자료를 이용한다.
갑회사는 20×1년 1월 1일에 액면금액 ₩1,000,000(표시이자율 연 5%, 이자지급일 매년 12월 31일, 20×3년 12월 31일 일시 상환)의 사채를 발행하였다. 사채발행일의 유효이자율이 7%와 3%일 때로 구분하여 20×1년부터 20×3년까지 사채이자비용 인식의 회계처리를 설명한다. 액면발행한 사채(사채발행일의 유효이자율이 5%인 경우)는 이자비용이 이자지급액(표시이자)과 동일하므로 별도의 회계처리를 설명하지 않는다.

(1) 할인발행한 사채

(예 2)에서 20×1년 1월 1일에 사채를 할인발행할 경우의 회계처리를 다시 한 번 제시하면 다음과 같다.

<20×1. 1. 1.>

(차) 현 금	947,516	(대) 사 채	1,000,000
사채할인발행차금	52,484		

발행일의 사채의 장부금액은 ₩947,516이며, 매년 유효이자율법을 적용하여 이자비용을 인식하면서 유효이자와 표시이자의 차이만큼 사채할인발행차금을 상각하므로 사채의 장부금액은 매년 증가한다. 매 연도 말 사채의 장부금액(상각후원가)을 조정하는 표를 작성하면 다음과 같다.

일자	유효이자(7%)	표시이자(5%)	상각액	사채의 장부금액
20×1. 1. 1.				₩947,516
20×1. 12. 31.	₩66,326	₩50,000	₩16,326	963,842
20×2. 12. 31.	67,469	50,000	17,469	981,311
20×3. 12. 31.	68,689[(1)]	50,000	18,689	1,000,000
합계	₩202,484	₩150,000	₩52,484	

(1) ₩981,311×7%=₩68,692이나 단수차이 조정을 위하여 ₩68,689을 이자비용으로 인식한다.

20×1년 말 이자비용의 인식분개는 다음과 같다.

<20×1. 12. 31.>

(차) 이 자 비 용	66,326	(대) 현 금	50,000
		사채할인발행차금	16,326

매년 말 이와 같이 이자비용을 인식하면서 사채의 장부금액을 조정하면 20×3년 말 사채할인발행차금은 모두 상각되기 때문에 상환직전 사채의 장부금액은 액면금액과 같다. 이때 액면금액만큼 현금을 지급하면서 사채를 모두 제거한다. 20×2년부터 상환일까지의 회계처리는 다음과 같다.

<20×2. 12. 31.>

(차)	이 자 비 용	67,469	(대) 현 금	50,000
			사채할인발행차금	17,469

<20×3. 12. 31.>

(차)	이 자 비 용	68,689	(대) 현 금	50,000
			사채할인발행차금	18,689
(차)	사 채	1,000,000	(대) 현 금	1,000,000

(2) 할증발행한 사채

(예 2)에서 20×1년 1월 1일에 사채를 할증발행할 경우의 회계처리를 다시 한 번 제시하면 다음과 같다.

<20×1. 1. 1.>

(차)	현 금	1,056,571	(대) 사 채	1,000,000
			사채할증발행차금	56,571

발행일의 사채의 장부금액은 ₩1,056,571이며, 매년 유효이자율법을 적용하여 이자비용을 인식하면서 유효이자와 표시이자의 차이만큼 사채할증발행차금을 상각하므로 사채의 장부금액은 매년 감소한다. 매 연도 말 사채의 장부금액(상각후원가)을 조정하는 표를 작성하면 다음과 같다.

일자	유효이자(3%)	표시이자(5%)	상각액	사채의 장부금액
20×1. 1. 1.				₩1,056,571
20×1. 12. 31.	₩31,697	₩50,000	₩18,303	1,038,268
20×2. 12. 31.	31,148	50,000	18,852	1,019,416
20×3. 12. 31.	30,584[(2)]	50,000	19,416	1,000,000
합계	₩93,429	₩150,000	₩56,571	

(2) ₩1,019,416×3%=₩30,582이나 단수차이 조정을 위하여 ₩30,584을 이자비용으로 인식한다.

20×1년 말 이자비용의 인식분개는 다음과 같다.

<20×1. 12. 31.>

(차)	이 자 비 용	31,697	(대) 현 금	50,000
	사채할증발행차금	18,303		

매년 말 이와 같이 이자비용을 인식하면서 사채의 장부금액을 조정하면 20×3년 말 사채할증발행차금은 모두 상각되기 때문에 상환직전 사채의 장부금액은 액면금액과 같다. 이때 액면금액만큼 현금을 지급하면서 사채를 모두 제거한다. 20×2년부터 상환까지의 회계처리는 다음과 같다.

<20×2. 12. 31.>

(차)	이 자 비 용	31,148	(대) 현 금	50,000
	사채할증발행차금	18,852		

<20×3. 12. 31.>

(차) 이 자 비 용	30,584	(대) 현	금	50,000
사채할증발행차금	19,416			
(차) 사 채	1,000,000	(대) 현	금	1,000,000

(예 4)에서 ₩947,516에 할인발행한 사채의 장부금액 조정표를 다시 제시하면 다음과 같다.

일자	유효이자(7%)	표시이자(5%)	상각액	사채의 장부금액
20×1. 1. 1.				₩947,516
20×1. 12. 31.	₩66,326	₩50,000	₩16,326	963,842
20×2. 12. 31.	67,469	50,000	17,469	981,311
20×3. 12. 31.	68,689(1)	50,000	18,689	1,000,000
합계	₩202,484	₩150,000	₩52,484	

위의 조정표를 보면 보고기간 말 현재 사채의 장부금액은 기초 장부금액에 유효이자와 표시이자의 차이를 가산하여 기말 장부금액을 계산하였는데, 다음과 같이 보고기간 말 현재 미래현금흐름을 최초 유효이자율(7%)로 할인한 현재가치로 직접 계산할 수도 있다.

20×1년 말 사채의 장부금액
=₩50,000×(기간 2, 7%, 연금현가계수)+1,000,000×(기간 2, 7%, ₩1의 현가계수)
=₩50,000×1.80802+1,000,000×0.87344=₩963,841
20×2년 말 사채의 장부금액
=₩50,000×(기간 1, 7%, 연금현가계수)+1,000,000×(기간 1, 7%, ₩1의 현가계수)
=₩50,000×0.93458+1,000,000×0.93458=₩981,309

보고기간 말 현재 미래현금흐름을 최초 유효이자율로 할인한 현재가치로 계산한 20×1년 말과 20×2년 말 사채의 장부금액과 사채의 장부금액 조정표에 표시된 20×1년 말과 20×2년 말 사채의 장부금액을 비교해 보자. ₩1에서 ₩2 정도 단수차이를 무시하면, 두 가지로 계산한 보고기간 말 사채의 장부금액은 같은 금액이라고 할 수 있다. 이렇게 매 보고기간 말 현재 미래현금흐름을 최초 유효이자율로 할인한 현재가치가 역사적 원가로 구분되는 상각후원가에 해당한다. 반면에 보고기간 말 현재 미래현금흐름을 현행이자율로 할인한 현재가치는 공정가치이다. 여기에 대해서는 제2장 9.5절에서 설명한 바 있다.

예 5 이자지급일 사이에 발행한 사채의 이자비용

(예 3)과 동일한 자료를 이용한다.
갑회사는 20×1년 1월 1일에 액면금액 ₩1,000,000(표시이자율 연 5%, 이자지급일 매년 12월 31일, 20×3년 12월 31일 일시 상환)의 사채를 발행하려고 했으나 실패하고, 3개월이 경과한 20×1년 4월 1일에 동 사채를 을회사에게 발행(판매)하였다. 사채발행일의 유효이자율이 7%와 3%일 때로 구분하여 20×1년부터 20×3년까지 사채이자비용 인식의 회계처리를 설명한다.

(1) 유효이자율이 7%인 경우

사채 장부금액 조정표를 작성하면 다음과 같다.

일자	유효이자(7%)	표시이자(5%)	상각액	사채의 장부금액
20×1. 4. 1.				₩951,598(1)
20×1. 12. 31.	₩49,744(2)	₩37,500	₩12,244	963,842(3)
20×2. 12. 31.	67,469	50,000	17,469	981,311
20×3. 12. 31.	68,689(4)	50,000	18,689	1,000,000
합계	₩185,902	₩137,500	₩48,402	

(1) (예 3)의 풀이
(2) 이자비용 = 사채의 20×1. 1. 1.(20×1. 4. 1. 아님) 장부금액×유효이자율×9/12
= ₩947,516×7%×9/12
= ₩49,744((예 3)의 20×1년 말 사채 장부금액과 동일해야 하므로 ₩1의 단수차이를 조정함)
(3) 20×1년 말 이후 사채의 장부금액은 (예 4)와 동일하다.
(4) 단수차이 조정

20×1년도 이자비용 계산 시 4월 1일 발행가액을 기준으로 '₩951,598×7%×9/12'를 이자비용으로 하지 않는다는 점에 유의하여야 한다. 왜냐하면 '₩947,516×7%×3/12'을 4월 1일 발행가액 계산 시 사용하였으므로 '₩947,516×7%×9/12'만큼을 20×1년도 이자비용으로 인식해야 하기 때문이다. 이렇게 회계처리해야 20×2년 이후 이자비용 및 사채의 기말장부금액이 20×1년 1월 1일에 사채를 발행한 경우와 모두 동일하게 된다.

20×1년도 갑회사와 을회사의 회계처리를 제시하면 다음과 같다.

<갑회사(발행자)의 회계처리>

(차)	이 자 비 용	49,744	(대)	현 금	50,000
	미 지 급 비 용	12,500		사채할인발행차금	12,244

<을회사(투자자)의 회계처리>

(차)	현 금	50,000	(대)	이 자 수 익	49,744
	AC 금융자산	12,244		미 수 수 익	12,500

(2) 유효이자율이 3%인 경우

사채 장부금액 조정표를 작성하면 다음과 같다.

일자	유효이자(3%)	표시이자(5%)	상각액	사채의 장부금액
20×1. 4. 1.				₩1,051,995(1)
20×1. 12. 31.	₩23,773(2)	₩37,500	₩13,727	1,038,268
20×2. 12. 31.	31,148	50,000	18,852	1,019,416
20×3. 12. 31.	30,584(4)	50,000	19,416	1,000,000
합계	₩85,505	₩137,500	₩51,995	

(1) (예 3)의 풀이 참조

(2) 이자비용 = 사채의 20×1. 1. 1.(20×1. 4. 1. 아님) 장부금액×유효이자율×9/12
= ₩1,056,571×3%×9/12 = ₩23,773

(3) 20×1년 말 이후 사채의 장부금액은 (예 4)의 풀이와 동일하다.

(4) 단수차이 조정

20×1년도 갑회사와 을회사의 회계처리를 제시하면 다음과 같다.

<갑회사(발행자)의 회계처리>

(차)	이자비용	23,773	(대)	현금	50,000
	사채할증발행차금	13,727			
	미지급비용	12,500			

<을회사(투자자)의 회계처리>

(차)	현금	50,000	(대)	이자수익	23,773
				AC 금융자산	13,727
				미수수익	12,500

3.2 사채의 제거 - 상환

사채를 만기 전에 상환할 경우 상환금액과 상환일 현재 사채의 장부금액의 차이를 사채상환손익으로 인식한다. 사채의 상환금액은 상환일 현재 사채의 공정가치이며, 이는 상환일 현재 미래현금흐름(이자와 원금)을 상환일 현재 유효이자율로 할인한 현재가치이다. 반면에 상환일 현재 사채의 장부금액은 상환일 현재 미래현금흐름(이자와 원금)을 사채 발행 당시 유효이자율로 할인한 현재가치이다. 따라서 사채발행일 현재 유효이자율보다 상환일의 유효이자율이 더 높다면 사채의 시가(공정가치)가 장부금액보다 낮으므로 사채상환이익이 발생하며, 사채발행일 현재 유효이자율보다 상환일의 유효이자율이 더 낮다면 사채의 시가(공정가치)가 장부금액보다 높으므로 사채상환손실이 발생한다.

사채의 조기상환 시(상환손실 발생 가정) 회계처리를 요약하면 다음과 같다.

〈액면발행된 사채의 조기상환〉

(차) 사 채	×××	(대) 현 금	×××
사 채 상 환 손 실	×××		

〈할인발행된 사채의 조기상환〉

(차) 사 채	×××	(대) 현 금	×××
사 채 상 환 손 실	×××	사채할인발행차금	×××

〈할증발행된 사채의 조기상환〉

(차) 사 채	×××	(대) 현 금	×××
사채할증발행차금	×××		
사 채 상 환 손 실	×××		

예 6 사채의 조기상환

(예 2)에서 할인발행한 사채를 대상으로 사채의 조기상환 회계처리를 설명한다. 20×1년 1월 1일에 할인발행한 사채의 장부금액 조정표를 다시 한 번 제시하면 다음과 같다.

일자	유효이자(7%)	표시이자(5%)	상각액	사채의 장부금액
20×1. 1. 1.				₩947,516
20×1. 12. 31.	₩66,326	₩50,000	₩16,326	963,842
20×2. 12. 31.	67,469	50,000	17,469	981,311
20×3. 12. 31.	68,689(1)	50,000	18,689	1,000,000
합계	₩202,484	₩150,000	₩52,484	

(1) 단수차이 조정

만약 사채 전부를 20×1년 12월 31일에 ₩960,000에 상환하였다면 20×1년 말 이자비용을 인식하여 사채의 장부금액을 ₩963,842로 조정한 후 다음과 같이 사채상환의 회계처리를 한다.

(차) 사 채	1,000,000	(대) 사채할인발행차금	36,158
		현 금	960,000
		사 채 상 환 이 익	3,842

만약 사채 전부를 20×1년 12월 31일이 아니라 20×2년 6월 30일에 ₩998,000에 상환하였다면 다음과 같이 20×2년 6월 30일까지 발생한 이자비용을 인식하여 사채의 장부금액을 조정한 후 사채상환의 회계처리를 한다.

<20×2. 6. 30. 이자비용 인식>

(차) 이 자 비 용	33,734[(1)]	(대) 미 지 급 비 용	25,000[(2)]
		사채할인발행차금	8,734

(1) ₩963,842(20×2년 초 장부금액)×7%×6/12 = ₩33,734
(2) ₩1,000,000×5%×6/12 = ₩25,000

이렇게 6개월분 이자비용을 인식하면 20×2년 6월 30일 현재 사채의 장부금액은 ₩972,576(₩963,842 +8,734)이며, 이를 ₩998,000에 상환하였으므로 다음과 같이 사채와 미지급비용을 제거하면서 사채상환손실 ₩424를 인식한다.

(차) 사 채	1,000,000	(대) 사채할인발행차금	27,424
미 지 급 비 용	25,000	현 금	998,000
사 채 상 환 손 실	424		

사채발행회사가 자기가 발행한 사채를 취득할 경우 이를 자기사채라고 한다. 자기사채의 취득목적은 사채의 조기상환 또는 유휴자금의 운용 등이 있다. 사채발행회사는 자기사채를 취득한 후에 이를 소각할 수도 있으나, 다시 재발행하는 경우도 있다. 자기사채의 취득목적이 무엇이든 관계없이 자기사채의 취득은 사채의 조기상환으로 회계처리한다. 따라서 자기사채라는 계정을 장부에 인식하는 경우는 없다. 그리고 자기사채를 재발행한다면 이는 새로운 사채의 발행으로 회계처리한다.

금융부채의 조건 변경으로 금융부채를 제거하는 경우와 지분상품을 발행하여 금융부채를 소멸시키는 출자전환의 회계처리는 중급회계에서 설명한다.

4 전환사채

4.1 전환사채의 의의

전환사채(CB, convertible bond)는 일반사채에 주식으로 전환할 수 있는 권리(즉, 주식전환

옵션)를 부여한 사채이다. 주식으로 전환할 수 있는 권리를 전환권이라고 하는데, 전환사채 투자자가 전환권 행사가능 기간 중에 전환 청구를 하면 전환사채 발행회사는 투자자로부터 전환사채를 회수하고 주식을 발행, 교부한다.

전환사채 투자자는 일반사채처럼 전환사채의 보유 기간 중에 이자를 수취하다가 전환사채 발행회사의 주가가 상승하면 전환권을 청구하여 전환사채를 주식으로 전환하고 이를 매각하여 매매차익을 얻을 수 있다. 또는 전환된 주식을 매각하지 않고 계속 보유하면서 주주로서의 권한(의결권 참여, 배당금 수취 등)도 행사할 수 있다. 만약 전환사채 발행회사의 주가가 상승하지 않으면 전환 청구를 하지 않고 일반사채처럼 만기에 상환을 받으면 된다.

이와 같이 전환사채에 부여된 전환권은 가치를 가지는데, 이를 전환권의 가치라고 한다. 전환사채는 가치를 갖는 전환권을 포함하고 있기 때문에 전환권이 없는 일반사채보다 낮은 표시이자율로 발행된다. 따라서 전환사채 발행회사는 낮은 금리로 자금을 조달할 수 있으며, 중도에 전환사채가 주식으로 전환되면 만기 상환에 따른 자금 부담도 피할 수 있다. 또한 전환사채가 전환되면 부채가 감소하고 자본이 증가하므로 재무구조의 개선 효과도 기대할 수 있다. 이와 같이 전환사채는 투자자와 발행자의 이해관계가 맞아떨어지는 금융상품이므로 실무에서 자주 발행된다.

투자자의 입장에서 볼 때 일반사채보다 적은 이자를 수취하더라도 전환사채를 취득하는 이유는 전환사채를 보유하다가 주식으로 전환하여 매매차익을 얻거나 주주 권리를 행사하기 위해서이다. 그러나 전환사채 발행회사의 주가가 상승하지 않는다면 전환사채를 전환할 기회를 놓치고 만기 상환에 이를 수도 있다. 이렇게 되면 전환사채 투자자의 수익률은 일반사채 투자자보다 훨씬 낮아질 수 있다. 따라서 전환사채 투자자는 이와 같은 위험이 높다고 판단하면 전환사채를 취득하려고 하지 않을 것이다.

필요한 자금을 조달하려는 회사는 반드시 전환사채를 투자자에게 매각하려고 할 것이다. 따라서 전환사채에 대한 투자를 유인하고자 전환사채가 전환되지 않고 만기 상환될 경우 투자자에게 전환사채의 액면금액에 추가로 상환할증금을 지급하는 조건으로 전환사채를 발행하기도 한다. 투자자가 상환할증금 지급조건의 전환사채를 취득하면 주식으로 전환하지 못하더라도 만기 상환 시에 상환할증금을 수취함으로써 표시이자율보다 높은 수익률을 보장받을 수 있는데, 이와 같이 상환할증금을 포함한 투자자의 수익률을 보장수익률이라고 한다.

또한 실무에서는 전환사채를 발행한 회사의 주가가 하락하더라도 전환사채 투자자가 중도에 전환권을 행사할 수 있도록 전환비율을 전환사채 투자자에게 유리하게 조정(즉, 전환청구시 더 많은 주식을 교부하도록 조정)해주는 조건(이를 refixing 조건이라 함)으로 전환사채를 발행하는 경우가 많다.

4.2 전환권은 금융부채와 지분상품 중 어느 것으로 분류하는가?

전환사채는 일반사채에 주식으로 전환할 수 있는 권리를 부여하였기 때문에 전환권이 없는 일반사채의 발행가액보다 더 높은 금액으로 발행된다. 따라서 전환사채 발행가액을 순수한 일반사채 부분과 전환권으로 분리하여 인식해야 하는데, 전환권을 금융부채와 지분상품 중 어느 것으로 분류하는지 설명한다.

전술한 1.1절에서 자기지분상품으로 결제되거나 결제될 수 있는 계약을 체결한 경우 인도할 자기지분상품의 수량이 변동가능한 경우에는 금융부채로 분류하고, 인도할 자기지분상품의 수량이 확정되어 있는 경우에는 지분상품으로 분류한다고 설명하였다. 전환사채 투자자가 전환청구를 할 때 교부할 주식수가 전환사채 발행 시점부터 확정되어 있다면 발행회사의 주가가 하락하더라도 전환 시 수취할 주식수가 고정되어 있으므로 전환사채 투자자는 기존 주주와 동일한 자본위험을 부담한다. 따라서 발행자는 이러한 성격의 전환권을 지분상품으로 분류한다.

반면에 전환청구 시 주가가 일정 수준 이하로 하락할 경우 교부할 주식수를 늘려주는 조건(이를 refixing 조건이라 함)으로 전환사채를 발행하였다면 발행회사의 주가가 하락하더라도 전환 시 수취할 주식수가 증가하므로 전환사채 투자자는 기존 주주와 동일한 자본위험을 부담하지 않는다. 따라서 발행자는 이러한 성격의 전환권을 금융부채로 분류한다.

전술한 바와 같이 우리나라의 기업들은 refixing 조건으로 전환사채를 발행하는 경우가 흔한데, 이 경우 전환권은 금융부채로 분류하되 그 성격이 파생상품에 해당하므로 매 보고기간말에 공정가치 변동을 당기손익으로 인식하여야 한다.

전환권을 금융부채로 분류하는 경우의 회계처리는 중급회계에서 설명하고 본장에서는 전환권을 지분상품으로 분류하는 경우의 회계처리만 설명한다. 또한 상환할증금을 지급하는 조건의 전환사채, 전환사채의 조기상환 및 유도전환의 회계처리도 중급회계에서 설명한다.

4.3 전환사채의 발행 및 후속 측정

전환사채를 발행한 경우 다음의 [그림 3]에서 보는 바와 같이 전환사채 전체의 공정가치 즉, 전환사채의 발행가액에서 부채요소의 현재가치를 차감한 금액으로 자본요소 즉, 전환권을 측정한다. 이렇게 자본요소를 측정하면 1.1절에서 지분상품을 자산에서 부채를 차감한 잔여지분으로 정의한 것과 일관된다.

| 그림 3 | 전환사채의 부채요소와 자본요소의 분리

전환사채 전체의 공정가치	−	부채요소의 현재가치	=	자본요소 배분액

[그림 3]에서 부채요소의 현재가치는 전환권만 없는 유사 채무상품의 미래현금흐름을 시장이자율(즉, 일반사채 시장수익률)을 적용하여 할인한 현재가치로 측정한다. 그리고 전환사채의 발행가액에서 부채요소의 측정금액을 차감한 잔여액을 전환권의 가치로 인식한다.

국제회계기준은 전환사채의 구체적인 회계처리를 규정하고 있지 않으므로 일반기업회계기준을 준용하여 전환사채의 회계처리(분개)를 설명한다. 전환사채의 액면발행[5] 시 회계처리는 다음과 같다. 전환사채의 발행가액 중 부채요소의 현재가치를 전환사채와 전환권조정(차감적 평가계정)으로 인식하고, 발행가액에서 부채요소의 현재가치를 차감한 잔여액을 자본요소인 전환권대가로 인식한다.

(차)	현 금	×××	(대) 전 환 사 채	×××(1)
	전 환 권 조 정	×××(1)	전 환 권 대 가	×××(2)

(1) 부채요소의 현재가치
(2) 발행가액 − 부채요소의 현재가치

전환사채의 이자비용 인식 회계처리는 다음과 같다. 전환사채 장부금액에 유효이자율(일반사채 시장수익률)을 곱한 금액만큼 이자비용을 인식하고, 유효이자와 표시이자의 차이를 전환권조정의 상각으로 인식한다.

(차)	이 자 비 용	×××	(대) 현 금	×××
			전 환 권 조 정	×××

전환사채의 전환 시 회계처리는 다음과 같다. 전환되는 전환사채의 장부금액을 장부에서 제거하고 같은 금액만큼 자본을 증가시킨다. 따라서 전환손익을 인식하지 않는다. 한편, 전환사채 발행 시 인식한 전환권대가를 전환된 부분만큼 주식발행초과금으로 대체할 수 있다.

5) 전환사채를 할인발행 또는 할증발행하는 경우의 회계처리는 중급회계에서 설명한다.

(차) 전 환 사 채	×××	(대) 전 환 권 조 정	×××
		자 본 금	×××
		주식발행초과금	×××
〈선택적 회계처리〉			
(차) 전 환 권 대 가	×××	(대) 주식발행초과금	×××

한편, 전환청구기간 중에 전환하지 않은 전환사채는 만기에 상환되는데, 상환 시 회계처리는 다음과 같다. 전환사채의 만기 상환 시 전환권조정은 모두 상각되었으므로 미전환된 전환사채의 액면금액을 제거한다. 그리고 미전환된 전환권대가 해당액을 주식발행초과금으로 대체할 수 있다.

(차) 전 환 사 채	×××	(대) 현 금	×××
〈선택적 회계처리〉			
(차) 전 환 권 대 가	×××	(대) 주식발행초과금	×××

그런데 위의 회계처리에서 보는 바와 같이 전환권조정이라는 차감적 평가계정을 사용하면 분개만 복잡해질 뿐 평가계정을 차감한 전환사채의 순액으로 분개를 한 결과와 차이가 없다. 중급회계에서 설명하겠지만 상환할증금을 지급하는 조건의 전환사채는 사채상환할증금이라는 가산적 평가계정까지 사용하는데, 이러한 평가계정들을 전환사채 계정에 모두 가감한 순액으로 회계처리를 하더라도 결과는 동일하다. 따라서 이후 본서에서는 아래와 같이 평가계정을 사용하지 않는 방식으로 회계처리를 제시하기로 한다.

〈전환사채 발행 시〉			
(차) 현 금	×××	(대) 전 환 사 채	×××(1)
		전 환 권 대 가	×××
(1) 전환권조정 차감 후 순액			
〈이자비용의 인식〉			
(차) 이 자 비 용	×××	(대) 현 금	×××
		전 환 사 채	×××
〈전환사채의 전환 시〉			
(차) 전 환 사 채	×××	(대) 자 본 금	×××
		주식발행초과금	×××

아래에서는 상환할증금 미지급조건의 전환사채의 발행, 이자비용의 인식, 전환 및 만기 상환의 회계처리를 (예 7)을 통해서 설명한다.

예 7 전환사채의 회계처리

갑회사는 20×1년 1월 1일에 다음과 같은 조건의 전환사채를 액면발행하였다.

- 액면금액 : ₩1,000,000
- 이자지급 : 매년 12월 31일에 액면금액의 연 2%의 이자 지급
- 일반사채 시장수익률 : 연 5%
- 전환 조건 : 전환사채 액면금액 ₩10,000당 보통주 1주(액면금액 ₩5,000)로 전환
- 상환 : 20×3년 12월 31일에 액면금액을 일시상환

(1) 발행 시 회계처리

일반사채 현재가치 = ₩20,000×2.72325(기간 3, 5%, 연금현가계수)
+1,000,000×0.86384(기간 3, 5%, ₩1의 현가계수)
= ₩918,305

전환권의 가치 = ₩1,000,000 − 918,305 = ₩81,695

(차) 현 금	1,000,000	(대)	전 환 사 채	918,305
			전 환 권 대 가	81,695

(2) 이자비용의 인식

전환사채가 중도에 전환청구 없이 만기 상환된다고 가정하고 전환사채의 장부금액 조정표를 작성하면 다음과 같다.

일자	유효이자(5%)	표시이자(2%)	장부금액 조정	전환사채의 장부금액
20×1. 1. 1.				₩918,305
20×1. 12. 31.	₩45,915	₩20,000	₩25,915	944,220
20×2. 12. 31.	47,211	20,000	27,211	971,431
20×3. 12. 31.	48,569(1)	20,000	28,569	1,000,000
합계	₩141,695	₩60,000	₩81,695	

(1) 단수차이 조정

20×1년 말 이자비용 인식의 회계처리는 다음과 같다.

(차) 이 자 비 용	45,915	(대)	현 금	20,000
			전 환 사 채	25,915

20×2년 1월 1일에 액면금액 ₩700,000의 전환사채가 전환 청구되었고 나머지 액면금액 ₩300,000은 만기 상환된 경우 회계처리를 설명한다.

전환사채 투자자가 전환권을 행사하면 갑회사는 전환사채를 회수하고 사전에 정해진 갑회사의 주식을 교부한다. 전환사채의 전환은 단순히 부채를 자본으로 대체하는 회계처리(전환사채 장부금액법)이므로 손익을 인식하지 않는다. 20×2년 1월 1일 전환 시 회계처리는 다음과 같다.

(차) 전 환 사 채	660,954(1)	(대) 자 본 금	350,000(2)
		주식발행초과금	310,954(3)
(차) 전 환 권 대 가	57,187(4)	(대) 주식발행초과금	57,187

(1) ₩944,220(전환 직전 전환사채 장부금액. 위의 장부금액 조정표 참조)×70%＝₩660,954
(2) 전환 시 교부주식수＝₩700,000÷₩10,000(전환가격)＝70주
70주×₩5,000(액면금액)＝₩350,000
(3) 대차 일치 금액
(4) ₩81,695(발행 시 인식한 전환권대가)×70%＝₩57,187
전환권대가의 주식발행초과금 대체는 선택적 회계처리이다.

20×2년 1월 1일에 액면금액 ₩700,000의 전환사채가 주식으로 전환되었으므로 이후에는 액면금액 ₩300,000의 전환사채에 대해서 이자를 지급한다. 만약 액면금액 ₩300,000의 전환사채가 이후 전환 청구되지 않고 만기상환되었다면 전환사채 장부금액 조정표는 다음과 같이 작성된다.

전환사채 장부금액 조정표

일자	유효이자(5%)	표시이자(2%)	장부금액 조정	전환사채 장부금액
20×1. 1. 1.				₩918,305
20×1. 12. 31.	₩45,915	₩20,000	₩25,915	944,220
전환 직후				283,266(1)
20×2. 12. 31.	14,163	6,000(2)	8,163	291,429
20×3. 12. 31.	14,571	6,000	8,571	300,000
합계	₩74,649	₩32,000	₩42,649	

(1) ₩944,220×30%(미전환 비율)＝₩283,266
(2) ₩300,000(미전환 전환사채 액면금액)×2%＝₩6,000

20×3년 12월 31일 전환사채 장부금액은 액면금액 ₩300,000과 같아지며, 상환 시 다음과 같이 회계처리한다.

(차) 전 환 사 채	300,000	(대) 현 금	300,000

참고로 (예 7)의 분개를 일반기업회계기준에 따라 전환권조정이라는 차감적 평가계정을 사용하여 회계처리하면 다음과 같다.

<전환사채 발행 시>

(차)	현 금	1,000,000	(대) 전 환 사 채	1,000,000
	전 환 권 조 정	81,695	전 환 권 대 가	81,695

<20×1년 말 이자비용 인식>

(차)	이 자 비 용	45,915	(대) 현 금	20,000
			전 환 권 조 정	25,915

<20×2년 초 전환사채 전환>

(차)	전 환 사 채	700,000	(대) 전 환 권 조 정	39,046
			자 본 금	350,000
			주식발행초과금	310,954
(차)	전 환 권 대 가	57,187	(대) 주식발행초과금	57,187

전환사채와 같이 일반사채인 주계약과 주식전환옵션이라는 내재파생상품이 결합되어 있는 금융상품을 복합상품(hybrid instrument)이라고 한다. 그런데 본절에서 설명한 바와 같이 발행자의 입장에서 전환권을 지분상품으로 분류하는 경우 전환사채는 부채요소와 자본요소를 모두 갖는데, 이렇게 부채요소와 자본요소를 모두 갖는 금융상품을 복합금융상품(compound instruments)이라고 한다. 투자자의 입장에서 내재파생상품을 주계약에 포함하여 회계처리할 것인지, 아니면 분리하여 별개의 금융자산으로 회계처리할 것인지는 고급회계에서 다룬다. 다음 절에서 또 다른 복합금융상품으로 신주인수권부사채를 설명한다.

5 신주인수권부사채

5.1 신주인수권부사채의 의의와 신주인수권의 분류

신주인수권부사채(bond with warrants, BW)란 사채권자에게 사채발행 후 일정 기간(행사기간) 내에 정해진 가격(행사금액)으로 사채발행회사에게 신주발행을 청구할 수 있는 권리(신주인수권, stock warrants)[6]를 부여한 사채이다. 신주인수권부사채를 취득한 투자자가 신주인수권을 행사하여 주식을 취득하면 주주로서의 권리를 행사할 수도 있고, 취득한 주식을 처분하여 매매차익을 실현할 수도 있다.

이와 같이 유리한 조건인 신주인수권이 사채에 부여되어 있기 때문에 전환사채와 마찬가지로 신주인수권부사채도 일반사채의 표시이자율보다 낮은 이자율로 발행된다. 또한 전환사채와 마찬가지로 신주인수권부사채도 사채기간 중에 신주인수권을 행사하지 않고 만기상환될 때 상환할증금을 지급하는 조건으로 발행될 수도 있고 상환할증금을 지급하지 않는 조건으로 발행될 수도 있다.

신주인수권부사채는 분리형 신주인수권부사채(bond with detachable warrants)와 비분리형 신주인수권부사채(bond with non-detachable warrants)로 구분된다. 분리형 신주인수권부사채는 사채권과 신주인수권을 각각 별도의 증권으로 양도할 수 있는 사채를 말한다.[7] 반면에 비분리형 신주인수권부사채는 사채권과 신주인수권의 두 가지 권리를 분리하여 따로 양도할 수 없는 사채를 말한다.

한편, 전환권과 마찬가지로 신주인수권도 자기지분상품을 인도하는 계약에 해당하는데, 확정된 행사가액에 확정된 수량의 주식을 인도하는 조건으로 신주인수권부사채가 발행되기도 하고 행사가액이나 인도하는 주식수량이 변동되는 조건(이를 'refixing 조건'이라 함)으로

---

6) Stock right도 신주인수권으로 번역하는데, stock right는 회사가 신주를 발행할 때 현재 주주가 우선하여 그 신주를 인수할 수 있도록 법에서 보장한 권리를 말한다. Stock right는 대가를 지급하고 취득하는 권리가 아니라 주주이기 때문에 당연히 갖게 되는 권리이다. 반면에 stock warrant는 대가를 지급하고 취득하는 신주인수권리로서 누구나 stock warrant를 취득할 수 있다. Stock warrant는 신주인수보증권 또는 주식인수보증권으로 번역되기도 하는데, 실무에서는 '워런트'라고 한다. 사채에 부가되어 있는 신주인수권은 대가를 지급하고 취득한 권리이므로 stock warrant에 해당한다.

7) 신주인수권(warrants)만 별도의 증권으로 발행하기도 하는데, 이를 신주인수권표시증서라고 하며, 현재 일부 상장기업에서 발행하고 있다.

발행되기도 한다. 신주인수권부사채도 발행가액을 순수한 일반사채 부분과 신주인수권으로 분리하여 인식해야 한다. 이때 신주인수권이 확정금액·확정수량 조건이면 지분상품으로, 그 이외의 경우에는 금융부채로 분류한다.

본장에서는 신주인수권이 지분상품으로 분류되고 상환할증금을 지급하지 않는 신주인수권부사채에 대해서 회계처리를 설명한다. 상환할증금을 지급하는 신주인수권부사채의 회계처리는 중급회계에서 설명한다.

5.2 신주인수권부사채의 발행 및 후속 측정

신주인수권부채를 발행한 경우 [그림 4]에서 보는 바와 같이 발행가액을 부채요소와 신주인수권으로 구분하여야 한다.

| 그림 4 | 신주인수권부사채의 부채요소와 자본요소의 분리

[그림 4]에서 부채요소의 현재가치는 신주인수권만 없는 유사 채무상품의 미래현금흐름을 시장이자율(즉, 일반사채 시장수익률)을 적용하여 할인한 현재가치로 측정한다. 그리고 신주인수권부사채의 발행가액에서 부채요소의 측정금액을 차감한 잔여액을 신주인수권의 가치로 인식한다.

상환할증금 미지급조건의 신주인수권부사채를 대상으로 발행부터 신주인수권 행사, 상환에 이르는 회계처리를 예시하기로 한다. 단, 전환사채의 경우처럼 회계처리를 단순하게 하기 위하여 신주인수권조정 등의 평가계정을 사용하지 않고 신주인수권부사채의 액면금액에 이를 가감한 순액(장부금액)에 기초하여 회계처리를 설명한다. 신주인수권부사채를 발행할 때 발행가액 중 부채요소의 현재가치를 신주인수권부사채로 인식하고, 발행가액에서 부채요소의 현재가치를 차감한 잔여액을 자본요소인 신주인수권대가로 인식한다.

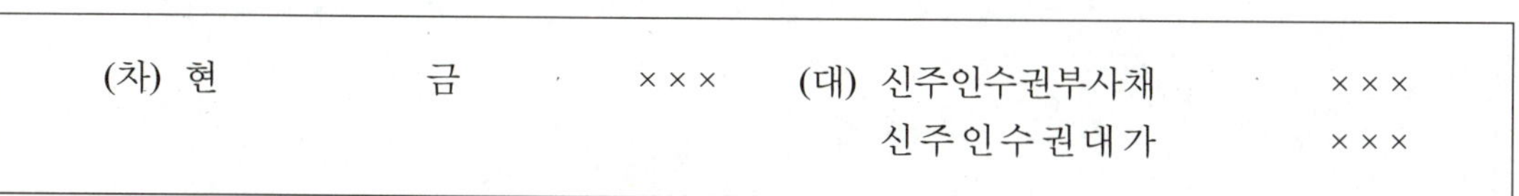

(차) 현 금	×××	(대) 신주인수권부사채	×××
		신주인수권대가	×××

신주인수권부사채의 이자비용 인식 회계처리는 다음과 같다. 신주인수권부사채의 장부금액에 유효이자율(일반사채 시장수익률)을 곱한 금액만큼 이자비용을 인식하고, 유효이자와 표시이자의 차이를 신주인수권부사채의 장부금액에 가산 조정한다.

(차) 이 자 비 용	×××	(대) 현 금	×××
		신주인수권부사채	×××

전환사채와 달리 신주인수권부사채는 신주인수권을 행사하더라도 사채에 부가되어 있는 권리만 소멸될 뿐 사채는 만기까지 존재한다. 따라서 전환사채의 경우에는 전환권 행사 후 표시이자 지급액이 감소하는 반면, 신주인수권부사채의 경우에는 신주인수권을 행사하더라도 표시이자 지급액이 감소하지 않는다.

신주인수권부사채권자가 신주인수권을 행사하면 사채발행회사는 신주인수권부사채권자로부터 납입금액(현금)을 수취하고 신주를 발행하면서 다음과 같이 회계처리한다.

(차) 현 금	×××	(대) 자 본 금	×××
		주식발행초과금	×××
〈선택적 회계처리〉			
(차) 신주인수권대가	×××	(대) 주식발행초과금	×××

신주인수권이 행사되더라도 전환사채와 달리 사채가 제거되는 것이 아니므로 마치 유상증자를 하는 경우와 유사하게 회계처리한다. 다만, 전환사채의 전환권대가를 주식발행초과금으로 대체할 수 있었던 것과 일관되도록 신주인수권부사채 발행일에 인식했던 신주인수권대가 중 신주인수권 행사부분만큼 주식발행초과금으로 대체할 수 있다.

전술한 바와 같이 사채기간에 신주인수권이 행사되더라도 사채가 제거되지 않으므로 만기에 사채액면 전액을 상환한다. 아래의 (예 8)을 통해서 상환할증금 미지급조건의 신주인수권부사채의 발행, 이자비용의 인식, 신주인수권의 행사 및 만기 상환의 회계처리를 설명한다.

예 8 신주인수권부사채의 회계처리

갑회사는 20×1년 1월 1일에 다음과 같은 조건의 신주인수권부사채를 액면발행하였다.

- 액면금액 : ₩1,000,000
- 이자지급 : 매년 12월 31일에 액면금액의 연 2%의 이자 지급
- 일반사채 시장수익률 : 연 5%
- 행사가액 : ₩10,000 (발행주식의 액면금액 : ₩5,000)
- 상환 : 20×3년 12월 31일에 액면금액을 일시상환

(1) 발행 시 회계처리

일반사채 현재가치 = ₩20,000×2.72325(기간 3, 5%, 연금현가계수)
+1,000,000×0.86384(기간 3, 5%, ₩1의 현가계수)
= ₩918,305

신주인수권의 가치 = ₩1,000,000 − 918,305 = ₩81,695

(차) 현 금	1,000,000	(대) 신주인수권부사채	918,305
		신주인수권대가	81,695

(2) 이자비용의 인식

신주인수권부사채가 중도에 신주인수권 청구 없이 만기 상환된다고 가정하고 신주인수권부사채의 장부금액 조정표를 작성하면 다음과 같다.

일자	유효이자(5%)	표시이자(2%)	장부금액 조정	사채의 장부금액
20×1. 1. 1.				₩918,305
20×1. 12. 31.	₩45,915	₩20,000	₩25,915	944,220
20×2. 12. 31.	47,211	20,000	27,211	971,431
20×3. 12. 31.	48,569[(1)]	20,000	28,569	1,000,000
합계	₩141,695	₩60,000	₩81,695	

(1) 단수차이 조정

20×1년 말 이자비용 인식의 회계처리는 다음과 같다.

(차) 이 자 비 용	45,915	(대) 현 금	20,000
		신주인수권부사채	25,915

(3) 신주인수권의 행사와 상환

신주인수권부사채 투자자가 신주인수권을 행사하면 갑회사는 현금을 수취하고 사전에 정해진 갑회사의 주식을 교부한다. 20×2년 1월 1일에 액면금액 ₩700,000의 신주인수권부사채의 신주인수권이 행사되었다면 발행주식수는 다음과 같이 계산한다.

₩700,000÷10,000(행사가액)=₩70주(액면금액 ₩5,000)

신주인수권 행사 시 분개는 다음과 같다.

(차) 현 금	700,000(1)	(대) 자 본 금	350,000(2)
		주식발행초과금	350,000
(차) 신주인수권대가	57,187(3)	(대) 주식발행초과금	57,187

(1) 70주×₩10,000=₩700,000
(2) 70주×₩5,000(액면금액)=₩350,000
(3) ₩81,695(발행 시 인식한 신주인수권대가)×70%=₩57,187
신주인수권대가의 주식발행초과금 대체는 선택적 회계처리이다.

전환사채의 전환과 달리 신주인수권부사채의 신주인수권이 행사되더라도 신주인수권부사채의 장부금액은 변동하지 않는다. 따라서 신주인수권 행사 후 신주인수권부사채의 장부금액 조정표는 앞에서 제시했던 조정표와 동일하다.

20×3년 12월 31일에 신주인수권부사채 상환 시 다음과 같이 회계처리한다.

(차) 신주인수권부사채	1,000,000	(대) 현 금	1,000,000

연 / 습 / 문 / 제

01 부채의 분류 및 측정에 대한 다음의 물음에 답하시오.

물음

1. 발행한 사채를 상각후원가로 측정하지 않고 공정가치로 측정한 후 공정가치 변동을 당기손익으로 인식하는 회계처리를 하면 의사결정에 더 유용한 정보를 제공할 수 있는가?
2. 확정수량-확정금액 조건으로 자기지분상품을 인도하여 결제하는 계약을 지분상품으로 분류하고, 변동수량-변동금액 조건으로 자기지분상품을 인도하여 결제하는 계약을 금융부채로 분류하는 이유를 설명하라.

해답

물음 1

사채를 발행한 기업이 금융부채인 사채를 공정가치로 측정할 경우 문제가 발생할 수 있다. 예를 들어, 사채발행기업의 재무상태가 악화되어 신용등급이 하락되는 경우 사채의 시장가격 즉, 공정가치도 하락할 것인데, 사채를 공정가치로 측정하면 금융부채의 장부금액을 감소시키면서 오히려 평가이익을 인식하게 되어 당기순이익이 증가하는 문제가 발생한다. 따라서 사채를 상각후원가로 측정하지 않고 공정가치로 측정하면 오히려 의사결정이 왜곡될 수 있다.

물음 2

자기지분상품으로 결제하는 계약은 투자자가 발행자의 자본위험을 부담하는지의 여부에 따라 금융부채 또는 지분상품으로 분류한다. 발행자가 확정수량-확정금액 조건으로 자기지분상품을 결제하는 계약을 발행한 경우 발행자의 주식 가치가 하락하면 투자자가 수취할 자기지분상품의 수량이 확정되어 있으므로 투자자가 보유한 계약의 가치도 하락한다. 즉, 투자자는 기존 주주와 동일한 자본위험을 부담하므로 발행자는 확정수량-확정금액 조건으로 자기지분상품을 결제하는 계약을 지분상품으로 분류한다. 그러나 발행자가 변동수량-변동금액 조건으로 자기지분상품을 결제하는 계약을 발행한 경우 발행자의 주식 가치가 하락하더라도 투자자가 수취할 자기지분상품의 수량이 조정되므로 투자자가 보유한 계약의 가치는 변동하지 않는다. 즉, 투자자는 기존 주주와 동일한 자본위험을 부담하지 않으므로 발행자는 변동수량-변동금액 조건으로 결제하는 계약을 지분상품으로 분류한다.

02 ㈜한국은 20×1년 1월 1일에 액면금액 ₩1,000,000의 사채를 발행하였다. 사채는 만기인 20×4년 12월 31일에 액면금액을 일시에 상환하며, 사채기간 동안 매년 12월 31일에 이자를 지급한다. 다음은 사채의 장부금액을 조정하는 표의 일부이다.

일자	유효이자	표시이자	상각액	사채의 장부금액
20×1. 1. 1.				₩898,388
20×1. 12. 31.	₩62,887	₩40,000	?	?

물음

1. 사채의 표시이자율과 유효이자율은 각각 얼마인가?
2. 20×2년도 이자비용은 얼마인가?

해답

물음 1

표시이자율 = ₩40,000÷1,000,000 = 4%
유효이자율 = ₩62,887÷898,388 = 7%

물음 2

20×1. 12. 31. 사채의 장부금액 = ₩898,388 + (62,887 − 40,000) = ₩921,275
20×2년도 이자비용 = ₩921,275×7% = ₩64,489

03 ㈜한국은 20×1년 1월 1일에 액면금액 ₩1,000,000(표시이자율 연 5%, 이자지급일 매년 12월 31일 후급, 만기일 20×3년 12월 31일)의 사채를 발행하려고 했으나 실패하고 3개월이 경과된 20×1년 4월 1일에 동 사채를 투자자에게 발행(판매)하였다.

물음

1. 사채발행일 현재 유효이자율이 6%일 때 발행일과 20×1년 말 이자비용 인식일에 해야 할 회계처리를 하라.
2. (물음 1)에서 사채발행일 현재 유효이자율이 4%라고 가정하고 다시 답하라.

해답

물음 1

20×1. 1. 1. 현재 발행가액
=₩50,000×2.67301(기간 3, 6%, 연금현가계수)
 +1,000,000×0.83962(기간 3, 6%, ₩1의 현가계수)
=₩973,271

20×1. 4. 1. 발행가액
=₩973,271+973,271×6%×3/12−50,000×3/12
=₩975,370

사채할인발행차금=₩1,000,000−975,370=₩24,630

<20×1. 4. 1.>

(차)	현금	987,870[(2)]	(대)	사채	1,000,000
	사채할인발행차금	24,630		미지급비용	12,500[(1)]

(1) 3개월 경과이자만큼 미지급비용으로 인식. ₩50,000×3/12=₩12,500
(2) ₩975,370+12,500=₩987,870

<20×1. 12. 31.>

(차)	이자비용	43,797[(3)]	(대)	현금	50,000
	미지급비용	12,500		사채할인발행차금	6,297

(3) ₩973,271×6%×9/12=₩43,797

물음 2

20×1. 1. 1. 현재 발행가액
=₩50,000×2.77509(기간 3, 4% 연금현가계수)
 +1,000,000×0.88900(기간 3, 4%, ₩1의 현가계수)
=₩1,027,755

20×1. 4. 1. 발행가액
=₩1,027,755+1,027,755×4%×3/12−50,000×3/12
=₩1,025,533

사채할증발행차금=₩1,025,533−1,000,000=₩25,533

<20×1. 4. 1.>

(차)	현 금	1,038,033(2)	(대)	사 채	1,000,000
				사채할증발행차금	25,533
				미 지 급 비 용	12,500(1)

(1) 3개월 경과이자만큼 미지급비용으로 인식. ₩50,000×3/12=₩12,500

(2) ₩1,025,533+12,500=₩1,038,033

<20×1. 12. 31.>

(차)	이 자 비 용	30,833(3)	(대)	현 금	50,000
	사채할증발행차금	6,667			
	미 지 급 비 용	12,500			

(3) ₩1,027,755×4%×9/12=₩30,833

04 ㈜백두는 20×1년 1월 1일에 다음과 같은 조건의 사채를 발행하였다.

- 액면금액 : ₩1,000,000
- 이자지급 : 매년 12월 31일에 액면금액의 연 4% 이자 지급
- 상환 : 20×3년 12월 31일에 액면금액을 일시 상환

물음

1. 발행일의 유효이자율이 연 6%일 때 사채의 발행가액을 계산하라.
2. 20×1년 12월 31일 사채의 장부금액을 계산하라.
3. 20×2년 12월 31일 현재 사채의 공정가치(시장가격)가 ₩978,000이라면, 현행이자율은 사채의 발행 당시 유효이자율보다 더 높은가 아니면 더 낮은가?
4. (물음 3)과 관련하여 사채를 20×2년 12월 31일 현재의 공정가치로 모두 상환하였을 때 회계처리를 하라.

해답

물음 1

사채의 발행가액=₩40,000×2.67301(기간 3, 6%, 연금현가계수)

+1,000,000×0.83962(기간 3, 6%, ₩1의 현가계수)=₩946,540

물음 2

20×1년 12월 31일 사채의 장부금액 = ₩946,540 + (946,540×6% − 40,000) = ₩963,332

물음 3

20×2년 12월 31일 사채의 장부금액 = ₩963,332 + (963,332×6% − 40,000) = ₩981,132

20×2년 12월 31일 현재 사채의 공정가치 ₩978,000은 미래현금흐름을 20×2년 12월 31일의 현행이자율로 할인한 현재가치인데, 미래현금흐름을 6% 이자율로 할인한 현재가치인 ₩981,132보다 작으므로 현행이자율은 6%보다 더 높음을 의미한다.

물음 4

(차) 사 채	1,000,000	(대) 사채할인발행차금	18,868
		현 금	978,000
		사 채 상 환 이 익	3,132

05 ㈜한강은 20×1년 1월 1일에 다음과 같은 조건의 전환사채를 액면발행하였다.

- 액면금액 : ₩1,000,000
- 이자 : 액면금액의 연 3%의 이자를 매년 12월 31일에 지급
- 전환 : 전환가격 ₩1,000, 발행주식의 주당 액면금액 ₩500
- 상환 : 전환권을 행사하지 않은 전환사채에 대해서 액면가액의 100%로 상환
  상환일 20×3년 12월 31일
- 전환사채 발행일 현재 일반사채 시장수익률 : 연 6%

물음

1. ㈜한강이 발행하는 전환사채의 전환권대가는 금융부채와 지분상품 중 어느 것으로 분류하는가?
2. 전환사채 발행일에 ㈜한강이 해야 할 회계처리를 하라.
3. 20×1년도 중 전환권이 행사되지 않았다고 할 때 20×1년 말 전환사채 장부금액은 얼마인가?
4. 20×2년 초에 전환사채 액면금액 중 ₩800,000의 전환사채가 전환청구 되어 주식으로 전환되었다. ㈜한강이 전환일에 해야 할 회계처리를 하라.
5. 더 이상 전환사채의 전환청구가 없을 때 20×2년 말에 ㈜한강이 인식해야 할 전환사채 이자비용을 계산하라.

6. 더 이상 전환사채의 전환청구가 없을 때 20×3년 말에 전환사채 상환 시 ㈜한강이 해야 할 회계처리를 하라.

해답

물음 1

제시된 전환사채의 조건을 보면 전환가격이 ₩1,000이라고만 되어 있을 뿐 전환할 때의 상황을 고려하여 전환가격을 조정한다는 언급이 없다. 즉, 전환사채 보유자가 전환권을 행사할 때 ㈜한강은 확정 수량의 자기지분상품을 인도하여야 하므로 전환권대가를 지분상품으로 분류한다.

물음 2

부채요소 현재가치 = ₩30,000×2.67301 + 1,000,000×0.83962 = ₩919,810

전환권대가 = ₩1,000,000 − 919,810 = ₩80,190

(차) 현 금	1,000,000	(대) 전 환 사 채	919,810
		전 환 권 대 가	80,190

물음 3

₩919,810 + 919,810×6% − 30,000 = ₩944,999

물음 4

전환 시 증가하는 자본 = ₩944,999×80% = ₩755,999

전환 시 증가하는 자본금 = ₩800,000÷1,000×500 = ₩400,000

전환 시 증가하는 주식발행초과금 = ₩755,999 − 400,000 = ₩355,999

(차) 전 환 사 채	755,999	(대) 자 본 금	400,000
		주식발행초과금	355,999

<선택적 회계처리>

(차) 전 환 권 대 가	64,152(1)	(대) 주식발행초과금	64,152

(1) 발행 시 인식한 전환권대가 ₩80,190 중 전환된 80% 해당액 ₩64,152을 발행자의 선택에 따라 주식발행초과금으로 대체할 수 있다.

물음 5

₩944,999×20%(미전환된 비율)×6% = ₩11,340

물음 6

(차) 전 환 사 채	200,000	(대) 현 금	200,000

06 ㈜서울은 20×1년 1월 1일에 다음과 같은 조건의 신주인수권부사채를 액면발행하였다.

- 액면금액 : ₩1,000,000
- 이자 : 액면금액의 연 4%의 이자를 매년 12월 31일에 지급
- 행사가액 : ₩2,000, 발행주식의 주당 액면금액 ₩1,000
- 상환 : 20×3년 12월 31일 상환할증금 없이 액면금액 상환
- 신주인수권부사채 발행일 현재 일반사채 시장수익률 : 연 7%

물음

1. ㈜서울이 신주인수권부사채 발행일에 해야 할 회계처리를 하라.
2. 20×1년 말 신주인수권부사채의 이자비용 인식을 위한 분개를 하라.
3. 20×2년 초에 신주인수권부사채 액면금액 중 80%의 신주인수권이 행사되었을 때 ㈜서울이 해야 할 회계처리를 하라.
4. 20×2년 말 신주인수권부사채의 이자비용 인식을 위한 분개를 하라.
5. 신주인수권부사채의 나머지 신주인수권은 행사되지 않은 채 20×3년 말 신주인수권부사채 상환 시 분개를 하라.

해답

물음 1

부채요소 현재가치 = ₩40,000×2.62432 + 1,000,000×0.81630 = ₩921,273

신주인수권대가 = ₩1,000,000 − 921,273 = ₩78,727

(차) 현 금	1,000,000	(대)	신주인수권부사채	921,273
			신주인수권대가	78,727

물음 2

(차) 이자비용	64,489[(1)]	(대)	현 금	40,000
			신주인수권부사채	24,489

(1) ₩921,273×7% = ₩64,489

물음 3

(차)	현　　　　금	800,000[(1)]	(대)	자　본　금	400,000[(2)]
				주식발행초과금	400,000
(차)	신주인수권대가	62,982[(3)]	(대)	주식발행초과금	62,982

(1) 신주인수권 행사 시 발행주식수 = ₩800,000÷2,000 = 400주
400주×₩2,000(행사가액) = ₩800,000
(2) 400주×₩1,000(주당 액면금액) = ₩400,000
(3) ₩78,727(발행 시 인식한 신주인수권대가)×80% = ₩62,982
신주인수권대가의 주식발행초과금 대체는 선택적 회계처리이다.

물음 4

(차)	이　자　비　용	66,203[(1)]	(대)	현　　　금	40,000
				신주인수권부사채	26,203

(1) 20×1년 말(20×2년 초) 신주인수권부사채 장부금액 = ₩921,273 + 24,489 = ₩945,762
₩945,762×7% = ₩66,203
신주인수권이 행사되더라도 신주인수권부사채의 장부금액은 변동하지 않는다.

물음 5

(차)	신주인수권부사채	1,000,000	(대)	현　　　금	1,000,000

제 10 장

충당부채와 우발부채

1 충당부채와 우발부채의 의의

1.1 충당부채란?

제2장의 '개념체계'에서 부채를 '과거사건의 결과로 기업이 경제적 자원을 이전해야 하는 현재의무'로 정의하였다. 부채로 정의되기 위해서는 과거에 사건이 발생하였어야 하므로 막연하게 미래에 어떤 사건이 발생하면 손실을 입게 될지도 모른다는 예상은 부채가 될 수 없다. 또한 부채로 정의되기 위해서는 과거사건의 결과로 현재의무가 존재하여야 한다. 과거에 사건이 발생했더라도 현재 부담하는 의무가 존재하지 않으면 부채도 존재하지 않는다. 그리고 현재 부담하고 있는 의무를 이행하기 위해서 경제적효익을 갖는 자원이 이전되어야 한다. 의무를 이행하는 데 아무런 자원의 희생이나 소비가 수반되지 않는다면 이는 부채가 아니다.

그런데 부채로 정의되기 위해서 언제, 누구에게 의무를 이행해야 하며, 의무를 이행하는 데 소요되는 금액은 얼마인지 반드시 확정 또는 결정될 필요는 없다. 이러한 점에서 회계에서의 부채와 법률에서의 부채는 다르다. 회계에서는 언제인지는 모르겠지만 미래에, 누구인지 특정할 수는 없지만 제3자에게, 그리고 얼마인지는 정확하게 결정할 수 없지만 의무이행에 소요될 금액을 신뢰성 있게 추정할 수 있다면, 그러한 의무도 부채에 해당하는데 이를 충당부채(provision)라고 한다. 기준서 제1037호 '충당부채, 우발부채, 우발자산'은 충당부채를 다음과 같이 정의한다.

> 지출하는 시기 또는 금액이 불확실한 부채를 충당부채라고 한다.

기업 활동을 하는 과정에서 여러 가지 충당부채가 발생할 수 있다. 예를 들어, 현대자동차㈜는 판매한 완성차에 결함이 발견될 경우 무상으로 수리서비스를 제공해야 할 의무가 있으며, GS건설㈜는 계약한 건설공사를 완료한 후 하자가 발생할 경우 일정 기간 동안 하자보수를 해야 할 의무를 부담한다. 이와 같이 무상수리 서비스를 제공하거나 하자보수를 제공할 의무는 부채의 정의를 충족하므로 현대자동차㈜는 무상수리 서비스의 의무 이행에 소요될 금액을 추정하여 판매보증충당부채를 인식하고 있으며, GS건설㈜는 하자보수 의무 이행에 소요될 금액을 추정하여 하자보수충당부채를 인식하고 있다. 제4장 2.3절에서 미래에 원상회복 의무를 부담하는 조건으로 유형자산을 취득할 때 미래 복구비용의 현재가치를 복구충당부채로 인식하면서 유형자산의 최초 인식금액에 포함한다고 설명하였는데, 복구충당부채도 본장에서 설명하는 충당부채 중의 하나이다.

1.2 우발부채란?

후술하는 2절에서 설명하겠지만 충당부채를 인식하기 위해서는 경제적효익이 있는 자원이 유출될 가능성이 높고, 금액을 신뢰성 있게 추정해야 한다는 일반적인 부채의 인식조건을 충족해야 한다. 우발부채(contingent liabilities)란 부채의 인식조건을 충족하지 못하는 다음의 2가지에 해당하는 의무를 말한다.

① 과거사건에 의하여 발생하였으나, 기업이 전적으로 통제할 수는 없는 하나 이상의 불확실한 미래사건의 발생 여부로만 그 존재 유무를 확인할 수 있는 잠재적 의무(possible obligation)
② 과거사건으로 생겼으나, 다음 ㉠ 또는 ㉡의 경우에 해당하여 인식하지 않는 현재의무(present obligation)
㉠ 당해 의무를 이행하기 위하여 경제적효익이 있는 자원을 유출할 가능성이 높지 않은 경우
㉡ 당해 의무의 이행에 필요한 금액을 신뢰성 있게 추정할 수 없는 경우

잠재적 의무란 미래에 어떤 사건이 발생하거나 또는 발생하지 않을 때 비로소 그 존재를 확인할 수 있는 의무이다. 현재에 존재하지도 않는 의무를 부채로 인식할 수는 없으므로 잠재적 의무는 부채로 인식할 수 없다.

현재에 존재하는 의무이더라도 의무 이행을 위하여 경제적효익이 내재된 자원이 유출될 가능성이 높지 않거나, 의무 이행에 소요될 금액을 신뢰성 있게 추정할 수 없다면 부채의 인식조건을 충족하지 못한다. 이와 같은 이유로 재무상태표에 부채로 인식하지 못하는 의무를 우발부채라고 한다.

2 충당부채와 우발부채의 회계처리

2.1 충당부채의 인식조건

충당부채는 다음의 3가지 요건을 모두 충족하는 경우에 인식한다.

① 과거사건의 결과로 현재의무(법적의무 또는 의제의무)가 존재한다.
② 당해 의무를 이행하기 위하여 경제적효익이 있는 자원을 유출할 가능성이 높다.
③ 당해 의무를 이행하기 위하여 필요한 금액을 신뢰성 있게 추정할 수 있다.

(1) 현재의무의 존재와 과거사건의 발생

충당부채를 인식하기 위해서는 현재의무를 부담하고 있어야 한다. 현재의무는 과거사건(past event)의 결과로 인하여 존재해야 한다. 이러한 과거사건을 의무발생사건(obligation event)이라고 하는데, 의무발생사건이 되기 위해서는 당해 사건으로부터 발생한 의무를 이행하는 것 외에는 실질적인 대안이 없어야 한다. 이러한 경우는 다음의 ① 또는 ②의 경우에만 해당한다.

① 의무의 이행을 법적으로 강제할 수 있는 경우
② 의제의무와 관련해서는 기업이 당해 의무를 이행할 것이라는 정당한 기대를 상대방이 가지게 되는 경우

현재의무(present obligation)에는 법적의무와 의제의무가 모두 포함되는데, 위의 ①이 법적의무에 해당하고, ②가 의제의무에 해당한다. 법적의무(legal obligation)는 명시적 또는 묵시적 조항에 따른 계약, 법률, 기타 법적 효력에 의하여 발생하는 의무를 말한다. 이에 반해 의제의무(constructive obligation)는 과거의 실무 관행, 발표된 경영방침 또는 구체적이고 유효한 약속 등을 통하여 기업이 특정 책임을 부담하겠다는 것을 상대방에게 표명하고, 그 결과 기업이 당해 책임을 이행할 것이라는 정당한 기대를 상대방이 가지게 되었을 때 발생하는 의무를 말한다.[1)]

예를 들어, 제품을 제조하여 소비자에게 판매한 기업이 관련 법규에 따라 판매일로부터 2년 이내에 발생하는 제품 결함에 대해서 교환이나 무상수리를 제공해야 할 의무를 부담한다고 할 때, 이러한 의무는 법적의무에 해당한다. 그러나 어떤 기업이 제품 판매일로부터 2년이 경과한 후에 발생하는 제품 결함에 대해서도 교환이나 무상수리를 제공할 것이라는 경영방침을 가지고 있으며, 과거부터 지금까지 이러한 경영방침을 지켜왔고, 그 기업이 앞으로도 이와 관련된 의무를 계속 이행할 것이라고 소비자들이 기대하고 있다면 이러한 의무는 의제의무에 해당한다.

재무상태표에 인식되는 부채는 보고기간 말에 존재하는 부채에 국한되어야 한다. 따라서 미래 영업에서 생길 원가는 충당부채로 인식하지 않는다.

기업의 미래 행위(미래 사업행위)와 관계없이 존재하는 과거사건에서 생긴 의무만을 충당부채로 인식한다. 예를 들어, 환경오염으로 인한 범칙금이나 환경정화비용은 기업의 미래행위

1) 의무는 의무의 이행대상이 되는 상대방이 존재하여야 한다. 그러나 의무의 상대방이 불특정한 일반대중이 될 수도 있다. 의무는 반드시 상대방에 대한 확약을 수반하므로 경영진 또는 이사회의 결정으로 기업이 자신의 책임을 이행할 것이라는 정당한 기대를 상대방이 가질 수 있을 정도로 충분히 구체적인 방법으로 보고기간 말 이전에 상대방에게 의사전달이 되어야만 당해 결정은 의제의무를 발생시키는 것으로 본다.

와 관계없이 해당 의무의 이행에 경제적효익이 있는 자원의 유출이 발생하므로 충당부채를 인식한다. 반면에 사업적 압력이나 법률 규정 때문에 공장에 특정 정화장치를 설치하는 지출을 계획하고 있거나 그런 지출이 필요한 경우에는 기업이 공장 운영방식을 바꾸는 등의 미래 행위로 미래의 지출을 회피할 수 있으므로 미래에 지출을 해야 하는 현재의무는 없으며, 충당부채도 인식하지 않는다.

어떤 사건은 발생 당시에는 현재의무를 생기게 하지 않지만 나중에 의무를 생기게 할 수 있다. 법률이 제정·개정되면서 의무가 생기거나 기업의 행위에 따라 나중에 의제의무가 생기는 경우가 있기 때문이다. 예를 들어, 일어난 환경오염에 대하여 지금 당장 정화해야 하는 의무가 없는 경우에도 나중에 새로운 법률에서 그러한 환경오염을 정화하도록 요구하거나 기업이 그러한 정화의무를 의제의무로서 공개적으로 수용한다면, 해당 법률의 제정·개정 시점이나 기업의 공개적인 수용 시점이 의무발생사건이 일어난 시점이다.

한편, 입법 예고된 법규의 세부사항이 아직 확정되지 않은 경우에는 당해 법안대로 제정될 것이 거의 확실한(virtually certain) 때에만 의무가 생긴 것으로 본다.

(2) 경제적효익이 있는 자원의 유출가능성

부채로 인식하기 위해서는 현재의무가 존재해야 할 뿐만 아니라 해당 의무를 이행하기 위하여 경제적효익이 있는 자원의 유출가능성이 높아야 한다. 이때 유출가능성이 '높다'(probable)는 의미는 발생할 가능성이 발생하지 않을 가능성보다 더 높음을 의미한다(즉, 50% 초과 발생가능성).

(3) 의무의 신뢰성 있는 추정

충당부채를 재무상태표에 부채로 인식하기 위해서는 신뢰성 있는 추정이 필수적이다. 추정치의 사용은 재무제표의 작성에 반드시 필요하며, 재무제표의 신뢰성을 떨어뜨리지 않는다. 극히 드문 경우를 제외하고는 가능한 결과의 범위를 판단할 수 있으므로 충당부채를 인식할 때 충분히 신뢰성 있는 금액을 추정할 수 있다.

2.2 충당부채와 우발부채의 다른 점은?

전술한 바와 같이 충당부채는 재무상태표에 인식하는 부채인 반면, 우발부채는 재무상태표에 인식할 수 없다는 점이 양자의 큰 차이점이다. 충당부채와 우발부채의 차이를 요약하면 다음의 [표 1]과 같다.

| 표 1 | 충당부채와 우발부채의 비교

구분		충당부채	우발부채
잠재적 의무		해당 없음	잠재적 의무 해당
현재 의무	경제적효익이 내재된 자원의 유출가능성	높음	높지 않음
	금액의 신뢰성 있는 추정	추정 가능	추정 불가능
회계처리		부채와 관련비용 인식	경제적효익이 있는 자원의 유출가능성이 희박하지 않다면 우발부채 공시

우발부채는 당초 예상하지 못한 상황에 따라 변화할 수 있으므로 경제적효익이 있는 자원의 유출가능성이 높아졌는지를 판단하기 위하여 지속적으로 평가한다. 따라서 과거에 우발부채로 처리하였더라도 이후 충당부채의 인식조건을 충족하게 되면 재무제표에 충당부채를 인식한다.

2.3 우발자산

우발자산(contingent assets)은 과거사건에 의하여 발생하였으나 기업이 전적으로 통제할 수는 없는 하나 이상의 불확실한 미래사건의 발생 여부에 의하여서만 그 존재가 확인되는 잠재적 자산을 말한다. 일반적으로 우발자산은 사전에 계획하지 않았거나 다른 예상하지 못한 사건으로 생기며, 그 사건은 경제적효익의 유입 가능성을 불러온다. 기업이 제기하였으나 그 결과가 불확실한 소송을 예로 들 수 있다.

우발자산을 인식한다는 것은 미래에 전혀 실현되지 않을 수 있는 수익을 인식하는 것이므로 재무제표에 인식하지 않는다. 우발부채와 마찬가지로 관련 상황의 변화가 적절하게 재무제표에 반영될 수 있도록 우발자산을 지속적으로 평가한다. 상황 변화로 경제적효익의 유입이 거의 확실(virtually certain)하게 되는 경우 관련 자산은 우발자산이 아니다. 따라서 그러한 상황 변화가 일어난 기간의 재무제표에 그 자산과 관련 수익을 인식한다. 한편, 경제적효익의 유입이 거의 확실한 것은 아니지만 경제적효익의 유입가능성이 높아진 경우에는 우발자산을 주석으로 공시한다.

예 1 충당부채와 우발부채의 구분

〈사례 1〉
20×1년 중에 ㈜행복리조트(보고기간 말 12월 31일) 내의 놀이기구에서 이용객이 추락사하는 사고가 발생하였다. 사망자의 유족은 20×1년 10월에 ㈜행복리조트의 놀이기구의 안전에 문제가 있다는 이유로 손해배상소송을 제기하였으며, ㈜행복리조트는 회사가 정당한 주의 의무를 다했다고 항변하고 있다. 20×1년 12월 31일 현재 소송이 진행 중에 있는데, ㈜행복리조트의 변호인은 회사가 법적인 책임을 지지 않을 가능성이 높다고 조언하였다. 그러나 20×2년 말 현재 ㈜행복리조트의 안전 조치 미흡 증거가 발견되어 소송이 회사에게 불리하게 진행되고 있으며, 변호인은 회사가 손해배상금을 지급할 가능성이 높다고 조언하였다. 이와 같은 상황에서 ㈜행복리조트는 20×1년 말과 20×2년 말에 어떤 회계처리를 해야 하는가?

20×1년 중에 이용객이 놀이기구에서 추락하여 사망하는 사건(과거사건)이 발생하였지만, 20×1년 말 현재 추락사의 책임이 ㈜행복리조트에 있다는 증거를 발견하지 못하였으므로 이는 현재의무가 아니라 잠재적 의무에 해당한다. 따라서 우발부채에 해당하며, 소송에서 패소할 가능성이 아주 낮다면 소송의 내용을 주석에 공시할 필요도 없다.

그러나 20×2년 말 현재 ㈜행복리조트의 책임이 있다는 증거가 발견되었고 변호인이 회사의 패소가능성이 높다고 조언을 하였기 때문에 경제적효익이 내재된 자원의 유출가능성이 높다고 판단된다. 따라서 손해배상금액을 신뢰성 있게 추정할 수 있다면 충당부채를 인식하여야 한다. 그러나 손해배상금액을 신뢰성 있게 추정할 수 없다면 이는 우발부채에 해당하므로 소송의 내용을 주석으로 공시한다.

〈사례 2〉
㈜내일패션은 자사가 생산한 의류를 소비자에게 판매하고, 판매 후 어느 때라도 제품에 하자가 발생하면 소비자에게 무상으로 수선해 주거나 다른 제품으로 교환해주는 경영방침을 이행하고 있다. 그리고 이러한 회사의 경영방침은 소비자들에게 널리 알려져 있다. 과거에도 판매한 제품의 2% 정도가 수선이나 교환되었다. ㈜내일패션은 의류 판매에 따른 수선이나 교환을 해주기로 한 경영방침에 대해서 어떤 회계처리를 해야 하는가?

㈜내일패션이 제품 판매 후 어느 때라도 제품에 하자가 발생할 경우 무상으로 수선 또는 교환해 주는 경영방침을 이행하고 이러한 경영방침을 소비자들도 알고 있다면 이는 의제의무에 해당한다. 소비자에게 의류제품을 판매하였으므로 과거사건이 발생한 것이며, 과거 경험에 따르면 판매한 제품의 약 2%에 해당하는 의류를 수선하였거나 교환해 주었으므로 현재의무가 존재한다.

㈜내일패션이 미래에 수선이나 교환에 소요될 금액을 신뢰성 있게 추정할 수 있다면 충당부채를 인식하여야 한다. 그러나 수선이나 교환에 소요될 금액을 신뢰성 있게 추정할 수 없다면 우발부채로 구분하여 그 내용을 주석으로 공시한다.

참고로 삼성전자㈜의 제52기 재무제표 주석에 공시되어 있는 충당부채와 우발부채 중 일부의 내용은 다음과 같다.

주석 공시 사례

15. 충당부채

당기 중 충당부채의 변동 내역은 다음과 같습니다.

(단위 : 백만 원)

구분	판매보증 (가)	기술사용료 (나)	장기성과급 (다)	기타 (라), (마)	계
기초	245,366	1,015,280	567,016	497,885	2,325,547
순전입(환입)	399,582	735,544	388,550	1,524,166	3,047,842
사용	(304,130)	(357,148)	(388,562)	(781,974)	(1,831,814)
기타	–	(89,658)	–	(16,414)	(106,072)
기말	340,818	1,304,018	567,004	1,223,663	3,435,503

가. 회사는 출고한 제품에 대한 품질보증, 교환, 하자보수 및 그에 따른 사후서비스 등으로 인하여 향후 부담할 것으로 예상되는 비용을 보증기간 및 과거 경험률 등을 기초로 추정하여 충당부채로 설정하고 있습니다.

나. 회사는 협상 진행 중인 기술사용계약과 관련하여 향후 지급이 예상되는 기술사용료를 추정하여 충당부채로 계상하고 있습니다. 지급시기 및 금액은 협상결과에 따라 변동될 수 있습니다.

다. 회사는 임원을 대상으로 부여연도를 포함한 향후 3년간의 경영실적에 따라 성과급을 지급하는 장기성과 인센티브를 부여하였는바, 향후 지급이 예상되는 금액의 경과기간 해당분을 충당부채로 계상하고 있습니다.

라. 회사는 생산 및 판매 중단한 제품에 대하여 향후 부담할 것으로 예상되는 비용 등을 추정하여 충당부채로 계상하고 있습니다.

마. 회사는 온실가스 배출과 관련하여 해당 이행연도분 배출권의 장부금액과 이를 초과하는 배출량에 대해 향후 부담할 것으로 예상되는 비용을 추정하여 충당부채로 계상하고 있습니다.

16. 우발부채와 약정사항

나. 소송 등

당기 말 현재 회사는 다수의 회사 등과 정상적인 영업과정에서 발생한 소송, 분쟁 및 규제기관의 조사 등이 진행 중에 있습니다. 이에 따른 자원의 유출금액 및 시기는 불확실하며 회사의 경영진은 이러한 소송 등의 결과가 회사의 재무상태에 중요한 영향을 미치지 않을 것으로 판단하고 있습니다.

2.4 충당부채의 측정

충당부채로 인식하는 금액은 현재의무를 보고기간 말에 이행하기 위하여 필요한 지출에 대한 최선의 추정치(best estimate)이어야 한다. 이때 최선의 추정치란 보고기간 말에 의무를 이행하거나 제3자에게 이전하는 경우에 합리적으로 지급해야 하는 금액을 말한다.

충당부채로 인식하여야 하는 금액과 관련된 불확실성은 상황에 따라 판단한다. 측정하고자 하는 충당부채가 다수의 항목과 관련되는 경우에 당해 의무는 모든 가능한 결과와 그와 관련된 확률을 가중평균하여 추정한다. 예를 들어, 경제적 자원의 유출금액이 ₩100일 확률이 40%, ₩150일 확률이 60%로 판단되었다면 인식할 충당부채는 '₩100×40%+150×60%=₩130'으로 추정한다. 이러한 통계적 추정방법을 기댓값(expected value)이라고 한다. 가능한 결과가 연속적인 범위에 분포하고 각각의 발생확률이 같을 경우에는 해당 범위의 중간값을 사용한다.

충당부채는 미래의 예상되는 지출이므로 화폐의 시간가치가 중요할 수 있다. 이러한 경우 충당부채는 예상되는 지출액의 현재가치로 평가한다. 이미 제4장의 유형자산에서 미래 예상되는 복구비 지출액의 현재가치로 복구충당부채를 인식하는 회계처리를 설명하였다.

현재의무를 이행하기 위하여 소요되는 지출금액에 영향을 미치는 미래사건이 발생할 것이라는 충분하고 객관적인 증거가 있는 경우에는 그러한 미래사건을 감안하여 충당부채 금액을 추정한다. 예를 들어, 미래에 환경정화에 투입될 원가를 추정할 경우 미래의 기술 변화에 따라 추정치가 감소할 수 있다. 그리고 현재에는 법적의무가 없으나 미래에 새로운 법규가 제정될 것이 거의 확실하다면 당해 법규의 효과를 고려하여 충당부채를 인식한다.

매 보고기간 말마다 충당부채의 잔액을 검토하고, 보고기간 말 현재 최선의 추정치를 반영하여 조정한다. 또한 의무이행을 위하여 경제적효익이 있는 자원을 유출할 가능성이 더 이상 높지 않다면 관련 충당부채를 환입한다. 이러한 회계처리는 회계추정치 변경(제17장 참조)에 해당하므로 전진적으로 회계처리한다.

예 2 충당부채의 추정치 계산

회사는 제품 구입 후 1년 이내에 발생하는 제조상의 결함이나 다른 명백한 결함에 따른 하자에 대하여 제품보증을 실시하고 있다. 만일 20×1년도에 판매된 제품에서 중요하지 않은 결함이 발견된다면 ₩300,000의 수리비용이 발생하고, 치명적인 결함이 발생하면 ₩4,000,000의 수리비용이 발생할 것으로 예상된다. 기업의 과거 경험과 미래 예측의 결과 판매된 제품의 90%에는 하자가 없을 것으로 예상되며, 제품의 8%는 중요하지 않은 결함이 발견될 것으로 예상되고, 2%는 치명적인 결함이 있을 것으로 예상된다.

충당부채의 최선의 추정치 = 0×90% + ₩300,000×8% + ₩4,000,000×2% = ₩104,000

(차) 제 품 보 증 비	104,000	(대) 제품보증충당부채	104,000

이후 제품보증에 따른 수리비를 지출할 때 다음과 같이 회계처리한다.

(차) 제품보증충당부채	×××	(대) 현 금	×××

2.5 충당부채의 변제

충당부채를 결제하기 위하여 필요한 지출액의 일부 또는 전부를 제3자가 변제할 것이 예상되는 경우, 기업이 의무를 이행한다면 변제받을 것이 거의 확실시되는 때에 한하여 예상변제금액(reimbursement)을 별도의 자산으로 인식한다. 다만, 자산으로 인식하는 예상변제금액은 관련 충당부채 금액을 초과할 수 없다. 이 경우 충당부채와 관련하여 포괄손익계산서에 인식된 비용은 제3자의 변제와 관련하여 인식한 금액과 상계하여 표시할 수 있다.

대부분의 경우 기업은 전체 의무 금액에 대하여 책임이 있으므로 제3자가 변제할 수 없게 될 경우 당해 전체 금액을 이행해야 할 책임을 진다. 이 경우 전체 의무금액을 충당부채로 인식하고, 기업이 의무를 이행한다면 변제를 받을 것이 거의 확실하게 되는 때에 한하여 당해 예상변제금액을 별도의 자산으로 인식한다.

2.6 손실부담계약

손실부담계약(onerous contracts)이란 계약상의 의무이행에서 발생하는 회피 불가능한 원가가 그 계약에 의하여 받을 것으로 기대되는 경제적효익을 초과하는 계약을 말한다. 회피 불가능한 원가는 계약 해지를 위한 최소순원가로서 ① 계약이행을 위하여 소요되는 원가와 ② 계약을 이행하지 못했을 때 지급해야 할 보상금 또는 위약금 중 적은 금액을 말한다.

예를 들어, 자산을 매입하기로 취소불능계약을 체결하였는데 당해 자산의 매입가격이 하락하는 경우 또는 리스로 사용하던 자산을 더 이상 사용할 필요가 없게 되었는데 취소불능 리스계약에 따라 잔여 리스기간동안 리스료를 계속 부담해야 하는 경우 등이 모두 손실부담계약에 해당한다.

통상적인 구매주문과 같이 상대방에게 보상 없이 해약할 수 있는 계약은 아무런 의무도 발생하지 않으므로 손실부담계약이 아니다. 그러나 당사자 간에 권리와 의무를 발생시키는 계약이 특정 사건으로 인하여 손실부담계약이 될 경우 충당부채를 인식한다. 또한 미이행계약

(executory contracts)[2]은 손실부담계약에 해당하는 경우에만 충당부채를 인식한다.

손실부담계약의 회계처리를 예시하면 다음과 같다.

〈손실부담계약에 대한 충당부채 인식〉

(차) 계 약 손 실	×××[(1)]	(대) 손실부담충당부채	×××

〈이후 손실부담계약으로 인한 현금 지출 시〉

(차) 손실부담충당부채	×××	(대) 현 금	×××

(1) 회피불능원가 − 기대되는 경제적효익

한편, 회사가 체결한 계약이 손실부담계약에 해당하는 경우 충당부채를 설정하기 전에 당해 손실부담계약을 이행하는 데 사용하는 자산에서 발생한 손상차손을 먼저 인식한다.

2.7 기업의 구조조정

기업은 일부 사업을 매각, 폐쇄하기도 하고, 사업이나 조직구조를 변경하기도 한다. 이는 경영의 효율성을 높이면서 좀 더 핵심역량이 있는 사업에 매진하기 위한 경영전략의 일환이다. 구조조정 과정에서 여러 가지 비용이 발생할 수 있는데, 전술한 충당부채 인식을 위한 3가지 조건을 모두 충족하는 경우 구조조정과 관련된 충당부채를 인식한다.

구조조정과 관련된 충당부채는 의제의무에 해당한다. 구조조정에 대한 공식적이며 구체적인 계획[3]을 모두 확인할 수 있어야 하고, 기업이 구조조정 계획의 이행에 착수하였거나 구조조정의 주요 내용을 공표함으로써 구조조정의 영향을 받을 당사자가 기업이 구조조정을 이행할 것이라는 정당한 기대를 가져야 한다는 조건을 모두 충족하였을 때 의제의무가 발생한다.

구조조정충당부채로 인식할 수 있는 지출과 인식할 수 없는 지출의 예는 [표 2]와 같다.

| 표 2 | 구조조정충당부채로 인식 가능한 지출과 인식 불가능한 지출

인식 가능 지출	인식 불가능한 지출
① 구조조정과 관련하여 필수적으로 발생하는 지출 ② 기업의 계속적인 활동과 관련 없는 지출	① 계속 근무하는 종업원에 대한 교육 훈련과 재배치 ② 마케팅 ③ 새로운 제도와 물류체제의 구축에 대한 투자

2) 제2장 5.2절의 미이행계약의 설명을 참조하라.

3) 여기에는 구조조정 대상 사업, 구조조정의 영향을 받는 주사업장 소재지, 해고에 따라 보상을 받게 될 종업원, 구조조정에 소요되는 지출 및 구조조정 이행시기 등이 포함된다.

연 / 습 / 문 / 제

01 다음의 독립된 물음별로 충당부채의 인식 여부에 대해서 설명하시오.

물음

1. 미래의 예상영업손실을 충당부채로 인식할 수 있는가?

2. 최근에 국회에서 환경관련 법규가 제정되어 갑회사는 20×2년 6월 30일까지 유해가스 저감장치를 공장에 설치하여야 하고, 이를 위반할 경우 벌과금이 부과될 수 있다. 갑회사는 20×2년 말 현재 유해가스 저감장치를 공장에 설치하지 않았다. 보고기간 말인 20×1년 12월 31일과 20×2년 12월 31일에 관련되는 충당부채를 인식해야 하는가?

3. 을회사(보고기간 말 12월 31일)의 이사회는 20×1년 12월 10일에 3개의 사업부 중 하나의 사업부를 폐쇄하기로 결정하였는데, 을회사는 사업부 폐쇄와 관련된 충당부채를 인식하기 위해서 어떤 추가적인 조치를 취해야 하는가?

해답

물음 1

미래의 영업손실은 부채의 정의(과거사건에 의하여 발행하였으며 경제적효익을 갖는 자원이 기업으로부터 유출됨으로써 이행될 것으로 기대되는 현재의무)에 부합하지 않을 뿐만 아니라 충당부채의 인식기준(과거사건의 결과로 현재의무가 존재하고, 당해 의무를 이행하기 위하여 경제적효익을 갖는 자원이 유출될 가능성이 높으며, 당해 의무의 이행에 소요되는 금액을 신뢰성 있게 측정할 수 있다)을 충족하지도 못한다. 따라서 미래의 영업손실은 충당부채로 인식할 수 없다.

물음 2

충당부채로 인식되기 위해서는 과거사건으로 인한 의무가 기업의 미래행위와 독립적이어야 한다. 갑회사가 환경관련 법규에 따라 공장에 유해가스 저감장치를 설치해야 하더라도 이는 공장운영방식을 바꾸거나 공장을 매각하는 등, 미래행위를 통하여 미래의 지출을 회피할 수 있으므로 유해가스 저감장치 설치에 필요한 지출은 현재의무가 아니다. 따라서 20×1년 12월 31일은 물론 20×2년 12월 31일에도 관련 충당부채를 인식하지 않는다. 그러나 20×2년 6월 30일까지 환경관련 법규에 따라 공장에 유해가스 저감장치를 설치하지 않았기 때문에 벌과금을 지급해야 할 의무가 발생하였다. 따라서 벌과금을 지출할 가능성과 금액의 신뢰성 있는 추정 여부에 따라 충당부채 인식 여부를 판단해야 한다.

물음 3

을회사의 이사회에서 사업부 폐쇄 결정이 내려진 후 사업부 폐쇄에 대한 공식적이며 구체적인 계획을 모두 확인할 수 있어야 하고, 을회사가 사업부 폐쇄 계획의 이행에 착수하였거나 사업부 폐쇄의 주요 내용을 공표함으로써 구조조정의 영향을 받을 당사자가 기업이 구조조정을 이행할 것이라는 정당한 기대를 가져야 한다는 조건을 모두 충족하여야 충당부채를 인식할 수 있다.

02 ㈜내일전자는 생산한 제품을 소비자에게 판매하면서 소비자의 구매시점으로부터 2년 동안 제품의 결함이 발생할 경우 무상으로 수리해 주고 있는데, 무상수리서비스를 법에서 규제하고 있지는 않다.

물음

1. ㈜내일전자가 제품 판매 후 2년 동안 무상수리서비스를 제공하는 것이 충당부채에 해당하는가?
2. ㈜내일전자는 과거 경험에 기초하여 무상수리서비스를 제공하면서 매출액의 2%에 해당하는 금액을 지출하는 것으로 추정하였다. 20×1년 매출액이 ₩250,000이며, 20×1년 중에 제공한 무상수리서비스의 지출이 ₩1,000이라면 ㈜내일전자가 20×1년 말에 인식할 제품보증충당부채는 얼마인가? 단, 전기이월 제품보증충당부채 잔액은 ₩2,000이다.

해답

물음 1

무상수리서비스를 제공하는 의무가 법적인 의무는 아니지만 오랜 기간 ㈜내일전자가 수행해온 경영방침이고 소비자들에게 이러한 무상수리서비스 정책이 알려져 있다면 이는 의제의무에 해당한다. 따라서 과거 경험에 기초하여 미래에 발생할 무상수리서비스에 소요될 원가를 신뢰성 있게 추정할 수 있다면 충당부채를 인식하여야 한다.

물음 2

20×1년 말 제품보증충당부채 잔액 = ₩2,000 − 1,000 + ₩250,000×2% = ₩6,000

참고로 관련되는 분개를 표시하면 다음과 같다.

<회계연도 중 제품보증비 지출>

(차) 제품보증충당부채	1,000[(1)]	(대) 현 금	1,000

(1) 전기이월 제품보증충당부채 감소

<보고기간 말 충당부채 인식>

(차) 제 품 보 증 비	5,000	(대) 제품보증충당부채	5,000

03 갑회사는 공장건물을 임차하여 사용하고 있다. 월 임차료는 ₩10,000인데, 20×1년 12월 31일에 공장건물을 새로운 건물로 이전하게 되어 동일자부터 더 이상 기존 공장건물을 사용하지 않게 되었으며, 다른 용도로도 사용하지 않을 예정이다. 임대차계약에 따르면 계약종료일은 20×3년 12월 31일이며, 계약기간 동안 제3자에게 공장건물을 전대할 수 없도록 되어 있다. 또한 임대차계약을 해지하려면 1년치 임차료를 위약금으로 지불해야 한다.

물음

20×1년 12월 31일 현재 기존 공장의 임대차계약은 손실부담계약에 해당하는가? 만약에 임대차계약이 손실부담계약에 해당한다면 갑회사는 어떤 회계처리를 해야 하는가?

해답

손실부담계약이란 계약상의 의무이행에서 발생하는 회피불가능한 원가가 그 계약에 의하여 받을 것으로 기대되는 경제적효익을 초과하는 계약을 말한다. 임차로 사용하던 공장건물을 20×2년부터 더 이상 사용하지 않을 것이며, 다른 용도로도 사용하지 않을 예정이므로 기대되는 경제적효익은 없다. 그러나 임대차 계약의 이행을 위하여 잔여 임차기간인 24개월 동안 총 ₩240,000을 지불하든지, 아니면 위약금으로 12개월 임차료 ₩120,000을 지불할 수 있는데, 이 중 적은 금액인 ₩120,000이 경제적효익을 초과하므로 공장의 임대차계약은 손실부담계약에 해당한다.

갑회사는 기존 공장의 임대차계약이 손실부담계약에 해당하므로 ₩120,000에 대해서 비용과 충당부채를 인식하는 회계처리를 해야 한다.

제 11 장

자본 및 지분상품

1 자본 및 지분상품의 의의

1.1 자본과 지분상품은 동일한 개념인가?

다음은 회계원리의 기본인 회계등식이다.

자산 − 부채 = 자본

자본은 자산에서 부채를 차감한 잔여분으로 결정된다. 기업이 설립되는 시점에서 자본은 소유주로부터 출자받은 금액이 전부이다. 이후 기업이 경영활동을 수행하는 과정에서 여러 거래가 발생하며, 그 결과 기업의 자본 즉, 순자산이 변동한다.

순자산의 변동을 가져오는 거래는 크게 손익거래[1)]와 자본거래로 구분할 수 있다. 손익거래는 기업의 경영활동 과정에서 수익과 비용이 발생하는 거래로서 매출 및 매입 거래, 제조 및 생산 거래, 판매비와 관리비의 발생 거래 등을 포함한다. 손익거래에서 발생하는 수익에서 비용을 차감한 순액을 포괄손익(comprehensive income)이라고 한다. 그리고 제3장에서 설명한 바와 같이 포괄손익을 구성하는 수익과 비용 중 당기순손익에 해당하는 수익, 비용과 기타포괄손익에 해당하는 수익, 비용을 포괄손익계산서에 모두 표시하는 방식과 손익계산서와 포괄손익을 표시하는 보고서에 각각 표시하는 방식 중 하나를 선택할 수 있다.

수익 − 비용 = 포괄손익 = 당기순손익 + 기타포괄손익

포괄손익계산서에는 보고기간에 발생한 순자산의 변동 즉, 당기순손익과 기타포괄손익이 표시되며, 순자산의 변동 후 잔액은 이익잉여금과 기타포괄손익누계액으로 재무상태표의 자본에 표시된다.

한편, 자본거래는 소유주로부터 추가 출자를 받거나(증자) 소유주에게 출자받은 금액을 환급하거나(감자) 및 기업의 내부 유보이익을 소유주에게 배분(배당)하는 거래 등을 포함한다. 결국 보고기간 중 발생한 많은 거래 중 순자산의 변동을 가져오는 거래로 인하여 기업의 자본이 증가하기도 하고 감소하기도 한다.[2)]

---

1) 본장의 손익거래란 당기순손익을 구성하는 수익과 비용의 거래뿐만 아니라 기타포괄손익을 구성하는 수익과 비용의 거래까지 포함하는 광의의 개념이다.

2) 은행으로부터 현금을 차입하는 거래는 자산과 부채가 동시에 증가하는 거래로서 순자산의 변동을 가져오지 않으므로 손익거래도 아니고 자본거래도 아니다. 또한 현금으로 유형자산을 취득하는 거래는 자산(유형자산)이 증가하면서 다른 자산(현금)이 감소하는 거래로서 순자산의 변동을 가져오지 않으므로 손익거래도 아니고 자본거래도 아니다.

그런데 제9장 금융부채에서 국제회계기준은 기업의 자산에서 모든 부채를 차감한 후의 잔여지분을 지분상품으로 정의하였다. 국제회계기준에서 정의하는 지분상품은 '계약'에 기초한 금융상품에 한정하므로 자본 중 손익거래에서 발생한 이익잉여금과 기타포괄손익은 계약에 기초한 지분상품으로 볼 수 없다. 따라서 본장의 자본은 국제회계기준에서 언급하는 지분상품보다 더 넓은 개념으로 이해하면 될 것이다.

1.2 자본의 재무상태표 표시

전술한 바와 같이 순자산의 변동은 자본거래와 손익거래로 구분할 수 있는데, 두 가지 거래에서 발생한 순자산의 변동은 성격도 다르고 상법 등 관련 법규에서 규제하는 내용도 다르다. 따라서 순자산의 변동 결과인 자본을 적절하게 소분류하여 재무상태표에 표시할 필요가 있다. 기준서 제1118호 '재무제표 표시와 공시'는 재무상태표에 표시되는 자본을 비지배지분[3]과 지배기업의 소유주에게 귀속되는 자본금과 적립금으로 구분하고, 자본금과 적립금은 납입자본, 주식발행초과금, 적립금 등과 같이 다양한 분류로 세분화할 수 있도록 규정하고 있다.

국제회계기준은 재무상태표의 자산이나 부채의 표시뿐만 아니라 자본의 표시도 기업에게 상당한 재량권을 부여하고 있기 때문에 실제 공표되는 재무상태표에 표시된 자본의 소분류 항목은 기업마다 매우 다양하다. 우리나라 기업들이 공표한 재무상태표에 표시된 자본의 소분류 항목의 사례를 제시하면 [표 1]과 같다.

| 표 1 | 재무상태표에 표시된 자본의 소분류 항목

기업명	자본의 소분류 항목
삼성전자㈜	자본금(우선주자본금, 보통주자본금), 주식발행초과금, 이익잉여금, 기타자본항목
현대자동차㈜	자본금, 자본잉여금, 기타자본항목, 기타포괄손익누계액, 이익잉여금
LG화학㈜	자본금, 자본잉여금, 기타자본항목, 이익잉여금
㈜포스코	자본금, 자본잉여금, 신종자본증권, 적립금, 자기주식, 이익잉여금

국제회계기준을 적용하지 않는 비상장기업 등은 「일반기업회계기준」을 적용하는데, 「일반기업회계기준」은 국제회계기준과 달리 자본의 분류 및 표시에 대해서 구체적인 지침을 제시하고 있다. 따라서 이후 본장에서는 편의상 「일반기업회계기준」에 따라 [표 2]와 같이 자본을 소분류하고 각각의 자본 항목에 대해서 설명하기로 한다.

---

3) 비지배지분은 종속회사 순자산의 공정가치 중 비지배주주에 귀속될 지분인데, 이는 연결재무상태표에서만 표시되는 항목이므로 고급회계에서 설명한다.

| 표 2 | 자본의 소분류

순자산 변동거래의 구분	자본의 소분류	세부 항목
자본거래	자본금	보통주자본금, 우선주자본금
	자본잉여금	주식발행초과금, 자기주식처분이익, 감자차익 등
	자본조정	자기주식, 주식할인발행차금, 자기주식처분손실 등
손익거래	기타포괄손익누계액	재평가잉여금, FVOCI 금융자산평가손익 등
	이익잉여금	법정적립금, 임의적립금, 미처분이익잉여금

2 자본금

2.1 자본금은 어떻게 결정되는가?

주식회사가 주식을 발행하여 소유주인 주주로부터 필요한 자금을 조달하는데, 회사가 발행하는 주식은 크게 액면주식과 무액면주식으로 나뉜다. 회사의 정관에 발행하는 주식 1주의 금액이 정해져 있는 주식을 액면주식(par value shares)이라 하고, 주식 1주의 금액이 정해져 있지 않은 주식을 무액면주식(no-par value shares)이라 한다.

액면주식의 자본금은 발행주식수에 액면금액을 곱한 금액을 말한다.[4] 예를 들어, 회사가 발행한 주식수가 1,000주이고 1주당 액면금액이 ₩1,000이면 회사의 자본금은 ₩1,000,000이다.

우리나라 상법은 회사의 정관에 규정이 있는 경우 무액면주식의 발행을 허용하고 있다.[5] 다만, 무액면주식을 발행하는 경우에는 액면주식을 발행할 수 없다.[6] 회사가 무액면주식을 발행할 경우 자본금은 주식 발행가액 중 1/2 이상의 금액으로 이사회에서 결정한다.[7] 예를 들어, 회사가 무액면주식 1,000주를 ₩1,000,000에 발행할 경우 이 중에서 적어도 ₩500,000 이상을 자본금으로 결정해야 하며, 나머지 금액은 후술할 자본잉여금(주식발행초과금)으로 회계처리한다.

---

4) 상법(제329조③)에서는 액면주식의 1주의 금액을 ₩100 이상으로 하도록 규정하고 있는데, 유가증권시장 상장규정 시행세칙에 따르면 회사는 1주의 금액을 ₩100, ₩200, ₩500. ₩1,000, ₩2,500, ₩5,000 중 하나를 선택해야 한다.
5) 무액면주식은 상법에서 2013년 7월부터 발행을 허용하고 있는데, 우리나라의 상장기업 중 무액면주식을 발행한 경우는 아직 없다.
6) 상법 제329조①
7) 다만, 정관에서 주주총회에서 결정하기로 하였다면 주주총회에서 무액면주식의 자본금을 결정한다.

주식의 액면금액이 ₩1,000인지 ₩5,000인지는 별 의미가 없다. 자본시장 참여자의 관심은 본인이 관심을 갖는 기업의 가치(즉, 자산의 가치에서 부채의 가치를 차감한 잔액)이며, 기업의 총가치를 발행주식수로 나눈 주당 순자산가치가 의미가 있다. 상장기업의 경우 거래소에서 거래되는 주가가 주당 순자산가치를 반영하는 가격으로 볼 수 있다. 따라서 어떤 주식의 액면금액이 ₩1,000인데 주가가 액면금액의 50배가 넘는다는 정보는 의사결정에 아무런 영향을 미치지 않는다.

2.2 주식의 종류

이익의 배당 및 잔여재산의 분배에 있어서 제한이나 우선권이 없는 주식으로서 기준이 되는 주식을 보통주(common shares)라고 한다. 회사는 보통주 이외에 이익배당 및 잔여재산 분배 등에 있어서 우선권을 부여하거나, 중도에 상환할 수 있는 주식 또는 중도에 다른 종류의 주식으로 전환할 수 있는 주식 등을 발행하기도 한다.

이익이나 잔여재산 분배에 있어서 보통주보다 우선하는 권리가 부여된 주식을 우선주(preferred shares)라고 한다. 우선주는 이익이나 잔여재산 분배의 우선권이 있으나 의결권이 제한되는 경우가 일반적이다. 우선주는 누적적 우선주와 비누적적 우선주로 구분할 수 있다. 특정 연도에 배당가능이익이 부족하여 받지 못한 배당을 다음 연도로 이월하여 받을 수 있는 우선주를 누적적 우선주라고 하며, 특정 연도에 받지 못한 배당을 다음 연도로 이월할 수 없는 우선주를 비누적적 우선주라고 한다.

또한 우선주는 참가적 우선주와 비참가적 우선주로 구분할 수도 있다. 우선주주가 우선적 배당을 받은 후 보통주주가 배당을 받을 때 다시 배당에 참여할 수 있는 우선주를 참가적 우선주라고 하며, 다시 배당에 참여할 수 없는 우선주를 비참가적 우선주라고 한다.

우선주에 상환권리를 부여하여 발행하기도 하는데, 이를 상환우선주라고 한다. 상환권리는 발행회사가 가질 수도 있고, 주주가 가질 수도 있다. 발행회사가 상환권을 갖는 상환주식을 callable preferred shares라고 하며, 주주가 상환권을 갖는 상환주식을 redeemable preferred shares라고 한다. 주주가 상환을 청구할 수 있는 권리를 갖는다면 주식을 발행한 기업은 주주의 상환청구에 따라 상환을 해야 할 회피불가능한 의무를 부담한다. 따라서 주주가 상환권을 갖는 상환주식은 상법상 자본으로 분류되더라도 회계에서는 제9장에서 설명한 금융부채로 분류한다.[8)]

---

8) 금융부채로 분류되는 상환우선주의 회계처리는 중급회계에서 설명한다.

우선주에 보통주로 전환할 수 있는 권리를 부여하여 발행하기도 하는데, 이를 전환우선주(convertible preferred shares)라고 한다. 전환우선주는 상법상 자본으로 분류하지만, 국제회계기준에서는 전환조건에 따라 지분상품 또는 금융부채로 분류한다. 예를 들어, 우선주 1주가 보통주 1주(또는 보통주 2주 등)로 전환되는 경우에는 전환권이 확정수량의 자기지분상품을 이전하는 계약에 해당하므로 전환우선주를 지분상품으로 분류한다. 그러나 전환권리를 행사할 때의 상황을 반영하여 전환비율이 조정된다면, 이전할 자기지분상품의 수량이 변동가능하기 때문에 전환우선주를 금융부채로 분류한다.[9)]

2.3 자본금의 증가 거래(증자)

주식을 발행하여 자본금을 증가시키는 거래를 증자라고 하는데, 증자는 순자산의 증가를 가져오는 유상증자와 순자산의 변동을 가져오지 않는 무상증자로 구분된다.

(1) 유상증자(실질적 증자)

회사가 주식을 발행하여 주주로부터 경영활동에 필요한 자금을 조달하는 것을 유상증자라고 한다. 유상증자 시 주식의 발행가액이 액면금액과 일치하면 액면발행이라 하고, 발행가액이 액면금액보다 더 많으면 할증발행이라고 한다. 우리나라 상법은 특별한 경우를 제외하고는 자본충실의 원칙에 따라 발행가액이 액면금액보다 낮은 할인발행을 허용하지 않는다. 현금을 납입받고 보통주(액면주식)를 발행할 경우 액면발행, 할증발행 및 할인발행의 회계처리는 다음과 같다.

〈액면발행 시〉

(차) 현　　　　금	×××	(대)	보 통 주 자 본 금	×××

〈할증발행 시〉

(차) 현　　　　금	×××	(대)	보 통 주 자 본 금	×××
			주식발행초과금	×××

〈할인발행 시〉

(차) 현　　　　금	×××	(대)	보 통 주 자 본 금	×××
주식할인발행차금	×××			

9) 전환우선주의 구체적인 회계처리는 중급회계에서 설명한다.

주식의 할증발행 시 인식하는 주식발행초과금은 후술하는 자본잉여금으로 분류한다. 주식의 할인발행 시 인식하는 주식할인발행차금은 이미 인식한 주식발행초과금이 있다면 그 주식발행초과금과 우선 상계하고, 잔여액이 있다면 이를 자본조정(자본의 차감항목)으로 분류한 후 6.2절에서 설명하는 이익잉여금의 처분 과정에서 미처분이익잉여금과 상계처리할 수 있다. 자본거래에서 발생한 손실은 자본거래에서 발생한 이익과 상계하는 것이 타당하다. 따라서 주식할인발행차금을 이미 인식한 주식발행초과금과 우선 상계한다. 다만, 상계 후에도 남는 자본거래 손실은 그대로 재무상태표에 표시하기보다는 실무의 편의상 미처분이익잉여금과 상계처리하는 것이다.

무액면주식을 유상증자하는 경우 이사회에서 발행가액의 1/2 이상으로 결정한 금액을 자본금으로 하며, 나머지 금액을 주식발행초과금으로 결정한다. 따라서 발행가액 전체를 자본금으로 결정하지 않는 한 주식발행초과금이 인식될 것이며, 주식할인발행차금은 인식될 수 없다.

현금을 납입받고 보통주(무액면주식)를 발행할 경우 회계처리는 다음과 같다.

(차) 현 금	×××	(대) 보 통 주 자 본 금	×××(1)
		주 식 발 행 초 과 금	×××

(1) 이사회(또는 주주총회)에서 결정한 금액

주식발행과 직접 관련하여 발생한 원가는 비용으로 인식하는 것이 아니라 발행가액에서 차감한다. 따라서 주식발행 직접 원가를 주식발행초과금에서 차감하거나, 주식할인발행차금에 가산한다.[10)]

예 1 유상증자의 회계처리

갑회사는 20×1년 7월 1일에 현금을 납입받고 보통주 100주(액면금액 ₩500)를 유상증자하였다. 유상증자일 현재 주식발행초과금 ₩5,000이 계상되어 있으며, 증자와 직접 관련하여 발생한 원가는 ₩1,000이고 간접 관련하여 발생한 원가는 ₩500이다.

10) 액면발행을 하더라도 주식발행 직접 원가가 발생하는 경우에는 그만큼 주식할인발행차금을 인식한다.

(1) 유상증자 시 주당 발행가액이 ₩700일 경우 회계처리

(차) 현금	69,000[(1)]	(대) 보통주자본금	50,000
		주식발행초과금	19,000[(1)]
(차) 제비용	500	(대) 현금	500

(1) 100주×₩700 − 1,000(직접 관련 거래원가) = ₩69,000
직접 관련 거래원가만큼 주식발행초과금이 적게 인식된다.

(2) 유상증자 시 주당 발행가액이 ₩400일 경우 회계처리

(차) 현금	39,000[(2)]	(대) 보통주자본금	50,000
주식발행초과금	5,000[(3)]		
주식할인발행차금	6,000		
(차) 제비용	500	(대) 현금	500

(2) 100주×₩400 − 1,000(직접 관련 거래원가) = ₩39,000
(3) 유상증자일 현재 주식발행초과금 ₩5,000이 있으므로 주식할인발행차금 발생액 ₩11,000 중 ₩5,000을 주식발행초과금의 감소로 회계처리하고, 잔여액 ₩6,000을 주식할인발행차금으로 회계처리한다.

(3) 유상증자 시 발행한 보통주가 무액면주식이며, 이사회는 거래원가를 고려하지 않은 발행가액 ₩75,000 중 ₩40,000을 자본금으로 결정하였을 경우 유상증자 회계처리

(차) 현금	74,000[(4)]	(대) 보통주자본금	40,000
		주식발행초과금	34,000
(차) 제비용	500	(대) 현금	500

(4) ₩75,000 − 1,000(직접 관련 거래원가) = ₩74,000

(2) 무상증자(형식적 증자)

무상증자는 자본잉여금과 일부의 이익잉여금 중 법정적립금[11)]을 자본금으로 전입하는 것을 말한다. 무상증자를 할 경우 회사는 기존 주주로부터 아무런 대가를 받지 않고 지분율에 비례하여 주식을 무상으로 교부한다. 이와 같이 무상증자는 자본 내 항목 간의 대체 거래이므로 순자산이 변동되지 않는다. 주식발행초과금을 재원으로 하는 무상증자 시 회계처리는 다음과 같다.

(차) 주식발행초과금	×××	(대) 보통주자본금	×××

11) 6.2절에서 설명하는 바와 같이 이익잉여금은 법정적립금, 임의적립금 및 미처분이익잉여금으로 소분류한다.

기업은 왜 실질적인 순자산의 증가를 가져오지 않는 무상증자를 하는가? 일반적으로 무상증자는 유통 주식수가 적은 상장기업이 실시한다. 시장에서 유통되는 특정 기업의 주식수가 많지 않을 경우, 주가를 조작하려는 세력들은 소량의 주식거래만으로도 주가를 크게 변동시킬 수 있다. 따라서 주가변동에 따른 주주들의 피해를 막기 위해 무상증자를 통해 유통주식수를 늘리는 경우가 많다.

무상증자를 할 경우 주주의 보유 주식수는 증가하지만 주당 가치가 하락하므로 주주의 부(wealth)는 변동하지 않는다. 따라서 주주는 무상증자로 주식을 수취하더라도 아무런 회계처리를 하지 않으며, 보유 주식의 단가를 하향조정하는 비망기록만 하면 된다.

2.4 자본금의 감소 거래(감자)

증자거래를 유상증자와 무상증자로 구분하는 것처럼 감자거래를 유상감자와 무상감자로 구분할 수 있다. 유상감자는 순자산의 감소를 가져오는 반면, 무상감자는 순자산의 변동을 가져오지 않는다.

(1) 유상감자(실질적 감자)

유상감자란 현금 등 자산을 주주에게 지급하고 주식을 반환받아 소각함으로써 자본금을 감소시키는 거래이다. 감소하는 주식의 액면금액보다 지급하는 대가가 더 적으면 감자차익을 인식하고, 그 반대의 경우에는 감자차손을 인식한다. 유상감자의 회계처리는 다음과 같다.

(차) 보 통 주 자 본 금	×××	(대) 현 금	×××
		감 자 차 익	×××

또는

(차) 보 통 주 자 본 금	×××	(대) 현 금	×××
감 자 차 손	×××		

감자차익은 후술하는 자본잉여금으로 분류한다. 감자차손이 발생할 경우 이미 인식한 감자차익이 있다면 그 감자차익과 우선 상계하고, 잔여액이 있다면 이를 자본조정(자본의 차감항목)으로 분류한 후 6.2절에서 설명하는 이익잉여금의 처분 과정에서 미처분이익잉여금과 상계처리할 수 있다.

예 2 유상감자의 회계처리

> 갑회사는 20×1년 7월 1일에 주주에게 현금을 지급하고 보통주 100주(액면금액 ₩500)를 유상감자하였다. 유상감자일 현재 감자차익 ₩8,000이 계상되어 있다.

(1) 갑회사가 유상감자 시 주주에게 현금 ₩40,000을 지급한 경우

(차)			(대)	
	자본금	50,000	현금	40,000
			감자차익	10,000

(2) 갑회사가 유상감자 시 주주에게 현금 ₩60,000을 지급한 경우

(차)			(대)	
	자본금	50,000	현금	60,000
	감자차익	8,000(1)		
	감자차손	2,000(1)		

(1) 발생한 감자차손 ₩10,000을 이미 인식한 감자차익 ₩8,000과 우선 상계하고, 잔여액 ₩2,000을 감자차손(자본조정)으로 분류한다.

(2) 무상감자(형식적 감자)

무상감자란 현금 등 자산을 주주에게 지급하지 않고 주식을 반환받아 소각함으로써 자본금을 감소시키는 거래이다. 무상감자를 할 때 회사는 자본금을 감소시키고, 감자차익을 인식한다. 감자차익은 다음 연도에 개최되는 주주총회의 결의에 따라 미처리결손금과 상계할 수 있다. 무상감자 시의 회계처리는 다음과 같다.

〈회계연도 중 무상감자일〉

(차)			(대)	
	보통주자본금	×××	감자차익	×××

〈주주총회일〉

(차)			(대)	
	감자차익	×××	미처리결손금	×××

무상감자는 일반적으로 미처리결손금이 있는 기업에서 부실 경영에 대한 책임을 지기 위하여 대주주인 경영자가 자기가 보유하는 주식을 미처리결손금과 상계하는 방식으로 이루어진다.

(3) 지분상품으로 분류되는 상환우선주의 상환

발행회사에게 상환권리가 부여된 우선주는 자본으로 분류한다. 발행회사가 상환우선주를 상환하기로 결정하고 주주로부터 상환우선주를 취득하였다면 일단 자기주식으로 회계처리한 후에 상환 절차를 밟아야 한다. 그런데 상환절차를 완료하면 우선주가 사라지는데도 불구하고 우선주자본금을 감소시키는 회계처리를 할 수 없다. 왜냐하면 상환우선주의 상환은 상법상 자본금 감소에 관한 규정(즉, 주주총회의 특별결의와 채권자보호절차를 취하는 것)에 따라 이루어지는 감자가 아니기 때문에 자본금을 감소시킬 수 없다.

상환우선주의 상환은 발행할 때부터 결정된 상환조건에 따라 상환을 하는 것이지 상법상 자본금 감소에 관한 규정에 따라 감자를 하는 것이 아니므로 상환우선주의 상환 시 우선주자본금을 감소시키지 않고 이익잉여금을 감소키는 회계처리를 한다. 상환우선주 상환의 회계처리는 다음과 같다.

〈상환우선주의 취득 시〉

(차) 자 기 주 식	×××	(대) 현 금	×××

〈상환절차 완료 시〉

(차) 미처분이익잉여금	×××	(대) 자 기 주 식	×××

상환우선주를 상환하더라도 우선주자본금이 감소하지 않으므로 발행주식수에 액면금액을 곱한 금액과 재무상태표상의 우선주자본금의 잔액이 일치하지 않게 되는데, 불일치의 이유를 주석에 공시한다. 이러한 경우는 후술하는 자기주식의 소각에서도 발생한다.

(4) 주식병합 및 주식분할

주식병합은 감자를 수반하는(즉, 자본금이 감소하는) 경우와 감자를 수반하지 않는(즉, 자본금이 감소하지 않는) 경우로 구분할 수 있다. 감자를 수반하는 주식병합이란 여러 개의 주식을 합하여 보다 적은 수의 주식으로 바꿈으로써 자본금이 감소하는 병합을 말한다. 예를 들어, 액면금액 ₩5,000의 주식 10주를 9주로 합치는 주식병합을 하면 자본금이 ₩5,000만큼 감소하면서 다음과 같이 감자차익을 인식한다.

〈감자를 수반하는 주식병합〉

(차) 보 통 주 자 본 금	5,000	(대) 감 자 차 익	5,000

반면에 감자를 수반하지 않는 주식병합은 발행주식수가 감소하지만 액면금액이 증가하여 자본금은 변동하지 않는 병합을 말한다. 예를 들어, 액면금액 ₩500의 주식 10주를 액면금액 ₩5,000의 주식 1주로 합치는 경우 자본금은 변동하지 않으므로 아무런 회계처리도 하지 않는다.

감자를 수반하지 않는 주식병합의 반대가 주식분할(stock split)이다. 예를 들어, 액면금액 ₩5,000의 주식 1주를 액면금액 ₩500의 주식 10주로 분할하는 것을 주식분할이라고 한다. 주식분할을 하면 발행주식수는 증가하고 액면금액은 감소하지만 자본금은 변동하지 않으므로 아무런 회계처리도 하지 않는다.

참고로 무상증자, 주식배당, 주식분할 및 주식병합을 비교하면 [표 3]과 같다. [표 3]의 모든 경우 자본의 합계는 변동하지 않는다.

| 표 3 | 무상증자, 주식배당, 주식분할 및 주식병합의 비교

구분	무상증자	주식배당	주식분할	주식병합	
				감자가 아닌 주식병합	감자의 주식병합
발행주식수	증가	증가	증가	감소	감소
액면금액	불변	불변	감소	증가	불변
자본금	증가	증가	불변	불변	감소
자본잉여금	감소 가능	불변	불변	불변	감자차익 발생
이익잉여금	감소 가능[(1)]	감소	불변	불변	불변

(1) 이익잉여금 중 법정적립금만 감소 가능

3 자본잉여금

자본잉여금은 주주에 의한 불입자본 중에서 자본금을 제외한 부분을 말한다. 즉, 증자 및 감자거래, 그리고 기타 자본관련 거래에서 발생한 잉여금을 말한다.

3.1 자본잉여금의 증가(발생) 거래

(1) 주식발행초과금

자본금에서 설명한 바와 같이 액면주식을 유상증자하는 경우 발행가액이 액면금액을 초과하면 그 초과하는 금액을 주식발행초과금으로 인식한다. 그리고 무액면주식을 유상증자하는 경우에는 발행가액에서 이사회가 자본금으로 결정한 금액을 차감한 금액을 주식발행초과금으로 인식한다. 주식발행과 관련하여 직접 발생한 거래원가는 발행가액에서 차감하므로 그만큼 주식발행초과금의 인식 금액이 감소한다.

(2) 감자차익

감자차익은 유상감자 또는 무상감자 시 모두 발생할 수 있다. 유상감자 시에는 감소하는 자본금보다 지급하는 대가가 적을 때 감자차익이 발생하며, 무상감자 시에는 인식한 감차차익보다 상계하는 미처리결손금이 적을 때 감자차익이 발생한다.

(3) 자기주식처분이익

후술하는 자본조정의 항목 중 자기주식을 취득한 후 취득원가보다 더 높은 금액으로 처분할 때 발생하는 차익을 자기주식처분이익이라고 한다. 자기주식 거래는 자본거래이므로 자기주식처분이익을 자본잉여금으로 분류한다.

(4) 전환권대가, 신주인수권대가

제9장의 금융부채에서 전환사채(또는 신주인수금부사채)를 발행할 때 전환권(또는 신주인수권)의 가치를 전환권대가(또는 신주인수권대가)로 인식한다고 설명한 바 있는데, 전환권(또는 신주인수권)이 지분상품으로 분류되는 경우에는 전환권대가(또는 신주인수권대가)를 자본잉여금으로 분류한다.

3.2 자본잉여금의 감소 거래

(1) 자본전입

전술한 무상증자에서 주식발행초과금을 자본금으로 대체하는 거래를 소개한 바 있는데, 자본잉여금의 자본전입이란 무상증자를 의미한다. 주식발행초과금을 자본전입하는 회계처리는 다음과 같다.

(차) 주식발행초과금	×××	(대) 보통주자본금	×××

(2) 결손보전

전술한 2.4절의 무상감자에서 미처리결손금을 자본금과 상계하는 거래를 소개한 바 있다. 미처리결손금을 없애는 방법으로 자본금과 상계하는 무상감자 이외에 이익잉여금이나 자본잉여금과 상계하는 방법도 있는데 이를 결손보전이라고 한다. 결손보전을 결손금의 처리라고도 하는데, 후술하는 6.3절에서 설명하기로 한다. 주식발행초과금으로 미처리결손금을 보전하는 회계처리는 다음과 같다.

(차) 주식발행초과금	×××	(대) 미처리결손금	×××

(3) 자본잉여금의 감액

자본잉여금은 자본거래에서 발생한 잉여금으로 6절에서 설명할 이익잉여금과 발생 원천이 다르다. 따라서 과거부터 상법은 자본충실의 원칙에 기초하여 주주가 배당으로 가져갈 수 있는 잉여금을 이익잉여금으로 제한하고, 자본잉여금을 재원으로 배당을 하는 것을 금지하였다. 그러나 2012년에 상법을 개정하면서 자본잉여금[12] 및 이익준비금[13]의 총액이 자본금의 1.5배를 초과하는 경우 주주총회의 결의에 따라 그 초과한 금액의 범위에서 자본잉여금과 이익준비금을 감액할 수 있도록 조문(제461조의 2)을 신설하였다.

실무에서는 감액의 의미를 자본잉여금과 이익준비금을 미처분이익잉여금으로 대체하는 것으로 보고 있다. 이에 자본잉여금과 이익준비금을 미처분이익잉여금으로 대체한 후, 미처분이익잉여금을 현금배당하는 사례가 발생하고 있다.

---

12) 상법에서는 회계에서의 자본잉여금을 자본준비금이라고 표현한다.

13) 회사가 배당금을 지급할 때 지급액의 10% 이상을 법정적립금인 이익준비금으로 적립하여야 한다.

4 자본조정

자본거래에서 발생한 항목으로서 자본금이나 자본잉여금으로 구분하기 곤란한 항목을 자본조정에 포함되는 항목으로 분류한다. 자본조정으로 분류되는 항목은 다음의 [표 4]와 같이 자본에서 차감하는 항목과 자본에 가산하는 항목으로 구분할 수 있다.

| 표 4 | 자본조정 항목의 구분

자본에서 차감하는 자본조정 항목	자본에 가산하는 자본조정 항목
자기주식, 자기주식처분손실, 주식할인발행차금, 감자차손 등	주식선택권, 미교부주식배당금 등

주식선택권은 제13장에서 설명하기로 하며, 미교부주식배당금은 본장 6.2절에서 설명한다. 주식할인발행차금은 2.3절에서 회계처리를 설명하였으므로 본절에서는 자기주식의 회계처리만 설명한다.

(1) 자기주식의 성격

자기주식(treasury stock)이란 회사가 발행한 주식을 다시 취득한 것을 말한다. 상장기업의 경우 자사 주식의 주가가 하락할 때 주가를 일정 수준으로 유지하기 위하여 자기주식을 취득하는 경우가 많다. 또한 적대적 인수합병의 방어 차원에서 대주주 지분율을 높이기 위해 자기주식을 취득하기도 한다.

자기주식은 자산이 아니다. 자기주식을 자산으로 인정하게 되면 회사가 자신을 스스로 소유한다는 모순이 발생한다. 따라서 자기주식은 자본에서 차감하는 항목으로 구분한다. 자기주식을 취득한 후에 이를 매각할 수도 있고 소각할 수도 있다.

(2) 자기주식의 취득과 매각(처분)

자기주식은 ① 배당가능이익 범위 내에서 취득하는 경우(상법 제341조)와 ② 특정 목적에 의해 취득하는 경우(상법 제341조의 2)로 구분되는데, 실무에서 발생하는 자기주식의 취득은 대부분 배당가능이익 범위 내에서 취득하는 경우이다.

회사가 배당가능이익 범위 내에서 자기주식을 취득하려면 미리 주주총회(정관에 이사회 결의로 이익배당을 할 수 있다고 정한 경우에는 이사회)에서 취득할 수 있는 주식의 종류 및 수, 취득가액 총액의 한도, 자기주식 취득기간을 결정해야 한다. 한편, 특정 목적에 의한 자기주식 취득은 회사의 합병 또는 회사의 영업전부의 양수로 인한 경우 등[14] 회사가 자기주식을 취득하는 것을 말한다. 단, 특정 목적에 의해 자기주식을 취득하는 경우는 소각을 전제로 하므로 취득한 자기주식을 매각할 수 없다.

배당가능이익 범위 내에서 취득한 자기주식은 매각할 수 있다. 이 경우 자기주식은 자산이 아니므로 자기주식을 매각하는 과정에서 발생하는 자기주식처분이익은 자본잉여금으로, 자기주식처분손실은 자본조정으로 분류한다. 다만, 자기주식처분손실이 발생할 경우 이미 인식한 자기주식처분이익이 있으면 이를 먼저 상계하고 잔여액을 자기주식처분손실로 인식한다. 미계상한 자기주식처분손실은 6.2절에서 설명할 이익잉여금의 처분 과정에서 미처분이익잉여금과 상계할 수 있다.

(3) 자기주식의 소각

자본금을 감소할 경우에는 상법상 자본금 감소 규정(제438조)을 따라야 하므로 주주총회 특별결의 및 채권자 보호절차가 필요하다. 상법(제343조 ①)에서는 이러한 자본금의 감소 규정을 주식의 소각에도 적용하도록 규정하고 있다. 다만, 상법 제343조 ①항 단서에서 이사회 결의에 의하여 회사가 보유하는 자기주식을 소각하는 경우에는 그러하지 않다고 규정하고 있다. 즉, 이사회 결의에 의하여 회사가 보유하는 자기주식을 소각할 때에는 상법상 자본금 감소 규정을 적용하지 않는다. 이때 '이사회 결의에 의하여 회사가 보유하는 자기주식'은 전술한 배당가능이익의 범위 내에서 취득한 자기주식으로 보는 것이 다수설과 실무이다.

상법상 자본금 감소 규정에 따라 주식을 소각할 경우에는 자본금 및 발행주식총수의 감소에 따른 변경등기를 하기 때문에 장부에서 자본금을 감소시키는 회계처리를 해야 한다. 그러나 상법상 자본금 감소 규정을 따르지 않는 주식의 소각(즉, 배당가능이익 범위 내에서 취득한 자기주식의 소각)의 경우에는 자본금 감소에 따른 변경등기를 하지 않기 때문에 장부에서 자본금을 감소시키는 회계처리를 할 수 없다. 따라서 자본금 대신 미처분이익잉여금을 감소시키는 회계처리를 한다. 이와 같은 회계처리는 2.4절에서 상환우선주를 상환할 때 우선주자본금을 감소시키지 않고 미처분이익잉여금을 감소시키는 회계처리를 한다고 설명한 것과 일관된다.

14) 회사의 권리를 실행함에 있어 그 목적을 달성하기 위하여 필요한 경우, 단주(端株)의 처리를 위하여 필요한 경우, 그리고 주주가 주식매수청구권을 행사한 경우에 회사가 자기주식을 취득하는 경우 등이 포함된다.

그러나 여러 중급회계 교재와 과거의 공인회계사 기출문제 등에서 자기주식의 취득 사유를 구분하지 자기주식을 소각할 때 무조건 자본금을 감소시키는 회계처리를 하는 것으로 설명하거나 정답을 공개하였다. 우리나라 상장기업이 취득하는 자기주식은 대부분 배당가능이익의 범위 내에서 취득한 자기주식인데, 자기주식을 소각할 때 무조건 자기주식을 감소시키는 회계처리를 한다고 설명하면 이는 잘못된 것이다. 이에 본서에서는 자기주식의 취득 사유를 두 가지(① 배당가능이익 범위 내에서 취득, ② 특정 목적에 의하여 취득)로 구분하여 소각의 회계처리를 설명하기로 한다. 자기주식의 전반적인 회계처리를 예시하면 다음과 같다.

〈자기주식의 취득〉

(차)	자기주식	×××	(대) 현금	×××

〈자기주식의 매각〉

① 처분가액 > 취득원가

(차)	현금	×××	(대) 자기주식	×××
			자기주식처분이익 (자본잉여금)	×××

② 처분가액 < 취득원가

(차)	현금	×××	(대) 자기주식	×××
	자기주식처분이익	×××(1)		
	자기주식처분손실	×××(1)		

(1) 자기주식처분이익이 먼저 계상되어 있으면 자기주식처분손실을 자기주식처분이익과 우선 상계하고, 상계되지 않은 잔여액을 자기주식처분손실로 인식한다. 자기주식처분이익과 상계되지 않은 자기주식처분손실은 자본조정으로 계상한 후 이익잉여금처분 시 미처분이익잉여금과 상계한다.

〈보유하고 있던 자기주식의 소각〉

③-1 배당가능이익 범위 내에서 취득한 자기주식의 소각

(차)	미처분이익잉여금	×××	(대) 자기주식	×××

③-2 특정 목적에 의하여 취득한 자기주식의 소각

(차)	보통주자본금	×××	(대) 자기주식	×××
	감자차익	×××(2)		
	감자차손	×××(2)		

(2) 감자차익이 먼저 계상되어 있으면 감자차손을 감자차익과 우선 상계하고, 미상계된 금액을 감자차손으로 인식한다. 감자차익과 상계되지 않은 감자차손은 자본조정으로 계상한 후 이익잉여금처분 시 미처분이익잉여금과 상계한다. 한편, 특정 목적에 의하여 자기주식을 취득하는 경우는 오직 소각을 목적으로 취득한 것이므로 자기주식 중 일부는 처분하고 나머지를 소각하는 거래는 허용되지 않는다.

예 3 자기주식의 회계처리

> 갑회사는 이사회의 결의로 배당가능이익의 범위 내에서 갑회사의 발행주식(액면금액 ₩500) 중 10주를 주당 ₩1,000에 취득하였다. 이후 갑회사는 보유하던 자기주식 중 5주를 주당 ₩1,100에, 3주를 주당 ₩800에 순차적으로 매각하였다. 그리고 나머지 2주는 소각하였다. 자기주식의 취득, 매각 및 소각의 회계처리는 다음과 같다.

<자기주식 10주 취득 시>

(차) 자 기 주 식	10,000	(대) 현 금	10,000

<5주 매각 시>

(차) 현 금	5,500	(대) 자 기 주 식	5,000
		자기주식처분이익	500

<3주 매각 시>

(차) 현 금	2,400	(대) 자 기 주 식	3,000
자기주식처분이익	500		
자기주식처분손실	100		

<2주 소각 시>

(차) 미처분이익잉여금	2,000	(대) 자 기 주 식	2,000

참고로 상환우선주를 발행한 후 이를 상환하여 이사회의 결의로 소각하고, 취득한 자기주식도 소각한 동국제강㈜의 제62기 재무제표의 주석 내용의 일부를 제시하면 다음과 같다.

주석 공시 사례 주석 20. 납입자본

(1) 회사가 발행할 주식의 총수는 200,000,000주(1주당 액면금액 5,000원)이며, 2015년 12월 31일 현재까지 발행한 주식은 보통주 110,415,252주와 우선주 7,356,160주입니다.
당기 중 회사는 종속기업인 유니온스틸을 흡수합병하였으며, 이에 따른 주식수 및 납입자본의 변동내역은 다음과 같습니다.

(단위 : 백만 원)

구분	주식수 (단위 : 주)	납입자본		
		자본금	주식발행초과금	합계
기초 장부금액	88,824,290	556,186	95,649	651,835
합병으로 인한 변동	6,534,252	32,671	5,457	38,128
기말 장부금액	95,358,542	588,857	101,106	689,963

(2) 회사는 2003년 중 상환기일(2003년 3월 31일)이 도래한 상환우선주 7,356,160주 전부를 가와사키제철로부터 36,563백만 원에 매입한 후 이를 이사회 결의에 따라 이익잉여금으로 소각하였습니다. 따라서 보고기간 말 현재 유통 중인 상환우선주는 없습니다. 또한, 회사는 2003년, 2004년 및 2006년에 각각 취득한 자기주식 10,000,000주(40,855백만 원), 2,300,000주(22,420백만 원) 및 2,756,710주(13,523백만 원)를 이사회 결의에 따라 이익잉여금으로 소각하였으며, 이로 인하여 소각주식을 제외한 보통주 발행주식의 액면총액은 476,793백만 원으로 보통주 납입자본금과 상이합니다.

동국제강㈜의 주석에서 보는 바와 같이 동국제강㈜는 과거에 이사회의 결의에 따라 상환우선주와 자기주식을 이익잉여금으로 소각(분개의 차변을 미처분이익잉여금으로 회계처리함을 의미)하였으며, 소각한 주식수를 모두 더하면 총 22,412,870주이다. 재무상태표의 자본금 ₩588,857,060,000을 액면금액 ₩5,000으로 나누면 117,771,412주인데, 주석 20(1)에서는 기말 주식수를 95,358,542주로 표시하고 있다. 양자의 차이는 22,412,870주로 이익잉여금으로 소각한 주식수와 일치함을 알 수 있다.

2.4절에서 설명한 상환우선주의 상환이나 본절에서 설명한 자기주식의 소각이 모두 이사회 결의에 따라 이익으로 소각하는 것이므로 주식을 소각하더라도 자본금은 감소하지 않는다. 따라서 주석을 통해서 재무상태표의 자본금이 실제 유통주식수에 기초한 자본금과 다른 이유를 설명하는 것이다.

5 기타포괄손익누계액

자본거래를 제외한 거래에서 발생한 순자산의 변동은 손익거래에서 발생하며, 본서에서 손익거래란 수익과 비용이 발생하는 거래를 말한다. 국제회계기준은 수익에서 비용을 차감한 금액을 포괄손익(comprehensive income)이라 하고, 수익과 비용을 당기순손익을 구성하는 부분과 기타포괄손익(OCI, other comprehensive income)을 구성하는 부분으로 구분하여, 손익계산서와 포괄손익을 표시하는 보고서에 각각 표시하거나, 이를 단일 재무제표인 포괄손익계산서에 표시할 수 있다.

수익 – 비용 = 포괄손익 = 당기순손익 + 기타포괄손익

당기순손익과 기타포괄손익은 당기에 순자산의 변동을 가져왔기 때문에 재무상태표의 자본에 집합된다. 당기순손익은 결산 과정에서 자본 중 이익잉여금의 한 항목인 미처분이익잉여금 계정으로 집합되고, 기타포괄손익 항목은 개별 계정으로 자본 중 기타포괄손익누계액 부분에 표시한다.

본서에서는 지금까지 2가지의 기타포괄손익을 설명하였다. 하나는 제4장에서 유형자산을 재평가모형으로 평가할 때 인식하는 재평가잉여금이고, 다른 하나는 제8장에서 FVOCI 금융자산의 공정가치 평가 시 인식하는 평가손익이다. 재평가잉여금이나 FVOCI 금융자산평가손익은 재무상태표의 자본 중 기타포괄손익누계액에 집합되며, 각 계정의 변동 금액 및 잔액은 주석으로 공시된다. 포괄손익계산서상의 기타포괄손익은 당기 발생금액이고, 재무상태표상의 기타포괄손익누계액은 보고기간 말 잔액을 의미한다.

한편, 기타포괄손익에 포함되는 확정급여제도의 재측정요소는 제13장에서 설명하고, 그 이외의 기타포괄손익은 중급회계 또는 고급회계에서 설명한다.

6 이익잉여금

6.1 이익잉여금의 처분이란 무엇인가?

당기에 발생한 수익과 비용 중 당기순이익을 구성하는 수익과 비용은 그 자체로 차기로 이월하지 않고, 결산 과정에서 이를 이익잉여금 중 미처분이익잉여금으로 대체하여 차기로 이월한다. 본절에서 이와 관련하여 좀 더 자세한 설명을 하기로 한다.

손익거래에서 당기순이익이 발생하면 이 중에서 일부를 주주에게 배당할 수 있다. 기업의 주인은 주주이고, 그 주주가 출자한 자금을 사용하여 기업이 경영활동을 통해서 이익을 얻었다면, 그 이익을 기업의 주인인 주주가 가져가는 것은 당연하다. 기업이 계속기업으로서 미래에도 성장하기 위해서는 지속적인 투자가 필요한데, 투자에 소요되는 자금은 기업이 경영활동에서 가득한 이익에서 충당하는 것이 가장 바람직하다. 따라서 기업이 가득한 이익이 충분하지 않으면 주주로부터 추가 출자를 받거나, 은행 등 채권자로부터 차입을 해야 할 것이다.

그런데 기업이 경영활동에서 가득한 이익을 주주가 모두 배당으로 가져가면 기업이 향후 투자에 사용할 재원이 부족할 뿐만 아니라 기업의 부채 상환에 필요한 자금도 부족할 수 있다. 따라서 상법에서는 기업이 가득한 이익 전부를 주주가 배당으로 가져가지 못하도록 기업 내에 일정 금액을 강제로 유보(이를 법정적립금의 적립이라 함)시키는 규정을 두고 있다. 또한 주주들도 자발적으로 기업이 가득한 이익 중 일부를 배당으로 가져가지 않고 기업 내에 유보(이를 임의적립금의 적립이라 함)시킬 것을 주주총회에서 결의하기도 한다.

이와 같이 기업이 가득한 당기순이익을 미처분이익잉여금으로 대체한 후, 이 중에서 얼마를 배당 등으로 사외유출하고, 또 얼마를 기업 내에 유보할 것인지를 결정하는 과정을 이익잉여금의 처분이라고 한다.

전술한 주식할인발행차금, 자기주식처분손실 및 감자차손은 발생시점에서 주식발행초과금, 자기주식처분이익 및 감자차익과 우선 상계하고, 상계 후 잔여액이 있으면 자본조정(차감 계정)으로 계상한 후 미처분이익잉여금과 상계처리하는데, 이것도 이익잉여금의 처분에 해당한다. 따라서 주식할인발행차금 등을 무조건 미처분이익잉여금과 상계처리하는 것이 아니라 주주총회 결의에 따라 상계처리하되, 일부만 상계처리할 수도 있고 전혀 상계처리하지 않을 수도 있다. 이익잉여금의 처분은 주주들이 주주총회에서 결정하며, 주주총회일은 일반적으로 결산일로부터 2개월 정도 경과한 시점에 개최된다.[15)]

이익잉여금의 처분의 유형을 요약하면 [표 5]와 같다.

| 표 5 | 이익잉여금 처분의 유형

처분 형태	내용
자본조정항목과 상계	자본조정의 차감항목으로 계상되어 있는 주식할인발행차금, 자기주식처분손실, 감자차손을 미처분이익잉여금과 상계
사외유출	주주에게 배당금 지급
사내유보	법정적립금 또는 임의적립금의 적립

6.2 이익잉여금의 소분류 및 이익잉여금 처분의 회계처리

이익잉여금의 처분 과정을 거치면 미처분이익잉여금 중 일부는 법정적립금 또는 임의적립금이라는 소분류 항목으로 대체된다. 이익잉여금의 소분류 항목은 [표 6]에서 요약하는 3가지 항목이다.

| 표 6 | 이익잉여금 소분류 항목

소분류 항목	내용
법정적립금	상법에 따라 주식회사는 그 자본금의 1/2에 달할 때까지 매 결산기에 이익배당(주식배당 제외)액의 1/10 이상의 금액을 이익준비금으로 적립하여야 한다.
임의적립금	임의적립금은 정관이나 주주총회 결의에 의하여 이익잉여금 중 사내에 유보한 이익잉여금으로서 적립목적이나 금액 등을 기업이 재량적으로 결정할 수 있다. 기업은 사업확장적립금, 감채기금적립금, 재해손실적립금 등 다양한 목적을 위해서 임의로 적립할 수 있다.
미처분이익잉여금	당기순이익을 미처분이익잉여금으로 대체한 후 이 금액에서 자기주식처분손실과 같은 자본조정 항목과 상계하고, 법정적립금과 임의적립금을 적립한 후의 잔액을 미처분이익잉여금이라고 한다.

15) 12월 말일이 결산일인 기업의 경우 결산일로부터 90일 이내에 재무제표에 대한 회계감사를 받고, 주주총회를 개최하여 이익잉여금의 처분과 결산 내역을 확정한 후 재무제표를 공시해야 하므로 대부분의 기업은 2월 하순부터 3월 하순 사이에 주주총회를 개최한다.

당기순이익의 이익잉여금의 대체 및 이익잉여금의 처분과 관련된 회계처리는 다음과 같다.[16)]

〈결산일 : 당기순이익을 구성하는 수익과 비용의 미처분이익잉여금 대체〉

(차) 수 익	×××	(대)	비 용	×××
			미처분이익잉여금	×××

〈주주총회 결의일 : 이익잉여금의 처분〉

(차) 미처분이익잉여금	×××	(대)	감 자 차 손	×××
			자기주식처분손실	×××
			주식할인발행차금	×××
			미지급배당금(부채)	×××
			법 정 적 립 금	×××
			임 의 적 립 금	×××

결산일 현재 재무상태표에 표시되는 미처분이익잉여금 잔액은 이익잉여금 처분 전의 금액인 반면, 주주총회일 직후 미처분이익잉여금 잔액은 이익잉여금 처분을 반영한 후의 금액이다.

한편, 4절에서 미교부주식배당금이 자본조정의 한 항목이라고 언급한 바 있다. 기업이 주주에게 배당을 지급할 때 현금배당을 할 수도 있고 주식배당을 할 수도 있는데, 주식배당은 회사의 주식으로 배당을 하는 것을 말한다. 주주총회일에 주식배당을 하기로 결의하였다면 미처분이익잉여금을 자본조정 중의 하나인 미교부주식배당금으로 대체하고, 이후 주식배당을 실시하면 미교부주식배당금의 감소와 자본금의 증가로 회계처리한다. 주식배당과 관련된 회계처리는 다음과 같다.

〈주주총회 결의일〉

(차) 미처분이익잉여금 (배당주식의 액면금액)	×××	(대)	미교부주식배당금 (자 본 조 정)	×××

〈주식교부일〉

(차) 미교부주식배당금	×××	(대)	자 본 금	×××

주식배당은 이익잉여금 중 미처분이익잉여금을 자본금으로 대체하는 거래이므로 2절에서 설명한 무상증자와 성격이 유사하다. 무상증자는 자본잉여금 또는 이익잉여금 중 법정적립금을 자본금으로 대체하는 반면, 주식배당은 미처분이익잉여금을 자본금으로 대체하는 점에 차이가 있다.

16) 임의적립금의 적립목적을 달성한 후 이를 미처분이익잉여금으로 이입하는 회계처리는 중급회계에서 설명한다. 따라서 본장에서는 임의적립금 이입은 없는 것으로 한다.

예 4 이익잉여금의 처분

갑회사(보고기간 말 12월 31일)의 20×1년도 당기순이익은 ₩100,000(당기 발생 수익 ₩450,000, 비용 ₩350,000)이며, 20×1년 12월 31일 현재 재무상태표에 계상되어 있는 이익잉여금과 자본조정의 세부 내역은 다음과 같다.

이익잉여금	
이익준비금	₩80,000
임의적립금	30,000
미처분이익잉여금	120,000
자본조정	
자기주식처분손실	(7,000)

20×1년 말과 20×2년에 개최되는 20×1년도 주주총회일에 갑회사는 어떤 회계처리를 해야 하는지 설명하기로 한다.

20×1년 12월 31일 현재 미처분이익잉여금 잔액 ₩120,000은 다음과 같이 12월 31일자로 당기순이익 ₩100,000(수익 ₩450,000과 비용 ₩350,000)을 미처분이익잉여금으로 대체하는 결산조정분개가 반영된 후의 금액이다.

<20×1. 12. 31.>

(차) 수 익	450,000	(대)	비 용	350,000
			미처분이익잉여금	100,000

20×2년 2월 25일에 개최된 주주총회에서 다음과 같이 20×1년도 재무제표에 대한 이익잉여금의 처분이 승인되었다.

- 자기주식처분손실 전액 상계
- 현금배당금 ₩50,000 지급(이익준비금은 법정 최소금액 적립)
- 임의적립금 ₩40,000 적립

주주총회 승인일에 갑회사는 다음과 같은 회계처리를 한다.

<20×2. 2. 25.>

(차) 미처분이익잉여금	102,000	(대)	자기주식처분손실	7,000
			미 지 급 배 당 금	50,000
			이 익 준 비 금	5,000[(1)]
			임 의 적 립 금	40,000

(1) 미지급배당금의 10% 해당액이 상법상 적립해야 할 최소금액이다.

20×2년 2월 25일 현재 이익잉여금과 자본조정의 잔액은 다음과 같다.

이익잉여금

이익준비금	₩85,000
임의적립금	70,000
미처분이익잉여금	18,000

자본조정

자기주식처분손실	–

* 미지급배당금은 유동부채로 분류하며, 배당금 지급 시 장부에서 제거한다.

6.3 결손금의 처리

당기순이익이 발생한 기업은 결산일에 당기순이익을 미처분이익잉여금으로 대체하는 회계처리를 하는 반면, 당기순손실이 발생한 기업은 결산일에 당기순손실을 미처리결손금으로 대체한다. 미처리결손금은 주주총회에서 별다른 조치를 취하지 않을 수도 있고, 임의적립금 등과 상계처리할 수도 있다. 3절에서 자본잉여금과 미처리결손금을 상계하는 것을 결손보전이라고 설명하였는데, 임의적립금 또는 법정적립금과 미처리결손금을 상계하는 것도 결손보전에 해당된다. 이와 같은 결손보전을 결손금의 처리라고 부른다.

상법에서는 미처리결손금의 상계순서를 규정하고 있지 않다. 실무에서는 보통 미처리결손금을 임의적립금과 우선 상계하고, 남는 금액이 있다면 기업의 선택에 따라 법정적립금이나 자본잉여금과 상계할 수 있다.

당기순손실의 미처리결손금 대체 및 미처리결손금의 처리와 관련된 회계처리를 제시하면 다음과 같다.

〈결산일 : 당기순손실을 구성하는 수익과 비용의 미처리결손금 대체〉

(차)	수익	×××	(대) 비용	×××
	미처리결손금	×××		

〈주주총회 결의일 : 미처리결손금의 처리〉

(차)	임의적립금	×××	(대) 미처리결손금	×××
	법정적립금	×××		
	자본잉여금	×××		

우선주의 종류(누적적, 참가적 우선주 여부)에 따른 보통주배당금과 우선주배당금의 계산과정은 중급회계에서 설명한다.

7 자본변동표

재무상태표의 자본에 표시되는 항목들은 회계연도 말의 잔액이므로 회계연도 중에 자본의 항목들이 얼마나 증가 또는 감소하였는지 파악하기 어렵다. 따라서 특정 회계기간 동안 변동된 자본의 증가 및 감소의 내용을 보고하는 자본변동표(statement of changes in equity)를 작성한다.

제2장의 '개념체계'에서 일반목적재무보고가 제공하는 정보는 ① 보고기업의 경제적 자원과 보고기업에 대한 청구권에 대한 정보와 ② 보고기업의 경제적 자원과 청구권을 변동시키는 거래와 그 밖의 사건의 영향에 대한 정보라고 설명하였다. 자본변동표는 포괄손익계산서 및 제18장에서 설명할 현금흐름표와 더불어 보고기업의 경제적 자원과 청구권을 변동시키는 거래에 대한 정보를 제공한다. 특히 순자산의 변동이 어떤 거래로부터 발생하였는지 일목요연하게 보여줌으로써 순자산의 변동이 자본거래로부터 기인한 것인지, 아니면 손익거래로부터 기인한 것인지 구분할 수 있게 한다. 기준서 제1118호에서 예시하는 자본변동표의 양식은 다음과 같다.

자본변동표

(단위 : 원)

구분	납입자본	이익잉여금	확정급여제도	현금흐름 위험회피	자본 합계
20×1. 1. 1. 잔액	×××	×××	×××	×××	×××
회계정책의 변경		×××			×××
조정 후 잔액	×××	×××	×××	×××	×××
20×1년 자본의 변동					
배당		(×××)			(×××)
당기순손익		×××			×××
기타포괄손익			×××	(×××)	×××
총포괄손익	–	×××	×××	×××	×××
20×1. 12. 31. 잔액	×××	×××	×××	×××	×××
20×2년 자본의 변동					
유상증자	×××				×××
배당		(×××)			(×××)
당기순손익		×××			×××
기타포괄손익			(×××)	×××	(×××)
총포괄손익	–	×××	×××	×××	×××
20×2. 12. 31. 잔액	×××	×××	×××	×××	×××

연 / 습 / 문 / 제

01 20×1년 중에 갑회사에서 발생한 자본거래는 다음과 같다.

(1) 4월 1일에 주식발행초과금을 재원으로 보통주 100주(액면금액 ₩500)를 무상증자하였다.
(2) 9월 1일에 보통주 1,000주를 주당 ₩460에 유상증자하였다. 유상증자와 직접 관련하여 발생한 원가는 ₩2,000이다.

물음

다음의 양식에 들어갈 금액(①부터 ③까지)을 계산하라.

구분	보통주자본금	주식발행초과금	주식할인발행차금
20×1년 초 장부금액	₩2,000,000	₩90,000	–
20×1년 말 장부금액	①	②	③

해답

구분	자본금	주식발행초과금	주식할인발행차금
20×1년 초 장부금액	₩2,000,000	₩90,000	–
4월 1일 무상증자	50,000	(50,000)	
9월 1일 유상증자	500,000		(42,000)
주식할인발행차금 상계		(40,000)	40,000
20×1년 말 장부금액	① ₩2,550,000	② ₩0	③ (₩2,000)

(1) 4월 1일 무상증자를 하면 액면금액으로 자본금이 증가한다. 따라서 100주×₩500 = ₩50,000만큼 자본금이 증가하고 주식발행초과금이 감소한다.

(2) 9월 1일 유상증자는 할인발행에 해당한다. 따라서 주당 ₩40만큼 할인발행하였으므로 주식할인발행차금 1,000주×₩40 = ₩40,000이 증가한다. 그런데 주식발행 관련 직접 원가 ₩2,000은 발행가액에서 차감하므로 그만큼 주식할인발행차금이 증가한다. 주식할인발행차금은 이전에 인식한 주식발행초과금과 우선 상계해야 하는데, 주식발행초과금 잔액이 ₩40,000이므로 상계되지 않은 ₩2,000의 주식할인발행차금은 자본조정으로 구분한 후 20×1년도 주주총회 결의일에 미처분이익잉여금과 상계할 수 있다.

02 20×1년 중에 ㈜한국에서 발생한 자본거래는 다음과 같다.

(1) 6월 1일에 보통주 100주(액면금액 ₩1,000)를 주당 ₩1,500에 유상감자하였다.
(2) 10월 1일에 보통주 60주를 무상감자하였다.
(3) 12월 1일에 보통주 1주를 2주로 분할(액면금액 ₩500)하였다.

물음

다음의 양식에 들어갈 금액(①부터 ③까지)을 계산하라.

구분	보통주자본금	감자차익	감자차손
20×1년 초 장부금액	₩1,000,000	₩30,000	–
20×1년 말 장부금액	①	②	③

해답

구분	자본금	감자차익	감자차손
20×1년 초 장부금액	₩1,000,000	₩30,000	–
6월 1일 유상감자	(100,000)	(30,000)	(20,000)
10월 1일 무상감자	(60,000)	40,000	20,000
20×1년 말 장부금액	① ₩840,000	② ₩40,000	③ ₩0

<20×1. 6. 1.>

(차)		(대)	
보통주자본금	100,000	현금	150,000
감자차익	30,000(1)		
감자차손	20,000(1)		

(1) 감자차손 ₩50,000 중 전기이월 감자차익 ₩30,000을 우선 제거하고 초과액 ₩20,000을 감자차손으로 인식한다.

<20×1. 10. 1.>

(차)		(대)	
보통주자본금	60,000	감자차손	20,000(2)
		감자차익	40,000(2)

(2) 감자차익 ₩60,000 중 이미 인식한 감자차손 ₩20,000을 우선 제거하고 초과액 ₩40,000을 감자차익으로 인식한다.

<20×1. 12. 1.>
주식분할에 대해서는 회계처리가 없다.

03 20×1년 중에 ㈜한강에서 발생한 자기주식 거래는 다음과 같다.

(1) 4월 1일에 보통주 100주(액면금액 ₩1,000)의 자기주식을 주당 ₩2,000에 취득하였다.
(2) 7월 1일에 자기주식 30주를 주당 ₩2,300에 매각하였다.
(3) 10월 1일에 자기주식 50주를 주당 ₩1,900에 매각하였다.
(4) 11월 1일에 자기주식 20주를 소각하였다.

물음

일자별로 ㈜한강이 해야 할 자기주식 관련 거래를 회계처리하라. 단, ㈜한강은 자기주식을 배당가능이익 범위 내에서 취득하였다.

해답

<20×1. 4. 1.>

(차)	자 기 주 식	200,000	(대) 현 금	200,000

<20×1. 7. 1.>

(차)	현 금	69,000	(대) 자 기 주 식	60,000
			자기주식처분이익	9,000

<20×1. 10. 1.>

(차)	현 금	95,000	(대) 자 기 주 식	100,000
	자기주식처분이익	5,000[(1)]		

(1) 자기주식처분손실이 발생하는 경우 이미 인식한 자기주식처분이익을 우선 제거한다.

<20×1. 11. 1.>

(차)	미처분이익잉여금	40,000	(대) 자 기 주 식	40,000

04 ㈜한국(보고기간 말 12월 31일)의 20×1년 1월 1일 현재 자본의 내역은 다음과 같다.

• 보통주자본금(액면금액 ₩500)	₩500,000
• 우선주자본금(상환우선주임, 액면금액 ₩500)	₩80,000
• 감자차익	₩25,000
• 미처분이익잉여금	₩140,000

다음은 20×1년 중에 발생한 거래이다.

(1) 2월 20일 주주총회에서 ₩20,000의 현금배당(이익준비금은 법정 최소금액 적립)을 하기로 결의하였으며, 다른 이익잉여금의 처분 사항은 없다.
(2) 5월 1일 보통주 100주를 주당 ₩600의 현금을 지급하고 감자하였다.
(3) 9월 1일 현금 ₩90,000을 지급하여 상환우선주 전부를 상환하였다.
(4) 20×1년도 당기순이익은 ₩36,000이다.

물음

다음의 양식에 들어갈 금액(①부터 ④까지)을 계산하라. ㈜한국 보통주의 액면금액은 ₩500이다.

구분	보통주자본금	우선주자본금	감자차익	미처분이익잉여금
20×1년 말 장부금액	①	②	③	④

해답

구분	보통주자본금	우선주자본금	감자차익	미처분이익잉여금
20×1년 초 장부금액	₩500,000	₩80,000	₩25,000	₩140,000
2. 20. 이익잉여금 처분				(22,000)
5. 1. 유상감자	(50,000)			
감자차손 상계			(10,000)	
9. 1. 상환우선주 상환				(90,000)
당기순이익				36,000
20×1년 말 장부금액	① ₩450,000	② ₩80,000	③ ₩15,000	④ ₩64,000

(1) 이익잉여금 처분 시 미처분이익잉여금이 ₩22,000 감소하면서 미지급배당금 ₩20,000과 이익준비금 ₩2,000을 인식한다.
(2) 유상감자 시 ₩50,000의 보통주자본금이 감소하면서 주당 ₩100씩 총 ₩10,000의 감자차손이 발생한다. 감자차손은 감자차익과 상계한다.
(3) 상환우선주를 상환하면 우선주자본금은 변동하지 않고, 상환금액 ₩90,000만큼 미처분이익잉여금이 감소한다.
(4) 당기순이익 ₩36,000만큼 미처분이익잉여금이 증가한다.

05 ㈜북악의 20×1년 1월 1일 현재 미처분이익잉여금 잔액은 ₩320,000이다. 다음은 20×1년 중에 발생한 거래이다.

> (1) 20×1년 3월 5일 : 20×0년도 재무제표에 대한 결산승인 과정에서 현금배당 ₩200,000과 주식배당 ₩50,000을 하기로 결의하였다. 이익준비금은 법정 최소금액을 적립한다. 그 외의 다른 이익잉여금의 처분은 없다.
> (2) 20×1년 4월 5일 : 3월 5일에 결의하였던 현금배당금을 지급하였고, 주식배당에 대한 주식도 교부하였다.
> (3) 20×1년 7월 1일 : 자기주식 20주를 현금 ₩15,000에 취득하였다.
> (4) 20×1년 9월 1일 : 7월 1일에 취득했던 자기주식 중 10주를 주당 ₩600에 재발행하였다.
> (5) 20×1년도 당기순이익은 ₩130,000이다.

물음

1. 20×1년 3월 5일, 4월 5일, 7월 1일, 그리고 9월 1일의 거래를 분개하라.
2. 20×1년 말 미처분이익잉여금 잔액은 얼마인가?
3. 20×2년 2월 26일에 개최된 20×1년도 주주총회에서 현금배당금 ₩100,000을 지급(이익준비금은 법정 최소금액 적립)하고, 상계해야 할 자본조정을 모두 상계할 것을 결의하였다. 필요한 분개를 하라.

해답

물음 1

<20×1. 3. 5.>

(차) 미처분이익잉여금	270,000	(대)	미지급배당금	200,000
			미교부주식배당금	50,000
			이익준비금	20,000[(1)]

(1) 주식배당에 대해서는 이익준비금을 적립하지 않는다.

<20×1. 4. 5.>

(차) 미지급배당금	200,000	(대) 현금	200,000
(차) 미교부주식배당금	50,000	(대) 자본금	50,000

<20×1. 7. 1.>

(차) 자기주식	15,000	(대) 현금	15,000

<20×1. 9. 1.>

(차) 현 금	6,000	(대) 자 기 주 식	7,500[(2)]
자기주식처분손실	1,500		

(2) 자기주식 주당 취득원가＝₩15,000÷20주＝₩750
₩750×10주＝₩7,500

물음 2

20×1년 말 미처분이익잉여금 잔액＝₩320,000－270,000＋130,000＝₩180,000

물음 3

<20×2. 2. 26.>

(차) 미처분이익잉여금	111,500	(대) 미 지 급 배 당 금	100,000
		이 익 준 비 금	10,000
		자기주식처분손실	1,500

06 ㈜강남의 20×2년 1월 1일 현재 미처리결손금 잔액은 ₩250,000이다. 다음은 20×2년 중에 발생한 거래이다.

(1) 20×2년 3월 3일 : 20×1년도 재무제표에 대한 결산승인을 위한 주주총회에서 미처리결손금을 다음과 같이 처리하기로 결정하였다.
- 임의적립금 ₩50,000과 이익준비금 ₩40,000으로 결손보전

(2) 20×2년 10월 1일 : 보통주자본금 ₩100,000을 무상감자

(3) 20×2년도 당기순손실 ₩60,000

물음

1. 20×2년도에 일자별로 ㈜강남이 해야 할 회계처리를 하라. 그리고 20×2년 말 재무상태표에 표시될 미처리결손금 잔액을 계산하라.
2. 20×3년 3월 5일에 20×2년도 재무제표에 대한 결산승인을 위한 주주총회가 개최되어 20×2년 임의적립금 ₩70,000으로 미처리결손금을 처리하기로 결정하였다. ㈜강남이 해야 할 회계처리를 하고, 필요한 회계처리를 모두 마친 후 3월 5일 현재 미처리결손금 잔액을 제시하라.

해답

물음 1

<20×2. 3. 3.>

(차) 임의적립금	50,000	(대) 미처리결손금	90,000[(1)]
이익준비금	40,000		

(1) 20×2년 초 미처리결손금 ₩250,000 중 ₩90,000만 처리되었다.

<20×2. 10. 1.>

(차) 보통주자본금	100,000	(대) 감자차익	100,000[(2)]

(2) 무상감자일에는 감소하는 자본금만큼 감자차익을 인식하고, 다음 연도에 개최될 주주총회에서 미처리결손금과 상계한다.

<20×2. 12. 31.>

(차) 미처리결손금	60,000	(대) 집합손익	60,000[(3)]

(3) 당기순손실 ₩60,000을 장부마감 절차를 거쳐 미처리결손금으로 대체한다.

20×2년 말 미처리결손금 잔액 = ₩250,000 − 90,000 + 60,000 = ₩220,000

물음 2

<20×3. 3. 5.>

(차) 감자차익	100,000	(대) 미처리결손금	170,000[(1)]
임의적립금	70,000		

(1) 주주총회일에 전기 인식 감자차익도 미처리결손금과 상계처리한다.

20×3년 3월 5일 미처리결손금 잔액 = ₩220,000 − 170,000 = ₩50,000

제 12 장

고객과의 계약에서 생기는 수익

1 수익이란?

제2장의 '개념체계'에서 재무제표의 목적은 기업의 재무상태, 재무성과 및 재무상태의 변동에 대한 정보를 제공하는 것이라고 설명하였다. 이때 기업의 재무성과에 대한 정보는 주로 포괄손익계산서를 통해서 제공된다. 재무제표 이용자는 특정 기업의 과거 수익의 추세나 구성항목의 변동 등을 분석하여 미래의 수익을 예측하는 데 도움을 받을 수 있다.

기준서 제1115호 '고객과의 계약에서 생기는 수익'은 수익을 다음과 같이 정의한다.

> 수익(income)은 자산의 유입 또는 가치 증가나 부채의 감소 형태로 자본이 증가를 가져오는, 특정 회계기간에 생긴 경제적효익의 증가로서, 지분참여자의 출연과 관련된 것은 제외한다.

기준서 제1115호의 수익의 정의는 제2장에서 설명한 '개념체계'의 수익의 정의와 유사하다. 수익은 당기손익에 해당하는 수익(예 : 매출, 유형자산처분이익 등)과 기타포괄손익에 해당하는 수익(예 : 재평가잉여금, FVOCI 금융자산평가이익 등)으로 구분할 수 있다. 그리고 당기손익에 해당하는 수익은 다시 고객과의 계약에서 발생한 수익과 그 이외의 수익으로 구분할 수 있다. 본장에서는 당기손익에 해당하는 수익 중 계약 상대방이 고객인 경우만을 대상으로 회계처리를 설명한다.

계약 상대방이 고객이 아니라면 기준서 제1115호를 적용하지 않는다. 고객이란 기업의 통상적인 활동의 산출물인 재화나 용역을 대가와 교환하여 획득하기로 그 기업과 계약한 당사자를 말하는데, 계약당사자가 고객이 아니라면[1)] 수익이 발생하더라도 기준서 제1115호를 적용하지 않는다. 이후 본장에서 수익이라고 표현하면 고객과의 계약에서 생기는 수익을 의미한다.

1) 예를 들어, 계약상대방이 기업의 통상적인 활동의 산출물을 취득하기 위해서가 아니라 어떤 활동이나 과정(예 : 협업약정에 따른 자산 개발)에 참여하기 위해 기업과 계약하였고, 그 계약당사자들이 그 활동이나 과정에서 생기는 위험과 효익을 공유한다면, 그 계약상대방은 고객이 아니다. 이는 두 당사자가 공동약정(joint arrangement)을 통하여 소위 동업을 하는 것이므로 기준서 제1111호에 따라 공동영업 또는 공동기업으로 구분하여 회계처리한다. 공동약정의 회계처리는 고급회계에서 설명한다.

2 수익의 인식 과정

기준서 제1115호의 핵심 원칙은 기업이 고객에게 약속한 재화나 용역을 이전하고, 고객으로부터 받을 예상 대가를 수익으로 인식한다는 것이다. 이러한 핵심 원칙에 따라 수익을 인식하기 위해서 [그림 1]과 같이 5단계에 따라 수익을 인식한다.

| 그림 1 | 단계별 수익 인식의 과정

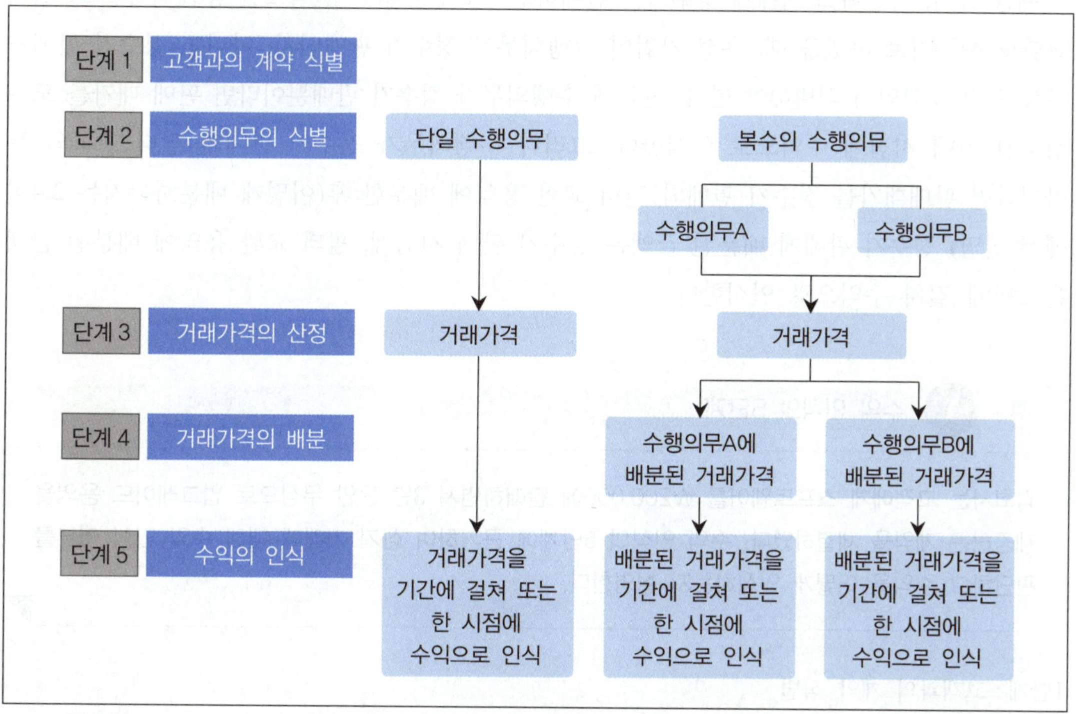

기준서 제1115호를 적용하려면 우선 고객과의 계약이 식별되는지 판단하여야 한다(단계 1). 왜냐하면 고객과의 계약이 식별되어야 고객에게 재화나 용역을 제공해야 할 수행의무가 식별되며, 수행의무를 이행할 때 수익을 인식할 수 있기 때문이다. 따라서 고객과의 계약을 식별하는 것이 가장 먼저 선행되어야 한다.

수행의무(performance obligation)란 고객에게 재화나 용역을 이전하기로 한 약속을 의미하는데, 기업은 수행의무를 이행할 때 수익을 인식한다. 고객과의 계약에서 수행의무는 단일 수행의무이거나 여러 개의 수행의무가 묶여 있을 수 있으며, 그 수행의무가 재화의 이전으로만 구성되어 있을 수도 있고, 재화와 용역의 이전으로 구성되어 있을 수도 있다. 기업은 수행의무 전체를 하나로 볼 것인지, 아니면 여러 개의 수행의무로 볼 것인지 판단해야 한다(단계 2).

거래가격은 기업이 궁극적으로 수익으로 인식할 금액인데, 거래가격이 확정되어 있지 않다면 거래가격을 추정해야 한다(단계 3). 단일의 수행의무라면 전체 거래가격을 하나의 수행의무에 배분하지만, 복수의 수행의무라면 산정된 거래가격을 각 수행의무에 배분하여야 한다(단계 4). 마지막으로 기업이 고객에 대한 수행의무를 기간에 걸쳐 이행하면 배분된 거래가격을 기간에 걸쳐 수익으로 인식하고, 수행의무를 한 시점에 이행하면 배분된 거래가격을 한 시점에 수익으로 인식한다(단계 5).

예를 들어, 기업이 고객에게 정수기를 판매하면서 6개월에 한 번씩 2년 동안 무상으로 필터 교환도 해주기로 하였을 때, 우선 기업의 수행의무가 정수기 판매인지, 아니면 정수기 판매와 무상 필터 교환인지 식별해야 한다. 만약에 수행의무가 정수기 판매뿐이라면 판매 대가를 모두 정수기 판매 시점에 수익으로 인식한다. 그러나 수행의무가 정수기 판매와 필터 교환의 두 가지라면 판매대가를 정수기 판매와 필터 교환 용역에 배분한 후(어떻게 배분하는지는 2.4절에서 설명) 정수기 판매에 배분된 금액은 정수기 판매 시점에, 필터 교환 용역에 배분된 금액은 2년에 걸쳐 수익으로 인식한다.

예 1 수익 인식의 5단계

갑회사는 고객에게 소프트웨어를 ₩200,000에 판매하면서 3년 동안 무상으로 업그레이드 용역을 제공하는 계약을 체결하였다. 수익 인식의 5단계에 근거하여 상기 거래에 대해 수익 인식 여부를 판단하고 수익을 어떻게 인식하는지 설명한다.

1단계 : 고객과의 계약 식별
주문서, 계약서, 거래관행 등을 통하여 고객과의 계약이 식별된다.

2단계 : 수행의무의 식별
소프트웨어의 인도와 업그레이드 용역의 제공이라는 두 가지의 수행의무가 식별된다.

3단계 : 거래가격의 산정
거래가격은 고정대가 ₩200,000이다(거래가격의 변동요소가 있으면 이를 반영해야 하며, 2.3절에서 설명함).

4단계 : 거래가격의 배분
두 가지 수행의무의 상대적 개별 판매가격을 기준으로 ₩200,000을 배분한다.

5단계 : 수익의 인식
소프트웨어 인도의 수행의무에 배분된 거래가격은 한 시점에 수익으로 인식하고, 업그레이드 용역에 배분된 거래가격은 3년의 기간에 걸쳐 수익으로 인식한다.

아래에서는 수익 인식의 5개의 단계별로 수익의 인식 과정을 자세하게 설명한다.

2.1 고객과의 계약 식별(단계 1)

다음의 문단 9에서 규정하는 기준(criteria)을 모두 충족하는 때에만 기준서 제1115호를 적용한다.

문단 9

(1) 계약당사자들이 계약을 승인하고 각자의 의무를 수행하기로 확약한다.
(2) 이전할 재화나 용역과 관련된 각 당사자의 권리를 식별(identify)할 수 있다.
(3) 이전할 재화나 용역의 지급조건을 식별할 수 있다.
(4) 계약에 상업적 실질이 있다.
(5) 고객에게 이전할 재화나 용역에 대하여 받을 권리를 갖게 될 대가의 회수 가능성이 높다.

계약당사자들이 계약을 승인하지 않았다면, 계약을 집행할 수 있는지 의문스럽기 때문에 기준 (1)이 필요하다. 그 계약은 둘 이상의 당사자 사이에 집행가능한 권리와 의무가 생기게 하는 합의로서 서면, 구두, 또는 사업관행에 따라 승인될 수 있다. 기업이 이전하는 재화나 용역에 대한 각 당사자의 권리를 식별할 수 없다면, 재화나 용역의 이전을 판단할 수 없기 때문에 기준 (2)가 필요하다.

기업이 약속한 재화나 용역의 대가로 받는 지급조건을 식별할 수 없다면, 거래가격을 산정할 수 없으므로 기준 (3)이 필요하다. 기준 (4)가 없다면 기업들은 수익을 부풀리기 위하여 상업적 실질 없이 재화나 용역을 서로 주고받을 수 있다. 따라서 계약에 상업적 실질이 없다면 수익을 인식할 수 없다.

계약이 유효한지 판단할 때 고객이 약속한 대가를 지급할 능력 및 의도(ability and intention)가 있는지 판단하는 것이 중요하므로 대가의 회수가능성이 높아야 한다(probable)[2]는 기준 (5)가 필요하다. 즉, 기업이 대가의 회수가능성이 낮은 불량거래처에 밀어내기식 매출을 하여

---

2) 'probable'이 무엇인지 기준서에 명시적 언급은 없으나, 일반적으로 'more likely than not to occur'로 이해한다. 즉, 발생할 확률이 50%를 초과하는 경우를 말한다.

당기순이익을 부풀리는 것을 방지하기 위해서 기준 (5)가 필요한 것이다.

계약 개시 시점에 고객과의 계약이 문단 9의 기준을 충족하는 경우에는 사실과 상황에 유의적 변동 징후가 없는 한 이 기준들을 재검토하지 않는다. 그러나 고객의 대가 지급능력이 유의적으로 악화되었다면 고객에게 이전할 나머지 재화나 용역에 대해서만 회수가능성을 재검토한다. 따라서 계약 개시 후에 고객의 대가 지급능력이 유의적으로 악화되더라도 이미 인식한 수익을 취소하지는 않으며, 이후 추가로 이전할 재화나 용역이 있다면 이 부분에 대해서만 회수가능성을 재검토하여 수익을 인식할 것인지 판단한다.

고객과의 계약 개시 시점에 전술한 문단 9의 기준을 충족하지 않으면 나중에 충족하는지 판단하기 위하여 그 계약을 지속적으로 검토한다. 단, 문단 9의 기준을 충족하지는 않지만 고객으로부터 대가(현금)를 받은 경우, 다음의 두 가지 사건 중 하나가 일어났다면 받은 대가를 수익으로 인식하고, 그렇지 않으면 부채로 인식한다.

(1) 고객에게 재화나 용역을 이전해야 하는 의무가 남아 있지 않고, 고객이 약속한 대가를 기업이 모두(또는 대부분) 받았으며, 그 대가는 환불되지 않는다.
(2) 계약이 종료되었고, 고객에게서 받은 대가는 환불되지 않는다.

예 2 고객과의 계약 식별

갑회사는 20×1년 초에 향후 3년 동안 고객에게 컨설팅 용역을 제공하기로 계약을 체결하였다. 계약 개시 시점에 회수가능성을 포함한 문단 9의 모든 조건을 충족하였으며, 갑회사는 기준서 제1115호에 따라 컨설팅 용역을 제공하는 기간에 걸쳐 수익을 인식하기로 하였다.
20×1년 중에 고객의 재무상태가 악화되어 컨설팅 용역 대가를 수령하지 못하였으나, 고객의 지급능력이 유의하게 악화된 것은 아니라고 판단하였다. 20×2년 중에 고객의 재무상태가 더욱 악화되어 컨설팅 용역대가를 수령하지 못하였으며, 고객의 지급능력이 유의하게 악화되었다고 판단하였다.
갑회사는 20×1년과 20×2년에 어떻게 수익을 인식하는가?

20×1년도에 고객의 지급능력이 유의적으로 악화되지는 않았으므로 20×1년에 고객에게 제공한 컨설팅 용역에 대해서 수익을 인식하되, 보고기간 말 현재 수취채권에 대해서 손상차손을 인식할 것인지를 고려하여야 한다. 20×2년에는 고객의 지급능력이 유의적으로 악화되었으므로 문단 9의 회수가능성 기준을 충족하지 못한다고 결론을 내린다. 따라서 20×2년에는 수익을 인식하지 않는다. 다만, 20×1년에 이미 인식한 수익은 취소하지 않으며, 수취채권이 있다면 손상차손 인식을 적극 고려하여야 한다.

2.2 수행의무의 식별(단계 2)

(1) 수행의무 식별의 중요성

고객과의 계약이 식별되었으면, 그 계약에 어떤 수행의무가 포함되어 있는지 식별해야 한다. 수행의무(performance obligations)란 고객과의 계약에서 재화나 용역을 이전하기로 한 약속(promise)을 말한다. 기업은 수행의무를 이행하여야 수익을 인식할 수 있으므로 계약에 포함된 수행의무를 식별하는 것이 매우 중요하다.

하나의 계약에 여러 개의 약속이 포함되어 있는 경우 그 약속이 모두 수행의무로 식별되는 것은 아니다. 또한 계약 내에 여러 개의 수행의무가 포함되어 있는 경우 이를 각각의 수행의무로 식별할 것인지, 아니면 이를 묶어서 단일 수행의무로 식별할 것인지도 판단해야 한다. 여기에 대해서 [그림 2]를 통해 설명한다.

| 그림 2 | 수행의무의 식별 과정

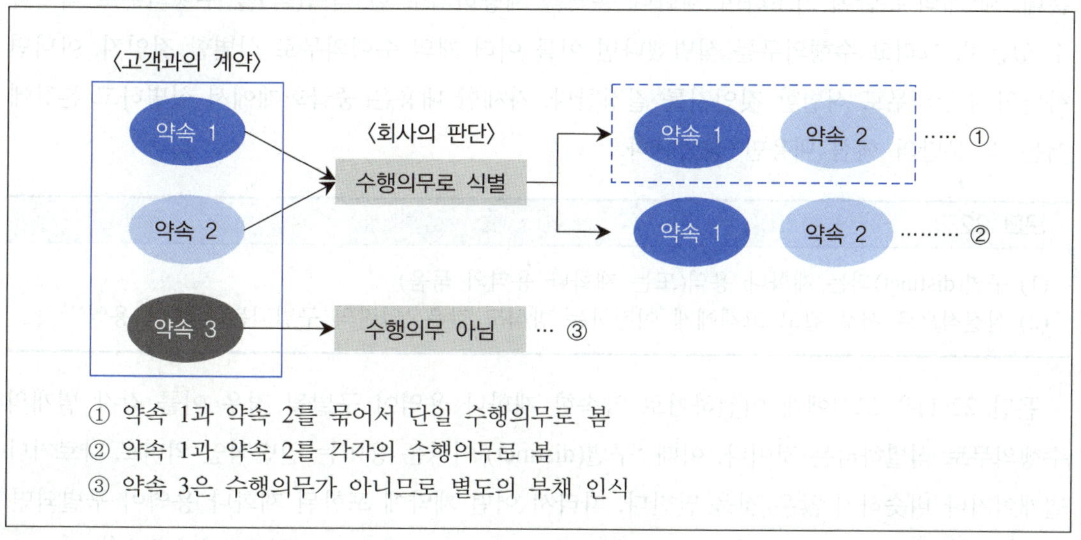

① 약속 1과 약속 2를 묶어서 단일 수행의무로 봄
② 약속 1과 약속 2를 각각의 수행의무로 봄
③ 약속 3은 수행의무가 아니므로 별도의 부채 인식

[그림 2]를 보면, 기업이 고객과 체결한 계약에 모두 세 가지 약속이 포함되어 있다.[3] 기업은 각 약속이 수행의무에 해당하는지 판단해야 한다. 만약 기업이 약속 1과 약속 2만 수행의무로 식별하고 약속 3은 수행의무가 아니라고 판단했다면, 그 다음 순서는 약속 1과 약속 2를 묶어서

3) 예를 들어, 고객에게 승용차를 판매하면서 1년에 한 번씩 3년 동안 엔진오일을 무상으로 교환해 주고, 5년 동안 차량결함이 발생하면 무상으로 수리해주기로 했다면 고객과의 계약에 모두 3가지 약속(차량판매, 엔진오일 무상 교환, 차량결함 무상 수리)이 포함되어 있다.

하나의 수행의무로 볼 것인지, 아니면 각각 별개의 수행의무로 볼 것인지를 판단해야 한다.

2.4절에서 설명하는 바와 같이 고객으로부터 수취하는 거래가격을 수행의무에 배분해야 하는데, 약속 1과 약속 2가 단일 수행의무라면 거래가격 전체를 단일 수행의무에 배분하므로 약속 1과 약속 2를 모두 이행할 때 수익을 인식한다. 그러나 약속 1과 약속 2가 두 개의 수행의무라면 거래가격을 약속 1과 약속 2로 배분한 후 각각의 수행의무가 이행될 때 수익을 인식한다. 따라서 여러 개의 약속이 있을 때 이를 단일 수행의무로 보는지, 아니면 복수의 수행의무로 보는지에 따라 보고기간별로 인식하는 수익이 달라질 수 있다. 한편 [그림 2]에서 수행의무가 아니라고 판단한 약속 3에 대해서는 수익을 인식하지 않고 향후 의무를 이행할 때 소요될 금액을 추정하여 부채(충당부채)와 비용을 인식한다.

(2) 수행의무의 식별과 관련된 기준서

수행의무의 식별과 관련하여 기준서 제1115호 문단 22, 문단 27 및 문단 29가 자주 인용되는데, 세 개의 문단에 기초하여 재화나 용역을 제공하기로 한 약속(들)을 수행의무로 식별할 수 있는지, 그리고 수행의무를 식별했다면 이를 여러 개의 수행의무로 식별할 것인지, 아니면 하나의 수행의무로 식별할 것인지를 결정한다. 자세한 내용은 중급회계에서 설명하고 본장에서는 각 문단의 핵심 내용만 설명한다.

문단 22

(1) 구별(distinct)되는 재화나 용역(또는 재화나 용역의 묶음)
(2) 실질적으로 서로 같고 고객에게 이전하는 방식도 같은 '일련의 구별되는 재화나 용역'

문단 22(1)은 고객에게 이전하기로 약속한 재화나 용역이 구별될 경우 이를 각각 별개의 수행의무로 식별하라는 것이다. 이때 '구별(distinct)'이라는 용어는 일반적인 의미로 다르거나 별개이거나 비슷하지 않은 것을 말한다. 따라서 어떤 계약에 포함된 재화나 용역이 구별되면, 그 재화나 용역을 이전하기로 한 각 약속을 별개의 수행의무로 보라는 의미이다.[4)]

한편, 기업이 일정 기간에 재화나 용역을 연속적으로 제공할 때마다 이를 별개의 수행의무로 식별하면 회계처리가 복잡해지고 식별 과정에 일관성이 없을 수 있다. 따라서 문단 22(2)에서 실질적으로 서로 같고 이전하는 방식도 같은 '일련의 구별되는 재화나 용역'을 단일 수행의무로 식별하도록 요구하고 있다.

4) 문단 22에서 '각 약속을 하나의 수행의무로 식별한다'는 것이 마치 여러 개의 약속을 묶어서 하나의 수행의무로 식별하라는 것으로 오해할 수 있는데, 각각의 약속(each promise)을 별개의 수행의무로 보라는 것이다.

그런데 문단 22는 고객에게 이전하기로 약속한 재화나 용역이 구별되는지의 여부를 판단하는 구체적인 기준을 제시하고 있지 않으므로 다음의 문단 27(1)과 27(2)의 두 가지 기준을 모두 충족할 경우 문단 22를 충족하는 것으로 본다.

문단 27

(1) 고객이 재화나 용역 그 자체에서 효익을 얻거나, 고객이 쉽게 구할 수 있는 다른 자원과 함께 하여 그 재화나 용역에서 효익을 얻을 수 있다(그 재화나 용역이 구별될 수 있다).

(2) 고객에게 재화나 용역을 이전하기로 하는 약속을 계약 내의 다른 약속과 별도로 식별해 낼 수 있다(그 재화나 용역을 이전하기로 하는 약속은 계약상 구별된다).

위의 문단 27(1)은 재화나 용역이 구별되기 위한 기준이고, 문단 27(2)는 계약 내에 여러 개의 약속이 있을 때 특정 약속이 다른 약속과 계약상 구별되기 위한 조건으로 두 가지 조건을 모두 충족하면 재화나 용역이 구별되는 것으로 본다.

고객이 이전받은 재화나 용역으로부터 아무런 효익을 얻지 못했다면 애초에 재화나 용역은 이전되지 않았다고 보아야 하므로 이러한 경우 재화나 용역은 구별될 수 없다. 따라서 재화나 용역이 구별되기 위해서는 문단 27(1)에 따라 고객이 이전받은 재화나 용역에서 효익을 얻을 수 있어야 한다.

한편, 하나의 계약에 여러 재화나 용역이 포함되어 있는 경우 이를 별개의 수행의무로 식별하는 것이 실무상 불가능하며, 이를 식별하더라도 기업의 수행 정도를 유용하게 나타내지 못할 수 있으므로 문단 27(2)에 따라 계약상 구별되지 않는 여러 개의 수행의무는 단일 수행의무로 본다.

이때 문단 27(2)와 관련하여 다음의 문단 29의 (1), (2), (3) 중 어느 하나에 해당하면 재화나 용역은 구별되지 않으므로 문단 27(2)를 충족하지 않은 것으로 보고 약속 전체를 단일 수행의무로 본다. 즉, 계약에 포함되어 있는 여러 재화나 용역이 결합산출물(예 : 건물을 신축하는 계약)을 생산하기 위한 투입물로 사용되거나, 약속한 재화나 용역이 변형 또는 고객 맞춤화되거나, 약속한 재화나 용역의 상호의존도가 매우 높다면 약속한 재화나 용역을 별개로 구별하기 어려우므로 단일 수행의무로 본다.

문단 29

(1) 기업은 해당 재화나 용역과 그 계약에서 약속한 다른 재화나 용역을 통합하는 유의적인 용역을 제공한다. 다시 말해서, 기업은 고객이 특정한 결합산출물(들)을 생산하거나 인도하기 위한 투입물(input)로서 그 재화나 용역을 사용하고 있다.

(2) 하나 이상의 해당 재화나 용역은 그 계약에서 약속한 하나 이상의 다른 재화나 용역을 유의적으로 변형하거나 고객 맞춤화하거나, 계약에서 약속한 하나 이상의 다른 재화나 용역에 의해 변형되거나 고객 맞춤화된다.
(3) 해당 재화나 용역은 상호의존도나 상호관련성이 매우 높다. 다시 말해서 각 재화나 용역은 그 계약에서 하나 이상의 다른 재화나 용역에 의해 유의적으로 영향을 받는다.

2.3 거래가격의 산정(단계 3)

거래가격(transaction price)은 고객에게 약속한 재화나 용역을 이전하고 그 대가로 기업이 받을 권리를 갖게 될 것으로 예상하는 금액이며, 제3자를 대신해서 회수한 금액(예 : 판매세)은 제외한다. 거래가격은 궁극적으로 기업이 수익으로 인식할 금액인데, 다음의 사항이 미치는 영향을 모두 고려하여 거래가격을 산정한다.[5)]

(1) 변동대가(variable consideration)
(2) 변동대가 추정치의 제약(constraining estimates of variable consideration)
(3) 계약에 있는 유의적인 금융요소

(1) 변동대가

계약에서 약속한 대가에 변동금액이 포함된 경우 거래가격은 고정된 금액이 아니기 때문에 거래가격을 추정해야 한다. 대가는 할인(discount), 리베이트, 환불, 공제(credits), 가격할인(price concessions), 장려금(incentives), 성과보너스, 위약금이나 그 밖의 비슷한 항목 때문에 변동될 수 있다. 예를 들어, 기업이 ₩10,000에 건물을 건설하기로 고객과 계약을 체결하였는데, 특정일로부터 1개월 이내에 건물을 완성하지 못하면 ₩1,000의 위약금을 지급하기로 했다면, 이 계약의 거래가격은 고정대가 ₩9,000과 변동대가 ₩1,000으로 구성되어 있는 것으로 본다. 따라서 위약금을 지급할 가능성을 고려하여 추정한 변동대가를 거래가격에 포함해야 하므로 거래가격은 ₩10,000보다 낮아질 수 있다.

기업이 대가를 받을 권리가 미래 사건의 발생 여부에 달려 있는 경우에도 약속한 대가는 변동될 수 있다. 예를 들어, 반품권을 부여하여 제품을 판매하거나, 특정 단계에 도달하여야 고정금액의 성과보너스를 주기로 약속한 경우 대가는 변동될 수 있다. 반품권이 있는 판매는 후술하는 변동대가 추정치의 제약에서 설명한다.

변동대가는 기댓값으로 추정할 수도 있고 가능성이 가장 높은 금액으로 추정할 수도 있다.

5) 거래가격 산정 시 비현금 대가와 고객에게 지급할 대가도 고려해야 하는데 이 부분은 중급회계에서 설명한다.

예 3 변동대가의 추정[6)]

갑회사는 주문제작 자산을 건설하기로 고객과 계약을 체결하였다. 자산을 이전하기로 한 약속은 기간에 걸쳐 이행하는 수행의무이다. 약속된 대가는 ₩10,000이지만 계약서상 건설을 완료하기로 한 20×1년 7월 31일까지 자산을 완성하지 못하면 약속된 대가는 그 다음 날부터 매일 ₩50씩 감소하며, 20×1년 7월 31일 전에 자산을 완성하면 약속된 대가는 그 전날부터 매일 ₩50씩 증가한다. 그리고 자산이 완성된 후 제3자가 그 자산을 검사하고 계약에 규정된 척도에 기초하여 평점을 매기는데, 특정 평점을 받으면 갑회사는 장려금 ₩500을 받을 권리를 갖는다.

갑회사는 20×1년 7월 31일로부터 조기 또는 지연 완성할 확률을 다음과 같이 추정하였다.

조기 완성 또는 지연 완성	확률
20일 조기 완성	6%
10일 조기 완성	9%
정확하게 완성	80%
10일 지연 완성	5%

한편, 갑회사는 완성된 자산에 대한 검사결과 특정 평점을 받아 장려금 ₩500을 받을 확률을 90%, 그렇지 못할 확률을 10%로 추정하였다. 갑회사는 어떤 방법을 적용하여 변동대가를 얼마로 추정하는가?

변동대가는 조기 또는 지연 완성에 따른 변동대가와 특정 평점을 받으면 받게 될 장려금이라는 두 가지 요소를 가지고 있는데, 다음과 같이 별도로 추정한다.

조기 또는 지연 완성에 따른 변동대가를 반영한 거래가격은 ₩10,000 ± 50/일인데, 기댓값 방법을 사용하는 것이 합리적이다. 기댓값 방법이 갑회사가 받을 권리를 갖게 될 금액을 더 잘 예측하는 방법이다.

조기 또는 지연 완성에 대한 변동대가 = 20일×₩50×6% + 10일×₩50×9% − 10일×₩50×5%
= ₩80

특정 평점을 받으면 받게 될 장려금 ₩500의 변동대가는 가능성이 가장 높은 금액을 사용하여 추정한다. 이는 가능한 결과가 ₩500과 0의 두 가지뿐이므로 가능성이 가장 높은 금액으로 추정하는 방법이 받을 권리를 갖게 될 대가를 더 잘 예측하는 방법이기 때문이다.

장려금의 변동대가 = ₩500(90%를 곱하지 않음에 유의)

따라서 거래가격 = ₩10,000(고정대가) + 80(추정 변동대가) + 500(추정 변동대가) = ₩10,580

---

6) 기준서 제1115호 IE105~IE108 사례 21 참조

(2) 변동대가 추정치의 제약

일부 변동대가의 추정치가 너무 불확실하거나, 기업이 고객에게 재화나 용역을 이전하고 그 대가로 받을 권리를 갖게 될 금액을 충실하게 나타내지 못하는 경우에는 이를 거래가격에 포함시키지 않는데, 이를 변동대가 추정치의 제약이라고 한다.

IASB가 상담한 재무제표 이용자의 과반수는 후속 보고기간에 유의적으로 되돌리지 않을 금액이 가장 목적적합한 수익의 추정치라는 의견을 제시하였다. 예를 들어, 회사가 변동대가의 불확실성이 있는 상태에서 20×1년도의 매출액을 1,000억 원으로 보고하였는데, 20×2년 중에 변동대가의 불확실성이 해소되면서 전년도 매출액이 1,000억 원이 아니라 600억 원으로 보고했어야 한다고 자인하고 전년도 매출액을 수정한다면 재무제표 이용자는 상당한 혼란에 빠질 것이다.

미래에 되돌리지 않을 금액은 재무제표 이용자가 기업의 미래 수익을 더 잘 예측하는 데 도움을 줄 것이기 때문에 IASB는 상향과 하향의 이익 조정 중 하향 조정(즉, 수익 환원, revenue reversals)의 가능성이 있는 수익의 제약에 집중하기로 결정하였다. 그 결과, 변동대가와 관련된 불확실성이 나중에 해소될 때, 이미 인식한 누적 수익 금액 중 유의적인 부분을 되돌리지(환원하지) 않을 가능성이 매우 높은 정도까지만 변동대가를 추정하여 거래가격에 포함시킨다. 이를 다르게 표현하면, 나중에 불확실성이 해소될 때 이미 인식한 누적 수익금액 중 유의적으로 되돌릴 가능성이 있는 금액은 처음부터 거래가격에 포함하지 말라는 것이다.

변동대가의 환원 가능성 및 크기에 영향을 미치는 다음의 요인(여기에 한정되지는 않음)을 고려하여 변동대가 추정치를 거래가격에 포함할지의 여부를 결정한다.

(1) 대가(금액)가 기업의 영향력이 미치지 못하는 요인(예 : 시장의 변동성, 제3자의 판단이나 행동, 날씨 상황, 약속한 재화나 용역의 높은 진부화 위험)에 매우 민감하다.
(2) 대가(금액)에 대한 불확실성이 장기간 해소되지 않을 것으로 예상된다.
(3) 비슷한 유형의 계약에 대한 기업의 경험이 제한적이거나, 제한된 예측치만 제공한다.
(4) 폭넓게 가격할인을 제공하거나, 비슷한 상황에 있는 비슷한 계약의 지급조건을 변경하는 관행이 있다.
(5) 계약에서 생길 수 있는 대가가 다수이고 그 범위도 넓다.

예 4 가격할인[7)]

갑회사는 20×1년 12월 1일에 고객(유통업자)과 계약을 체결하였다. 계약에 따르면 갑회사는 계약 개시 시점에 계약에 표시된 제품 1,000개를 개당 ₩100에 이전하기로 되어 있다. 제품에 대한 통제는 20×1년 12월 1일에 고객에게 이전한다. 과거 실무에 기초하고 고객 관계를 유지하기 위하여 갑회사는 고객에게 가격할인(price concessions)을 부여할 것으로 예상하고 있다. 이것은 고객이 제품을 할인할 수 있도록 하여 유통망을 통한 유통이 가능하도록 도와주기 때문이다. 따라서 계약의 대가는 변동될 수 있다. 다음의 두 가지 경우는 독립적이다.

〈경우 1〉 변동대가 추정치에 제약이 없는 경우

갑회사는 이 제품과 비슷한 제품을 판매한 경험이 많다. 관측 가능한 자료에 따르면 갑회사는 과거에 이러한 제품에 대해 판매가격의 약 20%의 가격할인을 부여하였으며, 여러 해 동안 20% 보다 유의적으로 큰 가격할인을 부여한 적은 없다. 현행 시장정보는 가격을 20% 낮춘다면 유통망을 통해 제품을 유통시키기에 충분할 것임을 암시한다.

갑회사는 권리를 갖게 될 변동대가를 추정하기 위하여 기댓값 방법을 사용하기로 결정하였다. 왜냐하면 이 방법이 권리를 갖게 될 대가를 더 잘 예측할 것으로 예상하기 때문이다. 갑회사는 기댓값 방법을 사용하여 거래가격이 ₩80,000(1,000개×₩80)이 될 것으로 추정하였다.

〈경우 2〉 변동대가 추정치에 제약이 있는 경우

갑회사는 이 제품과 비슷한 제품을 판매한 경험이 있으나, 그 제품은 진부화 위험이 높고 제품 가격결정의 변동성이 매우 높았던 경험이 있다. 관측 가능한 자료에 따르면 갑회사가 과거에 비슷한 제품에 부여한 가격할인은 판매가격의 20~60%로 그 범위가 넓었으며, 현행 시장정보도 제품을 유통망에 유통시키려면 가격을 15~50% 정도 낮추는 것이 필요할 수 있음을 암시한다.

갑회사는 권리를 갖게 될 변동대가를 추정하기 위하여 기댓값 방법을 사용하기로 결정하였다. 왜냐하면 이 방법이 권리를 갖게 될 대가를 더 잘 예측할 것으로 예상하기 때문이다. 갑회사는 기댓값 방법을 사용하여 40% 할인을 제공할 것으로 보고 거래가격이 ₩60,000(1,000개×₩60)이 될 것으로 추정하였다.

〈경우 1〉과 〈경우 2〉에서 각각 변동대가 추정액 ₩80,000과 ₩60,000을 거래가격에 포함시킬 수 있는가?

<경우 1>에서 이 제품에 대해 상당한 과거 경험과 추정치를 뒷받침하는 현행 시장정보가 있다고 판단된다. 그리고 기업의 영향력이 미치지 못하는 요인에서 생기는 일부 불확실성이 있더라도 현행 시장 추정치에 기초하여 갑회사는 단기간에 불확실성이 해소될 가격이라고 예상할 수 있다. 그 결과 갑회사는 불확실성이 해소될 때(즉, 가격할인 총액이 산정될 때) 이미 인식한 누적 수익 금액 중 유의적인

7) 기준서 제1115호 IE116~IE123 사례 23 참조

부분을 되돌리지 않을 가능성이 매우 높다고 결론지을 수 있는 변동대가 추정액 ₩80,000을 거래가격에 포함시켜 20×1년 12월 1일에 ₩80,000의 수익을 인식한다.

이에 반해 <경우 2>에서는 대가가 기업의 영향력이 미치지 못하는 요인(진부화 위험)에 매우 민감하며, 제품을 유통시키려면 넓은 범위의 가격할인을 제공해야 할 것으로 판단된다. 그 결과 갑회사는 이미 인식한 누적 수익 금액 중 유의적인 부분을 되돌리지 않을 가능성이 매우 높다고 결론지을 수 없기 때문에 추정치 ₩60,000을 거래가격에 포함시키지 않는다.

한편 <경우 2>에서 추정치 ₩60,000을 거래가격에 포함시키지 않는다는 것이 거래가격을 0으로 하라는 의미는 아니다. 비록 기업의 과거 가격할인이 20~60%의 범위에 있었더라도 현행 시장정보는 15~50%의 가격할인이 필요하다는 것을 암시하고 있다. 따라서 갑회사는 50%의 가격할인을 반영한 ₩50,000의 변동대가가 이미 인식한 누적 수익 금액 중 유의적인 부분을 되돌리지 않을 가능성이 매우 높다고 결론지을 수 있으므로 20×1년 12월 1일에 ₩50,000의 수익을 인식한다.

---

(3) 변동대가 추정치의 제약 – 반품권이 있는 판매

일부 계약에서는 기업이 고객에게 제품에 대한 통제를 이전하고, 다양한 이유(예 : 제품 불만족)로 제품을 반품할 권리를 고객에게 부여하기도 한다. 반품권이 있는 판매의 경우 반품권과 관련된 불확실성이 나중에 해소될 때, 이미 인식한 누적 수익 금액 중 유의적인 부분을 되돌리지 않을 가능성이 매우 높은 정도까지만 수익을 인식한다. 즉, 기업은 반품될 가능성이 매우 높을 것으로 예상되는 금액에 대해서는 수익을 인식하지 않고, 환불부채(refund liability)를 인식한다. 또한 고객이 반품권을 행사할 때 기업이 재화를 회수할 수 있는 권리를 별개의 자산(반환제품회수권)으로 인식한다.

예를 들어, 반품권이 있는 재고자산의 판매에 대한 회계처리(분개)를 제시(재고자산에 대해서 계속기록법 적용)하면 다음과 같다(단, 상품 100개 중 반품기한 내에 5개의 반품 예상 가정).

〈재고자산 판매 시〉

(차)	계약자산	100개×매가(1)	(대)	매출	95개×매가(2)
				환불부채	5개×매가(2)
(차)	매출원가	95개×원가(3)	(대)	재고자산	100개×원가
	반환제품회수권	5개×원가(3)			

(1) 계약자산은 고객에게 재화나 용역을 이전하고 고객에게서 대가를 받을 권리를 말한다. 이에 반해 수취채권은 대가를 받을 무조건적인 권리를 말한다. 반품조건부로 재고자산을 판매할 경우 반품기한이 종료되기 전까지는 대가를 받을 무조건적인 권리가 있지 않으므로 매출채권이 아니라 계약자산을 인식한다. 계약자산의 상세한 회계처리는 3.1절에서 설명한다.

(2) 반품기한 내에 반품될 것으로 예상되는 거래가격을 환불부채로 인식하고, 반품되지 않을 것으로 예상되는 나머지 금액을 매출로 인식한다.
(3) 재고자산을 감소시키면서 매출원가를 인식하는데, 반품될 것으로 예상되는 매출원가 해당액을 반환제품회수권으로 인식하고, 반품되지 않을 것으로 예상되는 나머지 금액을 매출원가로 인식한다.

위의 예에서 반품기한 내에 3개가 반품되고 2개가 반품되지 않은 경우 회계처리는 다음과 같다.

〈반품기한 내에 3개 반품〉

(차) 환 불 부 채	3개×매가[(1)]	(대) 계 약 자 산	3개×매가[(1)]
(차) 재 고 자 산	3개×원가[(2)]	(대) 반환제품회수권	3개×원가[(2)]

(1) 반품된 재고자산의 판매가격만큼 계약자산과 환불부채를 상계한다.
(2) 반품된 재고자산을 증가시키고 그만큼 반환제품회수권을 감소시킨다.

〈반품기한 내에 2개 미반품〉

(차) 환 불 부 채	2개×매가[(3)]	(대) 매 출	2개×매가[(3)]
(차) 매 출 원 가	2개×원가[(4)]	(대) 반환제품회수권	2개×원가[(4)]
(차) 매 출 채 권	97개×매가[(5)]	(대) 계 약 자 산	97개×매가[(5)]

(3) 반품기한 내에 반품되지 않은 상품은 판매된 것이므로 환불부채를 감소시키면서 매출을 인식한다.
(4) 반환제품회수권을 감소시키면서 매출원가를 인식한다.
(5) 반품기한 경과 시 계약자산 잔액을 매출채권으로 대체한다.

반품권이 있는 판매의 회계처리에서 보고기간 말 현재 반환제품회수권이 남아 있다면 재무상태표에 이를 어떻게 표시하는 것이 적절한가? 재무상태표에 표시될 기말재고자산은 보고기간 말에 실제 보유하고 있는 재고자산 이외에 타처에 보관 중인 재고자산도 모두 포함되어야 한다. 반품권이 있는 판매의 경우 보고기간 말 현재 아직 반품되지 않은 재고자산은 타처(고객)에 보관 중인 재고자산과 그 실질이 다르지 않으므로 기말재고자산에 포함시키는 것이 적절하다고 판단된다.

한편, 앞에서 설명한 반품권이 있는 판매의 회계처리는 재고자산에 대해서 계속기록법의 사용을 가정하였는데, 만약 실지재고조사법을 사용한다면 다음과 같이 보고기간 말에 아직 반품기한이 도래하지 않은 재고자산에 대하여 결산조정분개를 추가한다.

〈보고기간 말〉

(차) 반환제품회수권	×××[(1)]	(대) 매 출 원 가	×××

(1) 기말재고자산에 포함하여 재무상태표 표시

예 5 반품권이 있는 판매[8)]

갑회사는 고객과 100개의 제품을 개당 ₩100에 판매하는 계약을 체결하였다. 갑회사는 제품에 대한 통제를 이전한다. 갑회사의 사업 관행은 고객이 사용하지 않은 제품을 30일 이내에 반품하면 전액 환불받을 수 있도록 허용한다.

각 제품의 원가는 ₩60이다. 계약에서 고객에게 제품의 반품을 허용하고 있기 때문에 고객에게서 받을 대가는 변동될 수 있다. 갑회사는 변동대가를 기댓값 방법을 사용하여 97개의 제품이 반환되지 않을 것으로 추정하였으며, 불확실성이 해소될 때(즉, 반품기한이 종료될 때) 이미 인식한 누적 수익 금액(97개×₩100=₩9,700) 중 유의적인 부분을 되돌리지 않을 가능성이 매우 높다고 결론지었다. 갑회사는 제품의 회수 원가가 중요하지 않다고 추정하였으며, 반품된 제품은 다시 판매하여 이익을 남길 수 있다고 예상하였다.

다음의 각 경우에 갑회사가 해야 할 회계처리(분개)를 제시하면 다음과 같다.

1. 제품 통제의 이전시점
2. 30일 이내에 제품 3개가 반품된 경우. 단, 반품기한 종료 후 2주 내에 매출채권을 회수한다. 이하 동일하다.
3. 30일 이내에 반품이 전혀 없는 경우
4. 30일 이내에 제품 1개만이 반품된 경우
5. 30일 이내에 제품 4개가 반품된 경우

1. <제품의 통제 이전시점>

(차)	계약자산	10,000	(대)	매출	9,700[(1)]
				환불부채	300[(1)]
(차)	매출원가	5,820[(2)]	(대)	재고자산	6,000
	반환제품회수권	180[(3)]			

(1) 반품되지 않을 가능성이 매우 높은 제품 97개에 대해서만 매출 인식. 97개×₩100=₩9,700
반품될 것으로 예상되는 제품 3개를 환불부채로 인식. 3개×₩100=₩300
(2) 매출을 제품 97개에 대해서 인식하였으므로 매출원가도 제품 97개에 대해서만 인식
97개×₩60=₩5,820
(3) 환불부채를 정산할 때 고객에게서 회수할 권리가 있는 제품 3개를 자산으로 인식
3개×₩60=₩180

8) 기준서 제1115호 사례 22 참조

2. <30일 이내에 제품 3개가 반품된 경우>

차변	금액	대변	금액
(차) 환불부채	300	(대) 계약자산	300
(차) 재고자산	180	(대) 반환제품회수권	180
(차) 매출채권	9,700	(대) 계약자산	9,700(1)

(1) 반품기한이 종료되어 매출채권이 확정될 때 계약자산을 매출채권으로 대체한다.

3. <30일 이내에 반품이 전혀 없는 경우>

차변	금액	대변	금액
(차) 환불부채	300	(대) 매출	300
(차) 매출원가	180	(대) 반환제품회수권	180
(차) 매출채권	10,000	(대) 계약자산	10,000

4. <30일 이내에 제품 1개만이 반품된 경우>

차변	금액	대변	금액
(차) 환불부채	300	(대) 매출	200
		계약자산	100
(차) 매출원가	120	(대) 반환제품회수권	180
재고자산	60		
(차) 매출채권	9,900	(대) 계약자산	9,900

5. <30일 이내에 제품 4개가 반품된 경우>

당초 변동대가 추정치를 추정하는 과정에서 오류가 없었다면 이후 추정했던 것보다 더 많은 제품이 반품되더라도 이는 회계추정치 변경으로 보고, 다음과 같이 당해연도의 매출과 매출원가의 차감으로 회계처리한다.

차변	금액	대변	금액
(차) 환불부채	300	(대) 계약자산	400
매출	100		
(차) 재고자산	240	(대) 반환제품회수권	180
		매출원가	60
(차) 매출채권	9,600	(대) 계약자산	9,600

(4) 계약에 있는 유의적인 금융요소

거래가격을 산정할 때 계약당사자들 간에 합의한 지급시기 때문에 고객에게 재화나 용역을 이전하면서 유의적인 금융 효익이 고객이나 기업에 제공되는 경우 화폐의 시간가치가 미치는 영향을 반영하여 약속된 대가를 조정한다. 이와 같은 조정의 목적은 고객이 그 재화나 용역 대금을 현금으로 결제했다면 지급하였을 가격을 반영하는 금액(현금판매가격, cash selling price)으로 수익을 인식하기 위해서이다. 예를 들어, 현금판매가격이 ₩10,000인 상품을 판매하면서 고객과의 합의에 따라 판매대금으로 총 ₩12,000을 24개월 할부로 나누어 매월 ₩500을 수취하기로 했다. 이때 수익으로 인식할 금액은 ₩12,000이 아니라 현금판매가격 ₩10,000이며, ₩12,000과 ₩10,000의 차이 ₩2,000은 대금 회수기간(24개월)에 걸쳐 금융수익으로 인식한다.

계약을 개시할 때 기업이 고객에게 약속한 재화나 용역을 이전하는 시점과 고객이 그에 대한 대가를 지급하는 시점 간의 기간이 1년 이내일 것이라고 예상한다면, 유의적인 금융요소의 영향을 조정하지 않는 실무적 간편법을 쓸 수 있다.

기업이 현금판매가격으로 수익을 인식하기 위해서 유의적인 금융요소를 반영하여 약속한 대가(금액)를 조정할 때 계약 개시 시점에 기업과 고객이 별도 금융거래를 한다면 반영하게 될 할인율을 사용한다. 이 할인율에는 금융을 제공받는 당사자의 신용특성도 반영될 것이다. 그러나 계약 개시 후에는 이자율이나 그 밖의 상황이 달라져도(예 : 고객의 신용위험 평가의 변동) 그 할인율을 새로 수정하지 않는다.

예 6 할인율 산정[9)]

갑회사는 고객에게 기계장치를 판매하는 계약을 체결하였다. 기계장치에 대한 통제는 계약에 서명할 때 고객에게 이전된다. 계약에 표시된 가격은 ₩1,000,000이며, 20×1년부터 20×5년까지 매년 말에 ₩230,975씩 총 ₩1,154,875를 수취할 예정이다. 할부금은 연 5%의 계약이자율에 의하여 계산된 금액이다.

〈경우 1〉 계약 이자율 5%가 별도 금융거래의 이자율을 반영하는 경우

9) 기준서 제1115호 IE143~IE147 사례 28 참조

계약 이자율 5%가 계약 개시 시점에 갑회사와 고객 간의 별도 금융거래에서 사용될 이자율을 반영할 경우 금융의 시장조건은 기계장치의 현금판매가격이 ₩1,000,000임을 의미한다.

매출액 = ₩230,975 × 4.32948(기간 5, 5%, 연금현가계수) = ₩1,000,000
이자수익 = 할부금 총액 − 매출액 = ₩1,154,875 − 1,000,000 = ₩154,875

₩154,875는 5년 동안 유효이자율법을 적용하여 이자수익으로 인식한다. 참고로 매년 인식할 이자수익과 매년 말 장기매출채권의 장부금액을 조정하는 표를 제시하면 다음과 같다.

매출채권 장부금액 조정

일자	현금수취액	이자수익(5%)	원금회수액	매출채권 장부금액
20×1. 1. 1.				₩1,000,000
20×1. 12. 31.	₩230,975	₩50,000	₩180,975	819,025
20×2. 12. 31.	230,975	40,951	190,024	629,001
20×3. 12. 31.	230,975	31,450	199,525	429,476
20×4. 12. 31.	230,975	21,474	209,501	219,975
20×5. 12. 31.	230,975	11,000[(1)]	219,975	0
합계	₩1,154,875	₩154,875	₩1,000,000	

(1) 단수차이 조정

20×1년도 분개는 다음과 같다.

<20×1. 1. 1.>

(차) 매 출 채 권	1,000,000	(대) 매 출	1,000,000

<20×1. 12. 31.>

(차) 현 금	230,975	(대) 이 자 수 익	50,000
		매 출 채 권	180,975

〈경우 2〉 계약 이자율 5%는 계약 개시 시점에 갑회사와 고객 간의 별도 금융거래에서 고객의 신용특성을 반영한 이자율 10%보다 상당히 낮다고 판단할 경우

계약 이자율 5%는 계약 개시 시점에 갑회사와 고객 간의 별도 금융거래에서 고객의 신용특성을 반영한 이자율 10%보다 상당히 낮다고 판단할 경우 이는 기계장치의 현금판매가격이 ₩1,000,000보다 낮음을 의미한다. 따라서 할부금 ₩230,975을 10%로 할인한 금액으로 매출을 인식한다.

매출액 = ₩230,975×3.79079(기간 5, 10%, 연금현가계수) = ₩875,578
이자수익 = 할부금 총액 − 매출액 = ₩1,154,875 − 875,578 = ₩279,297

₩279,297은 5년 동안 유효이자율법을 적용하여 이자수익으로 인식한다. 참고로 매년 인식할 이자수익과 매년 말 장기매출채권의 장부금액을 조정하는 표를 제시하면 다음과 같다.

매출채권 장부금액 조정

일자	현금수취액	이자수익(10%)	원금회수액	매출채권 장부금액
20×1. 1. 1.				₩875,578
20×1. 12. 31.	₩230,975	₩87,558	₩143,417	732,161
20×2. 12. 31.	230,975	73,216	157,759	574,402
20×3. 12. 31.	230,975	57,440	173,535	400,867
20×4. 12. 31.	230,975	40,087	190,888	209,979
20×5. 12. 31.	230,975	20,996(1)	209,979	0
합계	₩1,154,875	₩279,297	₩875,578	

(1) 단수차이 조정

20×1년도 분개는 다음과 같다.

<20×1. 1. 1.>

(차) 매 출 채 권	878,578	(대) 매	출	878,578

<20×1. 12. 31.>

(차) 현 금	230,975	(대) 이 자 수 익	87,558
		매 출 채 권	143,417

위의 두 가지 경우 전체 기간 동안 인식할 매출액과 이자수익의 합계금액은 아래와 같이 동일함을 알 수 있다. 다만, 낮은 할인율을 적용할 경우 20×1년에 더 많은 매출을 인식하기 때문에 수익을 조기에 인식하는 효과를 갖는다.

	〈경우 1〉	〈경우 2〉
매출	₩1,000,000	₩875,578
이자수익	154,875	279,297
합계	₩1,154,875	₩1,154,875

예 7 장기할부매출의 수익 인식

갑회사는 20×1년 1월 1일 총수취액 ₩5,000,000의 할부매출을 하면서 인도금으로 ₩2,000,000을 즉시 수취하고, 잔금 ₩3,000,000은 20×1년부터 20×3년까지 매년 12월 31일에 ₩1,000,000씩 3년에 걸쳐서 수취하기로 하였다. 이 거래에는 유의적인 금융요소가 포함되어 있으며, 계약 할인율은 연 10%로서 계약 개시 시점에 갑회사와 고객이 별도 금융거래를 한다면 반영하게 될 할인율로 판단된다. 갑회사의 회계처리는 다음과 같다.

갑회사가 20×1년 초에 인식할 매출액은 다음과 같이 미래현금흐름의 현재가치로 계산한다.
매출액 = ₩2,000,000 + 1,000,000×2.48685(기간 3, 10%, 연금현가계수)
= ₩4,486,850

총 수취할 대가 ₩5,000,000과 매출액 ₩4,486,850의 차이를 3년 동안 이자수익으로 인식한다.
이자수익 = ₩5,000,000 − 4,486,850 = ₩513,150

유효이자율법을 적용한 연도별 이자수익 인식을 위한 매출채권 장부금액 조정표를 작성하면 다음과 같다.

매출채권 장부금액 조정

일자	현금수취액	이자수익(10%)	원금회수액	매출채권 장부금액
20×1. 1. 1.	₩2,000,000		₩2,000,000	₩2,486,850
20×1. 12. 31.	1,000,000	₩248,685	751,315	1,735,535
20×2. 12. 31.	1,000,000	173,554	826,446	909,089
20×3. 12. 31.	1,000,000	90,911(1)	909,089	0
합계	₩5,000,000	₩513,150	₩4,486,850	

(1) 단수차이 조정

연도별 회계처리(매출채권의 유동성 대체 생략)는 다음과 같다.

일자	회계처리			
20×1. 1. 1.	(차) 현금	2,000,000	(대) 매출	4,486,850
	매출채권	2,486,850		
20×1. 12. 31.	(차) 매출채권	248,685	(대) 이자수익	248,685
	(차) 현금	1,000,000	(대) 매출채권	1,000,000
20×2. 12. 31.	(차) 매출채권	173,554	(대) 이자수익	173,554
	(차) 현금	1,000,000	(대) 매출채권	1,000,000
20×3. 12. 31.	(차) 매출채권	90,911	(대) 이자수익	90,911
	(차) 현금	1,000,000	(대) 매출채권	1,000,000

2.4 거래가격의 수행의무 배분(단계 4)

거래가격을 배분하는 목적은 기업이 고객에게 약속한 재화나 용역을 이전하고 그 대가로 받을 권리를 갖게 될 금액을 나타내는 금액으로 각 수행의무에 거래가격을 배분하는 것이다. 단일의 수행의무만 있는 계약의 경우에는 거래가격의 배분이 필요하지 않으나, 수행의무가 여러 개일 경우 거래가격을 각 수행의무에 배분해야 한다.

수행의무가 여러 개라면 상대적 개별 판매가격을 기준으로 거래가격을 계약에서 식별된 각 수행의무에 배분한다. 계약변경에 따른 거래가격 변경의 회계처리는 중급회계에서 설명한다.

(1) 개별 판매가격의 결정

계약 개시 시점에 계약상 각 수행의무의 대상인 구별되는 재화나 용역의 개별 판매가격을 결정하고, 이 개별 판매가격에 비례하여 거래가격을 각 수행의무에 배분한다. 따라서 거래가격을 배분하기 전에 각 수행의무의 개별 판매가격을 어떻게 결정하는지 설명하기로 한다.

개별 판매가격(stand-alone selling prices)이란 기업이 고객에게 약속한 재화나 용역을 별도로 판매할 경우의 가격을 말한다. 재화나 용역의 개별 판매가격을 직접 관측할 수 없다면 [표 1]의 방법으로 적절하게 추정한다. 다만, 추정방법이 이에 한정되지는 않는다.

| 표 1 | 개별 판매가격의 추정방법

방법	내용
시장평가 조정 접근법 (adjusted market assessment approach)	기업이 재화나 용역을 판매하는 시장을 평가하여 그 시장에서 고객이 그 재화나 용역에 대해 지급하려는 가격을 추정
예상원가 이윤 가산 접근법 (expected cost plus a margin approach)	수행의무를 이행하기 위한 예상원가를 예측하고, 여기에 그 재화나 용역에 대한 적절한 이윤을 더하는 방법
잔여접근법 (residual approach)	총 거래가격에서 계약에서 약속한 그 밖의 재화나 용역의 관측 가능한 개별 판매가격의 합계를 차감하여 추정

잔여접근법은 같은 재화나 용역을 서로 다른 고객들에게 광범위한 금액으로 판매하거나(즉, 대표적인 개별 판매가격을 분간할 수 없어 판매가격이 매우 다양), 재화나 용역의 가격을 아직 정하지 않았고 과거에 그 재화나 용역을 따로 판매한 적이 없는 경우(즉, 판매가격이 불확실)에만 사용이 가능하다.

(2) 거래가격의 배분

여러 개의 수행의무의 개별 판매가격을 ① 직접 관측한 가격 또는 ② [표 3]의 방법을 적용하여 추정한 가격으로 결정하였다면, 수행의무의 상대적 개별 판매가격을 기준으로 거래가격을 배분한다. 예를 들어, 고객에게 제품 A와 B를 함께 판매하면서 거래가격을 ₩1,000으로 결정했는데, 제품 A와 B의 개별 판매가격이 각각 ₩700과 ₩300이면 거래가격 ₩1,000을 제품 A와 B에 각각 ₩700과 ₩300을 배분한다. 그러나 제품 A와 B를 함께 판매하면서 거래가격을 ₩900으로 결정했다면 ₩100의 할인액이 발생한다. 할인액이 있는 경우의 거래가격 배분은 아래에서 별도로 설명한다.

예 8 개별 판매가격의 추정 - 잔여접근법

갑회사는 제품 A, B와 C를 ₩150,000에 고객에게 판매하는 계약을 체결하였다. 갑회사는 제품 A, B 및 C를 이전하는 것을 별개의 수행의무로 식별하였다. 제품 A와 제품 B의 시장에서의 관측 가능한 판매가격은 각각 ₩70,000과 ₩45,000이나, 제품 C는 관측 가능한 판매가격이 없으며 시장평가 조정 접근법이나 예상원가 이윤 가산 접근법 등 개별 판매가격을 추정할 수 없는 상황이다. 이 경우 3개의 수행의무의 개별 판매가격은 다음과 같이 결정한다.

제품	배분된 거래가격	
A	관측 가능한 판매가격	₩70,000
B	관측 가능한 판매가격	45,000
C	잔여접근법으로 추정 ₩150,000 − 70,000 − 45,000 =	35,000
합계		₩150,000

(3) 할인액의 배분

계약에서 약속한 재화나 용역의 개별 판매가격 합계가 계약에서 약속한 대가를 초과하면 고객은 재화나 용역의 묶음을 구매하면서 할인을 받은 것이다. 예를 들어, 제품 A와 B의 개별 판매가격이 각각 ₩100과 ₩80인데, 이를 묶어서 판매하는 계약을 체결하면서 대가를 ₩150으로 정했다면 고객은 ₩30만큼 할인을 받은 것이다.

할인액 배분의 초점은 할인액을 모든 수행의무에 비례하여 배분하는가, 아니면 일부 수행의무에만 배분하는가에 있다. 할인액 전체가 계약상 하나 이상의 일부 수행의무에만 관련된다는 관측 가능한 증거가 있는 때 외에는 할인액을 계약상 모든 수행의무에 비례하여 배분한다.

이와 같이 할인액을 배분하면 구별되는 재화나 용역의 상대적 개별 판매가격에 기초하여 거래가격을 각 수행의무에 배분한 결과가 된다.

그러나 다음 기준을 모두 충족하면 할인액 전체를 계약상 하나 이상이나 전부는 아닌 일부 수행의무에만 배분한다.

(1) 기업이 계약상 각각 구별되는 재화나 용역을 보통 따로 판매한다.
(2) 또 기업은 (1)의 재화나 용역 중 일부를 묶고 그 묶음 내의 재화나 용역의 개별 판매가격보다 할인하여 그 묶음을 보통 따로 판매한다.
(3) (2)에서 기술한 재화나 용역의 각 묶음의 할인액이 계약의 할인액과 실질적으로 같고, 각 묶음의 재화나 용역을 분석하면 계약의 전체 할인액이 귀속되는 수행의무(들)에 대한 관측 가능한 증거를 제공한다.

예 9 할인액의 배분(1)[10)]

갑회사는 ₩1,200에 제품 A, B, C를 판매하기로 고객과 계약을 체결하였다. 갑회사는 서로 다른 시점에 각 제품에 대한 수행의무를 이행할 것이다. 갑회사는 보통 제품 A를 별도로 판매하므로 개별 판매가격 ₩600을 직접 관측할 수 있으나, 제품 B와 C의 개별 판매가격은 직접 관측할 수 없으므로 추정하기로 하였다. 갑회사는 제품 B에는 시장평가 조정 접근법을 사용하여 ₩300으로 개별 판매가격을 추정하였고, 제품 C에는 예상원가 이윤 가산법을 사용하여 ₩700으로 개별 판매가격을 추정하였다. 할인액을 고려하여 거래가격을 배분해 보기로 한다.

제품 A, B C의 개별 판매가격의 합계액 ₩1,600(₩600+300+700)이 약속된 대가 ₩1,200을 초과하므로 고객은 제품 묶음을 구매하면서 ₩400의 할인을 받는다. 할인액 전체가 귀속되는 하나 이상의 일부 수행의무에 대한 관측 가능한 증거가 없으므로 갑회사는 할인액 ₩400을 제품 A, B, C에 비례적으로 배분하여 다음과 같이 거래가격을 결정한다.

제품	배분된 거래가격	
A	₩600－400×(600/1,600)＝	₩450
B	₩300－400×(300/1,600)＝	225
C	₩700－400×(700/1,600)＝	525
합계		₩1,200

결국 할인된 금액 ₩1,200을 제품 A, B, C에 600 : 300 : 700의 비율로 배분한 결과와 동일하다.

10) 기준서 제1115호 IE164~IE166 사례 33 참조

예 10 할인액의 배분(2)[11]

갑회사는 보통 제품 A, B, C를 개별 판매하는데, 개별 판매가격은 다음과 같다.

제품	개별 판매가격
A	₩40
B	55
C	45
합계	₩140

갑회사는 보통 제품 B와 C를 함께 ₩60에 판매한다.

〈경우 1〉 하나 이상의 수행의무에 할인액 배분

갑회사는 ₩100에 제품 A, B, C를 판매하기로 고객과 계약을 체결하였다. 갑회사는 서로 다른 시점에 각 제품에 대한 수행의무를 이행할 것이다. 계약에서는 거래 전체에 ₩40(₩100과 ₩140의 차이)의 할인액을 포함하고 있다. 그런데 갑회사는 보통 제품 B와 C를 함께 ₩60에 판매하고 있기 때문에 **할인액 ₩40을 제품 A, B, C 모두에 비례하여 배분하지 않고 제품 B와 C를 이전하는 약속에 배분**한다. 갑회사가 같은 시점에 제품 B와 C에 대한 통제를 이전한다면 갑회사는 제품 A에 대해서 ₩40의 수익을 인식하고, 제품 B와 C를 묶어서 ₩60의 수익을 인식한다. 그러나 갑회사가 서로 다른 시점에 제품 B와 C에 대한 통제를 이전한다면 수익 ₩60을 제품 B와 C의 개별 판매가격에 비례하여 배분한다. 두 경우에 배분된 거래가격은 다음과 같다.

같은 시점에 제품 B와 C의 통제 이전 시

제품	배분된 거래가격
A	₩40
B, C	60
합계	₩100

다른 시점에 제품 B와 C의 통제 이전 시

제품	배분된 거래가격	
A		₩40
B	₩60×(55/100) =	33
C	₩60×(45/100) =	27
합계		₩100

〈경우 2〉 잔여접근법이 적절한 경우

갑회사는 <경우 1>에 제품 D를 이전하는 추가 약속을 포함하기로 하였으며 계약의 총 대가는 ₩130이다. 갑회사는 제품 D를 넓은 범위의 금액(₩15~₩45)으로 서로 다른 고객에게 판매하기 때문에

11) 기준서 제1115호 IE167~IE177 사례 34 참조

제품 D의 판매가격 변동성이 매우 높다고 보고 제품 D의 개별 판매가격을 잔여접근법으로 추정하기로 하였다.
잔여접근법을 사용하기 전에 갑회사는 할인액을 계약의 그 밖의 수행의무에 배분해야 하는지 판단한다. <경우 1>에서 갑회사는 보통 제품 B와 C를 함께 ₩60에 판매하고 제품 A를 ₩40에 판매하므로 ₩100을 제품 A, B, C에 배분해야 하고, ₩40의 할인액은 제품 B와 C를 이전하기로 한 약속에 배분한다. 따라서 잔여 접근법을 사용하여 다음과 같이 제품 D의 개별 판매가격이 ₩30(₩130 − 100)이라고 추정한다.

제품	배분된 거래가격	
A	₩40	직접 관측 가능
B, C	60[1]	할인, 직접 관측 가능
D	30	잔여접근법 적용
합계	₩130	

(1) 제품 B와 C의 통제 이전시점이 다르면 배분 필요(<경우 1> 참조)

그리고 제품 D에 배분한 결과인 ₩30은 관측 가능한 판매가격의 범위(₩15∼₩45)에 있다.

〈경우 3〉 잔여접근법이 부적절한 경우

<경우 2>에서 거래가격이 ₩130이 아니라 ₩105라면 잔여접근법을 적용하여 추정한 제품 D의 개별 판매가격은 ₩5(₩105 − 100)가 된다. 이는 관측 가능한 판매가격의 범위(₩15∼₩45)에 가깝지 않기 때문에 갑회사가 제품 D를 이전하는 수행의무를 이행하고 그 대가로 받을 권리를 갖게 될 것으로 예상하는 금액을 ₩5가 충실하게 표현하지 못한다고 결론짓는다. 따라서 갑회사는 다른 적절한 방법을 사용하여 제품 D의 개별 판매가격을 추정하고, 각 제품의 상대적인 개별 판매가격을 사용하여 제품 A, B, C, D에 거래가격 ₩105를 배분한다.

2.5 수행의무의 이행 시기 판단 및 수익의 인식(단계 5)

(1) 자산에 대한 통제의 이전

종전 회계기준에서는 재화의 판매에 대해서는 인도기준을 적용하고, 용역의 제공에 대해서는 진행기준을 적용하여 수익을 인식하였다. 그러나 기준서 제1115호에서는 재화의 판매인지 용역의 제공인지를 구분하지 않고, 기간에 걸쳐 수행의무를 이행하면 기간에 걸쳐 수익을 인식하고, 한 시점에 수행의무를 이행하면 한 시점에 수익을 인식한다.

그렇다면 수행의무의 이행 여부는 어떻게 판단하는가? 수행의무는 고객에게 약속한 재화나 용역 즉, 자산[12)]을 이전(transfer)함으로써 이행된다. 그리고 자산은 고객이 통제(control)할 때(또는 기간에 걸쳐 통제하게 되는 대로) 이전된다. 따라서 고객이 자산을 통제할 수 있다면 자산이 이전된 것이며, 이는 기업이 수행의무를 이행한 것이므로 수익을 인식한다.

자산에 대한 통제란 ① 자산을 사용하도록 지시하고 ② 자산의 나머지 효익의 대부분을 획득할 수 있는 능력과 ③ 다른 기업이 자산의 사용을 지시하고 그 자산에서 효익을 획득하지 못하게 하는 능력이 포함된다. 고객이 자산을 통제하는지 판단할 때 그 자산을 재매입하는 약정을 고려한다.[13)] 예를 들어, 기업이 자산을 판매하면서 미래 특정일에 특정 가격으로 그 자산을 재매입하는 계약을 체결했다면 고객은 당해 자산을 통제하지 못하므로 기업은 수익을 인식하지 못하고 그 자산을 계속 인식하여야 한다.

결국 재화나 용역에 대한 통제를 기간에 걸쳐 이전하면 기간에 걸쳐 수행의무를 이행한 것으로 보고 기간에 걸쳐 수익을 인식한다. 반면에 재화나 용역에 대한 통제를 한 시점에 이전하면 한 시점에 수행의무를 이행한 것으로 보고 그 시점에서 수익을 인식한다.

(2) 기간에 걸쳐 통제 이전

다음의 문단 35의 기준 중 어느 하나를 충족하면 기업은 재화나 용역에 대한 통제를 기간에 걸쳐 이전한 것으로 본다. 즉, 진행기준을 적용하여 수익을 인식한다.

문단 35

(1) 고객은 기업이 수행하는 대로 기업의 수행에서 제공하는 효익을 동시에 얻고 소비한다.
(2) 기업이 수행하여 만들어지거나 가치가 높아지는 대로 고객이 통제하는 자산(예 : 재공품)을 기업이 만들거나 그 자산 가치를 높인다.
(3) 기업이 수행하여 만든 자산이 기업 자체에는 대체 용도가 없고, 지금까지 수행을 완료한 부분에 대해 집행가능한 지급청구권이 기업에 있다.

문단 35(1)은 예를 들어, 청소용역이나 Cable TV 용역과 같이 기업이 용역을 제공하는 대로 고객이 그것으로부터 효익을 얻을 경우를 말하는데, 이 조건을 충족하면 기업은 청소용역이나 Cable TV 용역 제공에 대해서 진행기준에 따라 기간에 걸쳐 수익을 인식한다. 문단 35(2)는 예를 들어, 기업이 고객의 토지 위에 건물을 신축하는 도급공사와 같은 용역을 제공

12) 용역의 경우 고객이 용역을 제공받고 동시에 소비하기 때문에 자산으로 인식하지 않더라도, 일시적으로 자산의 특성을 갖는다.

13) 재매입약정이 있는 경우의 상세한 회계처리는 중급회계에서 설명한다.

하면 고객은 건축 중인 건물을 통제할 수 있는 경우를 말하는데, 이 조건을 충족하면 기업은 건설공사에 대해서 진행기준에 따라 기간에 걸쳐 수익을 인식한다.

마지막으로 문단 35(3)은 예를 들어, 기업이 고객으로부터 특별주문을 받아 자산을 제작하면 기업은 그 자산을 다른 고객에게 판매할 수 없고(즉, 대체용도가 없음), 특정 시점까지 제작을 완료한 부분에 대해 고객으로부터 대금을 청구할 수 있는 경우(집행가능한 지급청구권이 있음)를 말하는데, 이 조건을 충족하면 기업은 주문 제작에 대해서 진행기준에 따라 기간에 걸쳐 수익을 인식한다.

(3) 한 시점에 통제 이전

수행의무가 전술한 문단 35의 3가지 기준 중 어느 하나도 충족하지 못하면 그 수행의무는 한 시점에 이행되는 것이다. 이때 다음과 같은 통제 이전의 지표(이에 한정되지 않음)를 참고한다.

(1) 기업은 자산에 대해 현재 지급청구권이 있다.
(2) 고객에게 자산의 법적 소유권이 있다.
(3) 기업이 자산의 물리적 점유를 이전하였다.
(4) 자산의 소유에 따른 유의적인 위험과 보상이 고객에게 있다.
(5) 고객이 자산을 인수하였다.

(4) 진행률의 측정과 진행기준의 수익 인식

진행기준은 거래가격에 진행률을 곱하여 보고기간별로 인식할 수익을 결정한다. 따라서 기간에 걸쳐 수익을 인식하는 경우 진행률 추정이 매우 중요하다. 시간 경과에 따라 상황도 바뀌므로 매 보고기간마다 진행률을 새로 추정한다. 이렇게 진행률을 다시 추정하는 것은 회계추정치 변경에 해당하므로 전진적으로 회계처리한다.

진행률 측정방법에는 산출법과 투입법이 있으며, 이를 요약하면 다음과 같다.

| 표 2 | 산출법과 투입법의 비교

구분	산출법	투입법
의의	계약에서 약속한 재화나 용역의 나머지(remaining) 부분의 가치와 비교하여 지금까지 이전한 재화나 용역이 고객에 주는 가치의 직접 측정에 기초하여 수익 인식	해당 수행의무의 이행에 예상되는 총 투입물 대비 수행의무를 이행하기 위한 기업의 노력이나 투입물에 기초하여 수익 인식
측정 방법	지금까지 수행을 완료한 정도를 조사, 달성한 결과에 대한 평가, 도달한 단계, 경과한 시간, 생산한 단위, 인도한 단위 등	소비한 자원, 사용한 노동시간, 발생원가, 경과한 시간, 사용한 기계시간 등
단점	산출물을 직접 관측하지 못할 수 있고, 과도한 원가를 들이지 않고는 산출법 적용을 위해 필요한 정보를 구하지 못할 수 있음	기업의 투입물과 고객에게 재화나 용역에 대한 통제를 이전하는 것 사이에 직접적인 관계가 없을 수 있음

실무에서 가장 흔하게 사용하는 진행률 측정방법은 발생원가에 기초한 투입법으로 다음과 같이 누적진행률을 측정한다.

$$\text{누적진행률}^{14)} = \frac{\text{현재까지 발생한 누적원가}}{\text{총예상원가}}$$

총예상원가 = 현재까지 발생한 누적원가 + 향후 수행해야 할 용역의 추정원가

누적진행률을 측정하였다면 다음과 같이 당기 말 누적수익에서 전기 말 누적수익을 차감하는 방식으로 당기 수익을 계산한다.

당기 수익 = 당기 말 누적수익 − 전기 말 누적수익
= (당기 거래가격$^{(1)}$ × 당기 누적진행률) − (전기 거래가격$^{(1)}$ × 전기 누적진행률)
당기 원가 = 당기 발생원가

(1) 연도별로 변동대가 추정치 또는 계약 금액이 변경될 수 있으므로 이를 반영한 새로운 거래가격에 기초하여 진행기준을 적용한다.

투입법 대신 산출법으로 진행률을 측정할 경우 당기 원가도 진행기준에 따라 인식해야 하는데, 여기에 대한 회계처리는 중급회계에서 설명하기로 한다.

---

14) 누적진행률 대신 매년 '당해 연도 발생원가/총예상원가'의 비율로 당기진행률을 측정하면 매년 분모의 총예상원가가 달라질 수 있으므로 연도별 당기진행률의 최종 누계가 100%가 아닐 수 있다.

예 11 기간에 걸쳐 제공되는 용역의 수익 인식

갑회사는 고객의 토지 위에 5층 건물을 건설해주는 계약을 체결하였다. 총 계약금액은 ₩1,500이며, 조기에 건설공사를 종료하면 ₩100의 보너스를 받을 수 있다. 갑회사는 건설 용역에 대한 통제가 기간에 걸쳐 이전한 것으로 판단하였다. 갑회사는 발생원가에 기초한 투입법으로 진행률을 측정한다. 다음은 3개년 동안 발생한 건설용역과 관련된 자료이다.

	20×1년도	20×2년도	20×3년도
당기 발생 공사원가	₩200	₩400	₩700
공사완료 시까지 추가소요원가	800	600	–

〈경우 1〉 변동대가 추정치 ₩100을 제약하여 거래가격을 ₩1,500으로 산정한 경우 연도별 공사수익, 공사원가, 공사손익을 계산해 보기로 한다.

연도별 총예상원가 = 누적발생원가 + 완료 시까지 추가소요원가

20×1년 : ₩200 + 800 = ₩1,000

20×2년 : ₩200 + 400 + 600 = ₩1,200

20×3년 : ₩200 + 400 + 700 = ₩1,300

	20×1년도	20×2년도	20×3년도	합계
누적진행률	$\frac{200}{1,000}=20\%$	$\frac{600}{1,200}=50\%$	$\frac{1,300}{1,300}=100\%$	
누적공사수익(①) = 계약금액×누적진행률	1,500×20% =₩300	1,500×50% =₩750	1,500×100% =₩1,500	
전기누적공사수익(②)	–	(300)	(750)	
당기공사수익(①－②)	300	450	750	₩1,500
공사원가	(200)	(400)	(700)	(1,300)
공사이익	₩100	₩50	₩50	₩200

〈경우 2〉 20×2년에 변동대가 추정치 ₩100의 불확실성이 감소하여 이를 포함하여 거래가격을 ₩1,600으로 다시 산정하였다고 가정하고 연도별 공사수익, 공사원가, 공사손익을 계산해 보기로 한다.

	20×1년도	20×2년도	20×3년도	합계
누적진행률	$\frac{200}{1,000}=20\%$	$\frac{600}{1,200}=50\%$	$\frac{1,300}{1,300}=100\%$	
누적공사수익(①) = 계약금액×누적진행률	1,500×20% =₩300	1,600×50% =₩800	1,600×100% =₩1,600	
전기누적공사수익(②)	–	(300)	(800)	
당기공사수익(①－②)	300	500	800	₩1,600
공사원가	(200)	(400)	(700)	(1,300)
공사이익	₩100	₩100	₩100	₩300

〈추가 논의〉

실무에서 건설업이나 조선업과 같이 진행기준을 적용하는 업종에서 진행률 추정을 조작하여 당기손익을 조장하기도 하는데, 적지 않은 기업들이 감독당국에 적발되기도 한다. 기업들은 진행률을 높게 추정하기 위해서 공사완료 시까지 추가소요원가를 실제보다 적게 추정하는 방법을 흔히 사용한다. 예를 들어, 본 예의 <경우 1>과 관련하여 공사완료 시까지 추가소요원가를 다음과 같이 적게 추정하였다고 가정하자.

	20×1년도	20×2년도	20×3년도
당기 발생 공사원가	₩200	₩400	₩700
공사완료 시까지 추가소요원가	600	400	–

이렇게 추가소요원가를 적게 추정하면 연도별 진행률을 과대하게 추정하여 다음과 같이 실적을 왜곡시킬 수 있다.

<연도별 총예상원가>

20×1년 : ₩200＋600＝₩800

20×2년 : ₩200＋400＋400＝₩1,000

20×3년 : ₩200＋400＋700＝₩1,300

연도별 공사수익, 공사원가, 공사손익은 다음과 같다.

	20×1년도	20×2년도	20×3년도	합계
누적진행률	$\frac{200}{800}=25\%$	$\frac{600}{1,000}=60\%$	$\frac{1,300}{1,300}=100\%$	
누적공사수익(①) = 계약금액×누적진행률	1,500×25% =₩375	1,500×60% =₩900	1,500×100% =₩1,500	
전기누적공사수익(②)	–	(375)	(900)	
당기공사수익(①－②)	375	525	600	₩1,500
공사원가	(200)	(400)	(700)	(1,300)
공사이익	₩175	₩125	(－)₩100	₩200

위에서 보는 바와 같이 진행률을 과도하게 추정하면 미래에 인식할 수익을 조기에 인식하는 효과를 보게 된다. 그 결과 마지막 연도에는 손실을 보고하게 된다. 실제 기업의 건설 현장은 여러 곳이고 계속 수주를 하기 때문에 어느 한 현장에서 손실을 보고하더라도 최근에 수주한 다른 현장의 진행률을 과도하게 추정하면 전체적으로 공사이익을 인식할 수 있다.

---

(5) 진행기준 적용 시 회계처리와 재무제표 표시

진행기준을 적용하는 대표적인 업종은 건설업, 조선업, 장치 제작·설치업 등이다. 이 업종의 기업은 보고기간 말에 진행기준에 따라 수익을 인식하지만, 인식한 수익만큼 고객에게 대금을 청구할 수 있는 것은 아니다. 왜냐하면 기업의 진행률이 적절하게 측정된 것인지 고객이 검증하기 어려울 뿐만 아니라 고객이 현장 확인 과정에서 설계와 다르게 시공·제작한 부분을 발견하는 등 회사와 고객 간에 의견 불일치 요인이 발생할 수 있기 때문이다.

따라서 실무에서는 기업이 수행할 건설 등의 공정을 몇 개의 단계로 구분하고, 각 단계에 도달할 때마다 회사가 계약금액 중 일부를 청구(예 : 1단계 도달 시 20% 청구, 2단계 도달 시 30% 청구 등)하는 방식으로 계약을 체결하는 것이 일반적이다. 그 결과 기업이 진행기준을 적용하여 보고기간 말에 수익을 인식하더라도 그 금액만큼 고객에게 대금을 청구할 수 있는 것은 아니며, 대금을 청구하는 시점도 보고기간 말 이전이 될 수도 있고 이후가 될 수도 있다.

예를 들어 보자. 갑회사는 20×1년 중에 총계약금액 ₩1,000의 건설공사 계약을 고객과 체결하면서 1단계 공정에 도달하면 총계약금액 중 30%를, 2단계 공정에 도달하면 총계약금액 중 40%를, 그리고 완공 시점에서 나머지 30%를 청구하기로 합의하였다. 갑회사가 20×1년 말에 발생원가에 기초한 투입법을 적용하여 진행률을 25%로 측정하였으나 아직 1단계 공정에 도달하지 못했다면 갑회사는 20×1년 말에 다음과 같이 수익을 인식한다.

〈20×1년 말 수익 인식〉

(차) 계 약 자 산	250	(대) 매 출	250

기업이 대가를 받을 무조건적인 권리가 있다면 수취채권(매출채권)을 인식한다. 그러나 위의 예에서 갑회사는 20×1년 말에 아직 대금을 청구할 수 있는 무조건적인 권리가 없으므로 수익을 인식하되 수취채권 대신 계약자산(contract asset)을 인식한다. 계약자산은 고객이 기업에게 대가를 지급하기 전이나 지급기일이 되기 전에 기업이 고객에게 재화나 용역을 이전할 경우 인식하는 자산 계정이다.

이후 갑회사는 20×2년 중 1단계 공정에 도달하였음을 고객과 확인(이를 '기성확인'이라 함)하면 고객에게 계약금액의 30%에 해당하는 ₩300을 청구할 수 있는데, 이때 다음과 같이 회계처리한다.

〈20×2년 중 대금 청구〉

(차)	매 출 채 권	300	(대) 계 약 자 산	250
			계 약 부 채	50

갑회사는 대금 청구 시 대가를 받을 무조건적인 권리를 갖게 되므로 이전에 인식했던 계약자산을 매출채권으로 대체한다. 그런데 이전에 인식했던 계약자산은 ₩250이므로 매출채권 ₩300과의 차이 ₩50이 발생한다. 이는 갑회사가 수익으로 인식한 금액보다 고객으로부터 대가를 더 받는 것이므로 계약부채(contract liability)로 인식한다. 계약부채는 기업이 고객에게 재화나 용역을 이전하기 전에 고객에게서 받은 대가(또는 지급받을 권리가 있는 대가)로서 고객에게 재화나 용역을 이전해야 하는 기업의 의무를 의미한다. 이후 갑회사가 현금 ₩300을 수취할 때 매출채권 ₩300을 제거한다.

20×2년 중에 인식한 계약부채 ₩50은 진행기준에 따라 20×2년도 수익을 인식할 때 제거한다. 예를 들어, 20×2년 말 현재 진행기준을 적용한 수익이 ₩360이고, 아직 대금 청구는 할 수 없다고 할 때, 갑회사는 20×2년 말에 다음과 같이 회계처리한다. 물론 20×2년 말 계약자산은 이후 대금 청구를 할 때 제거한다.

〈20×2년 말 수익 인식〉

(차)	계 약 부 채	50	(대) 매 출	360
	계 약 자 산	310		

계약자산과 계약부채 계정은 진행기준을 적용할 때뿐만 아니라 한 시점에 수익을 인식할 때에도 사용한다. 본절에서는 진행기준 적용 시 회계처리를 설명하기 위하여 계약자산과 계약부채의 의미를 먼저 설명한 것이며, 한 시점에 수익을 인식하는 기업이 계약자산과 계약부채 계정을 사용하는 회계처리는 3.1절에서 설명한다.

예 12 진행기준 적용 시 회계처리와 재무제표 표시

(예 11) 〈경우 1〉의 자료에 다음과 같은 대금 청구와 회수 자료를 추가한다. 단, 대금 청구와 회수는 매 보고기간 말 전에 발생하였다고 가정한다.

	20×1년도	20×2년도	20×3년도
당기 발생원가	₩200	₩400	₩700
완성 시까지 추가소요원가	800	600	–
대금 청구액	200	530	720
대금 회수액*	800	400	800

* 고객의 사정으로 대금 회수액이 청구액보다 적을 수 있으며, 이 경우 수취채권 기말잔액이 발생할 수 있다.

갑회사가 20×1년부터 20×3년까지 건설계약과 관련하여 해야 할 회계처리와 재무상태표에 표시될 계약자산, 계약부채 및 수취채권을 설명한다.

연도별 회계처리는 다음과 같다.

거래	과목	금액					
		20×1년도		20×2년도		20×3년도	
원가 발생 시	(차) 재고자산	200		400		700	
	(대) 현　금		200		400		700
대금 청구 시	(차) 매출채권	250		530		720	
	(대) 계약자산		–		50		–
	계약부채		250		480		720
대금 회수 시	(차) 현　금	200		400		800	
	(대) 매출채권		200		400		800
결산 시	(차) 계약부채	250		450		750	
	계약자산	50		–		–	
	(대) 매　출		300		450		750
	(차) 매출원가	200		400		200	
	(대) 재고자산		200		400		200

매 보고기간 말 재무상태표에 표시될 관련 계정은 다음과 같다.

계정	20×1년도	20×2년도	20×3년도
계약자산	₩50	–	–
계약부채	–	₩30	–
매출채권	50	180	₩100

3 기타의 고려사항

3.1 계약자산, 수취채권 및 계약부채

전술한 (예 12)에서 계약자산과 계약부채를 이용하여 진행기준을 적용할 때의 회계처리를 설명하였다. 계약자산과 계약부채는 진행기준을 적용할 때뿐만 아니라 특정 시점에 재화를 이전하면서 수익을 인식할 때의 회계처리에도 사용한다.

고객이 대가를 지급하기 전이나 지급기일 전에 기업이 고객에게 재화나 용역의 이전을 수행할 경우 기업은 계약자산을 인식한다. 즉, 계약자산은 고객에게 재화나 용역을 이전하고 고객에게서 대가를 받을 권리를 말한다. 이에 반해 수취채권(receivable)은 대가를 받을 무조건적인 권리를 말한다.

많은 경우 계약자산은 시간만 경과하면 대가를 지급받을 수 있는 날이 오기 때문에 무조건적인 권리, 즉 수취채권과 동일한 금액일 것이다. 그러나 어떤 경우에는 기업이 수행의무를 이행하더라도 대가를 받을 무조건적인 권리를 가지지 않을 수 있다. 예를 들어, 재화를 이전하였는데, 그 다음 재화를 이전하여야만 처음에 이전한 재화에 대한 대가를 수취할 수 있는 권리가 생긴다면 처음에 재화를 이전한 수행의무에 대해서 수취채권을 인식하지 않고 계약자산을 인식한다.

계약부채는 기업이 고객에게 재화나 용역을 이전하기 전에 고객에게서 받은 대가(또는 지급받을 권리가 있는 대가)로서 고객에게 재화나 용역을 이전해야 하는 기업의 의무를 말한다. 예를 들어, 기업이 고객에게서 선수금을 받은 경우 미래에 재화나 용역을 이전할 수행의무에 대한 선수금을 계약부채로 인식하고, 향후 수행의무를 이전할 때 계약부채를 제거하면서 수익을 인식한다.

예 13 계약자산[15)]

갑회사는 고객에게 제품 A와 B를 이전하고 그 대가로 ₩1,000을 받기로 20×1년 1월 1일에 계약을 체결하였다. 계약에서는 제품 A를 먼저 인도하고, 이후 제품 B를 인도하여야 대가 ₩1,000을 받을 수 있도록 되어 있다. 갑회사는 제품 A와 B를 이전하기로 한 약속을 수행의무로 식별하고,

15) 기준서 제1115호 IE201~IE204 사례 39 참조

제품의 상대적 개별 판매가격에 기초하여 제품 A에 대한 수행의무에 ₩400을, 제품 B에 대한 수행의무에 ₩600을 배분하였다. 제품 A와 제품 B의 이전시점에 해야 할 회계처리는 다음과 같다.

<제품 A의 이전시점>

(차) 계약자산	400	(대) 수익	400

제품 A와 B를 모두 고객에게 이전하기 전까지는 대가를 받을 무조건적인 권리가 없으므로 수취채권을 인식하지 않는다.

<제품 B의 이전시점>

(차) 수취채권	1,000	(대) 수익	600
		계약자산	400

예 14 계약부채와 수취채권[16)]

〈경우 1〉 취소할 수 있는 계약

갑회사는 20×1년 3월 31일에 고객에게 제품을 이전하는 취소 가능 계약을 20×1년 1월 1일에 체결하였다. 계약에 따르면 고객은 20×1년 1월 31일에 대가 ₩1,000을 지급하여야 하나, 실제 고객은 20×1년 3월 1일에 ₩1,000을 지급하였다. 갑회사는 20×1년 3월 31일에 제품을 이전하였다. 일자별 회계처리는 다음과 같다.

<20×1. 1. 31.>

회계처리 없음

<20×1. 3. 1.>

(차) 현금	1,000	(대) 계약부채	1,000

<20×1. 3. 31.>

(차) 계약부채	1,000	(대) 매출	1,000

〈경우 2〉 취소할 수 없는 계약

계약을 취소할 수 없다는 점을 제외하고 〈경우 1〉과 동일하다. 일자별 회계처리는 다음과 같다.

16) 기준서 제1115호 IE198~IE200 사례 38 참조

<20×1. 1. 31.>

(차) 수 취 채 권 1,000 (대) 계 약 부 채 1,000

20×1년 1월 31일에 갑회사는 대가를 받을 무조건적인 권리를 갖기 때문에 수취채권을 인식한다. 갑회사가 대금지급기일인 20×1년 1월 31일 이전에 송장을 발행했더라도 대가를 받을 무조건적인 권리를 갖지 못하기 때문에 수취채권과 계약부채를 재무상태표에 표시하지 못한다.

<20×1. 3. 1.>

(차) 현 금 1,000 (대) 수 취 채 권 1,000

<20×1. 3. 31.>

(차) 계 약 부 채 1,000 (대) 매 출 1,000

3.2 보증(warranties)

기업은 제품(재화든 용역이든)의 판매와 관련하여 계약, 법률, 기업의 사업관행에 따라 보증을 제공하는 것이 일반적이다. 어떤 보증은 관련 제품이 합의된 규격에 부합하므로 당사자들이 의도한 대로 작동할 것이라는 확신을 고객에게 주는데, 이러한 유형의 보증을 확신 유형의 보증(assurance-type warranty)이라고 한다.

어떤 보증은 제품이 합의된 규격에 부합한다는 확신에 더하여 고객에게 용역을 제공하는데, 이러한 유형의 보증을 용역 유형의 보증(service-type warranty)이라고 한다. 보증의 유형에 따른 회계처리를 요약하면 [표 3]과 같다.

| 표 3 | 보증의 유형에 따른 회계처리

보증의 유형	회계처리
확신 유형의 보증	수행의무가 아니므로 기준서 제1037호에 따라 충당부채로 회계처리
용역 유형의 보증	수행의무이므로 그 수행의무에 거래가격을 배분

용역 유형의 보증은 제품이 합의된 규격에 부합한다는 확신에 더하여 고객에게 용역을 제공하는 것이므로 그 보증은 구별(distinct)되는 용역이다. 따라서 거래가격을 배분하는 수행의무로 회계처리한다. 고객이 보증을 별도로 구매할 수 있는 선택권이 있다면 그 보증은 구별되는 용역이다.

일부 국가에서는 법에서 제품 판매와 더불어 보증을 제공하도록 기업에 요구하기도 한다. 즉, 법에서 판매시점부터 정해진 기간 내에 고장이 생긴 제품을 기업이 수리하거나 교체하도록 한다. 이러한 법적 보증(statutory warranties)은 결함 있는 제품을 구매하는 위험에서 고객을 보호하는 것이 목적이므로 용역 유형의 보증이 아니라 확신 유형의 보증으로 회계처리한다. 확신 유형의 보증은 수행의무가 아니므로 여기에 거래가격을 배분하지 않으며, 제10장에서 설명한 충당부채의 회계처리를 적용한다.

예 15 제품보증에 대한 수익의 구분

> 갑회사는 제품을 판매하면서 동일 업계에서 적용하고 있는 정상적인 12개월 무상보증기간을 초과하여 36개월 동안의 제품보증을 약속하면서 더 높은 판매가격을 제시하고 있다. 갑회사는 어떻게 수익과 충당부채를 인식해야 하는지 설명하라.

갑회사의 제품보증은 정상적인 판매조건에 포함된 제품보증을 초과하고 있으며, 이에 대하여 추가적인 대가를 수령하고 있으므로 식별가능한 2가지 수행의무, 즉 제품판매와 제품보증용역을 포함하고 있다. 따라서 갑회사는 정상적인 제품판매대가를 인도시점에서 인식하고, 정상적인 제품판매대가를 초과하는 금액을 추가적으로 제공되는 제품보증(용역유형의 보증)에 대한 대가로 보아 24개월 동안 이연하여 수익으로 인식하여야 한다. 한편 제품보증에 대한 충당부채(확신유형의 보증)는 정상적인 무상보증기간 동안 제공할 보증의무의 추정치로 인식하여야 한다.

특정 금액을 이용하여 회계처리를 예시하면 다음과 같다. 정상적인 12개월 무상보증조건으로 제품을 판매할 경우 판매가격은 ₩20,000이지만, 36개월의 무상보증조건으로 제품을 ₩21,000에 판매하였다. 과거 경험에 따르면 정상적인 12개월 동안 무상보증의무의 추정치는 ₩400일 때 회계처리는 다음과 같다(단, 제품의 매출원가 인식 제외).

<제품판매 시>

(차) 현금, 매출채권	21,000	(대) 매출	20,000
		이연용역수익	1,000
(차) 제품보증비	400	(대) 제품보증충당부채	400

<제품판매 후 12개월간 무상보증의무 이행 시>

(차) 제품보증충당부채	×××	(대) 현금	×××

<제품판매 후 12개월 무상보증기간을 초과한 기간 동안 보증의무 이행 시>

(차) 이연용역수익	×××	(대) 용역수익	×××
(차) 용역비용	×××	(대) 현금	×××

3.3 기업은 본인인가, 대리인인가?

다음의 [그림 3]에서 보는 바와 같이 기업이 고객에게 재화나 용역을 제공하는 데에 다른 당사자가 관여할 수 있다.

| 그림 3 | 본인과 대리인의 구분

위의 [그림 3]에서 기업이 고객에게 재화나 용역을 제공하기로 한 약속이, 정해진 재화나 용역 자체를 제공하는 수행의무인지(이 경우 기업이 본인임), 아니면 다른 당사자가 재화나 용역을 제공하도록 주선(arrange)하는 것인지(이 경우 기업이 대리인임)를 판단해야 한다.

기업이 본인(principal)이라면 이전되는 재화나 용역과 교환하여 받을 권리를 갖게 될 것으로 예상하는 대가의 총액을 수익으로 인식하는 반면, 기업이 대리인(agent)이라면 다른 당사자와 고객 간의 거래를 주선하는 대가로 받을 보수나 수수료(순액)를 수익으로 인식한다. 예를 들어, 기업이 다른 당사자로부터 재화를 ₩100에 이전받아 고객에게 ₩150에 이전할 경우, 기업이 본인이라면 ₩100의 재고자산 매입을 인식한 후, 고객에게 재화를 이전할 때 ₩150의 매출을 총액으로 인식한다.[17] 그러나 이 거래에서 기업이 다른 당사자의 대리인이라면 수익을 총액으로 인식하는 것이 아니라 다른 당사자로부터 받기로 한 수수료 순액을 수익으로 인식한다.

고객에게 재화나 용역을 제공하는 거래에서 기업이 본인인지, 아니면 대리인인지에 따라 인식할 수익금액이 달라지기 때문에 이를 구분하는 것은 매우 중요하다. 우리나라에서는 매출 규모로 기업의 순위를 매기기도 하고, 코스닥시장에 상장한 기업은 매출액이 일정 금액 이하로 지속될 경우 관리종목으로 지정되어 상장폐지에 이를 수도 있으므로 회사가 대리인 역할을 했음에도 불구하고 본인의 역할을 한 것으로 위장하여 총액으로 매출액을 인식하는 경우가 적지 않다.

기업이 본인인지, 아니면 대리인인지 판단하는 데 핵심 요소는 고객에게 재화나 용역을 이전하기 전에 기업이 그 정해진 재화나 용역을 통제하는지의 여부에 달려 있다. 만약에 기업이 고객에게 재화나 용역을 이전하기 전에 통제를 할 수 있다면 본인이고, 통제할 수 없다면 대리인이다.

온라인 쇼핑몰을 운영하는 기업이나 TV 홈쇼핑을 운영하는 기업은 대리인으로서 역할을

17) 물론 ₩100의 매출원가도 함께 인식한다.

하는 대표적인 사례이다. 온라인 쇼핑몰 기업이나 TV 홈쇼핑 기업은 판매회사로부터 자산(재화 및 용역)의 통제를 이전받은 후 소비자에게 그 자산의 통제를 다시 이전해주는 것이 아니라, 판매회사가 소비자에게 자산의 통제를 이전해주는 과정에 개입하여 주선의 역할을 하기 때문에 본인이 아니라 대리인에 해당된다. 따라서 수수료에 해당하는 금액만 수익으로 인식한다.

3.4 고객의 선택권 - 고객충성제도

무료나 할인된 가격으로 추가 재화나 용역을 취득할 수 있는 고객의 선택권(고객충성제도 등)은 그 형태(예 : 판매 인센티브, 고객보상점수(points), 계약갱신 선택권, 미래의 재화나 용역에 대한 그 밖의 할인)가 다양하다. 계약에서 추가 재화나 용역을 취득할 수 있는 선택권을 고객에게 부여하고, 그 선택권이 계약을 체결하지 않으면 받을 수 없는 중요한 권리를 고객에게 제공하는 경우에만 그 선택권은 계약에서 수행의무를 생기게 한다. 선택권이 고객에게 중요한 권리를 제공한다면, 고객은 사실상 미래 재화나 용역의 대가를 기업에 미리 지급한 것이므로 그 미래 재화나 용역이 이전되거나 선택권이 만료될 때 수익을 인식한다.

기업은 고객에게 이전하는 재화나 용역과 고객 선택권의 상대적 개별 판매가격에 기초하여 거래가격을 배분한다. 고객 선택권의 개별 판매가격을 직접 관측할 수 없다면 이를 추정한다.

고객의 선택권 중 대표적인 사례로 고객충성제도가 있다. 예를 들어, 항공사나 카드사가 고객의 구매금액에 따라 포인트나 마일리지를 부여하고, 고객은 포인트나 마일리지가 일정 수준 이상 적립되면 이를 사용하여 무료나 할인된 금액으로 재화나 용역을 제공받을 수 있다. 이 경우 기업이 고객에게 부여한 포인트나 마일리지는 별도의 수행의무에 해당된다. 따라서 거래가격을 배분한 후 미래에 고객이 포인트나 마일리지를 사용할 때 수익을 인식한다. 고객충성제도의 회계처리를 제시하면 다음과 같다.

〈제품 판매 시〉

(차) 수취채권, 현금	×××	(대)	매 출	×××
			계 약 부 채	×××

전체 거래가격을 이전하는 제품과 고객충성제도에 따라 고객에게 부여한 선택권의 상대적 개별 판매가격에 비례하여 배분한다.

〈보고기간 말 교환된 고객충성제도 포인트에 대한 수익 인식〉

(차) 계 약 부 채	×××	(대)	매 출	×××

(실제 교환된 포인트 / 전체적으로 교환될 것으로 추정되는 포인트)의 비율만큼 계약부채를 매출로 대체한다. 매 보고기간 말 현재 전체적으로 교환될 것으로 추정되는 포인트를 재추정한다.

참고로 대한항공㈜의 제57기 재무제표 주석 중 고객충성제도와 관련된 내용을 소개하면 다음과 같다. 회사는 계약부채 대신에 선수금과 이연수익이라는 계정을 사용하여 고객충성제도를 회계처리하고 있는데, 재무상태표에 이연수익을 유동부채와 비유동부채로 구분 표시하고 있다.

주석 공시 사례 **주석 24. 이연수익(고객충성제도)**

당사는 당사 및 제휴사 이용 고객에게 인센티브를 제공하기 위하여 무상으로 마일리지를 적립하고, 항공기의 여유좌석 등을 이용하여 보너스 항공권, 좌석승급 보너스 등의 혜택을 제공하는 상용고객우대제도인 스카이패스를 운영하고 있습니다. 이에 당사는 고객에게 마일리지를 부여하는 용역의 제공을 복합요소가 내재된 수익거래로 회계처리하고, 거래대가로 수취 가능하거나, 수취한 대가의 공정가치는 제공된 용역의 대가와 부여된 마일리지의 대가에 안분하고 있습니다. 마일리지에 안분하는 대가는 공정가치로 측정되며 마일리지에 대한 대가는 최초 매출거래시점에 수익으로 인식하지 않고 이연하며, 마일리지가 사용되어 당사의 용역이 제공되는 시점에 수익으로 인식합니다. 이와 관련하여 당사가 당기 말 현재 재무상태표에 인식한 이연수익은 선수금 87,740백만 원 및 이연수익 2,190,961백만 원(유동성이연수익 422,396백만 원 포함) 등 총 2,278,701백만 원입니다.

예 16 고객충성제도[18]

갑회사는 구매금액 ₩10당 고객충성포인트 1점을 고객에게 보상하는 고객충성제도를 운영한다. 각 포인트는 갑회사의 제품을 미래에 구매할 때 ₩1의 할인과 교환할 수 있다. 보고기간에 고객은 제품을 ₩100,000에 구매하고 미래에 구매에 교환할 수 있는 10,000포인트를 얻었다. 갑회사는 9,000포인트가 교환될 것으로 예상하고, 교환될 가능성에 기초하여 포인트당 개별 판매가격을 ₩0.9(총액 10,000포인트×₩0.9=₩9,000)으로 추정하였다. 포인트는 고객이 계약을 체결하지 않고는 받을 수 없는 중요한 권리를 고객에게 제공하므로 갑회사는 고객에게 포인트를 제공하는 약속을 수행의무라고 결론짓는다.
연도별로 갑회사가 해야 할 회계처리를 설명한다.

갑회사는 다음과 같이 상대적 개별 판매가격(₩100,000과 ₩9,000)에 따라 거래가격 ₩100,000을 제품과 포인트에 배분한다.

18) 기준서 제1115호 IE267~IE270 사례 52 참조

구분	거래가격의 배분
제품	₩91,743 (100,000×100,000/109,000)
포인트	8,257 (100,000×9,000/109,000)
합계	₩100,000

<1차 연도 중 제품 판매 시>

(차) 수취채권, 현금	100,000	(대) 매 출	91,743
		계 약 부 채	8,257

즉, 제품 판매 시 고객의 선택권에 배분된 거래가격 ₩8,257은 수익으로 인식하지 않고 계약부채로 인식한다.

<1차 연도 말>

4,000포인트가 교환되었고, 갑회사는 전체적으로 9,000포인트가 교환될 것으로 계속 예상할 경우 회계처리는 다음과 같다.

(차) 계 약 부 채	3,670(1)	(대) 매 출	3,670

(1) ₩8,257×4,000/9,000 = ₩3,670

<2차 연도 말>

4,200포인트(누적 8,200포인트)가 교환되었고, 갑회사는 전체적으로 9,500포인트가 교환될 것으로 예상을 수정한 경우 회계처리는 다음과 같다.

(차) 계 약 부 채	3,457(2)	(대) 매 출	3,457

(2) ₩8,257×8,200/9,500 − 3,670 = ₩3,457

2차 연도 말 계약부채의 잔액은 ₩1,130이다.

계약변경, 계약원가, 라이선싱(licensing), 재매입약정, 고객이 행사하지 아니한 권리, 환불되지 않는 선수수수료, 위탁약정 및 미인도청구약정 등의 회계처리는 중급회계에서 설명한다.

연/습/문/제

01 ㈜한국(보고기간 말 12월 31일)은 20×1년 초에 거래처에 상품을 ₩500,000에 판매하였다. 판매대금 중 ₩100,000은 20×1년 초에 수취하였으며, 나머지 금액은 20×1년 12월 31일과 20×2년 12월 31일에 각각 ₩200,000씩 분할 수취하기로 하였다. 할부금은 연 6%의 이자율을 반영한 것인데, 이는 고객의 신용특성을 반영한 이자율이다.

물음

1. 장기할부 조건으로 상품을 판매하였을 때 대금을 회수하는 시점에서 매출을 인식하자는 주장이 있다. 이와 같은 주장은 타당성이 있는가?
2. 다음의 양식에 들어갈 금액을 각각 계산하라.

	20×1년	20×2년
매출	①	③
이자수익	②	④

해답

물음 1

수익은 기업이 수행의무를 이행했을 때 인식한다. ㈜한국의 할부판매의 경우 상품을 고객에게 이전하는 시점에 고객이 자산을 통제할 수 있으므로 한 시점에 자산의 통제를 이전하는 것이다. 따라서 수익도 고객에게 자산을 이전하는 한 시점에 인식하여야 하므로 미래에 대금을 회수하는 시점에 수익을 인식하는 것은 타당하지 않다.

물음 2

	20×1년	20×2년
매출	① 466,678	③ 0
이자수익	② 22,001	④ 11,321

① 매출액 = ₩100,000 + 200,000×1.83339(기간 2, 6%, 연금현가계수) = ₩466,678

② 이자수익 = 20×1년 초 매출채권 장부금액×6% = ₩366,678*×6% = ₩22,001

* 20×1년 초 매출채권 장부금액 = ₩200,000×1.83339 = ₩366,678

③ 0

④ 20×2년 초(20×1년 말) 매출채권 장부금액＝₩366,678＋22,001－200,000(할부금 회수액)
＝₩188,679

이자수익＝₩188,679×6%＝₩11,321

20×2년 말에 ₩11,321의 이자수익을 인식하면 매출채권 장부금액은 ₩200,000이 되며, ₩200,000의 할부금을 회수하면서 모두 제거된다.

02 ㈜한국은 20×1년 초에 고객에게 제품을 판매하였다. 계약에 표시된 가격은 ₩1,000,000인데, ㈜한국은 20×1년부터 20×3년까지 매년 12월 31일에 ₩367,208씩 총 ₩1,101,624를 수취할 예정이다. 할부금 ₩367,208은 연 5%의 계약 이자율에 기초하여 계산된 금액인데, ㈜한국과 고객 간의 별도 금융거래에서 고객의 신용특성을 반영한 연 이자율 8%에 비해 상당히 낮다고 판단된다.

물음

1. ㈜한국이 수취할 총 ₩1,101,624를 매출과 이자수익으로 분리하라.
2. 20×1년과 20×2년에 인식할 이자수익을 계산하라.

해답

물음 1

매출＝₩367,208×2.57710(기간 3, 8%, 연금현가계수)＝₩946,332

이자수익＝₩1,101,624－946,332＝₩155,292

계약이자율이 고객의 신용특성을 반영한 이자율보다 상당히 낮다고 판단되므로 고객의 신용특성을 반영한 이자율(8%)로 할인하여 현재가치를 계산한다.

물음 2

20×1년도 이자수익＝₩946,332×8%＝₩75,707

20×1년 말 장기매출채권 장부금액＝₩946,332－367,208＋75,707＝₩654,831

20×2년도 이자수익＝₩654,831×8%＝₩52,386

03 갑회사는 고객에게 원가 ₩80의 제품을 ₩121에 판매하였으며, 고객은 제품 인수 후 24개월 이내에 대금을 지급해야 한다. 제품의 현금판매가격은 ₩100이며, 계약에는 10%의 내재이자율이 반영되어 있다. 고객은 계약 개시 시점에 제품을 통제하며, 3개월 이내에 반품할 수 있다. 제품은 신제품이고 갑회사는 반품에 대한 적절한 과거 증거나 구할 수 있는 다른 시장 증거를 가지고 있지 않다.[19)]

물음

1. 갑회사는 제품에 대한 통제를 고객에게 이전할 때 수익을 인식할 수 있는가?
2. 제품의 이전시점, 반품가능기간 중, 그리고 반품권의 소멸시점(제품의 반환은 없다고 가정)에 갑회사가 해야 할 회계처리를 하라.

해답

물음 1

갑회사는 제품에 대한 통제를 고객에게 이전할 때 수익을 인식할 수 없다. 왜냐하면 반품권이 있고 관련 증거가 부족하여 갑회사가 이미 인식한 누적 수익금액 중 유의적인 부분을 되돌리지 않을 가능성이 매우 높다고 결론지을 수 없기 때문이다. 따라서 수익은 반품권이 소멸되는 3개월 후에 인식한다. 그리고 약속된 대가 ₩121과 현금판매가격 ₩100의 차이가 명백하므로 계약은 유의적인 금융요소를 포함한다.

물음 2

<제품 이전시점>

(차)	반환제품회수권	80	(대) 재고자산	80

<반품가능기간 중>

인식한 계약자산이나 수취채권이 없으므로 금융요소인 이자수익을 인식하지 않는다.

<반품권 소멸시점. 제품 반환 없음>

(차)	수취채권	100	(대) 매출	100
(차)	매출원가	80	(대) 반환제품회수권	80

19) 기준서 제1115호 IE135~IE140 사례 26 참조

04 갑회사는 20×1년 7월 1일에 고객에게 상품 100개(원가 ₩120)를 단위당 ₩200에 판매하는 계약을 체결하고 상품을 이전하였다. 갑회사는 상품 이전일로부터 1개월 내에 반품을 허용하며, 반품기한이 종료될 때 대금을 받는다.

물음

1. 반품조건부 판매 시 판매회사는 어떻게 수익을 결정하는지 설명하라.
2. 갑회사가 5개의 상품이 반품기한 전에 반품될 것으로 예상하였다고 가정하고, 20×1년 7월 1일에 해야 할 분개를 하라. 단, 상품은 계속기록법으로 회계처리한다.
3. (물음 2)와 관련하여 8월 1일에 상품 4개가 반품되었을 때 갑회사가 해야 할 분개를 하라.

해답

물음 1

반품기한이 종료될 때 이미 인식한 누적수익 금액 중 유의적으로 되돌리지 않을 가능성이 매우 높은 금액을 수익으로 인식한다.

물음 2

(차)	계약자산	20,000	(대)	매출	19,000[(1)]
				환불부채	1,000

(차)	매출원가	11,400[(2)]	(대)	상품	12,000
	반환제품회수권	600[(3)]			

(1) 매출 = 95개×₩200 = ₩19,000
(2) 95개×₩120 = ₩11,400
(3) 5개×₩120 = ₩600

물음 3

(차)	환불부채	1,000	(대)	매출	200
				계약자산	800

(차)	상품	480[(1)]	(대)	반환제품회수권	600
	매출원가	120			

(1) 4개×₩120 = ₩480

(차)	수취채권	19,200	(대)	계약자산	19,200

05 ㈜한국은 제품 A, B 및 C를 판매하는데, 개별 판매가격은 다음과 같다.

제품	개별 판매가격
A	₩120
B	180
C	200
합계	₩500

물음

1. ㈜한국은 고객에게 제품 A, B 및 C를 ₩400에 판매하는 계약을 체결하였다. ㈜한국은 3가지 제품을 각각 다른 시점에 고객에게 이전한다. 각 제품을 고객에게 이전할 때마다 ㈜한국은 얼마의 수익을 인식해야 하는지 제시하라.

2. (물음 1)에서 ㈜한국이 보통 제품 A와 B를 묶어서 ₩250에 판매한다고 가정하고 다시 답하라.

해답

물음 1

전체 할인 ₩100이 귀속되는 수행의무에 대한 관측 가능한 증거가 없으므로 할인액을 제품 A, B 및 C에 비례적으로 배분한다.

제품	배분된 거래가격	
A	₩120 − 100×(120/500) =	₩96
B	₩180 − 100×(180/500) =	144
C	₩200 − 100×(200/500) =	160
합계		₩400

따라서 제품 A, B 및 C를 고객에게 이전할 때 각각 ₩96, ₩144 및 ₩160의 수익을 인식한다.

물음 2

할인액 ₩50을 제품 A와 B에만 배분한다. 따라서 제품 A와 B 묶음의 거래가격 ₩250을 제품 A와 B의 개별 판매가격에 비례하여 배분한다. 그리고 제품 C는 잔여접근법으로 거래가격을 배분한다.

제품	배분된 거래가격	
A	₩250×(120/300)=	₩100
B	₩250×(180/300)=	150
C	₩400−250=	150
합계		₩400

따라서 제품 A, B 및 C를 고객에게 이전할 때 각각 ₩100, ₩150 및 ₩150의 수익을 인식한다.

06 ㈜내일건설은 계약금액 ₩130,000의 공장건물 건설공사를 수주하였는데, 건설공사는 기간에 걸쳐 통제가 이전된다. 20×2년 중에 발주자가 공장건물 설계변경을 요구하여 추가로 원가가 발생할 것으로 판단하였고, 이를 반영하여 공사계약금액을 ₩30,000 증액하는 데 합의하였다. 다음은 공사와 관련된 자료이다.

	20×1년	20×2년
당기 발생원가	₩20,000	₩52,000
완성 시까지 추가소요원가	80,000	48,000
대금 청구액	26,500	65,000
대금 회수액	25,000	66,000

물음

1. 20×1년과 20×2년의 공사수익, 공사원가 및 공사손익을 계산하라. 단, 진행률은 투입원가에 기초하여 추정한다.
2. 연도별로 ㈜내일건설이 해야 할 회계처리(분개)를 하라. 단, 대금 청구와 회수는 보고기간 말 이전에 발생하였다고 가정한다.
3. 연도별로 재무상태표에 표시될 계약자산, 계약부채 및 수취채권 잔액을 제시하라.

해답

물음 1

20×1년 말 총예상공사원가=₩20,000+80,000=₩100,000

20×2년 말 총예상공사원가=₩20,000+52,000+48,000=₩120,000

	20×1년	20×2년
누적진행률	₩20,000÷100,000＝20%	₩72,000÷120,000＝60%
공사수익	₩130,000×20%＝₩26,000	₩160,000×60%－26,000＝₩70,000
공사원가	(20,000)	(52,000)
공사손익	₩6,000	₩18,000

물음 2

거래	과목	금액 20×1년도		금액 20×2년도	
원가 발생 시	(차) 재고자산	20,000		52,000	
	(대) 현 금		20,000		52,000
대금 청구 시	(차) 매출채권	26,500		65,000	
	(대) 계약자산		–		–
	계약부채		26,500		65,000
대금 회수 시	(차) 현 금	25,000		66,000	
	(대) 매출채권		25,000		66,000
결산 시	(차) 계약부채	26,000		65,500	
	계약자산	–		4,500	
	(대) 매 출		26,000		70,000
	(차) 매출원가	20,000		52,000	
	(대) 재고자산		20,000		52,000

물음 3

계정	20×1년도	20×2년도
계약자산	–	₩4,500
계약부채	₩500	–
매출채권	1,500	500

07 ㈜한국은 구매금액 ₩10당 1점을 고객에게 보상하는 고객충성제도를 운영한다. 고객은 향후 ㈜한국의 제품을 구매할 때 ₩1의 할인을 포인트 1점과 교환할 수 있다. 20×1년 중에 ㈜한국은 고객에게 총 ₩1,000,000을 판매하면서 100,000 포인트를 제공하였으며, ㈜한국은 1포인트의 개별 판매가격을 ₩0.94로 추정하였다. ㈜한국은 20×1년 말 현재 총 100,000 포인트 중 94%가 교환될 것으로 추정하였으나, 20×2년 말에는 총 100,000 포인트 중 96%가 교환될 것으로 추정치를 변경하였다. 20×1년과 20×2년에 실제로 고객이 교환한 포인트는 각각 40,000 포인트와 35,000 포인트이다.

물음

1. 고객에게 부여하는 포인트에 대해서 재화 이전 시 아무런 회계처리를 하지 않고, 추후에 고객이 포인트 교환을 요구할 때 비용으로 인식하는 회계처리를 하는 것에 대해서 논평하라.
2. ㈜한국이 고객에게 부여한 포인트에 대해서 20×1년도에 인식할 수익과 계약부채는 각각 얼마인가?
3. ㈜한국이 고객에게 부여한 포인트에 대해서 20×2년도에 인식할 수익은 얼마인가?

해답

물음 1

고객에게 추가 재화나 용역을 취득할 수 있는 포인트를 부여한 경우 그 포인트는 계약을 체결하지 않으면 받을 수 없는 중요한 권리에 해당된다. 따라서 기업에게는 별도의 수행의무가 생기는 것이므로 전체 거래대가 중 일부를 포인트에 배분한 후에 고객이 포인트를 행사할 때 수익을 인식하는 것이 타당하며, 비용으로 인식하는 것은 적절하지 않다.

물음 2

부여한 포인트의 개별 판매가격 = 100,000포인트×₩0.94 = ₩94,000

20×1년도 판매 시 인식할 계약부채 = ₩1,000,000×(94,000/1,094,000) = ₩85,923

20×1년도 교환 포인트에 대하여 인식할 수익 = ₩85,923×(40,000/94,000) = ₩36,563

물음 3

20×2년도 교환 포인트에 대하여 인식할 수익 = ₩85,923×(75,000/96,000) − 36,563

= ₩30,564

제 13 장

퇴직급여, 주식기준보상

1 퇴직급여

1.1 종업원급여와 퇴직급여

종업원급여(employee benefits)란 종업원이 제공한 근무용역과 교환하거나 종업원을 해고하면서 기업이 제공하는 모든 종류의 대가를 말한다. 종업원급여에는 일반적으로 급여, 상여, 제수당, 퇴직급여 등이 포함되는데, 기준서는 종업원급여를 단기종업원급여, 퇴직급여, 기타장기종업원급여 및 해고급여로 구분한다.

퇴직급여란 임직원이 퇴직하였을 때 일시금 또는 연금형태로 지급하는 종업원급여로서 근로를 제공한 때 지급하는 것이 아니라 퇴직할 때 지급하는 점에서 다른 종업원급여와 차이가 있다. 본장에서는 종업원급여 중 퇴직급여에 대해서만 회계처리를 설명하고, 그 이외의 종업원급여의 회계처리는 중급회계에서 설명한다. 또한 확정급여제도의 개정, 축소 및 정산의 회계처리도 중급회계에서 설명한다.

1.2 퇴직급여제도의 종류

퇴직급여(post-employment benefits)란 퇴직금(예 : 퇴직연금과 퇴직일시금) 및 그 밖의 퇴직급여(예 : 퇴직후생명보험, 퇴직후의료급여 등)와 같은 급여를 말한다. 퇴직급여제도는 기업이 퇴직급여를 지급하기로 하는 협약을 말한다. 퇴직급여제도의 운영 과정을 그림으로 요약하면 다음과 같다.

| 그림 1 | 퇴직급여제도의 운영 과정

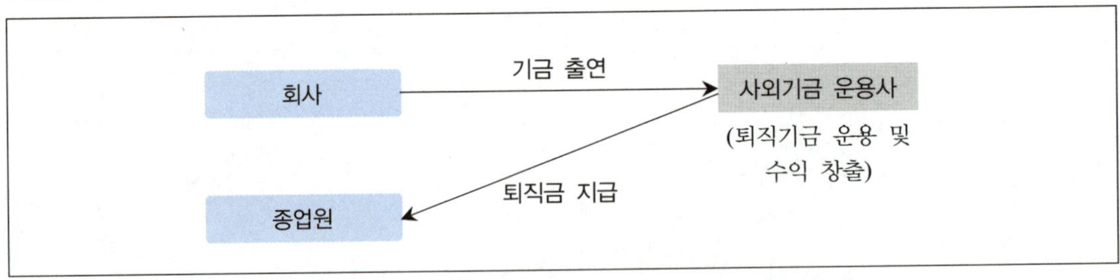

[그림 1]에서 보는 바와 같이 회사는 은행이나 보험회사 등 사외기금 운용사에 퇴직금 소요액을 기금으로 출연하고, 사외기금 운용사는 출연받은 기금을 운용하여 투자수익을 실현하고 기금 전체를 관리한다. 그리고 회사에 퇴직자가 발생하면 사외기금 운용사가 퇴직자에게 직접 퇴직금을 지급한다. 퇴직급여제도는 확정기여제도(defined contribution plans)와 확정급여제도(defined benefit plans)로 분류한다. 두 가지 제도의 특징을 요약하면 [표 1]과 같다.

| 표 1 | 확정기여제도와 확정급여제도의 특징

구분	특징
확정기여제도	① 기업의 법적의무나 의제의무는 기업이 기금에 출연하기로 약정한 금액으로 한정 ② 종업원이 받을 퇴직급여액은 기업과 종업원이 퇴직급여제도나 사외기금 운용사에 출연하는 기여금과 그 기여금에서 발생하는 투자수익에 따라 결정되므로 종업원이 보험수리적위험과 투자위험을 실질적으로 부담
확정급여제도	① 기업의 의무는 약정한 급여를 전·현직종업원에게 지급하는 것임 ② 기업이 보험수리적위험과 투자위험을 실질적으로 부담

우리나라에서는 노사합의에 따라 확정기여제도와 확정급여제도 중 어떤 제도를 도입할 것인지 결정한다. 확정기여제도는 기업이 출연할 금액이 확정되는 구조인 반면, 확정급여제도는 종업원이 수령할 퇴직급여가 확정되는 구조라는 점에서 차이가 있다. 따라서 확정기여제도 하에서는 종업원이 수령할 퇴직급여가 변동될 수 있는 반면, 확정급여제도 하에서는 기업이 출연할 금액이 변동될 수 있다.

확정기여제도에서 기업의 법적의무나 의제의무는 기업이 기금에 출연하기로 약정한 금액으로 한정된다. 따라서 종업원이 받을 퇴직급여액은 기업과 종업원이 퇴직급여제도나 사외기금 운영사에 출연하는 기여금과 그 기여금에서 발생하는 투자수익에 따라 결정된다. 그 결과 종업원이 보험수리적위험(급여가 기대 이하일 위험)과 투자위험(투자한 자산이 기대급여액을 지급하는 데 충분하지 못하게 될 위험)을 실질적으로 부담한다. 반면에 확정급여제도는 종업원이 받을 퇴직급여가 사전에 확정되므로 사외기금 운영사의 실적에 따라 기업의 부담이 변동되므로 기업이 보험수리적위험과 투자위험을 부담한다.

1.3 확정기여제도의 회계처리

확정기여제도의 회계처리는 각 기간에 대한 보고기업이 부담하는 채무가 당해 기간의 기여금으로 결정되기 때문에 비교적 단순하다. 따라서 비용을 측정하기 위해 보험수리적 가정[1]을 고려할 필요도 없다. 또한 기여금의 전부나 일부의 납부기일이 종업원이 관련 근무용역을 제공하는 연차보고기간 말 이후 12개월 이전에 전부 결제될 것으로 예상되지 않는 경우를 제외하고는 할인되지 않은 금액으로 채무를 측정한다.

확정기여제도 하에서는 일정 기간 종업원이 근무용역을 제공하였을 때 기업은 그 근무용역과 교환하여 확정기여제도에 납부해야 할 기여금에서 이미 납부한 기여금을 차감한 금액을 부채(미지급비용)로 인식한다. 반면에 이미 납부한 기여금이 보고기간 말 이전에 제공된 근무용역에 대해 납부하여야 하는 기여금을 초과하는 경우에는 초과 기여금 때문에 미래 지급액이 감소하거나 현금이 환급되는 만큼을 자산(선급비용)으로 인식한다.

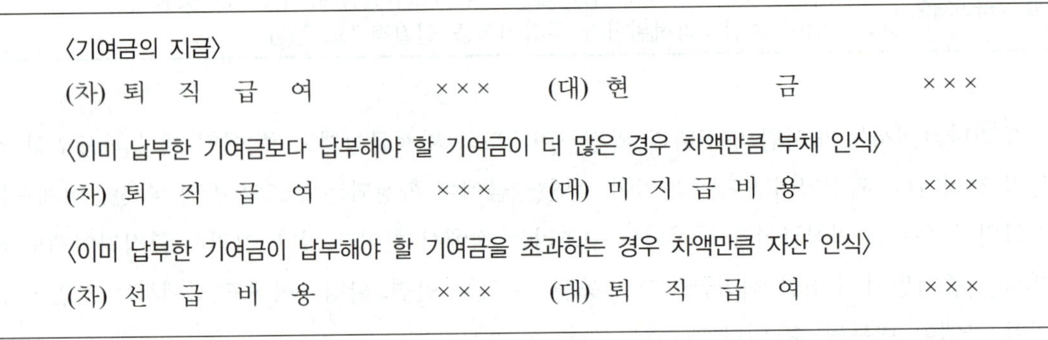

〈기여금의 지급〉

(차) 퇴 직 급 여	×××	(대) 현 금	×××

〈이미 납부한 기여금보다 납부해야 할 기여금이 더 많은 경우 차액만큼 부채 인식〉

(차) 퇴 직 급 여	×××	(대) 미 지 급 비 용	×××

〈이미 납부한 기여금이 납부해야 할 기여금을 초과하는 경우 차액만큼 자산 인식〉

(차) 선 급 비 용	×××	(대) 퇴 직 급 여	×××

확정기여제도에 대한 기여금이 종업원의 근무용역을 제공하는 연차보고기간 말 이후 12개월 이전에 전부 결제될 것으로 예상되지 않는 경우에는 할인율[2]을 사용하여 할인한다.

예 1 확정기여제도

갑회사는 20×1년에 도입한 확정기여제도에 따라 종업원의 근무용역에 대한 퇴직급여를 지급한다. 갑회사가 20×1년도에 종업원 근무용역과 교환하여 확정기여제도에 납부해야 할 기여금은 ₩100,000이며, 갑회사는 20×1년 중 ₩75,000의 기여금을 이미 납부하였다. 20×1년도의 갑회사의 회계처리는 다음과 같다.

---

1) 보험수리적 가정에는 사망률, 이직률, 퇴직률 등 인구통계적 가정과 임금상승률, 할인율 등 재무적 가정이 포함된다.

2) 할인율은 후술하는 확정급여제도의 확정급여채무를 계산할 때 적용할 할인율과 동일하다.

<20×1년 중 기여금 납부>

(차) 퇴 직 급 여	75,000	(대) 현 금	75,000

<20×1년 말>

(차) 퇴 직 급 여	25,000	(대) 미 지 급 비 용	25,000

20×1년 말 현재 ₩100,000의 기여금을 납부했어야 하나, ₩75,000의 기여금밖에 납부하지 않았으므로 20×1년 말에 ₩25,000의 미지급비용을 인식한다. 다만, 미지급비용의 납부시점이 20×1년 말 이후 12개월 이전에 전부 결제될 것으로 예상되지 않는다면 적절한 할인율을 사용하여 할인한 금액으로 인식한다.

1.4 확정급여제도의 회계처리

(1) 기본적인 회계처리

확정급여제도 하에서 퇴직급여의 계산은 보험수리적 가정이 필요하고 현재가치 계산이 적용되기 때문에 확정기여제도에 비해 복잡하다. 기업이 확정급여제도를 도입한 경우 미래 퇴직급여채무에 상응하는 금액을 사외기금(사외적립자산)에 출연하고, 사외기금은 출연받은 금액을 운용하여 투자수익을 실현할 것이다. 이후 종업원이 퇴직하면 기업이 아니라 사외기금이 종업원에게 퇴직급여를 일시금 또는 연금형태로 직접 지급한다.

기업은 사외적립자산(plan assets)을 마음대로 인출할 수 없고, 이를 운용할 권한도 없기 때문에 사외적립자산을 기업의 자산으로 인식할 수 없다. 미래에 종업원에게 지급할 퇴직급여는 사외기금에서 우선 지급되므로 사외적립자산의 공정가치를 초과하는 퇴직급여채무만 재무상태표에 부채로 표시한다. 즉, 기업은 재무상태표에 총액으로 자산과 부채를 각각 표시하지 않고 순액으로 퇴직급여 관련 부채(순확정급여부채)를 표시한다. 예를 들어, 기업이 부담하는 퇴직급여와 관련된 기업의 의무(확정급여채무) 총액이 ₩1,000이고, 사외적립자산의 공정가치가 ₩950이라면 재무상태표에는 확정급여채무와 사외적립자산의 순액인 ₩50을 순확정급여부채로 표시한다.

확정급여채무(defined benefit obligation)와 확정급여부채(defined benefit liability)가 혼동될 수 있다. 확정급여채무는 종업원이 당기와 과거기간에 근무용역을 제공하여 발생한 채무를 결제하는 데 필요한 예상 미지급액의 현재가치를 말하며, 확정급여부채는 확정급여채무에서 사외적립자산을 차감한 후의 순액을 말한다. 기준서는 순확정급여부채(net defined benefit liability)라는 용어를 사용하며, 이 금액이 재무상태표에 표시된다.

한편, 사외적립자산이 확정급여채무보다 더 많을 경우에는 반대로 순확정급여자산(net defined benefit asset)이 재무상태표에 표시된다. 다만, 순확정급여자산은 자산인식상한까지만 인식할 수 있다.

1) 확정급여채무, 당기근무원가 및 이자비용의 인식

어느 기업이든 확정급여제도를 처음 도입할 경우 종업원이 당기와 과거기간에 제공한 근무용역의 대가로 획득한 급여에 대한 기업의 궁극적인 원가를 보험수리적기법(예측단위적립방식)을 사용하여 신뢰성 있게 추정하여야 한다. 예측단위적립방식(projected unit credit method)에 따라 확정급여채무를 계산하는 과정은 다음과 같다.

① 임금상승률 등을 고려하여 예상퇴직시점에서 지급할 총액을 계산한다.

② ①에서 계산한 총액을 당기부터 퇴직시점까지의 기간으로 나눈다.

③ ②에서 각 기간별로 배분한 금액을 해당연도 말부터 퇴직시점까지의 기간 동안 적절한 할인율로 할인하여 현재가치를 계산한다.

④ ③에서 계산한 현재가치가 해당연도 기말 확정급여채무가 된다.

기준서에서 예시하고 있는 예측단위적립방식은 다음의 (예 2)와 같다.[3)]

예 2 예측단위적립방식

기업은 종업원이 퇴직한 시점에 일시불급여를 지급하며, 일시불급여는 종업원의 퇴직전 최종연간임금의 1%에 근무연수를 곱하여 산정된다. 종업원의 연간임금은 1차 연도에 ₩10,000 이며 향후 매년 7%(복리)씩 상승하는 것으로 가정한다. 또 연간 할인율은 10%라고 가정한다. 아래 표에서는 보험수리적 가정에 변화가 없다고 할 때 5차 연도 말에 퇴직하는 종업원과 관련하여 확정급여채무가 결정되는 방식을 보여 주고 있다. 편의상 이 사례에서는 종업원이 당초 예상보다 일찍 또는 늦게 퇴직할 가능성을 반영하기 위해 필요한 추가적인 조정은 없다고 가정한다. 예측단위적립방식에 따라 각 연도 말에 확정급여채무가 어떻게 결정되는지 보기로 한다.

5차 연도 말 최종 연간임금 = ₩10,000 × $(1.07)^4$ = ₩13,108

일시불 퇴직급여 총액 = ₩13,108 × 1% × 5년 = ₩655

연간 퇴직급여 배분액 = ₩655 ÷ 5년 = ₩131

---

3) 예측단위적립방식을 사용하여 당기근무원가를 측정하는 과정은 회사가 직접 수행하기보다는 외부의 보험계리인이 담당할 것이다.

연간 퇴직급여 배분액의 현재가치 계산 및 기말 확정급여채무의 결정

	1	2	3	4	5
기초 확정급여채무	–	89	196	324	476
이자원가(10%)	–	9⁽²⁾	20	33	48
당기근무원가	89⁽¹⁾	98⁽³⁾	108	119	131
기말 확정급여채무	89	196	324	476	655

(1) ₩131÷$(1.1)^4$=₩89 즉, 1년도 말 현재 4년 후(5년도 말)에 지급할 ₩131의 현재가치이다.
(2) ₩89(기초 확정급여채무잔액)×10%=₩9
(3) ₩131÷$(1.1)^3$=₩98 즉, 2년도 말 현재 3년 후(5년도 말)에 지급할 ₩131의 현재가치이다.

상기 확정급여채무의 결정 과정은 특정 종업원 1인에 대한 예시이다. 만약 회사의 종업원이 1,000명이면 각각의 종업원 1,000명에 대해서 임금상승, 퇴직시점 등을 고려하여 확정급여채무를 결정하여야 한다.

(예 2)에서 기초 확정급여채무는 과거연도에 귀속되는 퇴직급여의 현재가치이며, 당기근무원가(current service cost)는 당해연도에 귀속되는 퇴직급여의 현재가치를 말한다. 또한 기말 확정급여채무는 당해연도와 과거연도에 귀속되는 퇴직급여의 현재가치를 말한다. (예 2)에서는 묵시적으로 종업원이 1차 연도 초에 입사한 것으로 가정하고 있으므로 기초 확정급여채무는 없으며, 1차 연도 말에 다음과 같이 당기근무원가를 인식하는 회계처리를 한다.

〈당기근무원가의 인식〉

(차) 퇴 직 급 여	89	(대) 확 정 급 여 채 무	89

(예 2)에서 2차 연도 초 현재 확정급여채무 ₩89는 기업이 부담하는 미래 퇴직금 지급 의무의 현재가치이므로 매년 말에 이자비용을 인식하면서 명목금액에 수렴시키는 조정을 해야 한다. 따라서 기업은 다음과 같이 2차 연도 말에 기초확정급여채무 ₩89에 10%의 할인율을 곱한 이자비용을 퇴직급여로 인식하고 확정급여채무를 증가시킨다.

〈확정급여채무의 이자비용 인식〉

(차) 퇴직급여(이자비용)	9	(대) 확 정 급 여 채 무	9

또한 종업원은 2차 연도에 근무용역을 제공함으로써 1년분의 퇴직급여 수급권을 추가로 갖게 되었으므로 기업은 다음과 같이 2차 연도 말에 당기근무원가 ₩98을 인식한다. 이자비용과 당기근무원가를 인식하는 회계처리는 매년 이루어져야 한다.

〈당기근무원가의 인식〉

(차) 퇴 직 급 여	98	(대) 확 정 급 여 채 무	98

2) 사외적립자산의 출연 및 이자수익의 인식

기업은 확정급여제도에 따라 사외기금에 현금을 출연한다. 현금을 출연할 때 회계처리는 다음과 같다.

〈사외적립자산의 출연〉

(차) 사 외 적 립 자 산	×××	(대) 현 금	×××

기업은 기초 사외적립자산의 장부금액에 확정급여채무 계산 시 적용했던 할인율을 곱하여 이자수익을 인식한다. 이와 같이 계산한 이자수익은 실제 발생한 수익이 아니라 기대수익에 해당되는데, 일반적으로 사외적립자산의 기대수익과 실제수익은 다를 것이다. 사외적립자산의 실제수익 대신 기대수익을 사용하는 이유가 무엇인지, 그리고 양자의 차이를 어떻게 조정하는지에 대해서는 뒤에서 자세하게 설명한다.

사외적립자산의 기초장부금액에 할인율을 곱한 금액이 이자수익인데, 보고기간 말에 다음과 같이 이자수익을 퇴직급여의 차감으로 인식하고 사외적립자산을 증가시키는 회계처리를 한다.

〈사외적립자산의 이자수익 인식〉

(차) 사 외 적 립 자 산	×××	(대) 퇴직급여(이자수익)	×××

3) 퇴직금의 지급

회계연도 중에 종업원이 퇴직할 경우 기업이 퇴직금을 지급하는 것이 아니라 사외적립자산에서 종업원에게 직접 퇴직금이 지급된다. 퇴직금 지급 시 기업은 다음과 같이 확정급여채무와 사외적립자산을 각각 감소시키는 회계처리를 한다.

〈퇴직금의 지급〉

(차) 확 정 급 여 채 무	×××	(대) 사 외 적 립 자 산	×××

지금까지 설명한 회계처리는 가장 기본적이고 단순한 거래만을 가정한 것이다. 여기에 추가적으로 고려할 사항은 후술하기로 한다.

4) 할인율

퇴직급여채무를 할인하기 위해 사용하는 할인율은 보고기간 말 현재 우량회사채의 시장수익률을 참조하여 결정한다. 만약 그러한 우량회사채에 대해 거래층이 두터운 시장이 없는 경우에는 보고기간 말 현재 그 통화로 표시된 국공채의 시장수익률을 사용한다.

기준서에서는 연차 보고기간 초에 결정한 할인율을 적용하여 확정급여채무에 대한 이자비용과 사외적립자산에 대한 이자수익을 인식하도록 규정하고 있는데, 연차 보고기간 초는 전년도 보고기간 말을 의미하는 것으로 보면 될 것이다. 따라서 1차 연도 말에 결정한 할인율을 2차 연도의 이자비용 및 이자수익을 인식할 때 적용한다. 물론 2차 연도 말에 우량회사채의 시장수익률을 참조하여 할인율을 변경할 수 있으며, 그 변경된 할인율은 3차 연도의 이자비용 및 이자수익을 인식할 때 적용한다.

확정급여채무에 대한 이자비용과 사외적립자산의 이자수익을 측정할 때 동일한 이자율을 적용하는데, 그 이유는 국제회계기준위원회가 소위 순이자접근법을 수용하기 때문이다. 즉, 순확정급여부채는 기업이 제도 또는 종업원으로부터 차입하여 조달한 금액과 동일한 금액이며, 순확정급여자산은 제도 또는 종업원이 기업으로부터 차입한 금액으로 보기 때문에 순이자를 계산하기 위해서는 확정급여채무와 사외적립자산에 동일한 이자율을 적용하여 이자수익과 이자비용을 계산해야 한다는 관점이다.

예 3 확정급여제도의 기본적인 회계처리

20×1년 1월 1일에 설립된 갑회사는 20×1년에 확정급여제도를 도입하였다. 20×1년도 확정급여채무 계산 시 적용한 할인율은 연 10%이며, 20×1년 이후 보험수리적가정의 변동은 없다. 다음은 연도별 관련 자료이다.

〈20×1년〉

– 20×1년도 당기근무원가는 ₩90,000이다.

– 20×1년 말에 사외적립자산에 ₩88,000을 현금으로 출연하였다.

〈20×2년〉

– 당기근무원가는 ₩95,000이다.
– 20×2년 말에 퇴직종업원에게 ₩2,000의 현금이 사외적립자산에서 지급되었다.
– 20×2년 말에 사외적립자산에 ₩70,000을 현금으로 출연하였다.
– 20×2년 말 현재 사외적립자산의 공정가치는 장부금액과 동일하다.

20×1년도에 갑회사가 해야 할 회계처리는 다음과 같다.

<당기근무원가 인식>

(차) 퇴 직 급 여 90,000 (대) 확 정 급 여 채 무 90,000

<사외적립자산에 출연>

(차) 사 외 적 립 자 산 88,000 (대) 현 금 88,000

재무상태표에 표시될 순확정급여부채 = ₩90,000(확정급여채무) – 88,000(사외적립자산)
= ₩2,000

퇴직급여 = ₩90,000

20×2년도에 갑회사가 해야 할 회계처리는 다음과 같다.

<당기근무원가 인식>

(차) 퇴 직 급 여 95,000 (대) 확 정 급 여 채 무 95,000

<퇴직금 지급>

(차) 확 정 급 여 채 무 2,000 (대) 사 외 적 립 자 산 2,000

<사외적립자산에 출연>

(차) 사 외 적 립 자 산 70,000 (대) 현 금 70,000

<이자비용 인식>

(차) 퇴직급여(이자비용) 9,000(1) (대) 확 정 급 여 채 무 9,000

(1) ₩90,000(확정급여채무의 기초장부금액. 재무상태표 잔액이 아님)×10% = ₩9,000

<사외적립자산의 이자수익 인식>

(차) 사 외 적 립 자 산 8,800 (대) 퇴직급여(이자수익) 8,800(2)

(2) ₩88,000(사외적립자산의 기초장부금액)×10% = ₩8,800

재무상태표에 표시될 순확정급여부채

= 확정급여채무 − 사외적립자산

= (₩90,000 + 95,000 − 2,000 + 9,000) − (88,000 + 70,000 − 2,000 + 8,800) = ₩27,200

퇴직급여 = ₩9,000 − 8,800 + 95,000 = ₩95,200

참고로 20×2년도 순확정급여부채 및 퇴직급여의 계산 과정을 다음과 같이 표로 작성하면 이해에 도움이 될 것이다.

구분	사외적립자산	확정급여채무	퇴직급여
기초잔액	₩88,000	₩90,000	
당기근무원가		95,000	₩95,000
퇴직금지급	(2,000)	(2,000)	
현금출연	70,000		
이자비용		9,000	9,000
이자수익	8,800		(8,800)
합계	₩164,800	₩192,000	₩95,200

재무상태표에는 사외적립자산 ₩164,800과 확정급여채무 ₩192,000의 순액 ₩27,200이 순확정급여부채로 표시된다.

지금까지 설명한 확정급여제도에서 당기손익으로 인식하는 퇴직급여와 재무상태표에 표시될 순확정급여부채의 계산 과정을 요약하면 다음과 같다.

퇴직급여의 계산 과정	
당기근무원가	×××
확정급여채무의 이자비용	×××
사외적립자산의 이자수익	(×××)
퇴직급여	×××

순확정급여부채의 계산 과정	
확정급여채무의 현재가치	×××
사외적립자산의 공정가치	(×××)
순확정급여부채	×××

(2) 확정급여채무의 재측정요소

전술한 (예 3)에서는 설명의 단순화를 위해서 확정급여채무에 대해서 고려해야 할 사항을 언급하지 않았다. 기말확정급여채무를 결정하기 위해서는 여러 가지 보험수리적 가정(actuarial assumption)이 고려되어야 한다. 보험수리적 가정은 인구통계적 가정[4)]과 재무적 가정[5)]으로 구성되며, 편의 없는 추정이 반영되어야 한다.

당기 중에 보험수리적 가정의 변동과 경험조정(experience adjustment)[6)]이 있다면 이를 반영하여 기말확정급여채무를 결정한다. 그 결과 아래의 식에서 보는 바와 같이 확정급여채무의 기초장부금액에 근무원가[7)]와 이자비용을 가산하고 퇴직금 지급액을 차감한 잔액이 보험수리적 가정의 변동과 경험조정을 반영하여 결정한 기말확정급여채무와 동일하지 않을 수 있다.

기초확정급여채무 + 근무원가 + 이자비용 − 퇴직금지급 ≠ 기말확정급여채무

회사가 인식할 확정급여채무는 위의 식의 우변 금액이어야 하므로 좌변과 우변의 차이를 보험수리적손익(actuarial gains and losses)으로 하여 기타포괄손익으로 인식한다. 보험수리적 손익은 순확정급여부채(자산)의 재측정요소(remeasurements) 중의 하나이다. 확정급여채무에 대한 보험수리적손익을 인식하는 회계처리는 다음과 같다.

〈보험수리적 손실 인식〉

(차) 보험수리적손실	×××(1)	(대) 확정급여채무	×××

〈보험수리적 이익 인식〉

(차) 확정급여채무	×××	(대) 보험수리적이익	×××(1)

(1) 기타포괄손익으로 인식

(3) 사외적립자산의 재측정요소

(예 3)에서는 사외적립자산에 대해서 실제수익을 인식하지 않고 사외적립자산에 할인율을 곱하여 계산한 기대수익을 인식하였는데, 그 이유는 무엇인가? 실제수익은 해당 연도의 경제적

4) 인구통계적 가정에는 사망률, 이직률, 신체장애율 및 조기퇴직률, 급여수령권을 갖는 피부양자가 있는 종업원의 비율, 제도규약 하에서 이용가능한 지급선택권의 각 형태를 선택할 종업원의 비율, 의료원가청구율이 있다.

5) 재무적 가정에는 할인율, 급여수준과 미래의 임금, 보험금청구원가를 포함하는 미래 의료원가, 급여에 대하여 제도 자체에 부과되는 세금이 있다.

6) 경험조정이란 이전의 보험수리적 가정과 실제로 발생한 결과의 차이를 말한다.

7) 근무원가에는 당기근무원가와 과거근무원가가 모두 포함되는데, 과거근무원가는 중급회계에서 설명한다.

상황이나 사외적립자산을 운용하는 금융기관의 투자실적에 따라 변동이 심할 수 있는데, 이 금액을 퇴직급여에 반영하면 퇴직급여의 변동성이 커질 수 있다. 따라서 실제수익이 아니라 연차보고기간 초에 결정한 할인율을 적용하여 이자수익 즉, 기대수익을 인식함으로써 퇴직급여 인식금액의 변동성을 줄일 수 있다.

(예 3)에서는 설명의 단순화를 위해서 사외적립자산의 기말장부금액이 공정가치와 동일하다고 가정하였는데, 이는 실제수익과 기대수익이 동일할 경우에만 가능하다. 그러나 실제수익[8)]은 이자, 배당금, 평가손익을 포함하는 그 밖의 수익에서 제도운영원가 및 관련 세금을 차감한 금액을 모두 포함하는데, 일반적으로 기대수익과 동일하지 않을 것이다. 그 결과 아래의 식에서 보는 바와 같이 사외적립자산에 할인율을 곱하여 계산한 이자수익과 출연금을 가산하고 퇴직금 지급액을 차감한 금액이 실제수익이 반영된 기말사외적립자산의 공정가치와 동일하지 않을 수 있다.

기초공정가치 + 이자수익 + 당기 사외적립자산 출연금 − 퇴직금지급 ≠ 기말공정가치

회사가 인식할 사외적립자산은 위의 식의 우변 금액이어야 하므로 좌변과 우변의 차이를 재측정요소(remeasurements)로 하여 기타포괄손익으로 인식한다. 결국 사외적립자산의 재측정요소는 사외적립자산의 실제수익[9)]과 할인율을 곱하여 계산한 이자수익(기대수익)의 차이라고 보면 된다.

재측정요소는 사외적립자산과 확정급여채무에서 모두 발생할 수 있는데, 기준서에서는 확정급여채무에서 발생한 재측정요소를 보험수리적손익이라고 하고, 사외적립자산에서 발생한 재측정요소에 대해서 별도의 명칭을 언급하고 있지 않다. 사외적립자산에 대한 재측정요소 인식의 회계처리는 다음과 같다.

〈사외적립자산의 재측정요소의 인식〉

(차) 사외적립자산	×××	(대) 재측정요소	×××[(1)]
또는			
(차) 재측정요소	×××[(1)]	(대) 사외적립자산	×××

(1) 기타포괄손익으로 인식

8) 기준서에서는 실제수익이라는 용어를 사용하지 않고 '사외적립자산의 수익'이라는 용어를 사용하지만, 이해하는 데 불분명한 부분이 있어 본장에서는 실제수익이라는 용어를 사용한다.

9) 사외적립자산의 기말공정가치는 실제수익이 반영된 금액이다.

보험수리적손익을 포함하여 당기손익으로 인식하는 퇴직급여와 재무상태표에 표시될 순확정급여부채 및 기타포괄손익의 결정 과정을 요약하면 다음과 같다.

퇴직급여의 계산 과정	
당기근무원가	×××
확정급여채무의 이자비용	×××
사외적립자산의 이자수익	(×××)
퇴직급여	×××

순확정급여부채의 계산 과정	
확정급여채무의 현재가치	×××
사외적립자산의 공정가치	(×××)
순확정급여부채	×××

기타포괄손익의 계산 과정	
재측정요소	×××[(1)]
보험수리적손익	×××[(1)]
기타포괄손익 계	×××

(1) 재측정요소와 보험수리적손익은 (+) 또는 (−)일 수 있음

예 4 재측정요소의 인식

(예 3)에 자료를 추가 반영하였다.

20×1년 1월 1일에 설립된 갑회사는 20×1년 말에 확정급여제도를 도입하였다. 20×1년도 확정급여채무 계산 시 적용한 할인율은 연 10%이며, 20×1년 이후 할인율의 변동은 없다. 다음은 연도별 관련 자료이다.

〈20×1년〉
- 20×1년 말 확정급여채무 장부금액은 ₩90,000이다.
- 20×1년 말에 사외적립자산에 ₩88,000을 현금으로 출연하였다.

〈20×2년〉
- 당기근무원가는 ₩125,000이다.
- 20×2년 말에 퇴직종업원에게 ₩2,000의 현금이 사외적립자산에서 지급되었다.
- 20×2년 말에 사외적립자산에 ₩70,000을 현금으로 출연하였다.
- 20×2년 말 현재 사외적립자산의 공정가치는 ₩170,000이다.
- 할인율을 제외한 보험수리적 가정의 변동을 반영한 20×2년 말 확정급여채무는 ₩230,000이다.

20×2년도에 갑회사가 해야 할 회계처리는 다음과 같다.

<당기근무원가 인식>

(차) 퇴직급여	125,000	(대) 확정급여채무	125,000

<퇴직금 지급>

(차) 확정급여채무	2,000	(대) 사외적립자산	2,000

<사외적립자산에 출연>

(차) 사외적립자산	70,000	(대) 현금	70,000

<확정급여채무의 이자비용 인식>

(차) 퇴직급여(이자비용)	9,000[1]	(대) 확정급여채무	9,000

(1) ₩90,000(확정급여채무의 기초장부금액. 재무상태표 잔액이 아님)×10%=₩9,000

<사외적립자산의 이자수익 인식>

(차) 사외적립자산	8,800	(대) 퇴직급여(이자수익)	8,800[2]

(2) ₩88,000(사외적립자산의 기초장부금액)×10%=₩8,800

<사외적립자산의 재측정요소 인식>

(차) 사외적립자산	5,200	(대) 재측정요소	5,200[3]

(3) 재측정요소 인식 전 사외적립자산 장부금액=₩88,000−2,000+70,000+8,800=₩164,800
재측정요소=사외적립자산 공정가치−사외적립자산 장부금액=₩170,000−164,800=₩5,200
재측정요소는 기타포괄손익으로 인식

<확정급여채무의 재측정요소(보험수리적손익) 인식>

(차) 보험수리적손실	8,000	(대) 확정급여채무	8,000[4]

(4) 재측정요소 인식 전 확정급여채무 장부금액=₩90,000+125,000−2,000+9,000=₩222,000
재측정요소=₩230,000−222,000=₩8,000(보험수리적손실)
재측정요소는 기타포괄손익으로 인식

재무상태표에 표시될 순확정급여부채=확정급여채무−사외적립자산
=₩230,000−170,000
=₩60,000

재무상태표에 표시될 기타포괄손익=사외적립자산 재측정요소+확정급여채무 보험수리적손익
=₩5,200−8,000
=(−)₩2,800

퇴직급여=₩125,000+9,000−8,800=₩125,200

참고로 20×2년도 순확정급여부채 및 퇴직급여의 계산 과정을 다음과 같이 표로 작성하면 이해에 도움이 될 것이다.

구분	사외적립자산	확정급여채무	퇴직급여	기타포괄손익
기초잔액	₩88,000	₩90,000		
당기근무원가		125,000	₩125,000	
퇴직금지급	(2,000)	(2,000)		
현금출연	70,000			
이자비용		9,000	9,000	
이자수익	8,800		(8,800)	
소계	164,800	222,000	125,200	
재측정요소	5,200			₩5,200
보험수리적손익		8,000		(8,000)
합계	₩170,000	₩230,000	₩125,200	₩(2,800)

재무상태표에는 사외적립자산 ₩170,000과 확정급여채무 ₩230,000의 순액 ₩60,000이 순확정급여부채로 표시되며, 기타포괄손실(순액) ₩2,800도 표시된다.

(4) 자산인식의 상한

지금까지 설명한 내용은 확정급여채무가 사외적립자산의 공정가치보다 더 많은 상황 즉, 과소적립액(deficit)이 있는 경우를 가정하였다. 일반적으로 기업은 사외적립자산에 현금을 출연하는 데 대해서 부담을 갖기 때문에 과소적립액이 발생할 가능성이 높다.

그러나 사외적립자산의 공정가치가 확정급여채무보다 더 많은 상황 즉, 초과적립액(surplus)이 있는 경우에는 재무상태표에 순확정급여부채 대신 순확정급여자산이 표시될 것이다. 순확정급여자산은 '개념체계'에 기초하여 볼 때 자산의 인식조건을 충족한다. 왜냐하면 기업이 자원을 통제하고 있고, 그러한 통제는 과거사건(기업의 기여금 지급, 종업원의 근무용역 제공)의 결과이며, 미래경제적효익을 창출하는 데 그 초과적립액을 사용할 수 있기 때문이다.

본장에서는 초과적립액이 있는 경우 재무상태표에 순확정급여자산을 표시하되, 자산인식 상한까지만 표시하는 정도로만 언급하고, 순확정급여자산을 인식하는 회계처리와 제도의 개정, 축소 및 정산의 회계처리는 중급회계에서 설명하기로 한다.

2 주식기준보상

2.1 주식기준보상거래의 의의

주식기준보상거래(share-based payment transactions)란 기업이 거래상대방으로부터 재화나 용역을 제공받는 대가로 기업의 지분상품(주식 또는 주식선택권 등)을 부여하거나, 기업의 주식이나 다른 지분상품의 가격에 기초한 금액만큼의 부채를 부담(즉, 향후 현금으로 결제)하는 거래를 말한다. 주식기준보상거래의 대표적인 예로 기업이 종업원에게 주식선택권(stock option)을 부여하는 거래가 있다. 주식선택권이란 일정한 조건(일정 기간 근무조건 등)을 충족할 경우 종업원이 회사의 주식을 사전에 결정된 행사가격으로 매입할 수 있는 권리로서, 권리 행사 시의 주가가 행사가격보다 높다면 종업원은 주식선택권을 행사함으로써 차익을 얻을 수 있다.

주식기준보상거래는 종업원에만 한정하지 않는다. 거래상대방이 종업원이 아닌 경우에도 주식기준보상거래가 이루어질 수 있다. 예를 들어, 비상장기업에게 컨설팅 용역을 제공한 회사가 비상장기업으로부터 현금 대신 주식 또는 주식선택권을 받기도 하는데, 컨설팅회사는 향후 비상장기업이 상장될 경우 상당한 차익을 실현할 수 있을 것이라는 기대 때문에 이러한 거래가 성사될 수 있다.

주식기준보상거래는 기업이 재화나 용역을 제공받는 대가로 기업의 지분상품(주식 또는 주식선택권 등)을 부여하는 거래(주식결제형)뿐만 아니라 현금을 지급하는 거래(현금결제형)도 있다. 또한 기업이나 공급자가 두 가지 중 하나를 선택할 수 있는 거래(선택형)도 있다.

본장에서는 주식결제형 주식기준보상거래와 현금결제형 주식기준보상 거래의 기본적인 회계처리만 설명하고, 선택형 주식기준보상거래, 부여한 지분상품의 조건변경, 취소 및 중도청산 등과 관련된 회계처리는 중급회계에서 설명한다.

2.2 주식결제형 주식기준보상거래

(1) 주식결제형 주식기준보상거래의 의의

주식결제형 주식기준보상거래(equity-settled share-based payment transactions)는 기업이 재화나 용역을 제공받는 대가로 주식, 주식선택권 또는 그 밖의 지분상품을 발행하는 거래이다. 이러한 거래는 일반적인 지분상품 발행(예 : 유상증자 등)과 본질적으로 차이가 없다. 따라서 기업은 재화나 용역을 제공받는 날에 다음과 같이 자원(재화나 용역)의 유입과 자본의 증가에 대한 회계처리를 하여야 한다.

(차) 자산(또는 비용)	×××	(대) 자　　　본	×××

위의 분개에서 차변이 비용일 경우 '개념체계'에서 설명하는 비용의 정의와 부합되지 않는다고 생각할 수도 있다. 왜냐하면 비용은 부채의 증가 또는 자산의 감소와 함께 인식하는 것인데, 위의 분개에서는 자본의 증가와 함께 인식하기 때문이다.

기업이 인식한 자산은 궁극적으로 소비 과정을 거쳐서 비용으로 전환된다. 따라서 용역이라는 자원을 제공받는 경우 그 자원이 즉시 소비되었다고 보고, 다음과 같은 두 개의 분개가 합쳐진 것으로 이해한다면 '개념체계'에서 설명하는 비용의 정의를 벗어나지 않는다.

〈용역이라는 자원의 유입〉			
(차) 자　　　산	×××	(대) 자　　　본	×××
〈그 자원의 즉시 소비〉			
(차) 비　　　용	×××	(대) 자　　　산	×××

대부분의 주식기준보상거래는 종업원으로부터 용역을 제공받고 그 대가로 지분상품을 발행하는 거래이며, 기준서에서도 종업원과의 주식기준보상거래를 사례로 제시하고 있으므로 이후 본장에서 주식기준보상거래를 다음과 같이 회계처리하는 것으로 설명할 것이다.

(차) 보 상 비 용(1)	×××	(대) 주 식 선 택 권	×××

(1) 단, 보상비용이 제품제조와 관련된다면 재고자산의 취득원가에 포함될 것이다.

(2) 제공받는 재화나 용역의 측정

주식기준보상거래는 거래상대방으로부터 재화나 용역을 제공받고 지분상품을 발행하는 거래인데, 일반적인 지분상품의 발행과 일관된 회계처리를 하기 위해서 제공받은 재화나 용역의 공정가치로 보상비용(차변)과 자본의 증가(대변)를 인식하는 것이 타당하다. 다만, 거래상대방이 종업원인지의 여부와 재화나 용역의 공정가치를 신뢰성 있게 추정할 수 있는지에 따라 보상비용의 측정금액이 달라진다. 이를 요약하면 [표 2]와 같다.

| 표 2 | 보상비용의 측정금액

재화나 용역의 제공자		재화·용역의 측정금액	측정기준일
종업원이 아닌 거래상대방	제공받는 재화나 용역의 공정가치를 신뢰성 있게 추정할 수 있는 경우	제공받는 재화나 용역의 공정가치	재화나 용역을 제공받는 날
	제공받는 재화나 용역의 공정가치를 신뢰성 있게 추정할 수 없는 경우	부여한 지분상품의 공정가치	
종업원 및 유사용역 제공자[10]		부여한 지분상품의 공정가치	부여일

[표 2]에서 보는 바와 같이 거래상대방이 종업원이 아닌 경우에는 제공받는 재화나 용역의 공정가치를 직접 측정하여[11] 제공받는 재화나 용역과 그에 상응하는 자본의 증가를 인식한다. 그러나 제공받는 재화나 용역의 공정가치를 신뢰성 있게 추정할 수 없다면, 제공받는 재화나 용역과 그에 상응하는 자본의 증가는 부여된 지분상품의 공정가치에 기초하여 간접 측정한다. 그리고 두 경우 모두 재화나 용역을 제공받는 날을 기준으로 공정가치를 측정한다.

종업원으로부터 용역을 제공받는 경우에는[12] 제공받는 용역의 공정가치를 일반적으로 신뢰성 있게 추정할 수 없기 때문에[13] 부여한 지분상품의 공정가치에 기초하여 측정한다. 또한 종업원으로부터 지속적으로 용역을 제공받기 때문에 부여한 지분상품의 공정가치는 용역을 제공받는 날이 아니라 부여일을 기준으로 측정한다.

주식기준보상거래가 종업원 이외의 거래상대방과도 이루어질 수 있지만 대부분의 주식기준보상거래는 회사와 종업원 간에 발생하며, 기준서도 모든 사례를 종업원이 제공한 용역에 대한 주식기준보상거래를 중심으로 회계처리를 제시하고 있으므로 본장에서도 종업원이 제공한 용역에 대한 주식기준보상거래에 초점을 두고 회계처리를 설명한다.

(3) 가득조건

주식기준보상약정에 따라 거래상대방이 현금, 그 밖의 자산이나 기업의 지분상품을 받을 자격을 획득하기 위하여 충족해야 하는 조건을 가득조건(vesting conditions)이라고 한다. 가득조건은 [표 3]과 같이 구분된다.

---

10) 유사용역 제공자란 종업원이 제공하는 근무용역과 비슷한 용역을 제공하는 개인으로 사외이사와 같이 기업의 활동을 계획, 지휘, 통제할 권한과 책임이 있는 관리자를 포함한다.

11) 기준서에서는 종업원이 아닌 거래상대방과의 거래의 경우 반증이 없는 한 제공받은 재화나 용역의 공정가치를 신뢰성 있게 추정할 수 있다고 본다.

12) 기업이 종업원으로부터 재화를 제공받는 경우는 거의 없을 것이다.

13) 종업원이 지속적으로 기업에 제공하는 근무용역의 공정가치를 측정하는 것은 불가능할 것이다.

| 표 3 | 가득조건의 구분

구분		사례
용역제공조건		종업원이 3년 이상 계속 근무하면 주식선택권 행사 가능
성과조건	비시장조건	회사의 영업이익이 주식선택권 부여일부터 연 평균 10% 이상 증가하면 주식선택권 행사 가능
	시장조건	회사의 주가가 주식선택권 부여일로부터 15% 이상 증가하면 주식선택권 행사 가능

가득조건은 크게 용역제공조건과 성과조건으로 구분되며, 성과조건은 다시 비시장조건과 시장조건으로 구분된다. 그런데 성과조건이 가득조건에 부합되기 위해서는 성과목표를 달성하는 기간이 용역제공기간의 종료일을 초과하지 않아야 한다. 예를 들어, 20×1년 1월 1일부터 20×2년 12월 31일까지 근무한 종업원에게 20×1년 1월 1일부터 20×3년 12월 31일까지 3년간 평균영업이익 상승률이 5% 이상이 되면 가득되는 주식선택권을 부여할 경우, 성과목표의 달성기간이 용역제공기간을 초과하기 때문에 동 주식선택권의 가득조건은 성과조건이 아니다. 이와 같은 조건은 기업이나 거래상대방 누구도 조건의 충족 여부를 결정하지 못하므로 비가득조건이라고 한다.

본장에서는 가득조건이 용역제공조건인 경우에 한하여 주식기준보상거래를 설명하고, 비시장조건과 시장조건을 가득조건으로 하는 주식기준보상거래는 중급회계에서 설명한다.

(4) 보상비용의 인식기간

부여한 지분상품이 즉시 가득된다면 거래상대방은 지분상품에 대한 자격을 획득하기 위하여 특정기간 동안 용역을 제공해야 할 의무가 없으므로 반증이 없는 한 지분상품의 대가에 해당하는 용역을 거래상대방으로부터 이미 제공받은 것으로 본다. 따라서 제공받은 용역 전부를 부여일에 보상비용으로 인식하고, 그에 상응하여 자본의 증가를 인식한다.

그러나 가득에 일정 기간 용역을 제공해야 하는 조건을 충족할 것을 요구하는 경우에는 보상비용을 즉시 인식하지 않고, 용역제공조건 기간에 걸쳐 보상비용을 인식한다. 용역제공조건은 종업원이 특정 기간 동안 근무를 해야 부여한 지분상품이 가득되는 조건이므로 성과조건과 달리 보상비용의 인식기간이 명확하다.

(5) 기간별 보상비용의 결정

회계기간별 보상비용은 다음과 같이 결정한다.

당기 말 누적보상비용＝지분상품 수량×공정가치×(당기 말까지 누적기간/가득기간[(1)])
당기 보상비용＝당기 말 누적보상비용－전기 말 누적보상비용
(1) 용역제공기간

당기 보상비용은 당기 말 누적보상비용에서 전기 말 누적보상비용을 차감한 금액으로 결정한다. 이때 지분상품 수량은 궁극적으로 가득조건을 충족하여 종업원에게 교부할 지분상품의 수량을 말하는데, 종업원의 예상 퇴사율을 반영하여 결정한다. 예를 들어, 종업원 100명에게 10주의 주식선택권을 부여하면서 3년의 용역제공기간을 부과한 경우 보고기간 말 현재 최종 가득할 주식선택권 수량은 퇴사할 종업원을 고려할 때 1,000주보다 적을 수 있다.

지분상품의 공정가치는 부여한 지분상품의 시장가격을 기초로 하여 공정가치를 측정한다. 그러나 시장가격을 구할 수 없다면 가치평가기법[14]을 사용하여 부여한 지분상품의 공정가치를 추정한다.

위의 보상비용 계산식에 따라 당기 보상비용을 계산하면, 궁극적으로 인식할 총 보상비용(즉, 누적보상비용)은 최종 가득된 지분상품의 수량에 당초 추정한 지분상품의 공정가치를 곱한 금액이 된다. 따라서 거래상대방이 용역제공기간을 채우지 못하여 부여된 지분상품의 가득조건을 충족하지 못했다면 누적기준으로 볼 때 제공받은 재화나 용역의 인식금액은 ₩0이 되어야 하므로 과년도에 인식했던 보상비용을 환입한다.

(6) 가득일 이후의 회계처리

기업이 제공받는 재화나 용역에 상응하는 자본의 증가를 인식한 경우 가득일 이후에는 자본을 수정하지 않는다. 예를 들어, 가득된 지분상품이 추후에 상실되거나 주식선택권이 행사되지 않더라도 이미 재화나 용역을 제공받았다는 사실에는 변함이 없기 때문에 이미 인식한 자본을 수정하지 않는다.

또한 주식선택권이 만기소멸되는 경우에도 기업의 순자산에는 어떠한 변동도 발생하지 않는다. 따라서 가득기간이 끝난 후 주식선택권이 상실되거나 만기소멸되더라도 이미 인식한 금액은 수정하지 않는다. 다만, 자본으로 인식한 주식선택권을 다른 자본계정으로 대체할 수는 있다.

14) 일반적으로 인정된 금융상품 가치평가방법과 일관되어야 하며, 합리적 판단력과 거래의사가 있는 시장참여자가 가격을 결정할 때 고려할 모든 요소와 가정을 포함하여야 한다.

예 5 주식결제형 주식기준보상거래 - 용역제공조건

> 갑회사는 20×1년 1월 1일에 종업원 100명에게 각각 주식선택권 200개를 부여하고 3년의 용역조건을 부과하였다. 부여일 현재 주식선택권의 단위당 공정가치는 ₩60으로 추정되었다. 갑회사는 20×1년 말에 가득기간 동안 종업원의 퇴사율을 12%로 추정하였으며, 20×2년 말에는 가득기간 동안 종업원의 퇴사율을 10%로 추정하였다. 20×3년 말에 주식선택권을 가득한 최종 종업원 수는 92명이며, 가득된 주식선택권은 가득일로부터 3년간 행사 가능하다.
> 연도별로 갑회사가 인식할 보상비용은 다음과 같이 계산한다.

연도	계산근거	당기보상비용	누적보상비용
20×1	100명×200개×88%×₩60×1/3	₩352,000	₩352,000
20×2	(100명×200개×90%×₩60×2/3) − 352,000	368,000	720,000
20×3	(92명×200개×₩60×3/3) − 720,000	384,000	1,104,000

위의 계산 결과에 근거하여 매년 말 갑회사가 해야 할 회계처리는 다음과 같다.

<20×1년 말>

(차) 보 상 비 용	352,000	(대) 주 식 선 택 권	352,000

<20×2년 말>

(차) 보 상 비 용	368,000	(대) 주 식 선 택 권	368,000

<20×3년 말>

(차) 보 상 비 용	384,000	(대) 주 식 선 택 권	384,000

만약에 20×4년 초에 종업원이 가득한 주식선택권 중 1/2을 행사했다면 갑회사는 다음과 같이 회계처리한다. 단, 단위당 주식선택권 행사가격은 ₩150이고, 주식의 액면금액은 ₩100이다.

(차) 현 금	1,380,000(1)	(대) 자 본 금	920,000(2)
주 식 선 택 권	552,000(3)	주 식 발 행 초 과 금	1,012,000

(1) 18,400개(가득한 주식선택권)×1/2×₩150 = ₩1,380,000
(2) 18,400주×1/2×₩100 = ₩920,000
(3) ₩1,104,000×1/2 = ₩552,000

한편, 주식선택권 행사를 제외하고는 가득일 이후 주식선택권에 대해서 아무런 회계처리를 하지 않는다. 주식선택권의 행사 가능 기간이 만료되어 주식선택권이 소멸하더라도 회계처리는 필요하지 않다.

만약 전술한 갑회사의 예에서 20×1년 말에 가득기간 동안 종업원의 퇴사율을 12%로 추정하였고, 20×2년 말에는 가득기간 동안 종업원의 퇴사율을 60%로 추정하였으며, 20×3년 말에 주식선택권을 가득한 최종 종업원 수가 35명이라고 가정하고 연도별로 갑회사가 인식할 보상비용을 계산하면 다음과 같다.

연도	계산근거	당기보상비용	누적보상비용
20×1	100명×200개×88%×₩60×1/3	₩352,000	₩352,000
20×2	(100명×200개×40%×₩60×2/3)−352,000	(−)32,000	`320,000
20×3	(35명×200개×₩60×3/3)−320,000	100,000	420,000

위의 계산 결과에 근거하여 매년 말 갑회사가 해야 할 회계처리는 다음과 같다.

<20×1년 말>

(차) 보 상 비 용	352,000	(대) 주 식 선 택 권	352,000

<20×2년 말>

(차) 주 식 선 택 권	32,000	(대) 보 상 비 용 환 입	32,000(1)

(1) 보상비용은 인건비의 일부이다. 따라서 보상비용환입은 기타수익이 아니라 20×2년 인건비에서 차감하는 것이 적절할 것이다.

<20×3년 말>

(차) 보 상 비 용	100,000	(대) 주 식 선 택 권	100,000

한편 주식선택권이 최종 가득된 이후 종업원 일부가 일정 기간 내에 주식선택권을 행사하지 않아 소멸하더라도 이미 인식한 주식선택권을 환입하지 않는다.

2.3 현금결제형 주식기준보상거래

(1) 현금결제형 주식기준보상거래의 의의

현금결제형 주식기준보상거래(cash-settled share-based payment transactions)는 재화나 용역을 제공한 자가 권리를 행사할 때 지분상품이 아닌 현금으로 결제하는 주식기준보상거래를 말한다. 예를 들어, 기업이 특정 기간 기업의 주가 상승액에 기초하여 종업원에게 미래에 현금을 받을 권리를 획득하게 하는 주가차액보상권(share appreciation rights, SARs)을 부여할 수 있다. 그리고 기업이 종업원에게 주식을 받을 수 있는 권리를 부여할 때 반드시 현금으로 상환(예 : 고용의 중단)하거나 종업원 선택으로 현금으로 상환할 수 있는 권리를 부여함으로써 종업원에게 미래에 현금을 받는 권리를 부여할 수도 있는데, 이러한 약정들이 현금결제형 주식기준보상거래의 예이다.

(2) 보상비용의 인식

주식결제형 주식기준보상거래와 달리 현금결제형 주식기준보상거래는 향후 기업이 현금을 지급해야 할 의무를 부담하므로 부채를 인식한다. 기업은 다음과 같이 부채의 공정가치[15)]로 제공받는 재화나 용역과 그 대가로 부담하는 부채를 인식한다.

(차) 보 상 비 용	×××	(대) 장기미지급비용	×××

현금결제형 주식기준보상거래에 대해서 기업은 부여일부터 가득일까지 의무근로제공기간 동안 매 보고기간 말에 누적기준으로 부채의 공정가치 변동액을 측정하여 보상비용을 인식할 뿐만 아니라 가득일 이후 결제시점까지 부채의 공정가치 변동액도 보상비용으로 인식한다.[16)] 이는 인식하는 부채 및 비용의 누적금액이 궁극적으로 현금지급액과 동일해야 하므로 가득기간뿐만 아니라 가득일 후에도 부채를 재측정하는 것이다. 이와 같이 회계처리하면 대가로 제공받는 재화나 용역에 대해 궁극적으로 인식하는 누적금액이 현금지급액과 동일하게 된다.

이에 반해 앞에서 설명했던 주식결제형 주식기준보상거래의 경우에는 궁극적으로 자산이 유출되지 않으므로 가득일 이후 거래금액의 재측정이 필요하지 않다. 이러한 회계처리는 지분상품에 대해서 공정가치 변동을 인식하지 않는다는 회계처리와도 일관된다.

---

15) 부채의 공정가치를 측정할 때에는 옵션가격결정모형을 사용하며, 주가차액보상권의 부여조건과 측정기준일까지 종업원에게서 근무용역을 제공받은 정도를 고려한다.

16) 당기 말 주가차액보상권의 공정가치가 전기 말에 비해 하락할 경우 장기미지급비용의 잔액이 감소하여 대변으로 보상비용을 인식할 수도 있다.

예 6 현금결제형 주식기준보상거래 - 용역제공조건

갑회사는 20×1년 1월 1일에 종업원 100명에게 각각 현금결제형 주가차액보상권 200개를 부여하고 3년의 용역조건을 부과하였다. 주가차액보상권은 20×3년 말부터 20×5년 말까지 행사할 수 있다. 다음은 관련 자료이다.

〈실제 및 예상퇴사자, 최종 가득자 및 연도별 주가차액보상권 행사자 수〉

연도	실제 퇴사자	미래 예상퇴사자	최종 가득자	권리 행사자
20×1년	8명	6명		
20×2년	4명	7명		
20×3년	4명	–	84명	40명
20×4년				20명
20×5년				24명

주가차액보상권은 매년 말에 행사되는 것으로 하며, 20×5년 말까지 행사하지 않은 주가차액보상권은 소멸한다. 주가차액보상권의 공정가치와 권리행사 시 현금지급액(내재가치)은 다음과 같다.

〈주가차액보상권의 공정가치와 내재가치〉

연도	공정가치	내재가치
20×1	₩90	–
20×2	115	–
20×3	140	₩130
20×4	136	128
20×5	150	150

연도별로 갑회사가 인식할 보상비용은 다음과 같이 계산한다.

20×1년부터 20×5년까지(가득일 후까지) 매 보고기간 말에 장기미지급비용을 공정가치로 재측정하면서 공정가치 변동을 보상비용에 가감한다. 한편 20×3년 말부터 주가차액보상권의 일부가 행사되기 시작하였다. 옵션의 공정가치에는 내재가치와 시간가치가 모두 포함되는데, 행사 시점의 내재가치(현금지급액)에는 시간가치가 반영되어 있지 않으므로 공정가치보다 적은 금액이다. 다만, 20×5년 말에 주가차액보상권이 소멸하므로 이 시점의 공정가치에는 시간가치가 포함되지 않아 내재가치와 일치한다. 그리고 20×3년 말과 20×4년 말에 주가차액보상권 행사 시 지급한 현금(내재가치)이 장기미지급비용 잔액(공정가치로 측정)보다 적으므로 차액을 보상비용에서 차감한다.

연도별 보상비용은 다음과 같이 계산한다.

연도	계산근거	당기보상비용
20×1	(100명－8－6)×200개×₩90×1/3	₩516,000
20×2	(100명－8－4－7)×200개×₩115×2/3－516,000	726,000
20×3	84명×200개×₩140×3/3－(516,000＋726,000)	1,110,000
	권리 행사분 조정 : 40명×200개×(₩130－140)	(80,000)
20×4	(84명－40)×200개×(₩136－140)	(35,200)
	권리 행사분 조정 : 20명×200개×(₩128－136)	(32,000)
20×5	(84명－40－20)×200개×(₩150－136)	67,200
	권리 행사분 조정 : 24명×200개×(₩150－150)	0

연도별 회계처리는 다음과 같다.

<20×1. 12. 31.>

부채의 공정가치 재측정

(차) 보 상 비 용	516,000	(대) 장 기 미 지 급 비 용	516,000

<20×2. 12. 31.>

부채의 공정가치 재측정

(차) 보 상 비 용	726,000	(대) 장 기 미 지 급 비 용	726,000

<20×3. 12. 31.>

① 부채의 공정가치 재측정

(차) 보 상 비 용	1,110,000	(대) 장 기 미 지 급 비 용	1,110,000

주가차액보상권 행사 전 장기미지급비용 잔액은 ₩2,352,000인데, 이는 다음과 같이 계산할 수도 있다.

84명×200개×₩140＝₩2,352,000

② 주가차액보상권 행사

(차) 장 기 미 지 급 비 용	1,120,000(1)	(대) 현 금	1,040,000(2)
		보 상 비 용	80,000

(1) 40명×200개×₩140＝₩1,120,000
(2) 40명×200개×₩130＝₩1,040,000

<20×4. 12. 31.>

① 부채의 공정가치 재측정

(차) 장 기 미 지 급 비 용	35,200	(대) 보 상 비 용	35,200

주가차액보상권 행사 전 장기미지급비용 잔액은 ₩1,196,800인데, 이는 다음과 같이 계산할 수도 있다.

44명×200개×₩136 = ₩1,196,800

② 주가차액보상권 행사

(차) 장 기 미 지 급 비 용	544,000(3)	(대) 현 금	512,000(4)
		보 상 비 용	32,000

(3) 20명×200개×₩136 = ₩544,000
(4) 20명×200개×₩128 = ₩512,000

<20×5. 12. 31.>

① 부채의 공정가치 재측정

(차) 보 상 비 용	67,200	(대) 장 기 미 지 급 비 용	67,200

주가차액보상권 행사 전 장기미지급비용 잔액은 ₩720,000인데, 이는 다음과 같이 계산할 수도 있다.

24명×200개×₩150 = ₩720,000

② 주가차액보상권 행사

(차) 장 기 미 지 급 비 용	720,000	(대) 현 금	720,000

연습문제

01 ㈜한국은 20×1년 말에 확정급여제도를 도입하고 ₩90,000의 현금을 사외적립자산에 출연하였다. 20×1년 말 현재 확정급여채무는 ₩100,000이며, 할인율은 연 6%로서 이후 변동이 없다. 다음은 20×2년 중에 확정급여제도와 관련하여 발생한 거래이다.

> (1) 당기근무원가 ₩15,000
> (2) 퇴직금 지급액(20×2년 말 지급) ₩3,000
> (3) 20×2년 말 ₩22,000의 현금을 사외적립자산에 출연
> (4) 20×2년 말 사외적립자산의 공정가치는 장부금액과 동일
> (5) 20×2년 말 변동된 보험수리적 가정을 반영한 확정급여채무 잔액은 장부금액과 동일

물음

1. 확정급여제도와 관련하여 ㈜한국이 20×2년 중에 해야 할 회계처리를 하라.
2. 20×2년 말 재무상태표에 표시될 순확정급여부채 잔액과 20×2년도 포괄손익계산서에 인식될 퇴직급여를 각각 제시하라.

해답

물음 1

<당기근무원가>

(차)	퇴 직 급 여	15,000	(대) 확 정 급 여 채 무	15,000

<확정급여채무에 대한 이자비용 인식>

(차)	퇴 직 급 여	6,000[(1)]	(대) 확 정 급 여 채 무	6,000

(1) ₩100,000×6%=₩6,000

<사외적립자산에 대한 이자수익 인식>

(차)	사 외 적 립 자 산	5,400	(대) 퇴 직 급 여	5,400[(2)]

(2) ₩90,000×6%=₩5,400

<퇴직금 지급>

(차) 확 정 급 여 채 무	3,000	(대) 사 외 적 립 자 산	3,000

<사외적립자산 출연>

(차) 사 외 적 립 자 산	22,000	(대) 현 금	22,000

물음 2

확정급여채무 기말잔액 = ₩100,000 + 15,000 + 6,000 − 3,000 = ₩118,000
사외적립자산 기말잔액 = ₩90,000 + 5,400 − 3,000 + 22,000 = ₩114,400
재무상태표 순확정급여부채 기말잔액 = ₩118,000 − 114,400 = ₩3,600
포괄손익계산서 퇴직급여 = ₩15,000 + 6,000 − 5,400 = ₩15,600

02 ㈜한국은 20×1년 말에 확정급여제도를 도입하고 ₩85,000의 현금을 사외적립자산에 출연하였다. 20×1년 말 현재 확정급여채무는 ₩100,000이며, 할인율은 연 5%로서 이후 변동이 없다. 다음은 20×2년 중에 확정급여제도와 관련하여 발생한 거래이다.

(1) 당기근무원가 : ₩25,000
(2) 퇴직금 지급액(20×2년 말 지급) : ₩6,000
(3) 사외적립자산 출연(20×2년 말 지급) : ₩20,000
(4) 20×2년 말 사외적립자산의 공정가치 : ₩104,000
(5) 20×2년 말 변동된 보험수리적 가정을 반영한 확정급여채무 잔액 : ₩125,000

물음

1. 20×1년 말 ㈜한국의 재무상태표에 표시될 순확정급여부채는 얼마인가?

2. 20×2년도 ㈜한국의 재무제표에 표시될 다음의 금액을 계산하라.

20×2년도 퇴직급여	20×2년 말 순확정급여부채	20×2년 말 확정급여 관련 기타포괄손익 순액
①	②	③

(해답)

물음 1

20×1년 말 순확정급여부채 = 확정급여채무 − 사외적립자산
= ₩100,000 − 85,000
= ₩15,000

물음 2

20×2년도 퇴직급여	20×2년 말 순확정급여부채	20×2년 말 확정급여 관련 기타포괄손익 순액
① 25,750	② 21,000	③ 손실 250

계산근거는 다음과 같다.

	퇴직급여	확정급여채무	사외적립자산	기타포괄손익
기초잔액		100,000	85,000	
당기근무원가	25,000	25,000		
퇴직금지급		(6,000)	(6,000)	
이자비용	5,000	5,000		
이자수익	(4,250)		4,250	
사외적립자산출연			20,000	
소계		124,000	103,250	
재측정요소		1,000	750	③ 손실 1,000 이익 750
기말잔액	① 25,750	125,000	104,000	

② 순확정급여부채 = ₩125,000 − 104,00 = ₩21,000

03 갑회사는 20×1년 1월 1일에 종업원 500명에게 각각 주식선택권 100개를 부여하고 3년의 용역조건을 부과하였다. 부여일 현재 주식선택권의 단위당 공정가치는 ₩150으로 추정되었다. 20×1년 중에 20명이 퇴사하였고, 회사는 가득기간(3년) 동안 퇴사할 것으로 기대되는 종업원의 추정비율을 20%(100명)에서 15%(75명)로 변경하였다. 20×2년에 실제로 22명이 퇴사하였고, 회사는 가득기간(3년) 전체에 걸쳐 퇴사할 것으로 기대되는 종업원의 추정비율을 다시 12%(60명)로 변경하였다. 20×3년에는 실제로 15명이 퇴사하였다. 결국 20×3년 12월 31일 현재 총 57명이 퇴사하여 주식선택권을 상실하였고 총 44,300(443명×100개)의 주식선택권이 가득되었다.

물음

1. 다음 양식에 들어갈 금액은 얼마인가?

회계연도	계산근거	당기보상비용	누적보상비용
20×1		①	④
20×2		②	⑤
20×3		③	⑥

2. 갑회사가 20×3년 말에 해야 할 회계처리를 하라.

3. 갑회사의 종업원이 20×4년 1월 1일에 주식선택권을 모두 행사한다면 갑회사가 해야 할 회계처리를 하라. 단, 갑회사 주식의 단위당 액면금액과 주식선택권의 행사가격은 각각 ₩500과 ₩600이라고 가정한다.

해답

물음 1

보상비용 계산

회계연도	계산근거	당기보상비용	누적보상비용
20×1	50,000개×85%×₩150×1/3	① 2,125,000	④ 2,125,000
20×2	(50,000개×88%×₩150×2/3) − 2,125,000	② 2,275,000	⑤ 4,400,000
20×3	(44,300개×₩150×3/3) − 4,400,000	③ 2,245,000	⑥ 6,645,000

물음 2

20×3년 말 회계처리

(차) 보 상 비 용 2,245,000 (대) 주 식 선 택 권 2,245,000

물음 3

20×4년 초 회계처리

(차) 현 금	26,580,000(1)	(대) 자 본 금	22,150,000(2)
주 식 선 택 권	6,645,000	주식발행초과금	11,075,000

(1) 44,300개×₩600＝₩26,580,000

(2) 44,300주×₩500＝₩22,150,000

04 갑회사는 20×1년 1월 1일에 종업원 100명에게 각각 현금결제형 주가차액보상권 200개를 부여하고 3년의 용역제공 조건을 부과하였다. 주가차액보상권은 20×3년 말부터 행사할 수 있다. 관련 자료는 다음과 같다.

〈실제 및 예상퇴사자, 최종 가득자 및 연도별 주가차액보상권 행사자 수〉

연도	실제 퇴사자	미래 예상퇴사자	최종 가득자	권리 행사자
20×1년	4명	2명		
20×2년	3명	2명		
20×3년	1명	–	92명	30명
20×4년				40명
20×5년				22명

주가차액보상권은 매년 말에 행사되는 것으로 하며, 20×5년 말까지 행사하지 않은 주가차액보상권은 소멸한다. 주가차액보상권의 공정가치와 권리행사 시 현금지급액(내재가치)은 다음과 같다.

〈주가차액보상권의 공정가치와 내재가치〉

연도	공정가치	내재가치
20×1	₩100	–
20×2	120	–
20×3	130	₩125
20×4	136	132
20×5	145	145

물음

1. 20×1년 말과 20×2년 말 주가차액보상권과 관련하여 갑회사가 해야 할 회계처리를 하라.

2. 20×3년 말부터 20×5년 말까지 주가차액보상권과 관련하여 갑회사가 해야 할 회계처리를 하라.

(해답)

물음 1

<20×1. 12. 31.>

부채의 공정가치 재측정

(차) 보 상 비 용	626,667	(대) 장 기 미 지 급 비 용	626,667(1)

(1) (100명 − 4 − 2)×200개×₩100×1/3 = ₩626,667

<20×2. 12. 31.>

부채의 공정가치 재측정

(차) 보 상 비 용	829,333	(대) 장 기 미 지 급 비 용	829,333(2)

(2) (100명 − 4 − 3 − 2)×200개×₩120×2/3 − 626,667 = ₩829,333

물음 2

<20×3. 12. 31.>

① 부채의 공정가치 재측정

(차) 보 상 비 용	936,000	(대) 장 기 미 지 급 비 용	936,000(1)

(1) 92명×200개×₩130 − 626,667 − 829,333 = ₩936,000

주가차액보상권 행사 전 장기미지급비용 잔액은 ₩2,392,000인데, 이는 다음과 같이 계산할 수도 있다. 92명×200개×₩130 = ₩2,392,000

② 주가차액보상권 행사

(차) 장 기 미 지 급 비 용	780,000(2)	(대) 현 금	750,000(3)
		보 상 비 용	30,000

(2) 30명×200개×₩130 = ₩780,000
(3) 30명×200개×₩125 = ₩750,000

<20×4. 12. 31.>

① 부채의 공정가치 재측정

(차) 보 상 비 용	74,400	(대) 장 기 미 지 급 비 용	74,400(4)

(4) 62명×200개×(₩136 − 130) = ₩74,400

주가차액보상권 행사 전 장기미지급비용 잔액은 ₩1,686,400인데, 이는 다음과 같이 계산할 수도 있다. 62명×200개×₩136 = ₩1,686,400

② 주가차액보상권 행사

(차) 장기미지급비용	1,088,000[(5)]	(대) 현금	1,056,000[(6)]
		보상비용	32,000

(5) 40명×200개×₩136 = ₩1,088,000
(6) 40명×200개×₩132 = ₩1,056,000

<20×5. 12. 31.>

① 부채의 공정가치 재측정

(차) 보상비용	39,600	(대) 장기미지급비용	39,600[(7)]

(7) 22명×200개×(₩145 − 136) = ₩39,600

주가차액보상권 행사 전 장기미지급비용 잔액은 ₩638,000인데, 이는 다음과 같이 계산할 수도 있다. 22명×200개×₩145 = ₩638,000

② 주가차액보상권 행사

(차) 장기미지급비용	638,000	(대) 현금	638,000

제 14 장

법인세

1 법인세회계의 의의

1.1 회계이익과 과세소득의 차이

모든 기업은 어느 국가에서 경영활동을 하든 관계없이 보고기간에 발생한 소득에 대해서 법인세를 부담한다. 그런데 법인세부담액은 회계기준에 따라 산출된 법인세비용차감전이익에 법인세율을 곱하여 계산하지 않고, 각 국가마다 제정한 세법(우리나라에서는 법인세법)을 적용하여 산출된 과세소득(taxable income)에 법인세율을 곱하여 계산한다.

회계기준에 따라 산출하여 손익계산서에 표시한 법인세비용차감전이익을 회계이익(accounting income)이라고 하는데, 일반적으로 회계이익은 과세소득과 동일하지 않다. 회계이익과 과세소득은 여러 가지 이유로 차이가 발생하는데, 이를 예시하면 다음의 [표 1]과 같다.

| 표 1 | 회계이익과 과세소득의 차이 사례

차이 원인	사례
특정 목적을 위한 조세 정책	국가에서 특정 금융상품에서 발생하는 이자수익을 비과세하는 경우, 회계에서는 비과세 여부와 관계없이 발생한 이자수익을 회계이익에 포함하나, 세법에서는 이를 과세소득에 포함하지 않음
손익의 범위 차이	회계에서는 자기주식처분이익을 자본잉여금으로 구분하는 반면, 세법에서는 자기주식처분이익을 과세소득에 포함 회계에서 비용으로 인식한 기업업무추진비 중 세무상 한도를 초과한 기업업무추진비를 과세소득에 가산
손익의 귀속시기 차이	회계에서는 보고기간 말 현재 발생하였으나 아직 현금으로 수취하지 않은 정기예금의 이자를 발생 연도의 회계이익에 포함하는 반면, 세법에서는 이자를 현금으로 수취하는 연도의 과세소득에 포함
	회계에서는 제품보증충당부채를 인식한 연도에 관련 비용을 회계이익에 반영하는 반면, 세법에서는 제품보증 관련 지출이 이루어진 연도의 과세소득에 반영
자산·부채의 측정기준 차이	회계에서 금융자산에 대해 공정가치 변동을 인식할 경우 관련 평가손익을 회계이익에 포함하는 반면, 세법에서는 원가법을 적용하므로 과세소득에 반영하지 않음

1.2 과세소득의 산출 과정

과세소득을 산출하기 위하여 세법에서 규정하는 과세대상 소득을 별도로 계산하는 것 보다 전술한 [표 1]에서 예시한 회계이익과 과세소득 간의 차이를 회계이익에 가감하여 과세소득을 산출하는 방법이 훨씬 수월하다. 이렇게 회계이익을 과세소득으로 조정하는 과정을 법인세 세무조정이라고 하는데, 이를 그림으로 표시하면 다음과 같다.

| 그림 1 | 회계이익과 과세소득의 차이 조정

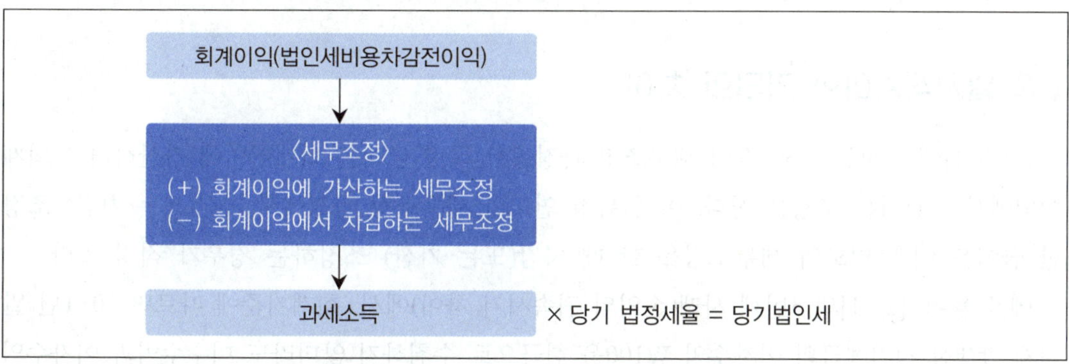

[그림 1]을 보는 바와 같이 회계이익에 포함되어 있지 않지만 과세소득에는 포함되어야 할 항목이 있다면 회계이익에 가산하는 세무조정을 하고, 회계이익에 포함되어 있지만 과세소득에서 제외되어야 할 항목이 있다면 회계이익에서 차감하는 세무조정을 한다. 이렇게 세무조정을 거쳐 산출한 과세소득에 당기 법정세율(이하 '법인세율'이라 함)을 곱하면 당기법인세(즉, 당기에 부담할 법인세)가 산출된다.[1)]

당기법인세(current tax)는 회계기간의 과세소득에 대하여 납부할 법인세액을 의미하지만, 당기 말에 세무상 결손금이 있거나 회계기간 중에 이미 납부한 법인세[2)]가 당기법인세보다 많을 경우에는 이미 납부한 법인세를 환급받을 수 있다. 따라서 기업은 보고기간 말에 당기법인세와 관련하여 다음과 같은 회계처리를 한다.

---

1) 실제 납부하는 법인세는 여기에 공제감면세액을 빼고, 가산세 등을 더해서 계산해야 하나, 본장에서는 설명을 간단하게 하기 위하여 이들 항목은 없다고 가정한다.

2) 이는 중간예납이나 원천징수로 납부한 법인세를 말한다.

(차) 법 인 세 비 용	×××	(대) 당기법인세부채	×××
또는			
(차) 당기법인세자산	×××	(대) 법 인 세 비 용	×××(1)

(1) 기준서에는 (−)법인세비용을 법인세수익이라고 부른다. 본서에서는 분개를 할 때 대변 계정을 굳이 법인세수익으로 하지 않고 법인세비용으로 표시한다.

당기법인세부채는 유동부채로서 과세당국에 세금을 납부할 때 장부에서 제거하며, 당기법인세자산은 유동자산으로서 과세당국으로부터 세금을 환급받을 때 장부에서 제거한다.

1.3 일시적차이와 기타의 차이

[그림 1]에서 보는 바와 같이 세무조정 과정에서 특정 금액을 회계이익에 가산하거나 회계이익에서 차감하는 조정을 한다. 이때 특정 연도의 세무조정 과정에서 가산(또는 차감) 조정한 금액을 이후 연도의 세무조정을 할 때 차감(또는 가산) 조정하는 경우가 적지 않다.

예를 들어, [표 1]의 3번째 사례(손익의 귀속시기 차이)에서, 회계기준에 따르면 20×1년 말 현재 발생한 정기예금의 이자수익 ₩100을 현금으로 수취하지 않더라도 미수수익과 이자수익을 ₩100씩 인식하는 반면, 세법에 따르면 이자를 현금으로 수취한 연도의 과세소득에 포함한다. 따라서 20×1년 말에 세무조정을 할 때 회계이익에 포함된 ₩100의 이자수익을 차감하는 세무조정을 한다. 그런데 20×2년에 이자를 현금으로 수취했다면 회계에서는 미수수익을 감소시키는 회계처리를 하므로 회계이익에 영향을 주지 않지만, 세법에서는 이자를 현금을 수취한 연도의 과세소득에 포함하여야 한다. 따라서 20×2년 말에 세무조정을 할 때 회계이익에 ₩100의 이자수익을 가산하는 세무조정을 한다. 그 결과 20×1년에 (−)₩100으로 세무조정했던 금액을 20×2년에 (+)₩100으로 세무조정함으로써 두 연도를 통산하면 그 영향이 소멸하는 것을 알 수 있다.

이와 같이 회계이익과 과세소득의 차이 중 특정 연도의 세무조정 과정에서 발생하였다가 이후 연도에 반대 방향으로 세무조정을 함으로써 소멸하는 차이를 일시적차이(temporary difference)라고 한다.

물론 특정 연도의 세무조정 과정에서 발생한 차이가 이후에 소멸하지 않는 경우도 있는데, 이를 기타의 차이[3]라고 한다. 예를 들어, [표 1]의 2번째 사례(손익의 범위 차이)에서, 회계

---

3) 기준서 제1012호는 기타의 차이라는 용어를 사용하지 않으나, 본장에서는 설명의 편의상 회계이익과 과세소득의 차이 중 일시적차이가 아닌 차이를 기타의 차이로 설명한다.

기준에 따르면 자기주식처분이익은 자본잉여금으로 분류하므로 회계이익에 영향을 미치지 않지만, 세법에 따르면 자기주식처분이익을 과세소득에 포함하여야 한다. 따라서 20×1년에 자기주식처분이익이 발생하였다면 20×1년 말에 세무조정을 할 때 회계이익에 자기주식처분이익을 가산한다. 그러나 20×2년 이후 세무조정을 할 때 과년도에 회계이익에 가산했던 자기주식처분이익을 차감하는 조정을 하지는 않는다. 따라서 자기주식처분이익과 같이 회계이익과 과세소득 간의 차이는 발행한 연도에 세무조정을 하더라도 이후 연도에 반대 방향으로 세무조정을 하지는 않는다. 지금까지 설명한 일시적차이와 기타의 차이를 요약하면 [그림 2]와 같다.

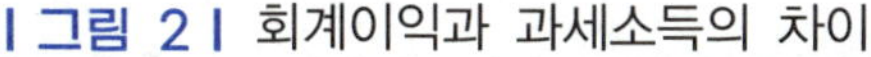
| 그림 2 | 회계이익과 과세소득의 차이

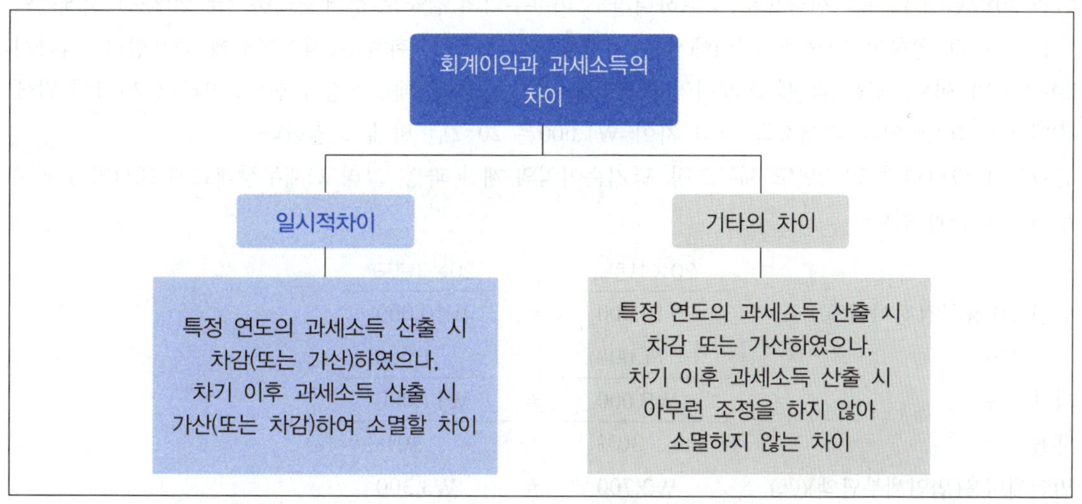

1.4 법인세부담액(당기법인세)을 법인세비용으로 인식할 때의 문제점

오랫동안 기업들은 당기법인세를 포괄손익계산서의 법인세비용으로 인식하여 당기순이익을 보고하여 왔다. 그러나 1970년대 초부터 미국에서 이와 같은 오랜 관행에 의문이 생기기 시작하였다. 이러한 의문은 일시적차이에서 비롯되었다. 다음의 (예 1)을 통해서 이러한 의문이 왜 생겼는지 설명한다.

예 1 일시적차이가 존재할 경우 당기법인세를 법인세비용으로 인식하는 데 문제점

갑회사의 20×1년과 20×2년의 회계이익은 모두 ₩10,000이다. 20×1년도 세무조정 과정에서 미수이자 ₩1,000을 인식하였는데 세법에서는 이자를 현금으로 수취한 회계기간에 과세한다. 갑회사는 20×2년에 전기이월 미수이자 ₩1,000을 모두 현금으로 수취하였다. 갑회사의 세율은 연도별로 모두 30%이다.

20×1년 말 회계이익에 포함되어 있는 이자수익 ₩1,000을 20×1년 말 현재 현금으로 수취하지 않았으므로 20×1년도 과세소득에 포함하지 않는다. 따라서 20×1년 말 세무조정을 할 때 회계이익에서 ₩1,000을 차감하는 조정을 한다.

한편 20×2년에 이자를 현금으로 수취하더라도 미수수익의 감소로 회계처리하므로 20×2년 회계이익에는 아무런 영향이 없으나, 세법에서는 이자를 현금으로 수취하는 회계연도에 과세한다. 따라서 20×2년 말 세무조정을 할 때 회계이익에 ₩1,000을 가산하는 세무조정을 한다. 따라서 20×1년 말에 존재하는 회계이익과 과세소득 간의 차이 ₩1,000은 20×2년 말에 소멸한다.

갑회사의 20×1년과 20×2년도 세무조정, 당기순이익의 계산 과정, 그리고 재무상태표에 표시되는 관련 부채는 다음과 같다.

	20×1년도		20×2년도
법인세비용차감전이익(①)	₩10,000	=	₩10,000
세무조정	(1,000)		1,000
과세소득	₩9,000	≠	₩11,000
세율	30%		30%
법인세비용(법인세부담액)(②)	₩2,700	≠	₩3,300
당기순이익(①－②)	₩7,300	≠	₩6,700
〈재무상태표〉			
당기법인세부채	₩2,700		₩3,300

갑회사의 20×1년과 20×2년의 회계이익은 동일하지만 당기순이익은 서로 다르다. 그 이유는 과세소득에 기초하여 계산한 법인세부담액을 법인세비용으로 인식하였기 때문이다. 20×1년의 과세소득은 회계이익보다 ₩1,000 적으며 여기에 세율 30%를 곱한 ₩300만큼 법인세부담액이 적어진다. 이때 법인세부담액을 법인세비용으로 인식하면 당기순이익은 ₩300 증가한다. 그러나 20×2년에는 20×1년에 차감 조정했던 ₩1,000을 가산 조정하므로 과세소득이 회계이익보다 ₩1,000 더 많으며 여기에 세율 30%를 곱한 ₩300만큼 법인세부담액이 많아진다. 이때 법인세부담액을 법인세비용으로 인식하면 당기순이익은 ₩300 감소한다.

20×1년과 20×2년의 회계이익이 동일함에도 불구하고 ₩1,000의 일시적차이 때문에 두 회계연도의 당기순이익이 달라진다. 즉, 일시적차이 ₩1,000이 갑회사의 경영성과와 무관함에도 불구하고 이를 반영한 법인세부담액을 법인세비용으로 인식하면 재무제표 이용자가 갑회사의 경영성과를 잘못 평가하는 문제가 발생할 수 있다.
또한 재무상태표의 관련 부채도 잘못 표시된다. 20×1년 말 현재 갑회사는 일시적차이 때문에 ₩3,000이 아니라 ₩2,700의 법인세를 납부할 의무를 부담하는데, 덜 납부한 ₩300의 법인세는 영구적인 감면이 아니라 20×2년도 법인세를 납부할 때 더 부담할 것을 20×1년 말 현재 예상할 수 있다. 즉, 갑회사는 20×1년 말 현재 곧 납부할 법인세(당기법인세) ₩2,700뿐만 아니라 일시적차이가 소멸하는 미래에 더 납부할 것으로 예상되는 법인세 ₩300도 부채로 보고할 필요가 있다.

1.5 일시적차이에 대한 법인세 효과의 인식

(예 1)에서 일시적차이가 존재할 때 당기법인세를 법인세비용으로 인식하면 당기순이익이 왜곡표시되고, 미래에 납부할 법인세 관련 부채를 보고하지 못하는 문제가 있음을 지적하였다. (예 1)에서 갑회사가 20×1년 말 세무조정을 할 때 미수이자와 관련한 일시적차이 ₩1,000이 발생하였다. 그런데 일시적차이 ₩1,000은 20×1년 말에 세무조정을 할 때 회계이익에서 차감하는 조정을 하는 과정에서 발생하였지만, 20×2년 말에 세무조정을 할 때 회계이익에 가산하는 조정을 하면서 소멸할 것이다. 따라서 이러한 일시적차이를 '가산할 일시적차이'라고 한다. 물론 20×1년 말에 세무조정을 할 때 회계이익에 가산하는 조정을 하는 과정에서 발생한 일시적차이가 20×2년 이후 세무조정을 할 때 회계이익에서 차감하는 조정을 하면서 소멸한다면 이러한 차이를 '차감할 일시적차이'라고 한다.

이와 같이 일시적차이는 궁극적으로 소멸하는데, 소멸하는 회계기간의 과세소득을 늘리면서 소멸할 것이라면 이를 가산할 일시적차이라고 하고, 소멸하는 회계기간의 과세소득을 줄이면서 소멸할 것이라면 이를 차감할 일시적차이라고 한다. 당기 말 현재 어떤 일시적차이가 존재하는데 그 일시적차이가 가산할 일시적차이라면 미래에 법인세부담액을 늘릴 것이고, 그 일시적차이가 차감할 일시적차이라면 미래에 법인세부담을 줄일 것임을 당기 말 현재 예상할 수 있다. 따라서 당기 말 현재 가산할 일시적차이에 대해서는 미래의 법인세 추가부담액만큼 부채(이연법인세부채)와 비용(법인세비용)을 인식하고, 차감할 일시적차이에 대해서는 미래의 법인세 절감액만큼 자산(이연법인세자산)과 수익(법인세수익, 즉 법인세비용 차감)을 인식한다. 회계처리를 예시하면 다음과 같다.

〈당기 말 현재 가산할 일시적차이에 대한 이연법인세부채 인식〉

(차) 법 인 세 비 용	×××	(대) 이 연 법 인 세 부 채	×××

〈당기 말 현재 차감할 일시적차이에 대한 이연법인세 자산 인식〉

(차) 이 연 법 인 세 자 산	×××	(대) 법 인 세 비 용	×××(1)

(1) 기준서에는 (−)법인세비용을 법인세수익이라고 부른다. 본서에서는 분개를 할 때 대변 계정을 굳이 법인세수익으로 하지 않고 법인세비용으로 표시한다.

당기 말 현재 일시적차이는 미래에 부담할 법인세를 증가 또는 감소시키는 잠재력이 있는데 당기에 세법이 개정되어 미래에 적용할 세율이 당기 세율과 다르다면 미래 세율을 적용하여 다음과 같이 당기 말 현재 이연법인세부채(또는 자산)의 잔액을 계산한다.

당기 말 이연법인세부채 잔액＝당기 말 현재 가산할 일시적차이×미래 세율
당기 말 이연법인세자산 잔액＝당기 말 현재 차감할 일시적차이×미래 세율

따라서 회사는 당기법인세 이외에 일시적차이로 인한 이연법인세까지 포함하여 당기 법인세비용을 인식해야 한다.

법인세비용＝당기법인세＋이연법인세

(예 1)에 이연법인세 회계를 적용한 결과를 다음의 (예 2)에서 설명한다.

예 2 이연법인세 인식 결과

(예 1)의 자료에 기초하여 20×1년 말과 20×2년 말에 이연법인세를 인식하고, 손익계산서를 작성하면 다음과 같다. 단, 미래 세율은 당기 세율과 동일하다.

<20×1년 말>

① 당기법인세의 인식

(차) 법 인 세 비 용	2,700	(대) 당 기 법 인 세 부 채	2,700

② 이연법인세의 인식

(차) 법 인 세 비 용	300	(대) 이 연 법 인 세 부 채	300(1)

(1) ₩1,000(가산할 일시적차이)×30%＝₩300, 이연법인세부채

<20×2년 말>

① 당기법인세의 인식

(차) 법 인 세 비 용	3,300	(대) 당 기 법 인 세 부 채	3,300

② 이연법인세의 인식(전기이월 일시적차이의 소멸)

(차) 이 연 법 인 세 부 채	300	(대) 법 인 세 비 용	300(2)

(2) 대변을 법인세수익으로 분개해도 무방하다.

당기법인세와 이연법인세를 모두 반영한 20×1년과 20×2년 손익계산서와 재무상태표에 표시되는 법인세 관련 계정은 다음과 같다.

	20×1년		20×2년
〈손익계산서〉			
법인세비용차감전이익	₩10,000	=	₩10,000
법인세비용	(3,000)	=	(3,000)
당기순이익	₩7,000	=	₩7,000
〈재무상태표〉			
당기법인세부채	₩2,700		₩3,300
이연법인세부채	₩300		–

두 회계기간의 법인세비용차감전순이익이 동일하고 회계이익과 과세소득 간에 일시적차이만 존재할 경우 당기법인세와 이연법인세를 포함하여 법인세비용을 인식하면 당기순이익은 같은 금액으로 표시됨을 알 수 있다. 또한 20×1년 말 재무상태표에 당기법인세부채 뿐만 아니라 이연법인세부채도 표시되어 미래 현금유출에 대한 추가 정보를 제공하므로 재무제표 이용자의 의사결정에 유용하다.

---

2 이연법인세의 인식

세무조정 과정에서 발생하는 일시적차이와 기타의 차이는 세법을 공부한 독자들이라면 더 쉽게 이해할 수 있을 것이다. 그러나 본서의 대부분 독자는 아직 세법을 공부하지 않은 상태일 것이라 판단하여 세법에서 규정하는 세부적인 세무조정 용어를 사용하지는 않을 것이다. 또한 일시적차이에 대한 깊이 있는 논의는 중급회계에서 설명하기로 한다. 본절에서는 1절의 설명에 기초하여 법인세비용의 인식 과정을 좀 더 체계적으로 제시하고, 이연법인세자산의 인식조건에 대해서 설명한다.

2.1 법인세비용의 결정 과정

법인세비용은 다음과 같이 단계적으로 결정하여 인식한다.

① 당기법인세의 계산
② 이연법인세자산 또는 이연법인세부채의 당기 말 잔액 계산
③ 손익계산서에 계상될 법인세비용의 결정

(1) 당기법인세의 계산

당기법인세의 계산은 (예 1)에서 간략하게 소개한 바 있는데, 일시적차이와 기타의 차이를 모두 고려한 과세소득에 기초하여 다음과 같이 계산한다.[4)]

당기법인세 = 과세소득×당기 세율
= (회계이익±일시적차이±기타의 차이)×당기 세율[5)]

위와 같이 당기법인세를 계산하였으면 1.2절에서 설명한 바와 같이 당기법인세부채와 법인세비용 또는 당기법인세자산과 법인세수익(법인세비용의 차감)을 인식한다.

(2) 이연법인세자산 또는 부채의 기말잔액 및 법인세비용의 계산

기업의 규모나 업종, 거래의 빈도 등에 따라 기업의 세무조정이 단순하기도 하고 복잡하기도 한데, 대체로 실제 세무조정을 하면 다수의 일시적차이와 기타의 차이가 발생하며, 전기이월 일시적차이가 소멸하기도 한다. 이때 당기 말 현재 미소멸 일시적차이를 차감할 일시적차이와 가산할 일시적차이로 구분하고, 여기에 각각 미래 세율을 곱하여 당기 말 재무상태표에 표시될 이연법인세자산(또는 부채)의 잔액을 계산한다. 그리고 전기 이월 이연법인세자산(또는 부채)이 있다면 당기 말과 전기 말 이연법인세자산(또는 부채)의 변동액을 다음과 같이 당기 법인세비용에 반영한다. 즉, 이연법인세자산(또는 부채)의 증가액만큼 법인세비용이 감소(또는 증가)한다.

---

4) 세법에 따르면 과세소득 계산 과정에서 이월결손금, 비과세소득 및 소득공제가 있다면 이를 차감해야 하며, 이렇게 하여 당기법인세를 계산하더라도 여기에 공제감면세액을 차감하고 가산세를 추가하는 등의 절차가 필요한데, 본서는 세법서적이 아니므로 이러한 절차는 생략하기로 한다. 다만, 이월결손금 및 이월세액공제에 대한 고려는 후술하는 이연법인세자산의 인식조건에서 설명한다.

5) 실제로 당기법인세를 계산할 때 적용할 세법상 세율은 누진세율이지만 본서를 비롯한 모든 회계학 책에서는 풀이를 간단하게 하기 위해서 단일세율을 제시한다.

법인세비용 = 당기법인세 + 이연법인세
= 당기법인세 − (당기 말 이연법인세자산 − 전기 말 이연법인세자산)
+ (당기 말 이연법인세부채 − 전기 말 이연법인세부채)

예 3 법인세비용의 인식(1)

20×1년에 설립된 갑회사의 20×1년과 20×2년의 회계이익 및 과세소득의 자료는 다음과 같다.

구분	20×1년	20×2년
회계이익	₩10,000	₩12,000
세무조정		
일시적차이 A	(3,000)	1,000
일시적차이 B	1,000	(1,000)
기타의 차이	600	300
과세소득	₩8,600	₩12,300

일시적차이 A는 20×2년부터 매년 1/3씩 소멸하고, 일시적차이 B는 20×2년에 모두 소멸한다. 20×1년 과세소득에 적용할 세율은 20%이나 세법이 개정되어 20×2년부터 적용할 세율은 25%이다. 한편, 20×2년에 다시 세법이 개정되어 20×3년부터 적용할 세율은 22%로 바뀌었다. 20×1년 말과 20×2년 말 갑회사의 법인세비용 인식에 대해서 설명한다.

<20×1년 말>

(1) 당기법인세 = ₩8,600×20% = ₩1,720

(2) 20×1년 말 이연법인세자산 잔액 = 미소멸 차감할 일시적차이(일시적차이 B) 잔액×미래 세율
= ₩1,000×25% = ₩250

20×1년 말 이연법인세부채 잔액 = 미소멸 가산할 일시적차이 잔액(일시적차이 A)×미래 세율
= ₩3,000×25% = ₩750

(3) 법인세비용 = 당기법인세 − 이연법인세자산 증가 + 이연법인세부채 증가
= ₩1,720 − 250 + 750 = ₩2,220

관련 분개는 다음과 같다.

(차) 법 인 세 비 용	1,720	(대) 당 기 법 인 세 부 채	1,720
(차) 이 연 법 인 세 자 산	250	(대) 법 인 세 비 용	250[(1)]
(차) 법 인 세 비 용	750	(대) 이 연 법 인 세 부 채	750

(1) 법인세비용의 대변 금액은 법인세수익인데, 대변 계정도 법인세비용으로 분개를 하고 최종 법인세비용이 대변 잔액이면 손익계산서에 법인세수익으로 표시하면 된다.

<20×2년 말>

(1) 당기법인세＝₩12,300×25%＝₩3,075

(2) 20×1년 말 이연법인세자산 잔액＝미소멸 차감할 일시적차이(일시적차이 B) 잔액×미래 세율
＝₩0×22%＝₩0

20×1년 말 이연법인세부채 잔액＝미소멸 차감할 일시적차이(일시적차이 A) 잔액×미래 세율
＝₩2,000×22%＝₩440

(3) 법인세비용＝당기법인세－이연법인세자산 증가＋이연법인세부채 증가
＝₩3,075－(0－250)＋(440－750)＝₩3,015

관련 분개는 다음과 같다.

(차) 법 인 세 비 용	3,075	(대) 당 기 법 인 세 부 채	3,075
(차) 법 인 세 비 용	250	(대) 이 연 법 인 세 자 산	250
(차) 이 연 법 인 세 부 채	310	(대) 법 인 세 비 용	310

(예 3)에서는 보고기간 말 현재 이연법인세자산 또는 부채의 잔액을 계산할 때 별도의 표를 작성하지 않았으나, 당기 말 현재 차감할 또는 가산할 일시적차이가 미래 보고기간에 얼마씩 소멸되는지 표를 통해서 구분하면 더 수월하게 이연법인세자산 또는 부채의 잔액을 계산할 수 있다. (예 4)에서는 별도의 표를 작성하는 방법으로 풀이를 설명한다.

예 4 법인세비용의 인식(2)

20×1년 초 현재 ㈜한국의 전기이월 일시적차이는 없다. 다음은 20×1년 말 ㈜한국의 법인세 세무조정과 관련된 자료이다.

구분	금액	비고
회계이익	₩120,000	
세무조정		
일시적차이A	(6,000)	20×2년에 모두 소멸 예상
일시적차이B	3,000	20×2년과 20×3년에 ₩1,500씩 소멸 예상
기타의 차이	2,000	
과세소득	₩119,000	

㈜한국의 차기 이후 과세소득은 20×1년도의 과세소득과 크게 다르지 않을 것이라고 예상된다. 당기 세율은 25%인데, 당기 중에 세법이 개정되어 차기 이후 적용될 세율은 다음과 같이 결정되었다.

20×2년 : 22%	20×3년 이후 : 20%

위의 자료를 이용하여 ㈜한국의 20×1년도 법인세비용을 계산해 보기로 하자.

① 당기법인세의 계산

당기법인세 = ₩119,000×25% = ₩29,750

② 이연법인세자산(부채)의 당기 말 잔액 계산

일시적차이A는 가산할 일시적차이이며, 일시적차이B는 차감할 일시적차이이다. 차기 이후 적용할 세율이 22%와 20%로 나뉘어 있으므로 다음과 같이 표를 작성하여 분석하는 것이 수월하다.

세무조정 항목	20×1년 말 일시적차이 잔액	일시적차이 소멸		20×1년 말 이연법인세
		20×2년	20×3년	
일시적차이 A	(6,000)	6,000	−	1,320(부채)[(1)]
일시적차이 B	3,000	(1,500)	(1,500)	630(자산)[(2)]
적용세율		22%	20%	

(1) ₩6,000×22% = ₩1,320

(2) ₩1,500×22% + 1,500×20% = ₩630

③ 법인세비용의 결정

법인세비용 = 당기법인세 − 이연법인세자산 증가 + 이연법인세부채 증가

= ₩29,750 − 630 + 1,320 = ₩30,440

관련 분개는 다음과 같다.

(차) 법 인 세 비 용	29,750	(대) 당 기 법 인 세 부 채	29,750
(차) 이 연 법 인 세 자 산	630	(대) 법 인 세 비 용	630
(차) 법 인 세 비 용	1,320	(대) 이 연 법 인 세 부 채	1,320

20×2년 말 ㈜한국의 법인세 세무조정과 관련된 자료는 다음과 같다.

구분	금액	비고
회계이익	₩100,000	
세무조정		
일시적차이 A	6,000	전기이월 일시적차이의 전액 소멸
일시적차이 B	(1,500)	전기이월 일시적차이 중 1/2 소멸
일시적차이 C	(8,000)	20×3년과 20×4년에 각각 ₩4,000씩 소멸 예정
기타의 차이	1,000	
과세소득	₩97,500	

당기 세율은 22%인데, 당기 중에 또 세법이 개정되어 차기 이후 적용될 세율은 다음과 같이 결정되었다.

20×3년 : 20%	20×4년 이후 : 21%

위의 자료를 이용하여 ㈜한국의 20×2년도 법인세비용을 계산해 보기로 하자.

① 당기법인세의 계산

당기법인세 = ₩97,500×22% = ₩21,450

② 이연법인세자산(부채)의 당기 말 잔액 계산

세무조정 항목	20×2년 말 일시적차이 잔액	일시적차이 소멸		20×2년 말 이연법인세
		20×2년	20×3년	
일시적차이 B	1,500	(1,500)	–	300(자산)(1)
일시적차이 C	(8,000)	4,000	4,000	1,640(부채)(2)
적용세율		20%	21%	

(1) ₩1,500×20% = ₩300

(2) ₩4,000×20% + 4,000×21% = ₩1,640

③ 법인세비용의 결정

법인세비용 = 당기법인세 − 이연법인세자산 증가 + 이연법인세부채 증가

= ₩21,450 − (300 − 630) + (1,640 − 1,320) = ₩22,100

관련 분개는 다음과 같다.

(차) 법 인 세 비 용	21,450	(대) 당 기 법 인 세 부 채	21,450
(차) 법 인 세 비 용	330	(대) 이 연 법 인 세 자 산	330
(차) 법 인 세 비 용	320	(대) 이 연 법 인 세 부 채	320

2.2 이연법인세자산의 인식조건

지금까지 설명한 내용은 보고기간 말 현재 가산할 일시적차이가 있으면 이연법인세부채를, 차감할 일시적차이가 있으면 이연법인세자산을 인식한다는 것이다. 그런데 이연법인세자산을 인식할 때에는 미래에 법인세부담액을 절감할 가능성이 높은지의 여부를 고려해야 한다. 본절에서는 여기에 대해서 설명하기로 한다.

(1) 차감할 일시적차이

차감할 일시적차이에 대해서 이연법인세자산을 인식하는 이유는 미래의 법인세부담액을 절감할 것이라는 기대가 있기 때문이다. 그런데 차감할 일시적차이가 소멸할 미래의 기간에 당기순손실이 발생하여 어차피 부담할 법인세가 없다면 차감할 일시적차이가 미래의 법인세부담액을 줄이는 효과를 갖는다고 보기 어렵다. 따라서 차감할 일시적차이에 대해서 무조건 이연법인세자산을 인식하는 것이 아니라 차감할 일시적차이가 사용될 수 있는 미래 과세소득의 발생가능성이 높은 경우에만 이연법인세자산을 인식한다.

미래에 당기순손실이 계속 발생하여 설령 가산할 일시적차이를 반영하더라도 과세소득이 음의 값 즉, 결손금이 발생할 가능성이 높다면, 차감할 일시적차이에 대해서 이연법인세자산을 인식하지 않아야 한다. 반면에 가산할 일시적차이에 대해서는 미래 과세소득의 발생가능성을 고려하지 않고 이연법인세부채를 인식한다.

(2) 미사용 세무상 결손금 및 미사용 세액공제

특정 연도에 세무조정 결과 과세소득이 음의 값을 가지면 결손금이 발생하였다고 한다. 좀 더 정확하게 표현하면 세무상 결손금이 발생한 것인데, 회계상 결손금과 차이가 있다. 회계상 결손금은 당기순손익의 누적액이 음의 값을 갖는 것이고, 세무상 결손금은 회계이익에 세무조정 항목을 반영한 과세소득이 음의 값을 갖는 것이다.

특정 연도에 세무상 결손금이 발생하면 기업은 당기법인세를 부담하지 않는다. 그리고 세무상 결손금을 차기로 이월하여 차기 과세소득을 계산할 때 공제할 수 있다. 예를 들어, 20×1년 말에 세무상 결손금 ₩1,000이 발생하였다면 20×1년에 납부할 법인세는 없으며 세무상 결손금을 20×2년으로 이월한다. 만약 20×2년의 세무조정 결과 ₩700의 과세소득이 산출되었다면 전기이월 세무상 결손금 ₩1,000 중 ₩700을 공제하여 최종 과세소득은 ₩0이 되고, 미사용 세무상 결손금(unused tax losses) ₩300은 20×3년으로 이월하여 공제할 수 있다. 이러한 과정을 결손금의 이월공제라고 한다.[6]

한편, 세금혜택을 부여하는 조세정책 중에 세액공제 제도가 있다. 세액공제는 산출세액에서 일정액을 공제하기 때문에 그만큼 법인세부담액을 줄일 수 있다. 그런데 특정 연도에 산출세액보다 세액공제가 더 많은 경우 공제하지 못한 세액공제(unused tax credits)가 생기는데, 이를 차기로 이월하여 차기 이후 산출세액에서 차감할 수 있다.

특정 연도 말에 미사용 세무상 결손금이나 미사용 세액공제가 있다면 미래의 법인세부담액

---

6) 우리나라 법인세법에서는 결손금이 발생할 경우 발생 연도부터 15년 이내의 기간에 이월공제할 수 있다.

을 절감할 것이므로 이연법인세자산의 인식 대상이 된다. 그러나 전술한 차감할 일시적차이의 경우와 마찬가지로 당기 말 현재 미사용 세무상 결손금이나 미사용 세액공제가 미래의 법인세부담액을 줄이려면 미래에 충분한 과세소득이 발생하여야 한다. 따라서 미사용 세무상결손금과 미사용세액공제가 사용될 수 있도록 미래 과세소득의 발생가능성이 높은 경우 그 범위 안에서 미사용 세무상 결손금과 미사용세액공제에 대하여 이연법인세자산을 인식한다. 다만, 미사용 세무상 결손금에 대해서는 미래 세율을 곱하여 이연법인세자산을 인식하는 반면, 미사용 세액공제는 해당 금액 그대로 이연법인세자산을 인식한다는 점에 차이가 있다.

(3) 이연법인세자산에 대한 재검토

회사는 매 보고기간 말에 인식되지 않은 이연법인세자산에 대한 재검토를 해야 한다. 미래 과세소득에 의해 이연법인세자산이 회수될 가능성이 높아졌다면 그 범위까지 과거에 인식하지 않은 이연법인세자산을 인식한다. 또한 이미 인식한 이연법인세자산에 대해서도 재검토를 하여 미래 과세소득의 발생가능성이 낮아졌다면 이연법인세자산을 감소시키는 회계처리를 한다. 이러한 회계처리는 회계추정치 변경에 해당한다. 재검토를 통한 이연법인세자산의 장부금액 조정은 법인세비용에 반영한다.

앞에서 설명했던 (예 4)에서 차감할 일시적차이 ₩3,000에 대하여 이연법인세자산 ₩630을 인식하였다. (예 4)에서 "㈜한국의 차기 이후 과세소득은 20×1년도의 과세소득과 크게 다르지 않을 것이라고 예상된다"는 자료는 차감할 일시적차이가 미래 법인세부담액을 감소시킬 정도로 충분한 과세소득이 발생할 것으로 예상된다는 의미이므로 이연법인세자산을 제한 없이 인식했던 것이다.

예 5 이연법인세자산의 인식

㈜한국의 20×1년도 법인세와 관련된 자료는 다음과 같다.

구분	금액
회계이익	(−)₩10,000
세무조정	
일시적차이	2,000
기타의 차이	1,000
과세소득	(−)₩7,000

20×1년과 20×2년 이후 적용될 세율이 모두 20%라고 가정하고 20×1년도 법인세비용을 계산해 보자. 단, 전기이월 일시적차이는 없다.

① 당기법인세의 계산

20×1년도 과세소득은 음수이므로 당기법인세는 ₩0이다.

② 이연법인세자산(부채)의 당기 말 잔액의 계산

20×1년 말 현재 ₩2,000의 차감할 일시적차이와 ₩7,000의 세무상 결손금이 있다. 두 항목 모두 차기 이후 법인세부담액을 절감할 효과가 있으므로 이연법인세자산의 인식 대상이다.

만약에 차기 이후에도 당기순손실이 계속 발생하여 20×1년 말 현재 차감할 일시적차이와 세무상 결손금이 사용될 수 있는 충분한 과세소득이 발생하지 않을 것으로 예상된다면 이연법인세자산을 인식할 수 없다.

반면에 차기 이후에는 당기순이익이 발생하여 20×1년 말 현재 차감할 일시적차이와 세무상 결손금이 사용될 수 있는 충분한 과세소득이 발생할 것으로 예상된다면 다음과 같이 이연법인세자산을 인식한다.

₩2,000(차감할 일시적차이 잔액)×20% + 7,000(세무상 결손금)×20% = ₩1,800

만약에 차기 이후에 당기순이익이 발생하긴 하지만 20×1년 말 현재 차감할 일시적차이 전부와 세무상 결손금의 60%가 사용될 수 있는 정도의 과세소득이 발생할 것으로 예상된다면 다음과 같이 이연법인세자산을 인식한다.

₩2,000(차감할 일시적차이 잔액)×20% + 7,000(세무상 결손금)×60%×20% = ₩1,240

당기순손실이 발생한 기업이 세무상 결손금에 대해서 이연법인세자산을 인식하면 음의 법인세비용 즉, 법인세수익을 인식하게 되어 법인세비용차감전순손실보다 당기순손실이 작아진다. (예 4)에서 ㈜한국이 20×1년 말에 ₩1,800의 이연법인세자산을 인식했다면 손익계산서에 법인세비용차감전순손실은 ₩10,000이지만 법인세수익 ₩1,800을 인식하므로 당기순손실은 ₩8,200으로 표시된다.

이연법인세자산 및 부채의 인식 예외, 최초 인식 예외, 단일거래에서 생기는 자산과 부채에 관련되는 이연법인세, 당기손익 이외의 항목으로 인식하는 당기법인세와 이연법인세 및 재무제표 표시 등은 중급회계에서 설명한다.

연 / 습 / 문 / 제

01 이연법인세에 대한 다음의 물음에 답하시오.

물음

1. 회계이익과 과세소득의 차이 중 일시적차이에 대해서만 이연법인세를 인식하는 이유는 무엇인가?
2. 이연법인세자산과 이연법인세부채는 '개념체계'의 자산 및 부채의 정의에 부합하는가?
3. 이연법인세 회계를 적용하면 회계정보의 유용성이 높아지는가?

해답

물음 1

회계이익과 과세소득의 차이는 크게 일시적차이와 기타의 차이로 구분할 수 있다. 일시적차이는 당기의 과세소득 계산 과정에서 회계이익에 가산하거나 회계이익에서 차감한 항목으로서 차기 이후의 과세소득 계산 과정에서 반대 방향으로 조정되어 소멸하는 항목을 말한다. 이에 반하여 기타의 차이는 당기의 과세소득 계산 과정에서 회계이익에 가산하거나 회계이익에서 차감하더라도 차기 이후의 과세소득 계산 과정에 반대 방향으로 조정되지 않는 항목을 말한다. 일시적차이는 당기의 과세소득에 영향을 미치지만 차기 이후의 과세소득에도 영향을 미치기 때문에 차기 이후 법인세를 추가 부담하거나 차기 이후 법인세를 절감할 효과를 갖는다. 따라서 일시적차이에 대해서만 이연법인세를 인식하는 것이다.

물음 2

'개념체계'에서 자산은 과거사건의 결과로 기업이 통제하는 현재의 경제적 자원으로 정의하고, 부채는 과거사건의 결과로 기업이 경제적 자원을 이전해야 하는 현재의무로 정의한다. 이연법인세자산은 당기 말 현재 일시적차이가 차기 이후 과세소득 계산 과정에서 차감되어 미래에 부담할 법인세를 감소시킬 효과를 갖기 때문에 당해 회사만이 그 효과를 통제하는 경제적 자원에 해당된다. 따라서 이연법인세자산은 '개념체계'의 자산의 정의에 부합한다. 또한 이연법인세부채는 당기 말 현재 일시적차이가 차기 이후 과세소득 계산 과정에서 가산되어 미래에 부담할 법인세를 증가시킬 효과를 갖기 때문에 법인세를 추가 납부함으로써 경제적 자원을 이전해야 할 의무를 현재 부담한다. 따라서 이연법인세부채는 '개념체계'의 부채의 정의에 부합된다.

물음 3

회계이익과 과세소득의 차이 중 일시적차이로 인하여 당기법인세는 변동되지만 이연법인세회계를 적용하면 일시적차이로 인한 당기순이익의 변동을 제거할 수 있으므로 당기순이익의 정보 유용성이 높아진다. 또한 포괄손익계산서에 이연법인세자산 및 이연법인세부채가 인식함으로써 미래 법인세 관련 현금흐름을 현금흐름을 예측하는 데 유용한 정보를 제공할 수 있다.

02 갑회사는 20×1년에 설립된 회사이다. 다음은 20×1년도 세무조정과 관련된 자료이다.

회계이익	₩500,000
가산할 일시적차이	₩100,000(20×2년과 20×3년에 1/2씩 소멸 예정)
기타의 차이	₩30,000

물음

1. 20×1년도 당기법인세를 계산하라. 단, 세율은 20%이다.
2. 20×1년도 법인세비용을 계산하라. 단, 당기와 미래 세율은 모두 20%이다.
3. (물음 2)와 관계없이 20×1년 말에 세법이 개정되어 20×2년 적용 세율은 22%, 20×3년 적용 세율은 25%로 조정되었다. 20×1년도 법인세비용을 계산하라.

해답

물음 1

당기법인세 = (₩500,000 − 100,000* + 30,000) × 20% = ₩86,000

* 가산할 일시적차이 ₩100,000은 당기 세무조정 과정에서 차감 조정하였다는 의미이다.

물음 2

이연법인세부채 = 가산할 일시적차이 × 미래 세율

= ₩100,000 × 20% = ₩20,000

법인세비용 = ₩86,000 + 20,000 = ₩106,000

참고로 분개를 제시하면 다음과 같다.

(차) 법 인 세 비 용	86,000	(대) 당 기 법 인 세 부 채	86,000
(차) 법 인 세 비 용	20,000	(대) 이 연 법 인 세 부 채	20,000

물음 3

이연법인세부채 = 가산할 일시적차이×미래 세율

= ₩50,000×22% + 50,000×25% = ₩23,500

법인세비용 = ₩86,000 + 23,500 = ₩109,500

참고로 분개를 제시하면 다음과 같다.

(차) 법 인 세 비 용	86,000	(대) 당 기 법 인 세 부 채	86,000
(차) 법 인 세 비 용	23,500	(대) 이 연 법 인 세 부 채	23,500

03 ㈜한강의 20×1년과 20×2년도 세무조정과 관련된 자료는 다음과 같다.

구분	20×1년	20×2년	비고
회계이익	₩100,000	₩90,000	
세무조정			
일시적차이 a	(30,000)	15,000	20×2년과 20×3년에 ₩15,000씩 소멸 예정
일시적차이 b		(10,000)	20×3년에 소멸 예정
기타의 차이	5,000	6,000	
과세소득	₩75,000	₩101,000	

20×1년 당기법인세 계산에 적용할 세율은 25%인데, 20×1년 중에 세법이 개정되어 20×3년 당기법인세 계산부터 적용할 세율이 22%로 변경되었다.

물음

1. 20×1년도 법인세비용과 재무상태표에 표시될 당기법인세 및 이연법인세의 잔액을 계산하라. 단, 전기이월 일시적차이는 없다.
2. 20×2년도 법인세비용과 재무상태표에 표시될 당기법인세 및 이연법인세의 잔액을 계산하라.

(해답)

물음 1

당기법인세부채＝₩75,000×25%＝₩18,750

일시적차이 잔액＝₩30,000 → 가산할 일시적차이이므로 이연법인세부채 인식

이연법인세부채＝₩15,000(20×2년 소멸 예정)×25%＋15,000(20×3년 소멸 예정)×22%
＝₩7,050

법인세비용＝₩18,750＋7,050＝₩25,800

물음 2

당기법인세부채＝₩101,000×25%＝₩25,250

일시적차이 잔액＝₩15,000(전기이월 미소멸 일시적차이)＋10,000(당기발생 일시적차이)
＝₩25,000 → 가산할 일시적차이이므로 이연법인세부채 인식

이연법인세부채＝₩25,000×22%＝₩5,500

법인세비용＝₩25,250＋(5,500－7,050)＝₩23,700

04 ㈜금강의 20×1년과 20×2년도 세무조정과 관련된 자료는 다음과 같다.

구분	20×1년	20×2년	비고
회계이익	(－)₩30,000	₩15,000	
세무조정			
일시적차이a	10,000	(10,000)	20×2년에 모두 소멸
일시적차이b		(8,000)	20×3년에 소멸 예정
기타의 차이	3,000	1,000	
과세소득	(－)₩17,000	(－)₩2,000	

20×1년 당기법인세 계산에 적용할 세율은 22%인데, 20×1년 중에 세법이 개정되어 20×2년 당기법인세 계산부터 적용할 세율이 20%로 변경되었다.

(물음)

1. 20×1년의 포괄손익계산서에 표시될 당기순손익은 얼마인가? 단, 전기이월 일시적차이는 없으며, 차감할 일시적차이와 세무상 결손금의 미래 실현가능성은 높다고 판단하였다.

2. 20×2년의 포괄손익계산서에 표시될 당기순손익은 얼마인가? 단, 차감할 일시적차이와 세무상 결손금의 미래 실현가능성은 높다고 판단하였다.

해답

물음 1

과세소득이 음수이므로(세무상 결손금 ₩17,000이 발생하였으므로) 당기법인세는 없다.

일시적차이a는 차감할 일시적차이이다. 차감할 일시적차이와 세무상 결손금의 미래 실현가능성이 높다고 하였으므로 이연법인세자산을 인식한다.

이연법인세자산 잔액＝(₩10,000＋17,000)×20%＝₩5,400

법인세비용＝(－)₩5,400(법인세수익임)

당기순손실＝(－)₩30,000＋5,400＝(－)₩24,600

법인세비용 인식 분개는 다음과 같다.

(차) 이연법인세자산	5,400	(대) 법인세비용	5,400

20×1년 말 세무상 결손금 ₩17,000은 20×2년 과세소득 계산 시 공제되지 않았으며, 20×2년에도 세무상 결손금이 ₩2,000 발생하였으므로 20×2년 말 세무상 결손금 잔액은 ₩19,000이다. 세무상 결손금의 미래 실현가능성이 높다고 하였으므로 이연법인세자산을 인식한다.

물음 2

과세소득이 음수이므로(세무상 결손금 ₩2,000이 발생하였으므로) 당기법인세는 없다.

일시적차이b ₩8,000은 가산할 일시적차이이므로 이연법인세부채를 인식한다. 세무상 결손금 잔액 ₩19,000의 미래 실현가능성이 높다고 하였으므로 이연법인세자산을 인식한다.

이연법인세자산 잔액＝(₩17,000＋2,000)×20%＝₩3,800

이연법인세부채 잔액＝₩8,000×20%＝₩1,600

법인세비용＝(－)(₩3,800－5,400)＋1,600＝₩3,200

당기순이익＝₩15,000－3,200＝₩11,800

법인세비용 인식 분개는 다음과 같다.

(차) 법인세비용	1,600	(대) 이연법인세자산	1,600(1)
(차) 법인세비용	1,600	(대) 이연법인세부채	1,600

(1) ₩3,800(20×2년 말 이연법인세자산 잔액)－5,400(20×1년 말 이연법인세자산 잔액)＝(－)₩1,600

제 15 장

주당이익

1 주당이익의 의의와 종류

1.1 주당이익의 의의

재무제표 이용자가 기업의 성과를 평가하고 미래의 주가 상승 여부를 예측하는 데 일반적으로 사용하는 지표 중의 하나가 주당이익이다. 주당이익(earnings per share, EPS)은 보통주 1주에 귀속될 당기순이익을 의미한다.

예를 들어, 갑회사의 당기순이익은 10억 원이고 동종업계의 경쟁기업인 을회사의 당기순이익은 20억 원이라고 하자. 당기순이익의 절댓값만 비교하여 갑회사보다 을회사의 경영성과가 더 양호하다고 결론짓기는 어렵다. 갑회사의 총자산은 100억 원이고 을회사의 총자산은 500억 원이라면 총자산 대비 당기순이익의 비율(ROA, return on assets)은 갑회사가 10%인데 반해 을회사는 4%에 불과하므로 갑회사가 을회사보다 더 효율적으로 경영을 했다고 볼 수 있다.

그런데 갑회사의 주당이익이 ₩200이고 을회사의 주당이익이 ₩400이라면 을회사의 주당이익이 갑회사보다 2배 더 많으므로 을회사의 수익력이 더 높다고 평가할 수 있을까? 후술하겠지만 주당이익은 당기순이익을 유통보통주식수로 나눈 수치인데, 회사가 주식을 많이 발행하여 유통보통주식수가 많으면 주당이익은 낮은 금액으로 계산될 것이다. 제11장에서 주식병합 또는 주식분할을 설명하였는데, 만약 주당이익이 ₩200인 기업이 보통주 2주를 1주로 병합(액면금액이 2배가 됨)했다면 주당이익은 ₩400이 될 것이고, 보통주 1주를 2주로 분할(액면금액이 1/2이 됨)했다면 주당이익은 ₩100이 될 것이다. 따라서 어느 기업의 주당이익의 절댓값이나 다른 기업의 주당이익과의 비교는 의미가 없다.

주당이익은 주가와 비교하여야 그 의미를 찾을 수 있다. 일반적으로 특정 주식의 현재 가격은 기업의 현재 순자산의 가치와 미래의 수익력이 반영되어 있다고 본다. 미래에도 지속적으로 이익을 창출할 것으로 기대된다면 주가는 주당이익보다 높게 형성될 것이다. 이때 주가를 주당이익으로 나눈 주가이익비율(PER, price-earning ratio)이라는 지표가 흔히 사용된다. 어떤 기업의 PER이 전년도 또는 경쟁기업에 비해서 높다면 시장에서 이 기업의 미래 이익창출 능력을 낙관적으로 평가하고 있다고 해석할 수 있다.

주당이익을 이용한 또 다른 지표로는 배당성향(dividend payout)이 있다. 배당성향은 주당배당금을 주당이익으로 나눈 지표이다. 예를 들어, 주당배당금이 ₩1,000이며, 주당이익이 ₩5,000이라면 배당성향은 20%이다. 이는 당기순이익 중 20%를 보통주주에게 배당하였음을 의미한다. 일반적으로 투자자들은 배당성향이 높은 회사를 더 선호한다. 그러나 배당성향이 너무 높으면 미래의 재투자에 필요한 내부유보자금이 부족할 수도 있다. 이와 같이 주당이익은 다른 지표들과 함께 기업을 평가하는 데 중요한 역할을 한다.

기업이 조달한 자금은 크게 타인자본과 자기자본으로 구분할 수 있으며, 자기자본은 다시 보통주자본과 우선주자본[1]으로 나눌 수 있다. 주당이익은 기업의 잔여재산 배분에 있어서 가장 후순위인 보통주주에게 귀속될 당기순손익을 말한다. 따라서 타인자본 공급자인 채권자에게 귀속될 이자비용과 우선주자본 공급자인 우선주주에게 귀속될 우선주배당금을 당기순손익에서 차감한 금액에 기초하여 주당이익을 계산한다. 그런데 당기순손익은 이미 이자비용이 차감된 후의 금액이므로 당기순손익에서 우선주배당금을 차감하면 보통주주에게 귀속될 당기순손익(이를 '보통주 귀속 당기순손익'이라 함)이 도출된다. 그리고 보통주 귀속 당기순손익을 가중평균 유통보통주식수로 나누면 다음과 같이 보통주 1주에 귀속될 당기순손익 즉, 주당이익을 계산할 수 있다.

$$\text{주당이익} = \frac{\text{당기순손익} - \text{우선주배당금}}{\text{가중평균 유통보통주식수}} = \frac{\text{보통주 귀속 당기순손익}}{\text{가중평균 유통보통주식수}}$$

증자나 감자 등 다양한 자본거래가 발생할 수 있으므로 유통보통주식수는 회계기간 중에 변동될 수 있다. 따라서 주당이익을 계산할 때 분모의 유통보통주식수는 가중평균한 주식수를 이용한다. 가중평균 유통보통주식수의 계산 과정은 2.3절에서 설명한다.

1.2 주당이익의 종류

주당이익은 기본주당이익과 희석주당이익으로 구분된다. 기본주당이익(basic EPS)은 특정 회계기간에 실제 유통 중인 보통주식수에 기초하여 계산한 주당이익을 말한다. 일반적으로 주당이익이라고 하면 기본주당이익을 의미한다.

기업은 보통주로 전환될 수 있는 전환우선주, 전환사채, 신주인수권 등을 발행하기도 하는데, 이러한 금융상품을 잠재적보통주라고 한다. 잠재적보통주는 아직 유통보통주에 포함되지는 않았지만 언제든지 보통주로 전환될 경우 유통보통주식수를 증가시켜 기본주당이익을 감소시킬 수 있는 잠재력이 있다.

---

1) 제11장에서 설명한 바와 같이 우선주(preference shares)는 배당이나 잔여재산 배분에 있어 보통주(ordinary shares)보다 선순위에 있다. 보통주는 다른 모든 종류의 지분상품보다 후순위인 지분상품을 말한다.

희석주당이익(diluted EPS)은 특정 회계기간에 잠재적보통주가 모두 보통주로 전환되었다고 가정하고 다시 계산한 주당이익을 말한다. 희석주당이익은 잠재적보통주를 발행한 기업이 기본주당이익에 추가하여 공시하는 주당이익으로서 기업의 주당이익이 잠재적보통주로 인하여 더 낮아질 수 있다는 정보를 제공한다.

기준서 제1118호의 적용 사례에서 예시하는 손익계산서의 양식을 보면, 당기순이익 하단에 기본주당이익과 희석주당이익을 다음과 같이 표시하도록 규정하고 있다.

손익계산서

회사명 (단위 : 원)

과목	20×2년	20×1년
	(중략)	
당기순이익	×××	×××
주당이익		
기본	××	××
희석	××	××

2 기본주당이익

2.1 보통주 귀속 당기순손익(분자 계산)

전술한 바와 같이 기본주당이익은 보통주 귀속 당기순손익을 가중평균 유통보통주식수로 나누어 계산한다. 계산식을 다시 제시하면 다음과 같다.

$$\text{기본주당이익} = \frac{\text{당기순손익} - \text{우선주배당금}}{\text{가중평균 유통보통주식수}} = \frac{\text{보통주 귀속 당기순손익}}{\text{가중평균 유통보통주식수}}$$

기본주당이익의 분자를 보면 당기순손익에서 우선주배당금을 차감하는데, 이는 채권자와 우선주주에게 귀속되는 금액을 모두 차감한 잔여이익이 보통주주에게 배분되는 것으로 이해하면 될 것이다. 채권자에 귀속될 이자는 이미 당기순손익을 계산할 때 이자비용으로 차감되었으므로 우선주배당금만 추가로 차감하면 보통주 귀속 당기순손익을 계산할 수 있다.

이때 우선주의 성격에 따라 차감할 금액이 달라질 수 있다. 제11장 2.2절에서 우선주를 누적적 우선주와 비누적적 우선주로 구분한 바 있다. 비누적적 우선주의 경우에는 당해 회계기간과 관련하여 배당결의가 된 배당금을 차감한다. 따라서 비누적적 우선주를 발행한 기업이 특정 보고기간에 배당결의를 하지 않았다면 보통주 귀속 당기순손익을 계산할 때 차감할 우선주배당금은 없다. 그러나 누적적 우선주의 경우에는 배당결의 여부와 관계없이 당해 회계기간과 관련한 배당금을 차감한다. 따라서 배당가능이익이 부족하여 배당을 하지 못했더라도 매년 해당 연도 배당금을 차감하여 보통주 귀속 당기순손익을 계산한다.

그 밖에 할증배당우선주, 재매입한 우선주, 전환우선주의 유도 전환 등이 있는 경우 보통주 귀속 당기순손익의 계산은 중급회계에서 설명한다.

2.2 가중평균유통보통주식수(분모 계산)

주당이익은 보통주 귀속 당기순손익을 유통보통주식수로 나누어 계산한다. 발행주식수와 유통주식수는 동일할 수도 있지만 다를 수도 있다. 예를 들어, 회사가 1,000주를 발행한 상태에서 100주를 재매입하여 자기주식으로 보유하고 있다면 발행주식수는 1,000주이나, 유통주식수는 900주이다. 주당이익은 발행주식수가 아니라 유통주식수에 기초하여 계산한다는 점에 유의하여야 한다.

일반적으로 회계기간 중에 여러 가지 이유로 유통보통주식수가 변동할 수 있다. 예를 들어, 증자나 감자, 자기주식의 취득이나 처분, 주식배당, 주식분할 등이 있는 경우 유통보통주식수가 증가 또는 감소할 수 있다. 이렇게 회계기간 중에 유통보통주식수가 변동할 경우 이를 적절하게 가중평균해야 하는데, 이를 가중평균유통보통주식수(weighted average number of ordinary shares outstanding)라고 한다.

기준서에서는 일수(number of days)에 기초하여 가중평균하되, 합리적 근사치도 사용할 수 있도록 규정하고 있다. 본장에서는 계산의 편의를 위해 월초에 유통주식수가 변동되는 것으로 하고, 월수에 기초하여 가중평균하는 방법으로 설명한다.[2)]

(1) 가중평균방법

유통보통주식수를 가중평균할 때 두 가지 방법을 사용할 수 있다. 다음의 (예 1)을 통하여 가중평균하는 방법을 설명하기로 한다.

---

2) 외부 시험에서도 모두 가중평균을 월할계산하는 방식으로 문제가 출제된다.

예 1 유통보통주식수의 가중평균방법

결산일이 12월 31일인 갑회사의 기초유통보통주식수가 100주이고 4월 1일에 20주의 유상증자가 있는 경우 다음의 두 가지 방법에 따라 당해연도 가중평균유통보통주식수를 계산할 수 있다.

〈방법 1〉

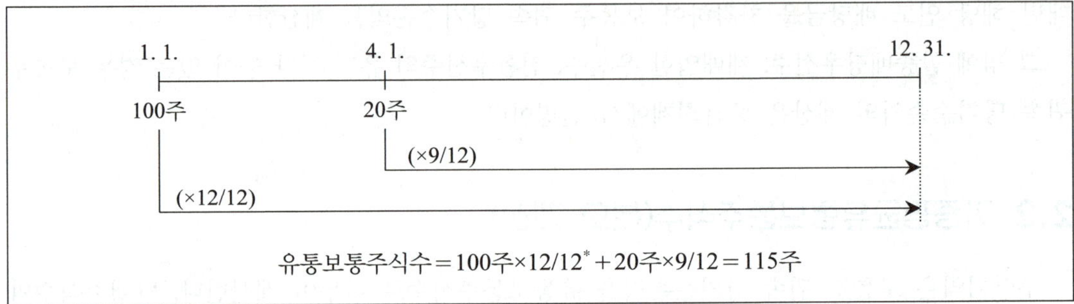

유통보통주식수 = 100주×12/12* + 20주×9/12 = 115주

* 실제 계산 과정에서 굳이 12/12를 곱할 필요는 없으며, 다만 기초시점의 100주에 대해서는 항상 12개월의 가중치를 적용한다는 의미에서 본장에서는 12/12를 표시하였다.

〈방법 2〉

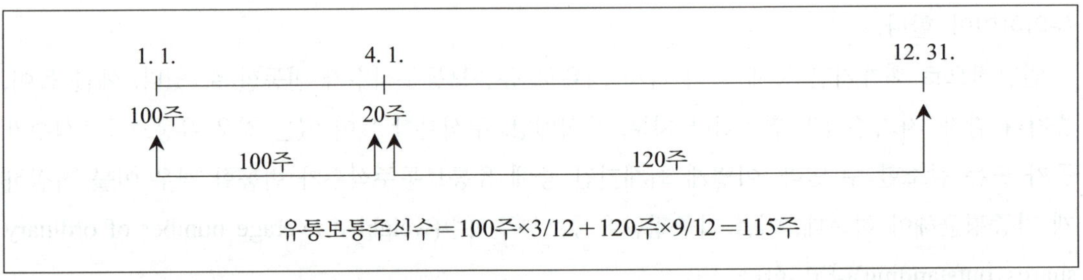

유통보통주식수 = 100주×3/12 + 120주×9/12 = 115주

(예 1)의 <방법 1>은 기초주식수와 기중의 변동주식수별로 기초 또는 변동 시점부터 기말 시점까지의 기간을 가중평균하는 방법이고, <방법 2>는 주식의 각 유통기간별로 가중평균하는 방법이다. 어떻게 계산하든 결과는 동일한데, 본장에서는 <방법 1>에 기초하여 풀이를 제시한다.

본장에서는 유상증자, 무상증자, 자기주식 취득 및 처분으로 인하여 유통보통주식수가 변동하는 경우에 국한하여 어떻게 가중평균 주식수를 계산하는지 설명하며, 그 이외의 경우에 의해 유통보통주식수가 변동하는 경우는 중급회계에서 설명한다.

(2) 순자산 변동을 수반하는 주식수 변동 시 가중평균방법

유상증자나 자기주식의 취득 및 처분이 발생할 경우 그 시점에 순자산이 변동한다. 따라서 유상증자가 발생한 날 또는 자기주식을 취득(또는 처분)한 날부터 주식수 변동의 영향을 반영하여 가중평균유통보통주식수를 계산한다.

예 2 순자산 변동을 수반하는 주식수 변동 시 가중평균유통보통주식수 계산

〈경우 1〉

결산일이 12월 31일인 갑회사의 20×1년 초 발행보통주식수와 유통보통주식수는 모두 1,000주인데, 4월 1일에 10%의 유상증자(공정가치 유상증자임)를 하였다.

〈경우 2〉

결산일이 12월 31일인 을회사의 20×1년 초 유통보통주식수는 1,000주이고, 4월 1일에 100주의 자기주식을 취득하였으며, 10월 1일에 자기주식 20주를 매각하였다.

〈경우 3〉

결산일이 12월 31일인 병회사의 20×1년 초 현재 발행보통주식수는 1,000주이고, 20×0년에 취득한 자기주식 100주를 보유하고 있다. 을회사는 7월 1일에 자기주식 70주를 매각하였다.

위의 3가지 경우 20×1년 말에 기본주당이익을 계산할 때 가중평균유통보통주식수를 각각 계산하면 다음과 같다.

〈경우 1〉

유통보통주식수에 4월 1일부터 10% 유상증자 주식수 100주 증가 반영

가중평균유통보통주식수 = 1,000주 + 100주×9/12 = 1,075주

공정가치 미만으로 유상증자를 할 경우에는 가중평균유통보통주식수의 계산이 좀 더 복잡하므로 중급회계에서 설명한다.

〈경우 2〉

유통보통주식수에 4월 1일부터 100주 감소, 10월 1일에 20주 증가 반영

가중평균유통보통주식수 = 1,000주 − 100주×9/12 + 20주×3/12 = 930주

〈경우 3〉

과년도에 취득하여 보유 중인 자기주식 100주를 기초 유통보통주식수 계산에서 차감한다. 기초 발행보통주식수가 1,000주이므로 기초 유통보통주식수는 자기주식 100주를 차감한 900주이다.

가중평균유통보통주식수 = 900주 + 70주×6/12 = 935주

(3) 순자산 변동을 수반하지 않는 주식수 변동 시 가중평균방법

보고기간 중에 무상증자나 주식배당, 주식분할 등이 발생하면 유통보통주식수가 증가하지만 순자산의 변동을 가져오지는 않는다. 제11장에서 설명한 바와 같이 무상증자란 자본잉여금이나 이익잉여금 중 법정적립금을 자본금으로 전입하는 것이므로 순자산의 변동이 없으며, 주식배당은 미처분이익잉여금을 자본금으로 전입하는 것이므로 역시 순자산의 변동이 없다. 또한 주식분할은 예를 들어, 액면금액 ₩1,000의 1주를 액면금액 ₩100의 10주로 분할하는 것이므로 이 경우에도 순자산의 변동은 없다.

무상증자 등으로 인하여 유통보통주식수가 증가하더라도 이 시점부터 회사의 순자산에 달라진 것은 아무 것도 없다. 따라서 무상증자, 주식배당, 주식분할이 보고기간 중에 발생하더라도 기초에 발생한 것으로 간주하여 유통보통주식수를 가중평균한다.

예 3 순자산 변동을 수반하지 않는 주식수 변동 시 가중평균유통보통주식수 계산

〈경우 1〉
결산일이 12월 31일인 갑회사의 20×1년 초 유통보통주식수(발행주식수와 동일)는 1,000주인데, 4월 1일에 10%의 무상증자를 하고, 10월 1일에 80주의 주식배당을 실시하였다.

〈경우 2〉
결산일이 12월 31일인 을회사의 20×1년 초 유통보통주식수는 1,000주이고, 4월 1일에 300주를 유상증자(공정가치 유상증자임)를 하였으며, 10월 1일에 보통주 1주를 2주로 분할하였다.

위의 2가지 경우 20×1년 말에 기본주당이익을 계산할 때 가중평균유통보통주식수를 각각 계산하면 다음과 같다.

〈경우 1〉
4월 1일 10% 무상증자로 증가한 100주와 10월 1일 주식배당으로 증가한 80주 모두 1월 1일에 증가한 것으로 간주하여 가중평균에 반영한다.
가중평균유통보통주식수＝1,000주＋100주＋80주＝1,180주

〈경우 2〉
주식분할이 없었다면 4월 1일 유상증자로 증가한 300주는 4월 1일부터 가중평균에 반영한다. 그러나 10월 1일에 보통주 1주를 2주로 주식분할을 함으로써 1,300주가 2,600주로 증가하는데, 10월 1일 증가한 1,300주 중 1,000주는 1월 1일부터 증가한 것으로 간주하고, 300주는 4월 1일부터 증가한 것으로 간주하여 가중평균한다.
가중평균유통보통주식수＝1,000주×2(주식분할 효과)＋300주×2(주식분할 효과)×9/12＝2,450주

예 4 기본주당이익의 계산

20×1년 초 현재 갑회사의 유통보통주식수는 1,000주이고, 유통우선주식수는 200주(액면금액 ₩1,000, 연배당률 5%)이다. 20×1년 당기순이익은 ₩200,000이다. 다음의 각 경우는 독립적이다.

〈경우 1〉

갑회사의 우선주는 비누적적 우선주이며, 20×1년도에 배당 지급에 대한 결의는 아직 이루어지지 않았다. 갑회사는 7월 1일에 10% 무상증자를 하였고, 10월 1일에 20% 유상증자(공정가치 유상증자임)를 하였다.

〈경우 2〉

갑회사의 우선주는 누적적 우선주이며, 직전 연도에 배당가능이익이 부족하여 배당을 지급하지 않았다. 20×1년도 배당 지급에 대한 결의는 아직 이루어지지 않았다. 갑회사는 7월 1일에 20% 유상증자(공정가치 유상증자임)를 하였고, 10월 1일에 10% 무상증자를 하였다.

위의 2가지 경우 20×1년도 기본주당이익을 계산하면 다음과 같다.

〈경우 1〉

(1) 보통주 귀속 당기순이익＝₩200,000(비누적적 우선주의 배당 결의가 이루어지지 않았으므로 우선주배당금을 차감하지 않음)

(2) 7월 1일 무상증자로 증가한 100주는 1월 1일부터 가중평균한다. 한편, 10월 1일 유상증자 20%로 증가하는 220주는 10월 1일부터 가중평균한다.

가중평균유통보통주식수＝(1,000주＋100주)＋220주×3/12＝1,155주

$$기본주당이익 = \frac{₩200,000}{1,155주} = ₩173.2$$

〈경우 2〉

(1) 보통주 귀속 당기순이익＝₩200,000－200주×₩1,000×5%＝₩190,000(누적적 우선주의 경우 배당결의와 관계없이 당해 연도 배당금만 당기순이익에서 차감)

(2) 7월 1일 유상증자로 증가한 200주(1,000주×20%)는 7월 1일부터 가중평균한다. 한편, 10월 1일 무상증자 10%로 120주(1,200주×10%)가 증가하는데, 이 중에서 100주는 기초 보통주에 귀속되므로 1월 1일부터 가중평균하고, 20주는 7월 1일 유상증자 주식수에 귀속되므로 7월 1일부터 가중평균한다.

가중평균유통보통주식수＝(1,000주＋100주)＋(200주＋20주)×6/12＝1,210주

$$기본주당이익 = \frac{₩190,000}{1,210주} = ₩157.02$$

3 희석주당이익

3.1 희석주당이익이란?

회사가 전환우선주나 전환사채와 같이 보통주로 전환될 수 있는 권리를 부여한 금융상품을 발행한 경우 전환우선주나 전환사채는 언제든지 보통주로 전환될 가능성이 있으므로 이러한 금융상품을 잠재적보통주라고 한다. 잠재적보통주가 당기 중에 보통주로 전환되지 않았다면 유통보통주식수가 변동되지 않았을 것이므로 기본주당이익에 영향을 주지 않았을 것이다. 그러나 잠재적보통주가 보통주로 전환되었다면 유통보통주식수가 증가할 것이므로 주당이익은 낮아졌을 것이다.

희석주당이익(diluted EPS)은 잠재적보통주가 모두 보통주로 바뀌었다고 가정하고 다시 계산한 가상의 주당이익을 말한다. 'Diluted'라는 용어에서도 알 수 있듯이 유통보통주식수가 증가하였다고 가정하면 기본주당이익은 '물타기 효과'에 의해서 지금보다 더 낮아질 수 있다.

희석주당이익은 잠재적보통주를 발행한 기업의 기본주당이익이 과대표시될 수 있음을 보여주는 메시지를 정보이용자에게 전달한다. 정보이용자는 기본주당이익뿐만 아니라 희석주당이익의 정보를 함께 제공받음으로써 기업의 보통주 1주당 수익력을 보다 정확하게 분석할 수 있다.

희석주당이익은 잠재적보통주가 보통주로 전환되었다고 가정하고 다음과 같이 기본주당이익 계산식의 분모와 분자를 조정하여 계산한다.

$$\text{희석주당이익} = \frac{\text{당기순손익} - \text{우선주배당금} + \text{조정액}}{\text{가중평균 유통보통주식수} + \text{조정주식수}}$$

위의 희석주당이익 계산식을 보면 기본주당이익 계산식의 분자와 분모에 각각 '조정액'과 '조정주식수'를 추가하는데, 이렇게 분자와 분모에 조정액과 조정주식수를 추가한 결과가 기본주당이익보다 낮아져야 주당이익이 희석이 된 것이다. 그런데 만약 분자와 분모의 조정한 결과가 기본주당이익보다 높아진다면 이는 잠재적 보통주가 반희석 효과(anti-dilution)를 갖는다. 따라서 희석주당이익이 기본주당이익보다 더 높다면 희석주당이익은 기본주당이익과 같은 수치로 본다.

3.2절과 3.3절에서 각각 희석주당이익 계산식의 분자와 분모에 들어가는 조정액과 조정주식수를 어떻게 계산하는지 설명한다. 잠재적보통주에는 전환우선주나 전환사채뿐만 아니라 신주매입권이나 옵션도 포함되는데, 신주매입권이나 옵션을 포함한 희석주당이익의 계산은 다소 복잡하므로 중급회계에서 설명한다. 또한 잠재적보통주가 당기 중에 보통주로 전환된 경우, 잠재적 보통주를 2가지 이상 보유하는 경우 및 조건부발행보통주가 있는 경우의 희석주당이익의 계산도 모두 중급회계에서 설명한다.

3.2 보통주 귀속 당기순손익의 조정(분자 조정)

전환우선주가 보통주로 전환되었다고 가정하면 더 이상 우선주배당금을 지급하지 않을 것이다. 따라서 희석주당이익 계산식의 분자「당기순이익 – 우선주배당금」에서 우선주배당금의 영향을 제거하기 위하여 우선주배당금을 가산하는 조정을 한다.

전환사채가 보통주로 전환되었다고 가정하면 전환사채 이자비용을 인식하지 않았을 것이므로 당기순이익에 포함되어 있는 전환사채 이자비용의 영향을 제거한다. 그런데 예를 들어 전환사채 이자비용이 ₩1,000이고 세율이 20%라면, 전환사채 이자비용 ₩1,000이 법인세비용을 ₩200만큼 감소시키므로 결국 당기순이익은 ₩800만큼 영향을 받는다. 따라서 희석주당이익을 계산할 때 당기순이익에 반영되어 있는 전환사채 이자비용의 세후 금액을 제거하기 위해서 '전환사채 이자비용×(1 – 법인세율)'만큼 당기순이익에 가산하는 조정을 한다.

3.3 조정주식수의 계산(분모 조정)

희석주당이익을 계산할 때 유통보통주에 가산할 조정주식수는 전환우선주나 전환사채가 기초에 보통주로 전환된 것으로 가정할 경우 증가되었을 주식수로 한다. 다만, 당기 중에 발행한 전환우선주나 전환사채의 경우에는 기초에 전환되었다고 가정할 수 없기 때문에 그 발행일에 전환된 것으로 보고 조정주식수를 계산한다.

예 5 희석주당이익의 계산

〈공통 자료〉
결산일이 12월 31일인 갑회사의 20×1년 초 유통보통주식수(발행주식수와 동일)는 1,000주이고, 당기순이익은 ₩60,000이며, 법인세율은 20%이다. 다음 각 경우는 독립적이다.

〈경우 1〉
갑회사의 20×1년 초 현재 유통우선주식수(발행주식수와 동일)는 300주이다. 우선주는 전환우선주로 액면금액이 ₩1,000이고, 배당률은 4%이며, 보통주로의 전환비율은 1 : 1이다. 당기 중에 전환은 없었다.

〈경우 2〉
갑회사는 20×1년 초에 전환사채를 발행하였다. 액면총액은 ₩400,000이고 전환가격은 ₩1,000이다. 전환사채 당기 이자비용은 ₩20,000이고, 당기 중에 전환은 없었다.

위의 2가지 경우 희석주당이익을 계산하면 다음과 같다.

〈경우 1〉

우선주배당금 = 300주×₩1,000×4% = ₩12,000

$$\text{기본주당이익} = \frac{₩60{,}000 - 12{,}000}{1{,}000\text{주}} = ₩48$$

희석주당이익 계산 시 분자조정 : 우선주배당금 ₩12,000 가산

희석주당이익 계산 시 분모조정 : 300주 가산

$$\text{희석주당이익} = \frac{₩60{,}000 - 12{,}000 + 12{,}000}{1{,}000\text{주} + 300} = ₩46.15 < ₩48$$

〈경우 2〉

$$\text{기본주당이익} = \frac{₩60{,}000}{1{,}000\text{주}} = ₩60$$

희석주당이익 계산 시 분자조정 : 세후 전환사채 이자비용 ₩20,000×(1 − 20%) = ₩16,000 가산

희석주당이익 계산 시 분모조정 : ₩400,000÷1,000(전환가격) = 400주 가산

$$\text{희석주당이익} = \frac{₩60{,}000 + 16{,}000}{1{,}000\text{주} + 400} = ₩54.29 < ₩60$$

연 / 습 / 문 / 제

01 갑회사의 20×1년도 주당이익 계산을 위한 자료이다. 자기주식은 없다.

- 기초 보통주 1,000주, 액면금액 ₩500
- 기초 전환우선주 600주(누적적 우선주), 액면금액 ₩500, 전환비율 1 : 1
- 당기순이익 ₩50,000

물음

1. 전환우선주(배당률 4%)에 대해서 전기에 배당을 지급하지 않았으며, 20×1년 말 현재에도 배당지급 결의를 하지 않은 상태이다. 당기 중에 보통주식수의 변동이 없다고 가정하고 기본주당이익과 희석주당이익을 각각 계산하라.
2. (물음 1)과 관련하여 전환우선주 배당률이 8%라고 가정하고 다시 답하라.
3. (물음 1)과 관련하여 전환우선주를 기초부터 보유하고 있던 것이 아니라 20×1년 4월 1일에 발행하였다고 가정하고 다시 답하라.

해답

물음 1

우선주배당금 = 600주×₩500×4% = ₩12,000

누적적 우선주에 대해서 과년도에 배당을 지급하지 않았더라도 배당결의 여부와 관계없이 당해연도 배당금만 차감하여 보통주 귀속 당기순이익을 계산한다.

$$\text{기본주당이익} = \frac{₩50,000 - 12,000}{1,000\text{주}} = ₩38$$

희석주당이익 계산 시 분자조정 : 우선주배당금 ₩12,000 가산

희석주당이익 계산 시 분모조정 : 600주 가산

$$\text{희석주당이익} = \frac{₩50,000 - 12,000 + 12,000}{1,000\text{주} + 600} = ₩31.25 < ₩38$$

물음 2

우선주배당금 = 600주 × ₩500 × 8% = ₩24,000

누적적 우선주에 대해서 과년도에 배당을 지급하지 않았더라도 배당결의 여부와 관계없이 당해연도 배당금만 차감하여 보통주 귀속 당기순이익을 계산한다.

$$기본주당이익 = \frac{₩50{,}000 - 24{,}000}{1{,}000주} = ₩26$$

희석주당이익 계산 시 분자조정 : 우선주배당금 ₩24,000 가산

희석주당이익 계산 시 분모조정 : 600주 가산

$$희석주당이익 = \frac{₩50{,}000 - 24{,}000 + 24{,}000}{1{,}000주 + 600} = ₩31.25 > ₩26 : 반희석$$

따라서 희석주당이익은 기본주당이익과 동일한 ₩31.25이다.

물음 3

우선주배당금 = 600주 × ₩500 × 4% = ₩12,000

$$기본주당이익 = \frac{₩50{,}000 - 12{,}000}{1{,}000주} = ₩38$$

희석주당이익 계산 시 분자조정 : 우선주배당금 ₩12,000 가산

희석주당이익 계산 시 분모조정 : 600주 × 9/12(4월 1일부터 가중평균) = 450주 가산

$$희석주당이익 = \frac{₩50{,}000 - 12{,}000 + 12{,}000}{1{,}000주 + 450} = ₩34.48 < ₩38$$

02 다음은 을회사의 20×1년도 중 보통주와 우선주의 변동사항이다. 보통주와 우선주 모두 액면금액은 ₩1,000이고, 우선주의 배당률은 5%이다. 우선주는 전환우선주(비누적적 우선주)이며 보통주로의 전환비율은 1 : 1이다. 또한 공정가치로 유상증자를 하였다.

	보통주	우선주
20×1년 1월 1일 발행주식수	10,000주	4,000주
4월 1일 20% 유상증자	2,000	800
	12,000주	4,800주

물음

1. 을회사의 20×1년 당기순이익은 ₩1,000,000이며, 20×1년 말에 전환우선주에 대해서 배당률 5%의 배당결의를 하였다. 기본주당이익을 계산하라.

2. 을회사의 20×1년 희석주당이익을 계산하라.

해답

물음 1

우선주배당금 = 4,800주 × ₩1,000 × 5% = ₩240,000

가중평균유통보통주식수 = 10,000주 + 2,000 × 9/12 = 11,500주

$$기본주당이익 = \frac{₩1,000,000 - 240,000}{11,500주} = ₩66.09$$

물음 2

희석주당이익 계산 시 분자조정 : 우선주배당금 ₩240,000 가산

희석주당이익 계산 시 분모조정 : 4,000주 + 800 × 9/12 = 4,600주

당기 중에 발행한 전환우선주는 발행일에 전환된 것으로 간주하여 희석주당이익 계산

$$희석주당이익 = \frac{₩1,000,000 - 240,000 + 240,000}{11,500주 + 4,600} = ₩62.11 < ₩66.09$$

03 다음은 A회사의 20×2년도 중 보통주의 변동사항이다.

		보통주	
1월 1일	발행주식수	10,000주	액면금액 ₩1,000
	자기주식	(1,000)	
4월 1일	자기주식 처분	600	
7월 1일	유상증자(공정가치 유상증자)	800	

A회사는 20×1년에 전환우선주 2,000주(누적적 우선주, 액면금액 ₩1,000, 연배당률 4%)를 발행하였는데, 20×2년 말까지 전환은 없다. 20×2년 당기순이익은 ₩500,000이다.

물음

1. A회사의 20×2년 기본주당이익과 희석주당이익을 각각 계산하라. 단, 전환우선주의 전환비율은 1 : 1이다.
2. (물음 1)에서 전환우선주 1주가 보통주 0.8주로 전환되는 비율이라고 가정하고 20×1년 희석주당이익을 다시 계산하라.

해답

물음 1

우선주배당금 = 2,000주 × ₩1,000 × 4% = ₩80,000

가중평균유통보통주식수 = 9,000주 + 600 × 9/12 + 800 × 6/12 = 9,850주

$$기본주당이익 = \frac{₩500,000 - 80,000}{9,850주} = ₩42.64$$

희석주당이익 계산 시 분자조정 : 우선주배당금 ₩80,000 가산

희석주당이익 계산 시 분모조정 : 2,000주 가산

$$희석주당이익 = \frac{₩500,000 - 80,000 + 80,000}{9,850주 + 2,000} = ₩42.19 < ₩42.64$$

물음 2

희석주당이익 계산 시 분자조정 : 우선주배당금 ₩80,000 가산

희석주당이익 계산 시 분모조정 : 2,000주 × 0.8 = 1,600주

$$희석주당이익 = \frac{₩500,000 - 80,000 + 80,000}{9,850주 + 1,600} = ₩43.67 > ₩42.64 : 반희석$$

따라서 희석주당이익은 기본주당이익과 동일한 ₩42.64이다.

04 다음은 A회사의 20×2년도 중 보통주의 변동사항이다. 4월 1일 유상증자는 공정가치 유상증자이다.

	보통주	
1월 1일 유통주식수	10,000주	액면금액 ₩1,000
4월 1일 20% 유상증자	2,000	
10월 1일 10% 무상증자	1,200	

A회사는 20×2년 7월 1일에 전환사채 액면금액 ₩500,000을 발행하였다. 전환비율은 전환사채 액면금액 ₩1,000당 보통주 1주로 전환된다. 20×2년 전환사채 이자비용은 ₩20,000이며, 당기 중에 전환된 전환사채는 없다. 20×2년 당기순이익은 ₩300,000이고 법인세비율은 20%이다.

물음

A회사의 20×2년 기본주당이익과 희석주당이익을 각각 계산하라.

해답

가중평균유통보통주식수 계산
4월 1일 유상증자 2,000주 증가는 4월 1일부터 가중평균에 포함
10월 1일 무상증자 1,200주 중 1,000주는 1월 1일부터, 200주는 4월 1일부터 가중평균에 포함
가중평균유통보통주식수 = 10,000주 + 1,000 + (2,000 + 200)×9/12 = 12,650주

$$\text{기본주당이익} = \frac{₩300,000}{12,650\text{주}} = ₩23.72$$

희석주당이익 계산 시 분자조정 : 세후 전환사채 이자비용 ₩20,000×(1 − 20%) = ₩16,000 가산
희석주당이익 계산 시 분모조정 : (₩500,000÷1,000)×6/12(7월 1일부터 가중평균 포함) = 250주 가산

$$\text{희석주당이익} = \frac{₩300,000 + 16,000}{12,650\text{주} + 250} = ₩24.50 > ₩23.72 : \text{반희석}$$

따라서 희석주당이익은 기본주당이익과 동일한 ₩23.72이다.

제 16 장

리스

1 리스의 의의

1.1 리스란 무엇인가?

기업이 영업활동에 필요한 자산을 직접 취득하지 않고, 거래상대방으로부터 일정 기간 동안 사용료만 지급하고 당해 자산을 사용하는 경우가 있다. 이러한 거래는 기업이 자산의 법적 소유권을 이전받지 않으면서 일정 기간 동안 자산의 사용권만 갖는 특징이 있다. 기업은 필요한 자산의 사용권만 소유하기 때문에 당해 자산이 당초 의도했던 정도의 성능을 발휘하지 못하거나 조기에 진부화되더라도 그 자산을 거래상대방에게 반환함으로써 관련 위험을 회피할 수 있다. 또한 자산 사용에 따른 사용료만 분할하여 지급하기 때문에 자산 취득에 소요되는 거액의 자금을 조달해야하는 부담도 없다.

이와 같이 자산의 사용권만 주고받는 계약을 리스(lease)라고 한다. 기준서에서는 리스를 "대가와 교환하여 자산(기초자산[1])의 사용권을 일정 기간 이전하는 계약"으로 정의하고 있다. 기초자산을 일정 기간 동안 사용하는 거래상대방을 리스이용자라고 하며, 리스이용자에게 기초자산의 사용권을 이전한 거래상대방을 리스제공자라고 한다.

리스의 이행 절차를 단순화하여 그림으로 표시하면 [그림 1]과 같다.

| 그림 1 | 리스의 이행 절차

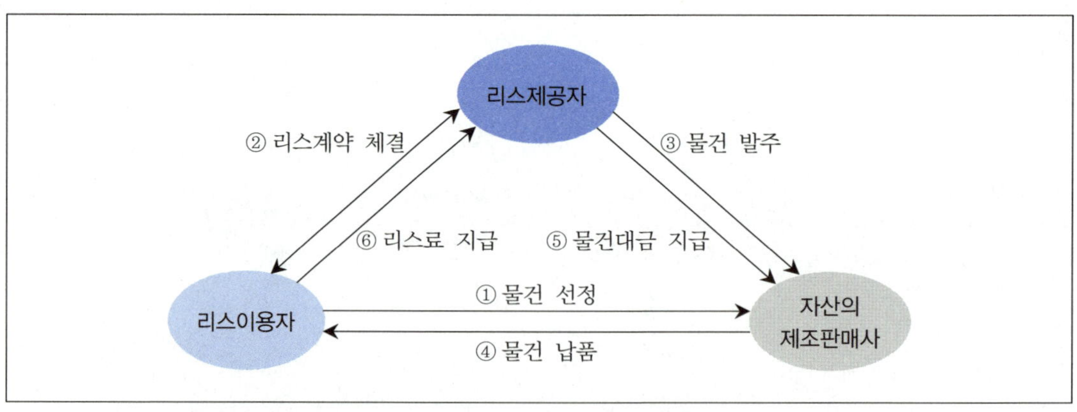

1) 기초자산(underlying asset)은 리스제공자가 리스이용자에게 자산의 사용권을 제공하는, 리스의 대상이 되는 자산을 말한다.

리스이용자는 자신이 필요로 하는 특정 자산을 제조·판매하는 회사를 선정한 후 리스제공자(일반적으로 리스제공자는 리스를 주업으로 하는 리스회사이나, 경우에 따라 리스자산을 제조·판매하는 회사가 리스제공자가 될 수도 있음)와 리스계약을 체결한다. 리스제공자가 자산의 제조·판매회사에게 자산을 발주하면 제조·판매회사는 계약한 자산을 리스이용자에게 이전하고, 리스제공자는 당해 자산의 매입대금을 제조·판매회사에게 지급한다. 이때 기초자산의 법적 소유권은 리스제공자가 소유한다. 이후 리스이용자는 리스계약에 따라 리스기간 동안 리스제공자에게 사용료를 지급한다. 리스기간이 종료되면 계약에 따라 리스이용자가 사용하던 기초자산의 법적 소유권을 무상 또는 유상으로 리스이용자에게 이전할 수도 있고, 사용하던 기초자산을 리스제공자에게 반환할 수도 있다.

1.2 리스거래의 실질

리스거래는 기초자산의 법적 소유자인 리스제공자가 리스이용자에게 일정 기간 기초자산을 이전하여 이를 사용하도록 하고 대가(리스료)를 수취하는 거래이므로 외견상 임대차와 유사하다. 그러나 기준서 제1116호 '리스'는 형식이 아니라 실질에 따라 리스거래를 분류하고 회계처리하도록 요구하고 있다. 즉, 리스제공자가 기초자산을 리스이용자에게 이전하더라도 기초자산 소유에 따른 위험과 보상의 대부분을 계속 보유한다면 자산의 임대거래와 유사하게 회계처리하는데, 이러한 리스를 운용리스(operating lease)라고 한다. 반면에 리스제공자가 기초자산 소유에 따른 위험과 보상의 대부분을 리스이용자에게 이전한다면 자산을 장기할부로 처분한 것과 유사하게 회계처리하는데, 이러한 리스를 금융리스(finance lease)라고 한다.

기준서 제1116 '리스'가 제정되기 전에는 리스이용자도 리스계약을 운용리스와 금융리스로 분류하여 회계처리하였는데, 리스이용자가 리스계약을 금융리스로 분류하면 마치 자산을 장기 할부로 취득한 것처럼 회계처리해야 했고, 그 결과 거액의 부채를 인식함으로써 리스이용자의 재무구조가 취약한 것으로 평가받을 수 있었다. 이에 리스이용자는 부채를 인식하지 않기 위하여 리스계약이 운용리스로 분류하도록 여러 편법을 쓰기도 하였다.

이에 국제회계기준위원회는 이러한 문제점을 해결하기 위하여 종전 기준서를 폐지하고 기준서 제1116호를 제정하면서 리스제공자와 리스이용자의 리스의 분류기준을 다르게 규정하였다. 그 결과 리스제공자는 기준서 제1116호가 제정되기 전부터 적용하던 운용리스와 금융리스 분류기준을 그대로 적용하지만, 리스이용자는 단기리스와 소액 기초자산 리스를 제외한 모든 리스에 대해서 자산과 부채를 인식해야 한다. 따라서 기준서 제1116호에 따르면 [그림 2]에서 보는 바와 같이 리스이용자와 리스제공자가 특정 리스에 대해서 더 이상 대칭적인 회계처리를 하지 않는다.

| 그림 2 | 리스이용자와 리스제공자의 회계처리

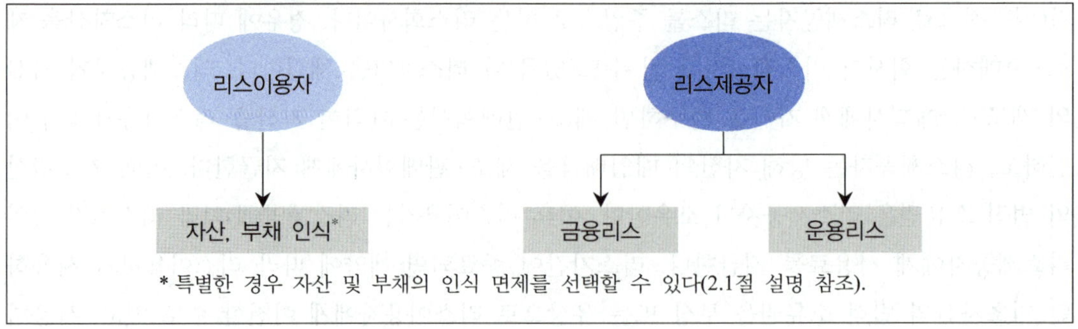

리스 기준서 제1116호를 중심으로 리스이용자의 회계처리를 먼저 설명하고, 리스제공자의 회계처리를 그 다음에 설명한다.

1.3 리스의 식별

대가와 교환하여 자산의 사용권을 이전하는 모든 거래에 대해서 기준서 제1116를 적용하는 것은 아니다. 특정 계약에 대해서 기준서 제1116호를 적용할 것인지를 결정하기 위해서 계약의 약정 시점[2)]에 계약 자체가 리스인지 또는 계약이 리스를 포함하는지를 먼저 판단해야 하는데, 판단 기준은 다음의 2가지이다.

① 식별되는 자산이 있어야 한다.
② 고객이 사용 통제권을 보유해야 한다.

식별되는 자산이 있으려면 자산이 계약에서 분명히 특정되어야 한다. 그리고 리스제공자가 실질적 자산 대체권을 사용기간 내내 가지고 있지 않아야 한다. 리스제공자가 아무 때나 리스이용자가 사용하고 있는 자산을 다른 자산으로 대체할 수 있다면, 리스계약 내의 자산은 식별될 수 없다.

고객이 사용 통제권을 가지려면 사용기간 내내 자산의 사용에서 생기는 경제적효익의 대부분을 얻을 권리를 가져야 한다. 즉, 사용기간 내내 그 자산을 배타적으로 사용할 수 있어야 한다. 또한 고객은 사용기간 내내 자산의 사용을 지시할 권리도 있어야 한다.

2) 리스개시 시점이 아니라 약정 시점에 리스를 식별하는 이유는 리스제공자가 리스약정일에 금융리스 또는 운용리스 여부를 판단하기 때문이다.

방어권은 일반적으로 고객의 사용권 범위를 정하지만, 방어권만으로는 고객이 자산의 사용을 지시할 권리를 가지는 것을 막지는 못한다. 따라서 리스제공자가 방어권을 갖고 있더라도 고객이 리스계약에서 식별되는 자산의 사용통제권을 가질 수 있다.

1.4 리스기간

리스이용자가 리스부채를 인식하거나 리스제공자가 리스채권을 인식할 때 미래의 리스료를 현재가치로 평가해야 하기 때문에 리스기간에 따라 현재가치의 금액이 달라진다. 따라서 특정 계약의 리스기간이 얼마인지를 결정하는 것은 매우 중요하다.

리스기간(lease term)은 해지불능기간과 다음 기간을 포함하여 산정한다.

① 리스이용자가 리스 연장선택권을 행사할 것이 상당히 확실한 경우에 그 선택권의 대상 기간
② 리스이용자가 리스 종료선택권을 행사하지 않을 것이 상당히 확실한 경우에 그 선택권의 대상 기간

예를 들어, 계약상 리스기간이 5년인데, 리스이용자가 5년 후에 리스기간을 2년 더 연장할 수 있는 권리(리스 연장선택권)가 있고 이러한 권리를 행사할 것이 상당히 확실하다면, 리스기간을 7년으로 보고 회계처리를 한다. 또한 계약상 리스기간이 10년인데, 리스기간이 8년 경과한 시점에서 남은 2년에 대해 리스이용자가 리스를 종료할 수 있는 권리(리스 종료선택권)가 있으나 이러한 권리를 행사하지 않을 것이 상당히 확실하다면, 리스기간을 10년으로 보고 회계처리를 한다.[3)]

2 리스이용자의 회계처리

2.1 인식 면제

리스이용자는 리스에 대해서 사용권자산과 리스부채를 인식한다. 그러나 모든 리스에 대해서 이러한 회계처리를 요구하면 리스이용자의 실무 부담이 클 수 있으므로 다음의 리스에 대해서는 사용권자산과 리스부채를 인식하지 않는 회계처리를 선택할 수 있도록 하였다.

3) 만약 리스 종료선택권을 행사할 것이 상당히 확실하다면, 리스기간을 8년으로 본다.

① 단기리스
② 소액 기초자산 리스

단기리스란 리스개시일[4)]에, 리스기간이 12개월 이하인 리스를 말한다. 한편, 소액 기초자산 리스에서 소액이 얼마를 의미하는지 기준서에는 명시적인 언급이 없으나, 결론도출근거에서 기초자산이 새 것일 때 USD5,000 이하인 경우를 염두에 두고 소액 기초자산 리스의 면제규정을 만들었다고 언급하고 있다. 리스대상 자산의 연식에 관계없이 새것의 가치에 기초하여 기초자산의 가치를 절대적 기준에 따라 평가하되, 자동차 리스는 소액자산 리스에 해당하지 않을 것이나, 태블릿·개인 컴퓨터, 소형 사무용 가구, 전화기 등은 소액 기초자산에 해당된다고 예시하고 있다.

리스이용자가 단기리스와 소액 기초자산 리스에 대해서 기준서 제1116호를 적용하지 않는 회계처리를 선택했다면 해당 리스에 관련되는 리스료를 리스기간에 걸쳐 정액 기준이나 다른 체계적인 기준에 따라 비용으로 인식한다. 다른 체계적인 기준이 리스이용자의 효익의 형태를 더 잘 나타내는 경우에는 그 기준을 적용한다.

2.2 최초 측정

리스이용자가 단기리스와 소액 기초자산 리스에 대해서 별도의 회계처리를 적용할 것을 선택하지 않는다면, 모든 리스계약에 대해서 리스개시일에 다음과 같이 사용권자산(right-of-use asset)과 리스부채(lease liability)를 인식한다.

〈리스개시일〉			
(차) 사 용 권 자 산	×××	(대) 리 스 부 채	×××

(1) 리스부채의 최초 측정

리스이용자는 리스개시일에 그날 현재 지급되지 않은 리스료의 현재가치로 리스부채를 측정한다. 즉, 리스이용자는 리스계약에 따라 리스개시일에 리스료를 지급할 의무를 부담하므로 리스료의 현재가치로 리스부채를 최초 측정한다. 리스료의 현재가치를 측정할 때, 리스제공자의

4) 리스개시일이란 리스제공자가 리스이용자에게 기초자산을 사용할 수 있게 하는 날을 말한다. 내재이자율의 구체적인 내용은 중급회계에서 설명한다.

내재이자율(implicit rate)[5]을 쉽게 산정할 수 있는 경우에는 그 이자율로 리스료를 할인하며, 내재이자율을 쉽게 산정할 수 없는 경우에는 리스이용자의 증분차입이자율(incremental borrowing rate)[6]을 사용한다.

리스부채의 최초 측정에 포함되는 리스료는 다음 금액으로 구성된다.

① 고정리스료
② 지수나 요율(이율)에 따라 달라지는 변동리스료
③ 잔존가치보증에 따라 리스이용자가 지급할 것으로 예상되는 금액
④ 리스이용자가 매수선택권을 행사할 것이 상당히 확실한 경우 그 매수선택권의 행사가격
⑤ 리스기간이 리스이용자의 종료선택권 행사를 반영하는 경우에 그 리스를 종료하는 데 드는 위약금

리스부채의 최초 측정에 포함되는 리스료 중 가장 대표적인 항목이 고정리스료이다. 이는 리스기간 동안 고정된 금액으로 지급하는 리스료를 말한다. 리스종료 시 리스이용자가 리스제공자에게 일정 금액을 지급하고 리스자산을 매수할 수 있는 권리(매수선택권)를 갖는 조건으로 리스계약을 체결하는 경우도 있는데, 리스이용자가 매수선택권을 행사할 것이 상당히 확실하다면 그 행사가격도 리스부채의 최초 측정에 포함한다.

이외에도 지수나 요율(이율)에 따라 달라지는 변동리스료, 잔존가치보증에 따라 리스이용자가 지급할 것으로 예상되는 금액[7] 및 리스종료선택권 행사 시 부담하는 위약금도 리스부채의 최초 측정에 포함한다. 다만, 본장에서는 고정리스료와 매수선택권의 행사가격, 그리고 종료선택권 행사 시 부담하는 위약금만 리스부채 최초 측정에 포함하여 회계처리를 설명하고, 변동리스료와 잔존가치보증에 따라 리스이용자가 지급할 것으로 예상되는 금액이 있는 경우의 리스부채 측정은 중급회계에서 설명한다.

(2) 사용권자산의 최초 측정

리스이용자는 리스개시일에 사용권자산을 원가(cost)로 측정한다. 사용권자산의 원가는 다음의 항목을 포함한다.

---

5) 내재이자율은 리스거래에서 리스제공자가 얻을 것으로 기대하는 수익률을 말한다.

6) 리스이용자의 증분차입이자율이란 리스이용자가 비슷한 경제적 환경에서 비슷한 기간에 걸쳐 비슷한 담보로 사용권자산과 가치가 비슷한 자산 획득에 필요한 자금을 차입하기 위하여 지급해야 하는 이자율을 말한다.

7) 리스이용자가 리스기간 종료 후 기초자산을 리스제공자에게 반환할 경우 리스제공자가 리스이용자로 하여금 예상잔존가치 중 전부 또는 일부를 보증하도록 요구하기도 하는데, 나중에 기초자산을 반환할 때 리스이용자가 보증하기로 약속한 금액(보증잔존가치)보다 실제 잔존가치가 적으면 그 차이를 리스이용자가 지급해야 한다. 이와 같이 리스이용자가 잔존가치보증 조건으로 리스계약을 체결하였다면 미래에 지급이 예상되는 보증잔존가치도 리스부채 최초 측정에 포함한다.

① 리스부채 최초 측정금액
② 리스이용자가 부담하는 리스개설직접원가
③ 리스개시일이나 그 전에 지급한 리스료(받은 리스 인센티브는 차감)
④ 리스 기초자산의 원상복구에 소요될 원가 추정치

일반적으로 사용권자산은 리스부채의 최초 측정금액과 동일하지만, 위의 ② 내지 ④의 항목이 있는 경우에는 사용권자산과 리스부채의 최초 측정금액이 다르다.

리스개설직접원가란 리스를 체결하지 않았더라면 부담하지 않았을 리스체결의 증분원가를 말한다. 리스이용자가 리스개설직접원가를 부담하였다면 이는 자산의 취득부대비용이나 다름없기 때문에 사용권자산의 최초 측정금액에 포함시킨다. 회계처리를 제시하면 다음과 같다(분개를 하나로 합쳐도 무방).

〈리스개시일 전〉

(차) 리스개설직접원가	×××	(대) 현 금	×××

〈리스개시일〉

(차) 사 용 권 자 산	×××	(대) 리 스 부 채	×××
		리스개설직접원가	×××

사용권자산의 최초 측정금액에는 선급한 리스료나 받은 리스 인센티브, 원상복구에 소요될 원가 추정치가 포함되기도 하는데 여기에 대한 설명은 중급회계에서 하기로 하고, 본장에서는 리스개설직접원가가 있는 경우만 설명하기로 한다.

예 1 리스부채와 사용권자산의 최초 측정

갑회사는 20×1년 초에 다음과 같은 조건으로 리스계약을 체결하고 기계장치를 리스하였다.

〈공통 자료〉
- 리스기간 : 20×1년 1월 1일부터 20×5년 12월 31일까지
- 리스료 : 연간 고정리스료 ₩100,000. 매년 12월 31일에 지급
- 할인율 : 내재이자율을 알 수 없으며, 갑회사의 증분차입이자율은 연 5%이다.

다음의 독립된 각 경우에 리스개시일에 갑회사가 해야 할 회계처리를 하라.

〈경우 1〉 다른 계약 조건이 없는 경우

리스부채 인식금액 = ₩100,000×4.32948(기간 5, 5%, 연금현가계수) = ₩432,948

<20×1. 1. 1.>

(차) 사 용 권 자 산	432,948	(대) 리 스 부 채	432,948

〈경우 2〉 리스종료일에 리스자산을 ₩50,000의 행사가격으로 매수할 수 있는 권리를 가지며, 매수선택권을 행사할 가능성이 상당히 확실한 경우

행사 가능성이 상당히 확실한 매수선택권 행사가격을 리스료에 포함한다.

리스부채(사용권자산) = ₩432,948(<경우 1> 풀이 참조) + 50,000×0.78353(기간 5, 5%, ₩1의 현가계수)
= ₩472,125

<20×1. 1. 1.>

(차) 사 용 권 자 산	472,125	(대) 리 스 부 채	472,125

〈경우 3〉 〈경우 2〉에서 갑회사가 리스개설직접원가 ₩5,000을 지급하는 경우

사용권자산 = 리스부채(<경우 2> 풀이 참조) + 리스개설직접원가
= ₩472,125 + 5,000 = ₩477,125

<20×1. 1. 1.>

(차) 사 용 권 자 산	477,125	(대) 리 스 부 채	472,125
		현 금	5,000

〈경우 4〉 갑회사는 20×4년 12월 31일에 리스를 종료할 선택권을 가지며 종료선택권을 행사한다면 ₩40,000의 위약금을 부담해야 하는데, 종료선택권을 행사할 것이 상당히 확실한 경우

종료선택권을 행사할 것이 상당히 확실하므로 리스기간을 4년으로 보고 리스부채를 측정한다.

리스부채 인식금액 = ₩100,000×3.54595(기간 4, 5%, 연금현가계수)
+ 40,000×0.82270(기간 4, 5%, ₩1의 현가계수)
= ₩387,503

<20×1. 1. 1.>

(차) 사 용 권 자 산	387,503	(대) 리 스 부 채	387,503

2.3 후속 측정

(1) 리스부채

리스가 개시된 후 리스이용자는 계약에 따라 리스료를 지급해야 하는데, 지급하는 리스료를 모두 비용으로 인식하는 것이 아니라 리스부채의 이자비용과 원금상환 부분으로 구분하여 회계처리한다. 이때 인식할 이자비용은 유효이자율법을 적용하여 계산하는데, 유효이자율은 리스부채를 최초 측정할 때 사용한 할인율(내재이자율 또는 리스이용자의 증분차입이자율)을 말한다.

(차) 이 자 비 용	×××(1)	(대) 현 금	×××
리 스 부 채	×××(2)		

(1) 리스부채의 이자계산 기간의 기초장부금액×유효이자율
(2) 지급한 리스료와 이자비용의 차이를 리스부채 상환으로 인식

(2) 사용권자산

리스이용자는 일반적으로 사용권자산을 원가(cost)로 측정하고, 이후 감가상각 및 손상차손을 인식할 것이다. 그러나 사용권자산이 기준서 제1016호 '유형자산'의 재평가모형을 적용하는 유형자산의 유형(class)에 관련되는 경우에, 리스이용자는 그 유형자산의 유형에 관련되는 모든 사용권자산에 재평가모형을 적용하기로 선택할 수 있다. 예를 들어, 갑회사가 자가사용하는 토지에 재평가모형을 적용하고 있는데 영업활동에 사용할 다른 토지를 리스했다면, 리스한 토지에 대해서 인식하는 사용권자산에 대해서 재평가모형을 적용하기로 선택할 수 있다(선택규정).[8)]

한편, 리스이용자가 투자부동산에 대해서 기준서 제1040호 '투자부동산'의 공정가치모형을 적용하는 경우, 모든 투자부동산에 대해서 공정가치모형을 적용해야 하므로 투자부동산의 정의를 충족하는 사용권자산[9)]에 대해서도 공정가치모형을 적용한다(강제규정). 공정가치 모형을 적용하는 투자부동산으로 분류되는 사용권자산에 대해서는 상각을 하지 않으나, 유형자산으로 분류되는 사용권자산에 대해서는 제4장에서 설명한 기준서 제1016호 '유형자산'의 감가

8) 제6장에서 설명한 바와 같이 무형자산은 활성시장이 존재하는 경우에만 재평가모형을 적용할 수 있으므로 실무상 재평가모형의 적용이 매우 제한적이다. 따라서 무형자산을 리스하여 사용권자산을 인식하더라도 여기에 대해서 재평가모형을 적용하기로 선택하는 경우는 거의 없을 것이다.

9) 리스로 사용하는 건물을 임대목적에 사용하는 경우(이를 전대리스라고 함)가 여기에 해당될 것이다.

상각에 대한 규정을 적용[10]한다. 사용권자산을 상각할 경우 상각기간은 [표 1]과 같이 결정한다.

| 표 1 | 사용권자산의 상각기간

구분	상각기간
리스기간 종료시점까지 리스이용자에게 기초자산의 소유권을 이전하는 경우 또는 사용권자산의 원가에 리스이용자가 매수선택권을 행사할 것임이 반영되는 경우	리스개시일부터 기초자산의 내용연수 종료시점까지 상각
그 밖의 경우	리스개시일부터 기초자산의 내용연수 종료일과 리스기간 종료일 중 이른 날까지 상각

[표 1]을 보면, 기초자산의 소유권이 궁극적으로 리스이용자에게 이전되는 경우에는 리스기간이 종료되었더라도 리스이용자는 당해 자산을 계속 사용할 것이므로 기초자산의 내용연수에 걸쳐 상각한다. 그 밖의 경우란 리스기간이 종료되면 당해 자산을 리스제공자에게 반환하는 경우를 말하는데, 기초자산의 내용연수와 리스기간 중 짧은 기간 동안 상각한다. 일반적으로 자산을 반환하는 조건의 경우 리스기간은 당해 자산의 내용연수보다 짧을 것이다.

예 2 리스부채와 사용권자산의 후속 측정(1)

갑회사는 20×1년 초에 다음과 같은 조건으로 리스계약을 체결하고 기계장치를 리스하였다.

- 리스기간 : 20×1년 1월 1일부터 20×5년 12월 31일까지
- 리스료 : 연간 고정리스료 ₩100,000. 매년 12월 31일 지급
- 할인율 : 내재이자율을 알 수 없으며, 갑회사의 증분차입이자율은 연 5%이다.
- 기계장치의 내용연수는 7년(잔존가치 ₩0)이며, 리스기간 종료 시 갑회사는 ₩50,000에 기계장치를 매수할 수 있는 선택권이 있는데, 갑회사가 선택권을 행사할 것이 상당히 확실하다.

매수선택권이 있는 경우 리스부채의 이자비용, 사용권자산 상각비(정액법 적용)의 인식 및 구매선택권 행사 시의 회계처리는 다음과 같다.

10) 제4장에서 유형자산을 구성하는 일부의 원가가 당해 유형자산의 전체원가에 비교하여 중요하다면 해당 유형자산을 각 부분별로 구분하여 감가상각을 해야 한다고 설명하였다. 따라서 리스계약을 통하여 항공기를 리스하여 사용권자산으로 인식한 경우 동체와 엔진을 별도로 구분하여 감가상각하는 것이 적절할 수 있다.

리스부채 최초 측정금액 = ₩100,000×4.32948(기간 5, 5%, 연금현가계수)
+50,000×0.78353(기간 5, 5%, ₩1의 현가계수)
= ₩472,125

사용권자산 최초 측정금액 = ₩472,125

리스부채 장부금액의 조정표를 작성하면 다음과 같다.

리스부채의 장부금액 조정표

일자	연간리스료	이자비용(5%)	원금 상환액	리스부채 장부금액
20×1. 1. 1.				₩472,125
20×1. 12. 31.	₩100,000	₩23,606	₩76,394	395,731
20×2. 12. 31.	100,000	19,787	80,213	315,518
20×3. 12. 31.	100,000	15,776	84,224	231,294
20×4. 12. 31.	100,000	11,565	88,435	142,859
20×5. 12. 31.	100,000	7,141[(1)]	92,859	50,000
계	₩500,000	₩77,875	₩422,125	

(1) 단수차이 조정

연간 사용권자산상각비 = ₩472,125÷7년(내용연수) = ₩67,446

갑회사가 20×1년도에 해야 할 이자비용 및 사용권자산상각비 인식의 회계처리는 다음과 같다.

<20×1. 1. 1.>

(차) 사 용 권 자 산	472,125	(대) 리 스 부 채	472,125

<20×1. 12. 31.>

(차) 이 자 비 용	23,606	(대) 현 금	100,000
리 스 부 채	76,394		
(차) 사용권자산상각비	67,446	(대) 사 용 권 자 산	67,446

리스종료 시 구매선택권을 행사할 때 회계처리는 다음과 같다.

<20×5. 12. 31.>

(차) 리 스 부 채	50,000	(대) 현 금	50,000
(차) 기 계 장 치	134,895	(대) 사 용 권 자 산	134,895[(2)]

(2) ₩472,125 − (67,446×5)(상각누계액) = ₩134,895
리스종료 시 사용권자산의 미상각 장부금액을 기계장치 등 별도의 계정으로 대체한다.

예 3 리스부채와 사용권자산의 후속 측정(2)

갑회사는 20×1년 초에 다음과 같은 조건으로 리스계약을 체결하고 기계장치를 리스하였다.

- 리스기간 : 20×1년 1월 1일부터 20×5년 12월 31일까지
- 리스료 : 연간 고정리스료 ₩100,000. 매년 12월 31일 지급
- 할인율 : 내재이자율을 알 수 없으며, 갑회사의 증분차입이자율은 연 5%이다.
- 기계장치의 내용연수는 6년이며, 리스기간 종료 시 기계장치는 리스제공자에게 반환. 잔존가치 보증 없음
- 갑회사 부담 리스개설직접원가 : ₩20,000

리스기간 종료 시 리스자산을 반환하는 조건일 경우 리스부채의 이자비용 및 사용권자산 상각비(정액법 적용)의 인식의 회계처리는 다음과 같다.

리스부채 최초 측정금액＝₩100,000×4.32948(기간 5, 5%, 연금현가계수)＝₩432,948
사용권자산 최초 측정금액＝₩432,948＋20,000(리스개설직접원가)＝₩452,948

리스부채 장부금액의 조정표를 작성하면 다음과 같다.

리스부채의 장부금액 조정표

일자	연간리스료	이자비용(5%)	원금 상환액	리스부채 장부금액
20×1. 1. 1.				₩432,948
20×1. 12. 31.	₩100,000	₩21,647	₩78,353	354,595
20×2. 12. 31.	100,000	17,730	82,270	272,325
20×3. 12. 31.	100,000	13,616	86,384	185,941
20×4. 12. 31.	100,000	9,297	90,703	95,238
20×5. 12. 31.	100,000	4,762	95,238	0
계	₩500,000	₩67,052	₩432,948	

연간 사용권자산상각비＝₩452,948÷5년(리스기간과 내용연수 중 짧은 기간)
＝₩90,590

갑회사가 20×1년에 해야 할 분개를 표시하면 다음과 같다.
<20×1. 1. 1.>

(차)	사 용 권 자 산	452,948	(대) 리 스 부 채	432,948
			현 금	20,000

<20×1. 12. 31.>

(차) 이 자 비 용	21,647	(대) 현 금	100,000
리 스 부 채	78,353		
(차) 사용권자산상각비	90,590	(대) 사 용 권 자 산	90,590

20×5년 말에는 리스부채와 사용권자산의 장부금액은 모두 0이 되며, 리스이용자는 리스제공자에게 기초자산 실물을 반환한다.

리스개시일 이후 지수나 요율에 따라 리스료가 변동(변동리스료)되기도 하고, 리스기간이 변동되거나 매수선택권의 행사 가능성에 대한 판단이 변동될 수 있는데, 이러한 경우에는 리스부채를 재평가하는 회계처리를 해야 한다. 또한 리스범위가 확대 또는 축소되거나 리스대가가 변동되는 등의 리스계약 변경이 있을 수도 있다. 리스부채 재평가와 리스계약 변경에 대한 회계처리는 중급회계에서 자세하게 설명한다.

2.4 리스이용자의 재무제표에 미치는 영향의 분석

리스이용자의 회계처리가 리스기간 동안 재무제표에 미치는 영향을 (예 3)을 이용하여 살펴보기로 하자. (예 3)의 해답에 기초하여 리스기간 동안 이자비용과 감가상각비의 연도별 금액을 요약하면 다음과 같다.

일자	이자비용	감가상각비	비용 합계
20×1년	₩21,647	₩90,590	₩112,237
20×2년	17,730	90,590	108,320
20×3년	13,616	90,590	104,206
20×4년	9,297	90,590	99,887
20×5년	4,762	90,588	95,350
계	₩67,052	₩452,948	₩520,000

리스이용자가 리스기간에 인식하는 비용 총액은 5년간 지급한 리스료 ₩500,000과 리스개설직접원가 ₩20,000을 합한 ₩520,000이다. 연도별로 인식하는 비용 총액은 리스기간 초기에 많다가 리스기간이 경과하면서 점차 감소한다. 그 이유는 정액법으로 감가상각비를 인식하더라도 리스기간 초기의 이자비용이 많기 때문이다. 따라서 리스이용자는 리스기간 초기에 재무제표의 수익성이 낮게 보고되고, 리스부채로 인하여 부채비율이 높게 산출되므로 리스이용자의 성과나 재무구조에 대하여 불리한 평가를 받을 수 있다.

3 리스제공자의 회계처리

3.1 운용리스와 금융리스의 분류

리스제공자는 기초자산을 취득하여 이를 리스이용자에게 이전한다. 기초자산이 리스이용자에게 이전되더라도 법적 소유권은 리스제공자가 계속 보유한다. 이와 같이 외견상으로는 리스제공자가 기초자산의 법적 소유권을 보유하면서 당해 자산을 사용하도록 리스이용자에게 이전한 것이지만, 리스는 거래의 실질에 따라 회계처리를 해야 한다. 즉, 리스이용자에게 일정 기간 동안 특정 자산을 사용하도록 빌려준 것인지, 아니면 리스이용자에게 할부로 특정 자산을 매각한 것이나 다름없는지를 판단하여 회계처리를 달리하여야 한다.

기준서에서는 기초자산의 소유에 따른 위험과 보상의 대부분을 리스이용자에게 이전하지 않는 리스는 운용리스(operating lease)로 분류하고, 기초자산의 소유에 따른 위험과 보상의 대부분을 리스이용자에게 이전하는 리스를 금융리스(finance lease)로 분류하도록 규정하고 있다. 즉, 기초자산을 일정 기간 동안 사용하도록 리스이용자에게 이전하더라도 위험과 보상의 대부분을 리스제공자가 계속 가지고 있다면, 이는 당해 자산을 리스이용자에게 빌려준 것이나 다름없기 때문에 임대차 거래와 유사하게 회계처리한다(운용리스). 반면에 기초자산을 일정 기간 동안 사용하도록 리스이용자에게 이전하였는데 위험과 보상의 대부분을 리스이용자가 갖는다면, 이는 당해 자산을 리스이용자에게 장기할부조건으로 매각한 것이나 다름없기 때문에 리스제공자는 리스기간 동안 수령할 리스료를 장기할부대금의 원금과 이자수익의 수취와 유사하게 회계처리한다(금융리스).

거래의 실질에 따라 리스가 금융리스인지 운용리스인지 분류되는데, 일반적으로 금융리스로 분류되는 상황(개별적으로나 결합되어)의 예는 다음과 같다.

① 리스기간 종료시점까지 기초자산의 소유권이 리스이용자에게 이전되는 리스
② 리스이용자가 선택권 행사일의 공정가치보다 충분히 낮을 것으로 예상되는 가격으로 기초자산을 매수할 수 있는 선택권을 가지고 있으며, 그 선택권을 행사할 것이 리스약정일 현재 상당히 확실한 경우
③ 기초자산의 소유권이 이전되지 않더라도 리스기간이 기초자산의 경제적 내용연수의 상당 부분을 차지하는 경우
④ 리스약정일 현재, 리스료의 현재가치가 적어도 기초자산 공정가치의 대부분에 해당하는 경우
⑤ 기초자산이 특수하여 해당 리스이용자만이 중요한 변경 없이 사용할 수 있는 경우

위에서 예시한 5가지 상황은 리스자산 소유에 따른 위험과 보상의 대부분을 리스이용자에게 이전하기 때문에 금융리스로 분류한다. 아래에서는 5가지 상황에 대해서 설명하기로 한다.

(1) 소유권 이전 조건

리스개시 시점에 기초자산의 소유권이 리스이용자에게 이전되지 않더라도 리스기간 종료 시점까지 그 소유권이 리스이용자에게 이전된다면 기초자산의 소유에 따른 위험과 보상은 처음부터 리스이용자에게 이전된 것으로 볼 수 있다. 따라서 이러한 리스에 소유권이전 조건이 있다면 금융리스로 분류한다.

(2) 염가매수선택권 부여 조건

리스이용자가 공정가치보다 충분히 낮을 것으로 예상되는 가격으로 기초자산을 매수할 수 있는 권리를 갖고 있으며, 그러한 권리를 행사할 것이 리스약정일 현재 상당히 확실하다면 기초자산의 소유권이 궁극적으로 리스이용자에게 이전된다고 볼 수 있으므로 전술한 소유권 이전 조건과 실질이 동일하다.

(3) 리스기간 조건

리스기간 종료 시 리스제공자가 기초자산을 반환받더라도 리스기간이 기초자산의 경제적 내용연수의 상당 부분을 차지한다면 기초자산의 소유에 따른 위험과 보상이 리스이용자에게 이전된 것으로 볼 수 있다. 예를 들어, 내용연수 10년의 기계장치를 2년 동안 리스하는 경우라면 리스기간이 내용연수의 상당 부분을 차지한다고 보기 어렵다. 반면에 기계장치를 9년 동안 리스하는 경우라면 내용연수에 거의 도달하는 기간동안 당해 자산의 경제적효익을 획득하였기 때문에 처음부터 당해 자산을 취득한 것과 실질이 다르지 않다. 따라서 이러한 조건을 충족하면 금융리스로 분류한다. 다만, 기준서에서 언급하고 있는 '상당 부분'이 어느 정도의 기간을 의미하는 지는 주관적 판단이 개입될 수밖에 없기 때문에 동일한 조건의 리스계약에 대해서 다르게 분류될 가능성이 있다.[11)]

(4) 리스료 조건

리스제공자가 수취할 리스료의 현재가치가 기초자산 공정가치의 대부분에 해당한다면 리스제공자가 기초자산 소유에 따른 대부분의 위험과 보상을 리스이용자에게 이전해 주었다고

---

11) 참고로 「일반기업회계기준」에서는 리스기간이 리스자산의 내용연수의 75% 이상을 상당부분이라고 본다.

볼 수 있다. 예를 들어, 공정가치가 1억 원인 기계장치를 리스하면서 리스제공자가 수령할 리스료의 현재가치가 2천만 원이라면 리스이용자가 당해 자산을 취득한 것과 다름없다고 주장하기는 어렵다. 반면에 리스료의 현재가치가 9천 5백만 원이라면 이는 처음부터 당해 자산을 취득한 것과 실질이 다르지 않다.

따라서 수취할 리스료의 현재가치가 기초자산 공정가치의 대부분에 해당된다면 금융리스로 분류한다. 다만, 기준서에서 언급하고 있는 '대부분'이 어느 정도의 금액을 의미하는지는 주관적 판단이 개입될 수밖에 없기 때문에 동일한 조건의 리스계약에 대해서 다르게 분류될 가능성이 있다.[12)]

(5) 범용성 조건

기초자산이 특정 리스이용자만 사용할 수 있는 범용성이 없는 자산이라면 기초자산의 소유에 따른 위험과 보상의 대부분이 리스이용자에게 이전되었다고 볼 수 있다. 예를 들어, 특정 회사만 사용할 수 있는 특수제작 기계장치를 리스하는 경우 리스기간 종료 후 리스제공자가 다른 이용자에게 동 기계장치를 중요한 변경 없이 그대로 리스하기는 어려울 것이다. 따라서 특수한 기초자산을 리스하는 경우에는 금융리스로 분류한다.

3.2 금융리스의 회계처리

(1) 최초 측정

리스제공자는 리스이용자와 리스계약을 체결하면 기초자산을 외부로부터 취득하여 리스이용자에게 이전하고, 리스개설직접원가를 부담하기도 할 것이다.[13)] 기준서에서는 리스개시일에 리스제공자가 금융리스에 따라 보유하는 자산을 리스순투자와 동일한 금액의 수취채권(본 장에서는 리스채권 계정을 사용함)으로 표시하도록 규정하고 있다.

리스채권의 최초 측정 = 리스순투자
= 리스료의 현재가치 + 무보증잔존가치의 현재가치
= 기초자산 공정가치 + 리스개설직접원가

리스순투자는 위의 식에서 보는 바와 같이 리스료의 현재가치와 무보증잔존가치의 현재가치의 합계액인데, 2.2절에서 리스이용자의 회계처리를 설명할 때 리스료에 포함되는 변동리스료나

12) 참고로 「일반기업회계기준」에서는 최소리스료의 현재가치가 리스자산의 공정가치의 90% 이상이 되면 대부분이라고 본다.
13) 리스제공자가 사용하던 자산의 사용권을 리스계약에 따라 리스이용자에게 이전하는 경우도 있는데, 중급회계에서 회계처리를 설명한다.

보증 또는 무보증잔존가치를 중급회계에서 설명하기로 했으므로 위의 리스순투자 계산식에서 이 항목들을 고려하지 않으면 된다.

최초 측정과 관련한 리스제공자의 회계처리는 다음과 같다.

〈기초자산 취득 시〉

(차) 선급리스자산	×××	(대) 현금, 미지급금	×××

〈리스개설직접원가 발생〉

(차) 리스개설직접원가	×××	(대) 현금, 미지급금	×××

〈리스개시일〉

(차) 리스채권	×××	(대) 선급리스자산	×××
		리스개설직접원가	×××

위의 회계처리를 보면, 리스제공자는 리스개시 전에 인식한 기초자산의 장부금액(선급리스자산으로 인식한 금액, 공정가치와 동일)과 리스개설직접원가를 리스개시일에 리스채권이라는 금융자산으로 대체하는데, 이때 리스채권의 최초 인식금액이 리스순투자와 같은 금액이다.

그리고 위의 식에서 리스료의 현재가치와 무보증잔존가치의 현재가치 합계액을 기초자산의 공정가치와 리스개설직접원가의 합계액과 일치시키는 할인율을 내재이자율이라고 한다. 내재이자율에 대한 자세한 설명은 중급회계에서 하기로 하고, 본장에서는 주어진 내재이자율에 따라 어떻게 리스채권의 후속 측정을 회계처리하는지만 이해하면 될 것이다.

(2) 후속 측정

리스채권에 대해서 리스기간에 걸쳐 다음과 같이 금융수익을 인식한다. 즉, 수취하는 리스료에 대해서 리스채권의 원금회수와 이자수익으로 구분하여 회계처리한다.

〈금융수익의 인식〉

(차) 현금, 미수수익	×××	(대) 이자수익	×××(1)
		리스채권	×××

(1) 리스채권 기초 장부금액×내재이자율

리스채권에 대해서 이자수익을 인식하는 방법은 채무상품에 대하여 유효이자율법을 적용하여 이자수익을 인식하는 방법과 동일하다. 즉, 리스채권에 대해서 내재이자율을 적용하여 이자수익을 인식한다. 그리고 제8장에서 설명한 금융자산의 손상차손 회계처리를 리스채권에도 적용한다.

예 4 금융리스의 회계처리(1)

을회사는 기계장치 1대를 ₩272,325에 취득하고, 다음과 같은 조건으로 갑회사에게 금융리스한다.

- 리스기간 : 20×1년 1월 1일부터 20×3년 12월 31일까지
- 연간리스료 : 리스이용자는 리스기간 동안 매년 12월 31일에 ₩100,000씩 지급
- 소유권 이전 : 리스종료 시 기계장치를 리스이용자에게 무상으로 이전
- 내재이자율 : 연 5%

리스개시일에 을회사가 해야 할 회계처리를 설명하면 다음과 같다.

을회사가 리스개시일에 인식할 리스채권은 리스순투자이다. 이는 리스자산의 취득원가와 동일하며, 다음과 같이 계산한다.

리스순투자 = 리스료의 현재가치
= ₩100,000×2.72325(기간 3, 5%, 연금현가계수)
= ₩272,325

<리스개시일>

(차) 리 스 채 권 272,325 (대) 선 급 리 스 자 산 272,325[(1)]

(1) 을회사가 기계장치 취득 시 선급리스자산으로 인식한 것을 리스개시일에 리스채권으로 대체

리스기간 동안 리스채권 장부금액의 조정표를 작성하면 다음과 같다.

리스채권의 장부금액 조정표

일자	연간리스료	이자수익(5%)	원금회수액	리스채권 장부금액
20×1. 1. 1.				₩272,325
20×1. 12. 31.	₩100,000	₩13,616	₩86,384	185,941
20×2. 12. 31.	100,000	9,297	90,703	95,238
20×3. 12. 31.	100,000	4,762	95,238	0
계	₩300,000	₩27,675	₩272,325	

20×1년 말 을회사의 회계처리는 다음과 같다.

<20×1년 말>

(차) 현 금 100,000 (대) 이 자 수 익 13,616
리 스 채 권 86,384

예 5 금융리스의 회계처리(2)

을회사는 기계장치 1대를 ₩289,602에 취득하고, 다음과 같은 조건으로 갑회사에게 금융리스한다.

- 리스기간 : 20×1년 1월 1일부터 20×3년 12월 31일까지
- 연간리스료 : 리스이용자는 리스기간 동안 매년 12월 31일에 ₩100,000씩 지급
- 매수선택권 : 리스이용자가 리스종료 시 기계장치를 ₩20,000에 매수할 수 있는데, 권리의 행사 가능성이 상당히 확실함
- 내재이자율 : 연 5%

리스개시일에 을회사가 해야 할 회계처리를 설명하면 다음과 같다.

을회사가 리스개시일에 인식할 리스채권은 리스순투자이다. 이는 리스자산의 취득원가와 동일하며, 다음과 같이 계산한다.

리스순투자 = 리스료의 현재가치
= ₩100,000×2.72325(기간 3, 5%, 연금현가계수)
+20,000×0.86384(기간 3, 5%, ₩1의 현가계수)
= ₩289,602

<리스개시일>

(차) 리 스 채 권 289,602 (대) 선 급 리 스 자 산 289,602(1)

(1) 을회사가 기계장치 취득시 선급리스자산으로 인식한 것을 리스개시일에 리스채권으로 대체

리스기간 동안 리스채권 장부금액의 조정표를 작성하면 다음과 같다.

리스채권의 장부금액 조정표

일자	연간리스료	이자수익(5%)	원금회수액	리스채권 장부금액
20×1. 1. 1.				₩289,602
20×1. 12. 31.	₩100,000	₩14,480	₩85,520	204,082
20×2. 12. 31.	100,000	10,204	89,796	114,286
20×3. 12. 31.	100,000	5,714	94,286	20,000
계	₩300,000	₩30,398	₩269,602	

을회사의 연도별 회계처리는 다음과 같다.

<20×1년 말>

(차)	현 금	100,000	(대)	이 자 수 익	14,480
				리 스 채 권	85,520

<20×2년 말>

(차)	현 금	100,000	(대)	이 자 수 익	10,204
				리 스 채 권	89,796

<20×3년 말. 리스이용자의 매수선택권 행사>

(차)	현 금	100,000	(대)	이 자 수 익	5,714
				리 스 채 권	94,286
(차)	현 금	20,000	(대)	리 스 채 권	20,000

3.3 운용리스의 회계처리

(1) 인식과 측정

금융리스와 달리 운용리스는 리스제공자가 기초자산을 리스이용자에게 빌려주고 그 대가만 받는 거래이므로 회계처리가 단순하다. 즉, 리스료에 대한 수익 인식과 기초자산에 대한 감가상각비(손상차손 포함)의 인식에 국한된다.

리스제공자는 정액기준이나 다른 체계적인 기준으로 운용리스의 리스료를 수익으로 인식한다. 리스제공자는 다른 체계적인 기준이 기초자산의 사용으로 생기는 효익이 감소되는 형태를 더 잘 나타내는 기준이라면, 그 기준을 적용한다. 리스제공자는 운용리스 체결 과정에서 부담하는 리스개설직접원가를 기초자산의 장부금액에 더하고, 리스료 수익을 인식하는 기준과 동일한 기준으로 리스기간에 걸쳐 비용으로 인식한다.

운용리스 대상 기초자산의 감가상각 정책은 리스제공자가 소유한 다른 비슷한 자산의 감가상각 정책과 일치하여야 한다. 또한 리스제공자는 운용리스 대상 기초자산이 손상되었는지 판단하고 식별된 손상차손을 인식한다. 감가상각 및 손상의 회계처리는 제4장에서 설명한 유형자산의 회계처리를 적용한다.

리스제공자의 운용리스 회계처리를 예시(기초자산 취득일과 리스개시일이 다르고 리스개설직접원가 발생 가정)하면 다음과 같다.

〈기초자산 취득 시〉			
(차) 선급리스자산	×××	(대) 현금, 미지급금	×××
〈리스개설직접원가 발생〉			
(차) 리스개설직접원가	×××	(대) 현금, 미지급금	×××
〈리스개시일〉			
(차) 운용리스자산	×××	(대) 선급리스자산	×××
		리스개설직접원가	×××
〈리스료 수익 인식〉			
(차) 현금, 미수수익	×××	(대) 리스료수익	×××
〈운용리스자산의 감가상각〉			
(차) 감가상각비	×××	(대) 감가상각누계액	×××

(2) 운용리스 기초자산의 재무상태표 표시

리스제공자는 기초자산의 특성에 따라 재무상태표에 운용리스 대상 기초자산을 표시한다. 따라서 운용리스 대상 기초자산이 부동산(토지, 건물 등)이라면 재무상태표에는 투자부동산에 포함하여 표시하고, 부동산 이외의 자산이라면 유형자산 등으로 표시하는 것이 적절할 것이다. 본서에서는 회계처리를 할 때 '운용리스자산'이라는 과목을 사용하기로 한다.

예 6 운용리스의 회계처리

갑회사는 소유 건물 중 1개를 리스이용자에게 다음과 같은 조건으로 리스하였으며, 이는 운용리스에 해당한다.

- 리스기간 : 20×1년 1월 1일부터 5년간
- 리스료 : 20×1년의 리스료는 면제, 20×2년부터 매년 12월 31일에 ₩100,000씩 지급
- 갑회사의 리스개설직접원가 : ₩10,000

운용리스 대상 건물의 리스개시일 현재 장부금액은 ₩2,000,000이며, 잔존 내용연수는 20년이다. 갑회사는 소유하고 있는 모든 건물에 대해서 잔존가치 없이 정액법으로 감가상각을 한다. 갑회사가 정액기준으로 리스료 수익을 인식할 경우 20×1년과 20×2년에 갑회사가 해야 할 회계처리를 설명하면 다음과 같다.

매 연도에 인식할 리스료 수익 = ₩100,000×4회÷5년 = ₩80,000

리스개설직접원가를 운용리스자산의 장부금액에 포함하여 인식하더라도 리스개설직접원가 ₩10,000은 5년간 정액 상각하고, 운용리스 기초자산인 건물의 장부금액은 잔존가치 없이 20년간 정액법으로 상각한다.

운용리스자산상각비 = ₩2,000,000÷20년 + 10,000÷5년 = ₩102,000

참고로 분개를 표시하면 다음과 같다.

<리스개시일>

(차) 운용리스자산	2,010,000(1)	(대)	건물	2,000,000
			현금	10,000

(1) 운용리스자산은 부동산이므로 재무상태표에는 투자부동산으로 분류된다.

<20×1. 12. 31.>

(차) 미수수익	80,000	(대)	리스료수익	80,000
(차) 운용리스자산상각비	102,000	(대)	감가상각누계액	102,000

<20×2 12. 31.>

(차) 현금	100,000	(대)	미수수익	20,000(2)
			리스료수익	80,000
(차) 운용리스자산상각비	102,000	(대)	감가상각누계액	102,000

(2) 전기이월 미수수익 ₩80,000은 매년 수령하는 현금 ₩100,000에서 ₩20,000씩 제거하여 리스료 수익을 인식한다.

리스요소와 비리스요소의 구분, 리스부채의 재측정, 리스변경, 제조자 또는 판매자인 리스제공자의 회계처리, 판매후리스거래, 그리고 전대리스의 회계처리는 중급회계에서 자세하게 설명한다.

연 / 습 / 문 / 제

01 ㈜한국은 다음과 같은 조건으로 기계장치를 리스하였다.

- 리스기간 : 20×1년 1월 1일부터 20×5년 12월 31일까지
- 리스료 : 연간 고정리스료 ₩100,000
- 할인율 : 내재이자율을 쉽게 산정할 수 없으며, ㈜한국의 증분차입이자율은 연 6%이다.

물음

1. 고정리스료를 매년 12월 31일에 지급하는 경우와 매년 1월 1일에 지급하는 경우로 구분하여 리스부채의 최초 측정금액을 계산하라.
2. (물음 1)과 관련하여 리스기간 전체에 대한 리스부채 장부금액 조정표를 각각 작성하라.
3. (물음 1)에서 만약 ㈜한국이 리스종료일에 1년의 리스기간을 연장할 수 있는 선택권이 있으며, 이를 행사할 가능성이 상당히 확실하다고 가정하고 다시 답하라. 단, 연장기간의 고정리스료는 ₩60,000이다.
4. (물음 1)에서 만약 ㈜한국이 20×4년 말에 리스계약을 종료할 수 있는 선택권이 있으며, 이를 행사할 가능성이 상당히 확실하다고 가정하고 다시 답하라. 단, ㈜한국은 종료선택권을 행사할 때 ₩50,000의 위약금을 지급해야 한다.

해답

물음 1

(1) 리스료를 매년 12월 31일에 지급하는 경우

리스부채 = ₩100,000×4.21236(기간 5, 6%, 연금현가계수) = ₩421,236

참고로 20×1년 초의 분개는 다음과 같다.

(차) 사 용 권 자 산	421,236	(대) 리 스 부 채	421,236

(2) 리스료를 매년 1월 1일에 지급하는 경우

리스부채 = ₩100,000×3.46511(기간 4, 6%, 연금현가계수) = ₩346,511

참고로 20×1년 초의 분개는 다음과 같다.

(차) 사 용 권 자 산	446,511	(대) 리 스 부 채	346,511
		현 금	100,000

리스개시일에 1회 리스료를 선급하기 때문에 리스개시일에 인식하는 리스부채는 ₩346,511이다.

물음 2

(1) 고정리스료를 매년 12월 31일에 지급하는 경우

리스부채의 장부금액 조정표

일자	연간리스료	이자비용(6%)	원금 상환액	리스부채 장부금액
20×1. 1. 1.				₩421,236
20×1. 12. 31.	₩100,000	₩25,274	₩74,726	346,510
20×2. 12. 31.	100,000	20,791	79,209	267,301
20×3. 12. 31.	100,000	16,038	83,962	183,339
20×4. 12. 31.	100,000	11,000	89,000	94,339
20×5. 12. 31.	100,000	5,661	94,339	0
계	₩500,000	₩78,764	₩421,236	

(2) 리스료를 매년 1월 1일에 지급하는 경우

리스부채의 장부금액 조정표

일자	연간리스료	이자비용(6%)	장부금액 조정	리스부채 장부금액
20×1. 1. 1.	₩100,000	–	–	₩346,511
20×1. 12. 31.		₩20,791	₩20,791	367,302
20×2. 1. 1.	100,000	–	–	267,302
20×2. 12. 31.		16,038	16,038	283,340
20×3. 1. 1.	100,000	–	–	183,340
20×3. 12. 31.		11,000	11,000	194,340
20×4. 1. 1.	100,000	–	–	94,340
20×4. 12. 31.		5,660	5,660	100,000
20×5. 1. 1.	100,000	–	–	0
계	₩500,000	₩53,489	₩53,489	

물음 3

연장선택권의 행사가 확실하다면 리스기간은 6년으로 하고, 연장기간의 고정리스료도 리스부채 최초 측정에 포함한다.

(1) 리스료를 매년 12월 31일에 지급하는 경우
리스부채 = ₩100,000×4.21236(기간 5, 6%, 연금현가계수)
+60,000×0.70496(기간 6, 6%, ₩1의 현가계수) = ₩463,534

(2) 리스료를 매년 1월 1일에 지급하는 경우
리스부채 = ₩100,000×3.46511(기간 4, 6%, 연금현가계수)
+60,000×0.74723(기간 5, 6%, ₩1의 현가계수) = ₩391,345

물음 4

종료선택권의 행사가 확실하다면 리스기간은 4년으로 하고, 위약금도 리스부채 최초 측정에 포함한다.

(1) 리스료를 매년 12월 31일에 지급하는 경우
리스부채 = ₩100,000×3.46511(기간 4, 6%, 연금현가계수)
+50,000×0.79209(기간 4, 6%, ₩1의 현가계수) = ₩386,116

(2) 리스료를 매년 1월 1일에 지급하는 경우
리스부채 = ₩100,000×2.67301(기간 3, 6%, 연금현가계수)
+50,000×0.79209(기간 4, 6%, ₩1의 현가계수) = ₩306,906

02 ㈜한국은 다음과 같은 조건으로 비품을 리스하였다.

- 리스기간 : 20×1년 1월 1일부터 20×3년 12월 31일까지
- 리스료 : 연간 고정리스료 ₩10,000을 매년 12월 31일에 지급
- 기초자산의 반환 : 리스종료일에 리스제공자에게 반환, 잔존가치 보증 없음
- 비품의 내용연수 : 5년
- 할인율 : 내재이자율을 쉽게 산정할 수 없으며, ㈜한국의 증분차입이자율은 연 5%이다.

물음

1. ㈜한국이 상기 리스가 소액 기초자산 리스에 해당되어 인식면제의 회계처리를 선택하였을 경우 20×1년 1월 1일과 12월 31일에 해야 할 회계처리를 하라.

2. ㈜한국이 인식면제의 회계처리를 선택하지 않았을 경우 20×1년 1월 1일과 12월 31일에 해야 할 회계처리를 하라.

(해답)

물음 1

소액 기초자산 리스에 해당되어 사용권자산과 리스부채를 인식하지 않기로 선택하였다면 리스료를 리스기간에 걸쳐 정액기준이나 다른 체계적인 기준에 따라 비용으로 인식한다. 문제에서는 다른 체계적인 기준에 대한 언급이 없으므로 정액기준을 적용하여 회계처리한다.

<20×1. 1. 1.>

회계처리 없음

<20×1. 12. 31.>

(차)	리 스 료 비 용	10,000	(대) 현 금	10,000

물음 2

인식면제를 선택하지 않았으므로 사용권자산과 리스부채를 인식한다.

리스부채 = ₩10,000×2.72325(기간 3, 5%, 연금현가계수) = ₩27,233

<20×1. 1. 1.>

(차)	사 용 권 자 산	27,233	(대) 리 스 부 채	27,233

<20×1. 12. 31.>

(차)	이 자 비 용	1,362[(1)]	(대) 현 금	10,000
	리 스 부 채	8,638		
(차)	사용권자산상각비	9,078[(2)]	(대) 사 용 권 자 산	9,078

(1) ₩27,233×5% = ₩1,362

(2) ₩27,233÷3년 = ₩9,078

03 ㈜한국은 다음과 같은 조건으로 기계장치를 리스하였다.

- 기계장치 : 내용연수 5년, 예상잔존가치 ₩200,000, 정액법 상각
- 리스기간 : 20×1년 1월 1일부터 20×3년 12월 31일까지
- 고정리스료 : 매년 12월 31일에 ₩1,000,000씩 지급
- 리스자산 반환 : 리스기간 종료일에 ㈜한국은 기계장치를 리스제공자에게 반환, 잔존가치 보증 없음
- 내재이자율은 쉽게 산정할 수 없으며, ㈜한국의 증분차입이자율은 연 8%(기간 3, 연금현가계수 2.577, ₩1의 현가계수 0.794)
- ㈜한국 부담 리스개설직접원가 : ₩80,000

물음

1. ㈜한국이 리스개시일에 인식해야 할 리스부채를 계산하고, 리스기간 동안 리스부채 장부금액을 조정하는 표를 작성하라.
2. 20×1년 말 리스료 지급 시 ㈜한국이 해야 할 회계처리를 하라.
3. 사용권자산을 정액법으로 상각할 때 20×1년도 상각비를 계산하라.

해답

물음 1

리스부채 = ₩1,000,000×2.577 = ₩2,577,000

리스부채 장부금액 조정표

일자	연간리스료	이자비용(8%)	원금 상환액	리스부채 장부금액
20×1. 1. 1.				₩2,577,000
20×1. 12. 31.	₩1,000,000	₩206,160	₩793,840	1,783,160
20×2. 12. 31.	1,000,000	142,653	857,347	925,813
20×3. 12. 31.	1,000,000	74,187(1)	925,813	0
계	₩3,000,000	₩423,000	₩2,577,000	

(1) 단수차이 조정

물음 2

(차) 이 자 비 용	206,160	(대) 현 금	1,000,000
리 스 부 채	793,840		

물음 3

사용권자산 최초 인식금액 = ₩2,577,000 + 80,000(리스개설직접원가) = ₩2,657,000

사용권자산상각비 = ₩2,657,000÷3년 = ₩885,667

04 ㈜한국은 다음과 같은 조건으로 기계장치를 리스하였다.

- 기계장치 : 내용연수 5년, 예상잔존가치 ₩300,000
- 리스기간 : 20×1년 1월 1일부터 20×3년 12월 31일까지
- 고정리스료 : 매년 12월 31일에 ₩1,000,000씩 지급
- 소유권 이전 : 리스기간 종료일에 ㈜한국은 리스회사에 ₩400,000을 지급하고 리스자산을 매수할 권리를 부여받음
- ㈜한국이 부담한 리스개설직접원가 ₩50,000
- 내재이자율 : 연 6%(기간 3, 연금현가계수 2.6730, ₩1의 현가계수 0.8396)

물음

1. ㈜한국이 리스개시일에 인식해야 할 리스부채를 계산하고, 리스기간 동안 리스부채 장부금액을 조정하는 표를 작성하라. 단, 매수선택권을 행사할 가능성은 상당히 확실하다.
2. 20×1년 말 리스료 지급 시 ㈜한국이 해야 할 회계처리를 하라.
3. 사용권자산을 정액법으로 상각할 때 20×1년도 상각비를 계산하라.
4. 리스종료 시 ㈜한국이 매수선택권을 행사할 때 회계처리를 하라.

해답

물음 1

리스부채 = ₩1,000,000×2.6730 + 400,000(매수선택권 행사가격)×0.8396
= ₩3,008,840

리스부채 장부금액 조정표

일자	연간리스료	이자비용(6%)	원금 상환액	리스부채 장부금액
20×1. 1. 1.				₩3,008,840
20×1. 12. 31.	₩1,000,000	₩180,530	₩819,470	2,189,370
20×2. 12. 31.	1,000,000	131,362	868,638	1,320,732
20×3. 12. 31.	1,000,000	79,268(1)	920,732	400,000
계	₩3,000,000	₩391,160	₩2,608,840	

(1) 단수차이 조정

물음 2

(차)	이자비용	180,530	(대) 현금	1,000,000
	리스부채	819,470		

물음 3

사용권자산 최초 인식금액 = ₩3,008,840 + 50,000(리스개설직접원가) = ₩3,058,840

사용권자산 상각비 = (₩3,058,840 − 300,000) ÷ 5년 = ₩551,768

물음 4

(차) 리 스 부 채	400,000	(대) 현 금	400,000

05 ㈜서울은 다음과 같은 조건으로 리스이용자에게 기계장치를 리스하기로 하였다.

- 기계장치 : 내용연수 5년, 잔존가치 없음
- 리스기간 : 20×1년 1월 1일부터 20×3년 12월 31일까지
- 고정리스료 : 매년 12월 31일에 ₩1,000,000씩 지급
- 내재이자율 : 연 5%(기간 3, 연금현가계수 2.72325, ₩1의 현가계수 0.86384)
- 리스종료 시 기계장치의 소유권은 리스이용자에게 무상으로 이전

물음

1. ㈜서울이 체결한 리스계약은 운용리스와 금융리스 중 어느 것으로 분류해야 하는가?
2. 리스채권의 최초 인식금액을 계산하라.
3. 리스기간 동안 리스채권의 장부금액을 조정하는 표를 작성하라.
4. 20×1년 말 리스료 수령 시 ㈜서울이 해야 할 회계처리를 하라.

해답

물음 1

리스종료 시 소유권이 리스이용자에게 이전되므로 금융리스로 분류한다.

물음 2

리스채권의 최초 인식금액 = 리스료의 현재가치(리스순투자)

= ₩1,000,000 × 2.72325 = ₩2,723,250

물음 3

리스채권 장부금액 조정표

일자	연간리스료	이자수익(5%)	원금회수액	리스채권 장부금액
20×1. 1. 1.				₩2,723,250
20×1. 12. 31.	₩1,000,000	₩136,163	₩863,837	1,859,413
20×2. 12. 31.	1,000,000	92,971	907,029	952,384
20×3. 12. 31.	1,000,000	47,616(1)	952,384	0
계	₩3,000,000	₩276,750	₩2,723,250	

(1) 단수차이 조정

물음 4

(차) 현 금	1,000,000	(대) 이 자 수 익	136,163
		현 금	863,837

06 ㈜한강은 다음과 같은 조건으로 리스이용자에게 건물을 운용리스하기로 하였다.

- 리스기간 : 20×1년 1월 1일부터 20×4년 12월 31일
- 고정리스료 : 20×1년도 리스료는 ₩100,000이고, 20×2년부터 20×4년도 연간리스료는 ₩200,000씩이며, 매년 12월 31일에 지급
- ㈜한강의 리스개설직접원가 : ₩20,000
- 리스개시일 현재 건물의 장부금액은 ₩1,500,000이며, 잔존내용연수는 15년이고, 잔존가치 없이 정액법으로 상각

물음

1. ㈜한강은 정액기준으로 리스료 수익을 인식할 경우 20×1년 말과 20×2년 말에 리스료 수익을 인식하는 회계처리를 하라.

2. 20×1년도 운용리스자산의 상각비를 계산하라.

(해답)

물음 1

매 연도에 인식할 리스료 수익＝(₩100,000＋200,000×3)÷4＝₩175,000

<20×1년 말>

(차) 현　　　금	100,000	(대) 리 스 료 수 익	175,000
미　수　수　익	75,000		

<20×2년 말>

(차) 현　　　금	200,000	(대) 리 스 료 수 익	175,000
		미　수　수　익	25,000(1)

(1) 전기 말에 인식한 미수수익 ₩75,000을 20×2년부터 매년 ₩25,000씩 감소시킨다.

물음 2

리스개설직접원가 ₩20,000을 운용리스자산(건물)의 장부금액에 가산하되, 리스기간에 걸쳐 상각한다.

20×1년도 운용리스자산상각비＝₩1,500,000÷15년(내용연수)＋20,000÷4년(리스기간)
＝₩105,000

07 ㈜한국(리스이용자)은 20×1년 초에 ㈜한강(리스제공자)과 다음과 같은 리스계약을 체결하고 기계장치(내용연수 5년, 잔존가치 없이 정액법 상각)를 리스하였다.

- 리스기간 : 20×1년 1월 1일부터 4년간
- 고정리스료 : 매년 말에 ₩100,000씩 지급
- 리스기간 종료 시 기초자산 반환, 잔존가치 보증 없음
- ㈜한강의 내재이자율 연 5%
- ㈜한국은 ㈜한강의 내재이자율을 쉽게 알 수 없으며, 증분차입이자율은 연 6%이다.
- ㈜한국의 리스개설직접원가 ₩10,000, ㈜한강의 리스개설직접원가 ₩20,000

(물음)

1. ㈜한국이 리스개시일에 해야 할 회계처리를 하라.
2. ㈜한국이 20×1년 말에 해야 할 회계처리를 하라.

3. ㈜한강이 리스계약을 금융리스로 분류한다고 가정하고 리스개시일에 해야 할 회계처리를 하라. 단, 기초자산의 취득원가는 고정리스료의 현재가치와 동일하다.

4. (물음 3)과 관련하여 ㈜한강이 20×1년 말에 해야 할 회계처리를 하라.

5. ㈜한강이 리스계약을 운용리스로 분류한다고 가정하고 리스개시일 및 20×1년 말에 해야 할 회계처리를 하라.

해답

물음 1

리스부채 최초 측정 = ₩100,000×3.46511(기간 4, 6%, 연금현가계수)
= ₩346,511

(차) 사용권자산	356,511	(대) 리스부채	346,511
		현금	10,000[1]

(1) 리스개설직접원가를 사용권자산에 가산한다.

물음 2

(차) 이자비용	20,791[1]	(대) 현금	100,000
리스부채	79,209		
(차) 사용권자산상각비	89,128[2]	(대) 사용권자산	89,128

(1) ₩346,511×6% = ₩20,791
(2) ₩356,511÷4년(리스기간) = ₩89,128

물음 3

리스채권 최초 측정
= ₩100,000×3.54595(기간 4, 5%, 연금현가계수) + 20,000(리스개설직접원가)
= ₩374,595

(차) 리스채권	374,595	(대) 선급리스자산	354,595
		현금	20,000[1]

(1) 리스개설직접원가를 리스채권에 가산한다.

물음 4

(차) 현금	100,000	(대) 이자수익	18,730[1]
		리스채권	81,270

(1) ₩374,595×5% = ₩18,730

물음 5

<리스개시일>

(차) 운 용 리 스 자 산	374,595	(대) 선 급 리 스 자 산	354,595
		현 금	20,000

<20×1년 말>

(차) 현 금	100,000	(대) 리 스 료 수 익	100,000
(차) 운용리스자산상각비	75,919	(대) 감 가 상 각 누 계 액	75,919(1)

(1) ₩354,595÷5년(내용연수)+20,000÷4년(리스기간)=₩75,919

제 17 장

회계변경과 오류수정

1 회계변경

1.1 회계변경이란 무엇인가?

제2장의 '개념체계'에서 회계정보가 의사결정에 유용하기 위해서 갖추어야 할 질적 특성 중 비교가능성을 설명하였다. 이용자가 어떤 기업의 재무제표를 분석할 경우 전기에 비해서 당기의 재무상태나 성과가 어떻게 변동되었는지 비교분석하는 것이 일반적이다. 이때 특정 금액이나 재무비율의 변동을 확인하고 그 의미를 해석하기 위해서는 당기와 전기의 재무제표를 작성할 때 적용한 회계정책이나 회계추정치가 동일해야 할 것이다. 예를 들어, 전기 재무제표의 재고자산은 선입선출법을 적용하여 단가를 결정하고, 당기 재무제표의 재고자산은 가중평균법을 적용하여 단가를 결정하였다면 당기와 전기 재무제표 간의 비교가능성은 감소할 것이다. 또한 전기 재무제표의 기계장치는 정액법으로 감가상각하고, 당기 재무제표의 기계장치는 생산량비례법으로 감가상각을 한 경우에도 당기와 전기 재무제표 간의 비교가능성은 감소할 것이다.

이와 같이 기업이 재무제표를 작성할 때 두 가지 이상의 회계정책 중 한 가지를 선택하여 적용하거나, 회계추정을 해야 할 경우가 많은데, 회계기간 별로 회계정책이나 회계추정치를 바꾸면 재무제표의 비교가능성이 낮아지는 문제가 있다. 따라서 기업이 선택한 회계정책이나 회계추정치는 매년 일관성 있게 적용할 필요가 있다.

그러나 한 번 선택한 회계정책이나 회계추정치를 무조건 유지하는 것도 바람직하지 않을 수 있다. 기업을 둘러싼 환경이나 기업의 영업 특성이 변할 수 있으며, 당초의 회계추정치에 근거가 되었던 상황도 바뀔 수 있는데, 이를 고려하지 않고 처음 선택했던 회계정책이나 회계추정치를 계속 적용하면 오히려 회계정보가 기업의 실질을 반영하지 못할 수 있다.

회계변경이란 기업이 선택하고 적용하여 오던 회계정책이나 회계추정치를 변경하는 것을 말한다. 변경의 타당성이 인정된다면 과년도에 적용했던 회계정책이나 회계추정치를 변경함으로써 더 유용한 회계정보를 제공할 수 있을 것이다.

1.2 회계정책의 선택 및 적용

회계정책 변경을 설명하기 전에 회계정책을 처음 선택하고 적용하는 상황부터 설명할 필요가 있다. 기준서 제1008호 '재무제표의 작성기준'에서는 거래나 기타 사건 또는 상황에 대하여 한국채택국제회계기준을 적용하되, 한국채택국제회계기준은 회계정책의 적용대상인 거래, 기타 사건 및 상황에 관한 정보가 목적적합하고 신뢰성 있게 재무제표에 반영될 수 있도록 한다고 규정하고 있다. 다만, 이러한 회계정책의 적용 효과가 중요하지 않은 경우에는 그 회계정책을 적용하지 않을 수 있다. 제2장의 '개념체계'에서 목적적합성을 설명할 때 '정보가 누락되거나 잘못 기재된 경우 특정 보고기업의 재무정보에 근거한 정보이용자의 의사결정에 영향을 줄 수 있다면 그 정보는 중요한 정보'라고 하여 중요성의 개념에 대해서 언급하였다.

거래, 기타 사건 및 상황에 대하여 구체적으로 적용할 수 있는 한국채택국제회계기준이 없는 경우 경영진은 판단에 따라 회계정책을 개발 및 적용하여 회계정보를 작성할 수 있으며, 이때 회계정보는 다음의 특성을 모두 보유하여야 한다(문단 10).

① 이용자의 경제적 의사결정 요구에 목적적합하다.
② 신뢰할 수 있다. 신뢰할 수 있는 재무제표는 다음의 속성을 포함한다.
  ㉠ 기업의 재무상태, 재무성과 및 현금흐름을 충실하게 표현한다.
  ㉡ 거래, 기타 사건 및 상황의 단순한 법적 형태가 아닌 경제적 실질을 반영한다.
  ㉢ 중립적이다. 즉, 편의가 없다.
  ㉣ 신중하게 고려한다.
  ㉤ 중요한 사항을 빠짐없이 고려한다.

전술한 문단 10을 적용할 때 경영진은 다음 사항을 순차적으로 참조하여 적용가능성을 고려하여야 한다(문단 11).

(1) 내용상 유사하고 관련되는 회계논제를 다루는 한국채택국제회계기준의 규정
(2) 자산, 부채, 수익, 비용에 대한 '개념체계'의 정의, 인식기준 및 측정개념

기준서 제1008호 문단 10의 판단을 하는 경우, 경영진은 ① 유사한 개념체계를 사용하여 회계기준을 개발하는 회계기준제정기구가 가장 최근에 발표한 회계기준 및 ② 기타의 회계문헌과 인정된 산업관행을 고려할 수 있다. 다만, 이러한 고려사항은 전술한 기준서 제1008호 문단 11에서 기술한 고려사항의 내용과 상충되지 않아야 한다. 따라서 우리나라의 경우 특정 거래가 발생하였는데 적용할 한국채택국제회계기준이 아직 마련되어 있지 않다면, 한국회계기준원이 제정한 「일반기업회계기준」을 적용할 수 있을 것이다. 단, 「일반기업회계기준」이 기준서 제1008호의 문단 11의 고려사항과 상충되지 않아야 할 것이다.

1.3 회계변경의 종류

(1) 회계정책의 변경

회계정책의 변경(changes in accounting policies)이란 지금까지 기업이 적용하여 오던 회계정책을 다른 회계정책으로 바꾸는 것을 말한다. 회계정책은 기업이 임의로 변경할 수 없으며, 다음 중 하나에 해당하는 경우에만 변경할 수 있다.

① 한국채택국제회계기준에서 회계정책의 변경을 요구하는 경우
② 회계정책의 변경을 반영하면 특정 거래, 기타 사건 또는 상황이 재무상태, 재무성과 또는 현금흐름에 미치는 영향에 대하여 신뢰성[1] 있고 더 목적적합한 정보를 제공하는 경우

회계변경이 정당한 변경의 사유에 해당하지 않는 임의 변경이라면 이는 오류이므로 2절에서 설명하는 오류수정의 회계처리를 적용한다. 한편, 다음의 경우는 회계정책의 변경 또는 오류에 해당하지 않는다.

① 과거에 발생한 거래와 실질이 다른 거래, 기타 사건 또는 상황에 대하여 다른 회계정책을 적용하는 경우
② 과거에 발생하지 않았거나 발생하였어도 중요하지 않았던 거래, 기타 사건 또는 상황에 대하여 새로운 회계정책을 적용하는 경우

과거에 발생한 거래와 실질이 다른 거래가 발생하여 과거와 다른 회계정책을 적용하는 것이므로 회계정책 변경에 해당하지 않는다. 그리고 과거에 발생하지 않았던 거래가 처음 발생하였거나, 예를 들어 과거에 발생하였더라도 중요하지 않아 자산으로 인식하지 않고 비용으로 인식했던 거래가 중요한 거래가 된 경우, 여기에 새로운 회계정책을 적용하는 것은 과거부터 적용해 오던 회계정책을 바꾸는 것이 아니므로 회계정책 변경에 해당하지 않는다.

반면에 지금까지 적용해 오던 회계정책이 한국채택국제회계기준에서 허용하는 방법이 아닌 경우, 이를 한국채택국제회계기준에서 허용하는 방법으로 변경하는 것은 회계정책 변경이 아니라 2절에서 설명하는 오류의 수정에 해당한다. 회계정책 변경으로 구분되기 위해서는 변경 전과 변경 후의 회계정책이 모두 한국채택국제회계기준에서 허용하는 방법이어야 한다.

본서에서 설명한 내용 중 회계정책 변경에 해당하는 사례를 열거하면 다음과 같다.[2]

---

1) 신뢰성이라는 재무정보의 질적 특성은 현재의 '개념체계'에서 언급하고 있지 않다.
2) 이외에도 탐사평가자산으로 인식되는 지출을 규정하는 회계정책을 변경하는 것도 회계정책의 변경에 해당하나, 이는 중급회계에서 설명하기로 한다.

① 유형자산(또는 무형자산) 평가방법을 원가모형에서 재평가모형으로 변경
② 투자부동산 평가방법을 원가모형에서 공정가치모형으로 변경
③ 재고자산의 단가결정방법을 선입선출법에서 평균법으로 변경
④ 현금흐름표의 현금및현금성자산의 구성요소를 결정하는 정책의 변경[3]

원가모형을 적용하는 유형자산 중 사무용 건물을 타인에게 임대하고 이를 투자부동산으로 재분류한 후 공정가치모형을 적용하기 시작하였다면 이는 부동산의 용도변경이지 회계정책의 변경은 아니다. 따라서 유형자산을 투자부동산으로 변경하는 시점부터 투자부동산과 관련된 회계기준을 적용하며, 후술하는 소급 재작성이 요구되지 않는다.

(2) 회계추정치 변경

회계정책은 측정불확실성을 고려하여 재무제표의 항목을 측정하도록 요구할 수 있다. 즉, 회계정책은 직접 관측할 수 없어 추정해야 하는 화폐금액으로 재무제표의 항목을 측정하도록 요구할 수 있다. 이때 기업은 회계정책에서 정한 목적을 이루기 위해 회계추정치를 개발한다.

회계추정치의 개발은 이용할 수 있고 신뢰성 있는 가장 최근 정보에 기초한 판단이나 가정이 수반된다. 회계추정치를 예시하면 다음과 같다.[4]

① 금융자산의 기대신용손실 추정
② 재고자산의 저가법 적용 시 순실현가능가치의 추정
③ 유형자산 항목의 감가상각비[5]
④ 유형자산의 손상차손 인식을 위해 회수가능액의 추정
⑤ 보증의무에 대한 충당부채

기업은 회계추정치를 개발하기 위해 측정기법과 투입변수를 사용한다. 측정기법에는 추정기법(예 : 수취채권의 기대신용손실에 대한 손실충당금을 측정하는 데 사용하는 기법)과 평가기법(예 : 공정가치모형을 적용하는 투자부동산의 공정가치를 측정하는 데 사용하는 기법)이 포함된다.

---

3) 제18장 현금흐름표, 2.1절 설명 참조

4) 기준서에서 예시한 회계추정치 이외에도 우리는 지금까지 많은 회계추정치를 배웠다. 유형자산의 손상차손 인식에 필요한 회수가능액, 거래가격에 반영할 변동대가 추정치, 건설공사의 수익 인식에 적용할 진행률, 차감할 일시적차이의 미래 실현가능성, 확정급여제도 적용 시 보험수리적 가정 등이 모두 회계추정치에 해당한다.

5) 유형자산의 감가상각비는 회계추정치인데, 이를 추정하기 위해서는 잔존가치와 내용연수를 추정해야 하고 경제적효익의 감소 형태를 추정하여 이에 적합한 감가상각방법도 선택해야 한다. 따라서 잔존가치와 내용연수뿐만 아니라 감가상각방법을 바꾸는 것이 모두 회계추정치 변경에 포함된다.

기업이 개발한 회계추정치는 이후에 변경될 수 있다. 회계추정치의 근거가 되었던 상황의 변화, 새로운 정보의 획득, 새로운 상황의 전개나 추가 경험의 축적이 있는 경우에 회계추정치의 변경이 필요할 수 있다. 성격상 회계추정치 변경은 과거기간과 연관되지 않으며 오류수정으로 보지 않는다. 따라서 측정기법이나 투입변수의 변경이 회계추정치에 미치는 영향은 전기오류수정에서 비롯되지 않는 한 회계추정치 변경으로 본다.

측정기준의 변경은 회계추정치 변경이 아니라 회계정책의 변경에 해당한다. 회계정책의 변경과 회계추정치 변경을 구분하기 어려운 경우에는 이를 회계추정치 변경으로 본다. 예를 들어, 원가모형을 적용하던 투자부동산을 공정가치모형을 적용하기로 변경하는 것은 회계정책의 변경이나, 투자부동산에 공정가치모형을 적용하면서 공정가치 측정기법을 이익접근법과 일치하는 가치평가기법에서 시장접근법과 일치하는 가치평가기법으로 변경하는 것은 회계추정치 변경에 해당한다.

1.4 회계변경의 회계처리

(1) 회계정책 변경의 회계처리

회계정책을 변경할 경우 회계처리는 [표 1]과 같다.

| 표 1 | 회계정책 변경의 회계처리

구분	회계처리
경과규정이 없는 한국채택국제회계기준을 최초 적용하는 경우에 발생하는 회계정책의 변경이나 자발적인 회계정책의 변경[6]	소급 적용
경과규정이 있는 한국채택국제회계기준을 최초 적용하는 경우에 발생하는 회계정책의 변경	해당 기준서의 경과규정에 따라 회계처리

경과규정이 없는 기준서를 최초 적용하는 경우의 회계정책 변경이나 자발적인 회계정책 변경의 경우에는 소급 적용(retrospective application)한다. 소급 적용이란 비교표시되는 가장 이른 과거기간의 영향 받는 자본의 각 구성요소의 기초 금액과 비교표시되는 각 과거기간의 공시되는 그 밖의 대응 금액을 새로운 회계정책을 처음부터 적용한 것처럼 조정하는 것을 말한다.

6) 한국채택국제회계기준을 조기 적용하는 것은 자발적인 회계정책의 변경에 해당하지 않는다. 따라서 경과규정이 없으면 소급 적용하고 경과규정이 있으면 해당 경과규정에 따라 회계처리한다.

한편, 해당 기준서에 경과규정이 있는 경우에는 경과규정을 적용하여 회계처리한다. 회계정책 변경 시 경과규정을 적용하는 대표적인 경우가 유형자산 및 무형자산의 측정기준의 변경이다. 기업이 유형자산 또는 무형자산에 대해서 원가모형을 적용하다가 재평가모형을 처음 적용할 경우, 소급 적용에 대한 기업의 부담을 줄여주기 위해서 유형자산 기준서와 무형자산 기준서에는 다음과 같은 경과규정을 두고 있다.

> 재평가모형을 최초 적용하는 최초 회계연도와 직전 회계연도에 인식되는 모든 재평가에 적용한다. 표시되는 더 이른 기간에 대한 조정 비교 정보도 표시할 수 있으나, 반드시 표시하여야 하는 것은 아니다. (이하 생략)

예를 들어, 20×1년에 취득한 유형자산에 대해서 원가모형을 적용해 오다가 20×5년부터 재평가모형을 적용하기로 회계정책을 변경할 경우 전기(20×4년) 재무제표도 유형자산에 대해서 재평가모형을 적용한 것처럼 소급 재작성을 해야 한다. 그런데 20×4년 말 재평가잉여금 잔액을 구하려면, 20×3년 말 재평가잉여금 잔액에 20×4년 재평가증가액 또는 감소액을 반영해야 하므로 20×3년 말 재평가잉여금 잔액을 구해야 한다. 같은 이유로, 20×3년 말 재평가잉여금 잔액을 구하려면, 20×2년 말 재평가잉여금 잔액에 20×3년 재평가증가액 또는 감소액을 반영해야 하므로 20×2년 말 재평가잉여금 잔액을 구해야 한다. 이와 같이 원가모형을 적용하다가 재평가모형을 적용할 때 소급 적용하려면 해당 유형자산을 최초 취득한 연도로 거슬러 올라가서 재평가모형을 적용해야 하므로 기업에게 매우 큰 부담이 될 수 있다. 따라서 완전한 소급 적용에 따른 기업의 부담을 줄여주기 위해서 비교표시하는 직전연도까지 새로운 회계정책을 소급 적용하도록 경과규정을 두는 것이다.

모든 회계정책 변경에 대해서 소급 적용을 하는 것이 실무적으로 어려울 수 있다. 따라서 소급 적용에 한계가 있는 회계정책 변경의 경우에는 [표 2]와 같이 회계처리한다.

| 표 2 | 소급 적용에 한계가 있는 회계정책 변경의 회계처리

구분	회계처리
비교표시되는 하나 이상의 과거기간의 비교 정보에 대해 특정 기간에 미치는 회계정책 변경의 영향을 실무적으로 결정할 수 없는 경우	(1) 실무적으로 소급 적용할 수 있는 가장 이른 회계기간의 자산 및 부채의 기초장부금액에 새로운 회계정책을 적용하고, 그에 따라 변동하는 자본 구성요소의 기초금액을 조정. 실무적으로 적용할 수 있는 가장 이른 회계기간이 당기일 수 있음
당기 기초시점에 과거기간 전체에 대해 미치는 회계정책 변경의 영향을 실무적으로 결정할 수 없는 경우	(2) 실무적으로 적용할 수 있는 가장 이른 날부터 새로운 회계정책을 전진 적용하여 비교 정보 재작성

예를 들어, 갑회사는 당기(20×3년)와 전기 재무제표를 비교표시하는데, 20×3년에 회계정책을 변경하면서 과거 회계기간의 소급효과를 모두 결정할 수 있다고 가정하자. 이 경우 기준서 제1118호 '재무제표의 표시와 공시'에 따라 갑회사는 변경 후의 회계정책을 적용하여 20×2년 초, 20×2년 말, 20×3년 말의 재무상태표(3개 시점의 재무상태표)와 20×2년과 20×3년의 포괄손익계산서, 자본변동표 및 현금흐름표를 공시한다.

그런데 갑회사가 회계정책 변경의 영향을 실무적으로 결정할 수 없어서 실무적으로 소급적용할 수 있는 가장 이른 회계기간의 기초를 20×3년 초라고 판단할 경우, 회계정책 변경 전의 20×3년 초 장부금액에 변경된 회계정책을 적용하여 수정한 금액을 20×3년 초 장부금액으로 하고, 그에 따라 변동하는 자본 항목(예 : 이익잉여금)의 기초금액도 조정한다([표 2]의 (1)의 회계처리).

그러나 갑회사가 20×3년 초에 회계정책 변경의 영향을 실무적으로 결정할 수 없다면, 회계정책 변경 전의 20×3년 초 장부금액(수정하지 않은 금액)에 변경된 회계정책을 전진 적용하여 20×3년도의 재무제표를 작성한다([표 2]의 (2)의 회계처리).

예 1 회계정책의 변경

20×1년 초에 설립된 갑회사는 재고자산에 대해서 20×2년 말까지 가중평균법을 적용하여 단가결정을 하였으나, 20×3년부터 선입선출법으로 단가결정방법을 변경하였다. 이러한 회계정책 변경은 한국채택국제회계기준에서 제시하는 조건을 충족하는 것이다. 다음은 20×1년부터 20×3년까지 가중평균법을 적용한 (약식)재무제표이다. 갑회사는 당기와 전기 재무제표를 비교 공시한다.

과목	20×1년	20×2년	20×3년
〈재무상태표〉			
재고자산	₩40,000	₩45,000	₩50,000
그 밖의 자산	300,000	375,000	365,000
총계	₩340,000	₩420,000	₩415,000
부채	₩100,000	₩130,000	₩90,000
자본금	200,000	200,000	200,000
이익잉여금	40,000	90,000	125,000
총계	₩340,000	₩420,000	₩415,000

과목	20×1년	20×2년	20×3년
〈손익계산서〉			
매출	₩320,000	₩380,000	₩400,000
매출원가	(190,000)	(255,000)	(275,000)
기초재고액	–	40,000	45,000
당기매입액	230,000	260,000	280,000
기말재고액	(40,000)	(45,000)	(50,000)
기타손익(순액)	(90,000)	(75,000)	(90,000)
당기순이익	₩40,000	₩50,000	₩35,000

갑회사가 재고자산의 단가결정방법으로 선입선출법을 적용했다면 매 회계기간 말 재고자산 금액은 다음과 같다.

	20×1년	20×2년	20×3년
재고자산	₩42,000	₩48,000	₩49,000

갑회사가 선입선출법으로의 회계정책 변경에 대한 소급효과를 모두 결정할 수 있다고 가정하였으므로 20×1년부터 선입선출법을 적용한 것처럼 소급하여 과년도 재무제표를 재작성한다. 유의할 점은 20×2년 초 재무상태표도 선입선출법을 적용한 금액으로 함께 공시한다.

과목	20×2년 초	20×2년 말	20×3년 말
〈재무상태표〉			
재고자산	₩42,000	₩48,000	₩49,000
그 밖의 자산	300,000	375,000	365,000
총계	₩342,000	₩423,000	₩414,000
부채	₩100,000	₩130,000	₩90,000
자본금	200,000	200,000	200,000
이익잉여금	42,000	93,000	124,000
총계	₩342,000	₩423,000	₩414,000

	20×2년도	20×3년도
〈손익계산서〉		
매출	₩380,000	₩400,000
매출원가	(254,000)	(279,000)
기초재고액	42,000	48,000
당기매입액	260,000	280,000
기말재고액	(48,000)	(49,000)
기타손익(순액)	(75,000)	(90,000)
당기순이익	₩51,000	₩31,000

재고자산의 단위원가 결정에 대한 회계정책 변경으로 기초재고자산이 증가(감소)하면 그만큼 매출원가가 증가(감소)하므로 당기순이익은 감소(증가)하며, 기말재고자산이 증가(감소)하면 그만큼 매출원가가 감소(증가)하므로 당기순이익은 증가(감소)한다. 이러한 원리를 이용하여 갑회사가 가중평균법에서 선입선출법으로 회계정책을 변경한 후 20×2년과 20×3년의 당기순이익은 다음과 같이 쉽게 계산할 수 있다.

	20×2년도	20×3년도
〈회계정책 변경 영향〉		
기초재고자산 변동	₩42,000 − 40,000 = ₩2,000(증가)	₩48,000 − 45,000 = ₩3,000(증가)
기말재고자산 변동	₩48,000 − 45,000 = ₩3,000(증가)	₩49,000 − 50,000 = (−)₩1,000(감소)
〈당기순이익 영향〉		
가중평균법 당기순이익	₩50,000	₩35,000
기초재고자산 변동	(2,000)	(3,000)
기말재고자산 변동	3,000	(1,000)
선입선출법 당기순이익	₩51,000	₩31,000

만약에 갑회사가 선입선출법으로의 회계정책 변경에 대한 소급효과를 실무적으로 결정할 수 없고, 선입선출법을 적용한 20×3년 초 재고자산의 금액도 결정할 수 없다고 가정하고 20×3년 말에 비교 공시할 재무상태표와 손익계산서를 작성하면 다음과 같다. 즉, 20×3년 말 재고자산만 선입선출법을 적용한 금액으로 재무제표를 작성한다.

과목	20×2년 말	20×3년 말
〈재무상태표〉		
재고자산	₩45,000	₩49,000
그 밖의 자산	375,000	365,000
총계	₩420,000	₩414,000
부채	₩130,000	₩90,000
자본금	200,000	200,000
이익잉여금	90,000	124,000
총계	₩420,000	₩414,000
	20×2년도	20×3년도
〈손익계산서〉		
매출	₩380,000	₩400,000
매출원가	(255,000)	(276,000)
기초재고액	40,000	45,000
당기매입액	260,000	280,000
기말재고액	(45,000)	(49,000)
기타손익(순액)	(75,000)	(90,000)
당기순이익	₩50,000	₩34,000

(2) 회계추정치 변경의 회계처리

회계추정치 변경으로 인한 효과는 다음의 회계기간의 당기손익에 포함하여 전진적(prospectively)으로 인식한다.

① 변경이 발생한 기간에만 영향을 미치는 경우에는 변경이 발생한 기간
② 변경이 발생한 기간과 미래기간에 모두 영향을 미치는 경우에는 변경이 발생한 기간과 미래기간

회계추정치 변경효과를 전진적으로 인식하는 것은 회계추정치 변경이 발생한 시점 이후부터 적용하는 것을 말한다. 이때 회계추정치 변경의 영향이 당기에만 미치는 경우도 있고 미래의 여러 기간에 미치는 경우도 있다. 예를 들어, 매출채권의 손상에 대한 회계추정치 변경은 당기손익에만 영향을 미치는 반면, 유형자산의 추정내용연수 또는 감가상각방법의 변경은 당기 및 미래기간에 걸쳐 영향을 미친다.

예 2 회계추정치 변경

㈜태백(보고기간 말 12월 31일)은 20×1년 초에 기계장치를 ₩100,000에 취득하여 사용하기 시작하였다. 기계장치의 잔존가치는 없으며 내용연수는 5년으로 추정하였고, 정액법으로 감가상각한다. 아래의 사례에서 회계추정치 변경은 오류수정이 아니라고 가정한다.

(1) 20×2년 초에 기계장치의 잔존내용연수를 4년이 아니라 6년으로 연장한 경우 20×2년도 감가상각비는 다음과 같이 계산한다.

20×1년도 감가상각비 = ₩100,000÷5년 = ₩20,000
20×2년 초 현재 장부금액 = ₩100,000 − 20,000 = ₩80,000
20×2년도 감가상각비 = ₩80,000÷6년(회계추정치 변경 후 잔존내용연수) = ₩13,333

(2) 만약 20×2년 초에 기계장치의 잔존내용연수를 4년이 아니라 6년으로 연장하였고, 감가상각방법을 정액법에서 이중체감법으로 변경한 경우 20×2년도 감가상각비는 다음과 같이 계산한다.

20×2년 초 현재 장부금액 = ₩80,000
20×2년도 감가상각비 = ₩80,000×(1/6)×200%(내용연수 6년의 이중체감법 상각률) = ₩26,667

---

2 오류수정

2.1 당기오류와 전기오류의 구분

재무제표를 작성할 때 신뢰할 만한 정보를 이용하지 못했거나 잘못 이용하여 발생한 재무제표에의 누락이나 왜곡표시를 오류(errors)라고 한다. 이러한 오류는 산술적 계산오류, 회계정책의 적용 오류, 사실의 간과 또는 해석의 오류 및 부정(fraud)[7] 등에 의하여 발생할 수 있다.

7) 일반적으로 재무제표를 왜곡할 의도가 없었다면 오류(error)로 구분하고, 의도가 있었다면 부정(fraud)으로 구분한다.

기준서 제1008호 '재무제표의 작성 기준'에서는 과거기간 동안에 재무제표를 작성할 때 신뢰할 만한 정보를 이용하지 못했거나 잘못 이용하여 발생한 재무제표에의 누락이나 왜곡표시를 전기 오류라고 정의한다. 이때 신뢰할 만한 정보란 해당 기간의 재무제표 발행승인일에 이용 가능한 정보와 당해 재무제표의 작성과 표시를 위하여 획득하여 고려할 것이라고 합리적으로 기대하는 정보를 말한다.

재무제표 발행승인일은 재무제표를 주주총회에 제출하기 전에 이사회가 재무제표를 발행승인한 날을 말한다.[8] 예를 들어, 20×1년도 재무제표 발행 승인일이 20×2년 2월 15일인데, 20×1년 중에 회계처리했던 것이 오류였다는 것을 20×2년 2월 15일 전에 발견하였다면 이는 당기오류에 해당하므로 그러한 회계처리를 하지 않았던 상태로 되돌리는 회계처리를 하면 된다. 그러나 20×1년 중에 회계처리하는 과정에서 발생한 오류를 20×2년 2월 15일 후에 발견하였다면 그 오류는 전기오류에 해당하므로 후술하는 2.2절의 회계처리에서 보는 바와 같이 소급 수정을 해야 한다.

많은 선행연구에서 기업의 이익 조정(earnings management) 유인에 대해서 분석 결과를 제시하였다. 경영자가 자본조달비용을 낮추기 위해서 기업의 재무구조를 좋게 보이도록 이익을 늘리거나 부채를 과소계상하기도 하고, 경영자가 자신에게 돌아갈 보너스(스톡옵션 포함)를 더 챙기기 위해서 이익을 부풀리기도 한다. 정부의 규제를 받는 기업들은 규제회피를 위해서 이익을 낮추는 방향으로 오류를 범하기도 하고, 재무분석가의 이익예측치에 맞추기 위해서 공시되는 이익을 조작하기도 한다. 특히 조선업이나 건설업과 같은 업종은 진행률 추정치를 조작하여 당기순이익을 부풀릴 가능성이 높다.

이와 같이 이익조정이 가능한 이유는 발생기준에 따라 회계처리를 하기 때문이다. 발생기준은 양날의 칼을 갖고 있다. 지금까지 본서에서 논의했던 바와 같이 발생기준에 따라 회계처리를 하면 발생과 이연에 대한 계정이 재무제표에 보고됨으로써 정보이용자가 기업의 미래현금흐름이나 순이익을 예측하는 데 유용하다. 그러나 자산의 손상차손의 인식, 재고자산의 평가손실 인식, 이연법인세자산의 실현가능성 추정, 건설계약의 총예상원가추정 등 발생기준을 적용하기 위해서는 불가피하게 경영자의 판단과 추정이 개입될 수밖에 없으므로 재량적으로 재무제표 수치를 조작할 수 있음에 유의하여야 한다.

---

8) 예를 들어, 12월 31일이 보고기간 말인 우리나라 기업의 경우 20×1년도 정기주주총회는 대략 20×2년 2월 중순부터 3월 하순 사이에 개최되는데, 정기주주총회에 20×1년도 재무제표를 제출하기 위해서는 정기주주총회 개최 2주 전까지 이사회가 재무제표의 발행을 승인해야 한다.

2.2 오류의 유형

발생한 오류가 재무제표에 미치는 영향을 기준으로 구분하면 다음과 같다.

재무상태표 또는 손익계산서에만 영향을 미치는 오류	계정분류상의 오류
재무상태표와 손익계산서 모두에 영향을 미치는 오류	자동조정(상쇄)오류 비자동조정(상쇄)오류

재무상태표에만 영향을 미치거나 손익계산서에만 영향을 미치는 오류는 대체로 계정분류상의 오류이다. 예를 들어, FVOCI 금융자산을 AC 금융자산으로 분류했다거나, 장기차입금 중 1년 이내에 상환해야 할 부분을 유동부채로 구분하지 않은 경우가 여기에 해당한다. 이와 같은 계정분류상의 오류는 당기손익에 영향을 미치지 않는다.

판매비와 관리비를 영업 범주 이외의 범주로 분류한 오류와 같이 손익계산서에만 영향을 미치는 오류도 당기손익에 영향을 미치지 않는다. 그러나 이러한 오류는 판매비와 관리비를 감소시키고 영업이익을 증가시키기 때문에 이자보상배율(이자보상비율)이 높아져 한계기업으로 구분될 가능성을 줄일 수 있다는 점에서 비록 당기손익에는 영향을 주지는 않지만 간과할 수 없는 오류에 해당한다.

본장에서 주목하고자 하는 오류는 재무상태표와 손익계산서에 동시에 영향을 미치는 오류 즉, 당기손익에 영향을 미치는 오류이다. 예를 들어, 매출을 과대계상하거나, 감가상각비를 과소계상하는 등의 오류는 당기손익에 영향을 미치는 오류로서 계정분류상의 오류보다 이용자의 의사결정에 미치는 영향이 더 중요하다. 당기손익에 영향을 미치는 오류는 다시 자동조정오류와 비자동조정오류로 구분할 수 있다.

(1) 자동조정오류

자동조정오류(counterbalancing errors)란 오류가 발생한 회계연도의 다음 회계연도 말까지 오류가 발견되지 않았을 경우 두 회계기간의 재무제표에 미치는 오류의 영향이 자동상쇄되는 오류를 말한다. 예를 들어, 20×1년에 발생한 오류로 인하여 당기순이익이 과대계상 된 경우, 이를 발견하여 수정하지 않더라도 20×2년에는 정반대의 효과가 발생하여 당기순이익이 과소계상된다. 따라서 두 회계기간을 통합한 전체기간을 한 회계기간으로 간주하면 당기순이익에 미치는 영향이 소멸하는데, 이러한 오류를 자동조정오류라고 한다. 자동조정오류의 예는 재고자산의 과대·과소계상 및 선급비용·미지급비용·선수수익·미수수익의 과대·과소계상 등이 있다.

예 3 기말재고자산 평가의 오류

갑회사는 20×1년 기말재고자산을 ₩1,000 과대평가하였으며, 이러한 오류는 이후 발견되지 않았다. 기말재고자산의 평가 오류가 20×1년부터 20×2년까지 재무제표에 미치는 영향을 분석해 보기로 한다.

재무제표 영향	20×1년 말	20×2년 말	20×3년도
기초재고자산	–	₩1,000 과대계상	–
기말재고자산	₩1,000 과대계상	–	–
매출원가	1,000 과소계상	1,000 과대계상	–
당기순이익	1,000 과대계상	1,000 과소계상	–
이익잉여금기말잔액	1,000 과대계상	–	–

20×1년 말에 기말재고자산을 ₩1,000 과대계상하면 그만큼 매출원가가 감소하여 당기순이익이 증가하고, 기말이익잉여금도 ₩1,000만큼 과대계상된다. 20×1년 말 과대계상된 기말재고자산은 20×2년 기초재고자산으로 이월되는데, 이로 인하여 20×2년 매출원가가 ₩1,000만큼 증가하여 당기순이익은 감소한다. 그 결과 20×2년 기말이잉여금에는 오류의 영향이 없다. 20×2년도 장부가 마감된 후에 이러한 오류가 발견된다면 이미 오류의 영향은 모두 소멸되었으므로 오류를 수정하는 회계처리는 필요하지 않다.

예 4 미수수익 미계상 오류 - 자동조정

20×1년 말에 정기예금 미수이자 ₩50,000을 인식하지 않고 20×2년 초에 ₩50,000의 이자를 수령할 때 이자수익을 인식하였다. 이러한 오류가 계속 발견되지 않았다면 20×1년부터 이후 회계연도의 재무제표에 미치는 영향(법인세 영향은 없다고 가정)은 다음과 같다.

재무제표 영향	20×1년 말	20×2년 말	20×3년도
미수수익기초잔액	–	₩50,000 과소계상	–
미수수익기말잔액	₩50,000 과소계상	–	–
당기이자수익	50,000 과소계상	50,000 과대계상	–
당기순이익	50,000 과소계상	50,000 과대계상	–
이익잉여금기말잔액	50,000 과소계상	–	–

20×1년도에 미수수익 ₩50,000을 인식하지 않으면, 20×1년도 당기순이익과 기말이익잉여금이 ₩50,000씩 과소계상된다. 그 결과 20×2년 기초미수수익이 ₩50,000 과소계상되나, 20×2년 초에 ₩50,000의 이자를 수령하기 때문에 20×2년 기말미수수익은 올바로 계상된다.
한편 ₩50,000의 이자를 수령하면서 이자수익으로 인식하기 때문에 20×2년 이자수익과 당기순이익은 ₩50,000씩 과대계상된다. 그 결과 20×2년 기말이익잉여금은 올바로 계상된다. 20×3년 이후에는 20×1년도 미수수익 오류의 영향이 20×2년 말에 모두 상쇄되었기 때문에 설령 오류를 발견하더라도 오류수정에 대한 회계처리는 필요하지 않다.

예 5 선급비용 미계상 오류 - 자동조정

20×2년도 보험료 ₩20,000을 20×1년 말에 지급하면서 모두 비용처리하였다. 이러한 오류가 계속 발견되지 않았다면 20×1년부터 이후 회계연도의 재무제표에 미치는 영향(법인세 영향은 없다고 가정)은 다음과 같다.

재무제표 영향	20×1년 말	20×2년 말	20×3년도
선급비용기초잔액	–	₩20,000 과소계상	–
선급비용기말잔액	₩20,000 과소계상	–	–
당기보험료	20,000 과대계상	20,000 과소계상	–
당기순이익	20,000 과소계상	20,000 과대계상	–
이익잉여금기말잔액	20,000 과소계상	–	–

20×1년도에 선급비용 ₩20,000을 인식하지 않으면, 20×1년도 당기순이익과 기말이익잉여금이 ₩20,000씩 과소계상된다. 그 결과 20×2년 기초선급비용이 ₩20,000 과소계상되나, 20×2년 중에 보험기간이 경과되므로 20×2년 기말선급비용은 올바로 계상된다.
한편 20×2년 중에 보험료를 인식하지 않기 때문에 20×2년도 보험료가 ₩20,000 과소계상되고 당기순이익은 ₩20,000 과대계상되며, 그 결과 20×2년 기말이익잉여금은 올바로 계상된다. 20×3년 이후에는 20×1년도 선급비용 오류의 영향이 20×2년 말에 모두 상쇄되었기 때문에 설령 오류를 발견하더라도 오류수정에 대한 회계처리는 필요하지 않다.

(2) 비자동조정오류

비자동조정오류(noncounterbalancing errors)란 2개 회계기간이 경과되더라도 발생한 오류가 자동상쇄되지 않는 오류를 말한다. 대부분의 오류가 비자동조정오류에 해당되며, 이러한 오류는 발견된 회계연도의 장부마감 여부에 관계없이 소급해서 수정하는 회계처리를 해야 한다.

예 6 감가상각비 과소계상의 오류

갑회사는 20×1년에 취득한 기계장치에 대해서 감가상각비를 ₩1,000 과소계상하였으며, 이러한 오류는 이후 발견되지 않았다. 감가상각비 과소계상의 오류가 20×1년부터 20×3년까지 재무제표에 미치는 영향을 분석해 보기로 한다.

재무제표 영향	20×1년 말	20×2년 말	20×3년도
당기감가상각비	₩1,000 과소계상	–	–
감가상각누계액	1,000 과소계상	₩1,000 과소계상	₩1,000 과소계상
당기순이익	1,000 과대계상	–	–
기말이익잉여금	1,000 과대계상	1,000 과대계상	1,000 과대계상

자동조정오류의 영향과 달리 감가상각비 과소계상 오류의 영향은 2개 회계기간이 경과되어도 자동조정되지 않는 특징이 있다. 따라서 이러한 오류는 발견한 회계연도에 오류를 수정하는 회계처리를 해야 한다.

2.3 오류수정의 회계처리

당해연도에 발생한 오류를 당해연도에 발견하였다면 반대분개를 하면 되므로 발견한 오류를 수정하는 회계처리는 간단하다. 그러나 과년도에 발생한 오류를 당해연도에 발견한 경우 당기손익에 미친 영향을 어떻게 회계처리해야 하는지 논의할 필요가 있다.

예를 들어, 갑회사가 20×1년에 감가상각비를 ₩1,000 과소계상하는 오류가 발생하였는데, 이러한 오류를 20×2년 중에 발견하였다고 하자. 이때 다음과 같은 전기오류수정분개를 하는 것은 어떨까?

(차) 감 가 상 각 비	1,000	(대) 감가상각누계액	1,000

위의 분개는 전기오류수정손실을 당기손익(감가상각비)으로 인식하는 회계처리를 보여준다. 이러한 회계처리의 문제점은 오류가 발생한 연도뿐만 아니라 오류가 발견된 연도의 당기순이익도 왜곡표시된다는 것이다. 그렇다면 다음과 같이 전기오류를 수정하는 것은 어떤가?

(차) 이 익 잉 여 금	1,000	(대) 감가상각누계액	1,000

즉, 과년도에 감가상각비를 과소계상하였다면 이로 인하여 과년도 당기순이익 및 이익잉여금이 과대계상되었기 때문에 오류를 발견한 연도에 이익잉여금을 ₩1,000 감소시키는 수정분개를 하는 것이다. 따라서 이렇게 전기오류를 수정하면 과년도의 오류가 오류 발견 연도의 당기순이익에 영향을 미치지 않는다.

기준서 제1008호는 후자의 입장에 기초하여 중요한 전기오류가 발견된 이후 최초로 발행을 승인하는 재무제표에 다음의 방법으로 전기오류를 소급하여 수정하도록 규정하고 있다.

| 표 3 | 오류수정의 회계처리

구분	회계처리
오류가 발생한 과거기간의 재무제표가 비교표시되는 경우	그 재무정보를 재작성
오류가 비교표시되는 가장 이른 과거기간 이전에 발생한 경우	비교표시되는 가장 이른 과거기간의 자산, 부채 및 자본의 기초금액을 재작성

예를 들어, 두 회계기간의 재무제표가 비교식으로 공시된다고 할 때, 20×2년에 발생한 오류를 20×3년에 발견하였다면 20×2년도 재무제표를 재작성하여 20×3년 재무제표와 비교식으로 함께 공시한다. 만약에 20×1년에 발생한 오류를 20×3년에 발견하였다면 비교표시되는 가장 이른 과거기간이 20×2년이므로 20×2년도의 자산, 부채 및 자본의 기초금액에 오류의 영향을 반영하여 재작성하고 20×3년도 재무제표와 비교식으로 함께 공시한다.

중요한 전기오류는 [표 3]과 같이 소급 재작성의 회계처리를 하는 반면, 중요하지 않은 전기오류에 대해서는 기준서가 아무런 언급을 하고 있지 않다. 중요하지 않은 전기오류라면 이용자의 의사결정에 영향을 미치지 않을 것이므로 당기손익으로 회계처리해도 무방할 것이다.

회계정책의 변경에서와 마찬가지로 과거기간의 비교 정보에 대해 특정 기간에 미치는 오류의 영향을 실무적으로 결정할 수 없는 경우에는 [표 4]와 같이 회계처리한다.

| 표 4 | 소급 적용에 한계가 있는 오류수정의 회계처리

구분	회계처리
비교표시되는 하나 이상의 과거기간의 비교 정보에 대해 특정 기간에 미치는 오류의 영향을 실무적으로 결정할 수 없는 경우	실무적으로 소급 재작성할 수 있는 가장 이른 회계기간(당기 가능)의 자산·부채 및 자본의 기초금액을 재작성
당기 기초시점에 과거기간 전체에 대한 오류의 누적효과를 실무적으로 결정할 수 없는 경우	실무적으로 적용할 수 있는 가장 이른 날부터 전진적으로 오류를 수정하여 비교 정보 재작성

위의 [표 4]는 1.4절의 회계정책 변경의 회계처리를 요약한 [표 2]와 그 내용이 동일하다. 왜냐하면 중요한 전기오류를 수정하는 경우와 전술한 1.3절에서 경과규정이 없거나 자발적으로 회계정책을 변경하는 경우 모두 소급 적용을 하기 때문에 [표 4]와 [표 2]의 내용은 동일할 수밖에 없다.

예 7 자동조정오류와 비자동조정오류

을회사는 20×1년부터 예금에 대한 이자수익을 현금기준으로 인식하고 있다. 당기에 발생한 이자수익은 모두 차기에 수취한다. 또한 을회사는 20×1년과 20×2년에 무형자산상각비를 인식하지 않았다. 을회사가 인식하지 않은 미수이자 및 무형자산상각비는 다음과 같다.

	20×1년	20×2년	20×3년
미수이자	₩2,000	₩1,500	₩2,200
무형자산상각비	3,000	1,000	–

한편, 을회사의 오류수정 전 3개년의 당기순이익과 20×3년 말 이익잉여금은 다음과 같다.

	20×1년	20×2년	20×3년
수정전 당기순이익	30,000	35,000	40,000
수정전 기말이익잉여금			100,000

상기 오류가 중요하다고 가정하고, 20×3년 말에 오류수정을 소급 반영하여 3개년도 재무제표를 재작성할 경우 연도별 수정후 당기순이익과 20×3년도 기말이익잉여금은 다음과 같다.

	20×1년 당기순이익	20×2년 당기순이익	20×3년 당기순이익	20×3년 기말이익잉여금
수정전 금액	₩30,000	₩35,000	₩40,000	₩100,000
미수이자				
20×1년	2,000	(2,000)		
20×2년		1,500	(1,500)	
20×3년			2,200	2,200
무형자산상각비	(3,000)	(1,000)		(4,000)
수정후 금액	₩29,000	₩33,500	₩40,700	₩98,200

예 8 오류수정의 회계처리

㈜한국은 신기술 개발을 위해 연구개발비 지출을 하고 있는데, 20×1년에 지출한 ₩100,000이 당기비용으로 인식할 연구단계 지출임에도 불구하고 이를 무형자산으로 인식하고 20×2년 초부터 5년의 내용연수에 걸쳐 정액법으로 상각하였다. 이와 같은 오류가 포함된 ㈜한국의 20×1년과 20×2년의 재무제표는 다음과 같다.

〈재무상태표〉	20×1년 말	20×2년 말
무형자산	₩100,000	₩80,000
그 밖의 자산	750,000	745,000
총계	₩850,000	₩825,000
부채	₩540,000	₩495,000
자본금	200,000	200,000
이익잉여금	110,000	130,000
총계	₩850,000	₩825,000

〈손익계산서〉	20×1년	20×2년
수익	₩460,000	₩430,000
연구비	–	–
무형자산상각비	–	(20,000)
기타손익(순액)	(425,000)	(390,000)
당기순이익	₩35,000	₩20,000

연구개발비 지출의 오류가 중요하며, ㈜한국이 오류의 소급 영향을 실무적으로 모두 결정할 수 있다면 비교식으로 공시할 재무제표는 다음과 같다.

〈재무상태표〉	20×1년 말	20×2년 말
무형자산	–	–
그 밖의 자산	₩750,000	₩745,000
총계	₩750,000	₩745,000
부채	₩540,000	₩495,000
자본금	200,000	200,000
이익잉여금	10,000	50,000
총계	₩750,000	₩745,000

〈손익계산서〉	20×1년	20×2년
수익	₩460,000	₩430,000
연구비	(100,000)	–
무형자산상각비	–	–
기타손익(순액)	(425,000)	(390,000)
당기순손익	(−)₩65,000	₩40,000

중요한 오류에 대한 소급 재작성 과정에서 20×1년도 재무제표는 무형자산을 ₩100,000 감소시키면서 그만큼 연구비를 증가시킨다. 따라서 당기순이익 ₩35,000이 당기순손실 ₩65,000으로 바뀐다. 20×2년도 재무제표는 무형자산상각비 ₩20,000을 제거하는 조정을 한다. 따라서 당기순이익 ₩20,000이 ₩40,000으로 증가한다.

20×2년 재무제표에 비교식으로 공표하는 20×1년 재무제표는 재작성하면 되고, 아직 공표되지 않은 20×2년도 재무제표에 다음과 같은 오류수정분개를 반영한다.

(차) 이 익 잉 여 금	100,000	(대) 무 형 자 산	80,000
		무 형 자 산 상 각 비	20,000

연 / 습 / 문 / 제

01 회계변경은 기업이 적용하던 회계정책이나 회계추정치를 바꾸는 것을 말한다. 그러나 모든 변경이 회계변경에 해당되는 것은 아니다.

물음

1. 회계정책을 변경할 경우 국제회계기준은 비교표시되는 과년도 재무제표를 소급 재작성하도록 요구한다. 이와 같은 규정은 '개념체계'에서 설명하는 유용한 회계정보가 되기 위해 갖추어야 할 질적 특성 중 어떤 특성에 초점을 두는 것인가?
2. 한국채택국제회계기준이 변경되지 않는 한 변경하고자 하는 회계정책이 신뢰성 있고 더 목적적합한 정보를 제공하는 경우에만 회계정책을 변경할 수 있도록 규정하고 있다. 이러한 규정에 대해서 평가하라.
3. 회계추정치를 바꾸면 항상 전진적으로 회계처리하는가?

해답

물음 1

회계정책을 변경할 경우 이를 전진적으로 적용하면 비교표시되는 과년도 재무제표는 변경 전의 회계정책이 적용되는 반면, 당해연도 재무제표는 변경 후의 회계정책이 적용되기 때문에 기간 간 비교가능성이 저하되는 문제가 발생한다. 이러한 문제점을 해결하는 방법은 비교표시되는 모든 재무제표를 변경 후의 회계정책을 처음부터 적용했다면 표시되었을 금액으로 소급 재작성하는 것이다. 이렇게 함으로써 재무제표의 기간 간 비교가능성을 높일 수 있다.

물음 2

회계정책을 임의로 변경할 수 있도록 허용하면 경영자는 자신이 원하는 방향으로 재무제표 수치를 조작할 수 있을 것이다. 따라서 이러한 무분별한 회계정보의 조작을 억제하기 위해서 회계정책의 변경은 신뢰성과 목적적합성이 높아지는 경우에 허용하는 것이다. 그러나 기업이 지금까지 적용하여 오던 회계정책을 다른 회계정책으로 변경할 때 이러한 변경이 회계정보의 신뢰성과 목적적합성을 높일 수 있을지 판단하는 것은 쉽지 않다. 설령 경영자는 회계정책 변경이 회계정보의 신뢰성과 목적적합성을 높일 수 있다고 주장하더라도 정보이용자가 이를 확인하고 평가할 방법은 없다는 것이 문제로 지적될 수 있다.

물음 3

회계추정치 변경이 오류수정이 아닌 경우에만 전진적으로 회계처리한다. 당초 잘못된 정보에 근거하여 회계추정치를 개발하였는데, 이후 새로운 증거에 기초하여 회계추정치를 바꾸는 것은 전기오류의 수정에 해당된다. 따라서 오류가 중요할 경우 비교표시되는 과년도 재무제표를 소급 재작성해야 한다.

02

㈜한국(보고기간 말 12월 31일)은 20×1년 초에 건물을 ₩100,000에 취득하였다. 건물의 내용연수는 10년이고 잔존가치 없이 정액법으로 상각한다. 한편, 건물의 20×1년 말, 20×2년 말, 20×3년 말 현재 공정가치는 각각 ₩91,800, ₩82,560, ₩72,000이다. 아래의 각 물음은 상호 독립적이며, 법인세에 대한 영향은 고려하지 않는다. 또한 회계변경은 모두 정당한 변경으로 간주한다.

물음

1. ㈜한국은 건물을 취득 시점부터 유형자산으로 분류하고 원가모형을 적용하였으나, 20×3년부터 건물에 대해서 재평가모형을 적용하였다. 20×3년 말에 작성하는 다음과 같은 두 보고기간의 비교재무제표 양식에 들어갈 금액(①부터 ⑥까지)을 계산하라.

과목	20×2년	20×3년
유형자산 기말장부금액	①	④
재평가잉여금 기말잔액	②	⑤
감가상각비	③	⑥

2. ㈜한국은 건물을 취득 시점부터 투자부동산으로 분류하였다. 20×1년에는 건물에 대해서 원가모형을 적용하였으나, 20×3년부터 건물에 대해서 공정가치모형을 적용하였다. 20×3년 말에 작성하는 다음과 같은 두 보고기간의 비교재무제표 양식에 들어갈 금액(①부터 ⑥까지)을 계산하라.

과목	20×2년	20×3년
투자부동산 기말장부금액	①	④
감가상각비	②	⑤
투자부동산평가손익	③	⑥

해답

물음 1

유형자산에 대해서 재평가모형을 최초 적용하는 경우에는 유형자산 기준서의 경과규정을 적용한다. 따라서 20×1년 말 공정가치 ₩91,800을 20×2년 기초장부금액으로 하여 그 시점부터 재평가모형을 적용한다. 물론 20×2년 초 재평가잉여금 잔액은 0으로 하여 20×2년과 20×3년 말 잔액을 계산한다.

과목	20×2년	20×3년
유형자산 기말장부금액	① ₩82,560	④ ₩72,000
재평가잉여금 기말잔액	② 960	⑤ 720
감가상각비	③ 10,200	⑥ 10,320

③ 감가상각비 = ₩91,800÷9 = ₩10,200

② 재평가 전 장부금액 = ₩91,800 − 10,200 = ₩81,600
　재평가증가액 = ₩82,560 − 81,600 = ₩960(= 20×2년 재평가잉여금 기말잔액)

① 유형자산 기말장부금액 = 재평가금액(공정가치) = ₩82,560

⑥ 감가상각비 = ₩82,560÷8 = ₩10,320

⑤ 재평가 전 장부금액 = ₩82,560 − 10,320 = ₩72,240
　재평가감소액 = ₩72,000 − 72,240 = (−)₩240(재평가잉여금에서 차감)
　재평가잉여금 기말잔액 = ₩960 − 240 = ₩720

④ 유형자산 기말장부금액 = 재평가금액(공정가치) = ₩72,000

물음 2

투자부동산에 대해서 원가모형을 공정가치모형으로 변경하는 것은 경과규정이 없는 소급 적용 대상이다. 따라서 20×1년부터 공정가치 모형을 적용한 것으로 간주하여 재무제표를 소급 재작성한다.

과목	20×2년	20×3년
투자부동산 기말장부금액	① ₩82,560	④ ₩72,000
감가상각비	② 0	⑤ 0
투자부동산평가손익	③ (9,240)	⑥ (10,560)

① 20×2년 말 공정가치 ₩82,560을 기말장부금액으로 인식

② 투자부동산에 대해서 공정가치 모형을 적용할 경우 감가상각비는 인식하지 않음
　감가상각비를 인식하지 않으므로 전기 말 공정가치 정보가 필요하지 않다.

③ ₩82,560 − 91,800 = (−)₩9,240(평가손실)

④ 20×3년 말 공정가치 ₩72,000을 장부금액으로 인식

⑤ 투자부동산에 대해서 공정가치 모형을 적용할 경우 감가상각비는 인식하지 않음

⑥ ₩72,000 − 82,560 = (−)₩10,560(평가손실)

03 ㈜한국은 20×1년 초에 기계장치(내용연수 5년, 잔존가치 ₩5,000)를 ₩100,000에 취득하여 사용하기 시작하였으며, 정액법으로 감가상각한다.

물음

1. 20×3년 초에 감가상각방법을 정액법에서 이중체감법으로 변경하였으며 변경의 타당성은 인정된다. 20×3년도 기계장치 감가상각비를 계산하라.
2. (물음 1)과 관계없이 20×3년 초에 기계장치의 성능향상을 위해서 ₩10,000을 지출하였으며, 이는 자산의 인식조건을 충족한다. 이러한 지출로 인하여 잔존 내용연수가 2년 연장되었다고 가정하고 20×3년도 기계장치 감가상각비를 계산하라.

해답

물음 1

20×2년 말 감가상각누계액(2년분 감가상각비 누적액)
=(₩100,000－5,000)×2/5＝₩38,000
20×2년 말 기계장치 장부금액＝₩100,000－38,000＝₩62,000

감가상각방법의 변경은 회계추정치 변경이므로 20×3년부터 장부금액 ₩62,000에 기초하여 잔존내용연수 3년 동안 이중체감법을 적용하여 상각한다.
20×3년도 감가상각비＝₩62,000×2/3(이중체감법 상각률)＝₩41,333

물음 2

20×3년 초 성능향상 지출 직후 기계장치 장부금액＝₩62,000＋10,000＝₩72,000
20×3년도에 수정된 잔존내용연수 5년(3년에 2년 연장) 동안 정액법을 적용하여 상각한다.
20×3년도 감가상각비＝(₩72,000－5,000)÷5년＝₩13,400

04 ㈜서울은 판매한 제품에 대해서 2년간 무상으로 보증서비스를 제공하는데, 이와 관련하여 제품보증충당부채를 인식하였다.

물음

1. ㈜서울은 무상보증 서비스의 과거 경험에 기초하여 매출액의 3%를 제품보증충당부채로 인식하고 있다. 20×1년도 매출액은 ₩300,000이며, 20×1년도 중 보증서비스로 ₩2,500을 지출하였다. 이와 관련된 회계처리를 하라. 전기이월 제품보증충당부채는 ₩4,000이다.

2. ㈜서울은 20×2년 말에 매출액의 4%를 제품보증충당부채로 인식하기로 하였다. 이렇게 추정치를 변경한 이유는 ㈜서울의 무상보증서비스의 제공기간을 1년 연장했기 때문이며, 객관적인 증거에 기초한 것이다. 20×2년도 매출액은 ₩360,000이며, 20×2년도 중 보증서비스로 ₩2,000을 지출하였다. 이와 관련된 회계처리를 하라.

3. (물음 2)와 관련하여 ㈜서울이 20×2년 말에 매출액의 4%로 제품보증충당부채를 인식하기로 추정치를 변경한 이유는 과거에 당기순이익을 증가시키기 위해서 아무런 근거 없이 매출액의 3%를 제품보증충당부채로 인식했던 사실이 밝혀졌기 때문이다. 이와 같은 경우 ㈜서울은 20×3년도에 어떤 회계처리를 해야 하는가?

해답

물음 1

<무상보증서비스 제공 시>

(차) 제품보증충당부채	2,500	(대) 현 금	2,500

<결산일>

(차) 제 품 보 증 비	9,000[(1)]	(대) 제품보증충당부채	9,000

(1) ₩300,000×3%=₩9,000

물음 2

<무상보증서비스 제공 시>

(차) 제품보증충당부채	2,000	(대) 현 금	2,000

<결산일>

(차) 제 품 보 증 비	14,400[(2)]	(대) 제품보증충당부채	14,400

(2) ₩360,000×4%=₩14,400

물음 3

당초 회계추정을 잘못 하였음을 발견한 것이므로 전기오류에 해당한다. 전기오류의 수정금액이 중요할 경우 비교표시되는 전기재무제표를 소급 재작성하여야 한다. 그러나 전기오류의 수정금액이 중요하지 않다면 당기손익으로 인식한다.

05 ㈜백두는 20×3년도 결산 과정에서 다음과 같은 오류를 발견하였다.

오류내역	20×1년	20×2년	20×3년
기말재고자산 평가 오류	₩3,000 과대계상	₩5,000 과소계상	₩4,000 과대계상
미지급비용 미계상	₩1,500	₩800	₩1,200
감가상각비 과소계상	₩2,500	₩1,800	₩2,200

물음

상기 오류를 수정하기 전 연도별 당기순이익과 20×3년 말 이익잉여금 잔액이 다음과 같을 때 오류 수정후 연도별 당기순이익과 20×3년 말 이익잉여금 잔액을 계산하는 다음의 양식을 작성하라.

구분	20×1년 당기순이익	20×2년 당기순이익	20×3년 당기순이익	20×3년 말 이익잉여금
오류수정전 금액	₩22,000	₩24,000	₩18,000	₩125,000
오류수정				
……				
오류수정후 금액				

해답

구분		20×1년 당기순이익	20×2년 당기순이익	20×3년 당기순이익	20×3년 말 이익잉여금
오류수정전 금액		₩22,000	₩24,000	₩18,000	₩125,000
오류수정					
기말재고자산평가	20×1년분	(3,000)	3,000		
	20×2년분		5,000	(5,000)	
	20×3년분			(4,000)	(4,000)
미지급비용미계상	20×1년분	(1,500)	1,500		
	20×2년분		(800)	800	
	20×3년분			(1,200)	(1,200)
감가상각비		(2,500)	(1,800)	(2,200)	(6,500)
오류수정후 금액		₩15,000	₩30,900	₩6,400	₩113,300

기말재고자산 및 미지급비용의 오류는 발생연도로부터 두 회계기간이 경과하면 그 오류가 소멸되는 자동조정오류이다. 따라서 20×1년과 20×2년에 발생한 오류의 영향이 20×3년 말 이익잉여금까지 미치지는 않는다. 그러나 감가상각비 오류는 비자동조정오류이므로 오류의 누적금액만큼 20×3년 말 이익잉여금에 영향을 미친다.

06 ㈜한국은 20×2년도 재무제표를 감사받던 중 몇 가지 오류사항을 지적받았다.

- 20×1년 1월 1일에 본사 건물을 ₩2,000,000(잔존가치 없음, 정액법 상각)에 취득하였는데 감가상각에 대한 회계처리를 한 번도 하지 않았다. 20×2년 말 현재 동 건물의 잔존내용연수는 8년이다.
- 20×2년 1월 1일에 냉난방설비를 부착하기 위한 지출 ₩180,000이 발생하였는데, 자산의 인식조건을 충족하여 본사 건물의 장부금액에 가산해야 함에도 불구하고 이를 수선비로 처리하였다.
- 20×1년 4월 1일에 가입한 정기예금의 이자수령 약정일은 매년 3월 31일이다. ㈜한국은 20×1년 말과 20×2년 말에 정기예금에 대한 미수이자 ₩50,000을 계상하지 않고, 실제 이자를 받은 이자수령일에 수익으로 인식하는 회계처리를 하였다.

물음

위의 오류사항들을 20×2년도 재무제표에 수정·반영할 경우, 전기이월이익잉여금과 당기순이익에 미치는 영향을 계산하라. 단, 오류사항은 모두 중요한 오류로 간주한다. 건물에 대해서는 원가모형을 적용하며, 감가상각은 월할계산한다. 또한 20×2년도 장부는 마감되지 않았다고 가정한다.

해답

(1) 회사의 회계처리

<20×1. 1. 1.>

(차) 건물	2,000,000	(대) 현금	2,000,000

<20×2. 1. 1.>

(차) 수선비	180,000	(대) 현금	180,000

<20×2. 3. 31.>

(차) 현금	50,000	(대) 이자수익	50,000

* 전기 말에 인식하지 않은 미수이자 현금수령(9개월분)

(2) 올바른 회계처리

<20×1. 1. 1.>

(차) 건물	2,000,000	(대) 현금	2,000,000

<20×1. 12. 31.>

(차) 감가상각비	200,000	(대) 감가상각누계액	200,000

* 20×1년도 상반기 감가상각비 : ₩2,000,000÷10＝₩200,000

(차) 미수이자	50,000	(대) 이자수익	50,000

<20×2. 1. 1.>

(차) 건물	180,000	(대) 현금	180,000

<20×2. 3. 31.>

(차) 현금	50,000	(대) 미수이자	50,000

<20×2. 12. 31.>

(차) 감가상각비	220,000	(대) 감가상각누계액	220,000

* (₩2,180,000－200,000)÷9＝₩220,000

(차) 미수이자	50,000	(대) 이자수익	50,000

(3) 오류수정 회계처리

<20×2. 12. 31.>

(차) 건물	180,000	(대) 수선비	180,000
(차) 감가상각비	220,000	(대) 감가상각누계액	420,000
이익잉여금	200,000		
(차) 미수이자	50,000	(대) 이익잉여금	50,000

(4) 전기이월이익잉여금의 증가

₩180,000－200,000＋50,000＝₩30,000

(5) 20×2년 당기순이익 감소 : ₩220,000(감가상각비)

제 18 장

현금흐름표

1 현금흐름표의 의의

1.1 현금흐름표란 무엇인가?

제2장의 '개념체계'에서 일반목적재무보고의 목적을 정보이용자가 기업에 유입될 미래 순현금유입을 평가하는 데 도움을 주는 정보를 제공하는 것으로 설명하였다. 그리고 제3장부터 제14장에 이르기까지 발생기준에 기초한 회계정보가 현금기준에 기초한 회계정보에 비해서 미래현금흐름을 평가하는 데 더 유용하다는 것을 강조하였다.

본장에서 설명하는 현금흐름표(statement of cash flow)는 일정 기간 동안 기업의 현금유입액과 현금유출액에 대한 정보를 제공하는 재무제표이다. 즉, 현금흐름표는 현금기준(cash basis)에 따라 작성한 재무제표라고 할 수 있다. 발생기준(accrual basis)에 기초한 재무제표가 미래현금흐름 예측에 더 유용하다고 설명하면서 왜 현금기준에 기초한 현금흐름표라는 재무제표가 필요한 것인지 혼란스러울 수 있다.

발생기준 회계정보는 의사결정에 유용하기는 하지만 불가피하게 판단과 추정이 개입되기 때문에 경영자가 재무상태표나 포괄손익계산서의 금액을 왜곡할 수 있는 한계점이 있다. 현금흐름표는 발생기준 회계정보가 갖는 이러한 한계점을 보완하는 역할을 한다.

현금흐름표는 특정 회계기간 동안 기업이 어떤 활동을 통해서 현금을 창출하였고, 창출한 현금을 어떤 용도에 사용하였는지에 대한 정보를 제공한다. 좀 더 구체적으로 설명하면 현금흐름표는 기업이 한 회계기간 동안 수행한 모든 활동을 영업활동, 투자활동 및 재무활동으로 분류하고, 각 활동에서 발생한 현금유입액과 유출액을 보고한다. 기업은 영업활동에서 충분하게 현금을 창출하여야 그 현금을 유형자산 취득 등의 투자활동에 사용하고, 부채를 상환하거나 투자자에게 배분하는 등의 재무활동에도 사용할 수 있을 것이다. 현금흐름을 영업활동, 투자활동 및 재무활동 현금흐름으로 분류하여 현금흐름표에 표시하면, 투자활동이나 재무활동에 사용할 현금을 영업활동에서 충분하게 창출하는지에 대한 정보를 제공할 수 있다.

현금흐름 정보는 다른 재무제표와 같이 사용되는 경우 순자산의 변화, 재무구조(유동성과 지급능력 포함), 그리고 변화하는 상황과 기회에 적응하기 위하여 현금흐름의 금액과 시기를 조절하는 능력을 평가하는 데 유용한 정보를 제공한다. 현금흐름 정보는 현금의 창출능력을 평가하는 데 유용할 뿐만 아니라 서로 다른 기업의 미래현금흐름의 현재가치를 비교, 평가하는 모형을 개발할 수 있도록 한다. 또한 현금흐름 정보는 동일한 거래와 사건에 대하여 서로 다른 회계처리를 적용함에 따라 발생하는 영향을 제거하기 때문에 영업성과에 대한 기업 간의 비교가능성을 제고한다.

1.2 현금흐름 정보는 의사결정에 유용한가?

현금흐름표를 어떻게 작성하는지 2절에서 자세하게 설명하겠지만, 일단 본절에서 현금흐름 정보가 어떤 양식으로 작성되어 정보이용자에게 제공되는지 개략적인 설명을 하고자 한다. 한 회계기간 동안 기업에서 발생한 거래를 [표 1]과 같이 현금거래 / 비현금거래 및 손익거래 / 비손익거래로 구분하여 모두 4가지 유형으로 나눌 수 있다.

| 표 1 | 거래의 4가지 유형 구분

구분	현금거래	비현금거래
손익거래	<Ⅰ> – 현금매출 – 판매비의 현금지급	<Ⅱ> – 외상매출 – 감가상각비의 인식 – 자산의 손상차손 인식
비손익거래	<Ⅲ> – 매출채권의 회수 – 자산의 현금 취득 – 장기차입 또는 상환	<Ⅳ> – 무상증자 – 전환사채의 주식 전환

현금흐름표는 [표 1]의 4가지 유형 중 현금거래에 해당하는 유형 <Ⅰ>과 <Ⅲ>의 거래만을 집합시킨 재무제표라고 보면 된다. 기업에서 발생한 모든 현금흐름은 영업활동 현금흐름, 투자활동 현금흐름 및 재무활동 현금흐름 중 한 가지 활동으로 분류할 수 있다. 3가지 현금흐름에 대한 자세한 분류는 2절에서 설명하기로 하고 본절에서는 영업활동 현금흐름은 매출과 매입, 그리고 기업의 판매나 일반관리 활동에서 발생하는 현금유입과 유출을 말하고, 투자활동 현금흐름은 유형자산 등의 처분 및 취득에서 발생하는 현금유입과 유출을 말하며, 재무활동 현금흐름은 차입이나 상환 등에서 발생하는 현금유입과 유출을 말하는 것으로 간단하게 이해하기로 하자.

이렇게 현금흐름을 3가지로 분류하면 현금유입의 원천과 현금유출의 용도에 대한 정보를 제공함으로써 재무제표 이용자가 기업의 미래현금흐름을 예측하는 데 유용할 수 있다.

간단한 예를 들어 미래현금흐름 예측에 대한 설명을 하기로 한다. 갑회사와 을회사는 동일한 산업에 속하는 회사로서 회사의 총자산이나 매출액도 비슷하다고 가정하자. 다음은 갑회사와 을회사의 당기 현금흐름표의 내용이다.

	갑회사	을회사
영업활동 현금흐름	₩15,000	₩(7,000)
투자활동 현금흐름	(8,000)	4,000
재무활동 현금흐름	(5,000)	5,000
현금의 증가	₩2,000	₩2,000

갑회사와 을회사 모두 현금흐름표에는 당기 중에 ₩2,000의 현금이 증가한 것으로 표시된다. 그렇다고 해서 두 회사의 미래 현금창출능력이 비슷하다고 판단할 수 없다. 갑회사는 영업활동을 통해서 을회사보다 훨씬 많은 현금을 창출하였고, 비유동자산 등의 투자에 현금의 일부를 사용하였으며, 차입금 상환 등의 재무활동에 현금의 일부를 사용하였다고 추정할 수 있다.

그러나 을회사는 영업활동에서 현금유입보다 현금유출이 더 많다. 이는 영업활동에서 순현금을 창출하지 못했음을 의미한다. 자세한 내용은 완전한 현금흐름표를 확인해야 알 수 있지만 을회사는 보유 자산을 처분하고 추가로 차입을 함으로써 부족한 현금을 보충했다고 추정할 수 있다. 따라서 차기 이후 을회사는 비유동자산의 투자 및 차입금의 상환에 많은 현금이 필요할지도 모르며 영업 관련 부채의 결제에도 현금흐름의 압박을 받을 가능성이 높다고 예측할 수 있다. 만일 차기 이후에도 을회사가 영업활동 현금흐름을 충분하게 창출하지 못한다면 계속기업으로서 존속할지에 대한 의문이 제기될 수도 있다.

현금흐름표의 작성 과정을 설명하기 전에 현금흐름표의 양식을 제시하면 다음과 같다.

현금흐름표		
영업활동 현금흐름		×××
⋮	×××	
투자활동 현금흐름		×××
유형자산의 처분	×××	
투자부동산의 처분	×××	
이자 수취	×××	
배당금 수취	×××	
유형자산의 취득	(×××)	
투자부동산의 취득	(×××)	
⋮	(×××)	
재무활동 현금흐름		×××
사채의 발행	×××	
유상증자	×××	
자기주식의 처분	×××	
장기차입금의 상환	(×××)	
사채의 상환	(×××)	
이자 지급	(×××)	
배당금 지급	(×××)	
⋮	(×××)	
현금및현금성자산의 순증가		×××
기초 현금및현금성자산		×××
기말 현금및현금성자산		×××

현금흐름표는 당기 발생 현금흐름을 영업활동, 투자활동 및 재무활동으로 구분하여 표시하는데, 3가지 현금흐름을 합한 금액이 당기 현금및현금성자산[1]의 변동액이다. 여기에 기초 현금및현금성자산의 잔액을 더하면 기말 현금및현금성자산 잔액이 된다. 위의 현금흐름표 양식 중 앞으로 가장 중요하게 설명할 부분은 영업활동 현금흐름이다. 영업활동 현금흐름을 제대로 도출하고 현금흐름표에 표시하여야 미래현금흐름을 예측하는 데 유용한 정보가 될 수 있다.

1) 현금및현금성자산의 범위에 대해서는 후술하는 2.1절에서 설명한다.

2 현금흐름표의 작성

2.1 현금흐름표에서 현금이란?

현금흐름표상 현금이란 현금및현금성자산을 의미한다. 현금성자산(cash equivalents)은 투자나 다른 목적이 아닌 단기의 현금수요를 충족하기 위한 목적으로 보유하는 자산으로서 확정된 금액의 현금으로 전환이 용이하고, 가치변동의 위험이 경미해야 한다. 따라서 투자자산은 일반적으로 만기일이 단기에 도래하는 경우(예를 들어, 취득일로부터 만기일이 3개월 이내인 경우)에만 현금성자산으로 분류된다.

지분상품은 전환될 현금이 확정되어 있지 않으므로 현금성자산에서 제외한다. 다만, 상환일이 정해져 있고 취득일로부터 상환일까지의 기간이 단기인 우선주와 같이 실질이 현금성자산인 경우에는 예외로 한다.

현금흐름표상의 현금(즉, 현금및현금성자산)은 재무상태표상의 현금및현금성자산과 다소 차이가 있을 수 있다. 따라서 기업은 현금및현금성자산의 구성요소를 공시해야 한다. 또한 현금및현금성자산의 구성요소를 결정하는 정책을 변경하는 것은 제17장에서 설명한 회계정책의 변경에 해당되므로 비교표시되는 과년도 현금흐름표를 소급·재작성하여야 한다.

2.2 현금흐름의 분류

제3장에서 설명한 수익과 비용의 영업 범주, 투자 범주, 재무 범주로의 분류는 본장의 영업활동, 투자활동 및 재무활동 현금흐름의 분류와 반드시 일치하지는 않는다. 왜냐하면 기준서 제1118호 '재무제표 표시와 공시'를 제정할 때 기준서 제1007호 '현금흐름표'의 영업활동, 투자활동 및 재무활동의 정의를 그대로 수용하지 않고 재무제표 이용자의 다양한 정보 수요를 고려하여 수익과 비용의 분류를 결정했기 때문이다.

제3장에서 특정한 주된 사업활동을 하는 기업과 일반기업은 수익과 비용의 범주뿐만 아니라 현금흐름표 상 현금흐름도 서로 다르게 분류한다. 따라서 본장에서는 일반기업을 대상으로 현금흐름의 분류를 설명하고, 특정한 주된 사업활동을 하는 기업의 현금흐름의 분류는 중급회계에서 설명한다.

(1) 영업활동 현금흐름

영업활동 현금흐름은 기업이 외부의 재무자원에 의존하지 않고 영업을 통하여 차입금 상환, 영업능력의 유지, 배당금 지급 및 신규 투자 등에 필요한 현금흐름을 창출하는 정도에 대한 중요한 지표가 된다. 영업활동 현금흐름은 주로 기업의 주요 수익창출활동에서 발생한다. 따라서 영업활동 현금흐름은 일반적으로 당기순손익의 결정에 영향을 미치는 거래나 그 밖의 사건의 결과로 발생한다. 영업활동 현금흐름의 예는 다음과 같다.

(1) 재화의 판매와 용역 제공에 따른 현금유입
(2) 로열티, 수수료, 중개료 및 기타 수익에 따른 현금유입
(3) 재화와 용역의 구입에 따른 현금유출
(4) 종업원과 관련하여 직·간접으로 발생하는 현금유출
(5) 법인세의 납부 또는 환급. 다만, 투자활동과 재무활동에 명백히 관련되는 것은 제외
(6) 단기매매목적으로 보유하는 계약에서 발생하는 현금유입과 현금유출

위의 문단의 (1)부터 (5)까지의 현금흐름은 손익계산서 상 영업 범주에 해당하는 매출, 영업 관련 기타 수익, 매출원가, 종업원 급여를 비롯한 판매관리비와 법인세 범주에 해당하는 법인세 비용의 발생기준 금액을 현금기준으로 전환한 금액으로 이해해도 무방하다.

한편, 위의 문단의 (6)은 단기매매목적으로 보유하는 계약에서 발생한 현금흐름을 영업활동으로 분류하도록 규정하고 있는데, 단기간에 유가증권이나 대출채권 등을 매매하는 거래는 재고자산 매매와 성격이 유사하므로 관련 현금흐름을 영업활동으로 분류한다. 반면에 단기매매목적이 아니라 투자목적으로 유가증권 등을 매매하는 거래와 관련된 현금흐름은 후술하는 투자활동으로 분류한다.

(2) 투자활동 현금흐름

투자활동 현금흐름은 미래수익과 미래현금흐름을 창출할 자원의 확보를 위하여 지출된 정도를 나타내기 때문에 현금흐름을 별도로 구분 공시하는 것이 중요하다. 투자활동 현금흐름의 예는 다음과 같다.[2)]

2) 투자활동 현금흐름의 예에 선물계약이나 선도계약 등 파생상품계약과 관련된 현금흐름은 제외하였는데, 이들 현금흐름의 분류는 중급회계에서 설명한다.

(1) 유형자산, 무형자산 및 기타 장기성 자산의 취득에 따른 현금유출. 이 경우 현금유출에는 자본화된 개발원가와 자가건설 유형자산에 관련된 지출이 포함된다.
(2) 유형자산, 무형자산 및 기타 장기성 자산의 처분에 따른 현금유입
(3) 관계기업과 공동기업 투자지분을 포함한 다른 기업의 지분상품이나 채무상품의 취득에 따른 현금유출(현금성자산으로 간주되는 상품이나 단기매매목적으로 보유하는 상품의 취득에 따른 유출은 제외)
(4) 관계기업과 공동기업 투자지분을 포함한 다른 기업의 지분상품이나 채무상품의 처분에 따른 현금유입(현금성자산으로 간주되는 상품이나 단기매매목적으로 보유하는 상품의 처분에 따른 유입은 제외)
(5) 제3자에 대한 선급금 및 대여금(금융회사의 현금 선지급과 대출채권은 제외)
(6) 제3자에 대한 선급금 및 대여금의 회수에 따른 현금유입(금융회사의 현금 선지급과 대출채권은 제외)
(7) 이자와 배당금의 현금 수취

위의 문단 (1)과 관련하여, 유·무형자산의 취득은 외부 취득뿐만 아니라 기업이 내부적으로 창출한 무형자산이나 자가건설한 유형자산도 포함된다. 따라서 무형자산의 인식조건을 충족하는 개발단계의 지출은 투자활동으로 분류하지만, 개발단계의 지출이더라도 무형자산의 인식조건을 충족하지 못하거나, 연구단계의 지출은 영업활동으로 분류한다.

문단 (3) 및 (4)와 관련하여, 단기매매목적으로 보유하는 다른 기업의 지분상품이나 채무상품의 취득·처분 거래에서 발생한 현금흐름은 영업활동으로 분류한다. 또한 문단 (5) 및 (6)과 관련하여, 금융회사의 현금 선지급이나 대여(대출)는 영업활동에 해당하므로 관련 현금흐름을 영업활동으로 분류한다. 한편, 문단 (7)과 관련하여, 이자 수취와 배당금 수취는 모두 투자활동으로 분류한다.

(3) 재무활동 현금흐름

재무활동 현금흐름은 미래현금흐름에 대한 자본 제공자의 청구권을 예측하는 데 유용하기 때문에 현금흐름을 별도로 구분 공시하는 것이 중요하다. 재무활동 현금흐름의 예는 다음과 같다.

(1) 주식이나 기타 지분상품의 발행에 따른 현금유입
(2) 주식의 취득이나 상환에 따른 소유주에 대한 현금유출
(3) 담보·무담보사채 및 어음의 발행과 기타 장·단기차입에 따른 현금유입
(4) 차입금의 상환에 따른 현금유출
(5) 리스이용자의 리스부채 상환에 따른 현금유출
(6) 이자의 현금 지급
(7) 배당금의 현금 지급

문단 (2)에서 '주식의 취득'이라 함은 다른 회사 주식의 취득을 의미하는 것이 아니라 자기주식의 취득을 의미한다. 다른 회사 주식의 취득에 따른 현금유출은 투자활동으로 분류하고, 자기주식의 취득 및 처분 거래는 소유주와 관련된 자본거래이므로 관련 현금흐름을 재무활동으로 분류한다. 한편, 문단 (6) 및 (7)과 관련하여, 이자 지급과 배당금 지급은 모두 재무활동으로 분류한다.

2.3 기타 현금흐름의 분류

(1) 법인세

일반적으로 법인세 현금흐름은 실무적으로 투자활동 또는 재무활동 관련 여부를 식별하기 어려우므로 법인세 지급을 영업활동으로 분류하는 경우가 많다. 그러나 투자활동이나 재무활동으로 분류한 현금흐름을 유발하는 개별 거래와 관련된 법인세 현금흐름을 실무적으로 식별할 수 있다면, 그 법인세 현금흐름은 투자활동이나 재무활동으로 분류한다. 예를 들어, 유형자산의 처분으로 인한 현금유입은 투자활동으로 분류하므로 유형자산처분과 관련된 법인세 현금흐름을 식별할 수 있다면 이를 투자활동으로 분류한다. 다만, 본장에서는 설명의 편의상 법인세로 인한 모든 현금흐름을 영업활동으로 분류하기로 한다.

(2) 리스료의 지급 및 수취

전술한 재무활동 현금흐름의 예에서 리스이용자의 리스부채 상환에 따른 현금유출을 재무활동으로 분류하였는데, 리스이용자와 리스제공자의 리스 관련 현금흐름의 분류를 함께 설명한다. 리스이용자가 지급하는 리스료는 인식 면제 대상이 아니라면 리스부채의 상환과 이자비용으로 구분하여 회계처리하므로 지급하는 리스료(리스부채의 상환과 이자 지급)를 재무활동으로 분류한다. 그러나 리스이용자가 리스부채와 사용권자산을 인식하지 않는 인식 면제를 선택하는 경우에는 지급하는 리스료를 영업 범주로 분류할 것이므로 관련 현금흐름도 영업활동으로 분류한다.

한편, 리스제공자의 경우 운용리스로 수취하는 리스료는 영업활동으로 분류하고, 금융리스로 수취하는 리스료(리스채권의 회수와 이자 수취)는 투자활동으로 분류한다.

2.4 영업활동 현금흐름의 표시

영업활동은 현금창출의 원천이므로 영업활동 현금흐름이 현금흐름표의 가장 핵심적인 부분이라고 할 수 있다. 기준서는 현금흐름표를 작성할 때 영업활동 현금흐름 부분은 직접법과 간접법 중 한 가지 방법을 선택하여 표시할 수 있도록 규정하고 있다. 직접법과 간접법은 표시방법에서만 차이가 있을 뿐 현금흐름을 도출하는 과정은 기본적으로 동일하다.

(1) 직접법

직접법은 발생기준에 따라 인식한 수익과 비용을 현금기준에 따라 인식한 수익과 비용 즉, 현금 수취와 현금 지급으로 전환하여 세부 항목별로 현금 유입과 현금 유출을 표시하는 방법이다. 예를 들어, 손익계산서 상 당기 매출이 ₩1,000인데 기초매출채권과 기말매출채권의 잔액에 변동이 없다면 매출액 ₩1,000이 모두 현금 수취되었음을 의미한다. 그러나 기초매출채권보다 기말매출채권이 ₩100만큼 증가하였다면 발생기준에 따라 인식한 매출 ₩1,000 중 ₩100만큼 현금을 수취하지 않아(즉, 매출로 인한 현금 유입 ₩900) 매출채권이 그만큼 증가했음을 의미한다. 반대로 기초매출채권보다 기말매출채권이 ₩50만큼 감소하였다면 발생기준 매출 ₩1,000뿐만 아니라 전기이월 매출채권 ₩50도 현금으로 수취(즉, 매출로 인한 현금 유입 ₩1,050)했음을 의미한다.

다른 예를 들어 보자. 손익계산서 상 당기 판매비가 ₩300인데 기초미지급판매비와 기말미지급판매비의 잔액에 변동이 없다면 판매비 ₩300이 모두 현금 지급되었음을 의미한다. 그러나 기초미지급판매비보다 기말미지급판매비가 ₩20만큼 증가하였다면 발생기준에 따라 인식한 판매비 ₩300 중 ₩20을 현금 지급하지 않고(즉, 판매비 현금 유출 ₩280) 미지급판매비가 그만큼 증가했음을 의미한다. 반대로 기초미지급판매비보다 기말미지급판매비가 ₩10만큼 감소하였다면 발생기준 판매비 ₩300뿐만 아니라 미지급판매비 ₩10까지 현금 지급(즉, 판매비 현금 유출 ₩310)했음을 의미한다.

지금까지 설명한 발생기준 수익·비용과 현금 유입·유출의 관계를 일반화하면 다음과 같이 표시할 수 있다.

영업활동 현금흐름(유입 또는 유출) = 발생기준 손익 − 관련 자산 증가 + 관련 부채 증가

위 식의 좌변의 영업활동 현금흐름을 세부 항목별로 구분하여 표시하는데, 영업활동 현금흐름을 직접법으로 표시한 (부분)현금흐름표를 예시하면 다음과 같다.

현금흐름표

영업활동 현금흐름		
고객으로부터 유입된 현금	×××	
공급자에 대한 현금유출	(×××)	
종업원에 대한 현금유출	(×××)	
판매관리비 현금유출	(×××)	
법인세차감전 영업활동 현금흐름	×××	
법인세 납부	(×××)	
영업활동 순현금흐름		×××

위의 현금흐름표에는 영업활동 현금흐름을 5가지 세부 항목으로 구분하였는데, 기업의 규모나 특성에 따라 세무 항목을 적절하게 구분하면 될 것이다. 구체적으로 5가지 세부 항목별로 현금 유입과 현금 유출을 계산하는 과정을 요약하면 다음과 같다.

영업활동 현금흐름	=	발생기준 손익[(1)]	−	관련 자산 증가	+	관련 부채 증가
고객으로부터 현금유입	=	매출−손상차손	−	매출채권[(2)]	+	선수금[(3)]
공급자에 대한 현금유출	=	(−) 매출원가	− −	재고자산 선급금[(3)]	+	매입채무
종업원에 대한 현금유출	=	(−) 종업원급여			+	미지급급여
판매관리비 현금유출	=	(−) 판매관리비	−	선급판매관리비	+ +	미지급판매관리비 충당부채
법인세 납부	=	(−) 법인세비용	− −	당기법인세자산 이연법인세자산	+ +	당기법인세부채 이연법인세부채

(1) 영업이익에 포함된 수익과 비용 : 매출, 매출채권손상차손, 매출원가, 종업원급여, 판매관리비 등과 법인세비용
(2) 매출채권의 변동은 손실충당금을 차감한 순장부금액의 변동으로 계산한다. 손실충당금을 영업자산의 변동액에 포함시키기 때문에 매출채권손상차손도 매출에서 차감 반영한다.
(3) 영업활동 현금흐름 계산 시 고려할 선급금이나 선수금은 영업활동과 관련된 재화나 용역의 매입 또는 매출 거래에서 발생한 것만 포함한다. 따라서 토지 매매와 관련한 선급금이나 선수금 등은 제외한다.

예 1 발생기준 손익을 현금흐름으로 전환(1)

당기에 설립된 용역제공을 주업으로 하는 갑회사의 당기 발생 수익과 비용, 그리고 관련 자산·부채의 기말 잔액은 다음과 같다. 현금흐름을 수반하지 않는 비용은 없다고 가정한다.

과목	당기 발생	기말잔액
〈손익계산서〉		
매출	₩250,000	
판매비	(160,000)	
법인세비용	(20,000)	
당기순이익	₩70,000	
〈재무상태표〉		
매출채권		₩30,000
미지급판매비		25,000
당기법인세부채		12,000

매출로 인한 현금유입, 판매비 현금유출 그리고 법인세 현금유출을 계산해보자.

① 매출로 인한 현금유입

갑회사의 당기 매출이 ₩250,000이고 매출채권 기말잔액이 ₩30,000이라는 것은 매출이 발생하였으나 보고기간 말까지 현금으로 수취하지 않은 금액이 ₩30,000이라는 의미이다. 따라서 매출로 인한 현금유입을 다음과 같이 계산할 수 있다.

매출로 인한 현금유입＝발생기준 매출－매출채권 증가

＝₩250,000－30,000＝₩220,000

② 판매비 현금유출

갑회사의 당기 판매비가 ₩160,000이고 미지급판매비 기말잔액이 ₩25,000이라는 것은 판매비가 발생하였으나 보고기간 말까지 현금으로 지급하지 않은 금액이 ₩25,000이라는 의미이다. 따라서 판매비 현금유출을 다음과 같이 계산할 수 있다.

판매비 현금유출＝발생기준 판매비＋미지급판매비 증가

＝(－)₩160,000*＋25,000＝(－)₩135,000

* 영업비 현금유출의 부호를 (－)로 하기 위하여 판매비 등 발생기준 비용 앞에 (－)부호를 붙여서 현금유출의 부호도 (－)가 되도록 한다.

③ 법인세 현금유출

갑회사의 당기 법인세비용이 ₩20,000이고 당기법인세부채 기말잔액이 ₩12,000이라는 것은 법인세 비용이 발생하였으나 보고기간 말까지 현금으로 지급하지 않은 금액이 ₩12,000이라는 의미이다. 따라서 법인세 현금유출을 다음과 같이 계산할 수 있다.

법인세 현금유출 = 발생기준 법인세비용 + 당기법인세부채 증가
= (−)₩20,000 + 12,000 = (−)₩8,000

위의 계산 결과에 기초하여 갑회사의 영업활동 현금흐름만 표시하는 (부분)현금흐름표를 작성하면 다음과 같다.

현금흐름표

영업활동 현금흐름		
고객으로부터 유입된 현금	₩220,000	
판매비 현금유출	(135,000)	
법인세차감전 영업활동 현금흐름	85,000	
법인세 납부	(8,000)	
영업활동 순현금흐름		₩77,000

(예 1)은 갑회사가 당기에 설립된 사례였기 때문에 매출채권이나 미지급판매비 등 관련 자산이나 부채가 모두 증가한 것으로 자료를 제시하였다. 그런데 차기에 관련 자산이나 부채가 감소할 경우에는 자동으로 부호가 바뀌게 된다.

(예 1)은 계산 과정을 단순하게 하기 위하여 용역제공을 주업으로 하는 회사를 대상으로 설명하였다. 상품매매업의 경우에는 '공급자에 대한 현금유출' 즉, 매입으로 인한 현금유출을 계산하는 절차가 필요하다. 다음의 (예 2)에서 상품매매업을 주업으로 하는 회사의 공급자에 대한 현금유출(즉, 매입으로 인한 현금유출)의 계산 과정을 설명한다.

예 2 발생기준 손익을 현금흐름으로 전환(2)

당기에 설립된 상품매매를 주업으로 하는 을회사의 당기 발생 매출원가와 관련 자산·부채의 기말 잔액은 다음과 같다.

과목	당기 발생	기말잔액
〈손익계산서〉		
매출원가	₩250,000	
〈재무상태표〉		
재고자산		₩30,000
매입채무		25,000

손익계산서에 당기 매입 정보가 주어져 있다면 다음과 같은 등식을 이용하여 수월하게 매입으로 인한 현금유출(매입채무 결제액)을 계산할 수 있다.

기초매입채무+당기 매입−매입채무 결제(현금유출액)=기말매입채무 … (1)

그런데 손익계산서에는 매입이 표시되지 않고 매출원가가 표시되므로, 다음과 같은 등식을 이용하여 당기 매입을 계산해야 한다.

기초재고자산+당기 매입−매출원가=기말재고자산 … (2)

즉, 식(2)에서 구한 당기 매입을 식(1)에 대입하여 매입채무 결제액 즉, 매입으로 인한 현금유출을 계산할 수 있다.

그런데 위와 같이 2단계로 현금유출을 계산하는 것보다 다음과 같이 식(1)의 좌변 항목인 기초매입채무와 당기 매입을 우변으로 이항한 후, 당기 매입에 식(2)를 대입하여 현금유출을 계산하는 것이 더 수월하다.

(−)매입채무 결제(현금유출액)=(−)당기 매입+(기말매입채무−기초매입채무)
=(−)매출원가−(기말재고자산−기초재고자산)
+(기말매입채무−기초매입채무)
=(−)매출원가−재고자산 증가+매입채무 증가
=(−)₩250,000−30,000+25,000=(−)₩245,000

위의 매입으로 인한 현금유출 계산식이 다소 복잡해 보이기는 하지만, 전술한 다음의 계산식과 일관된다.

영업활동 현금흐름(유입 또는 유출)=발생기준 손익−관련 자산 증가+관련 부채 증가

예 3 영업활동 현금흐름 - 직접법

다음은 ㈜한국의 재무상태표와 손익계산서의 일부이다.

재무상태표

과목	기초	기말	증감
매출채권	₩27,300	₩38,300	₩11,000
재고자산	35,000	29,000	(6,000)
매입채무	26,000	34,000	8,000
미지급급여	4,300	6,300	2,000
미지급판매비	5,400	2,400	(3,000)
미수이자	500	1,200	700
미지급이자	1,500	1,000	(500)
당기법인세부채	2,600	2,800	200

손익계산서

매출액	₩253,000
매출원가	(175,000)
매출총이익	78,000
급여	(17,000)
판매비	(46,000)
영업이익	15,000
이자수익	2,500
이자비용	(4.200)
법인세비용	(3,300)
당기순이익	₩10,000

위의 자료를 이용하여 직접법으로 영업활동 현금흐름을 표시할 때 현금유입 및 현금유출을 계산하고 영업활동 현금흐름만 표시하는 부분 현금흐름표를 작성해보자.

이자수취는 투자활동 현금흐름으로, 이자지급은 재무활동 현금흐름으로 분류하므로 이를 제외하고 다음과 같이 세부 활동별로 영업활동 현금흐름을 계산한다.

영업활동 현금흐름	=	발생기준 손익	−	관련 자산 증가	+	관련 부채 증가
고객으로부터 현금유입	=	매출액	−	매출채권		
공급자에 대한 현금유출	=	(−)매출원가	−	재고자산	+	매입채무
종업원에 대한 현금유출	=	(−)급여			+	미지급급여
판매비 현금유출	=	(−)판매비			+	미지급판매비
법인세 납부	=	(−)법인세비용			+	당기법인세부채

영업활동 현금흐름	=	발생기준 손익	−	관련 자산 증가	+	관련 부채 증가		
고객으로부터 현금유입	=	253,000	−	11,000			=	242,000
공급자에 대한 현금유출	=	(−)175,000	−	(−)6,000	+	8,000	=	(−)161,000
종업원에 대한 현금유출	=	(−)17,000			+	2,000	=	(−)15,000
판매비 현금유출	=	(−)46,000			+	(−)3,000	=	(−)49,000
법인세 납부		(−)3,300			+	200	=	(−)3,100
합계								13,900

현금흐름표

영업활동 현금흐름		
고객으로부터 유입된 현금	₩242,000	
공급자에 대한 현금유출	(161,000)	
종업원에 대한 현금유출	(15,000)	
판매비 현금유출	(49,000)	
법인세차감전 영업활동 현금흐름	17,000	
법인세 납부	(3,100)	
영업활동 순현금흐름		₩13,900

(2) 간접법

현금흐름표 상 영업활동 현금흐름은 직접법뿐만 아니라 간접법으로도 표시할 수 있다. 직접법은 세부 항목별로 현금유입·유출액을 각각 계산하는 반면, 간접법(indirect method)은 손익계산서의 영업손익에서 출발하여 다음 항목들의 영향을 가감 조정하여 영업활동 현금흐름을 계산한다.

(1) 회계기간 동안 재고자산, 영업 관련 채권·채무 등의 변동
(2) 영업 범주로 분류된 감가상각비, 유·무형자산손상차손과 같은 비현금항목

(3) 손익계산서에서 영업 범주로 분류되지만, 관련 현금흐름은 투자활동 현금흐름이나 재무활동 현금흐름으로 분류되는 수익 또는 비용
(4) 관련 수익과 비용이 손익계산서에서는 영업 범주로 분류되지 않지만 법인세비용과 같이 영업활동으로 분류되는 현금흐름

위의 가감 조정항목 (1)은 직접법을 적용할 때 세부 항목별로 발생기준 손익에 관련 자산·부채의 변동을 가감 조정했던 것처럼 영업이익에 매출채권, 매입채무 등의 영업 관련 자산·부채의 증감을 한꺼번에 조정하는 것이다. 가감 조정항목 (2)와 관련하여, 영업이익에는 감가상각비나 유·무형자산손상차손과 같이 현금흐름을 수반하지 않는 손익이 포함되어 있으므로 영업활동 현금흐름을 계산할 때에는 비현금손익을 영업이익에서 제거하는 조정을 하는 것이다. 가감 조정항목 (3)과 관련하여, 영업이익에는 유형자산처분손익 등의 항목이 포함되어 있는데, 유형자산 처분과 관련된 현금흐름은 투자활동으로 분류하므로 영업이익에 포함되어 있는 유형자산처분손익을 제거하는 것이다. 마지막으로 가감 조정항목 (4)에 해당하는 법인세비용은 이미 (예 3)에서 별도로 현금흐름을 조정하여 영업활동 순현금흐름에 포함하였다.

직접법과 간접법은 영업활동 현금흐름을 표시하는 방법만 다를 뿐 계산 원리는 동일하다. 직접법과 간접법의 영업활동 현금흐름 표시를 간략하게 비교하면 다음과 같다.

현금흐름표(직접법)			현금흐름표(간접법)	
영업활동 현금흐름	×××	=	**영업활동 현금흐름**	×××
고객으로부터 유입된 현금	×××		영업이익	×××
공급자에 대한 현금유출	(×××)		가감 :	
종업원에 대한 현금유출	(×××)		감가상각비	×××
판매비 현금유출	(×××)		유형자산처분이익	(×××)
…	×××		매출채권의 증가	(×××)
법인세 납부	(×××)		재고자산의 감소	×××
			매입채무의 증가	(×××)
			…	×××
			법인세 납부	(×××)

위에서 보는 바와 같이 영업활동을 직접법과 간접법으로 표시할 때 파란색 표시 부분만 서로 다르다. 간접법은 손익계산서 상 영업이익에 여러 가지 항목을 가감 조정하여 한꺼번에 영업활동 현금흐름을 도출하는 방식으로 현금흐름표를 표시할 뿐 세부 활동별로 영업활동 현금흐름을 도출하는 직접법과 기본적으로 동일하다.

예 4 직접법과 간접법의 비교

㈜한국의 당기 현금흐름표 작성을 위한 자료는 다음과 같다.

과목	기초	기말	당기 발생
매출채권(순액)	₩6,400	₩5,300	
재고자산	7,200	7,800	
미수이자	100	140	
매입채무	4,800	5,300	
미지급급여	230	210	
미지급판매비	460	530	
미지급이자	120	180	
당기법인세부채	1,500	1,400	
매출			₩145,200
매출원가			(93,400)
급여			(8,300)
판매비			(16,400)
매출채권손상차손			(200)
감가상각비			(12,300)
유형자산처분이익			1,300
영업이익			15,900
이자수익			800
이자비용			(1,500)
법인세비용			(1,400)
당기순이익			₩13,800

위의 자료를 이용하여 직접법으로 영업활동 현금흐름을 계산하고 현금흐름표를 작성해보자.

이자 수취는 투자활동 현금흐름으로, 이자 지급은 재무활동 현금흐름으로 분류하므로 영업활동 현금흐름을 계산할 때에는 고려할 필요가 없다.

영업활동 현금흐름	=	발생기준 손익	−	관련 자산 증가	+	관련 부채 증가		
고객으로부터 현금유입	=	145,200 − 200[(1)]	−	(−)1,100[(1)]			=	146,100
공급자에 대한 현금유출	=	(−)93,400	−	600[(2)]	+	500[(3)]	=	(−)93,500
종업원에 대한 현금유출	=	(−) 8,300			+	(−) 20[(4)]	=	(−) 8,320
판매비 현금유출	=	(−)16,400			+	70[(5)]	=	(−)16,330
법인세 납부		(−) 1,400			+	(−)100[(8)]	=	(−) 1,500

(1) 매출채권의 감소. 매출채권의 변동은 손실충당금 차감 후 순액 변동이므로 매출채권손상차손 ₩200을 매출액에서 차감한 금액에 매출채권 변동을 조정한다.
(2) 재고자산의 증가
(3) 매입채무의 증가
(4) 미지급급여의 감소
(5) 미지급판매비의 증가
(6) 미수이자의 증가
(7) 미지급이자의 증가
(8) 당기법인세부채의 감소

현금흐름표

영업활동 현금흐름		
고객으로부터 유입된 현금	₩146,100	
공급자에 대한 현금유출	(93,500)	
종업원에 대한 현금유출	(8,320)	
판매비 현금유출	(16,330)	
법인세차감전 영업활동 현금흐름	27,950	
법인세 납부	(1,500)	
영업활동 순현금흐름		₩26,450

이번에는 간접법으로 현금흐름표를 작성해보자.

현금흐름표

영업활동 현금흐름		
영업이익	₩15,900	
가감 :		
감가상각비	12,300	
유형자산처분이익	(1,300)	
매출채권의 감소	1,100	
재고자산의 증가	(600)	
매입채무의 증가	500	
미지급급여의 감소	(20)	
미지급판매비의 증가	70	
법인세차감전 영업활동 현금흐름	27,950	
법인세 납부	(1,500)	
영업활동 순현금흐름		₩26,450

국제회계기준은 영업활동 현금흐름을 표시하는 두 가지 방법 중 직접법을 사용할 것을 권장한다. 직접법을 적용하여 표시한 현금흐름은 간접법에 의한 현금흐름에서는 파악할 수 없는 정보를 제공하므로 미래현금흐름을 추정하는 데 더 유용한 정보를 제공한다.

위의 (예 4)에서 간접법으로 표시한 영업활동 현금흐름을 보면 회사가 영업활동을 통해서 ₩25,770의 순현금유입이 있었다는 정보 이외에 더 이상의 정보는 보여주지 못한다. 그러나 직접법으로 표시한 영업활동 현금흐름을 보면 매출거래로부터 ₩146,100의 현금을 창출하였고, 재고자산 매입거래처에 ₩93,500의 현금을 지급하는 등 세부 항목별로 현금유입과 유출을 보여준다. 이와 같이 직접법은 현금유입의 원천과 현금유출의 용도별로 현금흐름을 보여주기 때문에 미래현금흐름 예측을 하는 데 있어서 간접법보다 더 나은 방법이라고 할 수 있다.[3)]

한편, 간접법으로 영업활동 현금흐름을 표시할 때 당기순손익에 가감하는 손익 중 특별한 고려가 필요한 항목(예 : 유효이자율법에 따라 인식한 이자수익 및 이자비용, 주식기준보상 관련 손익, 환율변동손익 등)은 중급회계에서 설명한다.

2.5 투자활동 현금흐름의 표시

투자활동 현금흐름은 보통 유형자산이나 무형자산, 투자자산 등의 취득 및 처분 과정에서 발생한 현금흐름으로 구성된다. 투자활동 현금흐름은 투자활동 관련 계정의 증가 또는 감소를 분석하여 현금유입액과 현금유출액을 계산한 후 이를 상계하지 않고 각각 총액으로 현금흐름표에 표시한다. 예를 들어, 토지의 처분으로 ₩100의 현금유입이 발생하였고, 토지의 취득으로 ₩80의 현금유출이 발생하였다면 투자활동 현금흐름에 유입액 ₩100과 유출액 ₩80을 각각 표시하여야 한다.

예 5 투자활동 현금흐름의 계산

㈜한국의 현금흐름표 작성을 위한 비품의 당기 자료는 다음과 같다.

과목	기초잔액	기말잔액
비품	₩250,000	₩288,000
감가상각누계액	(68,000)	(76,000)
장부금액	₩182,000	₩212,000

3) 다만, 실무에서는 모든 기업이 간접법으로 현금흐름표를 작성하고 있다.

비품과 관련하여 당기에 발생한 거래(모두 현금거래임)는 다음과 같다.

(1) 장부금액 ₩24,000(감가상각누계액 ₩18,000)의 비품을 처분하고 ₩5,000의 처분손실을 인식하였다.
(2) 더 이상 비품의 처분은 없으며, 비품의 증가는 모두 취득거래로부터 발생하였다.

위의 자료를 이용하여 비품의 취득 및 처분거래에서 발생한 현금흐름을 분석해 보자. 일단 다음과 같이 당기 증가 및 감소 거래를 파악하거나 추정해야 한다.

<발생거래의 분석>

과목	기초잔액	+	증가	−	감소	=	기말잔액
비품	₩250,000		₩80,000[(2)]		₩42,000[(1)]		₩288,000
감가상각누계액	(68,000)		(26,000)[(3)]		(18,000)[(1)]		(76,000)
장부금액	₩182,000						₩212,000

(1) 발생거래 정보에서 장부금액이 ₩24,000, 감가상각누계액 ₩18,000의 비품을 처분하였다고 하였으므로 비품의 취득원가는 ₩42,000이다. 비품 ₩42,000과 감가상각누계액 ₩18,000을 각각 감소시킨다.
(2) 나머지 증가는 모두 취득거래에서 발생하였다고 하였으므로 증가란의 금액을 추정하면 ₩80,000이다.
(3) 감가상각누계액 증가는 감가상각비 인식 때문에 발생한 것으로 증가란의 금액을 추정하면 ₩26,000이다.

<현금흐름의 결정>

(1) 현금유입 : 비품 처분 현금유입 = ₩24,000(장부금액) − 5,000(처분손실) = ₩19,000

처분한 비품의 장부금액만큼 현금이 유입되는 것이 아니라 처분이익만큼 현금이 더 유입되거나, 처분손실만큼 현금이 덜 유입된다.

(2) 현금유출 : 비품 취득 현금유출 = ₩80,000

투자활동과 관련되는 모든 계정들에 대해서 (예 5)에서 제시한 방법을 적용하여 증가 및 감소거래를 분석하고, 현금유입액과 유출액을 결정하여 현금흐름표에 각각 표시하여야 한다.

2.6 재무활동 현금흐름의 표시

재무활동 현금흐름은 차입이나 유상증자, 차입금 상환이나 자기주식 취득 및 처분 등의 거래에서 발생한다. 재무활동 관련 계정으로는 차입금, 사채, 자본금 및 자본잉여금, 그리고 이익잉여금이 있다. 이익잉여금은 당기순이익이 발생했으면 증가하지만 현금배당을 지급했으면 감소한다. 본장에서 현금배당금의 지급은 재무활동 현금유출액으로 분류한다.

재무활동 현금흐름도 투자활동 현금흐름과 마찬가지로 재무활동 관련 계정의 증가 또는 감소를 분석하여 현금유입액과 현금유출액을 계산한 후 이를 상계하지 않고 각각 총액으로 현금흐름표에 표시한다. 예를 들어, 단기차입을 ₩500하였고, ₩350의 단기차입금을 상환하였다면 재무활동 현금흐름에 유입액 ₩500과 유출액 ₩350을 각각 표시하여야 한다.

예 6 재무활동 현금흐름의 계산

㈜한국의 현금흐름표 작성을 위한 당기 자료는 다음과 같다.

과목	기초잔액	기말잔액
자본금	₩150,000	₩180,000
자본잉여금	35,000	45,000
이익잉여금	26,000	28,000

재무활동과 관련하여 당기에 발생한 거래는 다음과 같다.

(1) 당기 중에 액면금액 ₩30,000의 주식을 ₩40,000에 발행하는 유상증자를 실시하였다.
(2) 당기순이익은 ₩7,000이며, 당기 중에 현금배당금을 지급하였다. 그 이외의 이익잉여금 변동거래는 없다.

위의 자료를 이용하여 재무활동 거래에서 발생한 현금흐름을 분석해 보자. 일단 다음과 같이 당기 증가 및 감소 거래를 파악하거나 추정해야 한다.

<발생거래의 분석>

과목	기초잔액	+	증가	−	감소	=	기말잔액
자본금	₩150,000		₩30,000(1)		₩0		₩180,000
자본잉여금	35,000		10,000(1)		0		45,000
이익잉여금	26,000		7,000(2)		5,000(2)		28,000

(1) 발생거래 정보에서 액면금액 ₩30,000의 주식을 ₩40,000에 발행하는 유상증자를 실시하였다고 하였으므로 자본금을 ₩30,000 증가시키고, 자본잉여금(주식발행초과금) ₩10,000을 증가시킨다.
(2) 발생거래 정보에서 당기순이익이 ₩7,000이라고 하였으므로 이익잉여금을 ₩7,000 증가시킨다. 감소거래의 금액을 역으로 계산하면 ₩5,000이 감소하였는데, 이 금액이 배당금 지급액이다.

<현금흐름의 결정>

(1) 현금유입 : 유상증자 = ₩40,000
(2) 현금유출 : 배당금 지급 = ₩5,000

재무활동과 관련되는 모든 계정들에 대해서 (예 6)에서 제시한 방법을 적용하여 증가 및 감소거래를 분석하고, 현금유입액과 유출액을 결정하여 현금흐름표에 각각 표시하여야 한다.

2.7 현금흐름표의 작성 사례

지금까지 영업활동 현금흐름, 투자활동 현금흐름 및 재무활동 현금흐름을 부분적으로 결정하여 현금흐름표에 표시하는 방법에 대해서 설명하였다. 본절에서는 전체 사례를 이용하여 현금흐름표의 작성 절차를 설명한다.

㈜백두의 20×2년도 현금흐름표를 작성하기 위한 20×2년 말과 20×1년 말 비교재무상태표와 20×2년도 포괄손익계산서, 그리고 추가 정보는 다음과 같다.

재무상태표

과목	20×1년 말	20×2년 말	증감
현금및현금성자산	₩45,000	₩32,300	₩(12,700)
매출채권(순액)	27,300	37,500	10,200
미수이자	300	500	200
재고자산	35,000	29,000	(6,000)
FVOCI 선택 금융자산	21,000	36,500	15,500
건물(순액)	146,000	139,500	(6,500)
비품(순액)	23,500	34,700	11,200
총계	₩298,100	₩310,000	₩11,900
매입채무	26,000	34,000	8,000
미지급급여	4,300	6,300	2,000
미지급판매비	5,400	2,400	(3,000)
미지급이자	1,200	1,700	500
당기법인세부채	1,500	1,200	(300)
이연법인세부채	400	800	400
단기차입금	45,000	30,000	(15,000)
자본금	120,000	135,000	15,000
자본잉여금	65,000	70,000	5,000
이익잉여금	24,800	21,600	(3,200)
기타포괄손익누계액	4,500	7,000	2,500
총계	₩298,100	₩310,000	₩11,900

포괄손익계산서	
매출액	₩253,000
매출원가	(175,000)
매출총이익	78,000
종업원급여	(17,000)
판매비	(46,000)
감가상각비	(8,700)
매출채권손상차손	(800)
유형자산처분이익	600
영업이익	6,100
이자수익	1,300
이자비용	(2,000)
법인세비용차감전순이익	5,400
법인세비용	(1,600)
당기순이익	3,800
FVOCI 금융자산평가이익	2,500
총포괄이익	₩6,300

〈추가 정보〉

다음의 거래가 당기 중에 발생하였으며, 모두 현금 거래이다.

(1) FVOCI 선택 금융자산의 처분거래는 없으며, 취득거래는 발생하였다.

(2) 장부금액 ₩1,600의 비품을 처분하면서 유형자산처분이익 ₩600을 인식하였다. 비품의 추가 처분거래는 없으며, 비품의 증가는 모두 취득거래이다. 그리고 건물의 취득 및 처분거래는 없다.

(3) 당기 중에 단기차입금 ₩35,000을 상환하였다.

(4) 당기 중에 액면금액 ₩15,000의 주식을 ₩20,000에 발행하였다.

(5) 이익잉여금은 당기순이익 및 현금배당으로 인한 변동 이외의 거래는 없다.

현금흐름표를 작성할 때 필요한 정보는 전기 말과 당기 말 재무상태표와 당기 포괄손익계산서, 그리고 투자활동 및 재무활동과 관련되어 당기에 발생한 거래의 정보이다. 다음과 같이 단계별로 접근하면 현금흐름표를 수월하게 작성할 수 있다.

[단계 1] 재무상태표에서 투자활동 및 재무활동 현금흐름과 관련되는 계정의 확인
[단계 2] 포괄손익계산서에서 영업활동무관 손익의 확인
[단계 3] <추가 정보>를 읽으면서 관련 거래로 인하여 재무상태표나 포괄손익계산서에 표시되어 있는 금액을 연계하고, 그 거래들이 투자활동 현금흐름 또는 재무활동 현금흐름 중 어느 것과 관련되는지 확인
[단계 4] 영업활동 현금흐름을 직접법 또는 간접법으로 작성
[단계 5] 투자활동 현금흐름 및 재무활동 현금흐름을 관련 계정의 당기 증감 내역을 분석하여 결정
[단계 6] 현금흐름표 양식에 영업활동, 투자활동 및 재무활동 현금 유입액과 유출액을 표시

위에서 언급한 단계별로 현금흐름표를 작성해보자.

[단계 1] 재무상태표에서 투자활동 및 재무활동 현금흐름과 관련되는 계정의 확인

본 사례에서 투자활동 관련 계정은 미수이자, FVOCI 선택 금융자산(기타포괄손익의 평가이익 포함), 건물 및 비품이며, 재무활동 관련 계정은 미지급이자, 단기차입금, 자본금, 자본잉여금 및 이익잉여금이다. 이 계정들의 증가 및 감소에 따른 현금흐름을 [단계 5]에서 분석하고 결정할 것이다.

[단계 2] 포괄손익계산서에서 영업활동무관 손익 확인

간접법으로 영업활동 현금흐름을 표시할 때 영업이익에 포함되어 있으나 제거해야 할 항목을 확인한다. 감가상각비는 비현금손익이므로 영업이익에서 제거하고 유형자산처분이익은 투자활동 관련 계정이므로 영업이익에서 제거한다.

[단계 3] 〈추가 정보〉의 내용 확인

(1) FVOCI 선택 금융자산의 취득거래만 있다고 하였으므로 투자활동 현금유출액이 있다.
(2) 비품은 취득과 처분거래가 모두 발생하였으므로 투자활동 현금 유입액과 유출액이 있다. 처분거래가 한 건이 있으므로 나머지 증가 금액을 모두 취득거래로 추정하면 된다.
(3) 단기차입금 상환거래는 재무활동 현금유출액으로 분류한다.
(4) 유상증자거래는 재무활동 현금유입액으로 분류한다.
(5) 이익잉여금 변동액 중 현금배당으로 인한 감소는 재무활동 현금유출액으로 분류한다.

[단계 4] 영업활동 현금흐름을 직접법 또는 간접법으로 작성

(1) 직접법 적용

다음의 계산 절차에 따라 현금흐름의 원천 및 용도별로 구분하여 현금유입액과 현금유출액을 계산한다.

영업활동 현금흐름	=	발생기준 손익	−	관련 자산 증가	+	관련 부채 증가
고객으로부터 현금유입		매출액 − 매출채권손상차손	−	매출채권		
공급자에 대한 현금유출		(−) 매출원가	−	재고자산	+	매입채무
종업원에 대한 현금유출		(−) 급여			+	미지급급여
판매비 현금유출		(−) 판매비			+	미지급판매비
법인세 납부		(−) 법인세비용			+	당기(이연)법인세부채

영업활동 현금흐름	=	발생기준 손익	−	관련 자산 증가	+	관련 부채 증가		
고객으로부터 현금유입		253,000 − 800	−	10,200			=	242,000
공급자에 대한 현금유출		(−) 175,000	−	(−) 6,000	+	8,000	=	(−) 161,000
종업원에 대한 현금유출		(−) 17,000			+	2,000	=	(−) 15,000
판매비 현금유출		(−) 46,000			+	(−) 3,000	=	(−) 49,000
법인세 납부		(−) 1,600			+	{ (−) 300 400	=	(−) 1,500

현금흐름표 양식에 표시하면 다음과 같다.

현금흐름표(직접법)		
영업활동 현금흐름		
고객으로부터 유입된 현금	₩242,000	
공급자에 대한 현금유출	(161,000)	
종업원에 대한 현금유출	(15,000)	
판매비 현금유출	(49,000)	
법인세차감전 영업활동 현금흐름	17,000	
법인세 납부	(1,500)	
영업활동 순현금흐름		₩15,500

(2) 간접법 적용

다음의 조정 절차에 따라 영업활동 현금흐름을 계산한다.

현금흐름표(간접법)

영업활동 현금흐름		
영업이익	₩6,100	
가감 :		
감가상각비	8,700	
유형자산처분이익	(600)	
매출채권의 증가	(10,200)	
재고자산의 감소	6,000	
매입채무의 증가	8,000	
미지급급여의 증가	2,000	
미지급판매비의 감소	(3,000)	
법인세차감전 영업활동 현금흐름	17,000	
법인세 납부	(1,500)	
영업활동 순현금흐름		₩15,500

[단계 5] 투자활동 현금흐름 및 재무활동 현금흐름을 관련 계정의 당기 증감 내역을 분석하여 결정

(1) 투자활동 현금흐름

〈발생거래의 분석〉

과목	기초잔액	+	증가	−	감소	=	기말잔액
FVOCI 선택 금융자산	21,000		15,500(2)		0		36,500
건물(순액)(1)	146,000		0		6,500(3)		139,500
비품(순액)(1)	23,500		15,000(6)		1,600(4) 2,200(5)		34,700
미수이자	300		1,300		1,100(7)		500

(1) (예 4)와 달리 감가상각누계액을 차감한 후의 순액으로 자료를 제시하였다.
(2) FVOCI 선택 금융자산은 처분거래가 없다고 하였으므로 기초잔액과 기말잔액의 차이 ₩15,500이 모두 증가인데, 기타포괄손익에 해당되는 평가이익 ₩2,500을 인식하였으므로 나머지 ₩13,000만큼 취득거래가 있었다고 추정한다.
(3) 건물은 취득 및 처분거래가 없다고 하였으므로 기초잔액과 기말잔액의 차이 ₩6,500은 모두 감가상각비 인식에 의한 감소로 추정한다.
(4) 비품 처분으로 장부금액 ₩1,600이 감소하지만 현금유입액은 처분이익 ₩600이 가산된 ₩2,200이다.
(5) 포괄손익계산서상 감가상각비 총액이 ₩8,700인데, 건물 감가상각비가 ₩6,500이므로 비품 감가상각비를 ₩2,200으로 추정한다.
(6) 기초잔액과 기말잔액의 차이 중 감소 금액을 결정하면 나머지 금액 ₩15,000이 모두 비품의 취득으로 추정한다.
(7) 기초 미수이자에서 당기 이자수익을 가산하고 기말 미수이자를 차감하면 이자 수취를 구할 수 있다.

〈현금흐름의 결정〉

현금유입 : 비품 처분 = ₩2,200, 이자 수취 = ₩1,100
현금유출 : FVOCI 선택 금융자산 취득 = ₩13,000, 비품 취득 = ₩15,000

(2) 재무활동 현금흐름

〈발생거래의 분석〉

과목	기초잔액	+	증가	−	감소	=	기말잔액
단기차입금	45,000		20,000[1]		35,000		30,000
자본금	120,000		15,000[2]		0		135,000
자본잉여금	65,000		5,000[2]		0		70,000
이익잉여금	24,800		3,800		7,000[3]		21,600
미지급이자	1,200		2,000		1,500[4]		1,700

(1) 단기차입금의 상환이 ₩35,000이므로 나머지 금액 ₩20,000이 단기차입금의 차입이다.
(2) 액면금액 ₩15,000의 주식을 ₩20,000에 발행하는 유상증자를 하였으므로 자본금을 ₩15,000 증가시키고, 자본잉여금을 ₩5,000 증가시킨다.
(3) 이익잉여금의 기초잔액과 기말잔액의 차이 중 당기순이익 ₩3,800의 증가를 반영하면 나머지 금액 ₩7,000의 감소를 배당금의 지급으로 추정한다.
(4) 기초 미지급이자에서 당기 이자비용을 가산하고 기말 미지급자를 차감하면 이자 지급을 구할 수 있다.

〈현금흐름의 결정〉

현금유입 : 단기차입금의 차입 = ₩20,000, 유상증자 = ₩20,000
현금유출 : 단기차입금의 상환 = ₩35,000, 배당금의 지급 = ₩7,000, 이자 지급 = ₩1,700

[단계 6] 전체 현금흐름표 작성(간접법 적용)

현금흐름표

영업활동 현금흐름		
영업이익	₩6,100	
가감 :		
감가상각비	8,700	
유형자산처분이익	(600)	
매출채권의 증가	(10,200)	
재고자산의 감소	6,000	
매입채무의 증가	8,000	
미지급급여의 증가	2,000	
미지급판매비의 감소	(3,000)	
법인세차감전 영업활동 현금흐름	17,000	
법인세 납부	(1,500)	
영업활동 순현금흐름		₩15,500
투자활동 현금흐름		
비품의 처분	2,200	
이자 수취	1,100	
FVOCI 선택 금융자산의 취득	(13,000)	
비품의 취득	(15,000)	
투자활동 순현금흐름		(24,700)
재무활동 현금흐름		
단기차입금의 차입	20,000	
유상증자	20,000	
단기차입금의 상환	(35,000)	
배당금 지급	(7,000)	
이자 지급	(1,500)	
재무활동 순현금흐름		(3,500)
현금및현금성자산의 순증감		(12,700)*
기초현금및현금성자산		45,000
기말현금및현금성자산		₩32,300

* 재무상태표의 현금의 증감과 같은 금액이다.

2.8 영업손익과 영업활동 현금흐름의 비교

영업손익이나 당기순손익은 발생기준에 기초한 금액으로서 추정과 판단이 개입될 수 있으므로 경영자가 의도적으로 조작할 여지가 있다. 그러나 영업활동 현금흐름은 현금의 유입과 유출 시점을 인위적으로 조작하는 것이 쉽지 않기 때문에 발생기준 손익보다 측정의 오류가 적다고 할 수 있다.

회계에서는 당기순손익과 영업활동 현금흐름의 차이를 총발생액(total accruals)이라고 한다. 당기순손익과 영업활동 현금흐름의 차이 즉, 총발생액이 적을수록 당기순손익의 질(quality)이 높다고 평가할 수 있다.

총발생액이 모두 경영자의 재량적인 추정과 판단에 따른 이익조정의 결과라고 보기는 어렵다. 당기에 정상적인 외상매출의 증가가 있었다면 영업활동 현금흐름에는 영향이 없으나 당기순이익이 증가하여 총발생액이 커질 수 있는데, 이를 의도적인 이익조정이라고 볼 수는 없다. 따라서 회계 분야의 연구에서는 총발생액을 경영자의 의도적인 추정과 판단에 기인한 부분과 그렇지 않은 부분으로 구분하는 추정 모형들을 개발하였고, 그 모형들을 이용하여 기업의 이익조정의 정도를 가늠하기도 한다. 이때 총발생액 중 경영자가 재량적으로 조정하였을 가능성이 높은 부분을 재량적 발생액(discretionary accrual)이라고 부른다.

기업의 재무구조의 영향(이자비용 등)을 배제하기 위해서 당기순손익 대신 영업이익과 영업활동 현금흐름을 비교해 보기로 한다. 영업이익은 매출액에서 매출원가 및 판매비와 관리비 등을 차감한 금액인데, 영업활동이 정상적으로 이루어질 때 발생기준 금액(영업이익)과 현금기준 금액(영업활동 현금흐름) 간의 가장 큰 차이는 감가상각비에서 비롯된다.

유형자산을 취득할 때 현금유출액은 투자활동 현금유출액으로 현금흐름표에 표시된다. 그런데 유형자산 취득 후 이를 영업활동에 사용하는 기간 동안 인식하는 감가상각비는 영업이익을 감소시키지만 감가상각비가 현금흐름을 수반하지 않는 비용이므로 영업활동 현금흐름에는 영향을 미치지 않는다. 그 결과 영업활동이 정상적으로 이루어진다면 감가상각비가 차감되어 있는 영업이익이 영업활동 현금흐름보다 적은 것이 일반적이다. 따라서 감가상각비를 차감하기 전의 영업이익과 영업활동 현금흐름 간의 차이가 작을수록 영업이익의 질이 높다고 할 수 있다.

그러나 의도적으로 가공의 매출을 인식하거나 기말 재고자산을 과대평가하여 매출원가를 줄이는 조작을 했다면 감가상각비가 차감되어 있는 영업이익이 영업활동 현금흐름보다 더 크게 보고될 수 있다. 따라서 수익이나 비용을 추정에 기초하여 인식하는 건설업이나 조선업과 같은 업종의 경우 발생기준에 따른 재무상태표나 포괄손익계산서에만 의존하기보다는 현금흐름표 정보를 분석하여 발생기준 회계정보의 한계점을 보완할 필요가 있다.

도산한 기업들의 도산 전 수년 동안 영업손익과 영업활동 현금흐름의 추이를 비교하면 영업손익보다 영업활동 현금흐름이 먼저 음수가 되는 경우가 많다. 즉, 영업활동 현금흐름이 음의 값이 되더라도 분식 등을 통해서 상당 기간 영업이익이나 당기순이익을 보고할 수 있다. 이러한 경우 재무제표 이용자가 재무상태표나 포괄손익계산서에만 의존하지 말고 현금흐름표를 이용하여 당기와 과년도의 영업활동 현금흐름이 계속 음수라는 사실을 파악했다면, 잘못된 의사결정을 내릴 가능성은 줄어들 것이다.

연 / 습 / 문 / 제

01 현금흐름표는 일정 기간 동안 발생한 현금유입액과 현금유출액에 대한 정보를 보여주는 재무제표이다.

물음

1. 발생기준에 기초한 재무상태표나 포괄손익계산서 이외에 현금흐름표를 추가로 제공하면 이용자가 미래현금흐름을 예측하는 데 더 유용한가?
2. 현금흐름을 영업활동, 투자활동 및 재무활동으로 분류하여 현금흐름표에 표시하는 이유는 무엇인가?
3. 영업활동 현금흐름을 직접법으로 표시할 수도 있고 간접법으로 표시할 수도 있는데, 어느 방법이 미래현금흐름 예측에 더 유용한 방법인가?
4. 영업이익과 영업활동 현금흐름 간의 차이가 크면 클수록 영업이익의 질(quality)이 낮다고 할 수 있는가?

해답

물음 1

발생기준 재무제표는 불가피하게 판단과 추정이 개입되기 때문에 재무상태표나 포괄손익계산서에 표시되어 있는 금액이 왜곡될 수 있다. 그러나 현금흐름표는 현금기준에 따라 작성한 재무제표이므로 측정 오류가 상대적으로 적을 뿐만 아니라 현금을 창출한 원천이 무엇이며, 현금을 사용한 용도가 어디인지에 대한 정보를 제공한다. 따라서 현금흐름표는 재무상태표나 포괄손익계산서를 보완하는 역할을 함으로써 미래현금흐름을 예측하는 데 도움을 준다.

물음 2

현금흐름표는 특정 회계기간 동안 기업이 어떻게 현금을 창출하였고, 창출한 현금을 어떤 용도에 사용하였는지에 대한 정보를 제공한다. 좀 더 구체적으로 설명하면 현금흐름표는 기업이 한 회계기간 동안 수행한 모든 활동을 영업활동, 투자활동 및 재무활동으로 분류하고, 각 활동에서 발생한 현금유입액과 유출액을 보고한다. 기업은 영업활동에서 충분하게 현금을 창출하여야 그 현금을 유형자산 취득 등의 투자활동에 사용하고, 부채를 상환하거나 투자자에게 배분하는 등의 재무활동에도 사용할 수 있을 것이다. 현금흐름을 영업활동, 투자활동 및 재무활동 현금흐름으로 분류하여 현금흐름표에 표시하면 투자활동이나 재무활동에 사용할 현금을 영업활동에서 충분하게 창출하는지에 대한 정보를 제공할 수 있다.

물음 3

영업활동 현금흐름을 간접법으로 표시하면 기업이 당기에 영업활동에서 얼마의 현금순유입액을 창출하였는지에 대한 정보만 제공한다. 그러나 영업활동 현금흐름을 직접법으로 표시하면 매출거래로부터 얼마의 현금을 창출하였는지, 거래처와 종업원에게 지급한 현금은 얼마인지, 판매비와 관리비로 지출한 현금은 얼마인지 등 현금유입의 원천과 현금유출의 용도별로 현금흐름에 대한 정보를 제공한다. 따라서 직접법을 적용하여 표시한 현금흐름은 간접법에 의한 현금흐름에서는 파악할 수 없는 정보를 제공하기 때문에 미래현금흐름을 추정하는 데 보다 유용한 정보를 제공한다.

물음 4

영업이익은 추정과 판단이 개입되는 발생기준 손익인 반면 영업활동 현금흐름은 현금기준에 따른 금액이기 때문에 측정의 오류가 적다고 할 수 있다. 기업이 영업활동을 정상적으로 수행한다면 감가상각비를 차감한 후의 영업이익은 영업활동 현금흐름보다 낮은 것이 일반적이다. 따라서 감가상각비를 차감하기 전의 영업이익과 영업활동 현금흐름의 차이가 적을수록 영업이익의 질은 높다고 할 수 있다. 경영자가 재량적으로 수익을 늘리거나 비용을 줄이는 방식으로 영업이익을 증가시키는 조작을 했다면 감가상각비를 차감하기 전의 영업이익이 영업활동 현금흐름을 초과할 것이므로 이러한 경우에는 영업이익의 질이 낮다고 할 수 있다. 그러나 경영자의 재량적 조작이 아닌 정상적인 외상판매의 증가로 수익을 인식한 경우에도 감가상각비를 차감하기 전의 영업이익이 영업활동 현금흐름을 초과할 것이므로 무조건 영업이익과 영업활동 현금흐름의 차이에 기초하여 영업이익의 질을 평가하는 것은 타당하지 않다.

02 다음은 ㈜한국의 현금흐름표 작성을 위한 자료이다.

영업이익	₩34,000	감가상각비	₩12,000
무형자산손상차손	8,000	재평가잉여금	15,000
사채상환이익	5,000	매출채권의 증가	7,000
매입채무의 증가	6,000	미지급비용의 감소	4,000

물음

제시된 자료에 기초하여 영업활동 현금흐름을 계산하라.

해답

재평가잉여금과 사채상환이익은 영업이익에 포함되는 항목이 아니므로 고려할 필요가 없다.

영업활동 현금흐름 = ₩34,000 + 12,000 + 8,000 − 7,000 + 6,000 − 4,000

= ₩49,000

03 다음은 ㈜한강의 현금흐름표 작성을 위한 자료이다. 판매관리비 ₩190,000에는 감가상각비 ₩20,000과 매출채권의 손상차손 ₩4,000이 포함되어 있다.

과목	당기 발생액	당기 변동액
매출	₩680,000	
매출원가	310,000	
판매관리비	190,000	
매출채권(순액)		₩12,000 증가
재고자산		9,000 감소
매입채무		10,000 감소
미지급판매관리비		5,000 증가

물음

제시된 자료에 기초하여 영업활동 현금흐름을 계산하라.

해답

고객으로부터의 현금유입＝₩680,000－4,000－12,000＝₩664,000
공급자에 대한 현금유출＝(－)₩310,000－(－)9,000＋(－)10,000＝(－)₩311,000
판매관리비 현금유출＝(－)(₩190,000－20,000－4,000)＋5,000＝(－)₩161,000
영업활동 현금흐름＝₩664,000－311,000－161,000＝₩192,000

04 다음은 ㈜금강의 현금흐름표 작성을 위한 자료이다.

과목	전기 말	당기 말
투자부동산	₩320,000	₩350,000
토지	360,000	290,000
건물(순액)	250,000	170,000
개발비(무형자산)	80,000	90,000

〈추가 자료〉

(1) 투자부동산에 대해서 ₩14,000의 평가이익을 인식하였다. 당기에 투자부동산의 취득거래는 발생하였으나 처분거래는 없다.

(2) 토지에 대해서는 재평가모형을 적용한다. 당기 중에 장부금액 ₩100,000의 토지를 처분하였으며, 처분이익 ₩20,000을 인식하였다. 추가적인 처분이나 취득거래는 없으며, 보고기간 말에 재평가잉여금을 인식하였다.

(3) 건물에 대해서는 원가모형을 적용한다. 당기 중에 장부금액 ₩60,000의 건물을 처분하였으며, 처분손실 ₩10,000을 인식하였다. 추가적인 처분이나 취득거래는 없다.

(4) 개발비에 대한 당기상각비는 ₩15,000이다.

물음

투자활동으로 인한 현금유입액과 현금유출액을 각각 계산하라.

해답

<발생거래의 분석>

과목	기초잔액	+	증가	−	감소	=	기말잔액
투자부동산	320,000		14,000[(1)] 16,000[(1)]		0		350,000
토지	360,000		30,000[(2)]		100,000[(2)]		290,000
건물(순액)	250,000				60,000[(3)] 20,000[(3)]		170,000
개발비	80,000		25,000[(4)]		15,000[(4)]		90,000

(1) 투자부동산의 당기 순증가는 ₩30,000인데, 이 중 평가이익이 ₩14,000이므로 나머지 ₩16,000이 투자부동산의 취득으로 인한 현금유출액이다.

(2) 당기 토지의 순감소가 ₩70,000인데, 처분으로 인한 토지의 감소가 ₩100,000이므로 차이 ₩30,000이 재평가로 인한 증가이다. 토지 처분 시 ₩20,000의 처분이익을 인식하였으므로 현금유입액은 ₩120,000이다.

(3) 건물의 순감소가 ₩80,000인데 이 중 처분으로 인한 감소가 ₩60,000이므로 나머지 ₩20,000은 감가상각비로 인한 감소이다. 건물 처분 시 ₩10,000의 처분손실을 인식하였으므로 현금유입액은 ₩50,000이다.

(4) 개발비의 순증가가 ₩10,000인데 상각비 ₩15,000의 감소가 있으므로 나머지 금액 ₩25,000의 증가 즉, 현금유출액이 있다고 추정한다.

<현금흐름의 결정>

① 현금유입액 = ₩120,000 + 50,000 = ₩170,000

② 현금유출액 = ₩16,000 + 25,000 = ₩41,000

05 다음은 ㈜한라의 현금흐름표 작성을 위한 자료이다.

과목	전기 말	당기 말
장기차입금	₩160,000	₩180,000
자본금	500,000	600,000
자본잉여금	180,000	110,000
이익잉여금	220,000	230,000
자기주식	(80,000)	−

〈추가 자료〉

(1) 장기차입금 중 ₩40,000을 유동성장기차입금으로 대체하였다.

(2) 당기 중에 자본잉여금 ₩100,000으로 무상증자를 하였다.

(3) 자기주식은 당기 중에 모두 매각하였으며 매각으로 인하여 ₩30,000의 처분이익이 발생하였다.

(4) 당기순이익은 ₩50,000이며, 그 이외의 이익잉여금 변동은 배당금 지급이다. 배당금 지급은 재무활동으로 분류한다.

물음

재무활동으로 인한 현금유입액과 현금유출액을 각각 계산하라.

해답

<발생거래의 분석>

과목	기초잔액	증가	감소	기말잔액
장기차입금	160,000	60,000(1)	40,000(1)	180,000
자본금	500,000	100,000(2)	0	600,000
자본잉여금	180,000	30,000(3)	100,000(2)	110,000
이익잉여금	220,000	50,000(4)	40,000(4)	230,000
자기주식	(80,000)	0	(80,000)(3)	0

(1) 장기차입금 중 ₩40,000을 유동부채로 대체하였으므로 나머지 금액 ₩60,000이 장기차입금의 차입이다.

(2) 무상증자로 인하여 자본잉여금 ₩100,000이 감소하고 자본금 ₩100,000이 증가한다. 현금흐름과 무관하다.

(3) 자기주식 장부금액 ₩80,000이 감소하면서 유입된 현금은 ₩110,000이다. 차이 ₩30,000은 자기주식처분이익이며 자본잉여금의 증가이다.

(4) 이익잉여금의 기초잔액과 기말잔액의 차이 중 당기순이익 ₩50,000의 증가를 결정하면 나머지 금액 ₩40,000이 배당으로 인한 감소이다.

<현금흐름의 결정>

① 현금유입액 = ₩60,000 + 110,000 = ₩170,000

② 현금유출액 = ₩40,000

06 다음은 ㈜한국의 현금흐름표 작성을 위한 자료이다.

	당기 말 잔액	전기 말 잔액	당기발생액
현금및현금성자산	₩18,000	₩13,000	
매출채권(순액)	47,000	45,000	
재고자산	74,000	80,000	
비품(순액)	295,000	305,000	
자산총계	₩434,000	₩443,000	
매입채무	₩19,000	₩22,000	
미지급판매관리비	20,000	18,000	
미지급이자	3,000	6,000	
당기법인세부채	12,000	11,000	
단기차입금	90,000	120,000	
자본금	200,000	200,000	
이익잉여금	90,000	66,000	
부채, 자본 총계	₩434,000	₩443,000	
매출액			₩500,000
매출원가			(280,000)
판매관리비			(182,000)
유형자산처분이익			4,000
영업이익			42,000
이자비용			(8,000)
법인세비용			(10,000)
당기순이익			₩24,000

〈추가 자료〉

1. 판매관리비 ₩182,000에는 비품 감가상각비 ₩60,000과 매출채권손상차손 ₩2,000이 포함되어 있다.
2. 당기 중에 장부금액 ₩30,000의 비품을 처분하였으며, 그 이외의 처분거래는 없다.
3. 당기 중에 차입 거래는 발생하지 않았다.

물음

1. 다음의 양식에 따라 직접법으로 영업활동 현금흐름을 표시하라.

영업활동 현금흐름	①
고객으로부터 현금유입	②
공급자에 대한 현금유출	③
판매관리비 현금유출	④
법인세 납부	⑤

2. 간접법으로 갑회사의 전체 현금흐름표를 작성하라.

해답

물음 1

영업활동 현금흐름	① ₩92,000
고객으로부터 현금유입	② 496,000
공급자에 대한 현금유출	③ (−)277,000
판매관리비 현금유출	④ (−)118,000
법인세 납부	⑤ (−)9,000

② (₩500,000 − 2,000) − (47,000 − 45,000) = ₩496,000

③ (−)₩280,000 − (74,000 − 80,000) + (19,000 − 22,000) = (−)₩277,000

④ (−)(₩182,000 − 60,000 − 2,000) + (20,000 − 18,000) = (−)₩118,000

⑤ (−)₩10,000 + (12,000 − 11,000) = (−)₩9,000

① ②부터 ⑤까지 금액의 합계 = ₩92,000

물음 2

(1) 투자활동 현금흐름 분석 : 비품

₩305,000(기초잔액) + 취득 − 30,000(처분) − 60,000(감가상각비) = ₩295,000

따라서 취득 = ₩80,000(투자활동 현금유출)

처분 시 현금유입 = 처분 시 감소한 장부금액 + 유형자산처분이익

= ₩30,000 + 4,000 = ₩34,000

(2) 재무활동 현금흐름 분석 : 차입금

당기 중 차입거래가 없으므로 장부금액 감소 ₩30,000은 모두 상환거래에서 발생한 현금유출

이자 지급＝이자비용＋(기말 미지급이자－기초 미지급이자)

＝(－)₩8,000＋(3,000－6,000)＝(－)₩11,000

현금흐름표

영업활동 현금흐름		
영업이익	₩42,000	
가감		
감가상각비	60,000	
유형자산처분이익	(4,000)	
매출채권의 증가	(2,000)	
재고자산의 감소	6,000	
매입채무의 감소	(3,000)	
미지급판관비 증가	2,000	
법인세차감전 영업활동 현금흐름	101,000	
법인세 납부	(9,000)	
영업활동 순현금흐름		₩92,000
투자활동 현금흐름		
비품의 처분	34,000	
비품의 취득	(80,000)	
투자활동 순현금흐름		(46,000)
재무활동 현금흐름		
단기차입금 상환	(30,000)	
이자 지급	(11,000)	
재무활동 순현금흐름		(41,000)
현금및현금성자산의 증가		5,000
기초현금및현금성자산		13,000
기말현금및현금성자산		₩18,000

부록

현가표 및 찾아보기

1 현가표

| 표 1 | 복리이자 요소(CVIF)

CVIF=$(1+i)^n$ (n=기간, i=기간당 이자율)

n/i	1.0	2.0	3.0	4.0	5.0	6.0	7.0	8.0	9.0	10.0
1	1.01000	1.02000	1.03000	1.04000	1.05000	1.06000	1.07000	1.08000	1.09000	1.10000
2	1.02010	1.04040	1.06090	1.08160	1.10250	1.12360	1.14490	1.16640	1.18810	1.21000
3	1.03030	1.06121	1.09273	1.12486	1.15762	1.19102	1.22504	1.25971	1.29503	1.33100
4	1.04060	1.08243	1.12551	1.16986	1.21551	1.26248	1.31080	1.36049	1.41158	1.46410
5	1.05101	1.10408	1.15927	1.21665	1.27628	1.33823	1.40255	1.46933	1.53862	1.61051
6	1.06152	1.12616	1.19405	1.26532	1.34010	1.41852	1.50073	1.58687	1.67710	1.77156
7	1.07214	1.14869	1.22987	1.31593	1.40710	1.50363	1.60578	1.71382	1.82804	1.94872
8	1.08286	1.17166	1.26677	1.36857	1.47746	1.59385	1.71819	1.85093	1.99256	2.14359
9	1.09369	1.19509	1.30477	1.42331	1.55133	1.68948	1.83846	1.99900	2.17189	2.35795
10	1.10462	1.21899	1.34392	1.48024	1.62889	1.79085	1.96715	2.15892	2.36736	2.59374
11	1.11567	1.24337	1.38423	1.53945	1.71034	1.89830	2.10485	2.33164	2.58043	2.85312
12	1.12682	1.26824	1.42576	1.60103	1.79586	2.01220	2.25219	2.51817	2.81266	3.13843
13	1.13809	1.29361	1.46853	1.66507	1.88565	2.13293	2.40984	2.71962	3.06580	3.45227
14	1.14947	1.31948	1.51259	1.73168	1.97993	2.26090	2.57853	2.93719	3.34173	3.79750
15	1.16097	1.34587	1.55797	1.80094	2.07893	2.39656	2.75903	3.17217	3.64248	4.17725
16	1.17258	1.37279	1.60471	1.87298	2.18287	2.54035	2.95216	3.42594	3.97030	4.59497
17	1.18430	1.40024	1.65285	1.94790	2.29202	2.69277	3.15881	3.70002	4.32763	5.05447
18	1.19615	1.42825	1.70243	2.02582	2.40662	2.85434	3.37993	3.99602	4.71712	5.55992
19	1.20811	1.45681	1.75351	2.10685	2.52695	3.02560	3.61653	4.31570	5.14166	6.11591
20	1.22019	1.48595	1.80611	2.19112	2.65330	3.20713	3.86968	4.66096	5.60441	6.72750

n/i	11.0	12.0	13.0	14.0	15.0	16.0	17.0	18.0	19.0	20.0
1	1.11000	1.12000	1.13000	1.14000	1.15000	1.16000	1.17000	1.18000	1.19000	1.20000
2	1.23210	1.25440	1.27690	1.29960	1.32250	1.34560	1.36890	1.39240	1.41610	1.44000
3	1.36763	1.40493	1.44290	1.48154	1.52087	1.56090	1.60161	1.64303	1.68516	1.72800
4	1.51807	1.57352	1.63047	1.68896	1.74901	1.81064	1.87389	1.93878	2.00534	2.07360
5	1.68506	1.76234	1.84244	1.92541	2.01136	2.10034	2.19245	2.28776	2.38635	2.48832
6	1.87041	1.97382	2.08195	2.19497	2.31306	2.43640	2.56516	2.69955	2.83976	2.98598
7	2.07616	2.21068	2.35261	2.50227	2.66002	2.82622	3.00124	3.18547	3.37931	3.58318
8	2.30454	2.47596	2.65844	2.85259	3.05902	3.27841	3.51145	3.75886	4.02138	4.29982
9	2.55804	2.77308	3.00404	3.25195	3.51788	3.80296	4.10840	4.43545	4.78545	5.15978
10	2.83942	3.10585	3.39457	3.70722	4.04556	4.41143	4.80683	5.23383	5.69468	6.19173
11	3.15176	3.47855	3.83586	4.22623	4.65239	5.11726	5.62399	6.17592	6.77667	7.43008
12	3.49845	3.89598	4.33452	4.81790	5.35025	5.93603	6.58007	7.28759	8.06424	8.91610
13	3.88328	4.36349	4.89801	5.49241	6.15279	6.88579	7.69868	8.59936	9.59645	10.69932
14	4.31044	4.88711	5.53475	6.26135	7.07570	7.98752	9.00745	10.14724	11.41977	12.83918
15	4.78459	5.47356	6.25427	7.13794	8.13706	9.26552	10.53872	11.97374	13.58953	15.40701
16	5.31089	6.13039	7.06732	8.13725	9.35762	10.74800	12.33030	14.12902	16.17154	18.48842
17	5.89509	6.86604	7.98608	9.27646	10.76126	12.46768	14.42645	16.67224	19.24413	22.18610
18	6.54355	7.68996	9.02427	10.57517	12.37545	14.46251	16.87895	19.67324	22.90051	26.62332
19	7.26334	8.61276	10.19742	12.05569	14.23177	16.77651	19.74837	23.21443	27.25161	31.94798
20	8.06231	9.64629	11.52309	13.74348	16.36653	19.46075	23.10559	27.39302	32.42941	38.33758

| 표 2 | 연금의 복리이자요소($CVIF_a$)

$$CVIF_a = \frac{(1+i)^n - 1}{i}$$

n/i	1.0	2.0	3.0	4.0	5.0	6.0	7.0	8.0	9.0	10.0
1	1.00000	1.00000	1.00000	1.00000	1.00000	1.00000	1.00000	1.00000	1.00000	1.00000
2	2.01000	2.02000	2.03000	2.04000	2.04500	2.06000	2.07000	2.08000	2.09000	2.10000
3	3.03010	3.06040	3.09090	3.12160	3.13702	3.18360	3.21490	3.24640	3.27810	3.31000
4	4.06040	4.12161	4.18363	4.24646	4.27819	4.37462	4.43994	4.50611	4.57313	4.64100
5	5.10100	5.20404	5.30914	5.41632	5.47071	5.63709	5.75074	5.86660	5.98471	6.10510
6	6.15201	6.30812	6.46841	6.63298	6.71689	6.97532	7.15329	7.33593	7.52333	7.71561
7	7.21353	7.43428	7.66246	7.89829	8.01915	8.39384	8.65402	8.92280	9.20043	9.48717
8	8.28567	8.58297	8.89234	9.21423	9.38001	9.89747	10.25980	10.63663	11.02847	11.43589
9	9.36853	9.75463	10.15911	10.58279	10.80211	11.49132	11.97799	12.48756	13.02104	13.57948
10	10.46221	10.94972	11.46388	12.00611	12.28821	13.18079	13.81645	14.48656	15.19293	15.93742
11	11.56683	12.16871	12.80779	13.48635	13.84118	14.97164	15.78360	16.64549	17.56029	18.53117
12	12.68250	13.41209	14.19203	15.02580	15.46403	16.86994	17.88845	18.97713	20.14072	21.38428
13	13.80933	14.68033	15.61779	16.62684	17.15991	18.88214	20.14064	21.49530	22.95338	24.52271
14	14.94742	15.97394	17.08632	18.29191	18.93211	21.01506	22.55049	24.21492	26.01919	27.97498
15	16.09689	17.29342	18.59891	20.02359	20.78405	23.27597	25.12902	27.15211	29.36091	31.77248
16	17.25786	18.63928	20.15688	21.82453	22.71933	25.67252	27.88805	30.32428	33.00339	35.94973
17	18.43044	20.01207	21.76158	23.69751	24.74170	28.21287	30.84021	33.75022	36.97370	40.54470
18	19.61474	21.41231	23.41443	25.64541	26.85508	30.90565	33.99903	37.45024	41.30133	45.59917
19	20.81089	22.84056	25.11686	27.67123	29.06356	33.75998	37.37896	41.44626	46.01845	51.15908
20	22.01900	24.29737	26.87037	29.77807	31.37142	36.78558	40.99549	45.76196	51.16011	57.27499

n/i	11.0	12.0	13.0	14.0	15.0	16.0	17.0	18.0	19.0	20.0
1	1.00000	1.00000	1.00000	1.00000	1.00000	1.00000	1.00000	1.00000	1.00000	1.00000
2	2.11000	2.12000	2.13000	2.14000	2.15000	2.16000	2.17000	2.18000	2.19000	2.20000
3	3.34210	3.37440	3.40690	3.43960	3.47250	3.50560	3.53890	3.57240	3.60610	3.64000
4	4.70973	4.77933	4.84980	4.92114	4.99337	5.06650	5.14051	5.21543	5.29126	5.36800
5	6.22780	6.35285	6.48027	6.61010	6.74238	6.87714	7.01440	7.15421	7.29660	7.44160
6	7.91286	8.11519	8.32271	8.53552	8.75374	8.97748	9.20685	9.44197	9.68295	9.92992
7	9.78327	10.08901	10.40466	10.73049	11.06680	11.41387	11.77201	12.14152	12.52271	12.91590
8	11.85943	12.29969	12.75726	13.23276	13.72682	14.24009	14.77325	15.32699	15.90203	16.49908
9	14.16397	14.77566	15.41571	16.08535	16.78584	17.51851	18.28471	19.08585	19.92341	20.79890
10	16.72201	17.54873	18.41975	19.33729	20.30372	21.32147	22.39311	23.52131	24.70886	25.95868
11	19.56143	20.65458	21.81432	23.04451	24.34927	25.73290	27.19993	28.75514	30.40354	32.15041
12	22.71318	24.13313	25.65018	27.27074	29.00166	30.85016	32.82392	34.93106	37.18021	39.58049
13	26.21163	28.02911	29.98470	32.08865	34.35191	36.78619	39.40399	42.21865	45.24445	48.49659
14	30.09491	32.39260	34.88271	37.58106	40.50470	43.67198	47.10266	50.81801	54.84090	59.19591
15	34.40535	37.27971	40.41746	43.84241	47.58041	51.65949	56.11012	60.96525	66.26067	72.03509
16	39.18994	42.75327	46.67173	50.98034	55.71747	60.92501	66.64883	72.93899	79.85019	87.44210
17	44.50083	48.88367	53.73906	59.11759	65.07508	71.67301	78.97913	87.06801	96.02173	105.93052
18	50.39592	55.74971	61.72513	68.39405	75.83635	84.14069	93.40559	103.74025	115.26585	128.11662
19	56.93947	63.43967	70.74940	78.96922	88.21180	98.60320	110.28453	123.41349	138.16636	154.73994
20	64.20282	72.05243	80.94682	91.02491	102.44357	115.37971	130.03290	146.62792	165.41797	186.68792

| 표 3 | 현가이자요소(PVIF)

$$PVIF = \frac{1}{(1+i)^n} \quad (n=\text{기간},\ i=\text{기간당 할인율})$$

n/i	1.0	2.0	3.0	4.0	5.0	6.0	7.0	8.0	9.0	10.0
1	0.99010	0.98039	0.97087	0.96154	0.95238	0.94340	0.93458	0.92593	0.91743	0.90909
2	0.98030	0.96117	0.94260	0.92456	0.90703	0.89000	0.87344	0.85734	0.84168	0.82645
3	0.97059	0.94232	0.91514	0.88900	0.86384	0.83962	0.81630	0.79383	0.77218	0.75131
4	0.96098	0.92385	0.88849	0.85480	0.82270	0.79209	0.76290	0.73503	0.70843	0.68301
5	0.95147	0.90573	0.86261	0.82193	0.78353	0.74726	0.71299	0.68058	0.64993	0.62092
6	0.94205	0.88797	0.83748	0.79031	0.74622	0.70496	0.66634	0.63017	0.59627	0.56447
7	0.93272	0.87056	0.81309	0.75992	0.71068	0.66506	0.62275	0.58349	0.54703	0.51316
8	0.92348	0.85349	0.78941	0.73069	0.67684	0.62741	0.58201	0.54027	0.50187	0.46651
9	0.91434	0.83676	0.76642	0.70259	0.64461	0.59190	0.54393	0.50025	0.46043	0.42410
10	0.90529	0.82035	0.74409	0.67556	0.61391	0.55839	0.50835	0.46319	0.42241	0.38554
11	0.89632	0.80426	0.72242	0.64958	0.58468	0.52679	0.47509	0.42888	0.38753	0.35049
12	0.88745	0.78849	0.70138	0.62460	0.55684	0.49697	0.44401	0.39711	0.35553	0.31863
13	0.87866	0.77303	0.68095	0.60057	0.53032	0.46884	0.41496	0.36770	0.32618	0.28966
14	0.86996	0.75788	0.66112	0.57748	0.50507	0.44230	0.38782	0.34046	0.29925	0.26333
15	0.86135	0.74301	0.64186	0.55526	0.48102	0.41727	0.36245	0.31524	0.27454	0.23939
16	0.85282	0.72845	0.62317	0.53391	0.45811	0.39365	0.33873	0.29189	0.25187	0.21763
17	0.84438	0.71416	0.60502	0.51337	0.43630	0.37136	0.31657	0.27027	0.23107	0.19784
18	0.83602	0.70016	0.58739	0.49363	0.41552	0.35034	0.29586	0.25025	0.21199	0.17986
19	0.82774	0.68643	0.57029	0.47464	0.39573	0.33051	0.27651	0.23171	0.19449	0.16351
20	0.81954	0.67297	0.55368	0.45639	0.37689	0.31180	0.25842	0.21455	0.17843	0.14864

n/i	11.0	12.0	13.0	14.0	15.0	16.0	17.0	18.0	19.0	20.0
1	0.90090	0.89286	0.88496	0.87719	0.86957	0.86207	0.85470	0.84746	0.84034	0.83333
2	0.81162	0.79719	0.78315	0.76947	0.75614	0.74316	0.73051	0.71818	0.70616	0.69444
3	0.73119	0.71178	0.69305	0.67497	0.65752	0.64066	0.62437	0.60863	0.59342	0.57870
4	0.65873	0.63552	0.61332	0.59208	0.57175	0.55229	0.53365	0.51579	0.49867	0.48225
5	0.59345	0.56743	0.54276	0.51937	0.49718	0.47611	0.45611	0.43711	0.41905	0.40188
6	0.53464	0.50663	0.48032	0.45559	0.43233	0.41044	0.38984	0.37043	0.35214	0.33490
7	0.48166	0.45235	0.42506	0.39964	0.37594	0.35383	0.33320	0.31393	0.29592	0.27908
8	0.43393	0.40388	0.37616	0.35056	0.32690	0.30503	0.28478	0.26604	0.24867	0.23257
9	0.39092	0.36061	0.33288	0.30751	0.28426	0.26295	0.24340	0.22546	0.20897	0.19381
10	0.35218	0.32197	0.29459	0.26974	0.24718	0.22668	0.20804	0.19106	0.17560	0.16151
11	0.31728	0.28748	0.26070	0.23662	0.21494	0.19542	0.17781	0.16192	0.14757	0.13459
12	0.28584	0.25668	0.23071	0.20756	0.18691	0.16846	0.15197	0.13722	0.12400	0.11216
13	0.25751	0.22917	0.20416	0.18207	0.16253	0.14523	0.12989	0.11629	0.10421	0.09346
14	0.23199	0.20462	0.18068	0.15971	0.14133	0.12520	0.11102	0.09855	0.08757	0.07789
15	0.20900	0.18270	0.15989	0.14010	0.12289	0.10793	0.09489	0.08352	0.07359	0.06491
16	0.18829	0.16312	0.14150	0.12289	0.10686	0.09304	0.08110	0.07078	0.06184	0.05409
17	0.16963	0.14564	0.12522	0.10780	0.09293	0.08021	0.06932	0.05998	0.05196	0.04507
18	0.15282	0.13004	0.11081	0.09456	0.08081	0.06914	0.05925	0.05083	0.04367	0.03756
19	0.13768	0.11611	0.09806	0.08295	0.07027	0.05961	0.05064	0.04308	0.03670	0.03130
20	0.12403	0.10367	0.08678	0.07276	0.06110	0.05139	0.04328	0.03651	0.03084	0.02608

| 표 4 | 연금의 현가이자요소($PVIF_a$)

$$PVIF_a = \frac{1 - \frac{1}{(1+i)^n}}{i}$$

n/i	1.0	2.0	3.0	4.0	5.0	6.0	7.0	8.0	9.0	10.0
1	0.99010	0.98039	0.97087	0.96154	0.95238	0.94340	0.93458	0.92593	0.91743	0.90909
2	1.97039	1.94156	1.91347	1.88609	1.85941	1.83339	1.80802	1.78326	1.75911	1.73554
3	2.94098	2.88388	2.82861	2.77509	2.72325	2.67301	2.62432	2.57710	2.53129	2.48685
4	3.90197	3.80773	3.71710	3.62990	3.54595	3.46511	3.38721	3.31213	3.23972	3.16987
5	4.85343	4.71346	4.57971	4.45182	4.32948	4.21236	4.10020	3.99271	3.88965	3.79079
6	5.79548	5.60143	5.41719	5.24214	5.07569	4.91732	4.76654	4.62288	4.48592	4.35526
7	6.72819	6.47199	6.23028	6.00206	5.78637	5.58238	5.38929	5.20637	5.03295	4.86842
8	7.65168	7.32548	7.01969	6.73275	6.46321	6.20979	5.97130	5.74664	5.53482	5.33493
9	8.56602	8.16224	7.78611	7.43533	7.10782	6.80169	6.51523	6.24689	5.99525	5.75902
10	9.47130	8.98259	8.53020	8.11090	7.72174	7.36009	7.02358	6.71008	6.41766	6.14457
11	10.36763	9.78685	9.25262	8.76048	8.30642	7.88687	7.49867	7.13896	6.80519	6.49506
12	11.25508	10.57534	9.95400	9.38507	8.86325	8.38384	7.94269	7.53608	7.16073	6.81369
13	12.13374	11.34837	10.63495	9.98565	9.39357	8.85268	8.35765	7.90378	7.48690	7.10336
14	13.00370	12.10625	11.29607	10.56312	9.89864	9.29498	8.74547	8.24424	7.78615	7.36669
15	13.86505	12.84926	11.93793	11.11839	10.37966	9.71225	9.10791	8.55948	8.06069	7.60608
16	14.71787	13.57771	12.56110	11.65230	10.83777	10.10590	9.44665	8.85137	8.31256	7.82371
17	15.56225	14.29187	13.16612	12.16567	11.27407	10.47726	9.76322	9.12164	8.54363	8.02155
18	16.39827	14.99203	13.75351	12.65930	11.68959	10.82760	10.05909	9.37189	8.75563	8.20141
19	17.22601	15.67846	14.32380	13.13394	12.08532	11.15812	10.33560	9.60360	8.95011	8.36492
20	18.04555	16.35143	14.87747	13.59033	12.46221	11.46992	10.59401	9.81815	9.12855	8.51356

n/i	11.0	12.0	13.0	14.0	15.0	16.0	17.0	18.0	19.0	20.0
1	0.90090	0.89286	0.88496	0.87719	0.86957	0.86207	0.85470	0.84746	0.84034	0.83333
2	1.71252	1.69005	1.66810	1.64666	1.62571	1.60523	1.58521	1.56564	1.54650	1.52778
3	2.44371	2.40183	2.36115	2.32163	2.28323	2.24589	2.20959	2.17427	2.13992	2.10648
4	3.10245	3.03735	2.97447	2.91371	2.85498	2.79818	2.74324	2.69006	2.63859	2.58873
5	3.69590	3.60478	3.51723	3.43308	3.35216	3.27429	3.19935	3.12717	3.05764	2.99061
6	4.23054	4.11141	3.99755	3.88867	3.78448	3.68474	3.58918	3.49760	3.40978	3.32551
7	4.71220	4.56376	4.42261	4.28830	4.16042	4.03857	3.92238	3.81153	3.70570	3.60459
8	5.14612	4.96764	4.79877	4.63886	4.48732	4.34359	4.20716	4.07757	3.95437	3.83716
9	5.53705	5.32825	5.13166	4.94637	4.77158	4.60654	4.45057	4.30302	4.16333	4.03097
10	5.88923	5.65022	5.42624	5.21612	5.01877	4.83323	4.65860	4.49409	4.33894	4.19247
11	6.20652	5.93770	5.68694	5.45273	5.23371	5.02864	4.83641	4.65601	4.48650	4.32706
12	6.49236	6.19437	5.91765	5.66029	5.42062	5.19711	4.98839	4.79323	4.61050	4.43922
13	6.74987	6.42355	6.12181	5.84236	5.58315	5.34233	5.11828	4.90951	4.71471	4.53268
14	6.98187	6.62817	6.30249	6.00207	5.72448	5.46753	5.22930	5.00806	4.80228	4.61057
15	7.19087	6.81086	6.46238	6.14217	5.84737	5.57546	5.32419	5.09158	4.87586	4.67547
16	7.37916	6.97399	6.60388	6.26506	5.95424	5.66850	5.40529	5.16235	4.93770	4.72956
17	7.54879	7.11963	6.72909	6.37286	6.04716	5.74870	5.47461	5.22233	4.98966	4.77463
18	7.70162	7.24967	6.83991	6.46742	6.12797	5.81785	5.53385	5.27316	5.03333	4.81220
19	7.83929	7.36578	6.93797	6.55037	6.19823	5.87746	5.58449	5.31624	5.07003	4.84350
20	7.96333	7.46944	7.02475	6.62313	6.25933	5.92884	5.62777	5.35275	5.10086	4.86958

2 찾아보기

ㅇ

ㅈ

ㅊ

ㅌ

ㅍ

ㅎ

A

B

C

IFRS 중급회계 입문

발행일	2026년 2월 5일 7판 1쇄
초판발행일	2017년 1월 5일
저자	신현걸, 최창규
발행인	LEE JIN HEE
등록	제2021-000096호
발행처	도서출판 지승
주소	서울특별시 강남구 선릉로
전화번호	02-736-7701
FAX	02-725-1907
ISBN	979-11-24250-00-6 (93320)
가격	34,000원